KB180831

알랭(1868~1951)

▲알랭의 생가
프랑스 북부 노르
망디 모르타뉴 오
페르쉬. 알랭은 필
명이고 본명은 '에
밀 샤르티에'이다.

◀파리 근교 베지네
알랭은 이 집에서
1917년부터 1951
년 숨을 거둘 때
까지 살았다.

알랭의 고향 노르망디에서 바라본 바다 "바다는 숲이나 들보다 훨씬 더 스승이었다고 나는 확신한다. 바다 위에서는 앞을 내다볼 수 있다. 그리고 이 유동하는 바위와 진흙보다 더욱더 우주의 기계성의 평형을 잘 나타낸다. 그리고 위험이 더욱더 크기는 하지만, 배는 스키보다 인간이 할 수 있는 바를 더 잘 보여준다."(《인간론 51 스승인 바다》)

센 강이 흐르는 파리 알랭은 1886년(18세) 파리 근교 공립 고등중학교로 전학하여, 당대의 저명한 철학자 쥘르 라뇨가 맡은 철학반의 학생이 된다. 라뇨에게서 스피노자의 철학을 배운 것이 그의 길을 결정짓게 된다. 그는 1903년(35세) 파리의 콩도르세 공립 고등중학교 교사, 몽마르트르에서 열리는 '민중대학' 강사, 앙리 4세 고등중학교 상급반 수사학 교수를 거치며 많은 글을 쓰고, 1951년 6월 2일 센 강 가까운 베지네에 있는 그의 집에서 세상을 떠났다.

에콜 노르말 슈페리에르 알랭은 이 학교에서 철학을 전공했다(1889~1892).

아테네 학당 라파엘로. 1508~1511. 로마, 바티칸 궁전
가운데에 플라톤(왼쪽)과 아리스토텔레스가 걸어오고 있고, 그 왼쪽에 소크라테스가 연설을 하고 있다. 알랭은 1892년(24세) 브르타뉴 지방의 퐁티뷔의 공립 고등중학교 교사로 부임하여, 플라톤과 아리스토텔레스를 열심히 강의했다.

루앙 왼쪽이 센 강이다. 알랭은 1900년(32세) 노르망디 지방의 중심도시 루앙의 공립 고등중학교 교사로 전임한다. 그는 이곳에서 발행되는 〈데페슈 드 루앙〉지에 익명으로 정치 평론을 쓴다.

리세 앙리4세 고등중학교 알랭은 이 학교에 부임한 이래 정년퇴직 때까지 제자들을 가르쳤다(1909~1933).

몽마르트르 언덕의 '작은 기차' 1903년(35세) 알랭은 '민중대학'이 몽마르트르에서 열리자 강사로 나간다.

시테 섬 센 강 가운데 있는 섬이며, 양쪽 기슭을 잇는 다리가 퐁네프 다리이다. 시테 섬은 파리의 발상지이다. 알랭은 1933년(65세) 이후, 센 강에 가까운 베지네의 집에서 지내며, 《문학론집》·《제신(諸神)》·《세계대전의 회상》·《미학서설》·《신화서설》 등을 쓴다.

앙리 베르그송(1859~1941) 프랑스 철학자
1904년 국제철학회에서 베르그송의 논문이 문제가 되자 알랭은 베르그송을 옹호하고 적극 지지했다.

제1차 세계대전 1914년 전쟁이 일어나자, 알랭은 46세임에도 지원병으로 입대했다. 포병5연대에 배속되어 약 2년 동안 베르됭 부근 격전에 참가했으며 1916년 부상을 입은 뒤 방공호 무전실, 기상관측대 등에 배치되었다가 1917년 제대했다.

서재에서 집필 중인 알랭

튈르리 공원의 음악회 마네. 1862. 런던, 내셔널 갤러리
19세기 후반의 파리에서는 문학·미술·음악 등 예술가들의 교류가 활발했다. 알랭은 어렸을 때부터 음악·그림, 문학에 깊은 관심을 가졌으므로 그의 미학 이론은 수준 높았으며 예술 작품에 대한 심미안도 대단했다. 그는 철학자이자 사상가이며 미학자이고 문장가였다.

소크라테스의 죽음 다비드. 1787. 뉴욕, 메트로폴리탄 미술관
"소크라테스의 시대에는, 아폴론의 계시를 받아서 모든 일에 대하여 조언하는 무녀가 델포이에 있었다. ……사람들이 운명의 앞날을 물으러 갔을 때는 신전 안에 들어가기 전에 만인에게 도움이 되는 다음과 같은 심원한 신탁(神託)을 읽을 수 있었다. '너 자신을 알라.'"(《행복론 67 너 자신을 알라》)

알랭 동상 노르망디 모르타뉴 오 페르쉬. 생가가 보인다.

알랭 무덤　파리 페르 라셰즈 공원 공동묘지

ALAIN

PROPOS

sur

LE BONHEUR

GALLIMARD

《행복론》(초판 1928) 표지

ALAIN

ESQUISSES
DE L'HOMME

PROPOS

Ornements gravés sur bois par
ALFRED LATOUR

PARIS

ÉDITIONS D'ART ÉDOUARD PELLETAN

HELLEU & SERGENT, ÉDITEURS

125, Boulevard Saint-Germain, 125

1927

《인간론》(초판발행 1927) 표지

Alain
PROPOS SUR LE BONHEUR
ESQUISSE DE L'HOMME
DÉFINITIONS
행복론/인간론/말의 예지
알랭/방곤 옮김

동서문화사

디자인 : 동서랑 미술팀

행복론/인간론/말의 예지
차례

인간론 Esquisses De L'homme

말의 예지 Définitions

알랭의 생애와 작품

Propos Sur Le Bonheur
행복론

행복론

1 명마 부케팔로스

우는 어린아이를 달래다가 아무리 해도 달래지 못할 때 유모는 곧잘 그 아이의 성질이나 그 아이가 무엇을 가리는지에 대해서 아주 놀라운 추측을 한다. 유전인자까지 끌어내어 이 아이는 아버지의 기질을 쪽 잡아뺐다고 생각하기도 한다. 이런 제 나름대로의 심리학에 잠겨 있는 동안 유모는 핀을 발견하게 된다. 그 핀이 바로 어린아이를 울린 원인이었다는 것이다.

알렉산드로스 대왕이 젊었을 때 명마 부케팔로스 길들이기를 두고서 상금이 내걸렸는데, 어떤 말 조련사도 이 사나운 말을 잘 다루어 탈 수가 없었다. 보통 사람 같았으면 '이놈은 성질이 나쁜 말이구나' 하고 말았을 텐데 알렉산드로스는 그 원인인 핀을 찾아냈다. 부케팔로스가 제 그림자를 몹시 무서워하고 있음을 알아차린 것이다. 겁이 나서 뛰면 그림자도 덩달아 뛰어오르므로 끝이 없었다. 그래서 그는 부케팔로스의 콧등을 가만히 해 쪽을 바라보게 하여 말을 안심시키고 얌전하게 만들 수 있었다. 말하자면 아리스토텔레스의 이 제자는 정념(情念)의 참다운 원인을 알지 못하는 한, 사람이란 정념에 전혀 무력하다는 사실을 이미 알고 있었다.

공포가 무엇 때문에 생기는가를 많은 사람들이 설명했다. 아주 강력한 이유를 들어서. 그러나 두려워하는 사람은 그 이유가 무엇인지는 잘 들으려 하지 않는다. 자기 심장의 고동 소리와 혈관이 뛰는 소리에만 귀를 기울이고 있기 때문이다. 현학자는 공포가 위험에서 생긴다고 추론하고, 정열가는 공포에서 위험이 생긴다고 추론한다. 그러나 양쪽 다 틀렸다. 학자 쪽은 이중으로 틀렸다. 그는 참다운 원인을 모르며 또 정열가의 잘못이 무엇인지도 모른다.

공포심을 지닌 사람은 스스로 위험을 부른다. 그리하여 자기가 지금 느끼는 공포는 현실이며 까닭이 있는 틀림없는 공포라고 설명한다. 그런데 아무런 위험이 없는 가장 작은 놀라움도 공포를 만들어내기는 한다. 이를테면 아주 가까운 곳에서 난데없는 권총 소리가 들렸다든가, 생각지도 않았던 사람이 있었다든가 하는 것만으로도 놀란다. 마세나*¹ 장군은 어두컴컴한 계단에 있던 입상(立像)을 보고 두려움에 허둥지둥 달아났다.

어떤 사람의 짜증이라든가 신경질은 너무 오래 서 있었기 때문에 생기는 수가 이따금 있다. 그럴 때는 그 사람의 신경질에 대해 잔소리하지 말고 의자를 내주는 편이 좋다. 예의범절이 으뜸이라고 말하면서 외교관 탈레랑*² 은 자기가 생각지도 못했던 것을 말한 셈이다. 그는 다만 상대를 기분나쁘게 하지 않으려는 생각이었는데, 마침내 그 불쾌의 원인이 되는 핀을 찾아냈다.

요즘 외교관들은 아기의 속옷에 핀 꽂는 방법조차 잘못 알고 있다. 그 때문에 유럽에 분쟁이 일어난다. 그리고 누구나 다 알지 못했던 것을 말한 아이가 울음을 터뜨리면 다른 아이들도 덩달아 운다. 그것도 기를 써가며 울어 댄다. 유모들은 아기 다루는 솜씨가 익숙하므로 아이를 엎드려 누인다. 이렇게 몸 자세를 바꾸어 주면 기분도 바뀐다. 이것이 바로 쉽게 설득하는 방법이다. 제1차 세계대전이라는 재앙은 요인들이 모두 느닷없이 놀라는 바람에 생겨났다고 나는 생각한다. 갑자기 놀랐기 때문에 무서워졌던 것이다. 사람이 공포를 느낄 때는 속으로 화가 난다. 흥분한 뒤에는 곧 노여움이 이어진다. 여가나 휴식을 즐기고 있을 때 갑자기 방해를 받으면 기분이 좋지 않다. 그런 상태에서는 흔히 기분이 변하는데 몹시 많이 변해 깜짝 놀라 자다 깬 사람처럼 지나치게 잠을 깨는 것이다. 그러나 결코 사람을 간사하고 악하다고 말해서는 안 된다. 또 사람의 성격은 이러이러하다고 말해서는 안 된다. 무조건 핀을 찾으라.

1922년 12월 8일

2 자극

음식물을 잘못 삼키다가 목에 걸리게 되면 온몸이 야단이 난다. 신체 곳곳에 닥친 위험을 알리기라도 하는 듯이 말이다. 근육마다 뻣뻣해지며 심장도

---

*1 앙드레 마세나(1758~1817). 프랑스 혁명 무렵 프랑스 군인. 나폴레옹에 의하여 '승리의 총아'라는 별명이 주어졌다.
*2 프랑스의 정치가이자 외교관. 왕정복고에 가담하여 눈부신 활약을 했으며, 빈회의와 런던 회의에서 기민한 처리 능력을 발휘했다. 1754~1838.

한데 어울린다. 일종의 경련 상태가 일어나는데 어떻게 하면 좋을까. 그런 상태가 되면 그저 참을 수밖에 도리가 없다고 하는 것이 철학자들의 주장이다. 철학자는 경험이 없기 때문이다. 그러나 만약 학생이 '제 몸이 뻣뻣해져서 근육이라는 근육이 모두 동시에 경련을 일으키니 어쩔 수가 없습니다.'한다면, 체조나 검술을 가르치는 교사라면 웃을 것이다. 상대의 승낙을 받아 대칼로 힘껏 때린 뒤에 때린 원인을 말하는 모진 사람을 나는 알고 있다.

대부분의 사람들이 알고 있는 일인데, 근육이란 순한 개와 같아서 머리가 생각하는 대로 충실하게 따르는 법이다. 내가 팔을 뻗으려고 마음먹으면 팔은 곧 뻗는다. 내가 방금 예로 든 몸의 경련이나 소동의 주요한 원인은 바로 무엇을 해야 할지를 모르는 마음의 반란에서 생긴다. 우리들의 예로 말한다면 해야 할 일은 몸 전체를 부드럽게 하고, 특히 세게 숨을 들이마시면 더 심해지므로 반대로 현재 상태가 나쁜 목에 걸린 작은 유동물(流動物)을 밀어 내야 한다. 이런 일은 아주 해로운 공포를 몰아내는 경우에도 똑같다.

기침에 대해서도 같은 종류의 교훈이 있지만 도무지 실행되고 있지 않다. 대부분의 사람들은 마치 자신을 쥐어뜯는 듯한 심한 기침을 하고서는 혼이 난다. 또 그 기침이 원인이 되어 발작을 일으키고 지쳐서 짜증이 난다. 그래서 의사들은 그 원인인 기침을 가라앉히는 알약을 발명했는데, 나는 그 처방의 주요한 작용이 우리들에게 삼키는 것을 주는 데 있다고 생각한다. 삼킨다는 것은 강력한 반작용으로서, 심한 기침을 하는 데 비하면 쉽다. 삼킴으로 해서 일어나는 경련 때문에 다른 한쪽의 기침을 하는 경련은 불가능해진다. 이 또한 어린아이를 엎드려 놓는 것과 마찬가지이다. 그러나 처음부터 기침 속에 있는 고통스러운 원인을 눌러 버린다면 약 없이도 되리라고 나는 생각한다. 만일 사람들이 맨 처음에 아무런 선입관도 없이 예사로 있으면 처음의 자극은 곧 지나가 버릴 것이다.

이 자극이라는 말은 함축성이 매우 풍부하다. 말이란 아주 희한한 것으로, 자극은 여러 정념 가운데 가장 심한 정념, 즉 강한 분노를 가리키는 데도 사용된다. 노발대발하는 사람과 심하게 기침하는 사람 사이에 그리 큰 차이가 없다고 나 역시도 생각한다. 마찬가지로 공포도 육체의 고통인데, 사람들은 체조를 통해서 이와 싸울 줄을 모른다. 이런 모든 경우의 잘못은, 사람이 사고(思考)를 정념의 지배 아래 두고, 난폭한 열성에 사로잡혀서 두려움이나 노여움에 몸을 내맡기는 것에 있다. 요컨대 우리들은 정념으로 말미암아 병을 악화시킨다. 그것이 참다운 체조를 배우지 못한 사람들의 운명이다. 그리고 참다운 체조란 그리스인들이 이해했듯이 육체의 운동에 대한 올바른 이성의 지배를 말한다.

모든 운동에 대한 지배가 아님은 말할 나위도 없다. 그보다는 이를테면 자연스러운 반작용을 분노의 충동에 의해 방해하지 말아야 한다는 말이다. 이것이야말로 아이들에게 인간 숭배의 참된 대상인 가장 아름다운 조각상을 모범으로 하여 보여 주면서 가르쳐야 할 것이다.

1912년 12월 5일

3 슬픈 마리

어느 심리학교수가 발견한 주기적인 조울병(躁鬱病), 특히 마침 부속병원에서 발견한 저 '슬픈 마리와 즐거운 마리'에 대해 생각해 보는 것도 부질없지는 않다. 이 이야기는 아주 까맣게 잊혀져 버렸으나 기억해 둘 가치가 있다. 그 처녀는 시계처럼 정확하게 한 주일은 쾌활하고 다음 한 주일은 슬픔에 빠진다. 쾌활한 때는 모든 것이 순조로웠다. 비오는 날도 날씨 좋은 날과 마찬가지로 좋아했다. 작은 우정의 표시에도 어쩔 줄 모르게 좋아했다. 사랑하는 이를 생각하고서는 '난 참 행복해!' 말하곤 했다. 그녀는 결코 무료해지는 일이 없었다. 어떤 사소한 생각에라도 누구에게나 마음에 드는 싱싱하고 아름다운 꽃처럼 기뻐하는 얼굴빛으로 빛이 났다. 그녀는 내가 여러분에게 권고하고 싶은 바로 그런 상태에 있었다. 지혜로운 이의 말에 따르면, 단지에 두 개의 손잡이가 있듯이 어떤 일에도 두 개의 면(面)이 있다. 딱 싫다고 생각하면 언제든지 질색이 되고, 믿음직해서 위안이 된다고 생각하면 언제든지 믿음직해서 위안이 된다. 행복해지려는 노력은 결코 헛되지 않는다.

그러나 한 주일 뒤에는 모든 상태가 바뀌는 것이었다. 그녀는 걷잡을 수 없는 권태에 빠졌다. 어떤 일에도 흥미가 없어졌다. 모든 일이 다 시시해 보였다. 이제는 행복이라는 것을 믿지 않았다. 애정도 믿지 않았다. 아무도 자기를 사랑해 주는 사람이 없다는 생각이 들었으며 사랑받지 못하는 것이 마땅하다는 생각도 들었다. 그녀는 자신을 어리석고 따분한 여자라고 판단했다. 병에 대해 생각하고는 그 때문에 병을 악화시켰다. 그녀는 그것을 알고 있었다. 그녀는 일종의 무서운 방법으로 야금야금 자살하고 있는 것과 마찬가지였다. '당신은 나에게 관심이 있는 듯 보이려 하지만, 난 당신의 그 연극에 속아 넘어가진 않아요.' 이렇게 말하는 것이었다. 듣기 좋은 소리를 해주면 놀리는 줄 알고, 친절하게 해주면 모욕당했다고 여겼다. 또한 그녀는 비밀을 엉큼한 음모로 여겼다. 이런 상상력의 병에는 고칠 약이 없다. 불행한 사람에겐 아무리 좋은 일도 뜻이 없다. 행복하다는 것 속에는, 사람의 생각보다 더 많은 의지의 힘이 작용하는 법이다.

그러나 이 심리학 교수는, 용기 있는 사람을 위해 더 잔혹한 교훈과 한결 무서운 시련을 발견했다. 사람 마음의 이러한 주기적 변화에 대해 많은 관찰과 측정을 하는 동안, 혈구(血球)를 세제곱센티미터로 헤아려 보려고 생각했다. 그랬더니 거기엔 명백한 법칙이 있었다. 즐거운 시기의 마지막에 이르면 혈구의 수가 적어지고 슬픈 시기의 마지막에 이르게 되면 또다시 그 수가 많아졌다. 그의 생각에는 피가 많으냐 적으냐가 터무니없는 환각의 원인이었다. 이렇게 해서 의사는 그녀의 까다로운 잔소리를 들어도, '안심하십시오. 내일이면 행복해집니다.' 하고 대답할 수 있게 되었다. 그러나 그녀는 의사의 말을 조금도 믿으려고 하지 않았다.

스스로 진정 슬프다고 생각하고 싶어하는 어떤 친구가 그 점에 대해 나에게 말했다. '당연하지 않은가? 우리들로서는 어쩔 수가 없는 걸세. 내가 생각해 냈다고 해서 내가 그 혈구를 만들 수는 없거든. 말하자면 어떤 철학도 소용이 없다는 거라네. 이 드넓은 우주는 그 법칙에 따라서 겨울과 여름, 비오는 날과 갠 날이라는 식으로 기쁨과 슬픔을 우리들에게 갖다 주는 것일세. 행복해지고 싶다는 나의 바람은 산책하고 싶다는 바람과 같은 정도일 따름이야. 내가 저 골짜기에 비를 내리게 할 수도 없거니와, 내가 내 마음속에 우울의 씨를 만드는 것도 아니라네. 나는 비와 우울을 참고 있는 걸세. 그리고 그걸 참고 있다는 걸 난 알고 있지. 이것이 훌륭한 위안이라는 걸세.'

그러나 이런 위안이 그리 쉽게 이루어지지는 않는다. 엄격한 판단이나 불길한 예언이나 기분 나쁜 추억 같은 것을 되새겨 보면, 확실히 자기의 슬픔이 무엇인지를 또렷하게 알 수 있게 된다. 말하자면 슬픔의 맛을 음미하는 것과 같다. 그러나 그 배후에 혈구의 증감이 있다는 것을 잘 알고 있다면 그러한 하찮은 옛 기억들을 되새기는 추적을 우습게 여긴다. 나는 슬픔을 육체 속으로 되돌려 버린다. 육체의 슬픔은 아무런 꾸밈도 없는 피로나 병에 지나지 않는다. 배반보다도 위장병 쪽이 훨씬 더 견디기 쉽다. 진정한 친구가 없다고 하기보다는 혈구가 모자란다고 하는 편이 훨씬 더 낫지 않은가. 정열가는 심리적·합리적인 이유도 진정제까지도 물리친다. 내가 말한 대로 심리적 고통의 원인을 더 중시한다면 놀랍게도 이 두 가지 치료법 즉, 심리와 육체를 치료할 수 있는 문이 동시에 열리게 된다. 과연 이것을 몰라도 좋은가?

1913년 8월 18일

4 신경쇠약

요즘처럼 비가 오다 말다 하는 계절이 되면, 사람들의 기분도 날씨처럼 변하기가 쉽다. 학문도 매우 깊고 이치도 잘 알고 있는 어떤 친구가 어제 나에게 이렇게 말했다. '요즘은 나 자신이 불만스러워서 못 견디겠어. 하던 일이나 카드놀이를 멈추면 수많은 자질구레한 생각들이 온갖 빛깔로 머릿속을 회전해서, 기쁜가 하면 슬퍼지고 슬픈가 하면 기뻐지고 보기에 따라서 금방 빛깔이 변하는 비둘기의 목털보다 더 빨리 기분이 변하거든. 그 생각이라는 것은 편지를 써야 한다든가, 전차를 늦게 탔다든가, 외투가 너무 무겁다든가 하는 따위들인데, 그게 진짜 불행과 마찬가지로 당치도 않은 큰일이 된단 말이야. 조리를 따져서, 이런 건 모두 나와는 아무 상관도 없다고 자신을 설득하려 해도 영 안 되네. 내 이성(理性)은 젖은 북이나 마찬가지여서 전혀 아무 짝에도 소용이 없어. 그래서 결국 내가 좀 신경쇠약이 아닌가 하는 생각이 드네.'

나는 그에게 말했다. '과장된 말은 집어치우고 사실을 이해하려고 노력하게. 자네가 겪는 일은 누구나 다 겪는 일이야. 단지 불행하게도 자넨 지나치게 총명한 게 탈이야. 자기에 대한 일을 너무 깊게 생각하는 거야. 기뻐하거나 슬퍼지는 이유를 알고 싶어하고 있어. 그 때문에 자신에게 짜증이 나는 거야. 그 짜증의 이유인즉 자네의 기쁨이나 슬픔이 자네가 알고 있는 이유를 근거로 해서는 설명이 잘 되지 않기 때문일세.'

사실상 행복이나 불행의 원인은 대수롭지 않다. 모두가 우리들의 육체와 그 작용에 달려 있다. 그리고 아무리 튼튼한 몸이라 해도 날마다 긴장에서 이완으로, 이완에서 긴장으로, 더구나 대부분의 경우 식사나 걷기, 주의력, 독서, 날씨 등에 좌우되어서 변한다. 거기에 따라서 당신의 기분도 물결 위에 있는 배처럼 흔들린다. 그런 외적 조건은 무언가에 몰두하고 있는 회색의 눈에는 여느 때와 같은 색조로 비치지 않는다. 그러나 일단 그걸 생각할 틈이 생겨서 열심히 생각하기 시작하면 자질구레한 이유가 떼를 지어 밀려온다. 그리하여 당신은 그것이 결과인데도 원인인 줄로만 안다. 예민한 사람은 슬프면 슬픈 이유를, 기쁘면 기쁜 이유를 반드시 찾아낸다. 한 가지 이유가 두 가지 목적에 도움이 되는 수가 이따금 있다. 병이 들어 육체의 고통을 겪던 파스칼은 많은 별들을 보고 두려워했다. 그런데 그가 별을 보며 장엄한 전율을 느낀 것은, 창가에 서서 자기도 모르는 사이에 몸이 차가워졌기 때문일 것이다. 다른 건강한 시인이었더라면 여자 친구에게라도 말을 걸듯이 별에게 말을 걸었을 텐데. 그리하여 두 시인들은 모두 별이 뜬 하늘에 대해서 아주 멋진 말을, 즉 실상은 문제 밖의 멋진 말을 했을 것이다.

스피노자의 말에 따르면, 사람이 정념을 갖지 않는다는 것은 있을 수 없다. 그러나 현자는 마음속에 행복한 사상이 차지하는 영역이 크므로 그 앞에서는 정념이 아주 작은 영역만 차지하게 된다. 어려운 논리의 길을 좇지 않더라도 그를 본받아서 음악이라든가 그림이라든가 담화 같은 많은 행복을 만들 수 있다. 그리하여 그것과 견주어 보면 우리들의 우울 같은 것은 아주 사소한 것이 되고 만다.

사교계 사람들은 단지 아주 간단한 의무 때문에 자기의 노여움을 잊을 수 있다. 우리들은 진지하고 도움이 되는 일이라든가, 책이나 친구들을 더 이용하지 않음을 부끄러워해야 한다. 분명 가치 있는 존재에게 마땅히 가져야 할 관심을 조금도 갖지 않는다면 매우 큰 잘못임에 틀림없다.

우리들은 그런 가치 있는 존재에게 기대를 한다. 자기가 분명히 탐내고 있는 것을 손에 넣고자 하는 바람 자체가 때로는 상당한 기술이 필요하다.

1908년 2월 22일

5 우울증

얼마 전에 신장결석(腎臟結石)을 앓고 있는 친구를 문병간 일이 있는데, 그는 말할 수 없이 기분이 언짢은 상태에 있었다. 누구나 다 알고 있는 바와 같이 이런 종류의 병은 마음을 우울하게 만든다. 내가 그 병에 대한 말을 하니까 그도 사실을 인정했다. 그래서 나는 결론을 끄집어내어 이렇게 말해 주었다. '이 병이 마음을 우울하게 만든다는 사실은 자네도 잘 알고 있으니까, 우울해지는 것에 놀라거나 언짢아하거나 해서는 안 되네.' 그럴듯한 이 논리적 말로 그를 웃게 했는데, 불러온 효과는 결코 작지 않았다. 나는 이렇게 좀 우스운 해석으로서 어떤 한 가지 중요한 이야기, 그것도 불행에 빠져 있는 사람들이 미처 생각하지 못하는 이야기를 했을 뿐이다. 깊은 슬픔은 언제나 몸의 병에서 나온다. 어떤 슬픔이 병이 아니라면 머잖아 편안할 때가 온다. 사람이 생각하는 이상으로 쉽게 평안이 온다. 그리고 피로라든가 어딘가에 생긴 결석 같은 것이 우리들의 생각을 답답하게 만들지 않는 한, 불행을 생각하는 것 자체가 우리들을 괴롭히기보다는 오히려 놀라게 해서 눈을 뜨게 만든다. 대부분의 사람들은 이 사실을 부정하며 불행에 빠져서, 그들이 괴로워하는 것은 그들이 불행에 대해서 생각하기 때문이라고 주장한다. 하기야 사람이 불행할 때는 온갖 것들이 발톱이나 가시를 품고 있어서, 그 모습 자체가 우리들을 괴롭히고 있다고 생각하기 쉽다는 사실은 나도 인정한다.

우울증 환자들을 생각해 보자. 이 우울증 환자들은 어떠한 생각 속에서도 어떻게 해서든 슬픈 이유를 발견하는 방법을 알고 있다는 사실을 금방 알 수 있다. 어떤 말이든지 그들의 신경을 건드리고 동정해 주면 모욕당했다고 느끼고, 말할 수 없이 불행하다고 느낀다. 그러나 동정을 해주지 않으면 이 세상에는 친구도 없고 외톨이라고 여긴다. 이런 까닭에 생각이 흔들릴 때마다 언제나 기분 나쁜 쪽으로만 마음이 기울어져 가는 수밖에 없다. 병 때문에 그렇게 되지 않을 수가 없다. 그러다가 저 자신과의 토론 끝에 슬픈 게 마땅하다는 이유가 이기게 되면, 마치 음식의 맛을 상세하게 알고 있는 사람처럼 제 자신의 슬픔을 자꾸자꾸 되씹는 것만 하게 된다. 이 우울증 환자는 고민하는 모든 사람들의 모습을 확대해서 우리들에게 보여 준다. 그들에게 명백한 것, 즉 그들의 슬픔이 병이라는 것은 누구에게나 진실이다. 고통이 심해지는 까닭은 우리들이 고통에 대한 온갖 이유를 생각하고, 그렇게 생각함으로써 급소를 건드리기 때문이다.

감정을 몹시 흥분시키는 이런 종류의 지나친 우울증으로부터 벗어나기 위해서 스스로 이렇게 타일러야 한다. '슬픔이란 병에 지나지 않는다. 그러니까 이런저런 이치나 이유를 따지지 말고 그저 병으로서 견디어야 한다'고. 그러면 마음에 걸리는 말의 행렬은 산산이 흩어져 버린다. 슬픔을 위장병쯤으로 생각한다. 그러면 중얼거리며 불평하지 않는 우울증, 즉 거의 의식하지 못하는 마비상태에 이른다. 마음도 편안해진다. 이렇게 해서 온당한 방법으로 슬픔을 이기게 된다. 이것이 기도가 지향해 온 것이다. 헤아릴 수 없는 크기의 대상을 앞에 놓고, 이해를 초월하는 위엄을 앞에 놓고, 측량할 수 없는 정의를 앞에 놓고 경건한 사람은 착한 마음으로 기도를 해서 얻는 것이 없다고 생각하지 않는다. 분노를 이기는 것은 대단한 일이다. 그러나 그뿐만이 아니다. 기도를 함으로써 사람은 자기의 불행을 더는 생각하지 않게 되는 것이다.

1911년 2월 6일

6 정념

정념이 병보다 더 참기가 어렵다. 그 이유는 아마 이럴 것이다. 즉 정념은 모두 우리들의 성격이나 사상에서 비롯된 것처럼 여겨지는 동시에 필연성이라는 표지를 띠고 있기 때문이다. 몸을 다쳐서 괴로워할 때 우리들은 거기에 우리들을 둘러싼 필연성이라는 표지를 인정한다. 고통을 빼면 아무 불편함이 없다. 눈앞에 있는 대상이 모습이나 소리, 또는 냄새 같은 것으로 사람에게 공포나 욕망의 강한 감정을 일으키게 할 때, 사람은 마음의 평형을 되찾기 위해 그 대상들을 비난할 수도, 그것들로부터 몸을 피할 수도 있다. 그러나 정념에 대해서는 아무 방도가 없다. 사랑하든 미워하든, 꼭 어떤 대상이 내 상상대로 눈앞에 있을 필요가 없기 때문이다. 시를 지을 때, 나는 같은 마음의 작용으로 대상을 상상하고 변화시킬 수 있다. 모든 것이 나를 그리로 데리고 간다. 나의 잔소리가 궤변이라 하더라도 나에게는 정당하다. 그리고 곧잘 나는 머리가 좋구나 하고 우쭐해진다. 마음이 흥분되더라도 그다지 괴로워하지 않는다. 심한 공포를 느끼고 달아난다. 그러면 자기의 일은 그다지 생각지 않는다. 그러나 공포를 느꼈다는 부끄러움은, 만약 남에게 책망을 받는다면 그건 노여움이나 잔소리로 변할 것이다. 특히 혼자서 그것도 유독 밤에 어쩔 수 없이 쉬어야 할 그런 때, 자기의 부끄러움을 곰곰이 생각해 보면 견딜 수 없게 된다. 그런 때는 말하자면 달리 할 일도 없으니까 도무지 피할 도리가 없어 찬찬히 한껏 부끄러움을 맛볼 수 밖에 없기 때문이다. 자기가 쏜 화살은 모두 자기에게 되돌아온다. 자기 자신이 적이다. 정열가가 자기는 병이 없다고 확신하고 당장 행복하게 사는 데 불편함이 아무것도 없다고 확신했을 때는 이렇게

생각한다. '정열이 나 자신이다. 그리고 그것은 나보다 강하다.'

　정열 속에는 언제나 회한과 공포가 어느 만큼은 들어 있다. 그리고 그것이 당연하다고 생각한다. 이를테면 사람은 이렇게 자신에게 묻는다. '어째서 나는 이렇게도 제 자신을 억누르지 못할까? 똑같은 것을 어째서 이렇게도 끈덕지게 생각할까?' 여기서 굴욕감이 생긴다. 그러나 공포도 마찬가지로 생긴다. 왜냐하면, 사람은 '나의 이성을 독으로 중독시키는 생각이 나를 해치고 있다. 그 주범은 내 생각을 이끌고 있는 마법의 힘이다.'라고 말하기 때문이다. 사실이 마법은 제자리에 제대로 나와 있다. 내가 보는 바로는 정념의 힘, 또는 내적 속박 상태야말로 사람을 신비한 힘의 생각으로 이끌기도 하고, 나쁜 종류의 생각으로 이끌기도 하니 말이다. 이러한 생각들은 한마디 말로써, 또는 한 번의 눈길로써 세상에 던져진다. 정열가는 자기가 병에 걸렸다고 판단할 줄을 모르고 무엇인가에 의해 저주를 받았다고 판단한다. 그리고 이 관념이 어디까지나 퍼져 나가서 그 자신을 괴롭히는 원인이 된다. 아무 데도 있지 않은 이 심한 고통을 누가 설명할 수 있을까. 시시각각으로 심해져서 끝없는 책임을 눈앞에 보는 듯한 느낌을 갖기 때문에, 사람은 반대로 기꺼이 죽음으로 향할 수도 있게 된다.

　많은 사람들이 이 점에 대해 썼다. 스토아 학파*3 사람들은 두려움과 노여움을 누르기 위한 좋은 이론을 남겼다. 데카르트도 그의 《정념론》에서 그러한 목적을 한결같이 추구했다. 그런 의미에서 데카르트야말로 최초의 제1인자이며 스스로도 그것을 자랑으로 삼고 있다. 정념이란 완전히 사람의 사고로 말미암아 발동되는 것이며 사람의 몸속에 생기는 운동에 의존하는 것임을 밝혀냈다. 밤의 고요함 속에서 똑같은 관념이 때때로 생생하게 되살아나 사람을 찾아오게 하는 정체, 그것은 혈액의 운동이며 또 신경이나 머릿속을 도는 무엇인지 잘 모르는 액체의 운행이다. 이 육체의 움직임을 보통 우리들은 모르고 있다. 그 결과만 보고 있다. 또는 그것이 정념에서 비롯된다고 생각한다. 그런데 실상은 육체의 움직임이 정념을 키운다. 이 점을 잘 이해한다면 꿈이든, 아니면 꿈보다 더 자유스럽지 못한 또 하나의 꿈인 정념이든, 그에 대한 재치

---

*3 기원전 3세기 초에 제논이 아테네에서 처음으로 세운 철학파. 특히 덕의 실천적 면을 존중하는 윤리학으로 유명. 이성을 인간의 본성으로 보고 그 이성에 따라서 정념에 흔들리는 일 없이 금욕과 극기를 통해 자연에 순종하는 삶을 최고의 선으로 삼았다.

있는 생각인 꿈풀이 따위는 하지 않아도 된다. 자신을 책망하거나 저주하는 대신, 모든 사람이 복종하게 되는 외부적 필연성을 받아들일 수 있다. 그리고 마음속으로 이렇게 말한다. '나는 슬프다. 보는 것마다 어둡다. 그러나 이런저런 사건들은 이와는 아무 관계도 없다. 나의 이성도 아무 관계가 없다. 따지고 싶어하는 것은 바로 내 몸뚱이다. 위장(胃腸)의 의견이다.'

1911년 5월 9일

7 신탁의 종말

남의 손금을 잘 보던 포수가 떠오른다. 생업은 나무꾼인데, 그 야생생활로 말미암아 자질구레한 물건의 모습에 대한 뜻을 풀이하는 능력을 몸에 익히게 되었다. 내가 상상하기로 그는 다른 수행자를 흉내내어 손금을 보기 시작한 듯 하다. 그러다가 마치 우리들 누구나가 눈길이나 얼굴 표정에서 읽어 내듯이 그는 손바닥에서 생각을 읽어 냈다. 클레르 셰느*⁴의 숲에서 한 자루 촛불빛으로 그는 자기의 교당(敎堂)과 존엄을 되찾고, 사람들의 성격에 대해 거의 언제나 신중하고 정확한 판단을 내렸으며, 또 저마다의 가까운 장래와 먼 미래를 예언했다. 그러나 아무도 웃는 사람은 없었다. 그리고 나는 나중에 가서 어떤 기회에 그가 한 예언 하나가 옳았다고 인정한 적이 있다. 아마 그때 내가 기억에다 무엇인가를 덧붙였을 것이다. 사건 속에서 예언의 결과를 발견한다는 일에 호감을 느껴서였다. 이 상상력의 작용이 새삼스레 나에게 충고를 해 주었다. 나는 언제나 조심스럽게 처신하면서 그에게도 다른 누구에게도 나의 손금을 보여 준 적이 없었기 때문이다. 무신앙의 모든 힘은 단연코 신탁을 들어야 할 때에 그 신탁의 소리를 들으려 하지 않는 사람에게 있다. 조금은 들어야 할 필요가 있는데 말이다. 진정 작지 않은 사건 신탁의 종말 시대에 이은 그리스도(혁명)의 도래, 이것이다.

탈레스,*⁵ 비아스,*⁶ 데모크리토스,*⁷ 그 밖에 고대의 유명한 노인들은 머리

---

*4 제1차 세계대전의 진지. 지원해서 출정한 알랭은 이곳에서 포병 장교로 1년 동안 근무했다.

*5 고대 그리스 7현인 가운데 한 사람(기원전 624~546년 무렵). 밀레토스 학파 창시자. 그리스 최초의 철학자로서 기하학과 천문학에도 능통해 기원전 585년의 해가림[일식(日蝕)]을 예언했다.

*6 고대 그리스 7현인 가운데 한 사람(기원전 6세기 무렵). 웅변가 겸 정치가, 시인으로 알려진 인물로 입법의원으로도 활동했다.

가 벗겨지기 시작할 무렵에는 아마도 혈압이 만족스럽지 못한 상태에 있었을 것이다. 그러나 그들은 그 사실을 조금도 알지 못했다. 이것이 적지 않은 이익이 되었다. 테바이드의 은자(隱者)들*8은 더욱더 편리했다. 그들은 죽음을 두려워하는 대신 죽음을 희망했기 때문에 꽤 오래 살았다. 불안과 걱정을 생리학 관점에서 자세히 연구해 본다면, 다른 병과 함께 걸림으로써 그 병을 더 나쁘게 만드는 병임을 알 수 있다. 그래서 자기가 병자임을 알고, 그것도 먼저 의사의 신탁으로써 알게 되는 사람은 두 가지 병에 함께 걸린 셈이다. 요양을 통해 병과 싸우게 되는 것을 나도 잘 알고 있다. 그러나 어떤 선생과 어떤 약이 그 걱정 자체를 고쳐 줄까.

높은 데서 느끼는 현기증은 진짜 병이다. 그러나 이 병은 발을 헛디딘 사람의 추락과 필사적인 움직임을 우리들이 흉내내는 데서 생긴다. 이 현기증은 완전히 상상에 따른 것이다. 수험생이 갑자기 복통을 일으키는 것도 마찬가지다. 대답을 잘못하지나 않을까 하는 걱정이 피마자 기름같은 강한 작용을 일으킨다. 이 점으로 미루어 걱정이 어떤 결과를 일으킬까를 생각해 보라. 공포심으로 말미암아 병을 무겁게 만든다고 생각한다면, 조심스럽게 처신해야 한다. 불면을 두려워하는 사람은 잠자는 데 알맞은 상태에 있을 수 없다. 위장을 걱정하는 사람은 소화에 적합한 상태에 있지 않다. 그러므로 건강의 표지는 병의 흉내를 내기보다도 건강에 알맞은 운동임이 틀림없다는 이 정리로부터, 예의바른 친절한 행동거지가 건강과 관련된다고 단언할 수 있다. 그러니까 나쁜 의사란, 환자가 자기의 병에 관심을 갖게 만들고 싶다고 바랄 만큼 환자의 호감을 사는 의사를 말한다. 그리고 좋은 의사란 이와 반대로, 틀에 박힌 형식으로 '자, 이렇게 하세요' 하고 요구하고는 대답은 듣지도 않는 의사를 말한다.

1922년 3월 5일

8 상상력에 대하여
조그만 사고를 당한 사람의 얼굴 상처를 의사가 꿰매 줄 때에는 수술도구

---

*7 고대 그리스 철학자(기원전 460~370년 무렵). 스승 레우키포스의 원자론을 발전시켜 그즈음의 플라톤의 관념론과 대립되는 유물론의 체계를 완성했다.

*8 이집트의 테바이드 사막으로 도망해 몰래 모여 살았던 최초 그리스도교 은자(隱者)들.

와 함께 환자를 정신차리게 하는 럼주(酒) 한 잔을 내놓는다. 그런데 주로 럼주를 마시는 건 환자가 아니라 시중드는 사람이다. 시중드는 사람은 수술에 대해 각오가 돼 있지 않으므로 새파랗게 질려서 정신을 잃기도 한다. 이 점에서 볼 때, 인간성을 탐구한 라 로슈푸코가 한 말과는 반대로 우리들은 다른 사람의 불행을 견디어 낼 만한 힘을 갖고 있지도 않다는 것을 알 수 있다.

이 실례(實例)는 잘 생각해 볼 가치가 있다. 이것은 우리들이 평소에 가지고 있는 의견과는 관계없이 나타나는 동정심이 있음을 보여 주기 때문이다. 피가 흐르는 장면이나 바늘이 살가죽 속에 잘 들어가지 않고 휘는 광경을 눈으로 보면 두려움이 온몸으로 퍼진다. 그것을 지켜보는 사람은 저도 모르는 사이에, 자신의 피가 흐르는 것을 멈추게 하려 하거나 자기 피부를 긴장시켜서 바늘을 막으려 하거나 하는 것 같은 상태가 된다. 이 상상력의 작용을 사고(思考)로는 이길 수 없다. 이런 경우의 상상력에는 사고가 없기 때문이다. 지혜의 사고는 이치가 명백하므로 누구나 쉽게 이해한다. 분명 상처를 입은 살갗은 시중드는 사람의 것이 아니다. 그러나 이성에 따른 이치는 눈앞의 일에 대해서는 아무런 힘도 쓰지 못한다. 따라서 럼주 한 잔이 훨씬 설득력이 있는 셈이다.

거기에서 나는 이런 점을 이해한다. 사람들끼리란 그저 눈앞에 있다는 것만으로도, 또 감각이나 정념은 표면에 나타난다는 것만으로도 서로에게 큰 힘을 갖는다. 지금 눈앞에 보고 있는 것이 무엇일까, 어떤 것일까 하고 내가 생각해 내기 전에 벌써 나의 속에서 동정, 공포, 노여움, 눈물 등이 솟아나온다. 무서운 상처를 보면 지켜보는 사람의 얼굴빛이 변한다. 그러면 그 변한 얼굴빛을 보는 제3자에게도 공포가 전해지고, 그는 얼굴빛이 바뀐 사람이 대체 무엇을 보았는지도 알기 전에 벌써 가로막 근처에 답답한 충격을 받는다. 그리고 어떤 글재주꾼의 묘사보다도 더 겁먹은 이 얼굴은 이것을 보는 사람을 겁나게 만든다. 표정이 주는 충격은 직접적이다. 따라서 사람이 동정을 느끼는 까닭은, 자신에 대한 생각을 하고 상대와 처지를 바꿔서 생각하기 때문이라고 말한다면 그건 매우 서투른 설명이 되며 그렇게 반성한다 하더라도, 그에 앞서 동정이 먼저 일어난다. 사람들의 몸은 상대의 몸을 흉내 내고서는 고통에 어울리게 행동한다. 그 때문에 먼저 뭐라고 말할 수 없이 불안해진다. 사람에게 마치 병처럼 찾아온 이 마음의 동요는 무엇일까 하고 묻는다.

현기증도 이런 이치로 설명할 수 있을 것이다. 사람은 깊은 연못 앞에 서면 빠질지도 모른다고 생각한다. 그러나 난간을 붙잡고 있으면 빠지지 않을 거라고 생각한다. 그래도 현기증을 느낌으로써 발뒤꿈치에서 목덜미에 걸쳐 짜릿한 전율이 스친다. 상상이 불러오는 그 영향은 언제나 맨 먼저 몸뚱이에 생긴다. 나는 어떤 사람으로부터 사형에 처해지기 바로 직전에 꿈을 꾸었다는 이야기를 들은 적이 있다. 그는 사형에 처해지는 사람이 자기인지 남인지도 몰랐고, 그 점을 밝히고자 하는 생각도 그다지 없었다고 한다. 다만 목줄기에 아픔을 느꼈을 뿐이었다. 순수한 상상이란 이러하다. 몸에서 떨어져 나간 혼(魂)이란 관대하고 동정심이 많은 것이라고 생각하기 쉬우나 공감하지 못하는 것이 아닐까. 살아 있는 몸이 훨씬 고상하다. 그것은 관념 때문에 괴로워하고 행동으로써 치유된다. 거기에 전혀 혼란이 없지는 않겠지만 참다운 사고란 논리의 어려움 말고도 극복해야 하는 것을 갖는다. 그리고 그 혼란의 여운이 바로 사고를 아름답게 꾸민다. 이 영웅적 유희 속에 있는 인간 육체의 부분이야말로 은유*9이다.

1923년 2월 20일

9 정신의 병

상상력은 옛 중국의 망나니보다도 더 참혹하다. 그것은 공포를 조합하고, 우리들에게 공포를 차분히 맛보여 준다. 실제로 일어났던 비참하고 끔찍한 일은 두 번 다시 같은 곳을 덮치지 않는다. 한순간 전만 해도 그 사람은 우리들과 마찬가지로 그러한 일 따위는 전혀 생각하지 않았다. 산책하던 사람이 자동차에 받히어 20미터나 튕겨 나가면 그 자리에서 죽는다. 참극은 그것으로 끝이다. 처음도 없고 계속도 없다. 지속이 생기는 것은 반성에 의해서이다.

그러므로 나는 사고에 대해 생각할 때 매우 그릇된 판단을 한다. 나는 줄곧 당장에라도 깔아뭉개질 것 같으면서도 절대로 깔아뭉개지지 않는 사람으로서 판단한다. 자동차가 오는 것을 상상한다. 실제로는 만일 이런 광경을 본다면 달아날 것이다. 그러나 달아나지 않는다. 차에 치인 사람의 처지에 나를 놓기 때문이다. 차에 치이는 광경을 마치 영화 장면처럼 머리에 떠올린다. 느

---

*9 메타포(metaphor). 행동이나 개념, 물체 등의 특성을 그것과는 다르거나 상관없는 말로 갈음하여, 간접으로 암시하듯이 나타내는 표현법. 예 : 그는 여우다(= 교활한 놈이다).

리게 돌아가는 화면의 영화를 보듯이, 그리고 때때로 멈추어 가면서 바라본다. 그러면 또 처음부터 다시 바라본다. 천 번이나 죽고도 살아 있다. 건강한 사람이 병을 견디기 힘들어 하는 것은 확실히 그가 건강하기 때문이라고 파스칼은 말했다. 무거운 병에 걸려 쇠약해지면 나중에는 직접적인 아픔 말고는 병을 느끼지 않게 된다. 사건이란 예컨대 그것이 어떤 나쁜 사건이라 할지라도 그 가능성의 작용을 끝나게 한다.

그것은 한 번 오고 나면 두 번 다시 오지 않는다. 그러니까 우리들에게 새로운 색채를 가진 새로운 장래를 가리킨다고 하는 좋은 점을 지니고 있는 셈이다. 괴로워하는 사람은 평범한 상태라도 그러한 상태가 아주 멋진 행복이기라도 하듯이 바라고 또 구한다. 사람은 자기가 생각하는 것보다 현명한 존재이다.

실제의 불행은 마치 망나니처럼 우리들이 있는 곳으로 재빨리 온다. 우리들의 머리를 자르고 윗옷을 도려내고 팔을 묶어 몸을 밖으로 밀어낸다. 그것을 내가 긴 시간으로 느끼는 까닭은 내가 나중에 그것을 생각하기 때문이고, 그것을 여러 번 고쳐 생각하기 때문이며, 새로운 가위 소리를 들으려고 애쓰고, 또 다시 자기 팔을 누르고 있는 망나니가 거느린 졸개의 손을 느끼려고 애쓰기 때문이다.

실제의 경우에는 한 가지 인상이 다른 인상을 내몬다. 그리고 사형수의 실제 마음은 몸통이 잘린 벌레같이 전율 그 자체임이 틀림없다. 난도질당한 벌레가 괴로워하리라고 생각하기 쉬운데, 그렇다면 벌레의 고통은 어느 토막쯤에 있단 말인가.

치매에 걸려서 어린아이로 돌아간 노인이나 폐인이나 마찬가지인 알코올의 존증에 걸린 친구를 만나는 것은 참으로 괴로운 일이다. 왜냐하면 그들이 지금 그대로라도 좋으니까 살아 있었으면 하는 생각과 동시에, 지금 같은 상태로는 살지 말았으면 하는 생각도 들기 때문이다. 그러나 자연은 착실하게 걷는 반면, 다행히도 그 걸음을 돌이킬 수 없다. 새로운 상태는 그것에 이어지는 새로운 상태를 낳는다. 당신이 비통을 한군데에다 모아도 그것은 시간의 길 위에 뿌려져 버리고, 그뿐이다. 지금 이 순간의 불행은 오직 이 순간의 불행일 따름이지 다음 순간의 불행이 된다고는 할 수 없다. 노인이란 늙음을 고민하는 젊은이가 아니며, 죽는 사람이란 살아 있는 사람으로서 죽어 가는 사람이 아니다.

　살아 있는 사람으로서 산 사람들은 죽음에 의해, 즉 죽음이 있음으로 해서 산 사람이 되며, 행복한 사람들은 불행의 무거운 짐을 마음에 품고 있는 사람들이다. 따라서 사람은 비록 위선자가 아니더라도, 자기의 악행보다 다른 이의 악행에 때때로 민감할 수 있다. 거기에서 인생에 대한 그릇된 판단이 생길 수 있으므로 조심하지 않으면 그것이 인생을 해친다. 그런 비극의 유희에 빠지지 말고, 지혜로써 힘껏 현재의 진실을 생각해야 한다.

1910년 12월 13일

10 생명의 나무 아르강

　아주 사소한 일이 원인이 되어 모처럼의 하루를 망가뜨리는 수가 있다. 이를테면 구두 바닥에 못이 튀어나왔다든가 하는 경우이다. 이런 때는 무엇을 해도 재미가 없고 머리가 띵해서 제대로 돌아가지 않는다. 그러나 그 치료법은 아주 간단하다. 이런 불행은 모두 옷처럼 벗어 버릴 수 있다. 우리들은 그것을 잘 알고 있다. 그리고 이런 불행은 원인을 앎으로써 지금 당장에라도 덜 수 있다. 핀에 찔려서 아픈 어린아이는 마치 큰 병이라도 걸린 것처럼 큰 소리로 울어 대는데, 그 어린아이는 원인은 물론 치료법도 모르기 때문에 운다. 때로는 너무 우는 바람에 몸 상태가 나빠져서 그 때문에 더 심하게 울어 댄다. 이것이 바로 마음으로 앓는 병의 정체이다. 이것은 다른 병과 마찬가지로 진짜 병이다. 이 병이 마음으로 앓는 병, 상상력에 의한 병이라고 하는 까닭은 오직 그것이 우리들 자신의 마음의 흔들림에서 만들어졌는데도 우리들이 그것을 외부의 영향을 받았기 때문이라고 생각한다는 점에 있다. 우는 바람에 스스로 신경이 곤두서는 경우는 비단 어린아이뿐만이 아닌 것이다.

　사람들은 곧잘 불쾌감(不快感)이란 병과 같아서 어쩔 수 없다고 말한다. 내가 아주 간단한 동작으로 곧 없앨 수 있는 고통이나 신경질에 대해서 이 글 첫머리에 예를 든 것은 그 때문이다. 종아리에 경련이 일어나면 아무리 건강한 남자라도 비명을 지른다는 사실은 누구나 알고 있다. 그럴 때는 발바닥을 평평하게 하여 땅바닥에 꼭 누르고 있으면 곧 경련이 사그라든다. 파리떼나 숯가루 같은 것이 눈에 들어갔을 때 눈을 비비면 두세 시간쯤 혼이 난다. 그런 때는 눈을 비비지 말고 코끝을 바라보고 있노라면 금방 눈물이 나와서 편안해지게 된다. 이런 쉬운 치료법을 알고부터 나는 스무 번 넘게 시험해 보았다. 이런 것들은, 처음부터 자기 주위의 사물 탓으로 돌리지 말고 먼저 스스로 조심하는 것이 현명하다는 사실을 가르쳐 주는 좋은 예들이다. 사람들을 보면 유독 불행을 좋아하는 듯한 행동을 보이는 경우가 있다. 이것은 일종의 미치광이들의 경우에 더욱 확대된 모습으로 나타난다. 어떤 신비스럽고도 악마같은 감정이 거기에 작용한다고 생각하는 사람도 나올지 모른다. 그러나 그 사람은 상상력에 속고 있는 사람이다. 제 자신을 쥐어뜯는 사람은, 마음이라는 대단하고도 깊은 연못 때문도 아니고 고뇌를 즐기고 좋아하는 것 때문도 아니며, 오히려 괴로움을 일으키는 참다운 원인을 모르는 데서 오는 풀기 어려운 초조와 동요 때문에 그러하다. 말에서 떨어지는 것을 두려워하는 것은 떨어지지 않으려고 서투르게 허둥대는 데서 생긴다. 그리고 더 나쁜 일은, 허둥대는 바람에 말을 놀라게 하는 것이다. 그래서 나는 스키타이인*10 식으로 이렇게 결론을 내리고 싶다. 승마술을 알고 있는 사람은, 모든 지혜 또는 거의 모든 지혜를 몸에 익히고 있다고. 그리고 떨어지는 방법에도 기술이 있다고. 주정뱅이는 잘 떨어지려고 생각도 하지 않는데, 그래도 떨어지고 마는 걸 보면 참 신기한 일이다. 소방수는 겁내지 않고 떨어지는 방법을 체조에서 배웠으므로 물론 기술적으로 잘 떨어진다. 한 번의 미소는 대수롭지 않게 여겨지고 기분에도 그다지 효과가 없는 성싶어 우리들은 조금도 미소를 짓지 않는다. 그러나 예의는 때때로 우리들에게 미소나 우아한 인사로써 우리를 완전히 바꾸어 놓는다. 생리학자는 그 이유를 잘 알고 있다. 즉 미소는 하품과 마찬가지로 몸의 깊은 밑바닥까지 내려가서 차례로 목과 폐와 창자, 심장을 느긋하게 만든다. 의사의 약상자 속에도 이렇게 빨리, 이토록 신통하게 효력 있는 약은 없을 것이다. 일단 미소를 지으면 폐와 창자, 심장을 느긋하게 하는 긴장 완화 작용이 생기고, 그 때문에 상상력에 사로잡힌 고통으로부터 사람은 해방된다. 그리고 상상력이 일으키는 병이 실제로 존재한다고 보면 이 긴장 완화 작용 또한 결코 그에 못지 않을 정도로 실제로 존재한다. 또한 천하태평으로 보이고자 하는 사람은 어깨를 으쓱 움츠려 보이는 몸짓을 할 줄 안다. 이 동작은 잘 생각해 보면 폐와 창자의 공기를 갈아넣고 모든 뜻에서의 심장을 진

---

*10 북유럽 및 북아시아를 지배한 고대의 기마 유목 민족.

정시키는 것이다. 이 '모든 뜻에서의'라고 하는 것은 심장*[11]이라는 말에는 여러 가지 뜻이 있음을 말한다.

1923년 9월 11일

11 의약

학자는 말한다. '많은 진리를 알고 있다. 그리고 모르는 진리에 대해서도 충분히 짐작할 수 있다. 기계라는 것을 알고 있다. 그래서 얼마쯤의 배려와 이삼분의 주의를 게을리하면 왜 나사가 빠져서 전체가 망가져 버리는지도 알고 있다. 언제든지 적당한 때에 기술자와 의논하지 않기 때문이다. 그런 까닭에 내 시간의 일부를, 내 몸이라는 이 조립 기계의 감독에 충당하고 있다. 따라서 마찰이나 삐걱거리는 징조가 나타나면 곧 병든 부분이나 병이 들었다고 여겨지는 부분을 전문가에게 보여서 살피게 한다. 유명한 데카르트의 가르침에 따른 이러한 배려로써 생각지도 못한 재난은 별도로 치더라도 아버지와 할아버지로부터 받은 조립 기계의 수명을 되도록 보전할 수 있다고 확신한다. 이것이 나의 지혜이다.' 그는 이렇게 말했다. 그러나 그의 생활은 비참했다.

독서가는 말한다. '고지식하게 믿는 사람들의 생활을 번거롭게 만든 그릇된 관념을 많이 알고 있다. 그 오류에서 현대 학자들이 잘 모르고 있는 중요한 진리들을 배웠다. 독서로 배운 바에 따르면, 상상력이란 인간 세계를 거느리고 다스리는 여왕이다. 그리고 위대한 데카르트는 그의 《정념론》에서 상상력의 원인을 충분히 설명해 주었다. 그는 불안을 극복할 수 있었다 하더라도 내장에 염증을 일으키게 하고야 만다고 말한다. 느닷없는 행동이 심장의 고동을 변화시키지 않을 수는 결코 없다. 샐러드 속에 지렁이가 들어 있다는 생각만 해도 진짜 구역질이 난다. 이런 모든 잘못된 관념은 내가 그것을 조금도 믿지 않을 때라도, 나 자신의 깊숙한 곳, 나 자신의 생명이 깃들어 있는 중심을 지배해 대뜸 혈액과 체액의 순환을 바꾸어 버린다. 사람의 뜻으로는 될 수 없는 일이다. 그런데 나날이 삼키는, 눈에 보이지 않는 적이 무엇이든 그것이 심장과 위(胃)에 끼치는 해악이, 기분 변화나 상상력의 몽상이 끼칠 수 있는 해악보다는 덜하다. 그래서 먼저 첫째로 되도록 충족된 기분으로 있어야 한다. 둘

---

*[11] 프랑스어로 꾀르(coeur). 심장이라는 뜻을 비롯해 마음, 가슴, 기분, 양심, 기억, 용기, 감정, 관심, 애정, 중심 등의 여러 가지 뜻이 있다.

째로는 자신의 몸 그 자체를 대상으로 한 걱정, 생명의 모든 기능을 확실하게 어지럽히는 걱정을 내몰아야 한다. 모든 민족의 역사를 통해서 보면, 자기는 저주받고 있다고 생각해서 죽어 버린 사람들을 볼 수 있지 않는가. 쉽게 이루어지는 매혹만을 보았기 때문에 그렇지 않았는가. 단순히 거기에 알려진 흥미 위주의 원리만을 보았기 때문에 그렇지 않았는가. 또는 나 자신에게 내가 매혹되지 않는다면 가장 용한 의사라 할지라도 무엇을 할 수 있단 말인가? 그의 말만으로도 심장의 고동이 바뀌어 버릴 때 그의 알약에서 어떤 효능을 기대할 수 있겠는가? 의사에게 무엇을 기대할 수 있는지 너무 모른다. 그러나 의사에게서 무엇을 두려워해야 하는지는 잘 알고 있다. 물론 이 몸의 기계 고장을 알게 되면, 이렇게 생각하는 것이 가장 좋은 위안이다. 그 장해의 대부분은 바로 관심과 걱정 그 자체가 만들어 낸 것이므로 가장 좋고 확실한 치료법은 위장병이나 신장병을 발이 부르튼 것 정도 이상으로는 걱정하지 말아야한다고. 살가죽이 조금 굳어진 것만으로도 위장병이나 신장병과 같은 정도의 고통을 주는 일이 있다는 것은, 참고 견디어 내야 한다는 것을 가르쳐 주는 좋은 교훈이 아니겠는가.'

1922년 3월 23일

12 미소

불쾌감은 결과이기도 하지만 그에 못지 않게 원인이기도 하다고 말하고 싶다. 우리들의 병은 대부분 예의를 잊은 결과로서 생겨난다고 생각하고 싶다. 예의를 잊은 행위는 인체가 자기 자신에게 폭력을 가하는 행위이다. 나의 아버지는 소와 말을 사고 파는 일을 하셔서 동물들을 관찰하곤 하셨는데, 사람과 같은 조건에 놓여 있고 사람과 같은 정도로 몸을 혹사되고 있는데도 동물에게는 훨씬 병이 적다면서 이상하게 생각하셨다. 그것은 동물에게는 기분이라는 것이 없기 때문이다. 여기서 기분이란 사념(思念)으로 말미암아 생기는 짜증이나 피로, 권태를 뜻한다. 예를 들면 누구나 알고 있듯이, 사람의 사념은 잠을 자고 싶을 때 못자면 성을 낸다. 그리고 그 초조 때문에 도리어 잠을 자지 못하게 된다. 가장 나쁜 경우를 걱정하고 불길한 공상 때문에 불안한 상태를 더하게 하는 수도 있다. 이렇게 되면 점점 병이 더 나빠진다.

세상에서 흔히 말하듯이 크게 한숨돌려야 할 때조차, 계단만 보아도 숨을 멈추게 되는 상상력이 작용해서 심장이 수축한다. 본디 분노란 기침과 다름없는 병의 한 종류이다. 기침은 신경질의 한 전형이라고 볼 수 있다. 기침은 몸의 상태에서 비롯되기 때문이다. 그런데 재빨리 상상력이 기침을 기다리고 찾기까지 한다. 마치 몸의 가려운 곳을 긁는 사람들처럼 심하게 기침을 하면 병에서 벗어날 수 있다는 어리석은 생각에서 일부러 하는 것이다. 동물들도 제 몸을 긁어서 상처를 낸다는 걸 잘 알고 있다. 그러나 단순한 사념의 작용만으로 제 몸을 긁고 정념의 작용만으로 제 심장을 흥분시켜서 여기저기에 피를 거꾸로 흐르게 할 수 있는 것은 사람의 위험한 특권이다.

다시 한 번 정념을 생각하기로 하자. 그리고 자기 견해의 긴 굴곡을 거쳐서야 정념에 이를 수 있는 자에게서 눈을 떼지 말자. 즉, 명예욕에 이끌리지 않기 위하여 명예를 구하지 않으려는 현자의 경우이다. 그는 명예욕에 조금도 이끌리지 않는다. 그러나 슬픔에 따르려는 육체의 변화에 따라 저도 모르게 그 슬픔을 유지하려 하는 단지 그 이유로 해서 불쾌감은 우리들을 속박하고 조여대고 질식시킨다. 앉고 서고 이야기하는 데 싫증난 사람은 신경질을 유지하기에 알맞은 태도를 취한다. 화가 난 사람은 다른 방식으로 반응을 보이고, 낙담한 사람은 가능한 한 자기의 근육을 멀리하는, 말하자면 수레에서 풀어놓는다고 말할 수 있는 안마 작용을 필요한 만큼 해야 하는데 그렇게는 하지 않는다.

기분에 맞서 싸우는 것은 판단력의 역할이 아니다. 판단력은 여기에서는 아무 소용도 없다. 그보다는 자세를 바꾸어서 적당한 운동을 해볼 필요가 있다. 그것은 인간의 몸 가운데 운동을 전하는 근육만이 사람이 제어할 수 있는 유일한 부분이기 때문이다. 미소를 짓거나 어깨를 으쓱해 보이거나 하는 몸짓이 걱정을 몰아내는 좋은 방책이다. 아주 쉽게 할 수 있는 이 운동이 곧 내장의 혈액 순환에 변화를 준다는 사실에 주의해야 한다. 사람은 뜻대로 기지개를 켜거나 하품을 하거나 할 수 있다. 이것이 불안과 초조를 효과적으로 떨쳐 낼 수 있는 체조이다. 그러나 신경질을 내고 있는 사람은 이런 식으로 태평스러운 행동을 해볼 생각은 나지 않을 것이고, 마찬가지로 불면증으로 고민하는 사람도 자는 체 해 본다는 생각은 하지 못할 것이다. 그렇지 않고, 그런 기분은 스스로 똑똑히 보여지기 때문에 이어진다. 현자의 실수, 그것은 예의 범절에 의지해 미소의 의무와 강제에서 도움을 찾아 불쾌감을 내몰려고 하는 것이다. 태평스러운 사람과의 교제가 크게 환영받는 까닭은 이 때문이다.

1923년 4월 20일

13 사고

무서운 추락에 대하여 누구나 조금은 생각한 적이 있을 것이다. 큰 마차의 수레바퀴가 하나 빠진다. 처음에는 아주 천천히 기울어질 것이다.

그러자 순간적으로 깊은 연못 위의 공중에 매달린 불쌍한 조난자들이 무서운 비명을 지른다. 이런 장면은 누구나 쉽게 상상할 수 있다. 그 가운데에는 꿈에서 이런 추락의 발단과 땅바닥에 부딪치기 직전의 공포를 맛본 사람도 있다. 그러나 그것은 생각할 만한 시간이 있기 때문이다. 그들은 추락 상태를 흉내 내어 보고 공포를 음미해 본다. 떨어지기를 그만두고, 떨어지는 것을 생각해 본다. 어느 날 한 부인이 나에게 말했다. '저는 글쎄, 뭐든지 무서워서 죽겠어요. 그런 제가 죽어야 할 날을 생각하니까 끔찍해서……' 다행히 사물의 기세는 그 사물이 우리들을 사로잡을 때는 눈 깜짝할 사이에 해치운다. 순간과 순간을 묶고 있는 사슬이 끊긴 거나 다름없다. 그러므로 더할 수 없는 괴로움도 아주 작은 괴로움에 지나지 않는다. 전혀 느껴지지도 않을 정도이다. 공포는 수면제와 같다. 클로로포름은 의식의 최고부만 잠재우는 성싶다. 몸의 여러 기관들을 지닌 사람들은 저마다 움직이고 각기 괴로워할 뿐, 모두가 함께 그렇지는 않다. 완전한 고통이란 조용히 응시되고 싶어한다. 그렇지 않으면 고통은 전혀 느껴지지 않기 때문이다. 1000분의 1초 동안만 느껴지고 금방 잊혀져 버리는 아픔이란 어떤 것인가? 고뇌는 치통과 마찬가지로 사람이 이 고통을 예상하고 기다리며, 현재를 중심으로 한 앞뒤의 시간에 잠시 동안 지속시키고서야 비로소 존재한다. 현재뿐인 것은 없는 것과 같다. 하기야 아픔을 맛볼는지도 모른다. 실은 아픔 그 자체보다도 아플지도 모른다는 두려움 쪽을 사람들은 좀 더 많이 고통으로 느끼고 있다.

이런 고찰은 의식 자체를 정확하게 분석한 것에 의거한다. 그리고 진실한 위안이란 무엇인가를 가르쳐 준다. 그러나 상상력의 힘은 강하다. 공포는 그 상상력의 작용이 만든다. 이 점을 이해하려면 경험이 조금 필요할는지도 모른다. 그러나 누구든 경험이 전혀 없지는 않을 것이다. 어느 날 극장에서 사소한 일로 겁을 먹고 엉겁결에 10미터나 넘게 앞으로 달려나간 적이 있었다. 무언가

타는 냄새가 나는 바람에 모두가 앞을 다투어 달아났기 때문이다. 그러나 사실은 이러한 인파에 휩쓸려서 무슨 일이 일어났는지도 모르고 떠밀려가는 것만큼 무서운 일이 또 있겠는가. 분명 나는 거기에 대해서는 아무것도 몰랐다. 그때나, 나중에 생각해 보았을 때나, 요컨대 나는 떠밀려갔을 뿐이다. 게다가 다르게 생각해 볼 것도 없었기 때문에 아무 생각도 들지 않았다. 예상도 기억도 아무것도 없었다. 즉, 지각도 감정도 없었다. 있었던 것은 오히려 몇 순간의 잠뿐이었다.

전선(前線)으로 떠나던 날 밤, 남의 소문과 무용담, 터무니없는 공상 같은 것으로 가득찬 비참한 열차 안에서 그다지 즐겁지 않은 생각에 사로잡혀 있었다. 거기에는 샤를루아*12 전투의 패잔병도 몇 사람 있었는데, 그들에게는 공포를 품을 만한 틈이 있었다. 게다가 한구석에는 머리에 붕대를 감은 죽은 사람처럼 창백한 이가 있었다. 이런 광경을 보자니까 전투의 무서운 장면이 현실로 다가왔다. 어떤 사람이 말했다. '놈들은 개미 떼처럼 우리들을 공격해 왔어. 아군의 포화로는 감당할 수가 없었지.' 상상력은 무너졌다. 다행히도 죽은 사람 같았던 남자가 입을 연 탓이었다. 그리고 귀 뒤에서 탄환이 터져서 죽을 뻔한 광경을 이야기해 주었다. 이런 병은 마음의 탓이 아니라 진짜였다. 그는 말했다. '우리는 숲속으로 달아났는데 나는 숲의 끝까지 달려나갔어. 그러나 거기서부터는 어떻게 됐는지 모르겠어. 아마도 대기를 들이마시고 갑자기 잠들어 버린 것 같아. 그리고 눈을 떠보니 병원의 침대 위더군. 거기서 나는 머리에서 엄지손가락만한 크기의 부서진 조각을 끄집어냈다는 말을 들었지.' 이리하여 나는 지옥에서 빠져나온 이 또 한 사람의 엘*13에 의해 상상 속 불행에서 실제 불행으로 되돌아갔다. 그리하여 가장 큰 불행이란 사물을 왜곡해서 생각하는 것이 아닌가 하고 생각했다. 그 실제를 안다고 해서 무서운 충격이나 뼈 부서지는 소리를 조금도 머리에 떠올리게 되지는 않을 것이다. 그러나 사람이 상상하는 불행은 언제나 실제보다도 과장되어 있다는 사실을 아는 것만으로도 얼마쯤의 성과는 있는 것이다.

1923년 8월 22일

*12 벨기에 도시. 1914년 8월 말 독일군이 이곳에서 벌어진 전투에서 승리했다.
*13 플라톤의 《공화국》에 나오는 용사. 지옥에서 빠져 나왔다.

14 극적인 비극

심한 난파 끝에 구조된 사람들은 무서운 추억을 가지고 있다. 현창(舷窓)에 들이닥치는 어둠의 벽, 한순간의 망설임과 희망, 잔잔한 바다 위에 비췬 거대한 배의 모습. 뱃머리가 기운다. 불이 갑자기 꺼진다. 이어서 1,800명이나 되는 승객들의 비명. 고물이 탑처럼 우뚝 치솟는다. 그리고 온갖 기계들이 천둥소리와 벼락 같은 소리를 내며 이물 쪽으로 떨어진다. 이윽고 제대로 소용돌이다운 소용돌이도 치지 않은 채 바다 속으로 삼켜져 가는 이 거대한 배라는 널. 정적이 감도는 주위를 추운 밤이 지배한다. 차가움, 절망, 그리고 끝으로 구조. 잠을 이루지 못하는 밤이면 이 참극이 수없이 재현된다. 이제는 온갖 추억이 이 참극과 결부되어 있다. 잘 만들어진 각본처럼 어느 부분이든 비극적인 의미를 띠고 있다.

셰익스피어의 《맥베스》에 아침이 되어 성문지기가 아침해와 제비를 바라보는 대목이 있다. 참으로 신선하고 간결하며 순수한 장면이다. 그러나 우리들은 범죄가 이미 저질러진 상황임을 알고 있다. 따라서 비극적인 공포는 여기에서 최고조에 이른다. 마찬가지로 난파를 추억할 경우에도 하나하나의 순간이 그것에 잇달아 일어나려 하고 있으며, 상황으로 말미암아 뚜렷하게 비친다. 불을 환하게 켜고, 바다 위에 조용히 튼튼하게 떠 있는 배의 모습은 그 순간에는 믿음직했다. 그런데 그 난파의 추억, 난파에 대해 내가 그리는 상상 속의 추억은 공포의 한순간 이전 모습이 된다. 따라서 참극은 이제 한 발 한 발 다가오는 단말마의 고통을 알고, 이해하며, 음미하는 관객을 위해 다시 시작된다. 그러나 실제의 행위 자체에는 이런 관객들은 존재하지 않는다. 반성도 하지 않고, 인상은 광경과 함께 변한다. 더 정확하게 말한다면 광경은 존재하지도 않는다. 있는 것은 다만 엉뚱한, 무슨 일인지도 모르는, 해석도 할 수 없는, 그런 지각(知覺)의 연속뿐이다. 사고(思考)는 한순간마다 난파하고, 한 가지 모습이 나타났다가 사라지면 또 다른 모습이 나타났다가 사라진다. 사건이 극적 비극을 살해했다. 죽은 극적 비극들을 이제 전혀 느낄 수 없다.

느끼는 것, 그것은 반성하는 것이다. 추상하는 것이다. 크고 작은 온갖 사고들 속에서 이와 똑같은 경우를 관찰할 수 있었을 것이다. 신기한 일, 뜻밖의 일, 위급한 동작이 주의력을 깡그리 빼앗아가 버려서 아무런 감정도 일으키지 않는다. 사건 자체를 아주 정직하게 다시 구성하려고 시도하는 사람은 이해도 예측도 못하고 마치 꿈 속에 있는 듯하다고 말할 것이다. 그러나 나중에 가서 그것을 생각하고 공포를 느끼기 때문에 비극적인 이야기를 한다. 누군가의 병을 임종 때까지 보살피는 경우와 같은 큰 슬픔에 대해서도 같은 말을 할 수 있다. 그때는 멍해져서 순간 순간의 행동과 지각에 몸을 맡길 뿐이다. 공포와 절망의 광경을 남에게 전한다 하더라도 그때는 괴로웠다고 할 수 없다. 자신의 괴로움만을 지나치게 생각하는 사람들이 남을 울릴 만큼 자신의 괴로움을 이야기할 때는, 울린다는 것이 조금 위안이 되기 때문이다.

그리고 이미 죽은 사람들이 어떻게 느꼈든 간에 죽음은 모든 것을 묻어 버렸다. 우리들이 신문을 펼치기도 전에 그들의 고통은 이미 끝나 있다. 즉, 그들은 치유된 거나 다름없다. 누구나가 그렇게 느낄 게 틀림없다. 그러고 보면 사실 사람은 죽고 나서 얻게 되는 생명을 믿지 않는 게 아닐까? 그러나 살아 있는 사람들의 상상력 속에서는 죽은 사람들이 절대로 죽는 일을 그만두지 않는다.

1912년 4월 24일

15 죽음에 대하여

정치가의 죽음이 명상의 기회가 되기도 하고, 곳곳에서 얼뜨기 신학자가 나타나는 일도 흔히 본다. 누구나가 자기라는 것, 그리고 죽음이라는 인간의 공통 조건으로 되돌아간다. 그러나 이 생각 자체에는 대상이 없다. 우리들은 자기 자신을 살아 있는 존재로서만 여기기 때문이다. 그래서 초조하게 생각한다. 이 추상적이고 전혀 걷잡을 수 없는 죽음이라는 위협 앞에서는 어떻게 할 수가 없다. 우유부단은 가장 큰 악이라고 데카르트는 말했다. 그런데 우리들은 그 우유부단 속에 내던져져서 구제될 길이 없다. 목을 매려는 사람이 형편은 더 좋다. 그는 못과 끈을 선택한다. 마지막 순간까지 모두 자기 마음대로다. 그리고 통풍 환자가 다리를 편하게 놓는 방법을 골똘히 생각하듯이, 아무리 나쁜 상태에 있더라도 사람은 현실에 득이 되는 쪽으로 배려하려 하고, 무엇이든 시도하게 마련이다. 그러나 자기가 건강한 상태인데도 죽음을 생각하는 사람의 상태는 죽음의 위험이 언제 올지 정해져 있지 않기 때문에 사실 우습게 보일 수 있다. 죽음을 생각할 때 사로잡히는 순간적인 마음의 동요, 이 순간의 동요를 막는 것도 말리는 것도 없다. 벌거숭이의 정념이다. 그래도 먼저 더 나은 실수인 카드놀이라도 한다면, 다행히도 아주 결정적인 문제들을 적극적으로 생각하게 된다. 그렇게 하면 죽음에 대해 끝없이 생각하는 대신, 즉 결단해야 할 때나 눈앞에 닥친 패배 같은 확실히 정해져 있는 문제에 대해 생각해야 한다.

사람은 경우에 따라 용기를 가지는 게 아니라 본질적으로 가지고 있다. 행동은 과감함이다. 생각도 과감함이다. 위험은 곳곳에 있지만 사람은 겁내지 않는다. 보는 바와 같이 사람은 스스로 죽음을 찾고 그것을 하찮게 여긴다. 사람은 죽음을 기다릴 줄을 모른다. 바쁘지 않은 사람은 모두 초조해 있기에 꽤 공격적이다. 죽고 싶어서가 아니라 오히려 살고 싶기 때문이다. 그리고 전쟁의 진짜 원인은 확실히 얼마 안 되는 사람들의 싫증에 있다. 그들은 카드놀이와 같은 명확한 위험, 한정된 위험을 바라고 있다. 자기 손으로 일하는 사람들이 평화적인 까닭은 우연이 아니라 그 사람들이 매 순간마다 승리자이기 때문이다. 그들의 시간은 줄곧 충실하고 긍정적이다. 그들은 죽음을 정복하기를 멈추지 않으며, 이것이야말로 죽음을 생각하는 올바른 태도이다. 병사들의 마음을 사로잡고 있는 것은 죽음의 위험 앞에 놓여 있다는 추상적인 조건이 아니라 이것의 추상적인 위험이고, 다음은 저것의 구체적인 위험이다. 어쩌면 전쟁이 변증법적(辨證法的) 신학(神學)*14을 바로 잡을 수 있는 유일한 방법이었다는 말은 부패할 것이다. 이 어두운 그림자를 먹는 자들은, 마지막에는 반드시 우리들을 전쟁으로 끌고 간다. 이 세상에는 두려움을 치유해 주는 것은 현실로 다가온 위험 말고는 아무것도 없기 때문이다.

사람은 병이 들면, 병이 아닐까 하는 두려움으로부터 당장 치유되는데, 마찬가지로 환자 자체를 보자. 우리들의 적은 항상 상상 속에 있다. 상상 속의 것들은 내 손에 하나도 잡히지 않기 때문이다. 이런저런 가정(假定)에 대해서는 손을 쓸 수 없지 않은가. 어떤 사람이 파산했다고 치자. 당장 해야 할 일, 더욱이 긴급한 일이 자꾸 나온다. 이리하여 그들은 아무렇게나 내버려두었던 자기의 생활을 깨닫게 된다. 그러나 혁명, 평가절하, 증권 하락 등을 상상만 하고도 당장 파산이나 영락을 걱정하는 사람은 어떻게 하면 좋은가? 무엇을 바라면 좋은가? 그는 어떤 생각이 떠오르더라도 금방 그런 가능한 일들은 생

---

*14 칼 바르트, 에밀 브루너 등이 일으킨 신학. 위기(危機)를 강조하므로 '위기신학'이라고도 일컫는다.

겨나지 않는다고 부정해 버린다. 일어날지도 모른다는 것을 생각하기 시작하면 한이 없다. 온갖 좋지 못한 일이 쉴 새 없이 생겨서 끝나는 일이 없다. 아무 진전도 없다. 그의 모든 행위는 마침내 단서로 그친다. 단서끼리 서로 중도에서 끊어지고 얽혀 있을 뿐이다. 두려움이란 어떤 결과도 낳을 수 없는 마음의 동요임이 틀림없다. 사람은 죽음에 대한 것을 생각하기가 무섭게 금방 죽음을 두려워한다. 나도 확실히 그렇다고 생각한다. 아무것도 하지 않고 생각만 한다면 무서운 게 당연하지 않겠는가. 또한 사고(思考)가 보증 없는 가능성 속에 들어간다면 당연히 무섭지 않겠는가. 시험에 대한 생각만으로도 겁이 나서 복통을 일으키는 수가 있다. 장(腸)의 움직임이 칼로 위협당하고 있기 때문에 일어난다고 사람들이 생각할까? 그렇게는 생각지 않는다. 실은 대상이 없는 초조 때문에 우유부단이 배에 불을 질렀다고 생각한다.

1923년 8월 10일

16 태도

어떤 평범한 사람이라도, 자기의 불행을 흉내 내게 되면 큰 예술가가 된다. 흔히 하는 말이지만, 마음이 죄면 사람들은 자기 팔로 제 가슴을 죄는 모습을 볼 수 있다. 그러면 모든 근육이 더욱 긴장되는 법이다. 그 어디에도 적(敵)이 없는데도 이를 악물고 가슴을 무장하고 하늘 쪽으로 주먹을 쳐든다. 이런 요란한 동작은 외부에 나타나지 않더라도 몸의 내부에 조금도 덜하지 않게 온전히 그림으로 그려져 있다. 그리고 그 때문에 더 강력한 힘을 발휘하게 된다. 잠이 오지 않을 때는 정해 놓고 똑같은 생각이, 그것도 대부분 불쾌한 생각이 꼬리를 물고 일어나는 현상에 사람들은 깜짝 놀란다. 하늘 쪽으로 주먹을 쳐드는 것 같은 불쾌한 생각들은 사실 분명 우리의 내적 몸짓을 그림으로 그린 것으로부터 나왔다고 장담할 수 있는 것에 놀란다. 도덕적 질서로부터 악이 생겨나는 데 맞서, 더욱이 악의 시작이 되는 병에 대항해 몸의 병의 초기 증세를 고치려면 긴장을 풀고 정신 훈련을 해야 한다. 거의가 이 치료법만으로도 되리라고 생각한다. 그러나 세상 사람들은 이 치료법을 생각하지 못한다.

예의라는 관습은 사람의 사고에 큰 영향력을 지니고 있다. 상냥함, 친절, 쾌활함 등을 흉내 낸다면 그것은 불쾌감, 나아가서는 위장병도 훌륭하게 치료하게 된다. 머리를 숙이거나 미소짓거나 하는 운동은 그 반대의 노여움, 불신, 비탄 등의 운동을 불가능하게 한다. 그렇기 때문에 사교 생활, 방문, 의식(儀式), 축제 등을 언제든지 좋아하는 것이다. 그것은 행복을 흉내 내는 기회이다. 그리고 이러한 일종의 희극은 확실히 우리들을 비극에서 벗어나게 해준다. 이것은 대단한 일이다.

종교적 태도, 이것은 의사가 고찰해 볼 가치가 있다. 신(神) 앞에 무릎을 꿇고 엎드려서 몸을 부드럽게 하면 몸속에 있는 온갖 기관들이 해방되어서 생명의 기능이 더욱 원활하게 움직이게 되기 때문이다. '머리를 숙여라. 마음이 교만한 시캄브리아 사람들이여.'*15 이것은 노여움이나 남을 업신여기며 잘난 체하는 마음을 버리라는 말이 아니라 어쨌든 잠자코 눈을 휴식하며 부드럽게 행동하라는 말이다. 그렇게 하면 성격의 거친 부분이 사라진다. 그러나 장기적으로, 또는 영구히 그렇게 되지는 않는다. 그런 장기 치료는 우리들의 힘만으로는 되지 않고 잠깐 동안일 뿐이다. 생각해 보면 종교상의 이런저런 기적은 기적도 아니고 아무것도 아니다.

사람이 집요한 생각을 어떻게 내모는가를 보면 도움이 된다. 그는 마치 근육이라도 풀기 위한 것처럼 걱정을 멀리 던져 버리고 손가락 관절을 꺾어 소리를 낸다. 지금 가지고 있는 것과는 다른 지각과 다른 공상을 가지려고 한다. 그때 다비드 왕의 하프 연주가 그의 마음을 사로잡고 그 몸매를 다스려 부드럽게 해서 모든 분노와 초조를 물리쳐 준다면, 억울병(抑鬱病) 환자 따위는 당장에 나아 버릴 것이다.

나는 난처할 때의 몸짓을 좋아한다. 사람들은 그때 귀 뒤의 머리를 긁적거린다. 그런데 이 몸짓은 말하자면 하나의 책략으로서, 가장 무서운 동작의 하나인 돌이나 화살을 던지려는 몸짓을 하다가 멈추고 잊어버리게 하는 효과를 갖는다. 즉 흉내는 사람을 자유롭게 하고, 또 흉내를 통한 몸짓은 사람을 끌어들인다. 이들은 아주 가까운 관계에 있다. 묵주는 생각과 손을 세는 일에 동시에 전념하게 하는 감탄할 만한 발명물이다. 의지는 정념을 전혀 지배할 수 없지만 운동을 직접 지배할 수 있다는, 현자(賢者)가 되기 위한 비결은 더욱 훌륭하다. 사람들이 말하듯이 바이올린을 켜는 방법을 궁리만 하지 말고 먼

---

*15 성 레미가 가톨릭으로 개종한 프랑크 왕 클로비스 1세에게 성체성사를 거행할 때 한 말. 시 캄브리아 사람들은 고대 게르마니아의 백성.

저 손에 들고 켜 보는 게 상책이다.

1922년 2월 16일

17 체조(정신 훈련)

무대에 나갈 때 겁이 나서 죽을 지경이었던 피아니스트도 연주를 시작하자마자 아무렇지도 않게 된다는 사실을 어떻게 설명하면 좋을까! 연주를 시작했을 때는 이미 겁난다는 생각이 머릿속에 없다고 말하는 사람이 있을지도 모른다. 그것도 틀린 말은 아니다. 그러나 나는 공포 그 자체를 좀 더 자세히 살펴보고, 예술가가 그 부드러운 손가락 운동으로 공포를 흔들어서 내몰아 버리고 있다고 이해하고 싶다. 즉, 몸이라는 기계에서는 모두가 서로 도움을 주고 받는 관계에 있으므로 마음이 편안해야만 손가락도 편안해진다. 그래서 부드러움은 딱딱함과 마찬가지로 온갖 곳을 침범하게 된다. 그리고 잘 제어된 몸속에서 공포는 존재할 수 없다. 진정한 노래나 웅변이 마찬가지로 마음을 진정시키는 까닭은 몸속의 모든 근육이 자극되어서 잘 활동하기 때문이다. 눈여겨볼 만한 것인데도 주목받고 있지 않는 것, 그것은 우리들을 정념으로부터 해방시키는 사고가 아니라 행동이다. 사람은 절대 자기가 바라는 대로 생각하지는 않는다. 그렇지 않고 평소에 몸에 밴 동작을 할 때, 근육이 체조로 훈련되어서 부드럽게 되어 있을 그런 때에 사람은 바라는 대로 행동하는 것이다. 걱정이 있을 때는 그 이유를 생각하려 애쓰지 않는 편이 좋다. 이유가 자기 자신에게 창끝을 돌리게 되기 때문이다. 그보다도 요즘 어느 학교에서나 가르치고 있는 운동으로, 팔을 올렸다 내렸다 폈다 오므렸다 하는 훈련을 해 보는 게 좋다. 그 결과에 여러분은 놀라고 만다. 그러므로 철학 선생은 여러분을 체조 선생에게로 데리고 간다.

어떤 비행가가 풀 위에 누워서 날씨가 좋아지기를 기다리며 속수무책인 위험에 대해 생각하던 두 시간 동안이 얼마나 두려웠던가를 말해 준 적이 있다. 하늘로 올라가서 평소에 손에 익은 기계를 조종하니까 그 무서움은 곧 낫더라고 했다. 이 이야기는 마침 유명한 퐁크*[16]의 모험을 읽고 있을 때 생각났다. 퐁크는 어느 날, 전투기를 타고 지상 4천 미터에 이르렀을 때 조종 장치가 말

---

*16 르네 퐁크. 비행가의 선구자 중 한 사람. 제1차 세계 대전에서 눈부신 활약을 보였다.

을 듣지 않아 추락하는 수밖에 도리가 없음을 깨달았다. 그는 그 원인을 찾다가 마침내 탄약 상자에서 빠져나온 한 발의 탄환을 발견했다. 그것 때문에 조종 장치가 먹통이 되었던 것이다. 그리하여 추락하는 동안에 그것을 재빨리 본디 있던 곳에 되돌려 놓고 그리 큰 손상도 없이 전투기 머리의 방향을 바로잡았다. 이 몇 분 동안의 일에 대한 생각이나 꿈이 지금도 이 용감한 사나이를 두려움에 떨게 한다. 그러나 만약 그가 지금 그 일을 떠올리고 공포를 느낀 것과 똑같은 공포를 그 순간에도 느꼈다고 생각하는 사람이 있다면 그것은 잘못이다. 우리들의 몸은 어떤 의미에서는 우리 스스로도 어쩌지 못하는 어려운 존재이다. 왜냐하면 우리들의 명령을 받지 않게 되면 몸은 당장에 지휘권을 가지지만, 반면에 손을 펴거나 쥐고 있어야 할 바로 그때에 이 두 가지 상태로 있을 수도 없을 수도 있게 만들어져 있기 때문이다. 만일 손을 펴면 쥐어진 손 안에 가지고 있던 모든 짜증스러운 생각은 달아난다. 다만 목을 움츠리기만 하면 가슴이라는 새장 속에 가두어 두었던 걱정거리가 날아갈 건 틀림없다. 들이켜는 것과 기침하는 것을 동시에는 못한다. 그래서 나는 기침을 멎게 하는 데는 기침약을 먹는 게 가장 좋은 방법이라고 말한다. 같은 이유로 하품을 하면 딸꾹질이 멎는다. 그러나 어떻게 해서 하품을 하는가. 먼저 기지개를 켜거나 거짓 하품 등의 흉내를 내노라면 곧 신통하게 진짜 하품이 나오게 된다.

당신의 허락도 없이 제멋대로 당신에게 딸꾹질을 시키는 당신 속의 딸꾹질 벌레는 이렇게 해서 마침내 하품을 하는 자세를 취하게 된다. 그러니까 하품을 할 것이다. 이것이 딸꾹질이나 걱정거리에 대한 유력한 치료법이다. 그러나 15분마다 하품을 하라고 처방하는 의사가 어디에 있을까.

1922년 3월 16일

18 기도

입을 벌린 채 '이(i)'라는 음을 생각할 수는 없다. 한 번 해보라. 가만히 생각해 보면 '이'가 일종의 '아'에 가까운 음이 됨을 알게 된다. 이 실례(實例)는 육체의 운동 기관이 상상력에 반대하는 운동을 행할 때에는 상상력이 대단한 작용을 하지 못한다고 가르쳐 준다. 이 육체의 운동 기관과 상상력의 관계는 사람의 동작이 직접 밝혀 준다. 상상된 모든 운동을 현실로 그려 내는 것이 동작이기 때문이다. 성을 내고 있다면 나는 틀림없이 주먹을 쥔다. 이것은 누구나 잘 알고 있기는 한데, 사람들은 일반적으로 거기에서 온갖 정념을 지배하는 방법을 끌어내려고는 하지 않는다.

모든 종교는 놀랄 만한 실천적인 지혜를 내포하고 있다. 예를 들면, 사실들을 부정하려 들고 쓸데없는 고심으로 자기의 불행을 이용하고 불행을 갑절로 늘리는 불행한 사람은 무릎을 꿇고 머리를 두 손으로 감싸 안는다. 이성적으로 생각하기보다도 이렇게 하는 편이 더 나은 것이다. 이 체조(내적인 몸짓을 그린 것을 겉으로 드러낸 것)는 상상력의 과격 상태를 억누르고 절망 또는 분노의 작용을 때때로 중단시키기 때문에, 이 체조야말로 비결이다.

사람이란 일단 정념의 포로가 되면 놀랄 만큼 유순해지는 법이다. 그러나 이렇게 쉬운 치료법을 좀처럼 믿어 주지 않는다. 남한테서 무례를 당한 사람은 먼저 그가 무례하다는 사실을 확인하기 때문에 이런저런 이유를 생각해 낸다. 그는 사태를 악화시키는 사정을 찾아내려고 애를 쓰며, 그것을 찾아내려 한다. 선례(先例)를 찾아내려고 애를 쓰며, 마침내 그것을 찾아내고야 만다. 그리고 이렇게 말한다. 이것이 나의 정당한 노여움의 원인이고, 나는 단연코 그 노여움을 가라앉혀서 편해질 생각은 없다고. 이것이 최초의 순간이다. 그 다음에는, 사람은 놀랄 만한 철학자이기 때문에 이치가 찾아온다. 그리고 사람이 더 놀라게 되는 경우는, 이성(理性)이 정념에 대해 아무런 힘도 갖지 못할 때이다. '이치로는 늘 그렇게 생각하는데……' 이런 말은 누구나 한다. 그리고 이 독백을 하는 주인공이 자기 변명을 전혀 하지 않는다면 비극으로서는 내용이 부족하다. 또한 이런 상태를 회의주의자들이 낱낱이 명확하게 묘사한다면, 과연 세상에는 극복하기 어려운 숙명이라는 것이 있구나 하고 독자들은 생각하게 될지도 모른다. 그러나 그 회의가 뭔가를 발견하지는 않았다. 가장 오래된 신(神)의 관념은, 가장 세련된 신의 관념과 마찬가지로 사람들이 언제나 자기는 심판을 거쳐서 유죄를 선고받을 존재라고 스스로 느끼는 데서 생긴다. 사람은 인류의 긴 어린 시절 동안, 자기들의 정념은 꿈과 마찬가지로 신들이 주었다고 믿었다. 따라서 고통이 덜어지고 구제되었다고 생각했을 때는 늘 거기에 은총의 기적을 보았다. 불안을 이기지 못하는 사람은 무릎을 꿇고 편안함을 찾는다. 그리고 올바르게 무릎을 꿇고서 노여움을 막는 자세를 취한다면 그들은 마땅히 편안함을 얻는다. 그때 그는 자비로운 힘을 느끼기 때문에, 고통으로부터 구제되었다고 생각한다. 보다시피 신학(神學)이 얼마나 자연적으로 전개되어 있는가. 그가 아무것도 얻지 못했을 때는 조언자가 이렇게 말해 준다. '그것은 당신이 바르게 구하지 않고, 꿇어 엎드리는 방법을 몰랐기 때문입니다. 자기의 노여움을 지나치게 사랑하기 때문입니다……' 등등. 그리고 '나의 조언이 옳음은 신들이 바르다는 사실, 신들께서 사람의 마음을 아신다는 사실을 증명합니다.'라고 신학자는 말할 것이다. 그리고 사제(司祭)도 신자 못지않게 소박하다. 사람은 인체의 운동이 정념의 원인이며, 따라서 적당한 체조가 그 치료법임을 알게 될 때까지 오랫동안 온갖 정념을 견디어 왔다. 그리고 태도나 의식―아니 예의라고 하자―등의 유력한 효과를 사람은 알고 있었기 때문에, 개종이라고까지 불리는 갑작스러운 기분의 변화가 오랫동안 기적이라고 여겨져 왔다. 미신이란, 언제나 당연한 결과를 초자연적인 원인에 따라서 설명하는 데 있다. 그리고 지금도 여전히 가장 교양 있는 사람들조차도 일단 정념의 불 속에 몸을 태우게 되면, 그들이 가장 잘 알고 있는 일조차도 쉽게 믿으려 하지 않는다.

1913년 12월 24일

19 하품의 기술

난롯가에서 개가 하품을 하면 그것은 사냥꾼들에게 걱정거리는 내일로 미루라는 신호이다. 염치에 얽매이지 않고 기지개를 켜는 이 생명력은 보기에 좋아서 본을 받아 흉내 내지 않을 수가 없다. 그래서 그 자리에 있던 사람들은 누구나 기지개를 켜고 하품을 하게 된다. 이것이 잠을 자러 가라는 서곡(序曲)이다. 하품은 피로의 표시가 아니라 오히려 내장 깊숙이 공기를 보냄으로써 주의력이 많이 필요한 정신, 의논을 좋아하는 정신에게 휴식을 주라는 표시이다. 자연의 어머니는 이러한 정력적인 개혁으로써 자연이 스스로의 삶에 만족하는 동시에 생각하는 데 싫증이 나 있음을 알린다.

주의력을 집중할 때와 느닷없이 놀랄 때 숨이 멎는다는 것은 누구나 다 인정하는 바이다. 이 점에 대해서는 생리학이 가슴 부위에 어떤 식으로 강한 방어의 근육이 붙어 있으며, 그것이 움직이면서 어떻게 가슴을 죄고 마비시키는 일을 하게 되느냐는 것을 나타내어 모든 의혹을 제거해 주고 있다. 그리고 항복의 신호인, 두 손을 높이 쳐드는 운동이 가슴을 편하게 하는 데 가장 효과가 있다는 사실은 눈여겨볼 만한 일이다. 그러나 이것은 또 힘껏 하품을 하기 위한 가장 좋은 자세이기도 하다. 이 사실에서 모든 걱정거리가 어떻게 해서 우리들의 심장을 죄는가, 또 어떤 행동을 하려 하면 그것은 어떻게 해서 가슴을 눌러 기대의 자매인 불안을 생기게 하는가를 알 수 있다. 우리들은 그냥 기다리는 것만으로도 불안해진다는 말이다. 하찮은 일을 기다릴 때도 마찬가지이다. 기다린다는 이 괴로운 상태에서 곧 자기를 향한 노여움인 초조가 생긴다. 이래서는 조금도 편안해지지 않는다. 의식이란 이러한 모든 구속을 근거로 해서 성립되고 옷차림이 그것을 더욱 답답하게 한다. 또한 전염이라는 것도 생기며 불쾌함이 감염된다. 그런데 하품은 전염성을 지닌 의식이 전염되면서 이루어지는 치료법이다. 왜 하품이 병처럼 남에게 옮는가 이상하게 여기는 사람이 있다. 내가 생각하기로는 오히려 답답함, 긴장, 그리고 걱정스러운 상태 등이 병처럼 옮는다. 생명의 복수임과 동시에 건강의 회복인 하품은, 그 반대로 엄숙함을 내버려 두거나 무관심을 지나치게 크게 선언함으로써 옮는다. 그것은 누구나가 해산의 신호같이 기다리는 신호이다. 이 편안함의 유혹에는 아무도 당해내지 못한다. 그래서 어떤 엄숙함도 지고 만다.

웃음과 흐느낌은 하품과 같은 종류이지만 그러나 더 소극적이고 억눌린 해결법이다. 거기에는 연결짓는 사고(思考)와 흩어지는 사고 사이의 싸움을 볼 수 있다. 이와는 달리 하품은, 연결짓는 생각도 흩어지는 생각도 모두 달아나게 만들어 버린다. 산다는 즐거움이 그런 생각들을 모두 내몰아 버린다. 그런 까닭에 하품은 언제든지 다시 시작하기 마련이다. 신경성이라고 부를 수 있는 병(이 병에서는 생각이 병을 만든다)에서는, 하품이 반드시 좋은 징후임을 누구나 관찰할 수 있다. 하품은 그것이 예고하는 잠과 마찬가지로 어떤 병에도 효과가 있다. 하품은 우리들의 생각이 언제나 이런저런 병에 크게 관계되어 있다는 표시이다. 이는 자신의 혀를 깨물 때 느끼는 고통을 생각하면 그다지 놀랍지 않다. 이 표현(깨문다)의 비유적인 뜻에서 알 수 있듯이 회한이라는 말로 훌륭하게 나타낸 후회는 상처까지 입힌다. 사실 졸음도 하품도 모든 면에서 건강에 좋지만, 이와 반대로 하품에는 아무런 위험성이 없다.

1923년 4월 24일

20 기분

스스로 자기 몸을 쥐어뜯는 행위가 가장 격분한 모습이다. 이것은 스스로 제 불행을 택하고 자기에게 복수를 하는 거나 다름없다. 아이는 처음에 이 방법을 사용한다. 자기가 우는 것에 화를 내고 더 운다. 성이 나 있는 데 짜증이 나서 달래더라도 마음을 풀지 않으려고 아예 결심을 하고 스스로 달랜다. 그것이 즉 어리광이다. 자기가 좋아하는 사람을 괴롭힘으로써 이중으로 자기에게 벌을 준다. 자기를 혼내 주기 위해 자신이 좋아하는 사람을 혼내 준다. 자기의 무지를 부끄럽게 여겨 이제 절대로 아무것도 읽지 않으리라고 맹세한다. 고집부리는 일에 고집을 부린다. 벌컥 성을 내며 기침을 한다. 기억 속에서까지 굴욕을 참는다. 자기 스스로 감정을 날카롭게 만든다. 자기를 손상하고 스스로를 모욕하는 일을 비극 배우처럼 능숙한 솜씨로 자신에게 되풀이한다. 자신이 최악이라는 규칙에 따라서 사물을 해석한다. 자기를 심술궂은 사람으로 만들기 위해 억지로 심술궂은 사람 같은 기분으로 행동한다. 신념도 없이 해보고 실패를 하면 '내기를 걸 걸 그랬어. 확실히 이기는 수법이었으니까'라고 한다. 누구나가 싫어하는 얼굴을 하고서, 또한 남들을 싫어한다. 열심히 사람을 불쾌하게 만들어 놓고서 마음에 들어하지 않는다고 이상하게 여긴다. 그리고 공포 때문에 졸음을 청한다. 어떤 기쁨이든 모두 의심하려 들기 때문에 모든 형상들이 슬퍼보이고, 어떤 일이든 반대한다. 불쾌함에서 불쾌함이 만들어진다. 그러한 상태에서 자기를 판단한다. '나는 소심하다. 나는 재주가 없다' '나는 기억력이 나빠졌다. 나는 늙었다' 생각하면서 일부러 기분 나쁜 표정을 짓고 거울을 본다. 이것이 불쾌함의 덫이다.

그래서 나는 '굉장히 춥다. 건강에는 이게 가장 좋거든' 하는 사람들을 경멸하지 않는다. 이보다 더 좋은 태도가 어디에 있겠는가. 바람이 동북(東北)에서 불어올 때는 손을 마주 비비면 두 배의 효과가 있다. 이런 경우 본능은 지혜와 같을 정도로 효과 있게 작용해서, 육체의 대처 기능이 사람에게 기쁨을 가르쳐 준다. 추위에 대처하는 방법은 한 가지밖에 없다. 추위에 만족하는 것이다. 기쁨의 달인인 스피노자식으로 이야기한다면 '나의 만족은 몸이 따뜻해졌기 때문이 아니다. 만족하기 때문에 몸이 따뜻해진다.'라고 말할 수 있다. 그러므로 언제든지 이렇게 생각해야 한다. '성공하기 때문에 만족하지는 않는다. 만족하기 때문에 성공한다'라고. 만약 기쁨을 찾아 나서려거든 먼저 기쁨을 비축해야 한다. 손에 넣기 전에 먼저 고맙다고 인사를 하는 게 좋다. 희망이라는 것이 희망하는 이유를 만들어 주며, 좋은 징조가 정말로 좋은 것을 이끌어내어 준다. 그러므로 모두가 좋은 징조이고 바람직한 표시이어야 한다. '까마귀의 알림도 당신의 기분에 따라서 징조가 된다'고 에픽테토스*17는 말했다. 그리고 그의 말은 모든 것을 기쁨으로 삼아야 한다는 뜻일 뿐만 아니라, 좋은 희망은 사건을 변화시키기 때문에 모든 것을 정말로 기쁨으로 만든다는 이야기이다. 자기가 싫어하는 사람을 만나면, 먼저 웃는 얼굴을 보여야 한다. 그리고 잠을 자고 싶을 때는 잠을 잘 수 있다고 확신하는 편이 좋다. 예컨대, 어떤 사람에게든지 이 세상에서 가장 무서운 적은 자기 자신 말고는 없다.

나는 이상에서 일종의 미치광이 존재를 설명한 셈이다. 그러나 미치광이란 우리들의 잘못이 확대된 것임에 틀림없다. 아무리 작은 불쾌함의 동작 속에도 피해망상증의 축소도 있다. 이 피해망상광증은 인간의 반응을 맡아보는 신경기관의 눈에 보이지 않는 작은 상해(傷害)에서 비롯된다는 사실을 부정하지 않는다. 초조 같은 증세는 반드시 어딘가에서 우리의 반응을 요구하는 신경기관의 미세한 상처 부위를 찾는다. 모든 노여움은 마땅한 통로를 파괴해 버리고 만다. 다만 광기 속에 우리들에게 교훈이 되는 점이 있음을 인정한다. 그것은 오해의 무서움을 미치광이들이 확대경으로 보는 것같이 크게 확대한 모습으로 보여 주는 경우이다. 이 불쌍한 사람들은 스스로 질문을 하고 거기에 스스로 대답하고 있다. 드라마 전체를 그들 자신들에게 연기해 보이고 있다. 마법의 주문, 이것은 어떤 효력의 결과이다. 그러나 그 원인을 이해하라.

1921년 12월 21일

21 성격

누구든 형세나 위(胃)의 상태에 따라서 기분이 나빠진다. 문을 발로 차는 사람이 있는가 하면 발로 차는 행위 못지않게 뜻도 없는 말로 고함을 지르는 사람도 있다. 영혼의 위대성은 이런 사건을 망각 속에 던져버리고 만다. 그 사건들을 남들이 일으켰든 자기가 일으켰든 완전히 용서해 버린다. 그런 일에는 절대로 신경을 쓰지 않기 때문이다. 그런데 때때로 사람은 불쾌함을 시인하기

---

*17 후기 스토아파의 철학자. 로마에서 노예였으나 뒤에 해방되어 실천 본위의 스토아 철학을 강의했다. 제자가 편찬한 《어록》 4권이 남아 있음.

도 하고, 불쾌함의 정당성을 세게 쳐들기도 한다. 그런 식으로 자기의 성격을 만든다. 어느 날 자기가 누군가에 대해 기분이 나빴다는 일로 해서 그 사람을 좋아하지 않게 된다. 사실은 기분이 나빠진 자기를 마저 용서해 주어야 하는데 말이다. 그런데 그것이 거의 이루어지지 않는다. 남을 용서하려고 마음먹는다면 자기를 용서하는 것이 첫째 조건이다. 반대로, 끝없이 후회하는 증세는 때때로 다른 사람의 잘못을 확대하기도 한다. 이렇게 하여 누구나가 스스로 생각해낸 불쾌감을 끌어내놓고 '나는 기분이 나쁘다' 말한다. 그러나 그런 말은 사실 자기가 모르는 부분에 대해서 말하고 있는 데 지나지 않는다.

냄새가 견딜 수 없을 때가 있다. 꽃다발이나 오드콜로뉴 같은 것에 대한 불쾌함은 결코 오래 지속되지 않는다. 그런데 사소한 냄새를 맡고도 이러다가는 골치가 아파지겠다고 잔소리를 한다. 이것은 흔한 일이다. 사람은 연기가 입에 들어가면 기침을 하듯이, 무슨 일만 있으면 잔소리를 입에서 내놓는다. 이러한 가정의 폭군에 대해서는 누구나 다 알고 있다. 불면증으로 고민하는 사람은 조금도 잠을 잘 수 없다고 우긴다. 아무리 작은 소리라도 귀에 들려서 눈을 뜬다고 우기는데, 사실 그 사람은 모든 소리를 의심하다가 집안 사람을 책망하려고 기다리고 있었던 것이다. 나중에는 잠을 잔 것에 대해서까지 성을 내게 된다. 잠을 자지 않는다는 자기 자신의 성격을 제대로 감시하지 않았기 때문에 자버렸다고 책망하듯이. 사람은 어떤 일에든 열중하게 되는 법이다. 카드놀이에 지는 일에까지 열중하는 사람을 나는 보았다.

기억력이 없어졌다든가 실어증(失語症)에 걸렸다고 생각하는 사람들이 있다. 기억상실증이나 실어증의 증거는 찾을 필요도 없이 곧 발견된다. 그리고 어떤 나쁜 마음이나 낌새도 없는 이 희극이 때로는 비극이 된다. 진짜 병이라든가 나이 탓 등은 부정할 길이 없다. 그러나 환자가 걸핏하면 증세를 운운하며 찾는, 그리고 너무도 쉽게 찾아내는 그것과 똑같은 성과를 내는 위험한 정신 학설을 오래 전부터 의사들은 알고 있다. 이러한 증세의 증폭 경향은 정념의 전부, 그리고 온갖 병에 관련된 하나의 도박, 특히 상상의 정신 상태를 부추긴다. 그래서 샤르코는*18 자신의 환자가 하는 말을 전혀 믿지 않았다. 어떤 종류의 병은 의사가 그것을 믿지 않았기 때문에 사라졌다. 또는 거의 소멸했

*18 장 마르탱 샤르코(1825~1893). 과학 아카데미 회원. 병리해부학자 및 임상의로서 알려짐.

다고 말할 수 있다.

한때 유명했던 프로이트의 교묘한 학설을 더는 신용하지 않는 까닭은, 불안에 떨고 있는 사람, 스탕달식으로 말한다면 자기의 상상력을 적으로 삼고 괴로워하고 있는 정신에 대해서는 어떤 일이든지 쉽게 믿게 할 수 있다는 설 때문이다. 이 학설의 기초를 이루는 성(性)의 문제는 사람이 성을 중요시하기 때문에, 그리고 또 이미 다 알고 있는 야성적인 시정(詩情)을 성에서 찾아내려고 하기 때문에 생긴다는 것에 대해서는 지금은 언급하지 않겠다. 그리고 의사의 생각을 안다고 해도 환자에게 절대로 좋은 영향을 주지는 못한다. 이 점은 누구나 알고 있다. 이에 비해 이제까지 알려져 있지 않는 사실은, 환자가 이 의사라는 다른 사람의 생각을 곧 알아차리고 그것을 자기의 생각으로 하여 얼마 안가 어떤 거창한 가설이라도 당장 증명해 보인다는 점이다. 이렇게 해서 그 기억 속의 놀라운 환자에 대해서 기록되었고, 이때부터 기념품과도 같은 어떤 종류의 추억들이 함께 철저히 소멸해 버렸다. 학설의 근거가 되는 정신이 환자에게도 있다는 생각을 이렇게 해서 모두 잊었던 것이다.

1923년 12월 4일

22 숙명

우리들은 어떤 것이라도, 팔을 뻗는 행동조차도, 자기 뜻으로 시작할 수는 없다. 누구도 신경이나 근육에 명령을 주어서 그런 행동을 하지는 않는다. 운동이 저절로 시작된다. 우리들은 그 운동에 몸을 맡겨서 이것을 될 수 있는 대로 잘 이행하면 된다. 그러니까 우리들은 결코 결정은 하지 않고 언제나 방향을 취할 따름으로, 사납게 날뛰는 말의 목을 바로잡는 마부와 같다. 그러나 사납게 날뛰는 말이 아니고는 목을 바로잡을 수 없다. 말이 활기를 되찾고 달리기 시작한다. 마부가 돌진할 방향을 정해 준다. 이것이 출발이다. 마찬가지로 배도 추진력이 있어야 키를 다루어 부릴 수 있다. 요컨대 어떤 방법이라도 좋으므로 우선 출발해야 한다. 어디로 가는지는 그런 다음에 생각하면 된다.

선택한 자가 누구인가. 나는 그것을 묻는다. 아무도 선택한 사람은 없다. 우리들은 처음에 모두 어린아이였으므로. 아무도 선택은 하지 않았지만 이렇게 일이나 직업이 자연과 환경에서 생기듯이 누구나 먼저 행동을 한 것이다. 그것은, 생각하는 사람은 결코 결정하지 않기 때문이며 학교에서 하는 분석만큼 턱없는 것은 없기 때문이다. 동기나 동인(動因) 등 이것 저것을 생각한다. 그래서 문법가 냄새가 나는 관념적인 전설이, 덕과 악덕의 선택을 망설이는 그리스 신화의 영웅 헤라클레스를 그려내기도 한다. 그런데 아무도 선택 같은 것은 하지 않았다. 모두들 걸어가고 있고 어느 길도 잘못된 길이 아니다. 이 세상을 살아가는 비결은 내가 보는 바로는, 무엇보다도 자기가 한 결심이나 자기가 하는 있는 일을 불평하지 않는 것이다. 불평하는 대신 자기의 결심이나 일을 잘해 내는 게 비결이다. 우리들은 자기가 하지도 않았는데 이미 이루어진 이 선택을 숙명이라고 보고 싶어한다. 그러나 이 선택은 우리들을 조금도 구속하지 않는다. 운이 나쁘다고 하는 말은 터무니없는 소리니까, 잘하려고 생각만 한다면 어떤 운도 좋아지는 법이다. 자신의 성질에 대해서 이러쿵저러쿵하는 만큼 보잘것없는 행동은 없다. 아무도 자기가 자기의 성질을 선택할 수는 없으나, 사람의 성질이란 어떤 야심가라도 충분히 만족시킬 만큼 풍족한 것이다. 필연을 힘으로 바꾸는 것이야말로 훌륭하고 위대하다.

'공부하지 않은 것이 한이다.' 이것은 게으름쟁이의 구실이다. 그렇다면 공부를 하라. 전에 공부했다 하더라도 지금 공부하지 않는다면 그것은 별것이 아니라고 나는 생각한다. 과거에 기대를 한다면, 과거를 한탄하는 것과 똑같이 어리석은 노릇이다. 어차피 지난 일이라면 거기에 안주할 수 있어야 가장 훌륭하고, 그 일을 살리지 못한다면 가장 추악하다. 뿐만 아니라 불운에 몸을 맡기기보다 좋은 운에 몸을 맡기는 편이 어렵다고까지 나는 생각하고 싶을 정도이다. 당신의 요람이 기막힌 요정(妖精)으로 꾸며진다면 조심하라. 내가 미켈란젤로 같은 사람에게서 보는 훌륭한 점은, 하늘이 주신 재능을 되찾아 손안에 장악해 쉬운 인생으로부터 어려운 인생을 만들어 내는 격렬한 의욕이다. 이 무뚝뚝한 사람이 무엇인가를 배우려고 학교에 갔을 때는 이미 머리가 백발이었다고 한다. 이것은 분발하는 데는 늦고 이르고가 없다는 사실을 우유부단한 사람에게 가르쳐 주는 것이다. 뱃사람에게, 처음에 키를 어떻게 다루어 부리느냐에 따라 한 항해가 끝까지 좌우된다고 말했다가는 웃음을 사고 만다. 그런데도 세상에서는 아이들에게 그렇게 가르치도록 하고 있다. 그러나 다행히도 아이들은 거의 그 말을 듣지 않는다. 만약 아이들이 숙명에 대해 어리석은 고정관념을 품고 일생을 헛되이 놀며 지낸다면 큰일이다. 이런 유해한 관념은, 약자를 만드는 약자의 변명이기 때문에 아이 때는 그다지 상관없지만 뒤늦게 가서 해를 끼친다. 참으로 숙명이란 메두사[19]의 머리이다.

1922년 12월 12일

23 예언하는 힘을 지닌 영혼

그리 이름이 알려지지 않는 어떤 철학자가, 어떤 수동적인 형태로 가만히 주의를 기울이고 있는 상태, 즉 우리들의 생각이 마치 포플러 잎처럼 세상의 모든 힘에다 몸을 맡기고 있는 상태를 예언하는 힘을 가진 영혼이라고 이름 붙이려 한 적이 있다. 그것은 가만히 귀를 기울이고 있는 영혼이다. 말하자면 적의 타격 앞에 몸을 내던지고 있는 영혼이다. 깊은 불안에 떨고 있는 상태다. 그것은 무녀이며, 무녀가 신탁을 말하기 위해 앉는 책상이며, 무녀의 경련이다. 모든 것에 주의하라는 것이다. 즉 모든 것을 두려워하는 것이다. 이 대우주의 소리나 움직임을 물거품으로 돌아가게 할 줄 모르는 사람은 가엾다.

예술가는 모든 색채, 소리, 열기와 한기에 귀를 기울이는 자신의 상황과 모든 형편이 어우러져야 한다고 생각할 때가 종종 있다. 그런데 그때 그는 깜짝 놀란다. 농부나 뱃사람들이 아주 깊숙이 자연의 사물과 어우러져 그것에 크게 지배되고 있으면서도 그 자연의 미묘하고 섬세한 차이들을 모르고 있음을 알고 놀란다. 거기에는 자연의 사물이 지니는 구속에서 자유로워지고자 하는 아름다운 어깨몸짓이 있다. 그것이 왕자의 몸짓이다. 성 크리스토포로스[20]는 파도를 계산에 넣지 않고 강을 건넜다. '영혼이 충만할 때 사람은 잠을 자지 않는다'고 말한다. 그러나 더는 동요도 하지 않을 것이다.

방해물을 치워 버리고 단순하게 만드는 것이 아주 요긴하다. 온갖 종류의 반(半)수면상태로 졸음 속에 던져 버리는 것이 사람의 할 일이라고 생각한다. 건강의 표시는 꾸벅꾸벅 조는 일 없이 금방 잠 속에 빠져 버리는 것이다. 그리고 눈을 뜬다는 것은, 잠을 버리는 것이다. 이와는 달리 예언하는 힘을 지닌 영혼은 반쯤 눈을 뜨고 꿈을 되풀이한다.

사람은 이런 식으로 살 수 있다. 그것을 방해하는 것은 아무것도 없다. 우리들은 참으로 희한하게 예감을 하도록 만들어져 있다. 살아 있는 육체라는

---

*19 그리스 신화에 나오는 괴물. 생김새가 너무 무시무시해서 이를 한 번 본 사람은 모두 돌이
　　되었다고 한다.
*20 아기 그리스도를 어깨에 태우고 강을 건넌 거인으로 전해 내려오고 있다.

이 작품을 보고 있으면, 거기에는 어떤 작은 징후라도 들어와서 각인(刻印)을 남긴다. 약한 바람 소리도 먼 곳의 폭풍을 알린다. 징후에 신경을 쓴다는 것은 확실히 좋은 일이다. 그러나 그렇다고 해서 아무것도 아닌 하나의 변화에 놀라서는 안 된다. 나는 아주 큰 자기기압계를 본 적이 있는데, 이 기계는 아주 민감해서 가까운 곳을 차가 지나가거나 사람 발소리가 나기만 해도 침(針)이 튀어올랐다. 우리 사람들도, 만약 수동적인 상태에만 머물러 있었다고 한다면 바로 이와 같을 것이다. 태양이 돌아감에 따라 우리들의 기분도 변하는 기계처럼 되었을 것이다. 그러나 지구라는 행성의 왕자인 인간은, 이런 일은 아예 거들떠보지 않는 존재이다.

소심한 사람은 다른 사람과의 교제에서 모든 것을 듣고 모아서 해결하고 싶어 한다. 그래서 그 소심한 사람의 이야기는 모든 사람들이 자신의 신변에 관한 이야기를 주고받는 것처럼 바보스럽고 밑도 끝도 없는 것이 된다. 그러나 똑똑한 사람은 쓸데없는 징후나 이야기에, 능숙한 분재 장수처럼 보기좋게 가위질을 한다. 자연 속에서는 더욱 그렇다. 모든 것이 우리들에게 닿고, 우리들을 붙들기 때문이다. 지평선이 별처럼 눈앞에 가로막힐지도 모른다. 그러나 우리들은 온갖 사물들을 있어야 할 장소에 되돌려 놓는다. 생각한다는 행위가 인상을 마구 죽이고 있음이 틀림없다.

인생이란 일구는 사업이다. 나무 한 그루나 나뭇가지 하나가 잘리는 광경을 보기만 해도 괴로워하던 감수성이 강한 여성을 알고 있다. 그러나 나무꾼이 없으면 풀숲, 습지, 뱀, 열병, 굶주림이 순식간에 되살아난다. 사람은 누구나 자기의 기분을 바꾸어야 한다. 자기 기분을 부정한다는 것은 사물을 덮어 놓고 보지 않는다는 것이다. 이 세계는 작은 창과 도끼로 개척되었다. 이 세계는 몽상을 제치고 만들어진 가로수 길과 같다. 삶이란 말하자면, 어떤 조직이나 징조에 도전하는 것이다. 자신에게 엄격하게 하지 않고 인상을 소중히 하다가는 이 세계는 우리들 앞에서 닫힌다. 세계는 눈앞에 보이는 것으로써 감지되는 것이다. 카산드라*²¹는 불행들에 대해 알려준다. 잠들어 있는 영혼들이여, 카산드라를 믿지 마라. 참다운 인간은 떨쳐 일어나서 미래를 만든다.

1913년 8월 25일

---

*21 그리스 신화의 예언자. 아폴론에게 예언의 능력을 받았지만 그의 구애를 거절한 대가로 설득력을 빼앗긴 불행한 예언자이다.

24 우리들의 미래

모든 일의 줄거리와 원인, 결과의 연관성을 잘 이해하지 않는 한, 사람은 미래 때문에 시달린다. 꿈이나 점쟁이의 말은 희망을 죽여 버린다. 징조는 거리 모퉁이 곳곳에 있다. 신학에 근거한 관념, 이것은 누구나 알고 있는 우화와도 같은 이야기인데, 어떤 시인이 집에서 쓰러져 죽는다는 예언을 받았다. 그는 밖에서 별들 아래 밤을 새우기로 했으나 신들은 결코 단념하려고 하지 않았다. 그런데 한 마리의 독수리가 그의 대머리를 돌인 줄 잘못 알고, 그 위에다 한 마리의 거북을 떨어뜨려 그는 거북 등껍질에 맞았다. 또 이런 이야기도 있다. 어떤 왕자가 사자에게 잡아먹힌다는 신탁을 받았다. 그래서 여자들이 집 안에서 감시하고 있었는데, 왕자는 사자 그림이 있는 벽 장식을 보고 화를 내어 주먹으로 치다가 못에 손이 찔렸다. 그리고 그것이 덧나서 죽었다. 이런 이야기에서 나온 것이 뒤에 신학자들이 교설 속에 채택한 구령예정(救靈豫定)이라는 관념이다. 그 관념에 따르면 사람은 무엇을 하든 운명이 정해져 있다. 참으로 비과학적이다. 이 숙명론은, '원인은 어찌되었든 거기서 나오는 결론은 같다'는 말이 되기 때문이다. 그런데 우리는 원인이 다르면 결과도 다르게 된다는 사실을 알고 있고, 그래서 이 피치 못할 미래라는 환상을 이런 이치로 파괴한다. 예를 들어 자기가 어느 날 몇 시에 이러이러한 벽에 눌려서 죽으리라는 미래를 알고 있다고 하자. 그러면 그 알고 있다는 사실이 바로 예언을 실패로 끝나게 할 수도 있다. 사람은 그렇게 살고 있다. 우리들이 불행에서 벗어나는 것은 그 일을 예견하기 때문이다. 우리들의 예견, 더욱이 매우 이치에 맞는 예견은 결코 오지 않는다. 길 한복판에 내가 선다면 자동차에 치일 것이다. 그러나 나는 거기에 머물러 있지 않는다.

그러면 운명 신앙은 어디에서 오는가. 주로 두 가지 원천이 있다. 먼저, 우리가 기다리는 불행 속에 우리를 때때로 내던지는 것은 우리 자신의 공포이다. 만약 내가 자동차에 치여 죽는다는 예언을 받고 있었는데 공교롭게도 마침 그 위험한 순간에 그 예언을 생각했다고 하면 마치 그 위험한 순간이 내게 필요했던 것처럼 흔들리지 않을 수도 있다. 왜냐하면 그 순간에 나에게 필요한 관념은 나를 구하겠다는 관념이기 때문이다. 그렇게 생각하면 즉각 달아난다. 반대로 멈추어 있겠다고 생각하는 순간 마비되고 만다. 이것은 하나의 현기증 증상으로서 그것이 바로 점쟁이들의 재산을 늘려준 것이다.

또 한 가지, 우리들의 정념이나 악덕은 어떤 길을 통해서라도 같은 목적을 이룰 수 있는 힘을 갖고 있다고 말해야 한다. 노름꾼에게서는 노름을 하리라는 예상을, 수전노에게서는 돈을 모으리라는 예상을, 야심가에게서는 어떤 일을 꾸밀 것이라는 예상을 할 수 있다. 점쟁이가 아니더라도 우리들은 스스로에게 '나는 이제 어쩔 수가 없어' 하며 저주를 한다. 이 또한 하나의 현기증 증상으로서 이 현기증이 예언을 성공시킨다. 우리들 주위의 끊임없는 변화, 조그만 여러 가지 인자(因子)들의 변화, 끊임없는 개화를 잘 알고 있다면 그것으로 충분히 숙명같은 것을 만들어 내지 않아도 된다. 《질 블라스 이야기》*22를 읽어 보라. 이것은 그다지 대단한 책은 아니지만, 행운도 불운도 기대할 일이 못되며 배(船)를 예로 들면 바다의 짐을 배 밖으로 던져 버리고 바람의 방향에 따라야 한다고 가르쳐 준다. 우리들의 잘못은 우리들 자신보다 먼저 없어진다. 그런 것을 미라처럼 소중히 간직해 두어서는 안 된다.

1911년 8월 28일

25 예언

내가 아는 어떤 사람이 운명을 알기 위해 점쟁이에게 손금을 보였다. 그의 말에 따르면 그것은 장난으로 한 것이지 믿은 것은 아니었다. 그러나 만약 그가 나와 의논했더라면 나는 못하게 했을 것이다. 그것은 위험한 장난이기 때문이다. 아무 말도 듣지 않았을 때는 안 믿는다는 것이 쉽다. 믿어야 할 것이 아무것도 없으니까 믿는 사람은 한 사람도 없을 것이다. 안 믿는다는 것이 처음에는 쉬우나 차츰 어려워진다. 점쟁이들은 그 점을 잘 안다. 그들은 '믿지 않으신다면 대체 무엇이 걱정이지요?'라는 말로써 덫을 놓는다. 그가 할 말을 나도 알고 있기 때문에 나는 그의 말을 믿기가 두렵다.

점쟁이는 자신을 믿었던 거라고 나는 생각한다. 장난으로 이야기할 생각이라면 그들은 뻔히 알고 있는 것을 두루뭉술하게 말할 것이다. '번거로운 일이나 사소한 실패를 보게 되겠군요. 하지만 결국은 잘 됩니다. 적도 생기지만, 언젠가는 당신이 옳다고 인정합니다. 그때까지는 내내 변함없는 편이 있어서 위안을 줄 겁니다. 지금 당신을 힘들게 하는 걱정거리에 대해서는 며칠 안에 편

지 한 통이 오게 되어서……운운……' 이런 식으로 오랫동안 이어나갈 수 있다. 이쯤이라면 누구에게도 폐가 되지 않는다.

그러나 만약 점쟁이가 자기 스스로를 진실한 예언자로 보고 있는 사람이라면, 그때 그는 당신에게 무서운 불행을 알릴 수 있고, 당신의 정신이 강인하다면 웃을 것이다. 그래도 그의 말은 당신의 기억 속에 머무르다가 공상이나 꿈속에 갑자기 나타나기도 하고 얼마쯤은 마음에 걸리게 되어 있어 언젠가는 그 예언에 해당하는 듯한 일이 일어나게 된다.

내가 아는 처녀에게 어느 날 점쟁이가 손금을 보고 나서 이렇게 말했다. '당신은 결혼하면 아이가 하나뿐인데, 그애는 죽게 되겠군요.' 이런 예언은 처음에는 그다지 답답하게 느끼지 않는다. 그러나 세월이 흘렀다. 처녀는 결혼해서 최근에 아이를 낳았다. 이렇게 되면 지난날의 예언이 부담이 된다. 만약 아기가 병에라도 걸리면 그 불길한 말이 어머니의 귀에는 경계의 종소리처럼 들린다. 아마 그녀는 점쟁이를 우습게 알고 손금을 보았을지도 모른다. 그러나 이런 점쟁이는 보기 좋게 복수를 하고 만다.

이 세상에서는 어떤 일이 일어날지 알 수 없다. 그렇기 때문에 아무리 견고한 판단이라도 흔들 만한 우연의 일치도 나온다. 있을 것 같지도 않은 불길한 예언을 놓고 당신은 웃지만, 그 예언이 부분적으로라도 나타나게 되면 전처럼은 웃지 못한다. 그렇게 되면 아무리 용감한 사람이라도 그 예언의 뒷부분을 기다리게 되고 공포심은 누구나 알다시피 파국 자체 만큼이나 우리들을 괴롭힌다. 두 예언자가 따로따로 당신에게 같은 말을 알리는 수도 있다. 그러한 예언의 일치가 당신의 지성이 받아들이는 만큼만 당신의 마음을 어지럽힌다면 나는 당신을 숭배하겠다.

나로서는 장래의 일 같은 것은 생각지 않고 자기 발밑만을 보고 있는 편을 좋아한다. 점쟁이에게 손금을 보이러 가지 않을 뿐 아니라 사물의 성질 속에서 미래의 일을 읽으려고 시도하지도 않는다. 아무리 우리가 유식하게 된다 하더라도 사물을 보는 우리들의 힘이 그리 멀리까지 미치리라고는 생각지 않기 때문이다. 누구에게나 중대한 일은 모두 느닷없이, 또는 예견되지 않고 일어난다는 사실을 나는 알고 있다. 호기심이라는 병이 나았다 하더라도 신중이라는 또 하나의 병이 남아 있다.

1908년 4월 14일

26 헤라클레스

의지가 되는 것은 자기의 의지뿐이다. 의지는 여러 종교나 기적, 불행과 함께 예부터 있는 관념이다. 그리고 또 그 성질상 의지는 패배와 동시에 패배하는 관념이기도 하다. 영혼의 힘이란 결과에 따라서 입증되기 때문이다. 헤라클레스는 자기를 노예로 생각하게 되기 전까지는, 자기 자신에게 나는 영웅이라는 증명을 주어 왔다. 자기가 노예라는 사실을 믿었을 때 그는 부끄럽게 살기보다는 깨끗하게 죽는 쪽을 택했다. 이 신화는 더할 나위 없이 아름답다. 나는 아이들에게 외부의 힘을 극복하는 법을 가르쳐 주기 위해 헤라클레스의 열 두 가지 위업을 외우도록 했으면 한다. 이것이 바로 산다는 것이다. 노예가 되어 산다는 것은 비겁한 결심이며 천천히 죽자는 것과 마찬가지이다.

외부의 힘을 이기면서도 반성하고, 길을 잘못 갔을 때는 먼저 '내 잘못이야' 하며 자신의 잘못을 인정하고 진심으로 스스로를 나무라는 소년이 나는 좋다. 잘못을 변명하는 구실을 주위 사물이나 사람들에게서만 찾는, 사람의 모양을 한 자동기계는 어떨까? 거기에는 기쁨 같은 것이 없다. 불행한 사람에게 주위의 사물이나 사람들이 아무 눈길도 주지 않고, 그들의 생각도 모진 계절의 나뭇잎처럼 바람에 날아가 버린다는 사실은 너무나 뚜렷하기 때문이다. 그래서 그의 생각은 추운 겨울의 나뭇잎처럼 바람에 날려간다. 자기의 외부에서 구실을 찾는 사람들은 결코 만족하는 일이 없는데, 반대로 자기의 잘못을 솔직하게 인정하고 '내가 정말 어리석었어'라고 하는 사람들은 그 잘못의 경험을 피와 살로 하여서 굳세고도 쾌활해진다―이에는 정말 감탄할 따름이다.

경험에는 두 종류가 있는데, 하나는 마음을 무겁게 하고 또 하나는 가볍게 한다. 쾌활한 사냥꾼과 음울한 사냥꾼이 있듯이. 음울한 사냥꾼은 토끼를 잡다 놓치면 '나에게는 운이 없었어'라고 말하고, 이윽고는 '이런 꼴은 나만 당하는 거야'라고도 말한다. 그러나 쾌활한 사냥꾼은 토끼의 기막힌 책략에 감탄한다. 냄비 속으로 뛰어드는 것이 토끼의 천직이 아님을 이 사냥꾼은 잘 알기 때문이다. 속담에는 사람으로서 갖추어야 할 이런 지혜가 많이 담겨 있다. 나의 할아버지는 때때로, 제비는 구운 고기로 떨어지지는 않는다고 말했다. 이 말에는 매우 깊은 생활의 지혜가 들어 있다. 뿌리지 않은 씨앗은 나지 않는다는 속담이 있다. 어리석은 사람은 '음악을 좋아하고 싶다'고 말한다. 그렇다면 음악을 직접 해 볼 일이다. 음악은 전혀 그의 생각대로 되는 것이 아니다.

모든 것이 우리들의 뜻을 거스르고 있다. 좀 더 적절하게 말한다면 모든 것이 우리들에게 관심이 없어 마음을 기울이지 않는다. 지구의 표면은 사람이 살지 않았다면 가시덤불과 전염병으로 뒤덮였을 것이다. 바깥 세계가 인간을 해치고자 하는 마음을 가지고 있지 않겠지만 그렇다고 좋게 생각하는 것도 아니다. 사람의 편이 되는 것은 사람이라는 작품뿐이다. 그러나 막연한 희망 때문에 공포가 생긴다. 우연한 성공은 절대로 좋은 시작이 아니기 때문이다. 신들을 축복하는 자가 이윽고는 신들을 저주하게 된다. 신혼 부부가 혼인 신고를 받아 준 구청장이나, 식을 올려준 교회의 예장순경(禮裝巡警)을 좋아하게 되는 예와 같다. 그들은 교회의 심부름꾼이 식이 끝난 뒤에 어떤 얼굴을 하고 촛불을 껐는지를 보지 않았던 것이다. 어느 날 나는 향수 가게 점원이 미소짓는 모습을 보았다. 그녀는 가게의 문을 닫자마자 짓고 있던 미소를 싹 거두었다. 덧문을 닫는 상인을 보는 것도 볼 만한 광경이다. 어떤 낯선 사물 또는 어떤 사람은 우리들 인간의 일이란 어떠한지 그 모습을 보고서야 비로소 자신들의 법칙을 발견하게 된다. 그러나 어떤 존재가 우리들에게 호의를 보이면 참 모습에 대한 지식이 박탈되고 희망만을 갖게 된다. 덧문을 내리기 전의 밖에 드러난 미소나 호의보다도 덧문을 닫은 뒤의 생활 쪽이 훨씬 아름답고 한결 친밀감이 있는 것이다. 내가 보는 바로는 정력적인 사람은 다양성과 변화를 사랑한다. 여러 힘들의 다툼 속에 평화가 있다.

1922년 11월 8일

27 희망

'잎이 나오기 시작했으니, 얼마 안 가 느릅나무에 작은 송충이가 생겨서 잎을 먹어 댈 걸세. 그러면 나무는 허파를 잃은 것처럼 되어 버리지. 나무는 질식하지 않으려고 새 잎을 내게 되어 봄을 두 번 되풀이하는 격이 된다네. 그러나 이런 노력 때문에 나무는 지쳐 버릴 거야. 두고 보게나, 일 이 년도 못 가서 새싹이 움트지 않게 되어 말라죽어 버릴 테니까.'

나무 심기를 좋아하는 친구가 함께 그의 뜰을 산책했을 때, 곧잘 이렇게 탄식했다. 백 년이나 되는 느릅나무를 가리키며, 그 나무가 머지않아 말라죽으리라고 했다. 나는 그에게 말해 주었다. '잡으면 돼. 이런 송충이 따위 약하니까. 한 마리를 잡을 수 있으면 백 마리든 천 마리든 잡을 수 있네.'

'천 마리 정도가 아니라네. 몇백만 마리인지 몰라. 생각만 해도 끔찍해'라고 그는 말했다.

'하지만 자네에겐 돈이 있지 않은가. 돈만 있으면 사람을 고용할 수 있으니 열 명이 열흘만 일하면 송충이 천 마리쯤은 문제도 안 되네. 이렇게 훌륭한 느릅나무를 보존하는 데 이삼 백 프랑쯤 쓰면 어떤가'라고 나는 말했다.

'돈이야 있지. 하지만 사람을 구할 수가 없다네. 높은 가지를 누가 감당하겠는가. 그 일을 하려면 가지치기를 할 줄 아는 사람이라야 할 텐데. 나는 이 지방에서 꼭 두 사람밖에 모르거든.'

'그것만 해도 대단하지. 그 두 사람에게 높은 가지 쪽을 시키고 다른 서투른 사람에게 사다리를 쓰게 하면 돼. 느릅나무 모두를 살릴 수는 없더라도 적어도 두세 그루쯤은 살릴 수 있겠지.'

마지막으로 그는 말했다. '내게는 용기가 없어. 나는 내가 어떻게 할지 알고 있네. 송충이가 침해하는 걸 보다 못해 얼마 동안 여기를 떠나 있게 될 걸세.'

나는 말했다. '상상력의 힘이란 대단하군. 자넨 싸우기도 전에 지고 있네. 손 닿는 데만 보면 돼. 사물의 번거로움과 사람의 힘의 약함을 생각하다가는 아무것도 못하네. 그러니까 먼저 해보고 나서 다음에 할 일을 생각하는 거야. 석공을 보게, 조용히 손잡이를 돌리고 있지. 큰 돌은 조금씩밖에 움직이지 않는데도 이윽고는 집이 완성되고, 계단에서는 아이들이 뛰놀게 되지 않는가. 나는 어느 때 직공이 두께 15센티미터나 되는 강철 벽에 구멍을 뚫으려고 자루가 구부러진 송곳에 매달려 있는 광경을 보고 감탄했어. 그는 휘파람을 불면서 연장을 돌리더군. 깎인 강철 가루가 눈처럼 떨어지고 있었어. 나는 그 사람의 대담함에 감동했었지. 십 년 전 이야기야. 그가 그 구멍을 뚫고 다른 많은 구멍도 뚫었다는 생각을 해 보게. 송충이야말로 바로 자네에게 교훈을 주고 있네. 느릅나무 옆에 있는 송충이 따위가 무슨 문제인가. 그런 하찮은 송충이가 그 작은 이빨로 하나의 숲을 야금야금 깡그리 먹어 치워 버린다네. 그러니 조그만 노력을 믿어야 하네. 벌레에 대해서는 벌레가 되어서 싸워야 해. 수많은 요인(要因)들이 자네에게 합세해서 일해 줄 걸세. 그렇지 않다면야 여기 이 느릅나무도 이미 없어졌을 걸세. 운명은 변덕이 심하다네. 손가락만 움직여도 새로운 세계를 만들거든. 아무리 작은 노력이라도 한없는 결과가 생긴다네. 이 느릅나무들을 심은 사람은 인생이 짧다는 생각 따위는 하지도 않았어. 자네도 그 사람을 본따서 제 발밑 이상은 보지 말고 과감하게 행동하도록 하게. 그러면 느릅나무도 살게 될 걸세.'

1909년 5월 5일

28 야심가를 위한 이야기

누구에게나 구하는 것이 있다. 청년 시대에는 이 신비의 양식 만나를 어떻게 구해야 하는지 잘 모르기 때문에 그 일에 스스로 속고 만다. 그런데 만나는 떨어지지 않는다. 우리들이 바라는 것은 모두 산과 같다. 우리를 기다리고 있지 달아나지는 않는다. 그러나 기어올라가야 한다. 내가 보는 바로는 야심가들은 모두 튼튼한 발걸음으로 출발해서 목적지에 다다른다. 그것도 내가 생각했던 것보다 훨씬 더 빨리 다다른다. 그들은 유효한 행동이라고 보기만 하면 미루거나 하지 않는다. 자기에게 도움이 된다고 생각하는 사람들이라면 반드시 정기적으로 방문한다. 그저 교제할 때 재미 있을 뿐이고 도움이 되지 않는 사람이면 곧 무시한다. 그리고 필요할 때는 듣기 좋은 소리로 알랑거리기도 한다. 나는 이런 행동 양식을 나무랄 생각은 없다. 그것은 기호(嗜好)의 문제이다. 단, 당신을 출세시켜 줄 수 있는 사람에게 불쾌한 진실을 열심히 말한다면 자기가 승진을 바라고 있다고는 생각하지 말아야 한다. 당신은 때때로 사람이 새가 되는 꿈을 꾸듯이 승진하는 꿈을 꾸고 있을 따름이다. 진정(陳情)을 넣은 사람들을 만날 번거로움도 갖지 않고 결의를 내릴 귀찮은 일도 갖지 않는 대신(大臣)이 되는 꿈을 꾸고 있는 것과 같다. '나를 맞으러 오겠지. 나는 손가락 하나 까딱하지 않고 있을 테다'라고 말하는 게으름쟁이들을 나는 많이 알고 있다. 실상 그들은 가만히 내버려 두기를 바라고 있다. 그래서 사람들은 그들을 가만히 내버려 둔다. 그러므로 그들은 자기가 생각하는 것만큼 불행하지는 않다. 바보란 소리개처럼 단번에 맛좋은 먹이를 얻겠다고 갑자기 생각해 이틀 동안에 열 번이나 뛰어다니는 자들을 말한다. 제대로 준비도 하지 않고 안달을 하며 뛰어다녀 봤자 잘 될 까닭이 없다. 아주 유능한 사람들까지 이렇게 해서 일확천금의 꿈을 노리는 것을 본 적이 있다. 그런 분별없는 모험을 해서 실패하기 때문에 사람들은 사회란 몹시 부당하다고 말한다. 그러나 부당한 쪽은 그 사람이다. 사회는 아무것도 요구하지 않는 사람에게는 아무것도 주지 않는다. 그래서 나는 끊임없이 요구하는데, 이런 일은 조금도 나쁘지 않다. 지식과 능력만이 전부는 아니니까. 정치라는 것은 잘 알겠으나, 아무것도 추구하지 않음으로써 직업의 천한 면을 도무지 보려하지 않는 사람은 자신에게 아무런 즐거움도 줄 수 없다. 직업을 좋아하지 않는다면 지식이나 판단력을 가지고 있은들 무슨 소용이 있겠는가. 바레스*23는 진정을 넣은 사람들을 거절하지 않았고 청원서에 일일이 추천문을 써 주었으며 공약을 잊어버리지 않았다. 그를 대정치가라 할 수 있는지 없는지 나는 모른다. 그러나 틀림없이 그는 그 직업을 사랑했다.

되풀이해서 말하지만 부자가 되고 싶다고 생각하는 사람은 누구나 될 수 있다. 이런 말을 하면 부자가 되려고 꿈꾸다가 실패한 사람은 누구나 분개하리라. 그들은 산을 바라보았을 뿐이었는데, 산쪽에서는 그들이 오기를 기다리고 있었다는 것이다. 금전은, 모든 이익과 마찬가지로 첫째로 성실함을 요구한다. 대부분의 사람들은 돈을 벌 필요가 있기 때문이라는 이유만으로 벌고 싶어한다. 그러나 돈이란 필요한 것이라고 생각해서 돈을 구하는 사람들을 피한다. 재산을 만든 사람들은 하나하나의 것에서 이익을 올리고자 생각했다. 친구와 사귀는 것처럼 즐겁고, 취향에도 맞고, 마음 편하고 대범해질 수 있는, 그런 산뜻한 장사를 구하는 사람은 뜨거운 볕에 바싹 메마른 도로에 떨어진 빗방울처럼 금방 증발되어 버린다. 엄격함이 있어야 하고, 용기도 있어야 한다. 옛날의 기사(騎士)들처럼 어려움 속에서 단련되어야 한다. 수은과 금이 결합되는 것도 날마다 계산하는 사람에게 이익이 결합하는 이상으로 빠르지는 않다. 그러나 들뜬 배금주의자는 심판을 받는다. 낭비하는 것이지 돈을 버는 일은 아니기 때문이다. 내가 알고 있는 어느 농업 애호가는 자기의 즐거움을 위해서, 그리고 말하자면 건강을 위해서 씨를 뿌렸다. 그는 결코 손해를 보지 않는 일만을 바랐으나 그렇게 뜻대로 되는 일은 아니다. 그는 보기좋게 파산했다. 노인의 탐욕, 그리고 또 거지의 탐욕이 있다. 이것은 일종의 편집광과 같은 증세이다. 그러나 상인의 탐욕은 직업 그 자체에 결부되기 때문에 돈을 벌고자 하는 이상의 수단을 구해야 한다. 즉 조그만 이익을 차곡차곡 쌓아야 한다. 말하자면 다른 일은 아무것도 생각지 말고 한 발 한 발 올라야 한다. 그런데 어느 돌이고 오르는 데 도움이 된다고만은 할 수 없다. 게다가 중력 때

---

*23 프랑스의 문학자, 정치가. 1862~1923.

문에 우리들은 결코 마음대로 되지 않는다. 파산(추락)이란 참 좋은 말이다. 손실이 늘 상인에게서 떠나지 않고 상인을 끊임없이 잡아당기기 때문이다. 손실이라는 이 또 하나의 중력을 느끼지 않는 사람은 헛수고를 하게 될 것이다.

1924년 9월 21일

29 운명에 대하여

'운명은 우리들을 끌고 다니며 조롱한다'고 볼테르가 말했다. 그토록 자기라는 것에 충실했던 사람이 이렇게 말하니까 놀랍다. 바깥 세계는 난폭한 수단으로써 작용한다. 돌이나 포탄에는 데카르트도 확실하게 가루처럼 부스러질 것이다. 이러한 힘은 우리들 모두를 한순간에 지상에서 말살해 버릴 수 있다. 그러나 사건이 한 인간을 쉽사리 죽일 수는 있더라도 바꿀 수는 없다. 개개인은 죽을 때까지 자기의 인생을 걸어가는 것이고 모든 일을 적절히 처리해 나가는 법이다. 감탄할 수밖에 없을 정도이다. 개가 닭을 잡아먹고 그로써 자기의 살과 기름기를 만드는 것과 같은 요령으로 개개인은 사건을 소화한다. 무슨 일이 일어날지 모르는 사물의 변전(變轉) 속에서 반드시 사람에게 진로를 발견하게 하는 것은 대담한 동물이 가지고 있는 그런 능동적인 힘이다. 강한 인간의 특질은, 모든 사물에 자기 자신의 형태를 뚜렷하게 새겨서 남기는 것이다. 그러나 이 힘은 보통 생각하고 있는 이상으로 모두가 가지고 있다. 사람에게 모든 것은 옷이고, 그 주름은 형태나 몸짓에 따라서 생긴다. 식탁, 책상, 방, 집 같은 것은 모두 손놀림 하나로 곧 정리되거나 난잡해지거나 한다. 일도 그 일을 하는 사람에 따라서 커지기도 하고 작아지기도 한다. 우리들은 겉으로 판단하고 일이 잘 되느니 잘 되지 않느니 한다. 그러나 그 일을 잘하든 잘못하든, 일하는 사람은 쥐와 마찬가지로 언제나 자기 형태에 맞추어서 구멍을 뚫는다. 꼼꼼히 보라, 사람은 자기가 바란 대로 일을 해놓는다.

'젊어서 구하면 늙어 풍족해진다.' 괴테는 이 속담을 그의 회상의 첫머리에 이용하고 있다. 그리고 괴테는 모든 사건을 자기 자신의 방식에 따라서 형성하는 성격의 훌륭한 본보기이다. 누구나가 괴테는 아니다. 그것은 틀림없다. 그러나 누구나 자기 자신이기는 하다. 사람의 특징은 아름답지 않을지도 모른다. 그러나 사람은 곳곳에 자기를 상징하는 뚜렷한 흔적을 남긴다. 사람이 갖고자 바라는 바는 그다지 고상하지 않다. 그러나 사람은 갖고자 하는 것을 손에 넣는다. 괴테가 아닌 사람은 괴테가 되고자 바라지 않았다. 무엇에도 굽히지 않는 악어 같이 성질이 강한 사람에 대해 누구보다도 잘 알았던 스피노자는, 사람은 말하는 대로와 똑같이 완전할 필요가 없다고 말했다. 그와 마찬가지로 아무나 괴테의 완전함을 가져 봤자 소용이 없다. 그러나 상인은 어디를 가든 파산에 처해 있을 때라도 물품을 사고 판다. 어음을 바꿔 주는 사람은 돈을 빌려 주고, 시인은 시를 짓고, 게으름쟁이는 잠을 잔다. 대부분의 사람들은 이런저런 것이 손에 들어오지 않음을 투덜거린다. 그러나 그 원인은 언제든지 그들이 그것을 정말로는 바라지 않는다는 점에 있다. 양배추나 재배하겠다는 퇴역 대령은 대장이 되고 싶었는지도 모른다. 그러나 만일 내가 그의 생애를 조사할 수 있다면, 그가 정말로 그런 일을 하지 않았고, 하고자 바라지도 않았던 일을 했어야 했다는 사소한 사항을 발견할 것이다. 대장이 되고 싶지는 않았다는 점을 나는 그에게 입증해 줄 수 있을 것이다.

나는 충분한 수단을 갖고 있으면서도 빈약한 지위밖에 오르지 못한 사람들을 알고 있다. 그런데 그들은 무엇을 바랐던가? 솔직히 말하는 것이었는가? 그것이라면 그들에게 있다. 아첨을 전혀 하지 않는 것이었는가? 그들은 아첨한 일도 없고, 지금도 아첨을 하지 않는다. 판단이나 충고나 거부하는 능력을 바랐는가? 그들은 그런 능력도 있다. 그들에게는 돈이 없다. 그러나 언제든지 돈을 경멸하지 않았는가? 돈은 돈을 존경하는 사람들에게로 가는 것이다. 진심으로 부자가 되기를 바랐는데 부자가 되지 못한 사람이 있다면 찾아보라. 나의 말은 진실로 부자가 되고 싶다고 바란 사람을 뜻한다. 단순한 희망과 바람은 전혀 다르다. 시인은 10만 프랑을 향하여 손가락 하나 까딱도 하지 않는다. 그러므로 결코 돈을 손에 넣지 못한다. 그러나 그는 아름다운 시를 짓고자 하므로 아름다운 시를 짓는다. 아름다움은 본성에 따라서 만들어진다. 악어가 아름다운 껍질을, 새가 아름다운 깃털을 만드는 것과 같은 사정이다. 마지막에는 통로를 발견하는 이 내적인 힘을 그렇기 때문에 또한 운명이라고 부를 수 있다. 그러나 아주 견고하게 무장된 구조를 갖는 그 내적인 힘과 피로스*24를 우연히도 죽인 그 기왓장 사이에는 운명 말고는 어떤 공통점도 없다. 이 점을 어떤 현자는, 칼뱅의 운명 예정설은 자유 자체와 아주 다르지는

*24 고대 발칸 반도의 에피루스의 왕으로 한 때는 마케도니아의 왕도 되었다. 아르고스의 시가지에서 벌어진 전투에서 전사. 기원전 319~272년.

않다고 설명해 주었다.

1923년 10월 30일

30 망각의 힘

다시는 하지 않겠다고 서약을 시킴으로써 주정뱅이의 눈을 뜨게 하려는 경찰의 방법은 행동이라는 형태의 뚜렷한 인상을 남긴다. 이론가는 그런 것을 믿지 않을 것이다. 이론가의 눈에는 습관과 악덕은 완고하게 뿌리가 내려 움직이기 어려운 것으로 보이기 때문이다. 이론가는 사물에 대한 지식에 따라서 추리를 하고 철(鐵)이나 유황이 본디의 속성을 갖듯이, 모든 사람도 속성으로서 본디의 움직임을 갖고 있다고 생각하고 싶어한다. 그러나 나는 오히려 이렇게 생각한다. 불에 달구어져서 두드려지거나 얇게 펴지거나 하는 것이 철의 본디 성질이 아니듯이, 그리고 화약이나 탄환에 사용되는 것이 유황의 본디 성질이 아닌 것처럼 덕이나 악덕의 대부분은 인간의 본디 성질이 아니다, 라고.

주정뱅이의 경우 나는 주정뱅이가 되는 이유를 잘 안다. 취하고 싶다는 욕구는 습관을 만들어내고, 또 마시면 갈증이 생기는 동시에 판단력이 흐려진다. 늘 마시는 것을 마시면 점점 더 마시고 싶어져서 이성을 잃어버리고 만다. 그러나 술을 마시게 된 첫 동기는 아주 사소한 것이므로 서약으로 이것을 눌러서, 생각이 조금 시도되었을 때 떠나야 한다. 그렇게 하면, 그 사람은 마치 20년 동안 내내 물만 먹은 사람처럼 얌전해진다. 이와 반대일 경우도 있다. 내가 술을 삼가고 있다고 치자. 그러나 그런 내가 당장에라도 주정뱅이가 될지도 모른다. 나는 노름을 좋아한 적이 있다. 그러나 주위의 사정이 변하는 바람에 나는 곧 노름 따위는 생각지 않게 되었다. 만일 내가 또 손을 댄다면 다시 좋아하게 될 것이다. 정념에는 말도 안 되는 경우가 있어서, 유독 한 가지 생각에 빠져들 수 있다. 치즈를 좋아하지 않는 사람들은 절대로 그것을 먹어보려고 하지 않는다. 자기는 치즈를 좋아하지 않는다고 생각하기 때문이다. 독신자는 곧잘 결혼 생활은 견디기 어려울 것이라고 믿는다. 불행하게도 절망에는 확신이 따른다. 그렇기 때문에 사람은 위안을 물리치게 된다. 이것을 나는 환영이라고 생각하는데, 이 환영은 매우 당연한 일이다. 사람은 자기가 전혀 지니고 있지 않은 것에 대해서는 습관적으로 그릇된 판단을 내리기 때문이다. 술을 마시고 있는 한, 나는 술을 마시지 않는 상태를 생각할 수 없다. 술을 더이상 마시지 않음과 동시에 오직 술버릇만을 물리치게 된다. 슬픔과 노름을 비롯해 무슨 일에 대해서나 매한가지이다.

이사를 갈 무렵이 되면, 머지않아 떠나려는 벽을 보고 작별을 알리기도 한다. 가구도 아직 운반되지 않았는데 벌써 딴 집 생각을 하고 있다. 이제까지 살던 집은 잊히고 있다. 그리고 모든 것이 얼마 뒤에는 잊히고 말 것이다. 현재에는 늘 힘과 젊음이 깃들어 있기 때문이다. 그리고 사람은 확실한 움직임을 가지고 현재에 순응한다. 누구나 이것을 느끼는데도 아무도 이것을 믿지 않는다. 습관은 우상과도 같아서, 우리들이 복종함으로써 힘을 갖는다. 그리고 이런 경우 우리들을 속이는 것은 사고(思考)이다. 우리들이 생각할 수 없는 일은 또한 할 수 없는 일이라고 생각해 버리기 때문이다. 상상력은 습관에서 벗어날 수 없다는 점 때문에 인간 세계를 이끈다. 그리고 상상력은 창조해내지 못한다고 말해야 할 것이다. 창조하는 것은 행동이다.

나의 할아버지는 칠순 가까이 되면서부터 딱딱한 음식을 싫어하게 되었다. 그리하여 적어도 5년은 우유로 지냈다. 사람들은 이를 보고 상식에서 벗어났다고 말했다. 확실히 그렇다. 어느 날, 나는 식구들이 함께 먹는 점심 식탁에서 할아버지가 갑자기 약병아리의 다리를 뜯기 시작하는 것을 보았다. 그 뒤 할아버지는 다른 사람과 똑같은 식사를 하며 육칠 년을 살았다. 확실히 용기 있는 행위였다. 그런데, 과연 당신께서는 무엇에 도전했는가? 일반의 의견에, 또는 오히려 일반의 의견에 대한 당신의 의견, 그리고 당신 스스로에 대한 의견에 도전한 것이었다. 다행스러운 성질이라고 사람들은 말할는지 모른다. 그러나 그렇지 않다. 누구나 다 그렇게 도전하는 것이 당연하다고 생각하겠지만, 그들은 그런 사실을 모르는 채 자기 자신의 기질에 근거한 역할에 따른다.

1912년 8월 24일

31 대평원에서

플라톤이 나오는 몇 가지 오래된 이야기가 있다. 그 고사들은 예컨대 세상에 흔히 있는 옛이야기들과 비슷한데, 플라톤이 나오는 고사에 있는 무심한 말이 우리들의 마음속에 울려 퍼져서, 잘 알려지지 않았던 구석구석을 갑자기 환하게 비춘다. 이를테면 기사(騎士) 엘의 이야기가 그렇다. 엘은 전투에서 죽었는데, 죽음의 심판이 잘못 되었다고 인정되어 지옥에서 되돌아왔다. 그리하여 지옥에서 보고 온 바를 이야기했다.

　지옥에서의 가장 무서운 시련은 이러했다. 영혼이나 망령—그 밖에 아무렇게나 불러도 된다—은 대평원으로 끌려 간다. 그리고 눈앞에 많은 주머니들이 던져진다. 그 주머니 속에는 저마다가 선택해야 할 운명들이 들어 있다. 영혼들은 아직도 그들의 지나간 생애를 추억하고 있다. 그들은 저마다의 욕망이나 회한에 따라서 선택한다. 무엇보다도 돈을 탐내던 사람은 돈이 꽉 찬 운명을 선택한다. 돈을 많이 가졌던 사람들은 더욱더 돈을 손에 넣고자 노력한다. 재미나 즐거움을 좇는 사람들은 쾌락이 가득 찬 주머니를 찾는다. 야심가들은 왕(王)이 되고자하는 운명을 구한다. 이윽고 모두들 자기에게 필요한 것을 발견해 새로운 운명을 어깨에 매고 떠난다. 그리고 레테, 즉 '망각'의 강물을 마시고 저마다의 선택에 따라서 살기 위해 다시 인간이 사는 지상으로 떠난다.

　참으로 기묘한 시련이고 기괴한 형벌이다. 더구나 그 무서움에는 얼핏 보는 이상의 것이 있다. 행복과 불행의 참다운 원인을 깊이 생각하는 사람이란 거의 없다. 참다운 원인에 대해 깊이 생각하는 사람들이라면 원천, 즉 이성을 꼼짝 못하게 하는 포악한 욕망에까지 거슬러 올라간다. 그들은 부(富)를 경계한다. 부를 손에 넣으면 추종에 민감해지고 불행한 사람들의 말을 듣지 않게 되기 때문이다. 그들은 쾌락을 경계한다. 쾌락은 지성(知性)의 빛을 가리고 마침내는 지워 버리기 때문이다. 따라서 이런 현자들은 보기에 아름다운 주머니를 하나씩 조심스럽게 거꾸로 엎어 본다. 자기 마음의 평형을 잃지 않으리라, 여러 모로 애써서 손에 넣고 몸에 익힌 얼마쯤의 올바른 감각을 화려한 운명 속에서 위험 앞에 내놓지 않겠다고 마음을 쓰기 때문이다. 이런 현자들은 아무도 바라지 않는 그런 수수한 운명을 짊어지고 가게 된다.

　그러나 이 밖의 사람들, 일생 동안 자기의 욕망을 뒤쫓던 사람들은 겉으로 좋아 보이는 것들에 혹해서 코앞의 일만 눈에 들어온다. 이런 사람들에게 더 많은 맹목과 무지와 거짓말과 부정을 선택하는 것 외에 무엇을 선택하기를 바라겠는가. 이리하여 그들은 어떤 재판관보다 훨씬 더 가혹하게 자기 스스로를 벌하게 된다. 그 백만장자는 지금쯤 그 대평원에 있을 것이다. 그리고 무엇을 선택하려 하고 있을까? 그러나 비유는 그만두자. 플라톤은 우리들이 생각하는 이상으로 언제나 우리들 가까이에 있다. 나에게는 죽음 뒤에 오는 새로운 생활의 경험이 없다. 그러니까 죽음 뒤의 생활을 믿지 않는다고 말해봤자 별 수도 없다. 우리들은 그것에 대해서는 아무 생각도 할 수 없다. 나는 차라리 이렇게 말하고 싶다. 우리들이 스스로의 선택에 따라 또한 스스로 세우고 있는 행동의 원칙에 따라 처벌되는 내세(來世)의 생활이란 우리들이 끊임없이 빠져 들어가고 있는 미래이다. 게다가 거기서 우리들이 펴는 보따리는 우리들이 고른 보따리임이 틀림없다, 라고.

우리들이 신과 운명을 비난하면서도 '망각'의 강에서 물 먹기를 그만두지 않는다는 사실 또한 진실이다. 야심을 택한 자는 자기가 수준이 낮은 추종, 선망, 부정 등을 선택한다고는 믿지 않았다. 그러나 그것들은 자기가 선택한 보따리 속에 들어 있었다.

1909년 6월 25일

32 이웃의 정념

어떤 이는 말한다. '너무 잘 아는 사람과는 정말 함께 살기 어렵다. 사람들은 거리낌 없이 신세타령을 해서, 그 바람에 도리어 작은 고민을 크게 만들고 만다. 사람들은 자기의 행위나 말이나 감정 같은 것에 대해 예사로 불평을 하고, 온갖 정념을 멋대로 터뜨린다. 또 어쭙잖은 일로 화를 낸다. 상대의 동정과 애정과 관용을 믿고 있다. 서로가 너무 잘 알고 있기 때문에 거짓으로 꾸미지 않는다. 그러나 솔직함이 진실이라고는 할 수 없다. 솔직함은 모든 것을 부풀려버리기 때문이다. 아무리 원만한 가정에서도 의외로 가시돋친 말투나 심한 몸짓의 모습들을 볼 수 있다. 예의나 의식은 보통 생각되는 것 이상으로 훨씬 유익하다.'

다른 이가 말한다. '전혀 모르는 사람과는 같이 살기 참 어렵다. 땅 밑에는 이자 수입으로 생활을 꾸려 나가기 위해 곡괭이를 휘두르고 있는 갱부들이 있다. 방 안에는 백화점의 멋쟁이 여성 손님을 위해 바느질에 지쳐 있는 재봉사들이 있다. 지금 이 순간에도 부잣집 아이들을 위해 몇백 개나 되는 장난감을, 그것도 싼 값으로 본을 고쳐 뜨거나 풀칠을 하거나 하고 있는 가난한 사람들도 있다. 부잣집 아이이든 멋쟁이 여성이든 이자 수입으로 생활을 꾸려 나가는 사람이든, 아무도 이런 일은 생각해 보지도 않는다. 이런 사람들은 없어진 개나 발굽에 염증이 생긴 말의 일이고 보면 모두 불쌍하게 생각하고 하인들에게는 친절해서, 그들이 눈시울을 붉히거나 뿌루퉁한 얼굴을 차마 보지 못한다. 사람들은 봉사료를 준다. 그것은 거짓된 선이 아니다. 카페의 보이나 심부름꾼이나 말구종 등이 기뻐하는 모습을 보기 위해서 하는 일이니까. 그러나 역(驛)의 짐꾼에게는 봉사료를 두둑히 주는 사람이, 철도원은 회사 급료만으로도 충분히 살아갈 수 있다고 주장한다. 한순간마다 누구나 남 모르게 남을 희생시키고 있다. 사회란 선한 사람들이 잔혹해지기를 은근히 허락하는 놀라운 기계이다.'

세 번째 사람이 말한다. '그리 잘 알지 못하는 사람과는 함께 살기 좋다. 서로서로 자기의 말이나 몸짓을 억제하므로, 바로 그 점이 노여움을 억제한다. 유쾌함이 얼굴에 나타나면 곧 마음도 유쾌해진다. 말을 해서 후회할 성싶은 것은 입에 담으려고 생각지도 않는다. 사람은 자기를 잘 모르는 사람 앞에서는 자기의 좋은 점을 보이는 법이다. 많은 경우 이런 노력 때문에 우리들은 다른 사람과 자기 자신을 대하는 자세가 더욱더 달라지곤 한다. 사람은 미지의 것으로부터는 아무것도 기대하지 않는다. 미지의 것이 전혀 주는 바가 없는데도 아주 만족한다. 내가 보기에 외국인들이 다감한 태도를 보이는 까닭은 예의바른 말을 할 줄을 모르기 때문이다. 다른 나라에서 살기를 좋아하는 사람이 있는 까닭은 거기에서는 그들에게 심술궂게 처신할 기회라는 게 전혀 없기 때문이다. 그래서 사람들은 외국에서는 더욱 자기에게 만족한다. 대화는 그만두고라도, 보행로 위에는 말할 수 없는 우정, 말할 수 없는 마음 편안한 사교성이 있다. 늙은이도 아이도 개까지도 호의를 보이며 지나간다. 그런데 반대로 길 위에서는 마부들이 서로 욕지거리를 한다. 여행자들은 다투는 이들을 보느라 자신들의 모습은 잊고 재촉하고 있다. 마차의 기계장치들은 낡지 않았는데, 마부들은 벌써 악을 쓰고 있다. 사회의 평화라는 것은 직접 교제, 이해의 엇갈림, 의견의 직접 교환에서 생기는 것이지 조합이라든가 단체라든가 하는 기구를 만드는 데서 생기지는 않는다. 오히려 반대로 너무 크지도 너무 작지도 않은 이웃 사람들의 조화에서 생긴다. 지역별 연방주의가 진짜이다.'

1910년 12월 27일

33 가정에서

사람은 시끄러움에 익숙한 사람과 남을 조용하게 하려는 사람 두 종류가 있다. 일을 하고 있을 때나 잠을 자려고 할 때 소곤거리는 소리가 들린다든가 의자를 좀 세게 움직인다든가 한다고 해서 불같이 성을 내는 사람들을 나는 많이 알고 있다. 또한 남의 행동에는 절대로 참견하지 않는 사람들도 알고 있다. 이런 사람들은 이웃 사람들의 대화나 웃음소리, 노랫소리 등을 막을 바에야 차라리 자기의 귀중한 생각이나 두 시간의 잠을 희생하는 편이 낫다고 여긴다.

이러한 두 종류의 사람들은 어디를 가나 자기와 반대인 사람을 피하고 비슷한 사람을 구한다. 그래서 우리는 공동생활의 규칙이나 규범이 서로 전혀 다른 가족 모임들을 만나게 된다.

어떤 가정에서는 한 사람의 마음에 들지 않는 것은 다른 식구들 모두에게도 금지된다는 것이 자신의 의사 표시가 없었음에도 인정되고 있다. 한 사람은 꽃냄새가 마음에 들지 않는다. 또 한 사람은 크게 내는 발소리가 견딜 수 없다. 한쪽이 밤에 조용하기를 요구하면 다른 쪽은 아침이 조용하기를 요구한다. 한 사람은 종교 이야기를 듣기 싫어하고 다른 한 사람은 정치 이야기가 나오면 이를 간다. 누구나가 서로 거부권을 인정하고 누구나 이 권리를 엄숙하게 행사한다. 한 사람이 '이 꽃 때문에 나는 하루 종일 머리가 아픈 것 같아'라고 말하면, 다른 한 사람이 '11시쯤 요란하게 닫히는 문 소리 때문에 신경이 곤두서서 어젯밤에는 잠을 잘 수 없었어'라고 말한다. 식사 때가 되면 마치 의회 회의장에 나온듯이 모두가 저마다 불평을 쏟아놓는다. 이윽고 누구나가 이 의회의 복잡한 헌장(憲章)을 알게 된다. 그리고 교육의 목적은 이 헌장을 아이들에게 가르치는 것 말고는 아무것도 없다. 마침내는 가만히 서로 얼굴을 마주 보며 별 지장 없는 말들을 하게 된다. 이렇게 해서 음울한 평화와 따분한 행복이 내려앉는다. 결국 누구나가 자기가 남을 속박하기보다는 남한테 얽매여 있다고 생각하기 때문에, 모두 자기를 너그러운 사람으로 알고 확신을 가지고 이렇게 되풀이하게 된다. '자기를 위해서 살아서는 안 된다. 남을 생각해야 한다.'

또 이런 가정도 있다. 거기서는 저마다의 상상력을 신성한 것으로 생각하고 소중히 여기며, 또 자기의 기쁨이 때로는 다른 사람에게 폐가 된다는 것 따위는 아무도 결코 생각하지 않는다. 그러나 이런 사람들에 대해서는 말하지 말자. 그들은 이기주의자들이다.

1907년 7월 12일

34 배려

사람들이 바질을 보고 '네 얼굴이 무섭게 창백하구나'라고 하는 바람에 결국 바질이 자기가 병에 걸린 줄 알게 된다는 그 유명한 장면*25은 누구나 알고 있다. 어떤 가정이 너무 원만해서 모두가 서로의 건강에 신경을 써 주고 있는 자리에 가볼 때마다 이 장면이 떠오른다. 조금이라도 낯빛이 파리하거나 붉었다가는 큰일이다. 집안 사람들이 걱정하면서 묻는다. '잘 잤니?' '어제 뭘 먹었지?' '너는 일을 너무 많이 한다.' 그 밖에 이런저런 기운을 북돋우는 말을 한다. 그 다음에는 '좀 더 머리를 치료하지 않았던' 병에 대한 이야기가 된다.

나는 이런 식으로 애지중지 사랑을 받는 민감하고도 조금 소심한 사람을 딱하게 여긴다. 배앓이, 기침, 재채기, 하품, 신경통 같은 나날의 사소한 재난이 얼마 지나지 않아 그에게는 무서운 징후가 될 것이다. 그 징후가 진행되는 동안 그는 가족의 도움을 빌거나 의사의 냉담한 눈초리 아래에 있을 것이다. 의사란 당신도 알다시피 바보같다는 소리를 듣는 위험을 안고서까지 이런 모든 사람들을 안심시키려고 애쓰지는 않는다.

걱정거리가 생기면 잠을 못 이루게 된다. 이리하여 자기의 마음 때문에 앓는 사람은 밤이면 자기의 숨소리에 귀를 기울이며 지내고 낮에는 낮대로 밤에 있었던 일을 남에게 이야기하며 지낸다. 이윽고 그의 병은 이러저러한 병이 되어서 남이 다 알게 된다. 활기가 없어져서 꺼져 가던 대화가 다시금 새로운 생명을 되찾는다. 이 불행한 사람의 건강에는 매매시장의 물건값처럼 높고 낮음이 매겨진다. 어떤 때는 높아지고 어떤 때는 낮아지고, 그는 그것을 알고 있든가 짐작하든가 한다. 이러다보면 신경 쇠약이 생긴다.

그 요법은 가정을 멀리 하는 것이다. 무관심한 사람들 틈에 가서 살면 된다. 그들은 건성으로 '기분은 좀 어떻습니까?' 하고 당신에게 묻는데, 당신이 곧이 곧대로 대답이라도 하는 날에는 달아나고 만다. 그들은 당신의 넋두리 같은

---

*25 18세기 프랑스 작가 보마르셰의 희극 《세비야의 이발사》 제3막 11장.

소리에는 귀기울이지도 않고, 당신의 위장을 죄던 상냥한 마음씨를 담은 눈길 따위도 보내지 않는다. 이런 상태에서 곧 절망에 빠지지만 않는다면 당신의 병은 금방 낫는다. 도덕은 결코 남에게 얼굴빛이 나쁘다고 말하지 않는다.

1907년 5월 30일

35 가정의 평화

나는 쥘 르나르의 그 무서운 《홍당무》를 되풀이 해서 읽는다. 이 책은 너그러운 데가 없다. 사물의 나쁜 면은 눈에 띄기 쉬운 법이라고 말해 주고 싶다. 일반적으로 말해서 정념은 자신을 드러내고 우정은 스스로 숨어 있다. 친밀감이 점점 더 커지면 그 친밀감을 피할 수가 없게 된다. 이것을 이해 못하는 사람은 반드시 불행해진다.

가정 안에서는, 특히 서로의 마음이 열려 있을 때에는 아무도 사양하지 않을 뿐 아니라 아무도 가면을 쓰지 않는다. 어머니는 자식에게 자기가 좋은 어머니임을 보여 주려고는 결코 생각하지 않을 것이다. 만약 그렇게 생각한다면 그것은 자식이 흉포할 정도로 성질이 나쁠 때의 일이다. 그러니까 좋은 자식은 때로 허물없는 대접을 받을 각오를 해야 한다. 그것이 바로 좋은 자식에게 주어지는 보수(報酬)다. 예의는 무관심한 사람들에게 주어지고, 기분은 좋든 나쁘든 간에 사랑하는 사람들에게 전해지는 것이다.

서로가 나누는 사랑의 효과 가운데 하나는, 불쾌한 기분을 순수하게 주고받는 것이다. 슬기로운 사람은 이것을 신뢰와 친밀함의 증거로 볼 것이다. 소설가들이 곧잘 쓰는 것이지만, 아내의 부정(不正)에서 드러나는 첫 징조는 남편에 대해 예의와 조심성을 되찾는 데 있다. 그러나 이것을 여자의 타산적인 행위라고 생각한다면 잘못이다. 그런 경우에는 포기 말고는 더이상 아무것도 없다. '내가 매 맞는 것을 즐기다니' 이런 연극의 문구는 마음의 진실을 우스꽝스러워질 때까지 확대해 보여 준다. 때린다, 욕을 한다, 흥을 본다, 이런 행위들이 반드시 연극의 시작이다. 이렇듯 지나친 믿음 때문에 가정이 파괴되는 수가 있다. 저도 모르게 버럭 고함을 지르게 되는 고약한 장소로 되어 버린다. 이것은 당연한 일이다. 이러한 일상의 친밀함 속에서는 한 사람의 노여움이 다른 사람의 노여움을 불러 일으켜서, 아주 사소한 정도가 몇 배로 부풀어 올라 버린다. 이런 가시돋친 기분을 그려내 보이는 것은 아주 쉽다. 그리고 그 기분을 설명해 주기만 하면 치료법은 병의 바로 옆에서 발견될 것이다.

누구나 자기가 잘 알고 있는 사람의 까다로움이나 괴팍스러움에 대해서는 아주 소박하게, '그건 그 사람의 성격이야'라고 말한다. 그러나 나는 성격을 크게 믿지는 않는다. 경험에 따르면 어떤 것을 규칙적으로 억압해 나가면 이윽고 그 중요성은 무시되는 존재가 되는 시점에서 사라지고 말기 때문이다. 왕 앞에 나갔을 때 궁정 대신은 불쾌함을 숨기고 있지 않았다. 마음에 들려는 심한 욕망 때문에 불쾌함은 사라져 버리는 것이다. 하나의 운동은 다른 운동을 배제한다. 우호적으로 손을 내밀면 그것은 주먹을 막는다. 어떤 시작된 동작과 억제된 동작의 활기를 팽팽하게 긴장시켜주는 감정이라는 것이 있다. 사교적인 여성이 갑작스러운 손님을 맞기 위해 노여움을 중단했다고 해서 절대로 나는 '무슨 위선이람'이라고는 말하지 않는다. 오히려 '노여움을 가라앉히는 아주 좋은 요법이구나'라고 말한다.

가정의 질서란 법(法)의 질서와 같다. 그것은 결코 저절로 만들어지지는 않는다. 그 질서는 의지에 따라 만들어지고 유지된다. 최초의 충동 위험을 잘 아는 사람은 자기의 동작을 다스려 자기가 소중히 하는 감정을 유지한다. 그러므로 결혼은 의지라는 관점에서 볼 때 해지되어서는 안 된다. 사람들은 결혼에 서로 소속되어 결혼을 잘 유지하고 다툼을 가라앉힌다. 이것이 서약의 효용이다.

1913년 10월 14일

36 사생활에 대하여

라 브뤼예르였다고 생각하는데, 그는 이런 말을 했다. '좋은 결혼은 있으나 감미로운 결혼은 없다'고. 우리 인류는 사이비 인간 연구가들의 이런 진구렁으로부터 빠져 나와야 한다. 그들에 따르면 사람은 행복에 대해 마치 과일처럼 맛을 보거나 이러쿵저러쿵 말하게 된다. 그러나 내가 보기에는 과일도 맛을 좋게 하는 방법이 있다. 결혼과 그 밖에 모든 인간 관계에 대해서는 더더구나 그렇다. 이런 것들은 맛을 보거나 참거나 하기 위해서 있지는 않지만, 그러나 해야만 하는 것들이다. 사회는 나무그늘 같은 것이 아니다. 날씨나 바람에 따라서 그 밑에 앉아 있을 수 있는 그런 나무그늘 말이다. 그 반대로 마법사가 비를 내리게 하거나 날씨를 좋게 만들거나 하는 그런 기적의 장소이다.

자기의 장사나 출세를 위해서라면 누구나 크게 노력한다. 그러나 일반적으로 가정에서 행복하게 지내기 위해서는 아무 것도 하지 않는다. 나는 이미 예의에 대해서 했던 말을 되풀이했으나 아무래도 칭찬이 모자랐던 것 같다. 예의란 낯선 사람에게 도움이 되는 거짓말이라고는 말하지 않는다. 나는 이렇게 말하고 있다. 감정은 진실 어린 귀중한 것일수록 예의가 필요하다고. '망할 것 같으니.' 이런 말을 하여 상인은 생각한 대로 뱃속을 털어놓았다고 믿지만, 여기에 정념의 함정이 있다. 우리들 눈앞의 직접적인 삶에서는 모습을 나타내는 것들 모두가 거짓이다. 잠에서 깨어 눈을 뜬다. 보이는 것은 모두 거짓이다. 나의 일은 판단하고 평가하며, 사물을 제자리에 되돌려 놓는 데 있다. 어떤 것이든 눈에 든 첫 광경은 한 순간의 몽상이며, 그 몽상들은 분명히 판단없는 짧은 순간의 깨달음이다. 그러고 보면 자기의 직접적인 감정을 잘 판단하기란 쉬운 일이 아니다.

헤겔은 직접적 자연적인 영혼은 언제나 근심과 걱정에 싸여 있고 괴롭혀지듯이 존재한다고 말한다. 나에게는 이 말이 아름다운 깊이로 여겨졌다. 자신에 대해 다시 반성할 수 없을 때 그것은 나쁜 내기이다. 그리고 스스로에게 묻는 사람은 반드시 자기에게 그릇된 대답을 한다. 스스로 명상하는 깊은 생각은 권태와 비애, 불안, 초조에 지나지 않는다. 시험 삼아 해보라. 자신에게 이렇게 물어 보라. '시간을 보내기 위해 무엇을 읽으면 좋을까?' 당신은 벌써 하품을 하고 있다. 필요한 것은 읽기 시작하는 것이다. 욕망은 의지의 형태를 지녀야 발전한다. 이 지적 충고만으로도 심리학자들을 판단하기에는 충분하다. 심리학자들은 누구든지 자기 생각을 꼬치꼬치 연구하라고 한다. 마치 풀이나 조개껍질이라도 관찰하듯이 말이다. 그러나 생각이란 동의하고 희망하는 행위이다.

그런데 개개인이 각 순간마다 자기 자신을 통제하고 용기를 북돋우어 가는 상업이라든가 공업 같은 공공(公共) 생활에서는 꽤 잘 해낼 수 있는 일이라도 사생활에서는 그리 잘 되지 않는다. 누구나가 제 좋을대로 한다. 잠을 잘 때라면 그것도 괜찮다. 그러나 가정이라는 반(半)수면 상태 속에서는 모든 일이 곧 모가 난다. 그래서 가장 선량한 사람들이 때때로 무서운 위선자가 되는 수가 있다. 주목해야 할 점은 여기에서 사람이 본래는 의지의 힘에 따라 운동선수같이 온몸을 움직여야 할 텐데 그렇지 않고, 오히려 의지를 사용해서 감정을 속이는 것이다. 불쾌함, 슬픔, 따분함 등은 비나 바람과 같다는 생각은 실은 고정 관념이며 그릇된 관념이다. 요컨대 참다운 예의란 자기가 해야할 바대로 시험하는 것이다. 사람은 경의나 사양이나 정의에 대해 의무가 있다. 이 마지막의 예, 즉 정의에 대해서는 생각해 볼 가치가 있다. 각 정의로 되돌아간다는 것은 최초의 충동은 어쨌든 간에 결코 도둑 같은 행위를 하지 않는 것이다. 정의로 되돌아간다는 것은 조금도 위선이 없는 성실 그 자체의 행위이다. 그런데 애정에 대해서는 어찌하여 그토록 성실하기를 바라지 않는가. 사랑은 자연스러운 것이 아니다. 욕망 그 자체도 오랫동안 자연스러운 것으로서 머물러 있지는 않는다. 참다운 감정은 만들어 내는 것이다. 사람들이 카드놀이를 하는 까닭은 짜증이 나거나 싫증이 났을 때 그 카드를 내던지기 위해서가 아니다. 또한 엉터리로 피아노를 쳐 보겠다고 생각하는 사람도 없다. 음악은 모든 본보기들 가운데 가장 좋은 본보기이기도 하다. 음악은 성악이라도 의지에 의해서만 뒷받침되기 때문이다. 신(神)의 은총은 이러한 인간의 의지 뒤에 온다고 신학자들이 때때로 이야기하지만, 그러나 신학자들은 이 말 다음에 무슨 말을 해야 할지는 자신들도 모른다.

1913년 9월 10일

37 부부

로맹 롤랑은 그의 훌륭한 저서에서, 좋은 부부가 좀처럼 없는데 거기에는 당연한 원인이 있다는 뜻의 말을 하고 있다. 나는 이 사고방식에 따라 그의 작품 속에 있는 인물들을 살펴보면서, 또한 특히 내가 만난 살아 있는 인물을 살펴보면서, 당사자들이 아무 이유도 모른 채 남녀 양성(兩性)을 서로 적으로 마주 대하는 뚜렷한 기질이 있음을 알았다. 여성은 감정을 중시하고 남성은 행동을 중시한다. 이 점에 대해서는 늘 말하는 바이나 충분히 설명된 적은 좀처럼 없다.

감정을 중시한다는 것은 정이 깊다는 뜻과 같다. 이것은 생각과 삶의 원천이 좀 더 밀접하게 결합되어 있음을 뜻한다. 이 결합 증세는 남녀는 물론이고 모든 병자에게서도 볼 수 있음을 뜻한다. 그러나 보통은 여성 쪽이 더 밀접하다. 그것은 임신과 수유라는 기능과 그에 관련되는 기능이 여성을 강하게 지배하기 때문이다. 그렇기 때문에 기분이 변하기 쉽다. 그 원인은 여성의 몸에서 온다. 그 결과는 때때로 변덕이나 갈피를 못 잡거나, 고집 같은 형태를 취한다. 거기에는 아무런 거짓된 선도 없다. 기분의 움직임을 그 참다운 원인으로써 설명하기 위해서는 깊은 지혜가 필요하다. 참다운 원인은 우리들의 동기(動機)도 바꾸기 때문이다. 사소한 피로를 원인으로 선택할 마음이 없어졌을 경우라도, 집에 머무를 훌륭한 딴 구실을 찾아내는 법이다. 수치심이라는 명목 아래에 참된 이유를 가리어 숨기는 것을 꾀하기도 한다. 그러나 내가 보기에 수치심이란 오히려 참다운 이유를 모르는 데서 일어나며, 육체적인 명목을 영혼의 언어로 바꾸어 놓는 과정, 더욱이 자연스럽고 달리 어쩔 도리가 없는 과정에서 깨닫게 되는 감정과 같다. 이런 사정 아래에서 연애하는 남자는 바보나 마찬가지다.

남성이라는 존재는 행동하고 있을 때만 이해될 수 있다. 남성의 본디 역할이나 능력은 사냥하고 건설하며 발명하고 시도하는 것이다. 이러한 길에서 벗어나게 되면 남자는 따분해진다. 그러나 그런 사실을 전혀 모르고 있다. 그래서 하찮은 일을 핑계로 줄곧 돌아다니고 있다. 그것이 나쁜 뜻에서 그렇게 하는 것은 아니지만 숨기기 때문에 사태는 더 나빠진다. 남자에게 필요한 것은 정치 또는 산업이라는 먹을거리이다. 남성으로서 자연스러운 이 결과를 여성은 거짓된 선이라고 생각하는 경우가 보통이다. 거기에서 생기는 남녀 사이의 위기에 대한 깊은 분석은 발자크의 《젊은 두 아내의 수기(手記)》와 특히 톨스토이의 《안나 카레니나》에서 볼 수 있다.

이런 위기를 이겨내는 치료법은 사회생활 속에 있다. 사회생활은 두 가지 방법으로서 병에 효과가 있다. 먼저 가정끼리와 친구 사이의 교제가 있다. 이 교제는 부부 사이에 예의라는 관계를 수립하며, 언제나 겉으로 나타날 기회가 너무 많은 감정의 변덕이라는 것을 숨기기 위해 절대로 필요하다. 숨기기 위해서라는 점을 잘 알아 두기 바란다. 기분의 움직임에 지나지 않는 것은 표현할 기회가 없어지면 곧 느끼지 않게 되고 만다. 그러니까 사랑하고 있는 한은 예의 쪽이 기분보다 참된 것이다. 다음은 사회생활이 사람을 바쁘게 만들어서 안일하고 한가롭게 지내는 것으로부터 멀어지게 한다. 한가롭게 지내는 것은 아무리 착한 마음을 갖는다 해도 절대로 자연스럽지 못하다. 너무 고립되어서 오직 애정이라는 먹을거리만을 먹고 살아가는 부부에게는 언제나 위태로움이 있는데, 그 까닭은 이 때문이다. 그런 부부 생활은 바닥의 짐이 없기 때문에 너무 가벼워서 물결에 지나치게 흔들리는 작은 배이다. 반성에서 비롯된 지혜도 그다지 도움이 되지 않는다. 감정을 구제하는 것은 제도(制度)이다.

1912년 12월 14일

38 권태

건설할 대상이나 파괴할 대상이 없어지면 남성은 매우 불행하다. 여성들— 여기서는 바느질을 하거나 아기를 돌보느라 바쁜 여성들을 말하지만—은 무엇 때문에 남자들이 카페에 가거나 카드놀이를 하는지, 아마 절대로 이해되지 않을 것이다. 남성은 자기 자신과 마주보며 지내보았자, 그리고 자기 자신에 대한 생각을 해 보았자 아무런 살 보람도 느끼지 못한다.

괴테의 《빌헬름 마이스터》 속에 '체념의 모임'이 나온다. 이 회원들은 미래의 일도 과거의 일도 절대 생각해서는 안 되기로 약속했다. 이 규칙은 지켜지기만 한다면 매우 좋은 규칙이다. 그러나 그것을 지킬 수 있기 위해서는 손과 눈이 바쁘게 돌아가야만 한다. 지각과 행동, 이것이 참다운 요법이다. 그 반대로 무료해서 손가락이나 주무르다가는 머지않아 두려움과 회한 속에 빠지게 된다. 생각은 그리 건강하다고는 할 수 없는 놀이와 같다. 대부분은 생각이 꼬리를 물 뿐, 앞으로 나아가지는 않는다. 그렇기 때문에 위대한 장 자크 루소는 '생각만 하는 인간은 타락한 동물이다'라고 썼다.

필요라는 것이 대부분의 경우, 우리들을 밑도 끝도 없는 생각에서 구출해준다. 대부분의 사람이 할 일이 있다. 그리고 그 일들은 매우 좋은 것들이다. 우리에게 없는 것, 그것은 우리를 숨돌리게 만들어주는 다른 사람을 위해 사소한 일이다. 여자들이 하는 뜨개질을 나는 곧잘 부러워했다. 그녀들의 눈은 쫓아갈 구체적인 대상이 있다. 그래서 과거나 미래로부터 받는 인상은 번개처럼 한순간 번쩍하고 비칠 뿐이다. 그런데 시간 보내기 모임에서 남자들은 할 일이 아무것도 없다. 그래서 병 속의 파리처럼 투덜거린다.

병만 들지 않았다면 상상력이 너무 분방해서 생각할 구체적인 대상이 없을 경우를 제외하면, 잠을 자지 못하는 시간도 그다지 겁낼 게 못된다. 어떤 사람이 10시에 자리에 누워서, 밤중까지 잠의 신의 도움을 청하면서 잠자리 위를 잉어처럼 옆치락뒤치락한다. 바로 그 사람이 같은 시각에 극장에라도 가 있다면 본디 자기 존재를 깡그리 잊어버리게 된다.

이러한 반성은 돈많은 사람들의 생활을 충족시키는 온갖 볼일을 이해하는데 도움이 된다. 그들은 수많은 의무나 일을 스스로 만들어 내고 불난 자리에라도 가듯이 뛰어다닌다. 하루에 열 번도 더 방문하고 연주회로, 극장으로 뛰어다닌다. 더 혈기 넘치는 사람들은 사냥이나 전쟁, 위험한 여행을 떠난다. 기분 전환을 위해 자동차를 타고 다니거나 비행기를 타고 가다가 뼈가 부러지기를 기다리는 사람도 있다. 이렇게 그들에게는 새로운 행동이나 깨달음이 필요하다. 그들의 바람은 사회 속에서 사는 것이지 자기 속에서 사는 것은 아니다.

거대한 마스토돈*26이 삼림(森林)을 먹어 치웠듯이 그들은 눈으로 세계를 먹어 치운다. 더 단순한 친구들은 코 또는 옆구리를 심하게 얻어맞는 놀이를 한다. 이렇게 하여 현재로 되돌려져서 그들은 대단히 행복하다. 전쟁은 무엇보다도 먼저 권태를 치료하는 방법이다.

그러니까 이렇게 설명할 수 있다. 전쟁을 적극 바라지는 않을지라도 시작하면 언제든지 할 마음으로 있는 자들은 이따금 잃을 게 가장 많은 사람들이라고. 죽음의 공포란 한가한 사람의 생각으로서, 아무리 위험한 생각이라도 어쩔 수 없이 행동으로 옮기고 나면 공포는 순식간에 사라져 버린다. 전투는 확실히 죽음을 생각하는 경우가 가장 적은 상황의 하나이다. 여기에서 다음과 같은 역설이 나온다.—생(生)을 충족시키면 시킬수록 생을 잃을 걱정이 없어진다.

1909년 1월 29일

39 속력

나는 서부 지방의 새로운 기관차 하나를 보았다. 보통 기관차보다 길고, 더 높고, 생김새는 단순했다. 부품 구성은 시계의 톱니바퀴처럼 정교하게 되어 있다. 거의 소리를 내지 않고 달린다. 차체의 모든 부분들이 힘을 발휘해서 모두 하나의 목적을 향하고 있다는 것이 느껴진다. 증기는 불에서 얻은 동력원을 모두 피스톤을 움직이는 데 쓰고 나서야 밖으로 나간다. 원활한 발차(發車), 규정속도, 동요하는 일 없이 움직이는 압력, 그리고 2킬로미터를 1분쯤 걸려서 미끄러지듯이 달려가는 무거운 열차를 상상한다. 그리고 당당한 탄수차(炭水

---

*26 플라이스토세(世) 제3기층에서 화석 상태로 발견된, 현재 코끼리의 조상.

車)는 얼마나 많은 석탄을 때야만 하는지를 뚜렷이 말해 주고 있다.

여기에는 대량의 과학과 계획, 대량의 시험이 필요하며 많은 양의 쇠몽둥이나 줄이 사용된다. 그런데 이것은 대체 무엇 때문인가. 아마도 파리와 르아브르 사이의 여행 시간을 15분쯤 단축하기 위해서일 것이다.

행운의 여행자들은 이런 값비싼 대가를 치르고 산 15분을 무엇에 쓰려 하는가? 승강장에서 시간을 죽이듯이 보내는 사람도 많다. 15분 더 카페에 눌어붙어 신문 광고란까지 읽는 이도 있다. 이익은 어디에 있는가. 이익은 누구를 위해 있는가.

기묘한 일은, 열차의 속력이 조금만 더 늦어도 지루하게 여기는 여행자가, 이 열차가 다른 열차보다 15분 빨리 달린다는 점을 사람들에게 설명하는 일로 15분쯤을 소비해 버린다는 점이다. 그것도 열차가 출발하기 전이나 도착하고 나서 말이다. 누구나가 적어도 하루에 15분쯤은 이런 새롭고 위대한 힘에 대한 이야기를 한다든가, 카드놀이를 한다든가, 멍하니 생각에 잠긴다든가 하면서 지나쳐 버린다. 어째서 이런 시간을 기차 안에서 소비하려 하지 않을까.

어떤 장소라도 기차 안만큼 좋은 곳은 없다. 내가 이야기하는 것은 특급 열차를 뜻한다. 이 안에서는 어떤 안락의자보다도 앉아 있을 때 기분이 좋다. 넓게 트인 창으로 강이나 골짜기, 작은 산들, 촌락, 마을들이 지나쳐가는 광경이 보인다.

작은 언덕 허리에 난 길, 그 위를 달리는 차, 강을 오르내리는 배의 행렬 등, 온 나라의 풍요로움이 펼쳐진 모습을 눈으로 좇는다. 때로는 밀이나 쌀보리, 때로는 사탕무 밭이나 설탕 정제소, 다음은 아름답고 커다란 숲, 다음은 목장, 소, 말이 숲 사이로 난 깊은 계곡이 지층의 단면을 보여 준다. 참으로 멋진 지리(地理) 사진첩이다. 들치는 수고를 하지 않더라도 계절에 따라, 날씨에 따라, 그날그날 바뀐다. 작은 산 밑에는 천둥과 번개를 동반한 비가 쏟아지려 하고, 꽃을 실은 마차가 길을 서두르는 모습이 보이는가 하면, 다른 날에는 가을걷이를 하는 사람들이 황금빛 먼지 속에서 일을 하고, 공기는 햇빛을 받아 떨고 있다. 이에 견줄 만한 광경을 달리 또 어떻게 찾을 수 있을까.

그런데도 그 여행자는 신문을 읽고, 상태가 나쁜 인쇄물들을 이리 뒤적 저리 뒤적 하며 보고, 시계를 꺼내 보며, 하품을 하고, 여행 가방을 열었다닫았다 한다. 열차가 도착하기 무섭게 마차를 불러 타고 마치 자기 집에 불이라도 난 듯이 달려간다. 밤이 되면 극장에 틀어박히기도 한다. 배경이라는 널빤지에 그려진 나무나 가짜 가을걷이, 가짜 종루(鍾樓) 등을 감탄하며 바라보고 있다. 가짜 가을걷이 일꾼과 가짜 종루가 이 여행자의 귀에는 크게 울린다. 그러면 그는 좌석이라는 일종의 감옥 속에 갇혀서 여위고 파리한 무릎이라도 문지르면서 이렇게 말할 것이다. '가을걷이 일꾼들의 노랫가락은 틀렸지만 무대 장치는 볼품없지 않아.'

1908년 7월 2일

40 도박

어떤 이가 곧잘 이런 말을 했다. '혼자 살면서 어떤 욕망이고 어떤 불안이고 재산의 힘으로 해결해 버리는 사람을 나는 불쌍하다고 생각한다. 나이라도 들면, 아니 병이라도 드는 날에는 참으로 불쌍하게 된다. 자기에 대해서만 생각하게 되기 때문이다. 만약 가족을 거느린 한 집안의 아버지라면, 그는 줄곧 걱정거리가 있고 늘 빚에서 벗어나지 못한다 할지라도 겉보기보다는 훨씬 행복하다. 위장의 소화 같은 것을 생각할 겨를이 없기 때문이다.' 얼마쯤의 빚은 남겨 두어야 하며, 또한 그러한 정도의 빚이 있더라도 걱정하지 말아야 한다는 말이다.

가능도 불가능도 없는 평온하고 차분한 생활을 구하라고 충고한다지만, 정작 그런 생활을 지탱해 나가기 위한 매우 풍부한 지혜가 필요하다는 점을 좀처럼 충분하게는 말하지 못하는 법이다. 재산이나 명예를 경멸하기는 매우 쉽다. 그러나 그것들을 경멸한 뒤에 그다지 무료하지 않게 살도록 하는 일이야말로 정말 어렵다. 야심가라는 사람은 좀처럼 없는 행복이 발견될 줄 알고 줄곧 무언가의 뒤를 쫓아다닌다.

그러나 크게 바쁘다는 것 자체가 그의 첫째 행복이다. 무엇인가에 실망해서 불행한 때라도, 그는 그 불행 덕분에 행복하다. 그는 불행 속에서 불행을 치료하는 방법을 보기 때문이다. 그리고 참다운 치료법이란 그가 거기에서 치료법을 본다는 것이다. 우리들의 눈앞에 있는 지도상의 큰 나라같이 매우 뚜렷하게 펼쳐져 있는 필연성 쪽이, 우리들 내부의 움푹한 데서 느끼는 깊숙한 필연성보다 언제나 훨씬 더 가치가 있다.

내기의 정열은 모험을 하고자 하는 욕망을 있는 그대로, 아무 꾸밈도 없이 보여 준다. 내기를 거는 사람은 절대로 안전하지 않다. 그렇기 때문에 재미 있어서 견딜 수 없게 된다. 그래서 진짜 노름꾼은 주의력, 조심성, 솜씨 같은 것이 크게 효과를 나타내는 내기를 그다지 좋아하지 않는다. 반대로 그냥 기다릴 뿐이고 위험을 저지를 뿐인 룰렛 같은 노름에 더욱 열중한다. 이것은 어떤 의미에서는 스스로 파국을 불러들이는 짓거리이다. 그는 한순간 한순간 스스로에게 이렇게 말한다. '이번 타격으로 나는 빈털터리가 될 거야. 내가 그것을 바란다면 말이야.' 그것은 위험하기 짝이 없는 탐험 여행 같다. 단지 다른 점은, 여행에서는 스스로 마음만 먹는다면 무사히 집으로 돌아갈 수 있다는 점이다. 또한 위험성이야말로 운이 맡긴 도박의 재미이다. 아무에게도 강제되지 않고 다만 하고 싶을 때만 위험에 도전한다. 그 자유로움이 견딜 수 없는 매력이다.

아마도 전쟁에는 도박을 닮은 구석이 있다. 전쟁을 일으키는 요인은 권태이다. 그 증거로는, 전쟁을 가장 좋아하는 사람은 일도 걱정도 가장 적은 한가한 사람으로 정해져 있다. 이런 원인을 잘 알고 있으면 웅변술에 홀려서 동조하는 일도 없을 것이다.

가멸고 한가한 사람이 이런 말을 하면 매우 꿋꿋해 보인다. '나에게는 삶이 쉽다. 내가 이렇게 위험 앞에 몸을 드러내고 이런 위험을 마음으로부터 구할 때도 그렇다. 거기에 어쩔 수 없는 이유나 피치 못할 필연성이 있다고 생각하기 때문에 그 위험을 행한다.' 그러나 그렇지가 않다. 그는 할 일이 없어서 심심하고 지루한 사람일 따름이다.

만약 그가 아침부터 밤까지 일을 한다면 이토록 심심하고 지루하지는 않았을 것이다. 다시 말해, 재산의 불평등한 분배는 무엇보다도 먼저 잘 사는 많은 사람들을 심심하고 지루하게 만든다는 불편이 뒤따른다. 심심하고 지루하기 때문에 그 심심하고 지루함으로부터 벗어나기 위해 걱정하거나 성을 내거나 하게 된다. 이런 사치스러운 감정이 가난한 사람에게는 가장 무거운 짐이 된다.

1913년 11월 1일

41 기대

나는 불이 나면 곧잘 '보험'을 떠올렸다. 이 보험이라는 여신은 아직도 운명의 여신 포르투나처럼 사랑받지 못하고 있다. 사람들은 이 여신을 두려워한다. 마지못해 형식적인 공물을 바친다. 이런 행위를 이해 못할 바는 아니다. 보험의 은혜는 불행이 왔을 때에만 주어지니까. 집에 불이 나지 않는 것이 분명 가장 좋다. 그러나 그것은 손이나 발이 있는 것과 마찬가지로 매우 당연한 것이어서 특별히 은혜라고는 느껴지지 않는다. 그래서 이런 소극적인 행복에 돈을 치른다는 것도 어쩐지 시시하다. 보험료를 예사로 치르는 것은 대기업뿐이리라. 대기업은 무슨 일을 해도 수지가 맞으니까. 그러나 나는 하루의 일이 끝났을 때 손해를 보았는지 벌었는지를 모르는 큰 사업가를 딱하게 여긴다. 그들의 진정한 기쁨은 고용이 된 많은 사람들에게 권력을 휘두르는 데서 비롯되는 경우가 대부분이다.

기대만 하고 실제로 수단을 쓸 줄 모르는 자들은 보험을 좋아할 수 없다. 파산에 대비해 보험을 드는 상인을 생각할 수 있을까? 초과된 이윤을 모아서 공동으로 적립한다면 이보다 더 간단한 일은 없겠고, 또 이렇게 하면 가입한 상점은 전체적으로 꽤 번성한다. 가입한 상인들은 일정한 급료와 연금이 보장된 관리처럼 될 것이다. 희망만하면 의료도 요양소도 보장된다. 신혼여행도, 사기를 북돋우기 위해 회사 차원에서 실시하는 몇 차례의 단체여행도 보장된다. 이것은 아주 현명한 생각이고, 책 속에서도 아름답다. 그러나 물질적인 생활이 완전한 의미에서 이런 식으로 보장된다고 하더라도, 짐짓 행복은 계속 만들어 내야 된다는 것을 완전히 잊을 필요는 없다. 자기의 마음속에 재산을 지니고 있지 않는 자는 권태의 놀림을 받다가 이윽고는 붙잡혀 버린다.

옛사람들이 눈먼 '행복'이라고 부르던 '요행'의 여신을 훨씬 정답게 공경해 우러러보게 된다. 여기에는 매우 큰 기대가 있다. 그 보상으로서는 잘 안될지도 모른다는 두려움뿐이다. 그런 것은 문제가 아니다. 모든 보험을 다루는 사무소를 생각해 본다면, 그 입구에는 '여기 들어오는 자는 모든 기대를 버리라'고 씌어 있어야만 한다. 이와 반대로 기대를 걸고 있는 상인은 남자다운 승부를 할 수 있다. 야심에서는 생기지 않는 기대는 사실 바닥이 보이는 빈 허영이다. 오히려 기대는 언제나 행동을 이끄는, 지칠 줄 모르는 창조하는 생각에서 생긴다. 펠레트[27]에게 우유 단지는 휴식을 뜻하지 않고 오히려 반대로 일을

---

*27 라 퐁테느의 《우화》 중의 '우유 파는 아가씨와 우유통'의 주인공.

뜻한다. 송아지, 암소, 황소, 돼지, 새끼돼지—이들을 모두 돌보아 주어야 한다. 누구나가 늘 하는 일을 하고 있는 동안 다른 일을 떠올리고 그쪽을 하고 싶어하는 법이다. 기대는 장벽을 쓰러뜨리고, 무성한 잡초나 덩굴풀이 있는 곳에서 정연한 채소밭이나 꽃밭을 본다. 보험은 사람을 감옥에 가둔다.

도박하는 마음을 고찰해 보면 놀랍다. 도박에 임한 사람은 간결한 우연, 인간 스스로 즐겨서 만들어 낸 우연과 격투한다. 도박의 위험에 대비하는 무료 보험이 한 가지 있다. 도박만 하지 않으면 된다는 조건이다. 그러나 한가한 사람이면 거의 누구나가 기대와 불안이라는 쌍둥이 자매를 존경해 카드놀이나 주사위에 달려든다. 그리고 아마도 사람은 자기의 솜씨로 이기는 것보다는 요행으로 이기는 것을 우쭐해할 것이다. 이는 축복한다는 말뜻에서도 알 수 있다. 축복은 본디 성공을 칭찬하는 것이지 재능을 칭찬하는 것이 아니다. 신들의 은총에 대한 고대인들의 관념, 이 관념이 신들보다도 더 오래 살았다. 인간이 만일 이렇게 신의 관념을 유지하는 존재가 아니었다면 평등이라는 올바른 의의(意義)가 오래 전부터 지배했을 것이다. 평등이라는 올바른 의의는 쉽게 실천할 수 있기 때문이다. 그러나 사람이라는 존재는 쉬운 것을 그다지 좋아하지 않는다. 카이사르는 만인의 야심에 따라서 만인을 지배했다. 그는 우리들이 기대한 제왕(帝王)이다.

1921년 10월 3일

42 행동한다

경쟁하는 선수들은 모두 여러모로 고생한다. 축구 선수나 농구 선수나 권투 선수도 모두들 고생을 한다. 책을 읽어 보면 사람은 즐거움을 구한다고 씌어 있으나, 꼭 그렇다고 말할 수는 없을 것이다. 오히려 사람은 고통을 구하고 고통을 사랑하는 듯하다. 늙은 디오게네스도 '가장 좋은 것은 고통이다'라고 말했다. 이 사실에 대해, 사람은 그 구하는 고통 속에서 즐거움을 발견한다고 말하는 사람이 있을지도 모른다. 그러나 그것은 억지스러운 이론이다. 즐거움이 아니라 행복이라 해야 한다. 그리고 즐거움과 행복은 예속과 자유가 다르듯이 전혀 다르다. 사람이 바라는 바는 행동이지 참고 견디는 것이 아니다. 자기 스스로 사서 고생하는 사람들도 아마 강요된 일은 좋아하지 않을 것이다. 누구든지 강제 노동은 좋아하지 않는다. 몸에 닥치는 재난을 좋아할 사람은 아무도 없다. 궁핍을 느끼는 것을 좋아할 사람도 없다. 그러나 자기가 좋아해서, 마음이 내켜서 하는 일이라면 어렵고 힘든 일일지라도 곧 만족한다. 나는 이 한가로운 이야기를 쓰고 있다. 붓대 하나로 먹고 살아가는 문필가 중에는 '대단한 고생을 한다'고 말하는 사람도 있겠지만, 나의 경우는 아무도 강제하고 있지 않다. 자기가 좋아해서 하는 일은 즐거움이다. 더 정확하게 말한다면 행복이다. 권투 선수도 남에게 맞는 것은 좋아하지 않는다. 그러나 자기가 사서 맞는 것은 좋아한다. 우리들의 힘에만 승패가 걸려 있다면 어려움 끝에 얻은 승리만큼 기분 좋은 것은 없다. 사실 사람들이 좋아하는 것은 실력뿐이다. 헤라클레스는 괴물을 찾아내어 물리쳐서 아주 없애버림으로써 자신의 실력을 스스로 입증해 보였다. 그러나 사랑에 빠지자 그는 곧 자기가 노예라는 사실과 쾌락의 강력한 지배력을 느꼈다. 사람은 누구나 그렇다. 그렇기 때문에 쾌락은 사람을 슬프게 만든다.

구두쇠는 많은 즐거움을 스스로에게 금지한다. 먼저 즐거움을 극복함으로써, 그리고 또 재력을 쌓음으로써 강력한 행복감을 만들어 낸다. 그는 자기가 의무에 복종할 것을 요구했다. 유산으로 부자가 된 사람이 만일 구두쇠라면 그것은 서글픈 구두쇠이다. 무릇 행복이라는 것은 본질적으로 포에지(poesy, 詩)이며, 포에지란 창조하는 것을 뜻하기 때문이다. 사람은 뜻밖으로 얻은 재물과도 같은 행복을 그다지 좋아하지 않는다. 스스로 행복을 만들고 싶어한다. 아이들은 우리들의 정원 같은 것은 거들떠보지도 않고 모래 산이나 보릿 밀짚을 가지고 제 손으로 훌륭한 뜰을 만든다. 제 손으로 모으지 않은 수집가를 생각할 수 있을까?

전쟁의 재미는 전쟁을 만들어 내는 것이라고 나는 확신한다. 몸을 무장하는 동시에 분명히 한 사람 한 사람에게 자유가 생긴다. 병사들로 하여금 서로 다투게 하려는 사령부 따위를 비웃는다. 그러나 곧 병사들은 자기의 자유를 느끼자마자 새로운 생활 속에 들어가 거기서 즐거움을 찾게 된다. 죽음을 두려워한다. 언제나 그러하고, 또 죽음을 기다리고 마침내 죽음을 달게 받아들인다. 그러나 죽음 앞에 뛰어나가 시합장같이 닫힌 장소 안에서 죽음을 불러내려는 병사는 자기를 죽음보다도 강하다고 느낀다. 병사들로서는 죽음을 기다리기보다도 죽음을 찾으러 나가는 편이 아주 쉽다는 사실은 누구나 잘 알고 있다.

사람은 시간이 가져다 주는 운명보다도 자기가 만드는 운명을 좋아한다. 그러니까 전쟁 속에도 시가 있고 그 때문에 적을 더욱 미워지지는 않게 된다. 이 자기 도취가 사람의 마음을 사로잡아 호리는 힘을 생각해 보면 전쟁이, 그리고 정념이 일어나는 까닭을 알 수 있다. 흑사병은 하늘이 내린 재앙이다. 그러나 전쟁은 도박처럼 사람이 만들어 내므로, 나는 신중성으로만 평화를 보장할 수는 없다고 생각한다. 평화를 지탱하는 것은 정의를 사랑하는 것이다. 그리고 정의를 만들어 내는 것은 다리나 터널을 만들어 내기보다도 더 어렵지만, 정의를 만들어 냄으로써 평화가 존재하게 된다.

1911년 4월 3일

43 행동하는 사람

나의 취미로 말한다면 경찰청장이 가장 행복한 사람이라고 말할 수 있다. 무엇 때문인가? 그는 쉴 새 없이 행동하기 때문이다. 게다가 줄곧 새롭고 예견할 수 없는 조건 속에서 행동하기 때문이다. 화재, 수해, 사태(沙汰), 압사, 그리고 진창에 대비한 것이 있는가 하면 먼지에 대비하기도 하고, 병에 대비한 것이 있는가 하면 열광에 대비하기도 한다. 그리고 또 싸움을 중재해야 하고 때로는 군중들의 가난을 막아야 하는 수도 있다. 이런 식으로 이 행복한 사람은 끊임없이 과감하게 결단한 행동을 하게 되며 시간을 끌 수 없는 문제에 부딪힌다. 거기에는 일반 규칙 따위는 없다. 못 쓰는 종잇조각 같은 서류도, 행정보고 형식을 취한 비난이나 위로 따위는 필요없다. 그런 일은 관리들에게 맡겨 둔다. 그는 지각과 행동 그 자체이다. 그런데 지각과 행동이라는 이 두 개의 수문(水門)이 열리면 삶의 강물은 가벼운 깃털처럼 인간의 마음을 운반해 간다.

거기에 놀이의 비밀이 있다. 카드놀이는 삶의 지각을 행동으로 흘려 보낸다. 축구 경기는 더욱더 좋다. 예견하기 어려운 새로운 재료에 의거해서 신속하게 어떤 행동을 마음속에 그리고, 즉각 그것을 실행한다. 그렇게 하면 더할 나위 없이 인생은 충족된다. 그 이상 대체 무엇을 바라는가. 무엇을 걱정하는가. 시간이 회한을 먹어 치워 준다. 사람이란 곧잘 도둑이나 강도들의 정신 활동은 어떠할까 하고 생각한다. 나는 그들에게는 정신 활동 따위는 조금도 없다고 생각한다. 언제든지 노리고 있든가, 그렇지 않을 때는 잠을 자고 있기 때문이다. 그가 예견하는 힘은 모두 자신의 발밑과 손끝을 정찰하고 있다. 그러므로 형벌의 관념도, 그 밖에 어떤 관념도 나오지 않는다. 이 눈 멀고 귀머거리인 인간 기계는 무섭다. 그러나 행위는 모든 인간에게서 의식을 지우는 법이다. 이 사정없는 폭력은 나무꾼이 휘두르는 도끼와 통하는 데가 있다. 정치가의 태도 속에는 그다지 뚜렷하게 나오지 않지만, 정치가가 해놓은 일 속에는 때때로 나타난다. 마치 도끼와 같이 단단해서 사물에 흔들리지 않는 사람을 보았다고 하더라도, 그 사람은 자기 자신에게도 사정없이 대한다는 사실을 알면 그다지 놀랄 것도 없다. 힘에는 동정하는 마음이 없다. 자기를 동정하는 마음마저도.

왜 전쟁을 하는가? 그것은 사람이 거기에서는 행동 속에 빠지기 때문이다. 사람의 생각은 출발하면 어두워지는 전차의 전등과 같다. 내가 하는 이 말은 숙고된 생각을 뜻한다. 행동의 무서운 힘은 이 생각에서 나온다. 이 힘은 마음의 등불을 끄기 때문에 제멋대로 자기를 정당화한다. 그렇지만 그로 말미암아 억울병(抑鬱病), 염세관, 음모, 위선, 원한, 공상적인 꿈, 교묘한 악덕처럼 깊은 숙고로써 키워진 천박한 정념들이 모두 지워진다. 그러나 그와 동시에 행동의 흐름에 삼키어져서 정의도 지워진다. 경찰청장은 수해나 화재와 싸우는 방식으로 폭동과도 싸운다. 그러면 폭도들도 자기의 등불을 꺼 버린다. 야만스럽고 미개한 어둠이 찾아온다. 그래서 몽둥이로 때리며 고문하는 형리(刑吏)도 있었고, 남의 증언을 들어 주는 재판관도 있었다. 걸상에 묶인 채로 노를 저으며 고통 속에서 죽어간 죄수 출신 노잡이도 있고, 그 죄수에게 매질을 하는 사람도 있었다. 매질하는 자들은 매만 생각한다. 아무리 야만스러운 제도라도 한번 세워지기만 하면 오래도록 지속된다. 경찰청장은 가장 행복한 인간이다. 그러나 가장 도움이 될 만한 인간이라고는 말하지 않겠다. 아무것도 하는 일이 없는 것은 모든 악덕의 어머니이자 모든 미덕의 어머니이다.

1910년 2월 21일

44 디오게네스

사람은 의욕을 가지고 사물을 만들어 냄으로써만 행복하다. 이 점은 카드놀이를 보아도 안다. 얼굴을 보면 알 수 있듯이, 누구나가 단번에 결정을 해서 결단을 내릴 능력을 자신이 가지고 있는지 없는지를 생각하고 있다. 내기의 가장 센 패를 지닌 카이사르 같은 사람들과 많은 통행인들이 끊임없이 루비콘 강*28을 건넌다. 운에 맡긴 노름에서도 노름꾼은 위험을 무릅쓰고 해보든가 그만두든가 어느 쪽이든지 할 수 있는 전권(全權)을 지니고 있다. 아무리 위험해도 감행할 경우가 있고 아무리 가망성이 있어도 그만두는 경우가 있다. 그들은 스스로를 지배하고 군림한다. 보통 때는 성가신 조언자인 욕망이나 두려움도 여기에서는 예견을 못하기 때문에 조언을 못한다. 그러므로 도박은 자부심이 강한 사람들이 아주 좋아한다. 욕망이나 두려움에 져서 노름에 이기기를 체념하는 그런 사람들은 바카라 놀이의 즐거움을 모른다. 그러나 그들도 시험삼아 해보면 적어도 잠시 동안은 권한을 갖는다는 것에 매력을 느끼게 된다.

어떤 직업이라도 자기가 지배하는 한 유쾌하고 자기가 복종하는 한 불쾌하다. 전차 운전사는 버스 운전사에 비하면 행복하지 못하다. 자유로이 혼자서 하는 사냥이야말로 매우 즐겁다. 그것은 수렵가가 스스로 계획을 세워서 그 계획에 따르거나 바꾸거나, 또는 보고하거나 변명할 필요가 없기 때문이다. 몰이꾼들 앞에서 사냥감을 잡는 즐거움 따위는 혼자 즐기는 사냥에 비한다면 아무것도 아니다. 사격의 명수는 자기의 감동이나 놀람을 억제할 수 있는 힘을 가지고 있다. 이런 까닭에 사람은 즐거움을 좇고 괴로움을 피한다라고 말하는 사람들의 설명은 잘못된 것이다. 사람은 주어지는 즐거움을 따분하게 여기고 스스로 얻은 즐거움을 훨씬 더 좋아한다. 특히 행동하고 정복하기를 좋아한다. 남 때문에 고통을 당하거나 견디어 참거나 하는 것을 좋아하지 않는다. 그렇기 때문에 행동이 뒤따르지 않는 즐거움보다도 오히려 행동이 뒤따르는 괴로움을 택한다. 냉소주의자인 디오게네스는 고통이란 좋은 것이라는 말을 곧잘 했다. 다만 스스로 택하고 스스로 좇는 고통이라야 한다. 다른 사람이 주는 고통을 좋아하는 사람은 아무도 없다.

등산가는 자기만이 갖고 있는 힘을 행사해서 스스로 자기 힘을 입증한다. 그는 자기 자신의 힘을 느낌과 동시에 그 힘을 생각한다. 이 최고의 기쁨이 눈덮인 경치를 더욱더 빛나게 만든다. 그러나 전차를 타고서 유명한 산봉우리까지 올라간 사람은 같은 태양을 보아도 기분이 다르다. 따라서 즐거움에 대한 예상이 우리들을 속인다는 말은 정말이다. 더욱이 그런 기대는 두 종류로

---

*28 이탈리아와 갈리아(고대 프랑스)의 경계에 있는 강. 카이사르가 군대를 이끌고 이 강을 건널 때 "주사위는 던져졌다'고 외쳤다고 한다.

우리들을 속인다. 행동하는 즐거움은 반드시 약속 이상의 보상을 치러 주지만, 주어진 즐거움은 약속대로의 보상을 결코 치러 주지 않기 때문이다. 운동선수는 상을 타려고 연습하지만, 그러나 자기 내부에서 자기의 힘에 의해서만 손에 들어오는 진보, 곤란의 극복이라는 또 하나의 다른 상을 얻는다. 이런 상을 게으름쟁이는 절대로 상상도 못한다. 게으름쟁이는 다른 사람들이 주는 상과 자기의 고통, 이 두 가지만 볼 수 있기 때문이다. 그는 이 두 가지를 저울질해 보지만 결코 결심하지 않는다. 그러나 운동선수는 벌써 어제의 연습에 자극되어 연습을 시작하고, 곧 자기 의지와 실력을 시험한다. 이렇게 해서 즐거움이란 오직 일뿐이다. 그러나 게으름쟁이는 이런 사실을 전혀 알지도 못하고 알 도리도 없다. 남의 말로 듣거나 추억으로 알거나 해도 그런 즐거움을 믿지 못해서 쾌락을 헛되이 여긴다. 그러나 돌연 그 헛된 생각에 배반당해 우울이 찾아오고 만다. 생각하는 동물이 우울해질 때는 노여움이 바로 밑에까지 와 있다. 그러나 노예의 우울감은 주인의 우울감보다는 그나마 참기 쉬우리라고 생각한다. 행동이란 비록 그것이 아무리 단순한 행위라 하더라도 언제든지 기쁨의 획득보다는 지배하거나 창조하고자 하는 여지를 조금이라도 지니기 때문이다. 현실 속에서 일어나는 모든 일들은 당연한 일이지만 매우 심술궂기 마련이므로, 부자는 기분나쁘게 음울한 기분으로 지배한다. 노동자의 약점은 자기가 바라지 않는 것에 만족하는 데서 비롯된다. 그래서 그가 심술궂은 인간을 만들게 된다.

1922년 11월 24일

45 이기주의자

우리의 여러 서양 종교들이 지니는 오류 가운데 하나는 오귀스트 콩트*[29]가 지적하듯이, 사람은 신의 도움이 못미치는 이기적 존재이다. 이 생각이 지배하다 보니 희생정신까지도 나쁜 영향을 주었다. 그래서 가장 대중적 생각도, 또한 가장 자유로운 정신의 소유자들도, 자기를 희생하는 사람들조차도, 스스로 희생하는 사람들이 더욱 큰 기쁨을 가지게 된다는 기괴한 의견을 스스로 가지게 되었다. '전쟁을 좋아하는 사람도 있고 정의를 좋아하는 사람도

---

*29 18세기 프랑스 실증주의 철학자. 알랭이 깊은 영향을 받은 사상가의 한 사람.

있어. 하지만 나는 술을 좋아한다.' 무정부주의자 그 자신이 이미 신학자이다. 반항은 굴욕에 반응하는 것이다. 모두 같은 통에서 나온 술과 같다.

이러한 사정에서 보면, 일반적으로 사람은 쾌락보다는 오히려 행동을 좋아한다고 생각해야 한다. 젊은이들의 경기를 보면 잘 알 수 있다. 축구 경기에는 밀치고 치고 차는 것 말고는 무엇이 있는가. 그런데도 젊은이들은 그런 일을 즐겨 행한다. 그러므로 경기 장면 하나하나가 추억 속에 강렬하게 남아 잊히지 않는다. 생각만 해도 가슴이 뛴다. 발은 벌써 뛰어나가려 하고 있다. 자기를 극복하는 것이 기뻐서 견딜 수가 없다. 그래서 타박이나 고통, 피로 같은 것은 아무것도 아니게 된다. 또한 전쟁도 생각해 볼 필요가 있다. 전쟁이라는 멋진 승부에서는 흉포함보다도 자기를 극복하는 훌륭함이 어떠한가를 잘 알 수 있다. 전쟁에서 특히 추악한 면은 전쟁 중의 예속 상태와 전쟁 뒤의 예속 상태이다. 전쟁이 일으키는 무질서란, 요컨대 가장 좋은 사람들은 죽어가고, 가장 약삭빠른 자들이 정의와는 반대로 지배할 기회를 발견하는 것이다. 그러나 여기서 본능에 충실한 판단은 더욱 길을 잃는다. 그래서 데룰레드*³⁰ 같은 호인들은 착각하는 데서 즐거움을 찾았다.

이러한 모든 점을 고찰해 보면 재미 있다. 이기주의자들은 오만하게도 비웃는다. 관대한 감정들을 기쁨과 고통의 계산 아래에 두기를 바라기 때문이다. '명예를 사랑하다니, 당신은 참 바보로군. 그것도 남을 위해서라니.' 가톨릭의 천재 파스칼, 그 파스칼이 이 말을 썼는데, 이 말에 담겨 있을 성싶어 보이는 심원함은 겉보기에 지나지 않는다. 파스칼은 이런 말도 했다. '남이 화제로만 삼아 준다면 사람은 기꺼이 목숨을 버린다.' 남이 주었다면 되돌려 주어 버리고 싶어질 정도의 토끼를 잡기 위해 엄청난 고생을 하는 수렵가를 비웃은 사람도 이 파스칼이다. 인간은 쾌락보다 행동을, 다른 어떤 행동보다는 규율에 따르는 단정한 행동을, 또 무엇보다도 정의를 위한 행동을 사랑하는 법이라는 사실을 사람들의 눈으로부터 숨기기 위해서는, 아주 끈질긴 신학에 근거한 편견이 필요하다. 행동에서 한없는 즐거움이 나오는 건 확실하다. 그러나 행동이 즐거움을 뒤쫓는다는 생각은 잘못되었다. 도리어 즐거움은 행동에 따라서 생겨난다. 사랑의 즐거움은 즐거운 사랑을 잊게 한다. 개나 말에게 신으로서 군

---

*30 프랑스 시인이자 정치가. 애국자 연맹 의장을 지냄. 1846~1914.

림하는 이 대지(大地)의 아들인 인간은 이런 식으로 만들어져 있다. 그런데 이기주의자는 그릇된 판단 때문에 그 운명에 지워진 의무를 게을리한다. 그는 잡아야 할 커다란 즐거움을 발견하지 않으면 손가락 하나 까딱하려 하지 않는다. 그러나 이런 계산 속에서는 참다운 즐거움을 반드시 잊게 된다. 왜냐하면 참다운 즐거움은 처음에는 고통을 요구하기 때문이다. 그러므로 조심스러운 계산 속에서는 언제든지 고통이 고통을 날려준다. 걱정 쪽이 언제나 희망보다 강하다. 이기주의자는 결국 병이나 노쇠나 피할 수 없는 죽음을 생각하게 된다. 그리고 내가 볼 때 그의 절망은, 그가 자기 스스로를 잘못 이해했음을 증명하는 것이다.

1913년 2월 5일

46 심심하고 지루한 왕

조금은 살아가는 고생이 있는 편이 낫고, 지나치게 평탄한 길을 걷지 않는 편이 낫다. 왕들이 그저 바라고 있기만 하거나 신(神)을 찾거나 하기만 한다면 딱한 노릇이다. 그리고 만약 신이 어딘가에 있다고 하면 조금 신경쇠약에 걸려 있을 것이다. 예전에는 신도 나그네의 모습을 하고 문을 두드리며 왔다고 한다. 아마도 굶주림과 목마름과 사랑의 정열, 그리고 조금은 행복을 느꼈을 것이다. 그렇지만 신이 자기가 전능하다는 생각을 조금이라도 했다면 이렇게 생각했을 것이다. 마음만 먹으면 시간도 거리도 없애 버리고 자신의 욕망을 억제할 수도 있다고. 요컨대 신들은 심심하고 지루했다. 그때 이래로 신들은 목을 매든가 몸을 던져서 스스로 목숨을 끊든가 했다고 생각한다. 아니면 샤를 페로의 동화 속에 나오는 〈잠자는 숲속의 미녀〉처럼 잠을 자고 있으리라. 우리들은 자기 자신에 대해 눈뜨게 하는 어떤 불안, 어떤 정념, 어떤 고통이 있어야만 행복이 생겨나는 것 같다.

현실 속에서 은혜를 받기보다는 머릿속에서 생각하던 때가 더 행복하다. 보통 그러하다. 현실적으로 은혜를 손에 넣고 나면 그것이 모두라고 생각해 뛰어다니지 않고 주저앉아 버리기 때문이다. 부(富)에는 두 종류가 있는데, 앉혀 두는 부는 심심하고 지루하다. 사람을 기쁘게 만드는 것은 다시 계획이나 일이 필요한 부이다. 농부들이 탐을 내다가 결국 자기 것으로 만든 밭과 같다. 사람을 기쁘게 하는 것은 힘, 그것도 휴식하는 힘이 아니라 활동하는 힘이기 때문이다. 아무것도 하지 않는 사람은 아무것도 좋아하지 않는다. 완성된 행복을 그의 손에 들려 보라. 병자처럼 고개를 돌려 버린다. 그리고 음악을 듣기보다도 음악 활동을 하는 편을 더 좋아하지 않는 사람이 있을까? 어려운 일이 우리들을 기쁘게 한다. 그러므로 도중에 어떤 장해물이 있을 때마다 피가 끓고 열정이 불타오른다. 아무 고생도 없이 손에 넣을 수 있다면 누가 올림픽의 월계관을 탐내겠는가? 아무도 탐내지 않을 것이다. 절대로 질 염려가 없다고 하면 누가 카드놀이를 하고 싶어하겠는가? 여기 궁정의 대신(大臣)들과 카드놀이를 하는 늙은 왕이 있다고 치자. 왕은 승부에서 지면 화를 낸다. 궁정 대신들은 그 사실을 잘 알고 있다. 대신들이 노는 방법을 잘 알고 나서부터는 왕이 지는 일은 절대로 없다. 그러면 이번에는 또 왕은 카드놀이가 싫어져서 카드를 내던진다. 왕은 일어나서 말을 탄다. 사냥을 간다. 그러나 왕의 사냥인지라 사냥감 쪽이 왕의 발밑으로 온다. 사슴 또한 궁정의 대신이다.

나는 몇몇 왕을 알고 있다. 그들은 작은 왕국의 작은 왕들이다. 지나치게 애지중지 떠받들어지고 듣기 좋은 소리만으로 섬김을 받는, 저마다의 가정에 있는 왕들이다. 그들은 무언가를 탐낼 겨를도 없다. 주의 깊은 눈이 그들의 생각을 꿰뚫고 있다. 이렇게 되면 이 작은 제우스들은 무슨 일이 있어도 벼락을 떨어뜨리고 싶어한다. 불평의 씨를 생각해 내는 것이다. 고르지 못한 정월의 태양처럼 변덕을 부린다. 그들은 어떻게 해서라도 고집을 관철하려고 한다. 그리고 심심한 나머지 당치도 않은 일을 저지른다. 만일 신들이 심심한 나머지 죽어 버리지 않았다고 한다면, 이 가정이라는 팽팽한 왕국의 지배, 신이 험한 산골짜기의 길들을 지나서 인도해 줄 그 왕국의 지배를 당신에게 명령하지는 않는다. 우물 같은 눈과 모루 같은 이마를 가지고, 길에서 제 귀의 그림자만 보아도 곧바로 걸음을 멈추는 안달루시아 산(産) 좋은 당나귀를 짝꿍으로서 주실 것이다.

1908년 1월 22일

47 아리스토텔레스

행하되 따르지 않는 행위, 그것이 유쾌함의 바탕이다. 그런데 사탕으로 만든 과자는 입 속에서 녹이기만 하면 별달리 아무것도 하지 않아도 맛이 좋으니까 대부분의 사람들은 행복도 그런 방법으로 맛보려다가 보기좋게 실패한다. 음악을 듣기만 하고 자기는 전혀 노래하지 않는다면 그다지 즐겁지 않다. 그래서 어떤 슬기로운 사람은, 음악은 귀로 하는 감상이 아니라 목으로 하는 음미라고 말했다. 아름다운 그림에서 받는 즐거움도, 서투른 솜씨나마 자기가 그려 본다든가 자기가 수집한다든가 하지 않는다면 휴식의 즐거움일 뿐이지 열중의 즐거움은 맛볼 수 없다. 즐거움이란 단순한 판단이 아니라 탐구하고 정복하는 것이다. 사람들은 연극을 구경하러 가지만 자기가 창작을 하겠다는 바람을 더는 가지지 않을 만큼 따분해한다. 연기를 전혀 하지 않는 것도 창조이다. 배우들이 마음껏 즐기는 사교놀이의 추억을 갖지 않은 사람은 없을 것이다. 나는 인형극만을 생각하며 지내던 행복한 몇 주일이 떠오른다. 먼저 말해 두지만 나는 작은 칼로 나무뿌리에다 고리대금업자나 군인이나 처녀, 노파 같은 모습들을 새기고 있었다. 다른 친구들이 그 인형들에게 옷을 입혔다. 나는 관객에 대한 것 따위는 안중에도 없었고, 비평이라는 하찮은 즐거움은 관객들에게 맡겨 두었다. 조금이나마 자기가 생각했다는 점에서는 비판도 즐거움이기는 하다. 카드놀이를 하는 친구들은 줄곧 무엇인가를 생각해 내고, 노름의 기계적 진행에 손을 댄다. 노름을 모르는 사람에게 카드놀이를 좋아하는지를 물어서는 안 된다. 놀이를 알고 나면 정치 같은 것에는 신경쓰지 않게 되지만, 그렇더라도 놀이는 배워야 한다. 무슨 일이든 그렇다. 행복해지려면 행복해지는 방법을 배워야 한다.

행복은 언제나 우리들로부터 달아난다고들 한다. 남으로부터 받은 행복을 말하고 있다면 그 말이 옳다. 남으로부터 받은 행복에는 아무것도 존재하지 않기 때문이다. 그러나 자기가 만드는 행복은 결코 사람을 속이지 않는다. 그것은 배우는 것이며, 사람은 언제나 배운다. 알면 알수록 배울 수 있게 된다. 라틴어 학자의 즐거움도 그러한데, 거기에는 끝이 없고 오히려 진보된 만큼 즐거움이 늘어난다. 음악가라는 부류의 즐거움도 마찬가지여서, 아리스토텔레스는 다음과 같은 놀라운 말을 했다―'참다운 음악가란 음악을 즐기는 사람이고, 참다운 정치가란 정치를 즐기는 사람이다.' '즐거움이란 온갖 능력들의 다양한 표출이다.' 이 말은 우리를 기존의 학설 밖으로 내치는 어휘들의 완벽성을 통해 울려퍼진다. 여러 차례 부인되었지만, 그래도 끄떡하지 않는 이 놀라운 천재를 이해하려면 이 점에 주의해야 한다. 어떠한 행동에서도 참다운 진보의 표시는 사람이 거기에서 느낄 수 있는 쾌락이다. 따라서 일만이 마음을 즐겁게 하는 유일한 것이며, 또 충분하다. 내가 말하는 일이란 자유로운 일인 동시에 힘의 효과, 그리고 다음으로 힘의 원천을 말한다. 거듭 말하지만 중요한 점은 따르는 것이 아니라 행동하는 것이다.

누구나 본 일이 있겠지만, 석공들은 천천히 시간을 들여 가며 작은 집을 짓는다. 그들이 하나하나의 돌을 고르고 있는 모양을 보라. 이런 즐거움은 어떤 일에도 있다. 어느 직공이나 언제나 생각하거나 배우기 때문이다. 그런데 기계가 완벽하다 해도 그것은 지루할 뿐만 아니라 그 완벽성은 무질서이기도 하다. 노동자가 그 기계 작품을 다룰 재주를 지니고 있지 않다면 말이다. 더욱이 자기가 만든 작품을 소유하지도 않고, 또 배우기 위해서 사용하지도 않으며, 줄곧 같은 일을 처음부터 되풀이한다면 아주 시시하게 된다. 이와 반대로 일의 계속, 농작물이 다음의 농작물을 약속하는 것, 그것이 농부를 행복하게 한다. 물론 자유로이 자립하는 농부를 뜻한다. 그런데 대단한 자립적 노고로써 보상되는 이런 행복에는 누구나가 모두 떠들썩하게 반대한다. 남으로부터 받은 행복을 음미하고 싶다는 고약한 생각이 퍼져 있기 때문이다. 디오게네스의 말처럼 고통 쪽이 좋기 때문이다. 그러나 정신은 이러한 모순을 짊어지기 싫어한다. 이 모순을 극복하는 것이야말로 중요하다. 거듭 말하지만 그 고통을 반성함으로써 행복을 만들어야 한다.

1924년 9월 15일

48 행복한 농부

일을 한다는 것은 가장 좋은 것인 동시에 가장 나쁜 것이다. 그 일이 자유로운 것이라면 가장 좋고 예속된 것이라면 가장 나쁘다. 나는 규칙적이고 기계적인 일을 가리킬 때 문자 그대로 일하는 것, 또는 노동자라고 부른다. 문짝 만드는 기술자처럼 자기의 지식에 의해 경험에 따라 규칙적으로 일하는 사람말이다. 그러나 자기가 쓰기 위한 문짝을 만들 때는 사정이 다르다. 왜냐하면 그때에는 경험에 미래가 들어 있기 때문이다. 그는 시험 삼아 재목을 살펴볼 수도 있을 것이다. 또 예상했던 대로 나무에 금이 가는 것을 보고 눈이 즐거워진다. 정열을 만들어 내는 지적인 기능은, 이 기능이 문짝을 만들지 않는한 전혀 잊을 필요가 없다. 사람은 자신의 일에 대한 관심과 흔적을 다시 찾아 일을 계속하게 되자마자 곧 행복해진다. 물건이 그의 주인이 되지만 않는다면 말이다. 이것이 언제나 그리고 누구나 잘 받아들이는 교훈이다. 자기가 항해할 배를 만든다면 더욱 좋다. 노를 저을 때마다 자신이 만든 배임을 확인하고, 아무리 작은 걱정거리라도 발견하고 만다. 흔히 교외 같은 데서 노동자가 자기 손으로 구입한 재료로 틈틈이 조금씩 집을 짓고 있는 것을 볼 때가 있다. 궁전도 이런 행복을 주지는 않을 것이다. 왕자(王子)에게 참다운 행복은 자기 계획대로 짓게 하는 데 있다. 그러나 문의 빗장 위에 제 손으로 친 망치 자국을 느낄 수 있는 사람은 무엇보다도 행복하다. 그리고 보면 분명 고통이 즐거움을 만든다.

누구든지 아주 쉽지만 남의 명령을 받아서 하는 일보다는, 자기가 생각하고 자기 뜻대로 하다가 틀리는 수도 있는 어려운 일을 택한다. 가장 나쁜 것은 주인이 와서 방해를 하거나 중단시키는 것이다. 무슨 일이든지 다 하는 가정부가 칼질을 하고 있을 때 마루를 청소하라는 명령을 받는 수가 있다. 이런 때의 가정부야말로 이 세상에서 가장 불행한 피조물이다. 그러나 그녀들 가운데서도 가장 정력적인 사람은 자기 일을 자주적으로 행할 권리를 획득하고 스스로 자기의 행복을 만들어 낸다.

그러니까 자기 밭을 경작하는 일로서는 농업이 가장 기분 좋다. 끊임없이 생각은 일에서 성과로, 시작된 일에서 계속하는 일로 달린다. 거두어들이는 것 그 자체도, 인간의 각인(刻印)으로 장식된 땅 그 자체만큼은 눈앞에 존재하고 있지 않고, 또 끊임없이 지각되고 있지도 않다. 자기가 깐 자갈 위에서 마음대로 수레를 끈다는 것은 한없는 즐거움이다. 그리고 언제나 같은 밭에서 일할 수 있는 보장만 되어 있다면 큰 이익은 없어도 상관없다. 그래서 토지에 얽매인 농노는 다른 노예만큼 예속된 몸은 아니었다. 아무리 예속된 몸일지라도 자기의 일에 대한 권능과 영원히 이어질 확실성만 얻을 수 있다면 견딜 수 있다. 이러한 규칙을 지킨다면 사람을 부리는 것도, 그리고 또 다른 사람의 노동에 의해 사는 것도 어렵지가 않다. 그러나 주인은 심심해지기 쉬우므로, 노름에 빠지거나 오페라 여배우에게 열을 올리거나 하게 된다. 사회질서의 파괴도 언제나 무료함과 심심한 나머지 하는 미친 짓에 의해서이다.

현대인도 고트인, 프랑크인,*31 알라만인, 그 밖의 무서운 약탈자들과 그다

---

*31 라인 강가에 살던 게르만 여러 부족의 연합.

지 다를 바가 없다. 단, 그들은 결코 심심해하지 않는다는 점만이 다르다. 자기의 의지에 따라서 아침부터 밤까지 일을 한다면 그들은 결코 심심하거나 지루하지 않기 때문에 집단농장은 무료한 자들의 불안을 속눈썹이 움직이는 것처럼 쉽게 바꾸어 버린다. 그러나 대량생산은 이러한 효능을 가질 수 없다는 사실을 알아야 한다. 포도덩굴을 느릅나무에 얽히게 하듯이 공업을 농업과 결합시켜야 할 것이다. 모든 공장을 시골 공장으로 한다. 모든 공장 노동자가 땅을 소유하고 자기가 일군다. 이 새로운 살렌토*32가 흔들리는 정신 대신에 안정된 정신을 낳아 줄 것이다.

그러나 이런 종류의 시도는 건널목지기의 조그만 뜰에서도 볼 수 있지 않은가. 풀이 포석(鋪石) 사이로 나는 것과 같이 씩씩하고 집요하게 철도 주변에 꽃을 피우고 있지 않은가.

1922년 8월 28일

49 노동

도스토옙스키는 《죽음의 집에 대한 기록》에서, 노동하는 형벌에 처해진 죄수들에 대해 생생하게 그려 보이고 있다. 말하자면 그들로부터 사치스러운 위선은 아예 제거되어 있다. 그리고 필요에 의한 위선이 아직 남아 있다고 하더라도 때로는 인간이라는 존재의 본질이 나타난다.

그들은 노동을 한다. 그리고 때때로 그 일은 쓸데없다. 예를 들면 땔감을 만들기 위해 낡은 배를 부수는데, 그 지방에서는 땔감을 거의 공짜로 얻을 수 있다. 그들은 그 사실을 잘 알고 있다. 그래서 낮 동안 내내 아무 희망도 없이 일하고 있을 때 그들은 게으르고 서글프며 일솜씨가 서투르다. 그러나 하루 몫의 일, 힘들고 어려운 일을 주면 그들은 대번에 일솜씨가 능숙하고 유쾌해진다. 그 일이, 이를테면 눈 치우기처럼 실제로 도움이 되는 일이면 더욱 그러하다. 그러나 무엇보다도 있는 그대로 그려내고 있는 이 멋진 책을 읽어 보는 게 좋다. 그러면 도움이 되는 것은 그 일 자체가 즐거움임을 알게 된다. 일 그 자체이지 거기에서 비롯되는 이익에 의한 즐거움은 아니다. 이를테면 그들은 정해진 일을 열심히 쾌활하게 하고 나서 쉰다. 일이 끝나면 여느 때보다 30

---

*32 그리스 신화에 나오는 고대 이탈리아의 도시, 페넬롱의 《텔레마코스의 모험》에서 상상 속에서만 존재하는 가장 완전한 나라 이름으로 되어 있다.

분쯤 더 쉬는 시간을 갖게 되리라는 생각 때문에, 그들은 일을 빨리 해치워 버리는 데 의견이 일치한다. 그러나 문제가 제시되기라도 하면, 그 문제 자체가 그들을 즐겁게 한다. 일하는 방법을 생각하고 이해하며, 의욕을 가지고 실행하는 즐거움이 그 30분에서 기대할 수 있는 즐거움보다도 훨씬 더 큰 것이다. 30분이라 해봤자 감옥의 30분에 지나지 않는다. 내가 상상하는 바로는 이 30분이 매우 좋다고 하는 까닭도 열심히 일한 노동의 생생한 추억 때문이다. 여럿이 협력해서 하는, 어렵지만 자유롭게 일하면서 느끼는 즐거움이 가장 크다. 여러 가지 놀이를 보면 잘 알 수 있다.

아이들을 일생 동안 게으름쟁이로 만들어 버리는 교육가가 있는데, 그것은 단지 그들이 아이들에게 언제나 공부만 시키려 하기 때문이다. 그러면 아이들은 꾸물대며 공부를 한다. 즉 공부를 서투르게 하는 방법에 익숙해져 버린다. 그 결과 일종의 답답한 피로감이 줄곧 공부에 따르게 되고, 이와 반대로 공부와 피로를 떼어 놓으면 공부도 피로도 쾌적한 것이 된다. 질질 끄는 공부는 그냥 걸으면서 공기를 마시기 위해서 하는 산책과 다름없다. 산책하는 동안은 내내 피로한 상태에 있다가도 집에 돌아오면 그만 아무렇지도 않다. 그런데 가장 괴로운 일을 하는 사람은 피로도 불쾌도 느끼지 않는다. 그 일이 끝나면 완전하게 몸을 쉬며 이윽고 푹 잔다.

1911년 11월 6일

50 제작

시작된 일은 동기(動機)보다도 훨씬 큰 소리로 말하거나 크게 표현된다. 협력하기 위해서는 동기가 필요하다. 아주 강력한 동기가 필요해서 그 동기를 자기 마음속에서 확인하거나 검토하지만 일생 동안 조금도 협력하지 않는 수가 있다. 그러나 생기고 있는 협동조합이 설립자를 출현시킨다. 그리고 어떤 일에서도 바탕이 되는 돌은 그 일을 계속하기 위한 충분한 이유가 된다. 그러므로 전날의 일에서 자기 의지의 각인을 인정하는 사람은 행복하다. 사람은 언제나 무언가 좋은 일을 지향하고 있다고 하지만, 인간은 이치로 생각한 목적 앞에서는 게으름쟁이가 된다고 나는 생각한다. 인간의 상상력은 아직 아무런 형태도 취하지 않는 일에 사람들의 관심을 돌릴 수 있을 정도의 위력은 갖고 있지 않다. 그러므로 하면 좋겠다고 생각하면서도 하지 않는 일이 우리들 앞에 많이 있다. 상상력이 우리들을 속이는 방법은 한두 가지가 아니다. 그러나 그것은 주로 상상력이 인간에게 생생한 흥분을 느끼게 하기 때문에, 상상력은 사물의 진실을 알려주는 능력을 갖는다고 생각해 버리기 때문이다. 그러나 사실상 흥분이라는 이 불모(不毛)의 운동은 그것만으로 끝나 버린다. 흥분은 언제나 현재형인데 계획은 언제나 미래형이다. 그렇기 때문에 게으름쟁이는 언젠가는 하겠다는 말만 앞세운다. 그러나 시간의 말로서는 '지금 하고 있다'고 해야 한다. 행동이 바로 미래를 잉태하는 것이니까. 그런데 미래는 잘 보이지 않고, 책 속에서도 마찬가지이다. 왜냐하면 작품이 우리에게 밝혀주는 미래는 결코 우리가 생각하는 바 대로가 아니고, 언제나 생각보다 더 아름답기 때문이다. 그러나 그 점을 아무도 믿을 수가 없다. 공상가들은 자기가 한 계획을 다른 친구들이 한 일보다 훨씬 멋지다고 되풀이한다.

그러나 일에 전념하고 있는 행복한 사람들을 보라. 그들은 모두 시작한 일을 계속해서 한다. 가게를 넓혀 식료품점을 줄곧 경영하거나 우표수집 같은 일을 계속해서 한다. 하기 시작하면 아무렇게나 해도 좋은 일 따위는 없다는 사실을 누구나 다 알고 있다. 내가 보는 바로는 그들은 모두 상상하는 일에 싫증이 나서, 그들의 바탕이 되는 돌을 발견하기를 열망하고 있다. 자수(刺繡)는 처음 얼마 동안에는 그다지 재미없지만 계속 해나갈수록 속도가 붙는 듯한 힘을 가지고 우리들의 욕망에 작용한다. 그러므로 믿는다는 태도가 첫째의 힘이고, 기대는 둘째의 힘일 따름이다. 처음에는 아무런 기대 없이 시작해야 한다. 증대나 진보가 이루어지고 난 다음에 기대가 나타나기 때문이다. 참다운 계획은 시작된 일 위에서만 성장한다. 나는 미켈란젤로가 모든 인물을 머릿속에 넣고 그리기 시작했다고는 꿈에도 생각지 않는다. 그는 필요에 쫓겼을 때도 다만, '그러나 이것은 내 일이 아니다'라고만 말했다. 그는 그냥 그리기 시작했다. 그러면 인물이 떠올랐다. 이것이 곧 그린다는 태도, 내 방식으로 말한다면 자기가 만들어 나가는 태도의 발견이다. 행복이란 그림자처럼 우리들의 손에 잡히지 않는다고 흔히 말한다. 분명 머릿속에서 그린 행복은 결코 우리들 손에 들어오지 않는다. 행복은 결코 머릿속에서 그린 행복이 아니며 또 상상해서 그릴 수도 없다. 그것은 실질적인 무엇인가가 틀림없다. 우리들은 그 행복의 모습을 구체적인 형상으로 만들지는 못한다. 그리고 작가들이 알고 있듯이 좋은 제재(題材)란 없다. 다시 말한다면 좋은 제재 따위를 믿지 마라, 곧

바로 제재에 접근해 일을 시작하고 환영을 쫓아 버리라고 말하고 싶다. 기대 같은 것은 버려 두고 신념을 가져야 한다는 말이다. 재건을 위한 파괴를 생각하면 이해가 된다. 소설의 동기를 만든 진짜 모험과 소설 그 자체 사이에 늘 존재하는 놀랄 만한 허위 사실은 아마도 이 점에서 이해가 될 것이다. 화가는 모델의 미소로써 당신을 즐겁게 하지는 않는다.

1922년 11월 26일

51 먼 곳을 보라

우울증 환자에게 내가 하고 싶은 말은 꼭 한 가지밖에 없다. '먼 곳을 보라.' 우울증 환자란 거의 모두가 책을 지나치게 많이 읽은 사람이다. 그런데 사람의 눈은 책과 눈 사이의 거리처럼 짧은 거리에 맞게끔 만들어져 있지 않다. 널찍한 공간 속에서 쉬어라. 별이나 수평선을 바라보고 있노라면 눈은 편안해진다. 눈이 편안하면 머리도 자유로워지고 발걸음도 든든해진다. 몸 전체가 편안해서 내장까지도 부드러워진다. 그러나 의지의 힘으로 부드러워지려고 애써서는 안 된다. 자신의 의지를 자신에게만 돌리면 어색한 행동만 생겨서 마침내 손으로 제 목을 조르는 꼴이 된다. 자신에 대한 것은 생각하지 마라. 먼 곳을 보라. 우울증은 진짜 병이다. 의사가 때로는 그 원인을 알아차리고 치료법을 지시하는 수가 있으나, 이 처방은 육체의 내부로 다시 돌려 보내어 처방을 따르려는 걱정 때문에 그 처방의 효능이 상쇄된다. 그러니 지혜로운 의사라면 환자를 철학자에게 보낼 것이다. 그러나 철학자야말로 너무 책을 많이 읽은 사람이며 근시안과도 같은 관점에서 사물을 생각하는 사람, 그리고 환자인 당신 이상으로 음울한 사람이 아닌가. 국가는 의학교(醫學校)와 마찬가지로 지혜의 학교를 경영해야 한다. 어떻게 말인가? 사물을 응시하는 참다운 과학과 세계의 크기를 갖는 시(詩)를 통해서이다. 드넓은 수평선 위에 집중되어 쉬는 눈의 자세가 커다란 진리를 가르쳐 준다. 생각이 육체를 해방하고 이 육체를 우리들의 참된 조국인 우주로 되돌려 보내야 한다. 우리 인간의 운명과 육체의 기능 사이에는 깊은 근친 관계가 있다. 동물은 주변 사물의 자극이 없으면 누워서 잔다. 사람이라면 생각을 한다. 만일 그 생각이 동물과 같다면 사람으로서는 불행한 일이다. 생각을 함으로써 사람은 자기의 불행이나 결핍을 키운다. 두려움이나 기대 때문에 고민한다. 그 결과 육체는 상상력의 장난에 의해 줄곧 긴장하거나 동요하거나, 흥분하거나 억제하거나 한다. 자기 주위의 사물과 사람에게 줄곧 신경을 쓰고 살피게 된다. 그리고 자기를 해방시키려고 이번에는 책에 달려든다. 이 책은 더욱 닫힌 세계이고, 눈에 지나치게 가까이 있고, 정념에 너무 가깝다. 생각은 스스로 감옥을 만들고 괴로워한다. 생각이 스스로를 좁힌다는 말과 육체가 스스로를 괴롭힌다는 말은 같다. 야심가는 연설을 천 번도 더 하고 연애하는 남자는 천 번도 더 절실하게 바란다. 육체가 건전하기를 바란다면 생각이 여행을 하고 응시해야 한다.

　과학이 그렇게 이끌어 줄 것이다. 과학이 야심을 갖지 않고 수다스럽지 않으며 끈기가 있다면, 그리고 과학이 우리들의 시선을 책으로부터 수평선의 거리까지 멀리 밀어낸다면 그럴 것이다. 사물을 지각하고 여행하도록 노력해야 한다. 당신이 어떤 대상과의 사이에 진실한 관계를 발견하게 되면, 다음 대상과의 관계, 나아가서는 더 많은 대상과의 관계도 탐구하게 된다. 이 강의 소용돌이 운동은 당신의 생각을 바람과 구름, 그리고 떠돌이별까지 싣고 간다. 참된 지식은 결코 눈 바로 가까이 있는 사소한 사물 따위에게로는 되돌아오지 않는다. 진실로 안다는 것은 가장 작은 사물이 어떤 식으로 전체와 결합돼 있는가를 이해하는 것이므로, 어떤 사물이라도 그 자체 속에는 이유를 가지고 있지 않다. 따라서 운동이란 우리를 우리 자신으로부터 멀어지게 한다. 이런 일은 눈에 도움이 되는 것과 마찬가지로 정신에도 도움이 된다. 그렇게 되면 생각은 자신이 지배하는 세계 속에서 편안함을 얻고 나아가 모든 사물들과 결합된 육체의 생명과 조화하게 되리라. 그리스도 교도는 '하늘은 나의 조국이다'라고 말했는데, 그는 자신이 그렇게 좋은 말을 하고 있다고는 믿지 않았다. 먼 곳을 보라.

1911년 5월 15일

52 여행

　휴가 때에는 이 영화 또는 저 영화를 끊임없이 보러 다니는 사람들이 많다. 분명 짧은 시간에 많은 것들을 보고 싶기 때문이다. 많은 것들에 대해 이야기하기 위해서라면 이 방법이 가장 좋다. 인용할 장소의 이름이 많을수록 좋기 때문이다. 심심풀이는 된다. 그러나 당사자를 위해, 또는 정말로 보기 위해서라면 그다지 좋다고 볼 수 없다. 성마르게 보면 모두가 다 비슷한 꼴이 되어 버린다. 급류는 언제나 급류이므로, 성마르게 세계를 뛰어다니는 사람은 여행을 한 뒤라도 여행하기 전보다 추억이 더 늘어나지 않는다.

구경거리의 참된 풍요는 상세한 부분에 있다. 본다는 것은 상세한 부분을 남김없이 보고 하나하나를 멈추어서 본 다음, 다시 전체를 한눈으로 파악하는 것이다. 이런 일을 사람들이 신속하게 한 뒤에 다음 극장으로 가서 또 같은 행동을 되풀이하는지, 그건 나도 모른다. 다만 나로서는 그렇게 할 수가 없다. 날마다 하나의 아름다운 사물 또는 일을 바라본다. 이를테면 생투앵 수도원 성당을 자기 집의 그림처럼 이용할 수 있는 루앙 사람들은 행복하다.

그와 반대로 꼭 한 번 어떤 미술관을 방문한다든가, 관광지에 간다든가 하는 경우라면, 반드시 온갖 추억이 뒤섞여서 결국은 선이 흐려진 잿빛 그림처럼 될 것이다. 나의 취미로서 여행이란 한번에 1미터나, 또는 2미터를 걸어가서 걸음을 멈추고는 같은 사물의 새로운 모습을 다시 바라보는 것이다. 흔한 일이지만 조금만 오른쪽이나 왼쪽에 가서 앉으면 모든 것이 바뀐다. 그것도 100킬로미터나 걸어간 것 이상으로.

급류에서 급류로 간다면 보는 것은 언제나 같은 급류이다. 그러나 바위에서 바위로 가면 같은 급류라도 한걸음마다 달리 보이게 된다. 그리고 이미 보았던 모습의 사물로 되돌아와 보면 그 모습은 새로운 모습 이상으로 마음을 사로잡으며, 또한 그 모습은 실제로 새롭기도 하다. 변화가 많은 풍부한 구경거리를 하나 택하면 그만이다. 그러면 습관 속에서 잠드는 일도 없다. 그리고 잘 볼 줄 알면 알수록 어떤 구경거리도 마르지 않는 기쁨을 가두어 두고 있다고 말하게 된다. 그리고 어디에 있든 별이 뜬 하늘을 볼 수 있다. 이것이야말로 아름다운 파멸이자 침강이다.

1906년 8월 29일

53 단도의 곡예
누구나 다 스토아주의자들의 견고한 정신에 대해 알고 있다. 그들은 증오, 질투, 공포, 절망 등의 여러 정념들에 대해서 지성에 근거한 관점에서 추론한 다음, 뛰어난 마부가 여러 마리의 말을 다룰 수 있듯이 그 정념들을 다스릴 수 있게 되었다.

그들의 추론 가운데 언제나 내가 좋아하고 또 내게 유용한 한 가지가 있다.

그것은 과거와 미래에 관한 추론인데 도움이 된 적이 한두 번이 아니다. 그들은 말한다. '우리들이 참고 견뎌야 하는 것은 현재뿐이다. 과거도 미래도 우리를 괴롭히지는 못한다. 과거는 이미 존재하지 않고 미래는 아직 존재하지 않기 때문이다.' 그러나 이것은 진실이다. 과거나 미래는 오직 우리들이 생각할 때에만 존재한다. 그들은 억측이지 사실이 아니다. 우리들이 자기 자신에게 수많은 고통의 씨를 주었기 때문에 회한이나 두려움이 만들어진다. 나는 많은 단도(短刀)를 이어서 한 개의 긴 몽둥이처럼 조작하는 곡예사를 본 적이 있다. 그 이어진 단도는 이마 위에 난 무서운 한 그루의 나무 같았다. 물론 곡예사가 이마에서 평형을 잡고 떠받치고 있었다. 이와 마찬가지로 우리들도 경솔한 곡예사로서 자기의 회한이나 두려움을 이어 만들어서 가지고 다닌다. 단지 다르다면, 곡예사가 떠받치는 시간이 1분 동안이라면 우리들은 한 시간 동안 떠받치고 있다. 그가 한 시간이라면 우리들은 하루, 열흘, 몇 달, 몇 년 동안 떠받치고 다닌다. 다리가 불편한 사람은 생각한다. 어제도 괴로워했고 전에도 괴로워한 적이 있었다고. 그리고 내일도 괴로워할 것이라고 일생 동안 한탄한다. 이런 경우 지혜가 그다지 도움이 되지 않는다는 사실만은 분명하다. 언제나 현재의 고통을 제거하지 못하기 때문이다. 그러나 정신에 영향을 주는 고통이라면 후회하거나 쓸데없는 걱정을 하거나 하는 일만 그만두면 뒤에 남는 것은 없다.

여자에게 차인 남자는 자리에 누워서도 잠도 자지 않고 고민을 하며, 모진 복수를 계획한다. 그러나 만일 그가 지나간 일이나 미래의 일을 생각하지 않는다면 고뇌는 사라져 없어지게 된다. 실패 때문에 괴로워하는 야심가도 과거를 되새기거나 미래를 생각하거나 하지만 않는다면 괴로움 따위는 없을 것이다. 산꼭대기에 바위를 밀고 올라가서는 굴리고 또 밀어 올려서는 굴리고 하며 괴로움을 되풀이하는 전설의 시시포스를 이 야심가 속에서 보는 느낌이 들지 않는가.

이처럼 스스로 자기를 괴롭히는 모든 사람들에게 나는 말하고 싶다. 현재의 일을 생각하라고. 시시각각 새로이 이어져 나아가는 스스로의 생활을 생각하라고. 시간은 쉴 새 없이 옮아간다. 당신은 현재 살고 있는 존재이므로 당신이 현재 살고 있는 대로 살아갈 수 있다. 그런데 당신은 미래가 무섭다고 한다. 당신은 자기가 모르는 것을 말하고 있다. 사건이란 언제나 우리들이 기대한 대로 일어나지는 않는다. 그리고 당신의 현재 고통에 대해서 말한다면, 그 고통이 몹시 심하기 때문에 그 고통을 덜 수 있을 것이라고 믿어도 좋다. 모든 것은 바뀌고 모든 것은 옮아간다.

이 격언은 때때로 우리들을 슬프게 했지만, 그러나 조금은 우리들을 위안할 때도 있다.

1908년 4월 17일

54 과장된 선언

이따금 길을 가다가 양지 쪽에서 햇볕을 쬐거나, 또는 가까스로 집으로 돌아가는 유령같이 말라빠진 사람을 만나는 수가 있다. 이렇게 몹시 쇠약해서 금방이라도 죽을 것 같은 사람을 보면 처음에는 견딜 수 없는 공포를 느낀다. 우리들은 이렇게 말하며 달아난다. '어떻게 저런 사람이 죽지 않았을까.' 그러나 당사자는 살기를 원하는 것이니까, 볕을 쬐고 있을 때 죽고 싶진 않은 것이다. 우리들의 생각이 감당하기에 힘든 길, 이런 길에서는 비틀거리고, 상처를 입으며, 짜증이 나서 그릇된 작은 길로 뛰어든다. 곧 그렇게 된다.

이런 광경을 본 뒤에, 내가 신중하고도 더듬는 말로 올바른 길을 찾고 있을 때 눈앞에 한 친구가 나타났다. 그는 눈에 지옥의 불꽃을 이글거리며 몸을 부들부들 떨고 있었다. 그러나 이윽고 소리를 질렀다. '모두가 비참해. 튼튼한 친구들은 병과 죽음을 두려워한다. 두려워하는 일에 전력을 다하고 있어. 공포를 하나도 놓치지 않는다. 남김없이 음미하고 있다. 그런데 병자들은 어떤가. 그들은 죽음을 불러야 할 것인데 결코 그렇게 하지 않고 죽음을 밀쳐낸다. 이 죽음의 공포가 병을 더욱더 악화시킨다. 자네는 말할 걸세. 살아 있는 게 그토록 괴롭다면 죽음을 두려워할 게 없지 않은가라고. 그러나 자네도 안다. 죽음과 괴로움을 동시에 싫어할 수도 있다는 사실을. 그것이 우리들이 죽어가는 방식이라네.'

그는 자기가 한 말이 절대로 자명한 진리일 줄 아는 것 같았다. 정말이지 그렇게 생각하려고 마음먹으면 나도 그런 생각이 든다. 불행하게 되는 건 어려운 일이 아니다. 어려운 일은 행복해지는 것이다. 그렇다고 해서 어렵다는 이유로 행복해지려는 노력은 하지 않고, 오히려 그 반대이다. 호랑이 굴에 들어가야만 호랑이를 잡을 수 있다는 속담도 있다.

나에게는 이런 지옥의 인도로부터 자신을 지켜야만 할 이유가 있다. 이런 인도는 아주 자명한 듯이 보이는 허위의 빛으로 사람을 속이는 법이다. 나 자신만 해도 나는 구제할 수 없는 불행 속에 있다고 얼마나 스스로 설득하려 했는지 모른다. 무엇 때문인가. 여자의 눈 때문이다. 무언가 하찮은 생각 때문에 얼굴이나 말씨에 드러난(내가 추측하는 바) 허영심의 타산 같은 것 때문이다.

이런 괴상한 어리석음은 사람이라면 누구나 경험한다. 1년쯤 지나고 나면 그런 건 예사로 웃어넘긴다. 나의 경험에서 나는 다음의 사실을 명심했다. 눈물, 시작되려는 흐느낌, 위, 심장, 배, 심한 몸짓, 근육의 경련 등이 추론과 섞이기가 무섭게 정념은 우리들을 속인다고. 소박한 사람들은 몇 번이고 이 덫에 걸린다. 그러나 나는 이 허위의 빛이 곧 사라진다는 사실을 알고 있다. 나는 당장에 지우고 싶다. 나는 할 수 있다. 나 자신에게 어울리는 목소리의 힘을 아주 잘 알고 있다고 부풀려서 선언하지만 않으면 그로써 허위의 빛은 사라진다.

그러므로 나는 나 자신에게, 비극 배우로서가 아니라 다만 있는 그대로 이야기하고 싶다. 나는 지금 말투를 뜻하고 있다. 또한 병이나 죽음은 누구에게나 찾아오는 자연스러운 것이라는 것, 그것을 거스르는 것은 확실히 그릇되고 사람됨을 거스르는 생각임을 알고 있다.

인간적으로 옳은 생각은, 반드시 어떠한 형태로든 인간의 조건과 사물의 본연적 자세에 곧바로 반응하게끔 만들어져 있기 때문이다. 과장된 노여움을 기르고, 노여움이 길러지는 부질없는 한탄 속에 경솔하게 몸을 던져서는 안 되는, 충분히 강력한 이유가 거기에 있다.

한탄의 세계는 밑도 끝도 없는 출구없는 지옥이다. 지옥의 순환, 그러나 악마를 따르는 이는 나다. 동시에 선악의 분기점을 지탱할 수 있는 이도 나다.

1911년 9월 25일

55 넋두리

새해에 즈음해, 즉 해가 가장 높이 떠올랐다가 가장 낮게 내려오는 데 필요한 1년이라는 기간을 위하여, 나는 당신에게 부탁할 게 있다. 그것은 모든 일이 점점 더 나빠지리라는 말은 하지도 말거니와 생각도 하지 말아야 한다는 것이다. '돈에 굶주려 있는 것, 즐거움을 맹렬히 바라는 것, 해야 할 일을 잊는 것, 건방지고 잘난 체 하는 젊은이의 태도, 듣지도 보지도 못한 도둑과 범죄, 열정을 제멋대로 헛되이 써 버리는 것, 이상한 계절, 이들은 한겨울인데도 우리들에게 따뜻한 밤을 가져다 준다.' 이것은 인간 세상과 더불어 예부터 있는 틀에 박힌 말로, 단지 다음의 말을 뜻하는 데 지나지 않는다. '위장(胃腸)도 즐거움도 스무 살 때 같지가 않구나.'

느낀 것을 이런 방법으로만 표현한다면 앓는 사람이 음울함을 참듯이 이 말도 참게 된다. 그러나 말은 그 자체가 당치도 않은 힘을 가지고 있는 법이다. 말은 슬픔을 부채질한다. 슬픔을 키운다. 외투처럼 모든 사물을 덮어 버린다. 이리하여 결과가 원인이 된다. 흔히 아이들은 자기가 친구를 사자나 곰으로 만들어 놓고 그 사자나 곰을 아주 무서워하는 경우가 있다. 그와 마찬가지다. 당연한 슬픔으로부터 자기 집을 영구차처럼 꾸민 사람에게는 모든 일들이 괴로움을 더욱 강하게 하므로 그래서 더욱 슬퍼질 뿐이다. 우리들의 관념에 대해서도 마찬가지다. 만약 우리들이 불쾌한 나머지 사람을 어두운 색으로 칠해 버리고 정치를 일그러진 모습으로 그린다면, 이번에는 그 볼품없는 그림 자체가 우리를 절망 속으로 던져 넣는다. 따라서 가장 총명한 사람이 이따금 보기좋게 자신에게 속곤 한다.

아주 나쁜 점은 이 병이 전염된다는 점이다. 정신의 콜레라와 같다. 내가 아는 사람 가운데도 있지만, 어떤 사람들은 관리가 전체적으로 예전보다 정직하고 부지런해졌다는 말을 하지 못하는 사람들과 마주 앉아 있다. 자기 정념대로 행동하는 사람들에게는 아주 자연스러운 웅변과 사람의 마음을 감동시키는 진지함이 있으므로 많은 사람들로부터 박수를 받는다. 그렇게 되면 공평한 말을 하고자 하는 사람은 오히려 어릿광대나 장난꾸러기의 역할을 맡아보게 되고 만다. 이리하여 넋두리는 독단적인 교리로서 확립되고 이윽고 예의의 일부가 된다.

어제 한 커튼 장수가 말의 첫머리를 이렇게 꺼냈다. '요즘은 계절이고 뭐고 없어졌나봐요. 겨울인데도 여름 같으니 말이에요. 원 어떻게 되는 노릇인지 영문을 알 수 있어야지요.' 이러한 넋두리를 그는 작년 여름 몹시 더웠던 뒤에도 여러 번 했었다. 그 또한 다른 사람들과 마찬가지로 여름의 더위는 느꼈으나 틀에 박힌 말이라는 것은 사실보다 더 강하다. 이 커튼 장수를 비웃어도 좋지만 당신 자신도 주의하는 편이 낫다. 모든 사실이 작년 여름 때와 같이 뚜렷하고 생생하게 생각나지는 않기 때문이다.

나의 결론은 이렇다. 기쁨은 젊기 때문에 권위가 없고 슬픔은 왕좌(王座)에 있으므로 언제나 지나치게 존경받고 있다고. 그러므로 나는 슬픔에는 맞서야 한다고 말해 두고 싶다. 기쁨이 좋아서만은 아니다. 그것도 한 가지 이유이기는 하지만 그보다는 오히려 공평해야 하기 때문이다. 그리고 언제나 당당하고 언제나 제멋대로인 슬픔은 사람의 공평함을 결코 바라지 않기 때문이다.

1912년 1월 4일

56 정념의 웅변

정념의 웅변에 우리들은 거의 언제나 속고 있다. 내가 말하는 정념의 웅변이란 우리들의 육체가 휴식하고 있든가 피로해 있든가 흥분해 있든가 비통해하든가에 따라서 상상력이 전개하는, 슬프든가 기쁘든가 밝든가 어둡든가 하는 환영(幻影)을 말한다. 이에 속았을 경우에는 당연하다고 하면 당연한 일이지만 우리들은 대부분의 경우 사소하고 하찮은 원인을 알아차리고 바로잡는 대신 사물과 사물들을 비난하게 된다.

요즘처럼 시험 때가 다가오면 많은 수험생들은 밤늦게까지 전등불 아래에서 공부하느라고 눈이 피로하고 머리는 어지러워 아픔을 느낀다. 이런 고통은 쉬거나 잠을 자면 금방 낫는다. 그러나 보통 수험생은 그런 건 생각지도 못한다. 그가 먼저 확인하는 바는, 좀처럼 외울 수가 없다, 생각이 정리되지 않는다, 지은이의 생각이 종이 위에만 머물러 있고 나에게 전해져 오지 않는다는 등등이다. 그래서 시험의 어려움이나 자기의 재능을 생각하고는 슬퍼한다. 그러다가 과거로 거슬러 올라가서 모든 추억을 같은 서글픈 안개를 통해서 바라보며, 아무것도 도움이 되는 일을 하지 못했다, 모두 다시 시작해야겠다, 아무것도 머릿속에 정리된 게 없다, 라고 깨닫든가 아니면 그렇다고 생각한다. 이번에는 미래를 바라보며 이제 시간도 많지 않은데 공부가 제대로 잘 되지 않는다고 생각한다. 그래서 또다시 책을 들고 머리를 싸안는다. 이런 때는 누워서 자 버리는 편이 나을 텐데 마음의 고통 때문에 그 치료법을 모른다. 그리고 그가 공부에 돌진하는 까닭은 바로 그가 필요하기 때문이다. 이런 때 그에게는 데카르트나 스피노자가 더 뚜렷하게 해명한 스토아학파의 깊은 지혜가 필요하다. 상상력이 제시하는 증명을 끊임없이 경계하면서 반성으로써 정념이라는 웅변의 실체를 간파하되, 그것을 믿지 말고 거절해야 한다. 그렇게 하면 아무리 심한 마음의 고통도 씻을 수 있다. 약간의 두통이나 눈의 피로라면 참을 수도 있고 오래 가지도 않는다. 그러나 절망은 무섭다. 절망 그 자체가 절망의 원인을 악화시킨다.

이것이 바로 정념이 갖는 함정이다. 아주 큰 분노로 가득 찬 사람은 제 자신을 상대로 매우 감동적이고도 명백한 비극을 연출하고 있는 셈이다. 그는 그 비극 속에서 자기가 상대하는 적의 모든 사악함, 교활함, 준비, 모욕, 앞으로의 기획 등을 스스로에게 보여 준다. 모든 것을 노여움에 근거해 해석하며 그 때문에 더욱더 노여움이 커진다. 복수의 세 여신 퓨리즈를 그려 놓고 자기가 그린 그 여신의 모습을 무서워하는 화가나 마찬가지다. 이런 여유가 있기 때문에, 아주 조그만 일이 원인이었는데도 심장과 근육에 큰 자극을 줌으로써 그것이 차츰 커져서 결국은 폭풍 같은 맹렬한 기세가 되어 버리는 노여움이 생긴다. 그러나 이런 태풍 같은 흥분을 가라앉히는 방법은, 역사가의 관점에서 사물을 생각하고서 당한 모욕이나 복권(復權) 요구 등을 검토하는 것이 아님은 분명하다. 그 모욕이나 복권 요구는 모두 정신착란의 경우처럼 거짓된 빛에 비춘 행위이기 때문이다. 이런 경우도 반성을 통해 정념의 웅변을 간파하되 그것을 믿지 말고 거부해야 한다. '그 거짓말쟁이 친구는 이번에도 또 나를 경멸했다'고 하지 말고 '이렇게 흥분해 있다가는 사물을 옳게 볼 수도 판단할 수도 없겠다. 나는 나 자신에게 허세를 부리는 비극 배우에 지나지 않는다'고 말해야 한다. 그러면 극장에는 관객이 없어지고 조명이 꺼진다. 그리하여 훌륭한 무대 장치도 낙서에 지나지 않게 된다. 이것이 참된 지혜이다. 옳지 못한 시(詩)를 타파하는 현실의 무기이다. 그런데 슬프게도 스스로 망상 속에 있으면서 자기의 불행을 남에게 주는 것만 아는 기회주의적 인간성 탐구가들의 조언을 우리들은 듣고 있으며 지도받고 있다.

1913년 5월 14일

57 절망에 대하여

어떤 이가 이런 말을 했다. '악한은 이만한 일로 자살 따위는 하지 않는다.' 어떤 마음 바른 사람이 명예를 손상당한 줄 알고 스스로 목숨을 끊었는데,

이 사람의 명예를 떨어뜨린 장본인으로 알려진 사람들이 죽음을 애도하러 오는 일이 흔히 있다. 오래도록 기억에 남아 있을 이런 비극에서, 나는 정당하고 옳게 처신하고자 하는 사람이 대부분 자신의 정념을 억제하지 못해서 다른 사람의 공격을 받고 정복당하게 되는 원인과, 그리고 그가 어떤 사상을 통해 절망을 극복할 수 있을까를 탐구한다.

정세를 판단한다, 어려운 문제를 낸다, 그 해법을 찾는다. 전혀 발견되지 않는다, 어떻게 하면 좋을지 모른다, 생각이 조련장의 말처럼 밑도 끝도 없이 빙글빙글 돈다. 이것만은 아무래도 괴롭다, 그리고 지성(知性) 또한 우리들을 찌를 침을 가지고 있다고 당신은 말할는지 모른다. 그런데 결코 그렇지가 않다. 먼저 그런 착각에 빠지지 말아야 한다. 정체를 전혀 모를 문제는 흔하게 있는 법이다. 그러나 그런 문제들은 쉽게 체념할 수 있다. 변호사나 청산인(淸算人), 재판관이라는 사람은, 어떤 사건이 가망 없다고 뚜렷하게 결정할 수 있든가, 아니면 잠자고 먹는 것을 잊어버린 것이 아닌 한 전혀 결정을 못하든가 둘 중 하나이다. 풀기 어렵게 얽힌 생각에서 우리들을 괴롭히는 것은 얽힌 생각 자체가 아니라 그 생각과 맞서는 싸움과 저항, 또는 만일 이렇게 말해도 좋다면 상황이 그런 식으로 되지 않았으면 좋겠다는 욕구이다. 정념의 모든 움직임 속에는 돌이킬 수 없는 경우, 이를테면 누군가가 어리석거나 허영심이 강하거나 냉담한 어떤 여자를 사랑하여 고민한다는 것은 어떻게 해서든지 그녀가 지금과 달랐으면 좋겠다고 바라기 때문이다. 마찬가지로 파멸이 불가피하며 또 그 사실을 잘 알고 있을 때라도, 정념은 한 번 더 똑같은 생각을 다시 하기를 바라고 명령해, 다른 길로 가는 어떤 분기점을 발견한다. 그러나 그 길은 이미 지나왔다. 지금 있는 곳은 그가 지금 있는 곳이다. 그리고 시간이라는 길에서는 뒤로 물러설 수도 없거니와 같은 길은 두 번 갈 수도 없다. 그러므로 나는 확고한 성격이란 자기가 지금 어디에 있는가, 사태는 어떤가, 돌이킬 수 없는 것이 정확하게 무엇인가를 자기 자신에게 말하고, 거기에서 미래로 떠나는 사람이라고 생각한다. 그러나 이것은 쉬운 일이 아니다. 그러려면 자질구레한 일 속에서 연습할 필요가 있다. 그렇지 않으면 정념은 우리 속의 사자처럼 될 것이다. 사자는 우리 속의 저쪽 구석에 있었을 때는 일부러 이쪽을 보지 않았으니까 그 보충이라도 한다는 듯이, 이쪽 구석의 철책 앞을 떠나지 않고 몇 시간이고 제자리걸음을 하고 있다. 요컨대 과거를 생각하는 데서 생기는 이 슬픔은 도움이 될 만한 것이 없을 뿐만 아니라 아주 해롭다. 우리들을 쓸데없이 반성하도록 만들고 쓸데없이 추구하게 만들기 때문이다. 후회는 과거를 되풀이하는 것이라고 스피노자는 말했다.

슬퍼하고 있는 사람이 만일 스피노자를 읽은 적이 있다면 이렇게 말할 것이다. '그러나 슬플 때는 절대로 즐거워할 수가 없다. 그건 나의 기분, 피로, 나이, 날씨 같은 데 의존한다.' 좋다. 그 말을 당신 자신에게 이야기해 보라. 진심으로 그렇게 말해 보라. 슬픔을 참된 원인에게로 되돌리도록 하라. 그러면 당신의 답답한 생각도 바람에 흩날리듯이 사라지게 된다. 이 세상은 불행으로 뒤덮여 있을지 모르지만, 하늘은 맑게 갤 것이다. 그것만 해도 득이 된다. 당신은 슬픔을 육체 속으로 되돌려 준 것이니까. 그 결과 당신의 생각은 깨끗이 청소된 듯이 될 것이다. 또는 바란다면 이렇게 말해도 좋다. 생각이란 슬픔에다 날개를 주어서 공중을 날아다니는 슬픔으로 만드는 것이라고. 이와 반대로 반성은, 목적이 옳으면 나는 반성의 날개를 꺾어서 기어다니는 슬픔에 지나지 않은 것으로 만들어 버린다. 슬픔은 언제나 내 발밑에 있지만 더이상 내 눈앞에 있지는 않다. 다만 고약한 점은 우리들은 언제나 높이 높이 날아다니는 슬픔을 바라고 있다.

1911년 10월 31일

58 동정에 대하여

세상에는 인생을 어둡게 하는 친절, 음울 그 자체인 친절이 있다. 흔히 이런 친절은 동정이라고 불리며, 인류가 가진 재화(災禍) 중의 하나이다. 말라빠져서 폐병 환자로 생각되는 사람에게 다감한 여인이 어떤 식으로 말을 붙이는가를 보라. 눈물 어린 눈길, 말투, 이야기하는 내용, 모두가 틀림없이 이 불쌍한 사람을 침울하게 만들어 버린다. 그러나 그는 조금도 신경질을 내지 않는다. 그는 자기 병을 견디듯이 다른 이의 동정도 꾹 참는다. 언제나 이런 식이다. 저마다 그에게 와서는 조금씩 슬픔을 쏟고 간다. 누구나가 그에게 와서 틀에 박힌 말을 되풀이한다. '당신의 이런 모습을 보니 가슴이 미어지는군요.'

좀 더 사리를 아는 사람들, 말을 좀 더 삼가는 사람들도 있다. 이 사람들의 말은 기운을 돋궈 주는 말이다. '기운을 내게. 날씨라도 좋아지면 회복될 걸세.' 그러나 이번에는 태도가 어울리지 않는다. 마찬가지로 사람을 울게 만드는 탄식이다. 아주 작은 말투의 차이라도 병자는 금방 알아차린다. 깜짝 놀란 듯한 눈길만으로도 모든 말보다 많이 전한다.

그러면 과연 어떻게 하면 좋은가? 그것은 이렇다. 슬퍼해서는 안 된다. 기대를 해야 한다. 남에게는 자기가 갖고 있는 희망만 줄 수 있다. 자연의 형세에 기대를 걸고 미래를 밝게 생각하며 생명이 승리를 거둔다고 믿어야 한다. 이것은 생각보다 쉬운 일이다. 자연스러운 것이므로 살아 있는 존재들은 모두 생명이 이기리라고 믿는다. 그렇지 않다면 금방 죽어 버릴 것이다. 이 생명의 힘 덕분에 당신은 곧 그 불쌍한 사람을 잊어버린다. 불쌍한 자에게 주어야 할 것은 생명의 힘이다. 현실적으로 그를 지나치게 동정해서는 안 된다. 냉혹하게 무관심해도 된다는 말은 아니다. 그렇지 않고 쾌활한 우정을 보여 주는 것이다. 누구든지 동정을 불어넣기를 좋아하지는 않는다. 그리고 자기가 있어도 건강한 사람들의 기쁨을 지우지 않는다는 사실을 병자 자신이 알면 그는 곧 기운이 난다. 신뢰가 바로 멋지고 영험한 약이다. 우리들은 종교 때문에 해를 입고 있다. 사람의 약점이나 고통을 노려서 사람들을 생각에 잠기게 만드는 설교로 다 죽어가는 사람의 숨통을 끊어 놓는 사제(司祭)를 곧잘 본다. 나는 그런 초상꾼의 웅변을 미워한다. 설교해야 할 필요는 삶에 대해서이지 죽음에 대해서가 아니다. 두려움을 퍼트리지 말고 희망을 퍼트려라. 그럼으로써 인류의 참된 보물인 기쁨을 함께 키워야 한다. 이것이 바로 현자(賢者)의 비결이요 내일을 비추는 광명일 것이다. 정념은 슬프다. 미움도 슬프다. 기쁨은 정념도 미움도 물리칠 것이다. 그러나 슬픔은 결코 숭고하지도 아름답지도 쓸모가 있지도 않다고 먼저 말해두고 시작하자.

1909년 10월 5일

59 다른 사람의 불행

인간성 탐구가—아마도 라로슈푸코였다고 생각하는데—는, '우리들은 언제든지 다른 사람의 불행을 견뎌 낼 만한 힘을 충분히 가지고 있다.'고 썼는데, 이 말에는 확실히 진실이 담겨 있다. 그러나 이것은 반만 진실을 지니고 있다. 그보다 더 눈여겨볼 가치는, 우리들은 언제든지 자기의 불행을 견뎌 낼 만한 힘을 충분히 가지고 있다는 데 있다. 확실히 그래야만 한다. 또 그래야 할 필연성이 우리들의 어깨에 손을 얹었을 때는 이미 벗어나지 못한다. 그렇게 되면 죽는 편이 낫거나, 또는 될 수 있는 대로 힘을 다해서 살아야 한다. 그리고 대부분의 사람들은 후자를 선택한다. 생명력이란 참으로 놀랍다.

수해 이재민도 그렇게 적응했다. 임시로 만든 위태로운 작은 다리 같은 것에 조금도 불평하지 않았다. 그들은 거기에 발을 디뎠다. 학교나 그 밖의 공공장소에서 콩나물 시루같이 되었어도 그들은 되도록 그곳을 편하게 살 수 있는 임시 거처로 만들어서 열심히 먹고 잤다. 전쟁에 나갔던 사람들도 같은 말을 한다. 몹시 고생하는 것은 전쟁을 하기 때문이 아니라 발이 시리기 때문이다. 불을 피우는 일만을 열심히 생각한다. 일단 몸이 녹으면 그것만으로 완전히 만족한다.

생활이 괴로우면 괴로울수록 고통을 더 잘 참고 즐거움을 더 잘 맛볼 수 있다고 말할 수 있다. 왜냐하면 단순히 앞으로 일어날지도 모르는 불행까지 예상할 겨를이 없기 때문이다. 필요가 예상을 통제하고 있다. 로빈슨 크루소는 자기 집을 다 짓고 나서 비로소 조국을 그리워했다. 부자들이 사냥을 좋아하는 까닭도 확실히 이런 이유에서이다. 사냥을 하면 다리가 아파진다는 가까운 미래의 불행도 있고, 잘 마시고 잘 먹는다는 곧 다가올 즐거움도 있다. 그리고 행동이 모든 것을 없애 주고 모든 것을 속박한다. 자신의 주의력 모두를 매우 어려운 행동 쪽으로 돌리는 사람, 그런 사람은 완벽하게 행복하다. 자기의 과거나 미래에 대한 일을 생각하는 사람은 완전하게 행복해질 수 없다. 사람은 온갖 무거운 짐을 지는 한 행복하든가 파멸하든가 둘 중 하나이다. 그러나 불안해하면서 자기라는 무거운 짐을 지면 곧 모든 길이 험난해진다. 그리고 과거와 미래가 길 위에서 거칠게 마찰을 일으킨다.

요컨대 자기에 대한 생각을 해서는 안 된다. 남이 그들 자신에 대해 하는 말을 들으면 나는 나 자신을 반성하게 된다. 아주 재미있는 일이다. 함께 행동하는 것, 이야기하기 위해, 불평하기 위해, 비난을 되갚기 위해서 함께 이야기하는 것은 언제나 좋다. 그러나 이것은 이 세상의 가장 큰 재화(災禍) 중의 하나이다. 사람의 표정이 매우 풍부하다는 것을 헤아리지 못하고, 사물들 덕에 잊고 있던 아픔을 다시 불러일으키게 되는 것이다. 우리들은 세상을 살아가며 한 사람 한 사람 등의 다른 사람들과 접촉하여 그들과 입으로, 눈으로, 정성스레 대답 등을 받아주고 감으로써 비로소 이기주의자가 된다. 하나의 불평은 수많은 불평을 부채질하고 하나의 공포는 수많은 공포를 이끌어낸다. 모든 양 떼들이 한 마리의 양 속에서 달리는 셈이 되고 마는 것이다. 민감한 사람이 언제나 사람을 조금 싫어하는 까닭은 그 때문이다. 이 점을 염두에 두고 친구와 사귀어야 한다. 함부로 남의 혀끝에 오르내리는 것을 조심하여 고독을 찾는 민감한 사람을 이기주의자라고 부르는 것은 좀 지나치다. 가까운 사람의 얼굴에 나타난 불안, 슬픔, 괴로움을 견딜 수 없다면 그것은 야박한 마음이 아니다. 그리고 자진해서 남의 불행에 참견하는 사람들이 정작 그들 자신의 불행에 더 많은 주의를 기울이고 있는지가 의심스럽다. 또한 불행에 대한 용기도 냉정도 그들이 지니고 있는지 마찬가지로 의심스럽다. 인간성 탐구가는 참견자이며 심술쟁이에 지나지 않았다. 남의 불행은 사실 무거워서 들기가 어려운데 말이다.

1910년 3월 23일

60 위안

행복과 불행을 상상할 수는 없다. 행복과 불행은 본디 뜻에서의 쾌락도 아니고 류머티즘이나 충치나 종교 재판소의 고문 같은 고통도 아니다. 그런 고통이라면 원인을 생각함으로써 상상해 볼 수 있다. 예를 들어 뜨거운 물이 손에 튀었다든가, 자동차에 부딪혔다든가, 문에 손이 끼였다든가 하는 경우라면 언제든지 고통을 대략 알 수 있고, 알수 있는 데까지는 남의 고통도 안다.

그러나 사람을 행복하게 하거나 불행하게 하거나 하는 의견의 미묘한 차이점에 관련되고 보면, 남의 일이든 자기 일이든 예견할 수도 상상할 수도 없다. 모두가 생각의 흐름에 달려 있다. 그리고 사람은 자기가 바라는 대로는 생각지 않는다. 더구나 조금도 즐겁지 않은 생각이라면 알지 못하는 사이에 그 생각으로부터 달아나는 것이 당연하다. 이를테면 연극은 세차게 우리들의 마음을 사로잡아 딴 곳으로 돌려 버리는데 그 세찬 힘을 주는 원인이라는 것은 무대 장치라든가 고함소리라든가 우는 시늉을 하는 여자라든가 하는 하찮은 요소들이므로, 이 점에서 본다면 세찬 힘이라 해봐야 턱없는 것이다. 이런 흉내가 눈물을, 그것도 진짜 눈물을 흘리게 한다. 그럴 듯한 대사 덕택에 당신은 잠깐 동안 모든 인간들의 모든 괴로움을 짊어지게 된다. 그런데 바로 그 뒤에 당신은 자기 자신과 모든 괴로움으로부터 천 리나 떨어진 먼 곳에 있게 될는지도 모른다. 슬픔과 위안이 새처럼 나뭇가지에 앉았다가는 날아가 버린다.

이런 일들을 떠올리면 얼굴이 붉어질 것이다. 몽테스키외처럼 이렇게 말하며 얼굴을 붉힐 것이다. '나는 한 시간의 독서로 지워지지 않는 슬픔을 가져 본 적이 없다.' 정말로 책을 읽는다면 책에 몰두하게 된다는 사실은 분명하다.

마차에 태워져서 단두대로 가는 사람은 불쌍하다. 그러나 만일 그가 다른 일을 생각하고 있다면 마차 속에 있더라도 현재의 나 이상으로 불행하지는 않을 것이다. 그가 길 모퉁이라든가 마차의 흔들림 같은 것을 센다면, 그는 길 모퉁이나 흔들림에 대해 생각하게 된다. 먼 곳에 붙은 벽보가 보인다면 그는 그 벽보를 읽으려 했을 것이다. 마지막 순간까지 그를 붙잡고 있었을 벽보, 우리는 그 벽보문의 마지막 순간을 알고 있다. 그 점에 대해 우리는 무엇을 알고 있는가? 그는 무엇을 알고 있었을까?

또 나는 물에 빠져 죽을 뻔한 친구의 이야기를 들은 적이 있다. 그는 배와 선창 사이에 떨어져서 꽤 오랫동안 선체(船體) 밑에 있었다. 끌어올렸을 때는 거의 의식을 잃은 상태였다. 그러니까 그는 죽었다가 살아났다고 할 수 있다. 그의 기억은 이렇다. 그는 물 속에서 두 눈을 뜨고 있었다. 그때 자기 앞에 닻줄이 떠 있는 광경이 보였다. 그는 그걸 잡으려면 잡을 수 있다고 생각했으나, 조금도 그럴 마음이 나지 않았다. 그렇지만 눈앞에 보이는 파란 물과 떠 있는 닻줄로 그의 머릿속은 꽉 차 있었다. 그가 전하는 바에 따르면 그때 그의 마지막 순간이 이러했다.

1910년 11월 26일

61 죽은 사람 숭배

죽은 사람을 숭배한다는 것은 아름다운 관습이다. 11월 2일 위령(慰靈)의 날, 즉 죽은 사람을 위해 기도하는 날은 적절하게도 태양이 우리들을 버린다는 사실을 똑똑하게 보여 주는 징후가 나타나는 시기로 정해져 있다. 색바랜 꽃, 사람들에게 짓밟힌 노랗고 붉은 낙엽, 긴 밤, 저녁나절처럼 나른한 낮, 모두가 피로나 휴식, 수면, 과거를 떠올리게 한다. 한 해가 끝날 무렵은 해질녘이나 인생의 황혼과 같다. 이제 미래는 밤과 수면만 줄 수 있을 뿐이다. 따라서 생각은 이미 이루어져 버린 것 위로 되돌아가 역사 속에 존재하는 사고(思考)가 된다. 이와 같이 관습과 날씨와 우리들 사고의 흐름은 서로 조화를 이룬다. 그래서 이런 계절이면 망령들을 일깨워서 그들에게 말을 걸려는 사람이 적지 않다.

그러나 어떻게 해서 그들을 불러일으키면 좋은가? 율리시스는 망령들에게 먹을 것을 주었다. 우리들은 꽃을 가지고 간다. 그러나 우리가 바치는 모든 제물은 우리들의 생각을 그 망령에게로 돌려서 그들과 대화를 나누기 위한 것에 지나지 않는다. 분명 사람이 불러일으키고 싶은 대상은 죽은 사람의 생각이지 그 육체는 아니다. 그리고 그들의 생각이 잠자고 있는 곳은 우리들 내부임에 틀림없다. 그렇다고 해서 꽃도, 화환도, 꽃으로 꾸며진 무덤도 뜻이 없는 존재라는 말은 아니다. 우리들은 자기가 바라는 대로는 생각지 않는 법이어서 우리들 생각의 흐름은 주로 우리들이 보고 듣고 닿아 있는 데 의존하게 되므로, 자신에게 보이는 어떤 광경들을 주는 동시에 그 광경에 곁달린 생각을 주는 것이 이치에 맞다.

이런 점에서 종교 의식에 가치가 있다고 할 수 있다. 그러나 그것은 수단에 지나지 않는다. 목적은 아니므로 미사를 듣거나 기도를 하거나 하는 식으로 죽은 사람을 찾아가서는 안 된다.

죽은 사람은 죽지 않았다. 이 점은 우리들이 살아 있다는 점으로 보아 충분히 명백하다. 그는 생각하고, 이야기하며, 행동한다. 조언을 할 수도, 의욕을 가질 수도, 동의할 수도, 비난할 수도 있다. 이건 정말이다. 그러나 거기에는 귀를 기울일 필요가 있다. 그의 이 모든 것은 우리들 내부에 있다. 우리들 내부에 살고 있다.

당신은 이렇게 말할지도 모른다. 그렇다면 우리들은 그들을 잊을 수가 없다. 자신의 일을 생각하는 것이 그들을 생각하는 것이 된다라고. 그렇기는 하지만 사람은 그다지 자기 일을 생각하지 않는다. 정말로 진지하게는 생각하지 않는 것이 보통이라는 말이다. 우리들은 자신의 눈으로 볼 때 몹시 약하고 너무나 변덕스럽다. 자기 자신에게 지나치게 치우쳐 있다. 올바른 균형을 유지하면서 자기에 대해 올바르게 예견한다는 것은 쉽지 않다. 그렇다고 한다면 자기가 줄곧 바라는 정의만을 생각하는 정의의 친구란 대체 무엇일까? 거꾸로 우리들은 작은 일을 잊어버리는 경건한 신앙심을 통해, 죽은 사람들의 가치에 따라 그들을 정당하게 본다. 그리고 아마도 인간과 관련된 것으로 가장 위대한 사실인 죽은 사람들의 조언이 갖는 위력은 그들이 이미 생존해 있지 않다는 것에서 비롯된다. 생존한다는 것은 주위 세계의 충격에 답하는 것이기 때문이다. 이렇게 해서 하루에도 몇 번씩, 한 시간에도 몇 번씩 존재에 대해 맹세한 일을 잊는다. 그래서 죽은 사람들은 과연 무엇을 바라고 있는 것일까 하고 생각하는 것이 커다란 의미를 가지고 다가온다. 사물을 잘 보고 귀를 잘 기울여 보라. 죽은 사람들은 살기를 바란다. 당신의 내부에서 살고 싶어한다. 그들이 바란 대로 당신의 생명이 풍부한 꽃을 피우기를 그들은 바라고 있다. 그렇기 때문에 무덤은 우리들을 생명으로 되돌려 보내는 것이다.

우리들의 이런저런 생각은 다가온 겨울을 쾌활하게 뛰어넘어 다가온 봄과 첫 번째 나뭇잎으로까지 향한다. 어제 나는 잎이 다 떨어져 가는 라일락나무를 보았는데, 거기엔 벌써 싹이 트기 시작하고 있었다.

1907년 11월 8일

62 멍텅구리

미친 사람처럼 기침 발작에 몸을 맡기고 있는 사람들은 그렇게 하면 목의 가려움이 시원해질 줄 알고 있다. 그런 어리석은 동작 때문에 그들은 목을 자극해 숨을 헐떡이며 지치게 된다. 그래서 병원이나 요양소 같은 데서는 절대로 기침을 하지 말도록 환자에게 가르친다. 그러려면 먼저 될 수 있는 대로 기침을 참아야 한다. 마침 기침이 나오려 할 때 침을 삼키면 더욱 좋다. 기침을 토해내는 운동과 침을 삼키는 운동, 이 두 운동은 서로를 배제하기 때문이다. 그리고 또 목이 간질간질한 것을 기분나빠 하거나 신경질을 내거나 하지 말아야 한다. 신경을 쓰지 않게 되면 기침 같은 것은 저절로 낫는다.

이와 마찬가지로 스스로 자신을 쥐어뜯고는 고통이 섞인 괴상한 쾌감을 맛보는 병자가 있다. 그렇게 하면 나중에는 더 심한 고통이 온다. 그들도 열심히 기침하는 친구들과 같아서 제 자신에게 신경질을 부리게 된다. 이런 것이 멍텅구리들의 짓이다.

불면증에도 이런 종류의 비극이 있다. 자기 자신이 만든 병 때문에 괴로워한다. 자지 않고 잠시 휴식하고 있어도 아무 지장은 없을 것이다. 그리고 자리 속에 누워 있는 것도 그리 나쁘지는 않으나, 머리가 작용을 한다. 잠을 잤으면 하고 생각한다. 잠을 자려고 애를 쓴다. 그 일에 주의를 집중하다가 결국은 그 의지와 주의력 그 자체 때문에 잠을 못 자게 된다. 그렇지 않으면 짜증이 난다. 시간을 헤아린다. 귀중한 휴식 시간을 더 잘 사용하지 않는 것은 어리석은 짓이라고 생각한다. 육지에 올라 온 잉어처럼 엎치락뒤치락한다. 멍텅구리의 짓이다. 또는 무슨 불만이라도 있을라치면 밤낮없이 그 일만 생각한다. 자기 자신의 이야기를 마치 책상 위에 펴놓은 음울한 소설이기나 한듯이 읽어댄다. 말하자면 자신의 슬픔 속에 잠긴다. 그리하여 슬픔을 즐기고 있다. 잊혀져 가던 일을 일부러 생각해 내고, 예상할 수 있는 한의 모든 불행을 헤아리려 댄다. 요컨대 자기의 아픈 곳을 긁어 대는 멍텅구리의 짓을 하는 것이다.

연인에게 차인 남자는 다른 일을 생각하려 하지 않는다. 오직 지난날의 행복이나 부실(不實)한 여자의 아름다운 모습과 그녀의 배반이나 불의 같은 것을 마음에 떠올린다. 그리고 스스로 자진해서 자기를 매질한다. 무언가 다른 일을 생각할 수 없다면, 하다못해 자기의 불행을 다른 식으로 해석해야 한다. 그 따위는 이제 젊음을 잃은 하찮은 계집이야, 이렇게라도 생각하는 것이다. 노파가 된 그녀와의 생활을 상상해 본다. 과거의 기쁨을 면밀하게 음미해 본다. 제 자신의 열광을 재보는 것이다. 마음이 맞지 않았을 때의 일을 머릿속에 떠올려 본다. 그러면 행복한 때를 간과하게 되는 조화롭지 못한 때들이 되살아나지만, 슬픔 속에 있을 때는 이런 조화롭지 못한 시간의 일들이 위안으로서 도움이 된다. 끝으로 신체상의 특징에 주의를 기울여 보면, 마음에 들지 않는 눈, 코, 입, 손, 발, 목소리, 이런 요소들은 반드시 있다. 이것이야말로 특별한 효험이 있는 치료 요소라고 생각한다. 복잡한 일이나 어려운 행동에 뛰어드는 편이 훨씬 쉽다. 그러나 아무튼 구렁텅이 속에 몸을 던지는 식으로 불행 속에 뛰어들지 말고, 노력해서 스스로 위안을 찾아야 한다. 그리고 진지하게 그런 노력을 하는 사람들은 자기가 생각한 것보다 훨씬 더 빨리 위안을 얻을 것이다.

1911년 12월 31일

63 비 아래에서

진짜 불행한 일도 상당히 많다. 그건 그렇다 치더라도 사람은 이른바 상상력 때문에 불행을 더 크게 만들기도 한다. 당신은 날마다, 적어도 한 사람쯤은 자기가 하고 있는 일에 대해 불평을 하는 사람을 만날 수 있다. 그리고 그 사람이 하는 불평은 언제나 그럴듯하다고 생각된다. 어떤 일에도 불평은 할 수 있고 완전한 것이란 아무것도 없기 때문이다.

당신이 교사라면 아무것도 모르고 아무 흥미도 갖지 않은 난폭한 젊은이들을 가르쳐야 한다고 말한다. 또 당신이 기사(技師)라면 산더미 같은 서류 속에 파묻혀 있어야 한다고 말한다. 또 당신이 변호사라면 이쪽 말을 듣지도 않고 졸고만 있는 재판관 앞에서 변호를 해야 한다고 말한다. 확실히 그건 사실이다. 나도 그렇게 생각한다. 이런 사항들은 사람들이 그렇게 말할 수 있는 한 언제나 진실이다. 이런 사항에 곁들여서 당신의 위(胃)가 좋지 않다든가 신발이 젖어 있다든가 하는 사정이 덧붙여진다면 나는 당신의 기분을 충분히 이해할 수 있다. 위의 재판관이나 변호사의 상태, 신발의 상태 같은 하찮은 것 때문에 인생과 인간, 그리고 만약 당신이 신(神)의 존재를 믿는다면 신까지도 저주하게 되는 것이다.

그러나 한 가지 주의해야 할 점이 있다. 그것은 그런 말을 하면 끝이 없고, 슬픔이 슬픔을 낳는다는 것이다. 이리하여 운명에 관한 불평은 불평을 키우고 웃는 희망을 뺏어 버리며, 그 때문에 위의 상태까지 나쁘게 만든다. 만약 한 친구가 있어서, 그가 모든 일에 대해 못마땅하게 불평한다면 물론 당신은 그를 위로하며 세상을 다른 관점에서 보도록 하려고 노력할 것이다. 당신은 어찌하여 당신 자신에게 둘도 없는 친구가 되지 않는 것일까? 나는 진지하게 당신에게 말한다. 조금은 자기 자신을 사랑하고 자기 자신과 사이좋게 지낼 필요가 있다고. 무슨 일이든 최초의 태도에 따르기 때문이다. 어느 옛 저자(著者)가 말했다. 어떤 사건에도 두 개의 손잡이가 있는데, 쥐면 다치는 쪽 손잡이를 택하는 것은 지혜롭지 못하다고. 세상 일반사에서 철학자라는 사람은 어떠한 경우에도 가장 좋은 언설(言說)로 사람의 마음을 북돋아주는 사람들이다. 즉 핵심을 보여준다는 말이다. 이런 언설들은 자기를 변명하지만, 자기를 고소(告訴)하지는 않는다. 우리들은 모두 설득력이 아주 뛰어난 변호인이므로 이 길을 택하기만 하면 훌륭하게 만족할 이유를 발견할 수 있을 것이다. 내가 이따금 관찰한 바로는 사람들이 자기 일에 대해 불평하는 까닭은 게으름에서, 또는 얼마쯤은 예의 때문이기도 하다. 만일 그들이 마지못해 하고 있는 일에 대해서가 아니라, 자진해서 하는 일 또는 자기가 생각해 낸 일에 대해 말하게 만든다면, 그들은 금방 시인(詩人)이 된다. 그것도 명랑한 시인이 된다.

가랑비가 내리고 있다고 치자. 당신은 밖에 있다. 우산을 편다. 그로써 충분하다. '기분 나쁘게 또 비가 오네.' 이런 말을 한다고 해서 무슨 도움이 되겠는가. 빗방울이나 구름이나 바람에 대해 아무 말도 하지 못한다. 그런 말을 할 바에야 차라리 '그 비 참 잘 온다'라고 왜 말 못하는가. 당신이 하는 말을 내가 듣는다. 들었다고 해도 빗방울에게 아무 일도 하지 못한다. 그건 사실이다. 그러나 그렇게 말하는 편이 당신에게 좋다. 아마 몸에 기운이 생겨서 정말로 몸이 따뜻해질 것이다. 아주 사소한 기쁨의 충동이라도 이런 효과가 있는 법이다. 그렇게 하면 비를 맞아도 감기가 들지 않는다. 그러니 사람도 비처럼 바라보면 된다. 그건 쉬운 일이 아니라고 말할는지 모르겠지만, 아주 쉬운 일이다. 비에 대해서 보다도 훨씬 더 쉬울 정도이다. 왜냐하면 비에게는 미소가 소용없지만 사람들에게는 미소가 크게 도움이 되기 때문이다. 미소 짓는 흉내만 내 보여도 벌써 사람들의 슬픔이나 고민은 약해진다. 만약 사람들의 슬픔이나 고민의 구실을 쉽사리 발견해 주겠다는 계산없이 당신이 당신 자신의 내부를 바라본다면 그렇다. 마르쿠스 아우렐리우스는 아침마다 이렇게 말했다. '자, 오늘은 거만한 자들과 거짓말쟁이들, 부정한 자들, 성가신 수다쟁이들을 만나러 가자. 이 사람들은 그들의 이러한 서투름 때문에 그 자리에 있으니까.'

1907년 11월 4일

64 흥분

전쟁에 대해서도 사정은 정념에 대해서와 마찬가지다. 분노의 발작은, 대립되는 이해나 적대, 원한 같은 것으로는 절대로 설명하지 못한다. 그것은 분노의 발작을 정당화하려고 사람이 생각해 낸 원인에 지나지 않는다. 편리한 상황이라는 것이 있다면 비극을 막을 수가 있다. 이따금 논쟁, 싸움, 살인 같은 일들이 우연히 생기기도 한다. 도저히 싸움을 피할 수 없을 성싶은 같은 집단 속의 두 사람이, 어떤 커다란 이익 때문에 오랫동안 꽤 멀리 떨어진 두 도시에서 서로 헤어져 살게 되었다고 가정해 보라. 이런 간단한 처리로써 평화가 이루어진다. 이성(理性)으로는 도저히 이런 평화를 성립시킬 수 없을 것이다. 모든 정념은 기회의 딸이다. 두 사람이 하숙인과 문지기처럼 날마다 얼굴을 맞댈 경우에, 처음 두 사람을 어우러지게 한 좋은 동기가 이번에는 나쁜 동기가 되고, 짜증이나 노여움에서 비롯된 몸놀림이 이번에는 더 심한 짜증이나 노여움을 느끼는 동기가 된다. 이리하여 곧잘 처음의 원인과 마지막의 결과 사이엔 터무니없는 불균형이 생긴다.

아이가 울거나 소리를 지르거나 할 때는, 스스로는 꿈에도 생각지 못했던 순전한 신체적 현상이 생긴다. 부모나 선생들은 그 점에 신경을 써야 한다. 고함 소리는 아이 자신에게 고통을 주고 더욱더 신경질이 나게 한다. 위협하거나 호통치거나 하면 결과는 더욱 나빠진다. 노여움을 기르는 것은 노여움 그 자체이다. 그러므로 그런 때는 어루만져 준다든가 눈앞을 바꾸어 준다든가 해서, 몸을 놀리게 하는 행동이 필요하다. 이런 경우에 어머니의 사랑은 아이를 안고 거닐거나 어루만지거나 조용히 흔들어 주거나 해서 거의 틀림없는 지혜를 보여준다. 사람들은 경련을 마사지로 고친다. 그런데 아이들의 신경질이든 누구의 신경질이든 그것은 반드시 근육이 경련을 일으킨 상태이므로 옛 사람들이 말했듯이 체조와 음악으로 치료해야 한다. 그러나 분노의 발작이 일어나 있을 때는, 아무리 훌륭한 의론(議論)이라도 전혀 소용이 없다. 때때로 해롭기조차 하다. 분노를 자극하는 모든 요소들을 상상력으로 하여금 생각나게 만들기 때문이다.

이러한 고찰은 어째서 전쟁이 언제나 무서운가, 또 언제든지 피할 수 있는가를 이해하는 데 도움이 된다. 언제나 두려운 것은 흥분이 생기는 것에서 비롯된다. 흥분이 퍼져나간다면 아무리 하찮은 이유라도 전쟁이 일어날 것이다. 만약 흥분이 조금도 섞여들지 않는다면 이유야 어찌되었든 전쟁은 언제든지 피할 수 있다. 시민들은 아주 간단한 이 법칙을 주의깊게 살펴봐야 한다. 그들은 의기 소침해서 이렇게 중얼거린다. '나처럼 빈약한 놈이 유럽의 평화를 위해 뭘 할 수 있단 말인가. 새로운 분쟁의 원인이 쉴 새 없이 생긴다. 날이 갈수록 풀기 어려운 문제가 떠오른다. 이쪽에서 한 문제를 해결하면 저쪽에서 또 하나의 위기가 나타난다. 얽힌 실처럼 풀려고 하면 점점 더 얽힐 뿐이다. 운명의 필연에 맡겨 두는 수밖에 없지.' 그렇다. 그러나 수많은 실례가 보여 주듯이, 운명의 필연은 전쟁의 길로 가지는 않는다. 나는 브르타뉴의 바닷가를 영국의 공격에 대비해서 방비한 것을 본 적이 있다. 그러나 불길한 예언자들의 예언이 있었음에도 그 방면에서는 전혀 전쟁이 일어나지 않았다. 진짜 위험은 흥분이나 열광이다. 거기에서는 누구나 자기가 국왕이고 자신의 격정을 지배한다. 이 절대적인 권력의 행사를 많은 시민들은 배워야 한다. 현자 솔로몬이 말했듯이 먼저 행복해야 한다. 행복이란 평화에서 생기는 열매가 아니라 평화 그 자체이기 때문이다.

1913년 5월 3일

65 에픽테토스

'그릇된 의견, 그 불행을 없애라.' 에픽테토스는 이렇게 말하고 있다. 오랫동안 레종 도뇌르 훈장을 기다렸는데도 여지껏 받지 못해서 그 훈장을 생각하느라 밤잠을 못 자는 사람에게는 이 충고가 도움이 된다. 이 사람은 한 조각의 붉은 리본에 지나치게 큰 힘을 부여하고 있는 것이다. 이것을 있는 그대로, 즉 사소한 비단 천, 사소한 붉은 빛의 사물이라고 생각하는 사람이라면 그런 것 때문에 마음을 쓰지는 않는다. 에픽테토스에 대해서는 거친 예가 많이 있다. 이 친절한 친구는 우리들의 어깨를 붙잡고 말한다. '자네가 슬픈 이유는 원형극장에서 바라던 자리, 자기가 앉아야겠다고 생각한 자리를 어젯밤에 잡지 못했기 때문이야. 이리로 오게. 원형극장이 오늘은 비어 있네. 이리와서 이 멋진 돌 좌석을 한 번 만져 보게. 앉을 수도 있다네.' 어떤 공포에 대해서도 어떤 횡포한 감정에 대해서도 치료법은 이와 마찬가지이다. 어떤 일에든 똑바로 다가가서 그것이 무엇인지를 있는 그대로 볼 필요가 있다.

이 에픽테토스가 배를 탄 손님에게 말하고 있다. '자넨 마치 이 바다를 깡그리 삼켜 버려야 할 것처럼 이 태풍을 두려워하고 있네그려. 그러나 여보게, 물에 빠져 죽으려면 물 5홉만 있어도 충분하다네.' 그는 무서운 풍랑이 진짜 위험을 잘 보여 주지 못하고 있다고 확신했다. 흔히 사람들은 이렇게 말하기도 하고 생각하기도 한다―'성난 바다 물결의 심연에서 나는 거친 소리가 습격의 징조를 보이고 있다.' 이것은 진실이 아니다. 무게에 의한 동요, 조류(潮流), 그리고 바람이다. 나쁜 운명 같은 것이 아니고, 당신을 죽이는 것은 이런 소리나 운동이 아니다. 숙명 같은 것도 아니다. 난파당하더라도 구제되는 수가 있고, 잔잔한 수면에서 빠져죽는 수도 있다. 참다운 문제는, 머리를 물 밖으로 내밀 수 있느냐 없느냐이다. 나는 이런 이야기를 들은 적이 있다. 숙련된 뱃사람이 암초에 접근했을 때 눈을 감고 작은 배 안에 그대로 누워 있었다는 것이다. 예전에 경험으로 사람들에게서 들은 말이 그들을 죽인 셈이다. 그들의 시체는 바닷가로 떠밀려 올라가서 그릇된 의견의 증거가 되었다. 다만 바위나 조류나 역조(逆潮) 등 서로 결합된 몇 가지의 힘, 완전하게 설명할 수 있는 몇 가지 힘의 요소를 생각할 수 있는 사람이라면 모든 공포에서 벗어나고, 또한 마침내는 모든 불행에서 벗어날 수 있을 것이다. 사람은 조종을 할 때, 한 번에 한 가지 위험만 보게 마련이다. 숙련된 결투자는 조금도 겁을 내지 않는다. 자기가 하는 행동과 상대가 하는 행동을 똑똑하게 보기 때문이다. 그러나 만일 운명에다 몸을 맡긴다면 그를 노리고 있던 불길한 시선이 칼보다도 먼저 그를 찔러 죽이므로, 이런 공포는 불행보다도 더 나쁘다.

신장결석으로 외과 의사의 치료를 받는 사람은 배에 구멍이 뚫려서 피가 쏟아져 나오는 것을 상상한다. 그러나 외과 의사는 그렇지 않다. 그는 잘 알고 있다. 세포 하나도 잘라내지 않는다는 것, 단지 약간의 세포를 세포군으로부터 떼어 놓고 거기에 길을 만들려 한다는 것, 피가 조금 흘러서 세포를 적시기는 하겠지만 서투르게 치료를 한 손의 상처만큼도 피가 나지 않는다는 것, 이 모두를 잘 알고 있다. 그는 이 세포들의 진짜 적이 무엇인가를 알고 있다. 그리고 그 적들에 맞서기 위해 세포들은 수술칼에게도 저항할 수 있는 긴장된 세포 조직을 만든다. 그는 세균이라는 이 적들을 생리적 배설의 길을 막는 이 결석(結石)이 옹호하고 있음을 알고 있다. 그는 자기의 외과용 칼이 죽음이 아니라 삶을 가져온다는 사실을 알고 있다. 그는 칼에 슬쩍 베인 상처가 곧 낫듯이, 적을 내쫓기만 하면 모두가 금방 되살아난다는 것을 알고 있다. 환자가 이런 생각을 가지고 그릇된 의견을 제거한다고 해서 결석이 낫지는 않는다. 그러나 적어도 공포는 치유된다.

1910년 12월 10일

66 극기주의

유명한 스토아학파(派)를 세상 사람들은 오해했던 것 같다. 스토아학파들은 오직 참주에게 저항하는 법과, 형벌을 무릅쓰는 방법을 우리들에게 가르쳤을 뿐이라는 식으로 말이다. 나로서는 그들의 남자다운 지혜가 비나 태풍에 대해서도 여러 모로 쓸모가 있으리라고 생각한다. 그들의 사상은 아는 바와 같이 견딜 수 없는 감정으로부터 몸을 분리시켜서 그 몸을 물체처럼 보는 것에 있었다. '당신은 사물이다. 당신은 나와 상관이 없다.'라고 말하면서. 이와 반대로 임금처럼 유연하게 의자에 앉아서 사는 방법을 모르는 사람들은 '멀리서 태풍이 오는 성싶다. 기다려지면서도 마음이 우울하다. 차라리 천둥이나 울렸으면' 하고 태풍을 자신의 내부로 넣어 버린다. 사고(思考)라는 여유를 가진 동물다운 생활 방법이다. 마치 식물이 볕에서 시들고 그늘에서 되살아나듯이 동물은 앞으로 다가올 태풍에 의해 완전히 상태가 변한다. 그러나 동물은 그것에 대해서 잘 알고 있지는 않다. 사람이 반쯤 잠든 상태에 있을 때는 즐거운지 슬픈지 모르는 것과 마찬가지다. 이런 마비 상태는 사람에게도 편리하다. 가장 큰 고통 속에 있을 때라도 언제나 마음을 쉬게 해 주니까. 하기야 불행한 본인이 완전히 긴장을 풀 경우에 한해서이기는 하다. 나는 말 그대로의 의미로서 긴장을 말하고 있다. 손발이 충분히 안정되고 모든 근육이 풀어져 있어야 한다.

손발을 함께 쉬게 하는 한 가지 방법이 있다. 그것은 내부로부터의 마사지 같은 분노, 불면, 불안 등의 원인인 경련과는 정반대의 방법이다. 잠 못 자는 사람들에게는 '축 늘어진 고양이 같은 자세를 취하라'고 말해 주고 싶다.

지금 만약 에피쿠로스주의에 근거한 덕(德)의 고갱이인 이 고양이의 동물 본성에 충실한 수준으로 내려갈 수 없으면, 차라리 그때엔 세차게 떨쳐 일어나 스토아학파가 주장하는 덕의 수준으로까지 뛰어올라야 한다. 둘 중 어느 것이라도 좋으나 어중간한 것은 소용없기 때문이다. 태풍이나 빗속으로 뛰어들 수 없으면 그때엔 태풍이나 비를 밀어젖혀 몸을 떼고는 이렇게 말해야 한다. '이건 비나 태풍이지 내가 아니니까'라고. 부당한 비난이나 속임수, 질투와 맞설 때는 맹렬한 반동이 분명히 더 어렵다. 이런 고약한 상대들은 우리들에게 달라붙어서 떨어지지 않는다. 그러나 그래도 끝에 가서는 과감하게 이렇게 말해야 한다. '그렇게 속았으니 내 마음이 슬픈 건 이상할 게 조금도 없어. 비나 바람처럼 자연스러운 일이야.'

그런데 이런 충고는 감정에 치우친 사람들을 신경질나게 만든다. 그들은 스스로 자기에게 짐을 지우고 자기를 구속해 자기의 고통을 끌어안는다. 말하자면 아이들이 바보처럼 울부짖다가 자기가 그런 바보임을 알아채고 그 바람에 더 화가 나서 울어 대는 것과 같다. 이런 아이는 자기 자신에게 '뭐 이래. 아이가 울고 있을 뿐이잖아.' 이렇게라도 말하면 구제될 수 있지만 아직 어리기 때문에 사는 방식을 알지 못한다. 그리고 대부분 사는 방법을 알고 있는 사람은 거의 없다. 내 생각으로는 행복해지는 비결 가운데 하나는 자기 자신의 불쾌함에 무관심해야 한다는 것이다. 무관심하게 대한다면 불쾌함은 개가 개집으로 돌아가듯이 동물에게만 있는 생명력 속으로 돌아가는 법이다. 내 의견으로는 이것이 바로 참다운 도덕을 가르치는 가장 중요한 장(章) 가운데 하나이다. 자기의 과실, 회한, 반성에서 비롯되는 모든 비참함으로부터 몸을 떼야 한다.

'이 분노는 제멋대로 사라지고 싶을 때 사라져 가겠지.' 이렇게라도 말하면 된다. 그러면 어른들이 듣지 못하는 곳에서 울다가 제바람에 울음을 그치는 아이들처럼 노여움도 곧 어디론가 사라질 것이다.

머리가 좋았던 조르주 상드는 이런 훌륭한 정신을 《콩쉬엘로》 속에서 잘 나타내었다. 이 책은 그리 널리 읽히지 않았지만 훌륭한 작품이다.

1913년 8월 31일

67 너 자신을 알라

나는 어제 이런 광고를 읽었다. 〈위대한 비결. 인생에 성공하고 인심을 움직여서 이를 유리하게 사용하는 확실한 방법. 누구나가 지니고 있는 생명의 샘. 단 그 사용법을 아는 분은 고명한 선생뿐. 10프랑으로 전수(傳授)함. 앞으로 사업에 성공 못한 자는 그 10프랑을 치르지 못한 사람뿐일 것이다. 운운〉 이 몇 줄을 박은 신문사가 공짜 광고를 실을 까닭이 없으니까 이 고마운 '생명의 샘'의 상인인 성공술 선생에게는 손님이 있는 모양이다.

이런 생각을 하다가 문득 떠올랐다. 이 선생은 틀림없이 본인이 생각하는 이상으로 용한지도 모른다. 생명의 샘은 그만두고라도 이 밖에 그는 무엇을 하는 것일까? 만약 그가 사람들에게 조금이라도 확신을 준다면 그것만으로도 대단하다. 그것만으로도 그의 손님들은 여태까지는 아무리 노력해도 태산처럼 끄떡도 않던 사소한 어려움들을 이길 수 있을 것이다. 소심은 큰 걸림돌이자 유일한 걸림돌일 때가 적지 않다.

그러나 그뿐만이 아니다. 내가 보는 바로는 그는 아마 자기도 모르게 손님들을 주의, 반성, 질서, 방법이라는 방향으로 이끌어가고 있는지도 모른다. 생명의 샘을 방사(放射)할 경우에는 반드시 누군가, 또는 무엇인가를 환자로 하여금 강렬하게 상상하도록 만든다. 내가 추정하는 바로는, 그 선생은 환자가 주의를 집중할 수 있게끔 조금씩 유도하는 것 같다. 단지 그렇게 집중력 쪽으로 유도만 하면 그는 돈을 벌 수 있었다. 첫째로 사람들은 이 방법에 따라서 자기 자신에 대한 것, 자기의 과거, 자기의 실패, 자기의 피로, 자기의 위장(胃腸) 상태 같은 것을 생각하지 않게 된다. 그렇게 하면 곧 그때까지 순간순간으로 늘어나던 무거운 짐으로부터 해방된다. 얼마나 많은 사람들이 생명을 낭비했던가. 둘째로 그들은 자기의 바람과 주위나 사람들에 대한 바람을 진지하게, 또 분명하게 생각할 수 있게 된다. 흔히 꿈 속에서처럼 모든 일들을 한데 뒤섞어 버리거나, 밑도 끝도 없이 생각하거나 하지 않게 된다. 그런 뒤에 성공이 찾아온다면 그다지 놀랄 일이 못된다. 다행히도 이 선생에게 우연성이 작용하는 수도 있겠으나, 그것은 지금 문제삼지 않겠다. 반대로 불운이 작용하는 우연도 있을 테니까. 일반적으로 누구나 자기에게 적(敵)이 있다고 생각한다. 그러나 그렇게 생각하고 있을 뿐이다. 사람이란 그런 식으로는 만들어지지 않았다. 오히려 사람은 적을 길러 내는 경우가 보통이다. 그것도 같은 편을 길러 내는 것보다 더 정성껏 길러 낸다. 저 사람은 나에게 악의를 품고 있다고 당신은 생각하고 있다. 그쪽에서는 그런 일을 오래 전에 잊어버리고 있을 텐데, 당신 쪽에서는 조금도 잊지 않고 있다. 다만 당신이 자신의 기분을 얼굴에 나타내기 때문에 그는 자기의 의무를 생각할 수밖에 없다. 사람에게는 자기 자신 말고는 적이라고 할 만한 것이 없다. 사람은 자기의 그릇된 판단이나 쓸모없는 걱정, 절망, 맥빠지게 하는 의견 등으로 말미암아 자기가 자기 자신에게 언제나 가장 큰 적이 된다. 어떤 사람에게 다만 '당신의 운명은 당신에게 달려 있다'고 말한다면, 그 말만으로 충분히 10프랑의 가치가 있는 충고이다. 게다가 덤으로 생명의 샘까지 붙어 있다.

소크라테스의 시대에는 두루 아는 바와 같이 아폴론의 계시를 받아 와서 모든 일에 조언을 하는 일종의 무녀가 델포이에 있었다. 그러나 신은 생명의 샘의 상인보다는 정직했으므로 그 비결을 신전의 정면 벽에 기록했다. 그러므로 사람들이 사태가 자기에게 유리한지 불리한지를 알고자 운명의 앞날을 물으러 가면, 신전 안에 들어가기 전에 모든 사람에게 도움이 되는 다음과 같은 심원한 신탁을 읽을 수 있게 되어 있었다. '모든 일을 견뎌라.'

1909년 10월 23일

68 낙관주의

길을 잘못 알고 어느 밭으로 들어가 버린 순진한 여학생들이 누군가가 오는 것을 보고 몹시 걱정이 되어 이렇게 말했다. '제발 밭 주인이 아니었으면.' 나는 이 이야기를 하나의 예라기보다도 어리석음의 본보기라고 말하겠는데, 이 본보기를 인간적으로 이해하기 이전에 여러 차례 살펴봤다. 이 이야기는 확실히 혼란스럽다. 그러나 여학생들의 생각보다도 말이 더 혼란스럽다. 생각하기보다 말하기를 먼저 배운 우리들에게는 이런 일이 일어나기 쉽다.

이 일화가 생각난 것은 매우 교양이 있는 어떤 사람이 이 조작된 낙관주의, 맹목적인 기대, 자기 기만에 발을 구르며 대놓고 반대하고 있을 때였다. 그는 알랭에 대해서 말하고 있었다. 즉 소박해서 거의 야만인에 가까운 이 알랭이라는 철학자는 아주 뚜렷한 증거가 있는데도 다음과 같이 무책임하게 생각하려 한다고 열을 올리고 있었다. '사람이라는 존재는 기꺼이 성실하고 겸손하며 도리를 잘 분간할 줄 알고 애정이 풍부하다. 평화와 정의는 손에 손을 잡고 우리들에게로 찾아온다. 무인(武人)의 덕이 전쟁을 없애고, 선거인은 가장 훌륭한 사람들, 그리고 신앙가 같은 어울리는 사람을 뽑을 것이다.' 이 말에 열을 올린 사람의 마음은, 산책을 나가던 사람이 현관 문턱에서 '이렇게 구름이 많이 끼었으니 어디 산책이 되겠나. 비나 오지 말았으면 좋으련만' 하고 말하는 사람과 같은데, 이 사람은 사실 그럴 바에야 아예 구름이 더 짙게 끼어서 우산을 가져가기를 마음속으로 바라는 것이다. 이것이 그의 빈정대는 방식이고, 나는 또 그 말을 웃어 넘겼다. 그가 말하는 이치는 겉으로는 아주 훌륭하게 보이지만 사실은 두께 없는 무대 배경을 꾸미는 그림에 지나지 않았고, 이미 나는 생명력 있는 전원풍의 우리 집 벽을 내 손으로 만지고 있었기 때문이다.

미래는 저절로 생기는 미래와 자기가 만드는 미래의 두 가지가 있다. 참다운 미래는 이 양쪽에서 성립한다. 태풍이나 일식(日蝕) 같은 저절로 생길 미래에 대해서는 기대해 봤자 아무 소용도 없다. 알아 둘 것은 냉정한 눈으로 볼 필요가 있다. 안경알을 닦듯이 눈 위의 정념의 길을 닦아야 한다. 나는 그렇게 하기를 기대한다. 우리들이 결코 바꾸어 놓을 수 없는 하늘의 일들은, 지혜의 대부분을 이루는 체념의 정신과 기하학에 근거한 정신을 우리들에게 가르쳤다. 그러나 지상의 일에서는 부지런한 인간들이 얼마나 많이 바꾸어 놓았는가. 불, 보리, 배, 훈련된 개, 길들여진 말—만약 지식이 기대를 죽여 버렸다면 사람은 절대로 이런 것들을 만들어 내지는 않았을 것이다.

특히 믿음이 중요한 작용을 하는 인간 사회 그 자체에서는 나 자신이 다른 사람을 믿지 않는다면 다른 사람도 나를 믿지 않는다. 자기가 쓰러질 것 같다고 생각하면 쓰러지고 만다. 아무것도 못한다고 생각하면 정말로 아무것도 못한다. 기대에 속겠구나 하는 생각을 하면 정말로 기대에 속는 법이다. 이 점에 주의해야 한다. 내 스스로가 내 안에 좋은 날씨나 태풍을 만들고 자기 주위와 인간의 세계도 만들어 낸다. 절망은, 희망도 그렇지만 구름이 바뀌는 것보다도 더 빨리 사람에서 사람으로 옮아가기 때문이다. 만약 내가 믿으면 그는 정직해지고, 비난하면 그는 내것을 훔친다. 사람은 모두 이쪽의 태도에 달려 있다. 기대는 평화나 정의와 마찬가지로 사람이 만들고자 하는 것을 근거로 삼아 그 위에 쌓아 올려 만들어지기 때문에 의지를 통해서만 보존되는 것임을 잘 생각해 두기 바란다. 이와 달리 절망은 현재 있는 힘을 통해 성립되어서 자기 자신의 손에 의해 묻힌다. 이렇게 깨닫게 되므로 비로소 종교에서 구출해야 할 것, 그리고 종교가 잃은 것을 구출하고, 나는 아름다운 희망을 기대한다.

1913년 1월 28일

69 푸는 것

어떤 이가 어제 나를 한 마디로 비평하여 '구제할 수 없는 불치병 환자'라고 말했다. 확실히 그는 나쁜 뜻으로, 내가 타고난 행복한 사람이라고 말하려 했다. 그러나 고마운 환상은 결코 가치로서 통용된 예가 없다. 환상이란 실제 존재를 기대하는 존재와 혼동하는 것이다. 만일 사람들이 자기의 생각대로 행동하지 않는다면 염세주의가 참된 사고방식이 된다. 왜냐하면 인사(人事)의 흐름은 내버려 두면 금방 나빠지는 것이기 때문이다. 예를 들어 자신의 불쾌함에 몸을 맡기면 이윽고 불행해지며 심술꾸러기가 된다. 이것은 우리들의 몸의 구조상 어쩔 수 없는 이치이다. 우리들의 몸은 스스로 감시나 지배를 하지 않게 되면 당장 나쁜 쪽으로 향하게끔 만들어져 있다. 아이들의 모임을 보라. 규칙적인 놀이라도 하지 않으면 금방 엉망진창으로 난폭한 짓을 한다. 여기에서 자극은 곧 흥분이 된다는 생물학에 근거한 법칙을 볼 수 있다. 시험삼아 조그만 아이와 손을 치는 놀이를 해보라. 아이는 이윽고 그 행동 자체에서 생기는 하나의 광기를 가지고 놀이에 열중할 것이다. 또 한 가지, 어린 소년에게 말을 시켜 보라. 조금이라도 좋으니까 칭찬을 해줘 보라. 그애는 수줍음을 뛰어 넘자마자 괴상한 말을 하기 시작한다. 이 교훈에는 당신 자신이 얼굴을 붉힐 것이다. 그것은 모든 사람에게 좋은 교훈이자 쓰디쓴 교훈이기 때문이다. 누구나 무작정 지껄이다 보면 곧 바보 같은 소리를 하게 되고 그 다음에는 자신의 성질을 저주하고 자기 자신에게 절망하게 된다. 이 점으로 미루어 흥분된 군중을 상상해 보라. 정말 어리석은 행동은 물론이요, 엄청난 해악을 저지를 것이다. 이 점은 당신도 틀림없이 인정한다.

그러나 해악의 원인부터 알고 있는 사람은 결코 저주하지 않고 절대로 절망하지 않는 비결을 배울 것이다. 어떤 종류의 일이든지 처음부터 잘되지는 않는다. 육체적인 훈련으로 단련되지 않은 몸은 금방 말을 듣지 않게 되어서, 그림이나 검도, 승마나 회화 등 뭐든지 제대로 잘 되지 않는 경우가 보통이다. 이것은 정말로 놀랄 정도이다. 비관주의도 무리가 아니라는 생각이 든다. 그러나 사물은 원인부터 이해해야 한다. 이 경우에 생각해야 할 요긴한 점은 모든 근육 사이의 연계성이다. 하나의 근육이 움직이기 시작하면 처음으로 이 근육에 협력하는 근육뿐만 아니라 다른 모든 근육을 일깨우게끔 근육과 근육은 연계되어 있다. 서투른 사람은 아무리 조그마한 운동에도 몸 전체의 무게를 실어 버린다. 그리고 예컨대 못 하나를 치더라도 처음에는 누구나 서투르기 마련이다. 그러나 연습을 통해 얻게 되는 솜씨에는 한계라는 것이 없다. 모든 기예(技藝), 모든 직업이 이 점을 증명한다. 그리고 몸짓의 발자취에 지나지 않는 민그림, 그것이 아름다운 사생화라면 무엇보다도 더 뚜렷한 증거가 된다. 이 사생화가 아름다운 까닭은 무게를 감지하고 있는 성급하고 흥분된 손이, 그리고 몸 전체가 실려 있는 손이 놀랍게도 그렇게나 가볍고 조심스러우며 부드러운 선을 그릴 수 있다. 동시에 이 선은 판단과 대상에 복종하고 있다. 그리고 고함을 질러서 목을 상하게 만드는 바로 그 사람이 노래를 부르기도 하는 것이다. 성대(聲帶)라는 굳게 결합된 근육의 뭉치, 떨리어 마지않는 근육의 뭉치, 누구나가 이것을 부모로부터 이어받고 있기 때문이다. 필요한 것은 푸는 것인데, 이것은 쉽사리 되지 않는다. 누구나 알고 있듯이 노여움과 절망이 쓰러뜨려야 할 첫 번째 적이다. 믿고 기대하며 미소 지으면서 함께 일해야 한다. 이런 까닭에 인간의 상태는 흔들림이나 굽힘이 없는 낙관주의를 규칙 중의 규칙으로서 채택하지 않으면 머잖아 가장 어두운 비관주의가 진실이 되게 만들어져 있다.

1921년 12월 27일

기차를 타려고 하면 반드시 다음과 같은 말로 이야기를 걸어 오는 사람들이 있기 마련이다. 'X시가 돼야 도착하겠군요. 이번 기차 여행은 아주 지루한 여행이 되겠는데요!' 곤란한 점은, 그들이 그렇게 믿고 있다는 점이다.

이 점에서는 '그릇된 판단을 없애라. 그러면 해악을 없애는 것이 된다'고 말한 스토아주의자 에픽테토스 쪽이 열 배나 옳을 것이다. 그러나 관점만 바꾼다면 기차 여행도 아주 생생한 즐거움의 하나라고 생각할 수 있게 된다. 지금 예컨대 어떤 커다란 수레바퀴가 있어서 그 바퀴의 중심 가운데 일부가 저 지평선이라면, 그래서 그 지평선 위로 하늘과 땅의 빛깔과 지나쳐 달아나 버리는 사물들의 전경화(全景畫)가 펼쳐진다면, 그런 광경이 눈에 들어온다면 누구든지 좀 더 빨리 보아 둘 걸 그랬다고 생각할 것이다. 게다가 만일 발명가가 기차의 진동이나 여행에 따르는 모든 소리들까지 그 전경화와 함께 다시 구현해 준다면 그 전경화는 더욱더 아름답게 보일 것이다.

그런데 지금 말한 이 놀랍고도 신기한 일은 모두 기차를 타기만 하면 당장에라도 공짜로 손에 들어온다. 그렇다, 공짜로 말이다. 왜냐하면 당신이 치른 대가는 찻삯이지 골짜기나 강이나 산을 보기 위한 요금은 아니기 때문이다. 인생에는 이런 생생한 즐거움이 얼마든지 있다. 더구나 한 푼도 들지 않는데도 모두 그것을 충분히 즐기고 있지 않다. '눈을 뜨라. 즐거움을 얻으라'라고 말하기 위해 모든 나라의 말로 곳곳에 광고를 써붙여야 한다.

여기에 당신은 이렇게 대답한다.

'나는 여행자이지 구경꾼이 아니다. 중요한 볼일 때문에 되도록 빨리 여기 저기 뛰어다녀야 한다. 나는 그 일만 생각하고 있다. 시간과 차바퀴의 회전만을 세고 있다. 기차가 멎거나 태평한 종업원이 느릿느릿 짐을 밀고 있는 것이 신경에 거슬려 죽을 지경이다. 나는 내 여행용 가방을 머릿속에서 밀고 있다. 나는 기차도 민다. 시간도 민다. 자넨 이걸 어리석은 노릇이라고 말하겠지만, 나는 사람이 조금이라도 혈기가 있는 한은 이것이 당연하며 어쩔 수 없는 것이라고 생각한다.'

물론 혈기가 있는 것이 나쁘다는 말은 아니다. 그러나 이 지상에서 승리를 얻은 동물은 가장 성을 잘 내는 동물이 아니다. 승리한 동물은 분별을 하는 동물, 정념을 적당한 때를 위해 간직해 두는 동물이다. 그러니까 무서운 검객이란 발로 바닥을 구르며 어디로 가는지도 모르고 떠나가는 그런 사람이 아니다. 길이 트이기를 기다렸다가 제비처럼 번개같이 그곳을 빠져나가는 냉정한 사람이다. 마찬가지로 행동하는 법을 배우고 싶다면 기차 같은 것을 밀어서는 안 된다. 기차는 당신이 밀지 않아도 가는 것이므로. 우주 전체를 한꺼번에 한순간에서 다음 순간으로 옮기는 그 당당하고 침착한 시간을 밀어서는 안 된다. 사물은 당신이 퍼뜩 보아 주기만 하면 당신을 태워서 옮겨다 준다. 자기 자신에게 친절한 친구가 되는 법을 배워야 한다.

1910년 12월 11일

71 친절

'다른 사람에게 만족한다는 것이 얼마나 어려운가!' 라 브뤼에르의 이 신랄한 말만으로 일찌감치 주의를 해야 한다. 왜냐하면 상식으로 보면 누구나 사회 생활의 실제 조건에 어우러져 있어서 보통 사람들을 비난하는 행위는 좋지 않기 때문이다. 그런 비난을 하는 사람은 염세주의자처럼 어리석다. 그래서 나는 원인을 찾거나 탓하지 않는다. 마치 내가 관람료를 내고 그 극 속의 인물이 즐겁게 해주기를 기대하는 관객이 되었을 때처럼, 나 자신이 주위 사람들을 그렇게 뚫어져라 처다본다고 생각한다. 그러나 그 반대로, 나는 이 어려운 인생의 일상생활을 마음에 떠올리면서 미리 가장 나쁜 경우를 생각한다. 눈앞에서 이야기하고 있는 상대는 위가 나쁘든가 두통이라도 앓고 있겠지 하고 생각한다. 아니면 돈 걱정이 있든가 부부싸움이라도 했겠지 하고 상상한다. 나는 혼자 중얼거린다—낌새가 이상야릇한 하늘, 잿빛과 푸른 빛이 뒤섞인 3월의 하늘, 희고 엷은 햇살과 매서운 된바람이라고. 그런데 나에게는 털외투와 우산이 있다.

좋다, 그러나 이에 대해서는 다음의 점을 생각하는 편이 더 낫다. 사람의 불안정한 육체는 조금만 건드려도 벌벌 떨고 걸핏하면 움츠러드는데, 그러면서도 사소한 일로 흥분하며 자세나 피로, 외계의 작용에 따라 몸짓을 바꾸고 말씨를 바꾼다. 그런데 원칙적으로는 바로 이런 인간의 육체가 안정된 감정이나 존경의 마음, 즐거운 화제 등을 축복의 꽃다발처럼 나에게 가져온다. 나는 그 축복을 요구할 권리가 있을 것 같은 생각이 든다. 그런데 나는 다른 사람에게서는 이렇게 주의를 기울이지만 자신에게는 거의 주의를 기울이지 않는다. 햇빛이나 바람이 내 얼굴을 마음대로 꾸며놓으려 해도 나는 기계적인 몸짓이나 찌푸린 눈살을 하여 무시한다. 이렇게 해서, 내가 다른 사람에게서 발견하고는 깜짝 놀라는 모양새를 다른 사람에게 내놓는다. 말하자면 이 사람은 정신이라는 짐을 짊어진 동물인데, 사람은 이 동물을 언제나 지나치게 높게 평가하는가 하면 또 너무 심하게 깎아내린다. 이 동물은 한 가지를 다른 사람에게 알리는 데도 열 가지를 알리지 않고는 잘되지 않고, 아니 그보다도 어느 것을 택해야 할지 몰라서 몸 전체로 신호를 보내거나 한다. 나는 그 복잡함 속에서 금을 캐는 일을 하는 사람처럼 자갈이나 모래를 쳐내고 아무리 작은 금모래라도 가려내야 한다. 찾는 것이 나의 임무다. 남의 말을 체로 쳐서 골라내듯이 제 말을 체로 쳐서 골라내는 사람은 아무도 없다. 그래서 이런 경우 나는 예의에 따라 행동한다. 아니 그 이상이다. 나는 여기서 그다지 사람들이 기대한 예가 없는 또 한 가지 효과를 지적한다. 그것은 친절인데, 이 친절은 무장을 하고 살기등등해서 전진하는 소심한 사람의 마음을 당장에 풀어버린다. 요컨대 구름처럼 이쪽에서 저쪽으로 왔다갔다하는 이 두 기분 중에서 한쪽이 먼저 미소를 지어야 한다. 당신이 먼저 미소를 짓지 않는다면 당신은 바보에 지나지 않는다.

모든 사람들이 나쁘게 말하는 사람, 나쁘게 여기는 사람만 있는 것이 아닌 것처럼 모든 사람들이 좋게 말하는 사람, 좋게 생각하는 사람만 있는 것도 아니다. 그리고 사람의 본성은 남의 기분을 해치는 일 따위는 조금도 두려워하지 않게끔 만들어져 있다. 용기를 주는 흥분은 소심함의 바로 뒤에 이어져 있기 때문이다. 더욱이 불쾌함을 느끼기 시작하면 사태는 곧 더 나빠진다. 그러나 이런 사항들을 이해했다면 그런 처지에 놓이지 않도록 하는 것이 당신의 해야 할 일이다.

다음과 같은 일은 뜻밖의 경험이 될 테니까 꼭 한 번 해보기 바란다. 다른 사람의 기분을 직접 지배하는 것은 자기 자신의 기분을 지배하는 것보다 훨씬 더 쉽다. 그리고 상대의 기분을 소중하게 여기는 사람은 그렇게 함으로써 자기 자신의 기분을 치료하는 의사가 된다. 대화에서는, 춤에서와 마찬가지로 저마다 상대를 비추는 거울이 되기 때문이다.

1922년 4월 8일

72 험구

만약 축음기가 당신에게 갑자기 욕을 퍼붓기 시작한다면 당신은 웃음을 터뜨리고 말 것이다. 만약 기분이 나빠도 그다지 말을 잘 하지 않는 사람이 있다면, 그리고 그가 자기의 분노를 만족시키기 위해서 욕을 하는 축음기를 틀어 놓았다고 한다면, 어쩌면 기분을 나쁘게 만들지도 모를 그 욕지거리가 자기를 헐뜯는 말이라고 생각하는 사람은 한 사람도 없을 것이다. 그런데 그 욕이 사람 얼굴에서 나왔다면, 그 사람은 헐뜯는 말을 미리 생각했거나 아니면 적어도 그 순간에 잠깐이라도 생각했다고 믿고 싶어한다. 사람의 입으로 아무 생각도 없이 만들어진 말이 거의 언제나 나타내는 것은 정념의 웅변과 일종의 감정들이고, 이런 웅변과 감정이 사람을 속인다.

데카르트가 그의 저작 중에서도 가장 뛰어난, 그러면서도 그다지 읽히지 않는 《정념론》을 썼는데, 이 저작은 우리들의 (육체라는) 기계가 모양이나 규칙적인 습관에 의해 쉽게 생각을 속이는 방법을 설명한 것일 뿐이다. 현재도 사정은 변하지 않았는데, 그것은 다음의 점으로도 알 수 있다. 잔뜩 화가 났을 때, 우리들은 먼저 자기의 육체적 분노와 들어맞는 수많은 사항들을 상상한다. 이 분노는 심하면 심할수록 좋다. 이와 동시에 억양이 거칠고 그럴듯한 말들을 만들어 내서, 이 말들이 명배우의 연기처럼 우리들의 마음을 움직인다. 만일 어떤 다른 사람이 흉내를 내어 화를 내며 우리들에게 말대꾸라도 하는 날에는 그야말로 큰 비극이다. 이런 경우에는 사실상 생각이 말의 뒤를 쫓는 것이지 말에 앞서는 것이 아니다. 연극의 가치는 등장인물들이 자신들이 읽는 대사들을 끊임없이 숙고하는 것에 있다. 그들의 대사는 신탁과 같아서 그들은 그 뜻을 찾는다.

의좋은 부부 사이에도 짜증나는 바람에 무심결에 튀어나온 말이 매우 우습게 되는 경우가 흔히 있다. 이런 무심결에 튀어나온 말의 훌륭한 즉흥성을 즐기는 방법을 배워야 한다. 그런데 대부분의 사람들은 이러한 감정의 자동 작용을 전혀 모른다. 그들은 호메로스의 영웅들처럼 모든 것을 순수하게 해석한다. 그 바람에 상상에서 비롯된 것이라고 불러야 할 증오가 생긴다. 나는 증오를 품은 사람의 확신에 감탄한다. 중재인은 미친 사람처럼 흥분한 증인의 말 따위는 별로 문제삼지 않는다. 그러나 사람은 소송이라도 벌어지게 되는 날에는 곧 자기 자신을 믿는다. 무엇이든지 믿어 버린다. 사람의 잘못 가운데서도 가장 놀랄 만한 잘못의 하나는 오랫동안 숨기고 있던 생각을 노여움이 토해 버리기를 기다린다는 점이다. 그것은 천에 한 번도 참다운 것이 없다. 사람은 자기가 생각하는 바를 말하고 싶으면 냉정하게 자신을 억제해야 한다. 뻔한 이치다. 그럼에도 상대의 분명한 응답을 알고자 하는 유혹이나 흥분이나 초조 때문에 그것을 잊어버린다. 스탕달의 《적과 흑》에서 피라르 신부가 그 사정을 알아차리고 있다. 그는 그의 친구에게 말한다. '나는 기분이 자주 나빠지는 성질이라, 우리가 서로 대화를 나누지 않게 되는지도 모르네.' 이보다 솔직한 말은 없다. 만약 나의 분노가 축음기, 즉 쓸개즙이나 위장이나 목의 탓이라고 한다면, 그리고 내가 그것을 잘 알고 있다고 한다면 그 어설픈 비극 배우가 한창 연설을 늘어놓고 있을 때 휘파람이라도 불 수는 없는 것일까?

전혀 의미가 없는 절규에 지나지 않는 저주는 사람을 손상시키기 위해, 또는 돌이킬 수 없는 말을 하지 않으면서도 노여움을 터뜨리기 위해, 말하자면 본능에 따라 발명되었다고 생각해야 한다. 따라서 혼잡 속에서 고함을 질러 대는 그 마부들은 의식하지 않는 철학자일 것이다. 그러나 이런 공포 속에도 때때로 실탄이 있음을 본다는 사실은 아주 재미있다. 누군가가 나에게 러시아어로 욕을 하더라도 나는 전혀 모른다. 그러나 뜻밖에도 내가 러시아어를 알고 있다고 하면 어떻게 될까? 사실 모든 욕지거리는 횡설수설이다. 이 점을 잘 알아야 한다. 즉 험구에는 이해해야 할 것이 아무것도 없다는 사실을 잘 알아야 한다.

1913년 11월 17일

73 유쾌함

만약에 도덕론을 써야 한다고 하면 나는 유쾌함을 의무의 첫 번째 자리에다 둘 것이다. 슬픔은 위대하고도 아름답다느니, 또 현자(賢者)는 스스로의 무덤을 파면서 죽음에 대해 명상해야 한다느니 하고 우리들에게 가르친 종교가 어떤 흉포한 종교인지 나는 모른다. 열 살 때 나는 수도원에 가본 적이 있다. 거기에서 나는 수도사들이 날마다 조금씩 무덤을 파고 있는 광경을 보았고, 살아 있는 사람들의 교화를 위해서 장의용 제단 위에 꼬박 한 주일이나 주검이 놓여져 있는 광경도 보았다. 이 음산한 광경과 주검의 냄새는 오랫동안 나를 따라다니면서 떠나지를 않았다. 정말 그들은 지나칠 정도로 증명을 세우고

자 바라고 있었다. 나는 언제 무슨 이유로 가톨릭을 떠났는지 이제는 잊어버렸으므로 확실한 말을 할 수가 없다. 그러나 그 뒤부터 나는 이렇게 생각하고 있다. '그것이 인생의 진짜 비밀일 리가 없다.' 나는 나의 모든 존재를 가지고 그 불쌍한 신부들에게 반항했다. 그리고 병에서 회복하듯이 그들의 종교로부터 해방되었다.

그렇지만 영향의 흔적은 남아 있다. 누구에게나 그것은 있다. 우리들은 걸핏하면 아주 하찮은 원인에 대해서도 불평을 한다. 그리고 정말로 고통을 느끼는 처지가 되면 그 고통을 보여 줄 의무라도 있는 듯이 생각한다. 이 점에 대해서 성직자다운 그릇된 판단이 널리 이루어지고 있다. 잘 우는 사람에게는 무엇이든지 허용이 되는 것 같다. 그래서 파놓은 무덤가에서 어떤 비극이 벌어지고 있는가를 잘 보아야 한다. 조사(弔辭)를 외는 사람은 가슴이 멘듯이 말이 막혀 버린다. 옛날 사람 같으면 우리들을 동정하면서 이렇게 생각할 것이다. '이게 뭔가. 이래가지고야 말로써 하는 건 위로가 안 되지 않는가. 인생을 위한 도사(道師)가 아니라 비극 배우의 격박에 더 되는가. 슬픔과 죽음의 선생일 뿐이지.' 그리고 야만적인 '분노의 날'*33에 대해서는 어떻게 생각할까. 거기에서 불리는 찬송가는 비극에 속한 노래로는 받아들이지 않으리라고 생각한다. '왜냐하면' 하고 말할 테지만, '사람을 약하게 만드는 수난의 광경을 방관할 수 있는 때는 자기가 고통을 겪지 않을 때이다. 그것은 그것대로 나에게는 하나의 좋은 가르침이다. 그러나 참다운 고통이 내 몸에 닥칠 때, 나는 이렇게 의무를 다할 따름이다. 남자다운 태도를 취하고 생명을 단단히 붙잡을 것, 적과 직면하는 전사(戰士)처럼 자기의 의지와 생명을 단결시켜서 불행과 맞설 것, 그리고 죽은 사람에 대해서는 될 수 있는 대로 우정과 기쁨을 가지고 이야기할 것, 위와 같은 점이다. 그런데 그들은 하나같이 절망의 눈물에 잠기므로, 만일 죽은 사람들이 이 광경을 본다면 그들이 얼굴을 붉힐 것이다. 그렇다. 사제들의 빈말을 물리친 다음에, 우리들은 의연히 생명을 파악해야 한다. 비극적으로 꾸민 말 때문에 우리들의 마음을 찢어 놓거나 그것을 다른 사람에게까지 전염시켜서 그의 마음을 찢어 놓거나 해서는 안 된다. 그뿐만이 아니라 어떤 일이든지 서로 관계가 있는 것이므로, 인생의 온갖 자질구레한

---

*33 죽은 사람을 위한 미사(레퀴엠)에서 부르는 노래.

재난에 대해서는 더더구나 그 이야기를 하거나 그것을 남에게 보여 주거나 부풀려서는 안 된다. 다른 사람에게도 자신에게도 친절해야 한다. 남을 살리고 자기를 살리는 것, 이것이 참다운 자비이다. 친절이란 기쁨이다. 사랑이란 기쁨이다.

1909년 10월 10일

74 어떤 치료법

입욕이니 식이요법이니 하는 것을 저마다 말하고 난 뒤에 한 사람이 말했다. '나는 두 주일 전부터 마음을 유쾌하게 하는 치료법을 하고 있는데 대단히 좋은 것 같다. 짜증이 날 때가 있는 법인데, 그런 때에 사람들은 무엇을 보든지 나쁘게 말한다. 무엇을 보든지 아름답다든가 좋다고는 말하지 않는다. 다른 사람에 대해서도 자기 자신에 대해서도 그렇다. 생각이 이렇게 돌아가고 있을 때는 마음을 유쾌하게 하는 치료법을 한 번 해봄직하다. 이 치료법은 사람들이 그런 치료법을 하고 있지 않을 때 욕을 하고 싶어지는, 그런 모든 불운이나 하찮은 일에 유쾌한 마음을 쓰는 것이다. 그렇게 하면 마치 언덕길이 다리를 튼튼하게 만드는 것처럼 이런 자질구레한 걱정거리가 매우 유용해진다.'

다른 또 한 사람이 말했다. '세상에는 욕이나 불평을 하기 위해 모이는 따분한 사람들이 있다. 보통 때 사람들은 그들을 피하지만, 마음을 유쾌하게 하는 치료법에서는 반대로 그들을 찾는다. 그들은 실내 체조에 쓰는 용수철 같다. 먼저 가장 작은 것을 당기고 나서 큰 것을 당길 수 있게 된다. 그와 마찬가지로 나는 친구나 아는 사람들의 기분 나쁜 정도에 따라서 세워 놓고 차례차례로 연습한다. 만약 그들이 보통 때보다도 더 기분이 나빠서 사사건건 잔소리를 할라치면 나는 이렇게 생각한다. "이것 참 좋은 시험이다. 내 마음이여 용기를 내라. 자, 저 불만을 더욱더 부채질해 주자."'

또 다른 사람이 말했다. '마음을 유쾌하게 하는 치료법을 위해서는 사람뿐 아니라 물건이라도 좋다. 나쁜 물건을 말하는데, 눌어붙은 스튜, 오래된 빵, 광선, 먼지, 치러야 할 셈, 바닥이 난 지갑, 이런 것도 귀중한 연습의 씨가 된다. 사람들은 권투나 펜싱 때처럼 생각한다. "굉장한 한 방이 오겠구나. 중요한 점은 이것을 피하느냐 정면으로 받느냐 문제다." 보통 때 사람들은 아이들처럼 소리를 지른다. 그리하여 소리 지른 행위가 부끄러워져서 점점 더 크게 소리를 지르게 된다. 그러나 마음을 유쾌하게 하는 치료법을 활용하면 일은 아주 딴판으로 된다. 사람은 기분좋게 샤워를 하듯이 당연한 것으로 받아들인다. 몸을 흔들어 털며 두어 번 어깨를 으쓱한 다음 근육을 주물러서 부드럽게 한다. 근육을 젖은 속옷처럼 차례차례 벗어 던진다. 그러면 생명이라는 세찬 물줄기가 샘물처럼 쏟아져 나온다. 식욕이 늘고, 삶이 세탁되었기 때문에 삶의 느낌이 좋다. 한데 이제 당신들을 이쯤에서 버려두겠다. 당신들은 지금 활짝 핀 모습이 되었으니까. 그리고 마음을 유쾌하게 하는 나의 치료법에 이제 당신들은 더 이상 친절하지 않으니까.'

1911년 9월 24일

75 정신위생

어제 나는 이런저런 의견들을 가지고 있는 어떤 미치광이에 관한 논문을 읽었다. 그런 사람들은 사물들을 늘 같은 각도로만 보기 때문에 결국에는 스스로 박해받았다고 믿게 되어 이윽고 위험해져서 가두어 놓아야 마땅한 사람이 된다. 이것을 읽다가 나는 슬픈 생각에 사로잡혔는데(미치광이를 생각하는 것보다 더 슬픈 것이 또 있을까?) 전에 들은 적이 있는 희한한 답이 문득 떠올랐다. 어떤 현자 앞에서 누군가 어떤 피해망상에 사로잡힌 반미치광이가 더욱이 늘 발에 냉증 증세까지 있었다고 말했다. 그때 현자는 '혈액 순환의 부족과 사고 순환의 부족이 원인'이라고만 말했다. 이 말은 잘 생각해 볼 만한 가치가 있다.

우리들은 누구나 꿈이라든가 우스운 연상처럼 미치광이 생각을 얼마쯤 가지고 있는 것만은 확실하다. 내적인 언어란 다른 무엇보다도 비틀거리며, 또한 발음의 실수 때문에 가끔 우리들을 부조리한 관념 속으로 던져 넣는다. 다만 우리들이 그 생각에 오래 머물러 있지 않을 뿐이다. 정상적인 사람에게는 수많은 작은 날벌레들이 이루는 한 번의 날기처럼 관념들이 끊임없이 변화되고 있다. 그래서 우리들은 자신의 어리석은 행위를 까맣게 잊어버리므로 '무엇을 생각하고 있습니까?' 하는 아주 단순한 질문에 절대로 정확하게는 대답을 못하게 된다. 이런 관념의 순환은 흔히 하찮은 것이나 유치한 것에 다다르는 수가 있다. 그러나 이런 결과는 정신의 건전함 그 자체이다. 그래서 만약 내가 어느 쪽인가를 선택해야 한다면 상식에서 벗어난 행동을 하는 쪽보다는 무관심 쪽을 택하고 싶다.

아이나 어른에게 무엇인가를 가르치는 사람들이 이 점을 충분히 반성한 적이 있는지 어떤지 나는 모른다. 그들의 말을 들어 보면, 잘 다져져 무거워서 움직여지지 않는 관념을 가지는 것이 근본 원리라는 식으로 생각된다. 그들의 턱없는 기억의 연습 덕분에 우리들은 일찍부터 그 일에 익숙해진다. 그리하여 일생 동안 어설픈 시(詩)라든가 알맹이 없는 격언들을 잔뜩 달고 다니면서 한 걸음마다 비틀거린다. 그 다음에는 지루하게 반복되는 몇몇 특정한 버릇 속에 갇히게 된다. 그래서 되새김질을 하게 된다. 이런 일들은 우리들의 기분이 나빠져서 생각이 쓴맛을 띠게 되자마자 나이와 더불어 위험해진다. 시의 형식으로 지리를 암송하듯이 자기들의 슬픔을 마음속에서 암송하게 된다.

이와는 반대로 정신의 응어리를 풀어야 한다. 나는 위생 규칙으로서 이렇게 말하고 싶다. '같은 생각을 두 번 다시 하지 마라.' 여기에 우울증 환자는 말할 것이다. '나는 어쩔 수 없어. 내 머리는 이렇게 생겨 먹었고, 얼마쯤 피도 흐르고 있으니 말이야.' 그것은 분명하다. 그러나 우리들은 머리를 마사지하는 방법을 알고 있다. 다시 말해, 관념을 바꾸지 않아도 된다. 이것은 연습만 하고 있다면 어려운 것이 아니다. 틀림없이 머리를 맑게 하는 방법이 두 가지 있다. 하나는 자기 주위를 둘러보고 온갖 광경들을 샤워처럼 뒤집어쓰는 것이다. 여기에는 빠진 것이 없으므로 되새길 것도 없다. 또 하나는 결과로부터 원인으로 거슬러 올라가는 것인데, 이것은 우울한 이미지들을 쫓아 버리는 확실한 수단이다. 왜냐하면 하나로 이어져서 서로 관련된 원인과 결과들이 차례차례 우리들을 데리고 아주 먼 곳으로 여행을 가기 때문이다. 이것은 신탁에 대해 질문하는 또 한 가지 방법이기도 하다. 마치 어떤 생각으로 아폴로의 무녀가 나를 보고 너는 앞으로 돈을 지키는 노예가 되리라고 예언했을까, 하고 탐색하는 대신 어떤 사연이 있어서 그녀의 입이 딴 말이 아니고 이 말을 했을까를 내가 알고자 하는 것과 같다. 그래서 나는 모음과 자음을 문제삼게 되고, 한쪽에서 다른 쪽으로 우리들을 이끄는 자연스러운 비탈길에 몸을 두게 된다. 모든 음성학이 무대에 등장하게 된다. 어떤 사람이 조금 무서운 꿈을 꾸었다. 참다운 원인은 사소하고 불쾌한 일에 결부된 지각 속에 있는 경우가 흔하므로 그걸 찾아 보는 게 어떻겠는가 하고 말했더니 그는 당장 이런저런 원인들을 가정해 보았다. 그 바람에 그는 기분 나쁜 꿈에서 깨끗이 해방되고, 순환을 되찾았다.

1907년 10월 9일

76 모유 찬가

나는 데카르트 속에서 사랑의 정념은 건강에 좋고, 반대로 미움은 건강에 나쁘다는 관념이 있음을 발견했다. 이것은 알려져 있으면서도 충분하게는 잘 알려지지 않은 관념이다. 더 정확하게 말한다면, 전혀 믿지 않는다. 만일 데카르트가 호메로스나 성경과 거의 같을 정도로 비웃음을 사지 않는 존재가 아니었다면, 사람들은 이 데카르트의 생각을 마냥 비웃었을 것이다. 만약 사람이 인간, 행동, 작품처럼 언제나 아름다워서 사랑할 가치가 있는 것들을 골라서 증오하기 때문에 행할 일들을 모두 사랑에 대해 행하도록 생각했다면, 그것은 적지 않은 진보일 것이다. 그리고 그것은 나쁜 것을 쳐서 거꾸러뜨리는 가장 유력한 수단이다. 요컨대 나쁜 음악을 휘파람으로 빈정거려 놀리기보다는 좋은 음악에 박수를 보내는 것이 낫고, 그것이 한결 더 바르고 효과가 있다. 왜냐하면 사랑은 생리적으로 강하고 미움은 생리적으로 약하기 때문이다. 그러나 감정에 치우친 인간은 감정에 대해서 쓴 말은 단 한 마디도 믿지 않는다.

따라서 원인부터 이해해야 하며, 나는 그 원인들이 데카르트 속에 있음을 발견한다. 왜냐하면 그는 다음과 같이 말하기 때문이다. 우리들의 첫 사랑, 가장 오래된 사랑은 충분한 영양 공급을 통해서 풍부해진 혈액, 맑은 공기, 따사로운 열기, 말하자면 젖먹이를 기르는 모든 것에 대한 사랑이 아니고 무엇이겠는가. 우리들은 어린 시절에, 사랑의 말을 먼저 사랑 그 자체 속에서 배웠고, 맛있는 젖을 받아들이는 생명 기관의 운동, 굴곡, 감미로운 조화로써 그것을 표현했다. 맛 좋은 수프에 고개를 끄덕거리는 목의 운동도 최초의 찬동과 똑같이 이루어졌다. 이와는 반대로 너무 뜨거운 수프를 아이들의 머리와 온몸이 어떻게 거부하는가를 잘 관찰해 보라. 그와 마찬가지로 위, 심장, 몸 전체에 해를 끼칠 우려가 있는 모든 음식물을 거부하며 마침내 경멸, 비난, 혐오 같은 가장 정력적이고도 오래된 표현, 즉 구토로써 이를 토해 버린다. 그런 까닭에 데카르트는 호메로스처럼 간결하게 미움은 어떠한 사람에게도 소화를 위해 나쁘다고 말하고 있다.

사람들은 이 훌륭한 관념을 확대하고 팽창시킬 수 있다. 이 관념은 지칠 줄을 모르고 끝도 모른다. 사랑의 첫 찬가는 아이가 온몸으로 불렀던 모유 찬가였다. 아이는 모든 수단을 다하여 그 귀중한 영양물을 받아서 꼭 끌어안고 자양분을 빨아들이는 것이다. 그리고 이 젖을 빨아들이는 정열은 생리적으로 말해서 세계에 있는 모든 정열의 첫 본보기이며, 참다운 본보기이다. 입맞춤의 첫 본보기가 젖먹이에게 있음을 모르는 이가 있을까? 사람은 이 근본의 경애심을 조금도 잊지 않는다. 지금도 십자가에 입을 맞춘다. 왜냐하면 감정이나 의사 표시는 마땅히 육체로부터 나와야 하기 때문이다. 마찬가지로 저주의 몸짓도, 탁한 공기를 받아들이지 않는 폐나 상한 우유를 토하는 위처럼, 육체의 방어 조직이 지니고 있는 예부터의 몸짓이다. 만약 증오가 음식의 맛을 낸다고 하면, 오, 무분별한 독서가여, 당신은 당신의 식사에서 어떤 좋은 맛을 기대할 수 있는가. 어찌하여 당신은 데카르트의 《정념론》을 읽지 않는가. 정말이지, 당신이 가는 책방 주인은 그것이 무엇인지조차 잘 모르고, 당신의 심리학자도 마찬가지로 그 책에 대해 잘 모르는 모양이다. 독서하는 방법을 안다면 거의 전부를 안 셈이다.

1924년 1월 21일

77 우정
우정 속에는 멋진 기쁨이 있다. 기쁨에 전염성이 있다는 사실을 알면 이 점은 쉽게 이해된다. 옆에 있음으로 해서 친구가 조금이라도 참다운 기쁨을 얻는다면 그것만으로도 이번에는 내가 친구의 기쁨을 보고 하나의 기쁨을 느끼게 된다. 기쁨의 보물이 자유로이 놓여 있음과 동시에 이처럼 누구나 다른 사람에게 주는 기쁨은 자기에게 되돌아온다. 그리고 두 사람 모두 이렇게 생각한다. '나는 내가 전혀 만들지 않은 행복을 가졌다.'

기쁨의 원천이 내부에 있다는 것은 나도 인정한다. 자기 일에 대해서나 무슨 일에 대해서나 불만스러워서 서로가 웃기 위해 서로를 간지르는 사람을 보는 것보다 슬픈 일은 없다. 그러나 만족한 사람도 혼자 있으면 곧 자기가 만족하고 있다는 사실을 잊어버리는 법이라고 말하고자 한다. 그의 기쁨은 이윽고 모조리 잠을 자고 만다. 일종의 치매 상태, 무감각 상태에 다다른다. 내부의 감정은 외부의 운동이 필요하다. 만약 어떤 폭군이 나를 감옥에 처넣고서 권력을 존경하도록 가르치려고 하면 나는 건강법으로서 날마다 혼자 웃을 것이다. 나는 다리를 훈련하듯이 기쁨을 훈련할 것이다.

여기 한 다발의 마른 가지가 있다고 치자. 보기에는 생기가 없다. 그대로 내버려두면 흙처럼 되어 버릴 것이다. 그러나 그 마른 가지는 태양으로부터 빼앗은 활력을 숨겨 가지고 있다. 아주 조그만 불이라도 갖다 대보라. 곧 타오르기 시작한다. 오직 감옥의 문을 흔들어서 교도관의 잠을 깨우기만 하면 되는 것이다.

이런 까닭으로, 기쁨을 일깨우려면 어떤 계기가 필요하다. 어린아이가 처음 웃을 때 그 웃음은 전혀 아무것도 포함하고 있지 않다. 행복해서 웃는 게 아니라 오히려 웃기 때문에 행복하다고 말하고 싶다. 먹는 것이 즐겁듯이 웃음도 즐겁다. 사실 아이는 먼저 먹는 것이 필요하다. 이 점은 웃음에 대해서만 진실인 것이 아니다. 자기의 생각을 알기 위해서는 말도 필요하다. 혼자 있는 한, 사람은 자기 자신일 수 없다. 미련한 도덕주의자들은 사랑한다는 것은 자기를 잊는 것이라고 말한다. 몹시 단순한 생각이다. 사람은 자신으로부터 떠나면 떠날수록 더욱 자기 자신에게 집착하게 된다. 그만큼 자기가 살고 있다는 것을 잘 느끼게 된다. 당신의 땔감을 광 속에서 썩게 버려두어서는 안 된다.

1907년 12월 27일

78 우유부단

데카르트는, 우유부단은 고통 중에서도 가장 큰 고통이라고 말했다. 그는 여러 번 그렇게 이야기했으나 설명은 하고 있지 않다. 나는 인간의 본성을 비추는 것 이상의 밝은 빛을 알지 못한다. 모든 정념, 아무런 발전이 없는 운동의 전부는 이로써 설명된다. 운에 맡기는 노름의 힘이 영혼의 꼭대기에 있다는 것은 거의 알려져 있지 않지만, 그런 노름의 힘은 결단력을 기르기 때문에 사람들로부터 호감을 산다. 말하자면 사물의 본성에 도전하는 것으로서 모든 것을 거의 평등 상태에 두고 우리들의 사소한 결단조차도 한없이 키운다. 도박에서는 모두가 엄밀하게 평등하기 때문에 선택해야만 한다. 이 추상적인 위험은 반성을 무시하는 것과 같다. 과감하게 결단을 내려야 하기 때문이다. 도박은 즉시 대답한다. 그리고 우리들의 사고(思考)를 해치는 후회는 있을 수 없다. 후회할 이유가 없기 때문이다. 알 수 없는 것이 규칙인 이상 '만약 안 되면' 이라는 말은 할 수 없다. 도박이 게으름을 치료해 낫게 하는 하나뿐인 치료법이라는 것을 나는 뜻밖이라고 생각지 않는다. 게으름은 생각해도 소용없다는 것을 잘 알면서도 생각하는 것이기 때문이다.

여자에게 반해서 잠을 못 이루는 사람이나 실망한 야심가가 무엇 때문에 괴로워하는가를 생각해 볼 수 있다. 이런 종류의 고통은 예외없이 육체 속에 있다고도 할 수 있겠으나, 예외없이 사고 속에도 있는 법이다. 잠을 쫓는 이 흥분은 아무것도 결정하지 않고, 그때마다 육체 속에 던져져서 뭍에 오른 물고기처럼 팔딱거리게 만드는 우유부단에서만 생긴다. 그 우유부단 속에는 폭력이 있다. '좋다, 모든 걸 백지로 돌리자.' 그러나 사고가 곧바로 타협 수단을 준다. 저렇게 해야 할까, 이렇게 해야 할까, 이런저런 결과들이 생각되지만 사태는 조금도 진전되지 않는다. 행동으로 옮기면 분명하게 정해지지 않은 생각을 잊을 수 있다는 점, 정확히 말한다면 더는 생각할 필요가 없다는 이점이 있다. 왜냐하면 행동이 모든 관계를 변화시켰기 때문이다. 그러나 관념 속에서 행동하는 것은 아무 소용도 없다. 모두가 그대로의 상태에 머물러 있다. 모든 행동 속에는 얼마쯤 도박이 있다. 사고가 그 주제를 알아내기 전에 생각하는 것을 끝내야 하기 때문이다.

나는 이따금 생각해 왔지만, 노골적이며 가장 고통스러운 정념인 공포는 말하자면 근육과 관련된 우유부단한 감정이다. 행동을 재촉받고 있는데도 자기는 그걸 못한다고 느낀다. 미망은 공포의 얼굴을 더욱 뚜렷하게 보여 준다. 그것은 이런 경우 고통은 극복할 수 없는 의혹에서만 생기기 때문이다. 그리고 사람이 공포 때문에 괴로워하는 것은 언제든지 생각에 집착하기 때문이다. 확실히 권태의 경우와 마찬가지로 이런 종류의 고통에서 가장 나쁜 것은, 자기는 거기서 빠져나가지 못한다고 생각해 버리는 점이다. 자기를 기계로 생각하고 경멸한다.

데카르트의 모든 사상은, 온갖 원인과 그 치료법이 나타나 있는 다음과 같은 더할 수 없이 고상한 판단에 집약되어 있다. 즉 무인(武人)의 덕이다. 나는 데카르트가 군(軍)에 근무하려고 한 기분을 이해할 수 있다. 튀렌[34] 원수(元

---

*34 프랑스의 장군. 계산된 작전과 과감한 행동에 의해 군인으로서의 평판이 높다. 1611~1675.

帥)는 줄곧 행동으로써 우유부단이라는 병을 고쳐서 그 병을 적에게 주었다.

데카르트도 사상이라는 관점에서 이와 똑같다. 대담하게 생각하고 언제나 자기가 명하는 바에 따라 움직였다. 언제나 결단을 내리고 한정을 짓고 있었다. 기하학자가 우유부단하다면 참으로 우스울 것이다. 우유부단은 한정이 없기 때문이다. 하나의 선에는 점이 몇 개 있는가? 그리고 두 개의 평행선을 생각할 때 사람들은 자기가 무엇을 생각하는지 알고 있는가? 그러나 기하학자의 타고난 본분은 사람이 그 무엇을 알고 있는 걸로 단정하면서, 그 결정을 조금도 바꾸지 않고 물러서지도 않는다고 뚜렷하게 말하는 것이다. 어떤 이론을 꼼꼼히 살펴보면 거기에 있는 것은 오직 결정되고 선서된 오류뿐임을 알 수 있다. 이 도박의 정신은, 자신이 확인하고 다만 결정만 했을 뿐인 것을 절대로 믿지 않는 것에 있다. 여기에 결코 아무것도 믿지는 않고 언제나 확신을 가질 수 있는 비밀이 있다. 그러니까 그는 결심했다*35는 좋은 말인 한편, 이 하나의 말에는 두 가지 뜻이 들어있다.

1924년 8월 12일

79 의식

우유부단이 고통 중에서 가장 큰 고통이라면, 의식, 기능, 의상, 유행 등은 이 세상의 신(神)들이 된다고 생각한다. 모든 즉흥들이 사람들을 자극하는 것은 다른 사람에 대하여 말하거나 행동하거나 하는 관념보다도 오히려 육체 속 두 행동이 뒤섞이기 때문이다. 우리들이 우리들의 종복(從僕)인 근육을 그르치고, 그 바람에 그 그르친 효과 때문에 우리들의 폭군인 마음을 그르치게 한다. 갑자기 의무를 강제당하는 사람은 병자나 마찬가지로 된다. 그렇기 때문에 자유가 사람을 나쁘게 만든다. 아이를 보면 알 수 있다. 제멋대로 하는 놀이에서 난폭해지지 않은 아이는 하나도 없다. 이에 대하여 언제나 활시위처럼 팽팽해져 있는 나쁜 본능을 법으로 억제하고 있다고 생각한다면 그것은 잘못이다. 그렇지 않고 사람들이 법을 좋아하는 것이다. 이와 반대로 법이 없는 것이 사람을 불쾌하게 만들며 결단을 내리지 못한 것이 자극을 준 결과, 엉뚱한 행동을 하게 만든다. 벌거벗은 사람은 마치 미친 사람 같다. 옷은 이

---

*35 프랑스어로 '결심하다'는 말에는 '해결하다'는 뜻도 있다는 것.

미 하나의 법이며 모든 법을 사람들은 옷처럼 좋아한다. 루이 14세는 측근들에 비해 놀랄 만한 권력, 언뜻 보기에는 설명할 수 없는 놀라운 권력을 지니고 있었다. 그것은 일상생활의 거동, 볼일에 이르기까지 그가 정한 규율에서 생겨났다. 그가 이런 규율을 정한 것은 권력을 지녔기 때문이라고 말해서는 안 된다. 그 반대로 그 자신이 규율이었기 때문에 권력을 가졌었다고 말해야 한다. 측근들은 모두 언제나 자기가 할 일을 알고 있었다. 거기에서 평화를 바라보는 이집트만의 생각이 나온다.

전쟁에는 사람을 불쾌하게 만드는 요인들이 얼마든지 있다. 그러나 추론은 여기에서 잘못을 저지른다. 사람은 실제로 전쟁 속에서 곧 평화를 발견하기 때문이다. 나는 참다운 평화, 우리들의 내부 속에서 사는 평화를 말하고 있다. 누구나 자기가 할 일을 알고 있다. 이성이 불행을 떠올리게 하더라도 그것은 소용이 없으며 조금도 무섭지 않다. 이성은 또 환희를 완전히 덮어 버리지는 못한다. 누구나 자기의 운명, 즉 정해진 직무나 지체할 수 없는 행동을 본다. 그의 생각은 모두 그리로 달려가고 육체가 그 뒤를 따른다. 그리하여 그 일치가 곧 인간과 관련된 상황을 만드는데, 태풍을 견디듯이 이를 참고 견뎌야 한다. 사람은 권세가 이토록 많은 것을 얻는가 하고 놀란다. 그러나 그렇게 많이 얻는 것은 많은 것을 요구하기 때문에 이루어진다. 우유부단을 잘 고치는 수도원 규칙도 이와 같다. 기도를 권하는 것만으로는 아무 뜻도 없다. 이러이러한 기도를 이러이러한 시간에 하라고 명령해야 한다. 권세에만 있는 지혜는 반드시 아무 이유도 없는 무정한 명령을 내리게 된다. 아주 사소한 이유만 있어도 당장에 두 가지는커녕 수많은 생각이 생겨날 것이다. 확실히 생각한다는 것은 기분이 좋다. 그러나 생각하는 즐거움은 결단하는 방법을 대상으로 삼는다. 이러한 인간의 본보기로서 데카르트가 있다. 알고 있는 바와 같이 그는 전쟁에 참여했다. 그러나 그가 즐거움을 위해서 전쟁에 참여했다고는 말할 수 없다. 그렇다기보다는 너무나 관련이 많이 된 생각들로부터 빠져나가는 하나의 방법으로서 전쟁에 참가한 것이다.

사람은 유행 의상을 비웃고 싶어하지만, 그러나 그 의상은 매우 진지한 무엇인가이다. 정신은 이 의상을 경멸하는 척 하지만 그러나 먼저 넥타이를 맨다. 군인의 옷차림과 수도사의 옷은 사람의 마음을 진정시키는 놀랄 만한 효과를 보인다. 그것은 잠자는 옷이다. 기분 좋은 게으름, 생각하지 않고 행동한다는 가장 기분 좋은 게으름의 주름이다. 유행 의상은 지향하는 목적은 같지만 상상 속에서나마 완전한 선택의 기쁨을 준다. 색채는 사람의 마음을 끌지만 선택을 강요하므로 불안하다. 여기서 고통이 보인다 하더라도 그것은 연극에서처럼 약의 맛을 더 잘 느끼게 하기 위해서일 따름이다. 이런 까닭으로 어제는 빨강이 틀림없다고 하던 것이 이번에는 파랑으로 돌아가거나 한다. 이것은 의견의 일치이며, 이 일치야말로 유행을 증명한다. 여기에서 사람을 정말로 아름답게 하는 마음의 평정이 생긴다. 왜냐하면 노랑은 금발에 어울리지 않고 녹색이 갈색 머리에 어울리지 않는다는 것은 사실이기 때문이다. 그러나 불안, 선망, 회한 등의 찡그린 얼굴은 어느 누구에게도 어울리지 않는다.

1923년 9월 23일

80 새해

선물을 서로 주고받는 때가 되어서 많은 선물에 대한 것을 생각하면 기쁨보다 슬픔이 솟아오른다. 누구나가 부자는 아니기 때문이다. 여러 사람들로부터 받거나 또는 여러 사람에게 보내는 보잘것없는 물건은 상인이 돈을 벌게 만들어 주는데, 이런 보잘것없는 선물 때문에 남몰래 한탄하는 이가 적지 않다. 또한 나는 많은 친구가 있는 소녀가 한 해가 끝날 무렵 부모로부터 받은 최초의 압지(押紙)를 보고 '아이 좋아라, 압지가 많이 모이겠구나' 하던 기분을 이해할 수 있다. 이렇게 선물을 하는 열의 속에는 무관심도 있고 억제된 분노도 있다. 의무는 모두를 망가뜨린다. 초콜릿은 위를 나쁘게 함과 동시에 인간 혐오를 기른다. 알 게 뭐야. 빨리 남에게 주어 버리자. 빨리 먹어 치우자. 아주 잠깐 동안의 일에 지나지 않으니까.

진지한 이야기로 되돌아가자. 나는 당신에게 기분 좋은 마음으로 있어 주기를 바란다. 이 기분 좋은 마음이야말로 주고받기에 가장 좋다. 이것이야말로 누구나를, 특히 가장 먼저 선물하는 사람을 여유 있게 만드는 참다운 예의이다. 이것이야말로 서로 주고받음으로써 늘어나는 보물이다. 이 기분 좋은 마음은 거리에도, 전차 안에도, 신문 파는 곳에도 뿌릴 수 있다. 더구나 뿌리고도 조금도 없어지지 않는다. 당신이 어디에 버리든지 그것은 싹이 트고 꽃을 피울 것이다. 어딘가의 네거리에서 마차 여러 대가 마주치면 욕지거리가 오간다. 말이 힘껏 당기는 바람에 사태는 저절로 악화된다. 모든 혼란은 이런 식이다. 미소를 지으며 자기의 노력을 헤아리고, 오른쪽이나 왼쪽으로 잡아당기는 분노를 조금 누그러뜨리려고만 한다면 얽힌 것을 풀기는 쉽다. 이와는 반대로 사실은 이를 갈며 고삐 끝을 잡아당기기 때문에 풀 수 없는 매듭이 되어 버리고 만다.

주부가 이를 갈고, 가정부가 이를 갈며, 양고기가 타고, 그 바람에 험한 말이 오간다. 이 프로메테우스*36들을 모두 해방시켜 자유롭게 하기 위해서는 적당한 때에 미소만 지으면 되었는데 그러나 아무도 이렇게 간단한 방법을 알지 못하고, 누구나가 자기 목을 죄는 밧줄을 열심히 잡아당긴다.

공동생활은 악(惡)을 번식시킨다. 당신이 식당에 들어갔다고 치자. 옆자리 손님에게 적의가 가득찬 시선을 던진다. 또 차림표를 힐끔 보고는 종업원을 노려본다. 이제 틀렸다. 불쾌함이 하나의 얼굴에서 다른 얼굴로 옮아가자 모두가 당신 주위에서 충돌한다. 아마 컵이 깨어지고, 그날 밤 종업원은 아내를 때릴 것이다. 불쾌함이라는 이런 원리와 전염성을 잘 파악하라. 그렇게 하면 당신은 곧 마법사가 되어서 기쁨을 주고, 어디를 가나 사람들이 고마워하는 신(神)이 된다. 한 마디 친절한 말을 하고 상냥하게 한 마디 고맙다고 하라. 냉담한 바보에게도 친절하게 대하라. 그러면 당신은 이 유쾌함의 물결을 따라 가장 작은 호숫가까지도 갈 수 있다. 종업원은 다른 태도로 음식 종류를 묻고 손님들은 다른 태도로 의자 사이를 지나다닐 것이다. 이리하여 유쾌함의 물결은 당신 주위에 퍼져서 모든 것을, 당신 자신까지도 경쾌하게 해 준다. 그것은 (기하학처럼 정해져 있는 것이 아니라) 한정이 없다. 그러나 출발점에 조심하라. 하루든 1년이든 처음에 잘해야 한다.

이 좁은 골목은 어찌 이리 시끄러운가. 많은 부정, 많은 폭력! 피가 흐른다. 재판관이라도 불러야 할 것이다. 이런 일들은 모두 단 한 사람의 마부가 신중하게 행동하기만 하면 그의 손놀림 하나로 피할 수 있었는데, 그러니까 좋은 마부가 되라. 마부석에 편히 앉아서 고삐 잡는 손놀림을 단단히 하라.

1910년 1월 2일

---

*36 그리스 신화에 나오는 거인족의 영웅. 천상의 불을 훔쳐 인간에게 가져다 주었다가 제우스의 노여움을 사서 코카서스의 바위에 묶여 독수리에게 간을 쪼이는 고통을 받았다.

81 기원

정월에 많이 하는 기도나 축원, 그런 것은 기호(記號)에 지나지 않는다. 정말 그렇다. 그러나 기호는 크게 중요하다. 인간은 몇 백 세기 동안 기호에 따라서 살아왔다. 마치 우주 전체가 구름이나 천둥이나 새를 통해, 인간이 좋은 사냥이나 아니면 나쁜 여행을 하기를 바라거나 했었듯이 그렇게 살아 왔다. 그런데 우주는 차례차례로 하나씩만 알려준다. 그리고 잘못은 다만, 칭찬받거나 비난받은 사람의 얼굴처럼 이 세계의 모습을 해석하는 것에 있었다. 우주는 의견을 갖고 있는가, 갖고 있다고 하면 어떤 의견인가, 하고 스스로에게 물어보는 병으로부터는 우리들은 거의 완쾌되었다. 그러나 종류가 같은 인간들이 서로 같은 의견을 갖고 있는지를 묻는 병으로부터는 결코 완쾌되지 않을 것이다. 왜냐하면, 이들의 의견은 나타나자마자 우리 의견을 깊이 변화시켜 버릴 것이기 때문이다.

주목할 만한 점은, 사람은 뚜렷한 말로 표현된 의견에는 말로 표현되지 않은 의견에 대해서보다도 강하게 저항한다는 사실이다. 이 첫째 종류의 의견인 충고라는 것은, 대부분 경멸해야 하지만 두 번째 의견은 경멸할 수 없다. 이 두 번째 충고는 우리들을 더 은밀하게 잡는다. 그리고 그 충고가 어떻게 잡는지를 모르므로 거기에서 어떻게 벗어나야 하는지도 모른다. 무엇이든지 대놓고 비난하는 듯한 표정을 한 얼굴이 있는데, 이런 경우 가능하면 달아나라. 왜냐하면 인간은 인간을 흉내내야 하기 때문이다. 나 자신도 나의 얼굴 탓으로 뭐가 뭔지 영문도 모르고 비난하게 되어 버릴지도 모른다. 무엇을 비난하는가? 조금도 모른다. 그러나 그 침울한 얼굴빛이 나의 생각, 계획의 모두를 밝혀 준다. 이런 생각 자체, 계획 자체 속에서 이유를 찾는다. 그 이유를 반드시 찾아낸다. 모두가 복잡해서 곳곳에 위험이 있기 때문에, 그리고 길을 하나 가로지를 때에도 결국은 행동을 하고 위험을 무릅써야 하므로 자신없이 마지못해 행동한다. 자신이 파멸하리라는 생각을 갖고 있는 사람은 그 생각의 도움을 받기는커녕 반대로 마비가 되는 것이다. 시간이 더 걸리고 더 복잡하며 한결 불확실한 상황에서는 적의 있는 표정으로부터 사람들이 받는 이런 나쁜 예감의 효과는 더욱더 뚜렷하다. 어떤 종류의 눈의 표정은 언제나 사람의 마음을 꼼짝 못하게 하는 마법사이다.

이야기를 정중한 축제로 돌리겠는데, 이것은 중요한 축제이다. 누구든 우편

집배원이 갖다 주는 통지서를 들여다보고 미래를 걱정할 때, 어떻게 될 것인지 알 수 없는 앞으로의 몇 주일, 몇 달이 우울한 기분으로 물들어 버린다는 것은 매우 나쁜 일이다. 그래서 누구든 그날에는 좋은 예언자가 되어서 우정의 깃발을 드는 게 좋다는 것은 좋은 규칙이다. 바람에 펄럭이는 깃발은 사람을 즐겁게 만들 수 있다. 깃발은 다른 사람들이나 깃발을 올린 사람의 기분을 전혀 모른다. 더욱더 좋은 점은, 사람들의 얼굴에 뚜렷이 나타난 기쁨은 누구에게나 좋은 영향을 준다는 사실이다. 그것이 내가 잘 모르는 사람들의 얼굴이라면 더욱더 좋다. 그때 나는 표정에 대해서 이러쿵저러쿵 이야기하지 않기 때문이다. 나는 있는 그대로 표정을 받아들인다. 그것이 가장 좋다. 사실 쾌활한 표정은 그 표정을 던지는 사람을 즐거운 기분으로 만든다. 그런 표정을 흉내냄으로써 이러한 표정은 끊임없이 되돌아오기 때문이다. 아이들의 기쁨은 아이들에게 어울리는 기쁨이라고 말해서는 안 된다. 우리들은 반성하지 않더라도, 아무런 애정이 없더라도 아이들의 몸짓에는 주의를 많이 기울이는 법이다. 여기에서는 누구나 유모이다. 누구나 이해하기 위해 흉내내는 시늉을 한다. 그래서 아이들을 교육하게 된다.

오늘 이 축제일은 당신이 바라든 바라지 않든 즐거우리라. 그러나 만일 당신이 그 축제의 기쁨을 바란다면 그리고 예의가 갖는 위대한 관념을 여러 모로 검토한다면 그 축제는 참으로 당신을 위한 축제가 될 것이다. 왜냐하면 당신은 표정으로 생각을 내보이면서, 앞으로 올 몇 달 동안 해를 끼치는 표정이나 누군가의 기쁨을 망가뜨리는 예상은 하나도 남에게 보여 주지 않으리라고 굳은 결심을 할 것기 때문이다. 이렇게 해서 무엇보다 당신은 모든 사소한 불행들과 강하게 맞서리라. 그 불행은 아주 하찮은 것이나, 과장되게 슬픈 듯이 말하면 매우 중대한 것이 된다. 그리고 당신은, 행복을 희망한다는 그 사실 덕분에 곧 행복해진다. 내가 당신에게 바라는 것은 그 점이다.

1926년 12월 20일

82 예의

예의는 마치 춤과 같이 습득된다. 춤을 모르는 사람은, 춤에서 어려운 것은 춤의 규칙을 알고 자기의 움직임을 그 규칙에 맞추는 것이라고 생각한다. 그러나 그것은 겉으로 드러난 모양새일 뿐이다. 딱딱해지지 않고 쉽게, 따라서 겁내지 않고 춤을 출 수 있어야 한다. 그와 마찬가지로, 예의의 규칙을 아는 것도 그리 어렵지 않다. 그리고 그 규칙에 들어맞았다 하더라도 그것은 아직 예의의 입구에 서 있을 따름이다. 움직임이 정확하고, 여유가 있으며, 긴장하거나 떨지 않아야 한다. 조금만 떨어도 상대는 금방 알게 되는 법이니까. 상대에게 불편을 끼칠 까닭이 없다.

지금까지 때때로 느껴온 것이지만 목소리 가락 자체부터 무례한 사람이 있다. 성악(聲樂)을 지도하는 교사라면 목이 답답하고 어깨가 편치 않아서 그렇다고 말할 것이다. 어깨 놀림 하나로도 예의바른 행위가 무례한 행위로 되어 버린다. 지나치게 감정을 담는 것, 일부러 꾸민 듯한 침착성, 힘을 너무 주는 것 등 모두 좋지 않다. 검술을 지도하는 교사는 제자들에게 언제나 '힘을 너무 준다'고 주의를 준다. 그리고 검술은 예의의 하나로서 쉽게 예의와 통한다. 난폭함과 흥분을 느끼게 하는 행위는 모두 예의에 어긋난 것이다. 표정이나 몸짓만으로도 충분히 표현된다면 협박도 충분히 표현된다. 예의에 어긋난 것이라는 것은 일종의 위협이라고도 말할 수 있다. 위협을 느끼면 얌전한 여성은 몸을 구부려 보호를 청한다. 힘이 잘 훈련된 상태가 아니기 때문에 떠는 남자는 기운이 나서 흥분하면 무슨 말을 할지 모른다. 그러니까 큰 소리로 이야기해서는 안 된다. 사교계에서의 조레스*37는 다른 사람의 의견이나 습관에는 관심이 없는 사람이라 넥타이가 비뚤어져 있는 것은 보통이었다. 그러나 그 목소리는 듣는 이에게 조금도 강함을 느끼게 하지 않는, 노래부르는 듯이 부드러워서 예의 그 자체였다. 생각도 못할 일이다. 왜냐하면 금속처럼 쩽쩽 울리는 그의 변설과 사자처럼 울부짖는 듯한 목소리를 누구나 들은 기억이 있으니 말이다. 힘은 예의와 모순되는 것이 아니다. 힘은 예의를 꾸민다. 능력 위의 능력이다.

무례한 사람은 혼자 있을 때라도 무례하다. 아주 사소한 동작에도 너무 힘을 준다. 융통성 없는 감정과 소심(小心)이라는 자기 공포가 느껴진다.

나는 소심한 사람이 여러 사람들이 모인 자리에서 문법을 이야기하는 걸 듣던 때의 일을 기억하고 있다. 그의 말투는 가장 심한 증오의 말투였다. 그리고 감정은 병보다도 빨리 옮겨지기 때문에, 가장 순진한 의견 속에 노여움이

---

*37 프랑스의 정치가이자 사회주의자. 제1차 세계 대전이 벌어지기 전날 암살당했다. 1859~1914.

있는 느낌을 받아도 나는 조금도 놀라지 않는다. 그것은 목소리의 울림 그 자체나 자기 자신에 대한 쓸데없는 노력 때문에 커진 하나의 공포에 지나지 않는 경우가 흔히 있기 때문이다. 또한 열광도 근본을 따지면 무례일지도 모른다. 왜냐하면 비록 바라던 바가 아니라도 일단 표현하면 결국 그런 생각을 품게 되기 때문이다. 그러고 보면 열광은 소심의 결과라는 말이 되리라. 자기의 신념을 잘 유지하지 못하는 것을 두려워하는 것이다. 끝에 가서는 두려움을 견딜 수 없어서 자기와 다른 사람에 대해서 노여움을 털어놓게 된다. 이 노여움이 가장 불안정한 의견에게까지 무서운 힘을 주는 것이다. 겁쟁이들을 관찰해 보라. 그들이 어떻게 해서 결심하는가를 보라. 경련이라는 것이 생각의 기묘한 방식임을 알 수 있을 것이다. 여러 모로 말을 돌려 왔으나 이렇게 해서 찻잔을 손에 듦으로써 어떻게 사람이 교화(敎化)되는지를 이해할 것이다. 검술을 지도하는 교사는 스푼으로 커피 잔을 젓는 모습만 보고도 제자의 솜씨를 판정했었다.

1922년 1월 6일

83 처세술

궁정인(宮廷人)의 예의라는 것이 있는데, 이건 그다지 좋지 못하다. 뿐만 아니라 결코 예의가 아니다. 일부러 꾸민 듯한 어색한 태도는 모두 예의 속에 들어가지 않는 성싶다. 이를테면 정말로 예의바른 사람이라면, 경멸해야 할 사람, 질이 좋지 못한 사람을 사정없이 난폭하게 다룰 수 있을 터인데, 이것은 절대로 예의에 어긋난 것이 아니다. 생각한 끝에 하는 친절은 예의라고 할 수가 없다. 계획적인 아첨도 마찬가지이다. 예의라는 말은 아무 생각 없이 행해지는 행동, 즉 표현할 생각도 없는 행위의 표현에만 어울린다.

경솔한 사람, 예를 들면 생각난 대로 무엇이든지 말해 버리는 사람, 원초적인 감정에 빠지는 사람, 자기가 겪은 바를 아직 제대로 알지도 못하면서 놀람, 혐오, 기쁨 등을 조심성 없이 얼굴에 드러내는 사람은 모두 무례한 사람이다. 이런 사람은 줄곧 변명해야만 하고, 그럴 생각도 없이 오히려 자기 뜻과는 달리 남을 괴롭히거나 불안하게 만들어 버리기 때문이다.

자기딴에는 그럴 생각이 없었는데 경솔한 이야기를 해서는 남의 기분을 상하게 한다면 그것은 괴로운 일이다. 예의바른 사람이란, 손상이 돌이킬 수 없게 되기 전에 상대의 불쾌함을 알아차리고 슬그머니 태도를 바꾸는 사람이다. 그러나 해야 할 말과 해서는 안될 말을 미리 판단해야 하는데, 그것이 뚜렷하지 않을 때는 집 주인이 이야기를 이끌어 풀어나갈 수 있도록 맡기는 것이 가장 예의바른 일이다. 이것은 모두 그럴 생각도 없었는데 남을 해친다는 식의 일을 피하기 위해서이다. 왜냐하면 위험한 사람의 급소를 찔러야 한다는 판단을 내려야 할 때, 그것은 판단하는 사람의 자유이기 때문이다. 그럴 경우 사실상 그의 행위는 도덕에 속하지 예의에 속하지는 않기 때문이다.

무례란 언제나 서투르다는 뜻이다. 상대에게 나이를 생각나게 하는 행위는 질 나쁜 행위이다. 그러나 그럴 생각도 없이 몸짓이나 표정으로, 또는 경솔한 이야기로 그렇게 되었다고 한다면 그것은 질이 나쁘다기보다는 예의가 없는 것이다. 무례란 모두 저도 모르게 저지르는 실수이다. 예의바른 사람은 무례를 피한다. 예의에 어긋나는 행동을 하려고 마음먹으면 자진해서 행동한다. 무례를 저질러야겠다고 마음먹었을 때에 무례를 한다. 예의바름이 반드시 아첨을 뜻하지는 않는다.

따라서 예의는 습관이자 마음 편한 일이다. 무례한 사람이란, 장식용 접시로 잘못 알고 음식 접시나 잡동사니를 벽에 걸어 놓는 사람과 마찬가지로, 자기가 하고 싶은 바와는 다른 엉뚱한 짓을 하는 사람이다. 하고 싶은 말과는 다른 말을 하는 사람, 무뚝뚝한 말투나 불필요한 큰 소리나 망설임이나 빠른 말씨 때문에 전하고자 하는 뜻과는 다른 말을 전하는 사람이다. 그러니까 예의는 펜싱과 마찬가지로 배워서 몸에 익힐 수 있다. 뽐내는 사람이란 멋도 모르고 부풀려서 사물을 전하는 사람이고, 소심한 사람이란 뽐내지 않으려고 마음먹고는 있으나 행위나 말을 중대하게 생각하기 때문에 어떻게 해야 좋을지 모르는 사람이다. 그 결과, 아는 바와 같이 행동이나 말을 멈추려고 긴장하다가 위축된다. 자기 자신에 대한, 보통이 아닌 노력의 결과 몸이 떨리고 땀이 흐르며 얼굴이 붉어져서 여느 때보다 더 서투르게 처신한다. 이와는 반대로 우아함이란 말로나 동작으로나 남을 불안하게 만들지 않고 손상하지 않는 행복의 한 형태이다. 그리고 이러한 장점은 행복 전체에서 크게 중요하다. 처세술은 이런 장점을 놓쳐서는 안 된다.

1911년 3월 21일

84 기쁘게 한다

나는 가르칠 필요가 있다고 생각되는 '처세술'을 이야기했다. 나는 여기에다 '기쁘게 한다'는 규칙을 덧붙이고 싶다. 이 규칙은 어떤 이가 나에게 제안했는데, 그 사람은 내가 아는 바에 따르면 싱싱하게 활력에 넘치며 자기의 성격을 개조한 사람이다. 이런 규칙은 언뜻 보기엔 뜻밖이라는 생각도 든다. 기쁘게 한다. 이것은 사람이 거짓말쟁이가 되는 것, 아첨꾼이 되는 것, 궁정인(宮廷人)이 되는 것이 아닌가? 이 규칙을 잘 이해하기로 하자. 거짓말이나 비열함 없이 행할 수 있는 모든 경우의 기쁨을 행하는 것과 관련 있다. 그런데 이것은 우리들이 거의 언제나 할 수 있는 것이다. 귀에 거슬리는 목소리로 얼굴을 붉히며 불쾌한 진실을 말할 때, 그것은 단순한 기분의 동요이다. 어쩔 수 없는 완고한 발작이다. 나중에 가서 용기를 낼 걸 그랬다고 생각해도 소용이 없다. 과감하게 해보든가, 그보다도 먼저 결단이라도 내려보든가 하지 않는 한 아마 안될 것이다. 여기에서 나는 다음의 도덕률을 끄집어 낼까 한다. '분명하게 마음을 정하고, 그것도 자기보다 힘이 센 사람에 관한 경우에 한해서만 거만하게 처신해라.' 그러나 억양을 높이지는 말고 진실을 말하고, 또한 그럴 경우라도 칭찬에 해당하는 말을 다시 골라서 하는 편이 아마도 더 좋을 것이다.

어떤 일이나 대부분은 칭찬할 만한 점이 있는 법이다. 왜냐하면 참다운 동기란 언제나 우리들이 모르고 있고, 또한 비겁함보다는 온건함을, 신중보다는 우정을 가정한다고 해서 그것이 고생스러운 일이 되지는 않기 때문이다. 특히 젊은이들에 대해서는 상상에 지나지 않는 것에 대해 모두를 최상으로 해석하게 하고, 자기 자신에 대해서도 훌륭한 초상(肖像)을 만들게 하는 것이 좋다. 그러면 그들은 자기가 그런 사람이라고 믿고, 곧 그런 사람이 될 것이다. 이와 달리 남의 흠을 찾는 것은 아무 소용이 없다. 예컨대 시인이라면, 그의 가장 아름다운 시를 기억하고 있다가 말해 주는 것이 좋고, 정치가라면 그가 저지르지 않았던 점을 모두 지적해서 칭찬해 주는 것이 좋다.

여기서 나는 유치원에 관한 어떤 이야기가 생각난다. 언제나 나쁜 장난이나 낙서만 하던 한 개구쟁이가 어느 날 3분의 1쪽 정도를 깨끗하게 필기했다. 교사가 책상 사이를 돌아다니며 좋은 필기에 점수를 매기고 있었다. 그런데 모처럼 애를 써서 쓴 3분의 1쪽을 교사는 거들떠보지도 않았으므로 이 개구쟁이는 '흐흥, 좋아! 그렇다면!' 하고 거침없이 말했다. 이런 거친 말이 나온 까닭은 이 유치원이 생제르맹 같은 고급 주택지에 있지 않았기 때문이다. 이 말을 들은 교사가 다시 다가가서 아이에게 말없이 좋은 점수를 매겨 주었다. 그러나 그것은 글씨에 대해서이지 말씨에 대해서는 아니었다.

그러나 이것은 어려운 경우의 한 예이다. 언제나 웃으면서 예의바르게 친절하게 할 수 있는 경우가 얼마든지 있다. 많은 사람들 속에서 조금 떠밀리더라도 그런 건 웃고 넘기도록 하라. 웃음은 서로 떠미는 행위들을 없애 버린다. 왜냐하면 누구나 자신의 성낸 행위를 부끄럽게 여기기 때문이다. 그러면 당신도 큰 노여움, 즉 작은 병을 면하게 될 것이다. 나는 예의를 이렇게 생각하고 싶다. 그것은 여러 감정에 대한 체조에 지나지 않는다. 예의바르다는 것은 모든 몸짓, 모든 말들을 써서 이렇게 표현하는 것이다. '성내지 마라. 인생의 이 한순간을 헛되이 보내지 마라.' 그런데 이런 예의는 복음서의 교리에 맞는 선량함일까? 그렇지 않다. 나는 그런 정도로까지 밀어붙이지는 않겠다. 선량함은 동정심이 없어서 다른 사람을 욕보이는 수가 있다. 참다운 예의는 오히려 사람에게서 사람에게로 전해지는 기쁨 속에 있다. 이 기쁨이 모든 마찰을 부드럽게 해준다. 그리고 이런 의미의 예의를 별로 가르치지는 않는다. 이른바 정중하다는 사교계에서, 나는 굽실거리는 사람은 많이 보았지만 예의바른 사람은 한 번도 본 적이 없다.

1911년 3월 8일

85 의사 플라톤

체조와 음악이 의사 플라톤의 두 가지 큰 치료법이었다. 체조란 근육이 스스로 행하는 적당한 훈련을 말하며 그 목적은 저마다의 형태에 따른, 내부로부터의 신축이다. 상태가 좋지 않은 근육은 먼지가 앉은 해면(海綿)과 비슷하다. 근육을 청소하는 것도 해면을 청소하는 것과 같아서 물에 불려 여러 번 눌러 본다. 생리학자들은 심장이 속이 빈 근육을 뜻한다고 곧잘 말했다. 그러나 그 근육은 신축으로 말미암아 번갈아 압축되거나 팽창되는 풍부한 혈관망을 포함하고 있으므로, 저마다의 근육이 일종의 해면체(海綿體) 같은 심장이라고 할 수 있다. 그 심장의 운동—귀중한 자원인—은 의지로써 조정할 수 있다. 그러므로 체조로써 자기의 근육을 지배할 수 없는 사람들, 즉 소심한 사람이라고 일컬어지는 사람들은 어지럽혀진 혈액을 자신의 내부에서 느끼는 게 마땅하다. 이 어지럽혀진 혈액이 부드러운 부분에 운반되면 이유도 없이 얼굴이 붉어지거나 압력이 높아진 혈액이 뇌에 스며들어서 잠시 착란 상태를 일으킨다. 또는 흔한 일이지만, 내장이 물에 잠긴 듯한 불쾌감을 느낀다. 이런 증상에 가장 좋은 치료법은 틀림없이 근육의 규칙 바른 운동이다. 그리고 이런 경우 음악이 춤을 가르치는 교사라는 형태를 취하여 나타난다. 이 교사는 싸구려 바이올린을 가지고, 혈액 순환을 최고로 조정한다. 이리하여 널리 알려진 대로 춤은 소심성도 고치지만 근육을 여유롭고 부드럽게 폄으로써 심장도 경쾌하게 한다.

최근에 만성 두통을 앓는 어떤 사람이 식사하는 동안은 씹는 운동 때문에 아픔이 덜해진다는 말을 했다. 나는 그에게 이렇게 말했다. '그렇다면 미국 사람처럼 껌을 씹는 게 좋겠군요.' 그러나 그가 그렇게 해 보았는지 아닌지는 모른다. 고통은 곧 우리들을 현실에서 동떨어진 생각 속으로 던져 넣는다. 우리들은 고통이 있는 곳에서 곧 불행을 상상하는데, 이 불행은 우리들의 피부 밑에 스며든 공상과도 같아서 마법을 써서라도 내쫓고 싶어진다. 믿을 수는 없겠지만, 근육의 규칙적인 운동은 달려드는 괴물, 즉 고통을 없앤다. 그러나 보통은 달려드는 괴물도 없거니와 그와 비슷한 것도 없고, 이는 단지 그릇된 비유일 뿐이다. 한쪽 발로 오랫동안 서 있어 보라. 그러면 심한 고통을 생기게 하기 위해서도, 그 고통을 없애기 위해서도 그리 큰 변화가 필요하지는 않다는 사실을 알 수 있다. 모든 경우에서 발명과 관련된 것은 어떤 춤과 같다. 근육을 펴고 하품을 하는 동작이 행복하다는 것은 누구나 다 잘 알고 있다. 그러나 체조를 통해 그 동작을 해보려고는 생각하지 않는다. 자유로운 운동으로써 원기가 왕성해지도록 해야 하는데도 말이다. 잠을 못 이루는 사람들은 졸거나 기지개를 켜는 즐거움을 흉내 내야 한다. 그런데 그들은 전혀 반대로 초조, 불안, 분노의 동작을 흉내 낸다. 여기에서 언제나 심하게 벌을 받는 교만이 비롯된다. 그래서 나는 히포크라테스를 본따서 참다운 절제(節制)에 관하여 말하고자 하는 것이다. 참다운 절제는 위생의 누이동생이며 체조와 음악의 딸이다.

1922년 2월 4일

86 건강법
보통 마음이 평정하다고 해서 돈이 생기지는 않지만, 건강에 좋다는 사실만은 확실하다. 행복하더라도 아무 눈에도 띄지 않는 사람이 있다. 영광은 죽은 지 40년이나 지나고 나서 그를 찾으러 올 것이다. 그러나 선망보다도 몸 가까이 있으며, 또 그보다도 더 무서운 병이라는 것에 대해서는 행복이 가장 좋은 무기이다. 가장 좋은 무기는 행복임에도 슬퍼하는 사람들은 행복은 결과이지 원인이 아니라고 말하고 싶어한다. 이 생각은 지나치게 단순하다. 힘이 있기 때문에 체조를 좋아하지만, 그러나 좋아서 하기 때문에 힘이 붙는다고도 말할 수 있다. 요컨대 이렇게 말해도 된다면, 내장에는 분명히 두 가지 작용이 있는데, 하나는 격투나 배설에 편을 들고, 다른 하나는 반대로 본인의 목을 졸라 중독시킨다. 물론 손가락을 펴는 것처럼 자기 내장을 폈다 오므렸다 할 수는 없겠지만, 기쁨이 내장의 좋은 작용에 대한 뚜렷한 표시인 이상 기쁨을 지향하는 사상 또한 마찬가지로 건강을 지향한다고 분명하게 말할 수 있다.

그렇다면 병이 들었을 때도 기뻐해야 한단 말인가? 그러나 당신은 그것은 턱없는 일이기도 하거니와 불가능하다고 이야기할 것이다. 아니다. 군대 생활은 총알만 제외하고 건강에 좋다고들 모두 말한다. 나는 그 생활의 사정을 잘 안다. 나는 3년 동안 아침 이슬 속을 세 바퀴나 돌고 나서 조그만 소리만 나도 제 구멍으로 돌아가는 산토끼 같은 생활을 보낸 적이 있다. 피로와 졸음 말고는 아무것도 느껴지지 않는 3년 동안이었다. 그런데 그때 나는 가만히 앉아서 생각만 하는 사람들에게 있기 쉬운 고질병, 즉 위장병을 20대부터 내내 짊어지고 있었다. 얼마 안 가 어떤 사람이, 몸이 튼튼해진 것은 시골의 공기와 활동이 많은 생활 덕분이라고 말했다. 그러나 나는 다른 원인을 알고 있었다. 어느 날 한 보병 하사가 기쁜 듯한 표정으로 나의 병사(兵舍)로 왔는데, 그는 전에 '우린 이제 두렵지 않다. 위험밖에 없으니까.' 이렇게 말했다. '드디어 병에 걸렸다나봐. 열이 있다고 군의관이 말하더군. 내일 또 진찰을 받아야 해. 아무래도 티푸스 열인 것 같아. 눈이 빙빙 돌아서 서 있을 수가 없거든. 드디어 병원에 가게 됐어. 2년 반이나 진흙탕 속에서 고생한 끝에 이제야 겨우 기회가 온 거야.' 그러나 나는 기쁨이 그의 병을 고치고 있다는 사실을 잘 알고 있었다. 이튿날 열은 깨끗이 내려서 그는 플리헤[38]의 기분 좋은 폐허를 지나서 이제까지보다 더 나쁜 전선(戰線)으로 이동했다.

---

[38] 프랑스 동북부의 작은 마을. 1914년 9월 베르됭 전투의 일환으로서 여기에서 프랑스군과 독일군의 전투가 벌어졌다.

병에 걸린다는 것은 잘못이 아니다. 규칙 위반이라고도 할 수 없고, 명예스럽다고도 할 수 없다. 자기 몸속에서 병의 징조를 발견했을 때, 그 징조가 치명적이라 할지라도 조금이나마 희망을 찾아보지 않는 병사가 있었을까. 사람은 너무 괴로울 때는 병으로 죽는 편이 낫다고 생각하게 되는 법이다. 이런 생각은 어떤 병에 대해서도 강하다. 기쁨은 아주 능숙한 의사보다도 더 능숙하게 육체 내부에서 그 육체를 조절한다. 모든 것을 악화시키는 원인은 병에 걸린다는 걱정이 아니다. 신의 은총으로서 죽음을 기다리고 있었다는 은자(隱者)들의 이야기가 사실이라면 그들은 100세의 수명을 누렸으리라고 나는 생각한다.

아무것도 관심을 두지 않게 된 노인이 그래도 여전히 장수를 누리고 있다는 점에 우리들은 감탄하는데, 그 감탄의 원인은 그들이 이미 죽음의 공포를 느끼지 않는 것에 있을 것이다. 이 점은 언제나 알아 둘 가치가 있다. 기수(騎手)가 두려움에서 오는 딱딱한 동작 때문에 말에서 떨어진다는 사실을 알아두는 게 가치 있는 것과 마찬가지이다. 세상에는 위대하고도 강력한 책략이 될 수 있는 무관심이라는 것이 있다.

1921년 9월 26일

87 승리

사람은 행복을 찾기 시작하자마자 행복을 발견할 수 없는 운명에 빠지게 되는데, 이는 당연하다. 행복이란 저 진열창 속의 물건처럼 골라서 돈을 치르고 가져올 수 있는 것이 아니다. 물건은 잘 보고 사기만 하면 그 푸르거나 붉거나 한 빛깔이 자기 집에서도 진열창 속에서와 같지만, 행복은 당신이 단단히 손에 움켜쥐고 있어야만 비로소 행복이 된다. 세상에서, 그리고 당신의 외부에서 그 행복을 구한다면 결코 아무 데서도 모습을 드러내지 않을 것이다. 요컨대 행복에 대해서는 추측도 예견도 할 수 없다. 현재 가지고 있어야 하는 것이다. 미래에 행복이 있는 것처럼 여겨질 때는 잘 생각해 보라. 당신은 이미 행복을 가지고 있다. 기대를 갖는 삶, 이것은 행복한 존재이다.

시인들은 사물을 잘 설명하지 못할 때가 있는데, 나는 그 이유를 잘 알고 있다. 시인들은 음절(音節)의 수나 운을 맞추려고 애쓰는 나머지 흔한 말만 하게 되고 마는 것이다. 그들의 말에 따르면 행복은 먼 미래에 있을 동안은 찬란하게 빛나지만 일단 손에 잡고 보면 조금도 좋지 않은 게 된다. 마치 무지개를 잡거나 샘물을 손에 담는 거나 같다는 말이다. 그러나 이는 무례한 표현이다. 행복은 말로써 뒤따르면 찾을 수 있다. 그리고 자기의 주위에서 행복을 찾는 사람들을 특히 슬프게 하는 것은 조금도 행복을 바랄 마음이 생겨나지 않는 데에 있다. 내가 브리지 놀이를 할 마음이 생겨나지 않는 까닭은 내가 그 놀이를 모르기 때문이다. 권투나 검술도 마찬가지이다. 음악도 마찬가지이며, 무엇보다 얼마쯤 어려움을 이겨낸 사람이라야 비로소 그 재미를 안다.

독서도 마찬가지이다. 발자크의 작품을 읽으려면 용기가 필요하다. 처음에는 지루하게 시작되기 때문이다. 게으른 독서 태도는 아주 재미있다. 책장을 척척 들친다. 두세 줄 읽어 본다. 그러다가 책을 던져버린다. 독서의 행복은 숙달된 독서가라도 놀랄 만큼 미리 알기가 어렵다. 학문은 멀리서 보아서는 재미가 없다. 한걸음 들어설 필요가 있고, 처음에는 강제가 일관되는 장해(障害)가 필요하다. 규칙적인 노력과 그에 잇따르는 승리가 행복의 공식일 것이다. 그리고 트럼프 놀이, 음악, 전쟁처럼 함께하는 행위일 경우, 그 행복은 생생하다.

그러나 고독한 행복도 있는데, 이런 행복에도 행동, 노력, 승리라는 같은 표시가 따르기 마련이다. 구두쇠의 행복, 수집가의 행복이 그것인데, 이 둘 사이에는 서로 아주 비슷한 데가 있다. 구두쇠가 오래된 금화(金貨)에 집착하게 되면 특히 그렇지만, 인색하다는 것은 악덕으로 여겨지는데 칠보(七寶)나 상아(象牙), 그림, 진귀한 책 같은 것을 유리 문짝 속에 넣어 놓는 사람에게 도리어 감탄하는 까닭은 무엇일까? 책을 더럽히면 안 된다고 하면서 절대로 읽지 않는 책 수집가도 있는데, 돈을 다른 즐거움과 바꾸려 하지 않는 구두쇠에 대해서는 비웃는다. 사실 이런 행복도 다른 모든 행복과 마찬가지로 멀리서는 맛볼 수 없다. 우표 수집가는 우표를 좋아하는데, 나는 우표를 잘 모른다. 그와 마찬가지로 권투를 좋아하는 사람은 권투인이고, 사냥을 좋아하는 사람은 사냥꾼이고, 정치를 좋아하는 사람은 정치꾼이다. 자유로운 행동 속에서 비로소 사람은 행복을 느낀다. 마음놓고 행복을 느낄 수 있는 것은 규칙 덕분이다. 축구와 학문 연구도, 요컨대 규율의 승인 덕분이다. 그리고 이런 의무는 멀리서 보면 재미없다. 뿐만 아니라 불쾌하기까지 하다. 행복이란 행복을 찾지 않는 사람들에게로 가는 보답이다.

1911년 3월 18일

괴테와 실러가 주고받은 편지 속에서 볼 수 있는 두 사람의 우정은 아름답다. 서로가 상대에게 한쪽 사람의 성질이 상대의 성질로부터 기대할 수 있는 도움만을 주고 있다. 그것은 한쪽 사람이 상대의 성질을 확인하고 상대에게 자기에게 충실하기만을 요구하는 점이다. 사람을 있는 그대로 받아들인다는 것은 특별한 게 아니다. 어떤 경우라도 거기에 다다르게 마련이다. 그러나 있는 그대로이기를 바라는 것, 여기에 바로 진실한 사랑이 있다. 그래서 이 두 사람은 저마다 자기의 탐구 정신을 발휘해 적어도 이러한 점을 보았다. 즉 차이는 아름답다는 것, 사물의 가치란 한 송이 장미에서부터 말까지라는 식으로 아무렇게나 정리해 놓을 수 있는 것이 아니라 한 송이 장미에서 다른 아름다운 장미로, 한 마리의 말에서 다른 잘생긴 말이라는 식으로 놓을 수 있다는 점이다. 취미에 대해서는 토론하지 말라는 말은 곧잘 하는 말인데, 어느 쪽이 장미를 택하고 어느 쪽이 말을 택하느냐에 대해서라면 그렇게 이야기해도 된다. 그러나 아름다운 장미란 무엇인가, 잘생긴 말이란 무엇인가에 대해서는 토론해도 괜찮다. 의견의 일치점을 발견할 수 있으니까. 그런데 지금의 예는 잘못 되지는 않았지만 아직도 어렴풋하다. 왜냐하면 지금의 예는 아직도 인류, 즉 우리들, 그리고 우리들의 욕망에 종속되어 있기 때문이다. 그림보다 음악 쪽이 좋다고 변호하는 사람은 없을 것이다. 그러나 본디 그림과 그 그림을 그대로 베끼어 그린 그림을 비교해보면, 본디 그림에서는 자발적으로 전개된 자유로운 자질의 표시를 볼 수 있으나 베끼어 그린 그림에서는 의존적인 흔적과 외부 관념에 의거한 전개가 엿보인다는 식으로 하는 토론은 헛일이 아니다. 이 두 시인은 편지에 쓰지는 않았지만, 이런 차이를 틀림없이 마음속으로 느꼈을 것이다. 감탄할 만한 점은, 이 두 사람이 서로 토론을 주고받으며 때때로 완전과 이상에 대해 말을 나누면서도 상대의 본질을 잠시도 놓치지 않았다는 점이다. 그들은 서로 상대에게 충고를 주며 '나 같으면 이렇게 했을 것이다'라고 말했다. 그러나 그와 동시에 두 사람 모두 상대에게 주는 충고가 상대에게는 없는 거나 같다고 확신한다. 그리고 충고를 받는 쪽은 그에 대한 대답으로, 자기가 갈 길을 마음에 정하고 받은 충고를 상대에게 확고히 되돌려 준다.

나는 시인이나 모든 예술가들은 행복이라는 것에 의해, 자기가 할 수 있는 일과 못하는 일을 알게 된다고 생각한다. 왜냐하면 아리스토텔레스도 말했듯이 행복은 능력의 표시이기 때문이다. 그러나 내 생각에 이 규칙은 모든 사람에게 도움이 된다. 이 세상에서 권태에 빠진 사람만큼 무서운 존재는 없다. 이른바 심술궂은 사람들은 모두 심심하기 때문에 불만이다. 심술궂기 때문에 불만에 차 있는 것은 아니다. 오히려 어디를 가나 심심하다는 것 자체가 그들이 자기 완성으로 나아가지 않고 맹목적이고도 기계적인 원인에 따라 행동하고 있다는 사실의 증거이다. 그리고 이 세상에서 가장 심각한 불행과 가장 순수한 악의를 동시에 표현하는 사람은 미친 사람뿐이다. 그러나 이른바 심술궂은 사람, 아니 우리들 한 사람 한 사람 속에서도 그릇된 점과 기계적인 점, 그리고 동시에 노예의 거칠고 사나움을 엿볼 수 있다. 이와 반대로 행복으로써 만들어진 것은 아름답다. 예술 작품이 명료하게 이 점을 증명한다. 얼굴 표정 하나만 보고도 저 사람은 행복하다고 생각될 때가 있다. 그러나 좋은 행동은 그 자체가 아름다우므로 사람의 얼굴도 아름답게 만든다. 그리고 언제든지 아름다운 얼굴이 미움받는 일은 없다. 이 점에서 추측하면 완벽성은 결코 서로 충돌하는 일이 없으며, 불완전함이나 악덕이 서로 싸운다. 공포가 그 뚜렷한 예이다. 그러므로 폭군이나 소심한 자들이 잘하는 속박이라는 방법은 본질적으로 턱없는 노릇이어서, 나에게는 어리석음의 어머니처럼 여겨진다. 속박을 풀고 자유를 되찾아라. 그리고 두려워하지 마라. 자유인은 무장에서 해방된 자이다.

1923년 9월 3일

89 행복은 미덕

우리들에게 외투 정도로밖에 상관이 없는 행복이 있다. 유산 상속이라든가, 복권에 당첨된다든가, 또는 명예도 이러한 종류의 행복인데, 이러한 행복은 우연한 만남에 의존한다. 그러나 우리들 자신의 힘에 의존하는 행복은 이와 반대로 우리들과 하나가 되어 있다. 양털이 붉게 물드는 것 이상으로 행복은 우리들의 몸을 물들인다. 어떤 고대의 현인(賢人)이 난파된 배에서 구조되어 알몸으로 육지에 올라와서 말하기를, '나는 전 재산을 몸에 지니고 있다'고 했다. 이런 식으로 바그너는 그의 음악을, 미켈란젤로는 그가 그릴 수 있었던 모든 숭고한 그림의 상(像)들을 몸에 지니고 있었다. 권투 선수도 그의 주먹이나 다리 연습의 모든 효과를, 왕관이나 금전을 갖는 것과는 다른 방법으로 몸에 지니고 있다. 그러나 돈을 갖는 데도 여러 방법이 있다. 이른바 돈벌이를 잘하는 사람은 무일푼이 되었을 때라도 자기 자신이라는 부를 아직 지니고 있다.

옛 현인들은 행복을 추구했다. 이웃 사람의 행복이 아니라 자기 자신의 행복을. 오늘날의 현인들은 자기 자신의 행복 추구는 고상한 일이 아니라고 입을 모아 설명한다. 그리고 어떤 사람은 미덕(美德)은 행복을 모멸한다고까지 주창하고 있으나 이렇게 말하기는 어렵지 않다. 공동의 행복이야말로 자기 행복의 참된 원천이라고 가르치는 사람도 있지만, 이것이야말로 가장 알맹이가 없는 의견이다. 왜냐하면 주위 사람들에게 행복을 주입한다는 것은 구멍뚫린 가죽 자루에 물을 쏟아 붓는 것이나 마찬가지로, 이처럼 헛된 작업은 없기 때문이다. 내가 보기에는 자기 자신에게 따분해하는 자들을 즐겁게 만들 수는 없다. 반대로 아무것도 탐내지 않는 사람들에게는 무엇인가를 줄 수 있다. 이를테면 음악가에게는 음악을 줄 수 있는 것처럼. 요컨대 사막에 씨를 뿌려 봤자 헛일이라는 말인데, 나는 이 점을 잘 생각해 보고, 아무것도 갖지 않는 자는 받을 수도 없다고 단정하는, 이 씨 뿌리는 사람*[39]에 대한 잠언을 잘 이해하고 있다고 믿는다. 그러므로 자기만의 힘으로 행복을 찾은 사람은 다른 사람 덕분에 더욱 행복해지고 힘을 갖게 될 것이다. 그렇다. 행복한 사람들은 능숙하게 행복을 거래하고 교환한다. 그러나 행복을 주기 위해서는 자기 속에 행복을 지니고 있어야 한다. 그리고 행복해지려고 결심한 사람은 이번에야말로 이런 방면을 잘 보아야 한다. 전혀 쓸모없는 어떤 사랑의 방식으로부터 고개를 돌리고서.

그러므로 나의 의견으로는 내적 행복, 자기 자신의 행복이란 덕에 어긋나기는커녕 오히려 힘을 뜻하는 이 덕이라는 아름다운 말이 나타내듯이 그것 자체가 미덕이다. 왜냐하면 완전한 의미에서 가장 행복한 사람이란 옷을 벗어 팽개치듯이 다른 행복을 예사로 적절하게 팽개치는 사람임에 틀림없기 때문이다. 그러나 그는 자기의 참된 행복은 절대로 팽개치지 않는다. 그런 짓을 할 수가 없다. 돌격하는 보병이나 추락하는 비행사라도 그렇게 행복을 팽개쳐 버리지는 않는다. 그들의 참된 행복은 그들 자신의 생명과 마찬가지로 그들 자

---

*39 《마태오의 복음서》 제13장 참조.

신에게 단단히 밀착되어 있는 것이다. 그들은 마치 무기를 가지고 싸우듯이 그들의 행복을 가지고 싸운다. 쓰러져 가는 영웅에게도 행복이 있다는 말도 여기에서 나왔다. 그러나 이런 경우는 본디 스피노자의 말대로 이런 표현으로 고쳐 말해야 한다. 그들이 행복했던 까닭은 조국을 위해 죽었기 때문이 아니다. 오히려 반대로 그들이 행복했기 때문에 죽을 힘을 가지고 있었다. 위령 (慰靈)의 날의 화환이 이런 식으로 엮어지기를.

1922년 11월 6일

90 행복은 고매한 것

행복해지기를 바라고 거기에 열성을 기울일 필요가 있다. 행복이 들어오든 말든 문만 열어 놓고 공평한 방관자의 태도로 머물러 있다면 들어오는 것은 슬픔뿐이다. 비관주의의 본질은, 단순한 불쾌함도 내버려두면 슬픔이나 짜증으로 변한다는 점에 있다. 할일 없는 아이들을 보고 있으면 그것을 알 수 있다. 아이들은 가만 있지 않는다. 놀이의 매력이란 이런 나이의 아이들에게는 매우 강한 것이어서 배고픔이나 목마름을 일깨우는 과일 따위에 비할 바가 아니다. 그러나 내가 보기에 거기에 있는 것은 오히려 놀이로써 행복해지려고 하는 의지이다. 물론 이것은 꼭 아이들에게만 해당되는 것은 아니지만. 그리고 이런 경우에는 의지가 우위(優位)에 선다. 왜냐하면 뛰어다니거나 팽이치기를 하거나 달음박질을 하거나 외치거나 하는 일이기 때문이다. 이런 것은 금방 실행할 수 있으므로 의지의 범위 안의 일이다. 이러한 결단을 사교(社交)의 즐거움 속에서도 볼 수 있다. 이것은 규칙에 의한 즐거움인데, 그래도 의상이나 태도 때문에 열성을 기울여야 하므로 그것이 규칙을 지지하게 된다. 도시 사람에게 시골이 즐거운 까닭은 시골에 가기 때문이다. 행동은 욕망을 수반한다. 내가 생각하는 바로는 하지 못하는 것은 그것을 하고 싶다는 마음조차 일으키지 않으며, 고립된 희망은 언제나 슬프다. 그러므로 당연히 올 것으로서 행복을 기다리는 한 개인의 생활은 언제나 슬프다.

어디에서나 가정 안의 폭군을 볼 수 있다. 그런 폭군은, 이기주의자는 자기 자신에게 적절한 행복을 주위 사람들이 규칙으로 삼는다고 생각하고 싶어한다. 그러나 사물은 결코 그런 식으로는 운행되지 않는다. 이기주의자가 슬픈 것은 행복을 기다리고 있기 때문이다. 흔히 있기 쉬운 일상의 번거로운 일이 하나도 없더라도 싫증은 찾아온다. 그러므로 이기주의자가 자기를 사랑해 주는 사람이나 자기를 싫어하는 사람에게 강제하는 것은 싫증과 불행의 법률이다. 이와 반대로 유쾌함은 무언가 너그러운 면을 지니고 있다. 받는 것이라기보다도 오히려 주는 것이다. 우리들이 다른 사람의 행복을 생각해야 한다는 것은 사실이다. 그러나 사람들은 자기를 사랑하는 사람들을 위하여 할 수 있는 최선의 일은 무엇보다 자기가 행복해지는 것이라고 말하지 않는다.

이 점은 예의가 우리들에게 가르쳐 주는 것이다. 예의란 내부에 대한 외부의 반응에 따라서 느껴지는 겉보기와도 같은 행복이다. 예의는 영원히 사라지지 않는 법칙이면서도 언제나 잊고 있다. 그러므로 예의바른 사람들은 자신들이 보상받는 줄도 모를 정도로 곧장 보답을 받는다. 젊은이들의 아첨은 대부분 효과가 아주 커서, 나이 먹은 사람들 앞에서 행복의 빛인 아름다움을 결코 잃지 않는다. 이것은 말하자면 그들이 행하는 친절이라는 것이다. 이 친절이라는 말은 실로 여러 가지 의미를 가지고 있으나 그 속에 있는 다른 표현을 사용하면 이유 없는 행복, 샘에서 솟아나듯이 존재 그 자체에서 솟아나는 행복이라고 해도 좋다. 우아라고 하면, 친절에 덧붙여서 좀 더 주의력과 의지가 작용된 경우를 말한다. 이것은 이미 청년의 풍만함을 가지고는 안될 때에 나타난다. 그러나 어떤 폭군이든지 잘 먹는다든가 조금도 심심하고 지루한 것처럼 보이지 않는다든가 하는 경우는 있을 수 있다. 그렇기 때문에 우울한 폭군, 다른 사람의 기쁨을 조금도 좋아하지 않는 듯이 보이는 폭군을 무엇보다도 기쁨을 느끼는 사람들이 타파하고 정복하는 수가 있다. 작가들은 또한 쓴다는 것의 기쁨에 의하여 다른 사람을 즐겁게 한다. 표현의 행복이니 행복한 표현이니 하는 말을 듣게 되는 까닭이다. 모든 장식은 기쁨으로 만들어져 있다. 우리 인간들은 자기에게 쾌적한 것만 서로가 요구한다. 예의가 처세술이라는 아름다운 이름을 얻은 까닭이다.

1923년 4월 10일

91 행복해지는 방법

아이들에게는 반드시 행복해지는 방법을 가르쳐야 한다. 불행이 머리 위에 떨어질 때에 행복해지는 방법을 말하는 것이 아니다. 상황이 그리 나쁘지 않은, 인생의 괴로움이라고는 평소의 자질구레한 걱정거리만 있을 때 행복해지는 방법을 말한다.

첫째 규칙은 현재의 일이든 과거의 일이든 자신의 불행은 절대로 남에게 이야기하지 않는 것이다. 두통, 구토증, 속쓰림, 배앓이 등의 이야기를 남에게 한다는 것은, 이를테면 말씨에 신경을 썼다 할지라도 예의에 어긋난 것으로 간주된다. 올바르지 못하다거나 셈을 잘못하는 것 등도 마찬가지다. 아이들이나 청년, 또는 어른들에 대해서도 다음의 점을 설명해야 한다. 그들은 아무래도 그 점을 너무 잊어버리는 것 같다. 자신에 관한 넋두리는 남을 우울하게 만들 뿐이다. 말하자면 상대가 속내 이야기를 듣고 싶어 하며 위로하기를 좋아하는 경우라 할지라도, 넋두리는 듣는 이를 불쾌하게 만들 뿐이다. 왜냐하면 슬픔이란 독(毒)과 같아서 슬픔을 좋아할 수는 있겠지만 기분이 좋아지지는 않기 때문이다. 결국 정당한 것은 언제나 가장 깊은 감정이다. 누구나 살려고 노력하고 있는 것은 아니다. 그리고 살고 있는 사람들, 즉 나는 만족하다고 하며 자기가 만족하고 있음을 보여 주는 사람들을 구하고 있다. 만약 한 사람 한 사람이 재를 앞에 놓고 울고만 있지 말고 자신의 땔감으로 불을 지핀다면 인간 사회는 얼마나 멋지겠는가!

이런 규칙이 상류 사회의 규칙이었다는 점에 주목하라. 거기에서는 자유로이 말한다는 일이 없었기 때문에 사람들이 심심하고 지루했던 것만은 사실이다. 우리 시민 계급은 서로 사귀어 가까이 지내는 과정에서 그에 필요한, 마음대로 이야기할 수 있는 방법을 완전히 되찾을 수 있었다. 그것은 그것대로 매우 좋은 일이다. 그러나 그렇다고 해서 갖가지 자기의 불행을 갖고 와서 쌓아도 좋다는 뜻은 아니다. 그렇게 되면 더욱더 음울한 심심하고 지루함이 만들어질 뿐이다. 그러므로 사귐의 범위를 가정의 바깥에까지 넓혀야 한다.

왜냐하면 가족이라는 범위 안에서는 서로가 너무 허물없이 지내고 있으므로 사소한 일에도 넋두리하는 경우가 흔히 있기 때문이다. 만약 상대의 마음에 들고자 하는 마음이 조금이라도 있다면 그런 일에 대해서는 생각도 하지 않아야 될 것이다. 권력을 둘러싸고서 계략(計略)을 꾸미는 것의 즐거움은 입에 담기엔 따분한 수많은 걱정거리를 반드시 잊어버리게 해주는 것에서 비롯될 것이다. 계략을 꾸미는 사람은 사서 고생을 한다지만 이 괴로움은 음악가, 화가의 괴로움과 마찬가지로 이윽고 즐거움으로 바뀐다. 더욱이 계략을 꾸미는 사람은 사소한 걱정거리를 입에 담을 기회도 시간도 없기 때문에 누구보다도 먼저 그 걱정거리로부터 자유로워진다.

원칙은 이렇다. 만일 당신이 자신의 고통, 고통이라고 하지만 사소한 고통을 말하는데, 그걸 입에만 달고 살지 않는다면 당신은 언제까지나 그 일을 생각하지 않아도 될 것이다.

지금의 과제인 행복해지는 방법 가운데 좋지 못한 날씨의 좋은 사용 방법에 관한 도움이 되는 충고도 덧붙여 두기로 한다. 내가 이 글을 쓰고 있는 지금, 비가 오고 있다. 기와지붕에서 소리가 난다. 지붕의 골마다에서 졸졸 흘러내리고 있다. 공기는 씻겨서 걸러진 것 같다. 구름은 근사하게 뜯긴 솜과 같다. 이런 아름다움을 포착하는 방법을 배워야 한다. 그러나 사람에 따라서는 비가 농작물을 못 쓰게 만든다고 한다. 또한 진창 때문에 모든 것이 더럽혀진다는 사람도 있다. 또 다른 사람들은 풀 위에 앉기를 매우 즐기는데 비가 와서 나쁘다는 사람도 있다. 물론이다. 모두들 이치에 맞고 당연한 말을 하고 있다. 그러나 당신이 불평한다고 해서 어떻게 될 일도 아니다. 나는 불편한 비에 흠뻑 젖고, 그 비는 집 안에까지 쫓아온다. 모두들 날이 궂은 때일수록 상쾌한 얼굴이 보고 싶은 법이다. 그러니까 날씨가 궂은 때는 얼굴을 활짝 펴도록 해야 한다.

1910년 9월 8일

92 행복해야 할 의무

불행이나 불만 속에서 지내는 것은 어렵지 않다. 남이 즐겁게 해 주기를 기다리는 왕자님처럼 앉아 있으면 된다. 행복을 기다리고 있다가 상품처럼 흥정하는 시선은 모든 것 위에 싫증이라는 그림자를 던진다. 그것도 당당하게. 왜냐하면 거기에는 모든 공물(供物)을 경멸하는 어떤 힘이 있기 때문이다. 그러나 내가 보는 바로는 거기엔 또 아이들이 만들어 내는 뜰처럼, 사소한 것에서 행복을 만들어 내는 교묘한 직인(職人)들에 대한 초조와 노여움이 있다. 나는 달아난다. 나는 경험에 의해 심심하고 지루해하고 있는 사람들의 기분을 바꾸어 줄 수 없다는 사실을 잘 알고 있다.

그와 반대로 행복은 보기에도 아름답다. 더없는 구경거리이다. 아이보다 더 예쁜 것이 또 있을까? 그러나 아이는 모든 것을 자기의 놀이에다 열중한다. 자기를 위해 남이 놀아 주기를 기다리지 않는다. 물론 응석꾸러기는 우리들에게 다른 얼굴을, 모든 기쁨을 거절하는 얼굴을 보이는 수도 있다. 그런데 다행스럽게도 아이는 금방 잊어버리는 법이다. 그러나 누구나 본 일이 있겠지만, 결코 뿌루퉁한 표정을 거두지 않는 아이들도 있다. 그들의 말에도 근거가 있음은 알고 있다. 행복해진다는 것은 언제나 어렵다. 그것은 많은 사건, 많은 인간과의 싸움이다. 지는 수도 있다. 어쩔 수 없는 사건이라든가, 새내기 스토아주의자로서는 감당 못할 불행이 있는 것만은 확실하다. 그러나 힘을 다해 싸운 뒤에야 졌다고 생각해야 한다는 사실은 아마도 가장 이해하기 쉬운 의무일 것이다. 그리고 내가 보기에 그보다 더 틀림없다고 생각하는 것은, 바랄 때에만 행복해질 수 있다는 점이다. 그러므로 자기의 행복을 바라기만 하고 그걸 만들지 않아서는 안 된다.

아직 충분하게 말하지 못했지만, 행복은 다른 사람을 상대로 삼아서 지는 의무이기도 하다. 행복한 사람만이 사랑받을 수 있다는 것은 이치에 맞고 당연한 말이다. 그러나 이 상(賞)이 정당하고 당연하다는 말을 빠뜨리고 있다. 왜냐하면 불행이나 싫증, 절망이 우리들이 호흡하는 이 공기 속에 있기 때문이다. 그러므로 이런 오염된 공기 속에서 견뎌 내며, 공공 생활을 정력적으로 몸소 정화해 준 이에게 우리들은 감사하고 전사(戰士)라는 영예로운 관(冠)을 바칠 의무가 있다. 이 점을 생각하면 사랑 속에서 행복해지기를 맹세하는 이상으로 심오한 것은 없다. 사랑하는 이의 싫증, 슬픔, 또는 불행만큼 이겨 내기 어려운 것이 또 있을까? 모든 남녀들은 줄곧 다음과 같이 생각해야 한다. 행복이란 자기를 위해서 얻어 내는 행복을 뜻하지만, 그것은 더없이 아름답고 더없이 너그러운 공물이라고.

더 나아가서 행복하고자 결심한 사람들을 칭찬하고 장려하는 뜻으로 주는 상으로서 시민의 월계관 같은 것을 나는 제안하고 싶다. 왜냐하면 나의 의견으로는 이런 모든 시체, 모든 폐허, 이 턱없는 낭비, 경계를 위한 공격 등은 결코 행복해질 수 없었던, 그리고 행복하고자 하는 사람들을 용서할 줄 몰랐던 자들이 저지른 짓이기 때문이다. 어렸을 때 나는 좀처럼 굽히지 않는 매우 둔한 중석(重石) 같은 소년이었다. 그래서 슬픔과 심심함, 지루함 때문에 말라빠진 속돌 같은 소년이 내 머리를 잡아 끌거나 꼬집거나 해서 나를 업신여기고는 기뻐했었다. 그렇지만 끝내 내가 주먹으로 힘껏 갈기는 것으로 매번 마무리를 짓곤 했었다. 지금은 직감으로 싸울 준비를 해야 한다는 것을 느꼈을 때는 결코 이유 따위는 찾지 않는다. 다른 사람의 태평무사를 배 아파하는 그런 악당들에 대해서는 이제 충분히 알기 때문이다. 이런 까닭에 평화로운 프랑스는 평화로운 독일처럼, 내가 볼 때 몇몇 장난꾸러기에게 학대받다가 나중에 가서 버럭 화를 내고 마는 튼튼한 아이이다.

1923년 3월 16일

93 절약해야 한다

비관주의는 기분에서 비롯되고, 낙관주의는 의지에서 비롯된다. 남이 하는 대로 맡겨 두는 인간은 슬프다. 그러나 이것만으로는 표현이 모자란다. 그들은 이윽고 흥분하고 분노한다. 흔히 보는 일이지만, 아이들 놀이에 규칙이 없으면 싸움이 되어 버리는 것과 같다. 이런 경우, 자기가 자기를 물어뜯는 터무니없는 힘이 원인이다. 결국 유쾌함이라는 것은 존재하지 않으므로, 정확하게 말한다면 기분은 나쁜 게 보통이며 모든 행복이란 의지와 억제의 산물이다. 어떤 경우이든 이론은 노예이다. 기분은 당치도 않은 체계가 조직되는 현상이어서, 그 확대된 현상을 미치광이에게서 볼 수 있다. 자기를 피해자로 알고 있는 불행한 사람의 말에는 언제나 그럴듯함과 웅변이 있다. 낙관주의의 웅변은 이를테면 마음을 진정시키므로, 이것은 다만 지껄여 대는 분하고 노여운 감정에만 맞섬으로써 누그러뜨리는 것이다. 효능을 보여 주는 것은 어조이며, 말은 콧노래 정도의 뜻도 갖지 못한다. 불쾌함에 따르기 마련인 개처럼 으르렁거리는 행동은 가장 먼저 고쳐야 한다. 이것은 우리 내부에 있는 확실한 병으로서, 우리 외부의 모든 종류의 병의 원인이 되기 때문이다. 그렇기 때문에 예의가 정치의 좋은 규칙이다. 예의와 정치라는 두 말은 친척이다. 예의바른 것은 정치와 관계되는 성질을 띤다.

이에 대해서는 불면증이 설명해 준다. 생존 그 자체가 견딜 수 없는 것이라고 믿고 싶어지는 불면이라는 이 기묘한 상태는 누구나 다 알고 있다. 여기서 더 깊이 들어가 관찰해야 한다. 자제심은 존재의 일부를 이룬다. 아니, 존재를 조직하며 확립하고 있다는 편이 낫다. 먼저 행동에서 일이 시작된다. 나무를 톱으로 켜고 있는 사람의 머릿속은 순조롭게 회전한다. 사냥개의 무리가 먹이를 찾을 때는 자기네들끼리 싸우지 않는다. 그러므로 사고(思考)의 병에 탁월한 효과가 있는 약은 톱으로 나무를 켜는 것이다. 그러나 사고가 척척 돌아가면 생각한다는 것 자체가 사고를 진전시킨다. 선택하면서 손에 쥔 패를 버리는 것이다. 이번에는 불면증의 경우인데, 이 병의 증상은 잠을 자고 싶어서 자기 자신에게 꼼짝도 하지 말고 선택도 하지 말라고 명령하기 때문이다. 이러한 자제의 결핍 상태에서 곧 운동과 관념이 함께 기계적으로 움직이기 시작한다. 말하자면 개싸움이다. 모든 운동이 경련을 일으키고 모든 관념이 자극을 준다. 이런 때는 둘도 없는 친구라도 의심하는 법이다. 어떤 징조라도 나쁘게 해석한다. 자기 자신도 우습고 바보같이 보인다. 이런 증상은 매우 완강해서 목재를 톱으로 써는 것에 비할 바가 아니다.

여기에서 낙관주의는 서약이 필요하다는 사실을 잘 알 수 있다. 처음에는 아무리 기묘하게 보이더라도 행복해질 것을 서약해야 한다. 주인의 매로 개의 울부짖음을 멎도록 해야 한다. 끝으로 조심하기 위해 모든 비관적 생각을 사람을 그럴듯하게 속여넘기려는 생각으로 보아야 한다. 그렇게 해야 하는 이유는, 아무것도 하지 않고 있으면 곧 저절로 불행해지기 때문이다. 심심하고 지루함이 무엇보다도 좋은 증거이다. 그러나 우리들의 관념 그 자체는 자극을 주는 것이 아니며, 우리들을 짜증나게 하고 우리 자신이 흔들리고 있음을 가장 잘 나타내는 것은 온몸의 긴장이 흐트러져 느슨해진 상태인 행복한 졸음 상태이다. 이것은 오래 지속되지 않는다. 이런 식으로 잠이 예고될 때는 곧 잠이 온다. 이런 경우 자연의 힘을 도와서 잠을 자는 요령은, 주로 어중간하게 사물을 생각하지 않는 것이다. 생각하는 일에 모든 노력을 기울이든가, 아니면 억제되지 않는 생각은 모두 거짓이라는 경험을 살려서 아예 생각하지 않든가 이 둘 중의 하나이다. 이 과감한 판단이 억제되지 않는 생각을 모두 꿈의 위치에까지 끌어내리고 조금도 가시가 없는 행복한 꿈을 마련해 준다. 반대로 꿈풀이는 무엇이든지 과정해서 설명한다. 그것이야말로 불행의 문을 여는 열쇠이다.

1923년 9월 29일

Esquisses De L'homme
인간론

인간론

1 놀랄 만한 우리들의 유년시대

예컨대 어린이들이 자신의 가장 먼 옛날 광경을 다시 볼 수 있다고 하더라도 그들로서는 그것이 믿어지지 않으리라. 왜냐하면 유희(遊戲)를 할 정도가 된 어린이란 이미 하나의 작은 어른이므로, 바닷가에서 모래 성벽을 쌓거나 나무에 걸린 공을 떨어뜨리려고 할 때 어린이는 제법 궁리를 한다. 그러나 좀 더 어려서 팔에 안겨 있던 무렵에는 아무것도 하지 않았고, 하고 싶어도 할 수 없었다. 그래서 또한 그로서는 어느 것 하나도 이해할 수 없었다. 있는 장소도 멋대로 바뀌고 만다. 객차(客車)에 쳐놓은 해먹 속에 눕혀져 잠든 채 몇 킬로미터나 여행한 뒤, 해변이며 바다며 배가 나타나는 광경을 본다. 놀라서 눈이 휘둥그레지면 어머니나 유모의 동작 하나로 갑자기 유모차의 씌우개가 내려져 그 어린이의 시야로부터 모든 것을 가리고 만다. 이런 식으로 이 세상의 보물도, 구경거리도, 몇몇의 아주 좋아하는 힘센 사람들의 형편에 따른 것이었으며 더욱이 그 사람들의 변덕은 까닭을 알 수 없었다.

창문의 덧문이 닫히면 시야에서 뜰이 없어지고 만다. 게다가 덧문이 무엇인지 그가 알 수나 있겠는가. 자기 스스로 그것을 여닫는 경험을 하지 못하는 한 전혀 알 까닭이 없다. 그러므로 일단 물건을 손에 쥐고 다룰 수 있게 되면, 그 어린이는 싫증을 낼 줄 모르고 부지런히 이 물건을 내놓게 한다. 바야흐로 이번에는 그 자신이 마술사 노릇을 한다. 그렇다고는 하지만 처음부터 이랬던 것은 아니다.

처음에는 여러 가지로 크게 소리 질러서 겨우 필요한 물건을 나타나게 한 정도가 고작이었다. 물건을 찾으러 간다기 보다는 물건을 불러 내는 이 방법은, 아이가 성장한 지금 와서 생각하면 그에게는 웃음거리일지도 모른다. 공을 올려다보며 제발 내려와 달라고 그가 부탁하고 있는 광경 따위는 이제 보려고 해도 볼 수 없다.

　그렇지만 그는 곧 알리바바나 알라딘이나 신데렐라 이야기를 듣게 된다. 그 이야기에서는 물건이 명령대로 나타나기도 하고 사라지기도 하며, 모든 일이 마술쟁이나 마녀의 뜻대로 된다. 문이 열리고 보물이 나타나고, 궁전이 눈 깜짝할 사이에 지어진다. 그리고 마법의 양탄자는 산을 넘고 바다를 건너 순식간에 사람을 실어 나른다. 문제는 이런 물건 임자들의 마음에 들도록 잘 보이느냐, 그것뿐이다. 그리고 거치적거리는 인물은 언제나 나이 많은 남자나 여자로서, 어떠한 사람의 말로든 이 인물을 설복시켜야 한다.

　그리고 또한 흔히 있는 일이지만 이런 거인(巨人)으로서의 어떤 자는 좀 더 힘이 센 또 하나의 거인 말만 들으며, 그리하여 이 또 한 사람의 거인이 호의를 보여 준다. 모든 것이 은혜이고 바랄 수는 있지만, 또한 겁을 낼 필요도 있다. 단 한 마디로 부자가 되기도 하고 또 가난해지기도 한다. 이 또 하나의 세계를 앞에 두고서 어린이는 걸음을 멈춘다. 그는 이 세계를 믿고 있을까. 이 세계는 믿을 수 있는 것일까.

　아니다. 나무를 흔들거나 그저 조약돌을 교묘하게 던져 나뭇가지에 맞추거나 하면 공이 떨어지겠지 하고 믿듯이 이 세계를 믿을 수는 없다. 그는 거리 모퉁이에서 자기 집을 발견해 낼 수는 있다. 집은 거기에서 그를 기다리고 있다. 집은 그를 속이지 않는다. 그는 자기의 눈을, 자기의 손을, 자기의 다리를 믿는다. 또한 그가 던지는 저 조그만 비행기, 그것은 그가 얇은 종이로 알맞게 접어서 만들었다. 그는 이미 물리학자이다. 그래서 날고 싶다는 생각만으로 곧 공중으로 날아오르려는 인물, 다리를 쓰지 않고도 달려가는 저 별세계의 인물 따위를 비웃는다.

　그러나 그렇다고는 해도, 이런 불가사의가 그에게 전혀 관계 없는 일이라는 말은 아니다. 또한 옛날에는 그랬단다, 하는 식의 말도 그는 듣는다. 그리하여 그로서도 실제로 유모나 유모차의 옛날은 그런 식이었구나 하고 막연하게 느낀다. 그것을 믿을 수는 없지만, 어쩌면 믿을 수 있을 듯도 하다. 이 어린이는 어른들의 추억의 기슭에 있게 된다. 세상의 모든 어른들이 잊고만 있을, 겨우 생각해 낼 수 있는 곳까지 와 있다. 마치 아주 어렸을 무렵에 있던 장소를 훨씬 뒷날에 와서 다시금 본 사람과도 같다. 틀림없이 그 자리라고 할 수는 없겠지만, 어쩐지 그 장소가 오랜만에 보는 것처럼 반갑다.

옛날이야기 속의 장소는 실제로 우리가 아주 어렸을 무렵의 장소이다. 우리는 이것을 진실한 것으로 느낀다. 바꿔 말하면 우리 몸에 가장 깊게 밴 사상과 조화되었다고 느낀다. 확실히 여기에 믿음, 모든 것을 받쳐 주는 믿음이라는 것이 나타난다.

외부 세계에 대한 우리의 믿음이란 주로 어릴 적에 들은 알라딘 이야기와도 같은 환상 속에나 있을 법한 세계에 그 근거가 있다. 그 이유는 곧 알 수 있다. 생각건대 여기서는 이제 부조리해졌다고 해서 존재치 않는다는 이론은 성립되지 않으므로, 세계에 대한 이의(異議)는 모두 의미가 없어지고 만다.

괴로움이 없는 회의에 가끔 잠겨 있는 이 세상 철학자들에게 어린이의 환기는 교훈을 줄 수도 있는 셈이다. 실로 이 깊이에 우리 사상의 가장 긴밀하며 가장 훌륭하게 짜여지고 가장 쓸모 있는, 그리고 우리들에게 가장 건강한 직물(織物)이 있다.

이리하여 옛날이야기를 읽음으로서, 사실 우리들은 산소를 마시는 셈이 된다. 있을 턱이 없는 일이 씌어 있다. 이치로 말한다면 그 일을 믿을 수 없다. 그래서 가볍게 웃어넘기고 싶지만, 그러나 그런 일들이 우리를 기쁘게 해 준다. 그런 일들은 우리가 이미 겪어 온 한 시기와 연관을 갖고 있다. 문을 연다는 등의 엉뚱하고 신기하게 일을 해치우는 힘을 가진 거인들로 가득 차 있었던 시기와 어떤 연관을 갖고 있다는 말이다. 이야기꾼의 마법의 말에 의해 문이 열리고, 우리는 자기 집으로 돌아가듯이 공포와 욕망과 희망의 집 속으로 들어간다. 문을 열면 하나로 이어지는 그런 환상 속에나 있을 법한 세계의 일들이, 우리에게 믿음을 주는 일들이 있는 곳, 이곳이 실로 우리 모두가 태어난 집이다. 그리고 기적과도 같은 일들이야말로 실제 우리로서는 난생 처음 접했던 대상이었기 때문에, 우리는 이에 냉철한 이성(理性)으로도 없앨 수 없는 어떤 호감이 가는 감정을 품어 나갈 수 있다.

1933년 12월 1일

2 머리통과 손

8월의 더운 날들, 인간의 자식은 거의 알몸뚱이로 공원에 끌려나오고 있다. 하찮은 벌레 같이 가냘픈 모습들이지만, 두드러지게 나타나는 특징이 두 가지 있는데, 그것은 커다란 머리통과 재주있는 손이다. 확실히 서로 비슷한 점을 봐야 하지만 그것으로 서로 다른 성격이 명백해져야만 한다. 인간을 동물로 생각해도 좋다. 영혼이니 하는 것은 하나의 추상에 지나지 않으며, 이렇게 추상과도 같은 영혼이 무엇을 해명해 주지도 않는다. 그러나 영혼을 부정하고 모든 형태를(그 형태와 같은) 하나의 관념 아래에 생각하려 하는 또 다른 관점일지라도 이 또한 하나의 추상이며, 사람이 생각하는 만큼 그렇게 형이상학과도 같은 영혼과 사물의 형태가 서로 다르지는 않다. 생명, 자연, 그리고 체계까지도 무엇이고 해치우는 영혼이라고 할 수 있다. 다윈의 타고난 재능은 안이한 길을 개척하고 말았다. 덕분에 인간과 짐승 사이의 친척 관계, 나아가서는 계통상의 선후 관계가 쉽게 발견된다. 그러나 이런 사고방식이 미칠 수 있는 범위란 뻔하다. 내 생각으로는 다윈의 시각은 서로 다른 쪽을 더 잘 포착한다고 생각한다. 그는 형태에서 비롯된 모든 이유를 통찰하고, 모든 부분이 서로 받쳐 주고 서로 응하고 있는 균형잡힌 이 짝지움을 판단한다. 특히 안정된 형태에는 먼저 행동을 결부시키고, 이어서 상념도 결부시켜 생각한다는 식이다. 왜냐하면 중요한 것은 개개의 존재를 저마다 있는 그대로 인식하는 것이고, 온갖 관념이나 가설은 여기에서는 다만 수단이며 도구에 지나지 않기 때문이다.

이를테면 인간은 원숭이를 닮았다고 하지만 이것은 매우 추상과도 같은 관념으로서, 이 관념을 그대로 내버려 두어서는 안 된다. 그런데 이것은 훌륭한 발판을 만드는 것이긴 해도 건물을 짓는 것은 아니다. 인간이 원숭이의 자손이라는 문제에 대한 생각에는 건물과는 달리 전혀 목표가 없다. 원숭이에게도 손이 있다. 그것도 네 개나 있다. 원숭이가 쉽게 호두껍데기를 벗기기만 해도 이 유사성에는 적이 놀라게 된다. 그러나 나는 다시 어린이의 저 커다란 머리 모양에 대해 말하고 싶다. 어떤 원숭이 새끼라도 이런 머리 모양은 갖고 있지 않다. 그렇기 때문에 원숭이는 옛날대로 재주 있는 흉내는 여러 가지로 내지만, 발명하는 능력은 여전히 없다.

그 네 개의 손을 이 작은 머리 모양과 관련지어 생각한다면, 이른바 원숭이 흉내의 정의를 내릴 수 있게 된다. 유사성에서는 곧 커다란 서로 다른 성격이 떠오르게 된다. 그리고 원숭이가 인간 흉내를 내면 낼수록 더욱더 그 성격이 뚜렷해진다.

당당한 머리 모양, 그리고 손, 이것으로 인간이라는 존재를 아주 잘 정의할 수 있다. 하지만 또 한 가지의 사소한 점에 주의한다면, 감정이라는 것으로 가장 잘 설명된다.

대응하는 뇌엽(腦葉)의 크기로 판단하건대, 떨어져 있는 곳을 찾는 감각 중 최고의 감각은 원숭이에게는 후각이고, 인간에게는 시각이다. 충분히 돌아보고 깊이 생각하면 이런 차이점은 통찰할 수 있다. 왜냐하면 시각이란 상당히 약하고 섬세한 쾌·불쾌감에 의해 온갖 관계를 포착하는 감각으로, 머리통과 뇌에 관계되기 때문이다. 후각은 좀 더 직접적으로 호흡이나 영양을 맡아서 주관하는 내장 기관에 관계되고, 모든 조직의 연속성에 의해 이런 기관에 연결되어 있다. 냄새에 의한 사물의 판단은 사물을 쾌(快)라고 판단하는 것을 말한다. 그래서 원숭이는 식물의 세계 속을 돌아다닌다. 냄새를 맡는 행위는 한층 더 직접적으로 자기 자신을 느끼는 것이며, 또한 주요한 대상으로서 자기 자신의 밥통으로 돌아가는 것이다.

이제 이런 점에 주의하여 표정이 풍부한 인간의 얼굴 전체와 관련지어 생각해 보면, 눈은 정념을 표현하고 코끝의 양쪽 부위는 직접적 감동을 표현한다고 할 수도 있으리라. 이렇게 생각해 볼 때, 공증인(公證人)이 된 자는 마땅히 호흡기관의 사소한 움직임에도 주의해야 할 것이며, 목격자의 의견 따위에 비중을 두어서는 안 된다.

반대로 괴테가 인간의 시선이 지닌 저 날카로운 광채를 어째서 그토록 중요하게 생각했는지도 이해할 수 있다. 어쩌면 괴테는 그 인간만이 지니는 눈의 광채에서 이론, 즉 조용히 사물의 이치를 관찰하는*1 저 표적을 들여다보았을 것이다. 이런 광채 없이는 인간이란 없고, 있는 것은 다만 냄새를 맡고 다니는 불안하고 겁에 질린 동물에 지나지 않는다. 그리고 괴테가 그 확고하고 움직이지 않는 눈, 하이네가 '다만 신들만이 저렇듯 응시할 수 있다'고 말하게 한 눈으로 응시했던 곳도 그 눈이다.

움직이는 눈, 피하는 눈은 도둑의 눈이다. 종속된 눈이다. 시선은 언제나 신변을 살피고 있고, 신체가 떨리면 시계(視界)도 함께 떨린다. 기분이 모든 것을 들뜨게 하여, 모든 것은 생명의 직접적인 움직임에 순응해야만 의미를 갖게된다. 이미 행동은 가지느냐, 단념하느냐 이 두 가지밖에 없다. 시선을 살피는

---

*1 '이론'을 뜻하는 Theorie는 '관찰하다'라는 뜻을 지닌 고대 그리스어 theroéein에서 비롯되었다.

것도 다만 물건을 훔치기 위한 것에 지나지 않는다. 인간의 몸짓 중 가장 아름다운 것은 갖는다는 것을 단념하는 것이다. 그것은 물건을 있을 만한 장소에 두고 조용히 관찰한다. 인간에게는 모든 것이 구경거리이며, 자기의 행동마저도 그러하다. 그렇다고 해서 인간이 부드럽고 화목하다는 것은 아니다. 반대로 모든 것을 질서있게 하는 저 활동성 때문에 두려워할 만하다. 사람은 30년 뒤에 일어날 일을 결정짓기 위해서 싸운다. 그러므로 이것은 원숭이의 싸움과는 다르다. 손이 활동하는 것이 아니라 두뇌가 활동한다. 코가 냄새를 맡는 것이 아니라 눈초리가 꿰뚫어 본다. 먹이를 찾는 것이 아니라 질서를 찾는다.

사람이 이에 이를 수 있는 것도 관념 덕분이다. 동물적인 힘은 폭발하는 힘이다. 다스리기만 잘하면 이 힘은 땅의 표면도 바꾼다. 한편 정신은 너무나도 힘차고 자신의 덕에 의해 강건해지지만 악 또한 번창한다. 마술사인 어린이가 약속하는 바는 이것이다. 그 머리 모양, 그 손을 갖고서 그는 한낱 폭군으로 태어난다.

1921년 8월 3일

3 플라톤의 공화국

플라톤은 인간 신체를 통해서 겉으로 드러나지 않는 작은 상념까지도 알아내는 그 힘으로 언제나 나를 놀라게 한다. 확실히 그는 혈액의 활력에 의해 싫증날 줄 모르는 배 위쪽에, 흥분하기 쉬운 가슴을 갖고 있다. 또 이 가슴 위에 강한 머리를 갖고 쾌락과 야심과 지식이라는 세 가지 경험을 훌륭하게 이끌어가는, 저 아주 드문 사람들 중의 한 사람이었다. 이리하여 우리 보잘것없이 작은 인간들은 자루처럼 뒤집어지고, 그 속 알맹이는 저녁놀에 물든 목장에 그대로 노출되어 방랑하는 영혼이 그곳에서 하나의 운명을 찾게 된다.[*2] 그러나 영혼은 그 운명을 선택할 것인가? 오히려 반대로 절단된 벌레처럼 자기의 끊긴 도막을 찾아내어 그러모은 뒤, 본디 모습으로 달아나 여전히 똑같은 일을 되풀이한다. 대개 예지와 야심과 탐욕 사이의 유일한 심판자인 머리가 통치하는 대로 살지 않았기 때문이다. 그 자신이 이것에 대해 말하고 있다. 이렇게 말하는 것도, 그가 남김없이 모든 것을 이미 말했기 때문이다. 내가 흥

---

*2 플라톤의 《공화국》 '엘의 신화' 참조.

강적(胸腔的) 인간이라고 하고 그가 공명정치적 인간*3이라고 하는, 갑옷과 투구에 사로잡힘과 동시에 야심과 자부심에 사로잡힌 인간은, 이 인간 자신이 실로 머리를 갖지 않았기 때문에 그 자신의 덕인 머리 없는 덕을 심판할 수가 없다. 하물며 예지를 갖지 못하고 비용 지출을 겁내는 마음이 있을 뿐인 금권정치적(金權政治的) 인간에게는 더 말할 나위도 없이, 머리 없는 판단을 심판할 수 없다. 이런 두 종류의 인간이 우리 사이를 활개치고 있다. 이 분노하는 가슴이 무언가 의견을 토해내고, 불안하고 약삭빠른 배 또한 의견을 토해낸다. 심장의 사상, 위의 사상도 본디 위치, 본디 수준에서는 어떤 의미에서 진실한 사상이다. 그러나 누구에게 진실한가? 이런 사상은 어깨가 떡 벌어진 플라톤이 말한 공화국 안을 거닐면서 판단되는 대로 관찰하는 인간들의 개미집 안과 같다. 그렇더라도 플라톤의 《공화국》은 주로 각 인간의 내적 통치를 다룬다고 대체 누가 지적이라도 했는가.

이 책에서 정치에 관한 부분은 막연하게 표현되었는데, 말하자면 성급한 독자를 어리둥절케 하기 위한 것 같다. 플라톤은 오해될 것 같으면 차라리 이해되지 않는 편이 좋다고 생각하고, 늘 조심스럽게 도사려 막연하게 표현했다. 민주적 상태에 관한 그의 문장은 정치를 통렬하게 풍자한 것이다. 그리고 참주정치 부분은 실제 역사에서 끌어낸 역사 이론의 훌륭한 한 장이며, 이 부분은 그 뒤 몇 번이나 실증되었다. 그러나 쓰디쓴 진리는 민주적으로 통치된 개인에 대한 묘사 속에 있다. 이 민주적 통치 아래에서 인간의 지혜는 욕망이 평등한 권리를 갖는다는 것에서 비롯된다. 여기서 일종의 덕이, 나아가서는 일종의 사상마저도 생겨나지만 그것들은 오히려 모두 기분 전환이다. 그들은 민주 국가와 모습은 비슷하지만, 민주 국가에서는 보다시피 당나귀나 강아지까지도 하나같이 무언가를 요구한다. 물론 자기자신이 무엇을 요구하고 있는지 알고 있는 것은 아니다. 여기서는 또한 낙천적이고 절제가 없으며 어떠한 음악, 어떠한 그림, 어떠한 학설, 어떠한 일거리, 어떠한 쾌락이라도 훌륭한 위안거리로 삼아 즐기는 그런 패들도 있다. 이런 무질서에는 나쁜 뜻은 없다. 민주적 인간은 온순하여 남이 하라는 대로 한다.

쿠데타는 이런 경계 없는 영혼을 참주정 속에 던져 넣어 버리는데, 이것이

---

*3 플라톤은 국가의 정체를 귀족정, 공명정, 과두정, 민주정으로 분류했고 이것에 대응하는 인간의 자세를 논했다.

참혹한 비극을 낳는다. 이미 여기에는 존중할 만한 법도 특권도 성채(城砦)도 없기 때문에 크나큰 사랑이 온갖 욕망을 모으고, 가장 좋은 분자도 가장 형편없는 분자도 자신의 군대에 받아들이면서 흩어져 있었던 힘에 지향점을 제시하고, 무질서와 탄환의 연기 속에서 권력을 잡고 용기와 이성을 천한 노예처럼 붙들어 놓으며, 이 노예에게 명령을 내려 이것을 명예와 지혜의 표지로 장식한다. 이 뒤집힌 질서야말로 가장 형편없는 상황이다. 인간에 대한 참된 묘사, 그것도 결코 거짓을 행한 적이 없는 한 사람의 화가가 묘사한 것이 실제로 존재한다는 사실, 요점만 간추린 이 빈약한 묘사를 사람들이 잘 이해한다면 그것으로 충분하다.

읽는 사람이 너무 적기는 하지만, 이치에 맞고 유명한 이들 문장에는 여성이 잊혀 있다. 플라톤의 저 방랑하는 영혼은 일찍이 여자였다는 추억을 가지고 있지 않다. 게다가 플라톤다운 강한 두뇌는 교묘하게 날조된 의존하고 영합하는 관념은 피했다. 가장 힘센 사상가들에게 공통된 이런 신중성 때문에, 여성의 본성을 우리는 오리온 별자리의 성운(星雲) 정도로밖에는 잘 모른다. 남성에 비해서 한층 더 배와 잘 연결된 또 다른 가슴, 또 다른 명예심, 또 다른 수치심, 그리고 또 다른 수학, 이런 것들을 충분히 우리에게 그려내 주기 위해서는 여자 플라톤이라는 사람이 필요할지도 모른다. 왜냐하면 정신은 하나의 자루 속에 갇혀 있으나, 그 정신이 그 안에서 어떤 소란을 만나고 어떤 종류의 평화를 그 안에 이룩할 수 있을지는 아직 완전히 알 수 없기 때문이다.

그리고 여자의 본성은, 아기를 낳는 기능에 의해 질서와 규범의 강한 원리를 보유한다. 그리고 이 기능은 필연적으로 다른 모든 기능들을 변화시켜 활용하는 동시에 정신을 지상으로 다시 이끌어낸다. 모성의 의무에 이렇게 동시에 이끌리게 되면 아마도 이제까지 힘에 맡겨져 왔던 인간 세상의 폭풍우에 새로운 면모를 가져다 줄 것이다.

1922년 4월 4일

4 플라톤의 자루 속

같은 하나의 자루 속에 함께 꿰매넣은 현자(賢者)와 사자, 백 개의 머리를 가진 히드라, 이것이 인간이라고 플라톤은 말한다. 히드라는 결코 먹고 마시기를 멈추지 않는다. 아무리 위대한 현자라도 하루에 세 번은 식탁에 앉는다. 그리고 다른 곳에서 음식을 가져다 주지 않으면, 그 또한 곧 집쥐처럼 모든 것을 잊고서 먹을거리를 찾아다녀야 한다. 그렇기 때문에 현자는 저축이 있었으면 하고 바라고 결핍을 두려워한다. 빈곤이나 욕망은 모두 배 때문이라고 생각하는 게 좋다. 배는 두려운 부분이다. 배 위에 머리가 올라앉으면 비굴한 현자라는 인간상이 만들어진다. 이것으로는 아직 하나의 인간이라고 할 수 없다. 아직도 모자라다. 이런 종류의 우화에서 사자는 노여움을 표현한다. 또는 옛사람의 이른바 성급한 자를 표현한다. 나는 이 사자를 갑옷과 투구에 싸인 헛된 근육이 고동치고 있는 가슴에 둔다. 이것은 전투적인 부분, 분노하고 또한 용감한 부분이다. 그리하여 세상의 말투가 심장의 둘레에 정념이 산다는 사실을 나에게 환기시켜 준다. '로드리그, 너에게는 용기가 있느냐'*4 이것은 로드리그가 허약한가, 배가 고픈가, 겁쟁이인가, 하는 물음이 아니다.

이런 관점은 꽤 먼 곳까지 사람을 인도한다. 인간은 욕망보다도 노여움 때문에 더 무섭다. 욕망은 타협하고 거래한다. 그러나 수치스러운 사람과는 아무도 타협하지 못한다. 내 생각에 정념을 낳는 것은 무엇보다도 먼저 모욕이라고 생각한다. 쾌락이 거부될 때 이를 달게 받아들일 수도 있다. 또한 악덕은 무사안일주의에서 비롯되므로 아마도 본질적으로 못난 덕이기도 하다. 그러나 쾌락의 거부도 거부되는 방법에 따라서는 하나의 모욕이 될 수 있음을 모르는 자가 있겠는가. 사랑하는 사람이 배신하는 일은 굶주림에 지나지 않는다. 배의 슬픔에 지나지 않는다. 그러나 만일 그가 웃음거리가 되었다면 드라마가 시작된다. 자존심과 노여움이 하나가 되고, 이 움직임은 배보다도 오히려 머리에 의해 이루어진다. 한 인간의 값어치가 다른 인간만 못하지 않다고 하는 이 머리에 비중을 둔 관념은 곧잘 용기에서 생긴다. 그러나 그것은 또한 판단에서도 나온다. 그렇다면 현자와 사자는 모욕을 참을 수 없다는 점에서는 일치되기도 한다. 사실을 말한다면, 인간은 많은 것 없이도 훌륭히 해나갈 수 있다. 그러나 자기가 줄 못을 거부하고 주지 않는 경우에도 모욕을 주는 방법이 쓰일 수 있다. 이런 점에서 사태가 악화된다.

사랑의 정념에서 교태를 부리는 여인은 때로 꽤 고생을 해가며 겨우 상대

---

*4 코르네유의 비극 《르 시드》에서. '심장'을 뜻하는 '쾨르(cœur)'에는 '용기'라는 뜻도 있다.

로 하여금 욕망을 갖게 해놓고는 곧바로 거부하는 경우가 흔히 있다. 아무런 욕심도 없는 사람에게 십자훈장이니 학술원의 자리니 하는 것을 들먹여 상대에게 그 욕망을 일으키게 한 다음, 곧바로 그 미끼를 잡아당겨 보라. 이런 태도는 때로 장관(ministre)이 보이는 아양을 떠는 태도이며 언제나 셀리멘느*5가 보이는 교태이다. 이것은 두 번씩이나 상대를 모욕하는 것이며 조롱하는 것이다. 주의해야 할 일이지만, 약속된 바가 귀중하거나 유쾌하거나 아름답지 않으면 않을수록 대개 그 노여움은 더 크다. 왜냐하면 실체가 그것뿐인 것에 이미 욕망을 일으켜 버렸으니까. 이때 사자가 으르렁거리기 시작한다.

혁명과 전쟁은 빈곤의 아들이라고 하는 생각이 꽤 일반적인 사고방식이다. 그러나 이런 생각은 반쪽짜리 진리에 지나지 않는다. 두려워해야 할 것은 가난한 사람이 아니라 창피를 당한 사람, 모욕을 당한 사람이다. 욕구라는 자극제에서 나오는 결과물은 겁쟁이인 동물 정도, 즉 도둑질을 할 마음은 생기더라도 복수심 따위는 조금도 없는 정도가 고작이다. 그리하여 머릿속은 차례차례로 식사를 탐하는 생각만으로 가득 찬다. 머리와 배가 있을 뿐이다. 정념에는 여가와 풍부한 피가 필요하다. 사람은 굶주림이 노여움과 통하는 줄로 알고 있다. 그러나 이런 생각은 영양이 좋은 자의 생각일 뿐이다. 사실 극도의 굶주림은 무엇보다도 필요없는 활동을, 가장 첫째로 노여움을 메마르게 하고 만다. 아마도 잠은 굶주림보다 한층 더 참을 수 없는 것이지만, 이에 대해서도 같은 말을 하고 싶다. 그렇게 본다면 노여움이란 사람이 쉽게 생각하는 것처럼 본디부터 욕망에 휘둘리지는 않는 것 같다.

내가 나의 생각을 이렇게 이끌어온 까닭은 무엇인가. 그것은 노여움에 관하여 플라톤이 놀랄 만한 말을 하고 있기 때문이다. 그는 노여움은 언제나 머리의 편이며, 언제나 배에 반대한다고 말한다. 나도 처음에는 같은 생각이었다. 그러나 지금은, 많은 노여움 속에는 분노*6가 있다는 것, 요컨대 모든 노여움에 불을 붙여 주는 것은, 옳고 그름은 어쨌든 간에 자기 앞에 닥친 부정적 관념임을 인정하고 있다. 인간은 많은 것이 필요하기 때문에, 조금은 욕망에 양보해야만 욕망을 지배할 수 있다는 것만으로는 아직 정념을 충분히 설명하는 것이 못된다. 많은 욕망이 필요하기도 하다는 조건은 모든 사람에게 공통이

*5 몰리에르의 《인간혐오자》에 나오는 코케트(교태부리는 여자)인 여주인공.
*6 '분노(indignation)'는 '부정의 관념'을 포함하는 indigne(어울리지 않다)에서 온다.

며 누구의 부끄러움도 되지 않기 때문이다. 노동이 부끄러운 것이 아니다. 그런데 아무런 일도 하지 않고 빈들거리며 갓난아기처럼 배불리 먹여 주는 것에 만족하는 자는, 천 명에 한 사람도 없을 것이다. 자기의 생활비를 버는 일은 고통이기는커녕 즐겁기조차 하다.

사람을 짜증나고 노엽게 하는 것은, 정당하게 번 이 봉급이 사냥에서 잡은 토끼처럼 노동을 통해서만 얻을 수 있는 것이 아니라 어떤 사람의 의지나 판단에도 따른다는 생각에 있다. 어떤 노여움에도 권리의 관념이 개입되어 있으므로, 그렇다면 플라톤은 아무렇게나 되는 대로 말한 것은 아니다.

여기서 이해해야 할 것은 노여움도 하나의 질서 원리라는 점이다. 그리하여 곧 알게 되듯이 이 원리는 모순된다. 노여움을 기대하고 그 노여움의 명분을 빙자해 노여움이라는 상투적인 수단을 충분히 겁내지 않는 것에 잘못이 있다. 실로 이 때문에 현재 온갖 평화 계획에도 끊임없이 전쟁이 되풀이되고 있다. 사실 전쟁의 원리는 바로 권리를 겉보기 명분으로 삼아 키워진 노여움 속에 있다.

1926년 2월 15일

5 잠의 법칙

우리의 활동은 모두 격앙과 피로와 회복으로 통제되고 있다. 어린이는 잠에서 깨어나면 벌써 뛰기 시작하고, 그것도 이 행위를 통해 더욱더 훌륭하게 달린다. 입으로 따져 말하는 사람은 떠들어 대는 일에 열중하고, 전사(戰士)는 많이 베어내는 일에 열중한다. 정념에 사로잡힌 사람은 가려운 곳을 긁는 사람과 마찬가지로 생각하는 것 때문에 초조해진다. 집회에서는 이런 소동이 차츰 심해지는 광경을 곧잘 보게 된다. 그러나 마침내는 피로가 이런 갑작스러운 움직임—이렇게 말해도 좋다면—을 이기고 말아 잠이 사람을 마비시키고 해방한다. 이때 지금까지 가장 활동하지 않았던 근육이 활동을 시작하고, 회복 작용에 따라 운동과 상념을 통제한다.

이런 식으로 체력만 믿고 마음껏 노래하는 사람은 무엇보다 낼 수 있을 정도의 가장 높은 소리까지 올라가는 데 쾌락을 느낀다. 이런 움직임은 싸우거나 장난하는 경우에도 느낄 수 있다. 노래 또한 처음에는 낭비(浪費)하는 성격을 띤다. 그러나 이윽고 신체라는 기계가 이 성격을 제자리로 다시 데려간다.

호머는 어떤 때라도 잠의 법칙을 잊지 않았는데, 이 법칙은 단지 낮과 밤의 커다란 리듬에 의해서만 나타나지는 않는다. 우리의 상념을 흐리게 하고 상태를 끌어내리러 오는 짧은, 아주 잠깐 동안의 잠도 있다. 오페라의 국왕은 아주 조심스럽게 휴식을 찾는다. 그가 호소력 있는 가장 높은 음에서 벌써 낮은 음조로 돌아가고자 하는 것을 흘끔 엿보고 있음을 나는 깨닫는다. 이런 심리현상은 일종의 철학적 오아시스 현상이다. 그리하여 나는 사색가인 체하는 표정을 지은 가수가 웃으려 하는 순간, 그가 이런 면에서 진짜인 국왕과 아주 닮았음을 깨닫는다. 진짜인 국왕이라 할지라도 언제나 위협이나 도발의 태도만 짓고 있을 수는 없으며, 오랫동안 그런 태도를 취하고 있을 수도 없다. 왜냐하면 결국 그가 몇천 리 사방에 군림하는 몸이라 할지라도, 그가 가진 것은 여전히 자기의 가죽부대뿐이므로 겨우 이것이 그의 한계이기 때문이다. 그는 그 노여움의 선(線)을 넘고 나면, 이번에는 술책이든 관용이든 간에 어떤 수를 써서든 자연스럽게 연주를 한다. 생 시몽이 자신들의 마음의 하인이라고 부르는 사람들의 힘, 온갖 예상을 초월하는 그 힘은 주로 그들이 보통 존엄이 피로해진 틈을 타서 활동하기 시작하는 것에서 비롯된다. 마음의 하인이 된 그 자들은 구두를 벗겨 굴복시킨다. 이것이 느즈러짐과 동시에 흔들리게 되는 순간이다.

집회의 여유란 모두가 의논하고 있을 동안은 잠자고 있고, 다른 자들이 슬슬 장화를 벗는 것만 생각하게 되었을 무렵, 아직도 꽤 기운이 있는 그런 사람들을 말한다. 그리고 발자크가 훌륭하게 묘사하고 있지만, 대소인(代訴人 : 남을 대신하여 소송하는 사람)이란 처음부터 싸움을 대뜸 알리려 들지는 않는다. 그들의 재주란 싸움에 끼어들지 않는 것이다. 이 무관심은 직업과도 같은 것이다. 그들은 당당하게 보낸 하루의 저녁때를 기다린다. 그들은 영웅의 잠자리를 편다. 마지막으로 영웅을 눕혀놓고는 어르고 달랜다.

어째서 그런 행동을 했는지, 나는 최근의 정치 위기를 운동부 지도자처럼 손에 시계를 들고 관찰했다. 나는 다만 성명서를 읽었을 뿐인데도 통제된 움직임, 현명한 휴식, 격앙된 거부, 요컨대 달리기 경주에서 배운 지혜 같은 정치적 기미를 먼저 발견했다. 이어서 약간의 경련, 초조함의 징후, 무언가 성급한 듯한 공기, 얼마간의 피로의 극복 등의 기미도 발견했다. 내가 펜을 잡고 있는 지금은 저녁때인 것 같다. 소동이 벌어지는 동안 잠자코 있었던 자가 지배하리라. 전투가 끝나갈 때 나타나는 새로운 군세(軍勢)는 모습을 보여 주기만 해도 좋다는 이치와 같다. 이런 견해는 헤아릴 수 없는 위력을 지닌 마르크스의 사상을 되살아나게 하는 실마리일 뿐이다. 이 사상에 따르면, 굶주림, 목마름, 피로처럼 생물학과 관련된 요인들이 마침내는 모든 것을 규제하고 날뛰는 관념론자도 규제한다고 한다. 노여움의 뒤에는 노여움의 결과로서 피로라는 또 하나의 통제자가 나타난다. 개혁가는 노여움 위에 쉴 새 없이 일을 쌓아올리지만, 그와 마찬가지로 보수자(保守者)는 얼마 뒤에는 모든 것이 진정되어 잠들게 되리라 확신하고 피로 위에 일을 쌓아올린다. 주로 여기에서 때를 기다린다고 하는 정치적 지혜의 거의 전부를 찾아볼 수 있다. 보수당의 매력은 모두 여기서 생겨난다. 그리하여 보수당이 결국은 옳다는 경우가 종종 있게 된다. 그렇다고는 하지만 이런 사상은 거리를 두고 고찰해야 하며, 결코 이에 뛰어들어서는 안 된다. 생각하고 의욕하는 기술은 항해술과 비슷하다. 인간은 대양만큼 강하지는 않지만, 그래도 곧잘 횡단에 성공한다. 인간은 굽이치는 파도나 흐름을 이용하지만 오롯이 자기의 생각대로 이용하지는 못한다. 또한 흐름이나 굽이치는 파도나 흐름을 이용하지만 오롯이 자기의 생각대로 이용하지는 못한다. 또한 완전히 흐름이나 굽이치는 파도가 원하는 대로 되는 것도 아니다. 인간의 신체도 규칙바른 조수의 간만(干滿)을 갖고 있으며, 인간의 사상은 이 조수의 간만에 실려 오르내리는 것이어야 한다. 그렇지만 물론 사람이 조금이나마 충분한 변화를 주면서 자기를 제어하지 못한다는 말은 아니다. 사람이 외치는 대신 노래할 수 있게 되는 까닭은 이런 점에서이다. 주로 예술은 현실적인 의지의 가장 좋은 본보기이다. 왜냐하면 애당초 모든 것은 영감(靈感) 나름이기 때문이다. 다만 이 영감은 통제되는 것이어야 한다. 사실 사람은 자연을 거스르는 시(詩)를 지을 수는 없다. 그러나 또한 자연은 결코 시를 짓지는 않는다. 그리고 두 개의 광기, 모든 것을 해낼 수 있다고 믿는 광기와 아무것도 할 수 없다고 믿는 광기, 이 두 가지의 광기 사이에서 확고하게 처신해야만 하는 일이라면, 예술작품은 참된 정치가에게는 좋은 교훈이 될 것이다.

1929년 11월 5일

6 잠자는 일

이것은 전쟁의 한 교훈인데, 구두를 벗고 자는 것보다 신은 채로 자는 편이 잠들기 쉽다는 사실을 나는 깨달았다. 잠에 대한 참다운 준비는 진짜로 눕는 일, 바꾸어 말하면 이 이상 조금도 더 떨어지거나 가라앉을 일이 없는 자세를 취하는 데 있다. 이런 배려가 없으면 몸의 평형을 유지하는 데 얼마쯤의 노력과 얼마간의 자기 감시가 필요하게 되는데, 이렇게 되면 이미 잠에 방해가 되고 만다. 좀 더 정확하게 말하면, 불안정한 자세로 잠들 경우 잠에 의해 몸의 긴장이 풀어짐으로써 몸이 얼마쯤 흔들리게 되는데, 이 상태가 잠을 깨우고 만다. 누구나 본 일이지만 앉은 채 잠이 들어 몸이 흔들리게 되면 머리가 흔들리므로 그럴 때마다 잠에서 깨고 만다. 또 책을 읽다가 잠이 들면 책을 떨어뜨리고, 그래서 잠에서 깬다. 그런데 몸이 조금만 흔들려도 잠에서 깨어날 수 있도록 하기 위해서는, 한 손이 가장 낮은 위치에까지 떨어지지 않더라도 중력에 대한 작은 저항, 평형에 대한 작은 긴장이 있기만 해도 충분하다. 이것으로 나는 이렇게 결론짓는다. 잠이 잘 들려면 반듯하게 눕는 게 으뜸이라고. 실로 이 경우 몸은 자기의 무게에 의하여 수평 상태를 이룬 액체의 형태에 가장 가까워진다.

이제 구두 이야기를 할 수 있는 데까지 왔다. 앞서와 같이 몸을 쭉 편 무관심한 자세로는, 발의 발가락 쪽이 들려져서 이불에 닿는다. 그런데 구두가 둥근 천장처럼 되어 지켜 준다. 이때 우리의 영원한 적인 중력, 우리를 일깨우는 중력도 우리에게 경고하기를 그만둔다. 모든 것은 가장 낮은 위치에까지 떨어져 있다. 이렇게 되어서야 비로소 잠잘 수 있다. 그러나 정념, 추억, 걱정, 계획 같은 것이 잠을 방해하지나 않을까. 그런데 신체가 활동하지 않을 때라도 아직 여러 가지 생각을 품을 수 있다고 생각하는 것은 잘못이라고 나는 생각한다. 신체의 휴식은 곧 정신의 수면이다. 우리가 때때로 걱정거리를 털어 버리려고 시도하는 것이 오히려 그 걱정거리를 생각나게 한다. 그러나 신체가 싸움을 그만두기만 하면, 평화는 곧 생각 속에도 찾아온다.

이 때문에 딱딱한 침상 위에서는 그토록 잠을 자기가 좋은 것이다. 내 생각으로는 널빤지 위라면 더욱 좋다. 왜냐하면 평평하고 딱딱한 평면이 한층 더 몸을 쭉 펴게 해주고 펼쳐 주므로 휴식을 위한 바닥은 단단한 받침대를 따라 펼쳐진다. 이와 반대로 부드러운 침상의 믿음직하지 못한 받침은 몸에 긴장된 형태, 즉 중력을 거슬러 서 있는 형태를 지니도록 하여 긴장한 채로 서 있는 자세를 유지하도록 한다. 불안정이 아직 얼마쯤 남아 있는 셈이다. 물리학자처럼 말하자면, 모든 가능한 일이 아직도 되지 않고 어중간하게 남아 있다. 그래서 가장 좋은 자세를 찾게 된다. 그리하여 이 작은 문제를 둘러싸고 모든 생각이 잠에서 깨어나고 만다.

잠을 잔다는 일만이 하나의 문제가 되는 경우가 가끔 있다. 더구나 우리들은 모든 인간적인 문제를 잘못 처리하듯이 이 처리를 잘못한다. 몸이야말로 힘이 나오는 근원임을 언제나 잊어버린다. 그래서 마음이 내키기를 기다리거나 한다. 그러나 몸을 움직여서 일에 착수하면 마음도 곧 응해 올 것이다. 앉고, 일어서고, 쓰는 일로써도 벌써 생각은 바뀐다. 소박한 사람은 생각을 바꾸려고 할 때 머리를 흔들고 팔을 뻗고 어깨를 으쓱한다. 그리고 이 방법은 누구에게나 좋다.

그러나 마음속에서 생각의 해결을 찾거나 했다고 한다면 이런 일은 믿어지지 않는다. 불행한 대로 그대로 있는 마음 같은 것 속에는 해결 따위가 없다. 고통스러운 생각을 멀리하는 것은 유익한 일이다. 그러나 방법을 알아야 한다. 꼼짝하지 않고 가만히 있는 것이 잠자는 것이라고 인식하는 것은 하나의 발견이지만, 고아처럼 가만히 앉아 있으면 상념이 지워진다고 인식하는 것 또한 하나의 발견이다. 그러므로 생각을 바꾸기보다는 행동을 규제함으로써 곧 잘 평정(平靜)을 지켜나갈 수 있다. 번거로운 생각을 멀리하려고 한다면 주먹을 쥐어서는 안 된다. 내적인 평화가 있기 위해서는 외적인 평화가 없어서는 안 된다. 자기에게 객관적 사물을 주어야 한다. 바꾸어 말한다면, 몸을 움직여야 한다. 잘 성공할 수 있는 유일한 사상가라면 하겠다는 일을 하는 사람이다. 그의 일이 불완전하더라도, 요컨대 무언가를 지각하고 있으므로, 규칙에 가까워지고 있다고 할 수 있다. 그러니까 수학자는 자신에게 객관적 사물을 주는 방법을 얼마나 잘 알고 있는지를 보라. 실제로 그는 도형을 그리든 계산을 하든 짝을 짓거나 다시 바꾸어 놓거나 하든, 언제나 손끝을 움직이며 생각한다. 머리로 생각하는 것은 정념에 사로잡힌 사람들뿐이다. 게다가 사실 그런 사람들은 머리로 생각할 수도 없다. 몸짓이 상념을 태우고서 물건을 찾아다니지만 물건은 없다. 미치광이는 그 몸짓으로 두드러지고, 현자는 그 행동으로 두드러진다.

예술가란 광기에서 지혜로 향하면서, 몸짓으로써 대상의 생김새를 나타내는 사람이다. 그리고 이에 따라서 그의 상념은 실재 쪽으로 옮겨진다. 뒤흔들리는 신체가 광기이고 움직이는 신체가 지혜이다. 마지막으로 본론으로 돌아가면 움직이지 않는 신체가 잠이다. 이제는 더이상 생각하지 않는 방법을 배우는 것이야 말로 생각하는 기술의 일부이며 더욱이 결코 사소한 부분이 아니다.

1925년 3월 10일

7 표징

어미새가 새끼를 기르는 모습에서는 때때로 놀랄 만한 표징이 관찰된다. 새끼는 어미새의 모습을 보면 곧 날개를 조금 들어올리고 날갯짓을 해보인다. 그 때문에 얻으려는 쪽과 주려고 하는 쪽이, 우리 인간 사이에서의 거지와 부자처럼 처음 얼핏 본 모습만으로도 곧 식별된다. 거지는 몸을 부르르 잘 떤다. 그러므로 이 새끼의 표징도 우리에게 이해되는 것이다. 그러나 어떤 표징을 설명할 수는 없더라도 이해할 수는 있다. 공포를 느끼는 사람이 떨리는 까닭을 말하기란 그다지 쉽지 않다.

그렇기는 하지만 주저주저하는 동작, 그만두었다가는 또 시작하지만 그렇다고 끝까지 해치우지도 못하는 주저주저하는 동작이 늘 약함의 표징인 것만은 명백하다. 대개 일이 비참한 결말을 보게 될 때에 즈음하여, 어찌할 바를 모르는 패배자와 이 패배자에게 구원의 손길을 뻗치는 자의 구별을 그토록 뚜렷하게 곧 알아차릴 수 있는 것도 이런 이유에서이다. 구원의 손길을 내미는 자의 움직임은 패배자와는 반대로 신속하고도 단호하며, 그런 움직임이 바로 자신의 표징이라고 해도 좋다.

그렇다고는 하지만 떨리는 새의 날개는 조금도 약하지 않다. 가까이 가보라. 새끼는 아비새나 어미새와 마찬가지로 날아오를 것이다. 그렇다면 이 떨림은 틀림없는 새의 표징이지 단순한 움직임이 아니다. 바야흐로 문제는 무언가 오래된 습관의 자취와 같은 것, 요컨대 이 표징의 역사를 발견하는 것이다. 이를테면 다윈이 손질을 해줄 때 물려고 덤벼드는 말의 표징과 똑같은데, 이 예와, 또한 이에 못지않게 유명한 다른 숱한 일화들이 지성을 새로운 길로 접어들게끔 만들었다.

나는 새끼 새의 예들을 모두 같은 원인으로써 이해하고 싶다. 새끼가 먹이를 보게 되면 곧 입을 벌리는 까닭은 설명할 필요도 없다. 이 표징은 하나의 행동에 지나지 않는다. 그러나 날개의 떨림 또한 행동인데, 다만 어려움이 극복되고 보존된 행동이라는 사실을 어떻게 이해하면 되겠는가.

어린 새들이 둥지 속에서 어떤 식으로 배치되어 있는가, 또한 어미새가 다가가면 그들이 어떤 식으로 덤벙거리는가 하는 것을 보아야 한다. 이 움푹한 바닥 속에서는 중력 때문에 새끼들이 언제나 옹기종기 모여 있게 되는 만큼, 그들은 자연히 그들의 팔인 날개를 자잘하게 움직여서 서로 밀어올렸다 젖혔다 하게 된다. 이것이 새가 먹이에 다가가는 최초의 동작이다. 그런데 내 생각으로는 새나 인간이나 또는 어떤 생물도, 이런 동작을 결코 잊지 않는 법이다. 먹이를 자기 손으로 얻지 못하고 부양받고 있는 한, 이런 동작이 공복감과 연계되어 존속한다. 이 동작은 그 뒤에 다시 욕망이 다른 것의 도움으로 충족되자마자 다른 종류의 욕망과도 결부된다. 이 대담한 가정은 데카르트에서도 볼 수 있는데,*7 봄철마다 새들의 사랑을 관찰하는 사람은 누구나 실증할 수 있다.

적어도 작은 새 종류, 특히 참새, 때까치, 곤줄박이 등에서는 사랑의 표징이 새끼 새에게서 볼 수 있는 날개의 떨림과 같다. 여기에 어린 시절이 되돌아와 있다. 생각건대 사랑이 찾는 바도 똑같으므로, 그러고 보면 고대인이 사랑의 신을 어린이의 모습으로 나타낸 것은 사람들의 생각 이상으로 적절한 표현이다. 사랑하는 사람은 다시금 어린이가 되어 옛날의 표징, 그것도 자기 몸에 아주 큰 감동을 주는 표징을 남김으로써 지금 자신이 다시금 둥지 속에서 남을 의지하는 몸임을 스스로에게 표명한다. 이런 표징이 다시 되돌아오면 자기 통제를 바라는 자는 아무래도 화가 난다. 힘과는 전혀 별개를 뜻하는 신체의 움직임에 의해, 더욱이 우리들 자신의 허락도 없이 힘차게 표출되고 마는 이런 어린 시절의 또 한 번의 돌아옴. 겁쟁이는 이런 모습으로써 충분히 설명된다. 요컨대 몸짓은 언제나 생각을 넘어서 나아가고, 때로는 생각을 배신하고 나아간다. 그러다가 자존심 강한 알세스트, 셸리멘스 앞에 나가면, 실로 본의 아니게도 떠는 새끼 새와 다름없이 되고 만다.*8 굴욕은 멀지 않다. 노여움의 전조인 저 자기 공포 또한 멀지 않다.

그리고 궁정 신하*9는, 세상의 말투가 생각나게 하듯이 어떤 점에서는 사랑

---

*7 이를테면 1647년 2월 1일에 샤뉘에게 보낸 편지.
*8 몰리에르 《인간혐오자》에 나오는 인물들.
*9 '궁신(courtisan)'에는 '아첨꾼'이라는 뜻도 있다.

하는 사람의 처지에 놓여 있다. 그러고 보면 우리도 국왕이나 대신 앞에 나가 힘과 사나이다움을 증명해 보이려는 바로 그 순간에 반대로 어린 시절의 표징이 되돌아오므로, 생각만 해도 꽤나 우스운 일이다.

나는 여기서 단숨에 껑충 뛰어, 궁정의 경례라는 것을 생각해 본다. 이 경례는 인간의 몸을 어머니의 배 속에 있었던 가장 옛날 자세 그대로 굽히는 것이다. 그런데 만족할 만한 별다른 생각 없이, 더욱 대담하게 비약하여 사랑하는 곤줄박이 새의 경례로 되돌아가 그런 모양새로 경례를 표한다. 이 인사는 미뉴엣처럼 규제되어 있다. 아주 정확하게 그려지는 반원(半圓) 위를 아장아장 세 걸음 걸어가서 꾸벅 절을 하는 것을 몇 번이고 되풀이한다. 이 놀랄 만한 의식은, 사람이 꼼짝하지 않고 가만히 있는 한 당장이라도 모든 것을 관찰할 수 있을 테지만, 우리의 생리학을 갖고서는 도저히 해낼 수 없는 것이다. 그러나 그것은 또한 생리학을 가끔 잘못 탐구하여, 인형의 배를 벌려보고 마는 어린이처럼 자연을 상하게 하는 일에 힘을 내고 있기 때문이다. 그런데 실은, 조용하게 지속적으로 마음을 가라앉히고 있는 그것이야말로 이런 곤란한 관찰의 조건이다. 만일 우리가 태양계에 직접 손을 대어 이 세계를 조금이라도 바꾸어 놓을 수 있었다면 천문학 따위는 결코 생겨나지 않았으리라. 모든 것을 천문학의 관점에서 객관적으로 봐야만 한다. 모든 것을 교태로 꼬려는 여자나 대신이라 해도 그렇게 조용히 이치를 관찰해야 한다. 이것이 천문학이 주는 커다란 교훈이다. 다만 손을 뻗치는 것만으로도 그때마다 하나의 진리가 날아가 버리고 만다.

1925년 7월 10일

8 동물 숭배

비버 한 마리가 물가의 나무를 갉아 대는 광경은 그리 놀랍지 않다. 비버가 나무의 물과 접한 쪽을 갉아 대는 모습, 나무가 쓰러져 작은 냇물에 걸쳐지는 모습, 냇물을 흘러내려오는 온갖 잡다한 물질로 물막이가 생기는 모습, 이 또한 모두 놀랄 만한 것은 아니다. 비버의 저 유명한 손재주를 이런 종류의 자연스런 원인으로 설명할 수 있기 위해서는 놀라는 일 없이 관찰해야 하리라. 동물에 대해서는 저절로 일종의 종교가 부여되기 쉬우므로, 자연과학자의 생각 또한 너무나도 이집트적인 게 보통이다. 사냥꾼은 개에게 너그럽게 대해 준다.

새잡이는 새와 대화를 나눈다. 새가 목욕할 자리를 발견하고, 이어서 지저귀면, 새가 고맙다는 인사를 하고 있다고 사람들은 생각하고 싶어한다.

잘 짜인 새 둥우리는 놀랄 만하다. 우리는 새가, 광주리쟁이가 광주리를 엮듯이 나무뿌리나 갈대의 날개털을 엮어 만들었다고 생각한다. 이에 관하여 주의해 두지만, 헌 허리받이의 털은 오랫동안 짓눌려 마치 펠트처럼 되고 만다는 사실이다. 솜씨가 뛰어난 광주리쟁이가 아니라면 짚이나 털의 직물을 그렇듯 실제로 엮어 내지는 못하리라고 생각할지도 모른다. 그러나 그 털로 만든 허리받이는 한 가닥 한 가닥이 빈틈에 끼어들어 탄성과 압축에 의해 완성되었을 뿐이다.

개는 잠들기 전에 그 자리에서 몇 번이나 빙빙 돌아, 풀 속에 잠자리를 만든다. 풀의 줄기들은 모두 빙빙 도는 이 동물의 모양에 따라 가지런히 될 수 있는 한 가지런해진다. 그렇게 해서 하나의 광주리 같은 것이 된다. 그런데 이런 엮임은 온갖 자연스러운 원인들에 의해 설명될 수 있는데도, 이것이 무언가 어떤 목적을 위해 만들어진 것처럼 생각된다. 둥우리나 새에 대해서도 나는 같은 말을 하고 싶다. 이 새 또한 온갖 쪽으로 방향을 바꾸면서, 즉 자신은 그것도 모르는 채 하나의 원을 그리면서 자기의 이불을 밀어붙인다. 누에에 이르면 더욱 명백해진다. 실을 분비해 그것이 곧 말라서 저항력을 지니면 이윽고 운동을 삼가고 마침내는 자기 자신을 가두어 버린다. 이런 식의 자연스러운 형성으로서 이해하는 것이야말로 누에가 누에고치를 만든다고 생각하는 것이다. 반대로 어떤 생각에서 의도적으로 누에고치가 생겨난다고 한다면, 그것은 누에가 무엇을 생각해서라고 말할 수는 없다. 언제 어떤 경우라도, 왜로부터 시작해서 어떻게 해서 이루어졌는가로 옮아간다. 그러므로 방법상 조심해야 할 점으로, 나는 무엇보다 먼저 동물은 생각하지 않는다고 하는 데카르트의 엄격한 관념을 정립하고 싶다. 이 관념은 모든 사람을 노하게 한다. 하지만 어떤 사실을 어떤 사상으로써 설명할 때, 사람이 설명하려는 바는 과연 무엇인가. 새는 알을 낳고 새끼를 까기 위해서 둥우리를 짓는다고 할 때, 이것으로 무엇을 설명한 것이 되는가. 어떻게 해서 만들어지느냐 하는 것이야말로 살펴봐야 한다. 바꾸어 말하면 새의 형태나 그 운동, 그리고 둘레의 사물을 고찰해야만 한다. 본능은 전적으로 만들어진 것이다. 우리는 짐승 내부에 눈뜨는 무언가 욕구 같은 것을 상상한다. 그런데 본능을 만드는 것은 기회이다. 때에 따라 지형의 형태로 말미암아 생겨나는 움직임이 운동으로 바뀐다. 그렇다면 동물에게는 놀랄 만한 것은 아무것도 없거니와 거기에 상정(想定)할 영혼 같은 것도 없고, 기대할 예언도 없다. 동물이란 그 형태에 따라, 또한 평면에 따라 굴러다니는 물질 덩어리일 뿐이다. 사람이 마침내 하늘을 날 수 있게 된 것도, 이런 식으로 냉정한 눈으로 새가 나는 것을 관찰한 데서 비롯한다. 우리의 행동은 본능보다 앞서 있고, 우리가 물리적인 문제에서 물리 이외의 것을 모조리 배제해 버리면 나머지는 자연에 맡길 뿐이며 이때의 해석은 우리의 손에 있다. 이런 사정이 사실은 기술의 역사이다.

보쉬에는 그 유명한 역사론*¹⁰에서 이렇게 말한다. 로마 국민은 하늘의 명령에 따라 정신의 왕국을 준비하기 위해 판도를 넓혀 갔으며, 이른바 이 왕국의 자리 또는 둥우리를 만들고 있었다, 라고. 그러고 보면 여기에도 활동하는 하나의 사상이 있는 셈이다. 그러나 어떻게 해서 이루어졌는가라는 점에서 보면 이것은 결국 기후, 지형, 산물, 공업, 하천의 흐르는 상태, 하구(河口) 등의 자취를 고찰하는 것이다. 왜냐하면 두말할 나위도 없는 것이지만, 인간은 어떤 상황에 놓여 있지 않으면 일을 할 수 없으며, 이빨로 나무를 자를 수 없고, 손톱으로 나무에 구멍을 뚫을 수도 없고, 또한 용골(龍骨)이 큰 배가 늪을 항행할 수 없으므로 그렇다. 그래서 신의 뜻대로 일이 이룩되었다고 생각할 때, 그것은 사실 어떤 경우라도 장소와 힘에 의해 일이 이룩되었다고 생각하는 데 불과하다. 이를테면 주로 낮에만 사람이 모였던 저 로마의 대광장을 설명하는 징표는, 밤안개에 의한 무더움이었다. 그리고 주목할 만한 점은 보쉬에가 올바른 사고에 따라서 몽테스키외와 마르크스의 사상을 준비한 것이며, 몽테스키외와 마르크스 사상이 마침내는 왜인가를 내팽개치면서 어떻게 해서 둥우리가 만들어졌는가를 가르쳐 준다.

전투는 처음에는 역사가를 놀라게 한다. 온갖 원인이 얽혀서 어떤 결과를 낳고 있기 때문이다. 그리고 이 전투의 결과는 장군들 중의 하나가 좋은 목적이었으므로, 모든 전투 행동의 방향이 이 장군의 지도 관념에 의해 결정된다. 이것이 장화를 신은 신학자들*¹¹의 추론 방식이다. 그러나 자연과학자는 설명하기를, 전투 부대는 자신들이 안전한 길을 택한 게 틀림없다고 확신했기 때

────────────────

*10 보쉬에 《세계사론》(1681년)
*11 '장화를 신은 신학자'란 '자연과학자'가 아닌 형이상학적인 사고방식을 가진 군인을 이름.

문에 그런 통로를 찾았고, 우회 행동을 장해 때문에 택했다고 말한다. 그리고 기병의 정찰 행동은 말먹이는 반드시 징발해야 했기 때문에, 라고 설명한다. 톨스토이 또한 마찬가지이다. 그는 장군*[12]의 타고난 재능을 설명할 때, 휘하 부대가 하는 바를 믿고 스스로 이대로 바란다는 사실로써 설명한다. 여기서 도 알 수 있듯이 신인동형론(神人同形論)은 인간 연구 속에도 몰래 숨어드는 것이다.*[13]

1923년 5월 8일

9 습관과 의복

동물은 무언가를 생각하든가 아니면 생각하지 않는다. 그러나 인간이라고 해도 무언가 좀 더 강한 힘을 가진, 이를테면 웰즈의 화성인(火星人) 때문에 쥐처럼 생존에 쫓겼다고 한다면, 지금처럼 생각한다는 것을 할지 어떨지 이것 은 문제이다. 주의할 것은 중노동을 해야 하는 죄수의 경우에도 쥐의 생활에 비하면 훨씬 낫다는 사실이다. 죄수는 어떤 역할을 다하고 있다. 그는 교도관 이나 서기, 재판관들로 이루어지는 한 무리 사람들의 중심 인물이다. 어떤 의 미로는 우두머리이기도 하다. 그리고 그가 무엇을 생각하고 있는가를 꿰뚫어 보려고 모두가 쏟는 주의는 또한 하나의 존경이며 수준 높은 존경이기도 하 다. 이와 반대로 실제로 사람들로부터 격리된 인간은, 숲에서 태어난 송아지 가 곧 들소 새끼의 습성을 갖는 것처럼 즉각 동물의 상태로 돌아가 버리게 된 다고 생각한다. 말을 바꾸어 나름대로 표현하자면, 구조만이 유전되며 그 구 조 말고는 모두 의복에 속한다고 하겠다.

의복은 습관이다.*[14] 그러나 나는 오히려 전자의 의미로써 후자의 의미를 설명하고 싶다. 그리고 의복이 습관이라고 하는 대신 습관이 의복이라고 말 하고 싶다. 동물은 의복이 없다. 즉 동물은 습관을 갖지 않는다. 동물의 자세 는 모두 그들의 형태에 의존한다. 성당 경호병의 창은 그의 생각은 물론이고

---

*12 《전쟁과 평화》에서의 쿠투조프 장군.
*13 인간 연구에서의 신학과 형이상학에 근거한 경향. 알랭은 반대로 인간 연구에 유물론을 도 입할 것을 주장한다.
*14 '의복(costume)'의 어원은 '습관'을 뜻하는 이탈리아어 costume에서 비롯한다. costume는 costume(습관)이다. 알랭은 이것을 반대로 생각하는 셈이다.

그의 행동 모두를 바꾸고 만다. 새의 부리 또한 새를 지배한다. 그러나 부리가 구조에 속한다면 창은 의복에 속한다는 점이 다르다. 괭이 또한 의복이다. 경관의 호루라기도 그렇고 영국 법관의 가발도 그렇다. 우리의 집 또한 의복이며 또 발자크의 예를 보면, 계단 난간이나 의자, 낡은 널빤지 벽, 채광 등에 대한 연구를 코르셋이나 드레스, 모자, 넥타이와 마찬가지로 우리 성격의 부분을 이루는 것으로 하고 마는, 이 놀랄 만한 관계를 잘 알고 있었다. 벌거숭이인 인간은 또한 사상의 대부분을 벗어던진다. 오히려 모두라고 말해야 좋을지도 모른다. 그러나 벌거숭이인 인간도 아직 의복에서 해방되지는 않았다. 동네, 집, 경작지, 세상의 평가, 나아가서는 추문 같은 모든 것이 아직도 그에게 옷을 입히고 있다. 모든 역사, 책, 시, 노래가 그에게 옷을 입히고 있다. 이런 모든 것을 없애 버려 보라. 구조라는 것만이 그의 기억에 남을 것이다. 그리하여 그의 행동은 모두 본능에 되돌려지고 만다. 사상은 우리가 생각하고 싶은 이상으로 의복에 속하며, 제도에 속한다.

동물에 관한 콩트의 사상은 힘찬 사상이다. 그는 말한다. 예컨대 말이나 코끼리가 사회를 이룬다면, 그리고 이 동물들이 기념 건조물이나 기록, 의식, 즉 바꾸어 말한다면 내가 말하는 의미로서의 의복을 갖는다면, 그들은 무엇을 생각하고 무엇을 이룩할까. 우리로서는 아무것도 짐작이 가지 않는다. 실제로는 인간이 그 동물들에게 그런 여유를 주지 않는다는 점이 문제이다. 키플링은 사냥꾼들의 이야기를 바탕으로 하여 코끼리 무도회를 상상했다.*15 무도회는 숲속 깊숙한 빈터, 춤 그 자체에 의해 만들어진 평평한 빈터에서 벌어진다. 춤의 형태를 남긴 이 빈터는 의복의 시작이다. 그러나 이윽고 사냥꾼들이 이 교당을 발견한다. 그러고서 갓 시작된 이 종교의 신도들을 몰아내고 만다. 그래서 춤출 틈을 갖지 못한 동물들은 아무리 생각해 봐도 생각할 기회 또한 갖지 못한 게 틀림없다. 그리고 생물학적인 구조 말고는 세대에서 세대로 전달되거나 유전되는 것은 없는 셈이므로, 행동은 언제나 구조로 되돌아간다. 꿀벌이 벌집을 만든다고 해서 사회를 만든다고 할 수는 없다. 협동은 아직 사회가 아니다. 사회를 만드는 것은 기록이나 기념 건조물, 요컨대 온갖 종류의 습관이나 의복이다. 꿀벌은 그 형태 그대로 행동한다. 이 점에서 꿀벌은 무엇

---

*15 《정글북》 중의 단편 〈코끼리 투마이〉.

인가를 계승하기는 한다. 그러나 꿀벌 자신으로서는 그것을 아무것도 모른다. 우리 또한 우리의 구조상으로 실시되는 바를, 우리 스스로 전혀 그것인 줄 의식하지 못하고 행한다. 그러나 징표를 앞에 놓고 종교와 예배로써 우리가 행하는 바에 대해서는 참된 주의를 갖고 생각한다. 그리고 이것이야말로 꿀벌 속에서는 전혀 찾아볼 수 없는 점이다. 그렇지 않다면 헌 둥우리가 예배의 대상이 되고, 또한 요컨대 콩트의 유명한 표현을 빌려 말한다면 죽은 사람이 산 사람을 지배한다고 해야만 될 것이다. 그러나 이 점은 충분히 이해해 주기 바란다. 죽은 사람은 산 사람을 전해 내려오는 구조에 의해 지배한다기보다는 교당, 도구, 도서관과 같은 의복을 통해 지배해야 한다. 전통이란 물건이지 관념이 아니다.

그리고 보면 인간의 역사란 징표의 역사이며, 바꾸어 말하자면 종교의 역사이다. 정신은 언어를 끊임없이 형성해 냄으로써, 즉 징표의 해석을 통해 눈떠 왔다. 행동이란 하나의 객관적 사물로서는 충분하지 않다. 그래서 숙고하기 위해서는 징표가 있어야만 한다.

의미에 가득 차 있고, 더욱이 처음에는 신비로운 징표야말로 사상이 비쳐질 수 있는 거울이다. 그리하여 시인은 도도나 신전의 메아리*¹⁶를 통해 정신을 자각하게 하려 한다. 그래서 자신의 시편(詩篇)에 징표의 느낌을 주는 방법을 지금은 잘 알고 있다.

1923년 4월 28일

10 인간의 권리

개의 권리에 관한 연맹위원회에서, 인간의 권리에 관한 대논쟁이 있었다.

'이런 일이 문제가 되어도 좋다'고 삽살개가 말했다. '현재 우리가 보다시피 인간이 몇 세기 전부터 길들여온 상태로 살아 있는 원인은, 본성 그 자체에 실제로 무언가 결함이 있기 때문이거나 아니면 자취는 남지 않았지만 무언가 지독한 약탈이라도 당했기 때문이다. 확실히 개가 자기 손으로 잠자리를 만들거나 수프를 만들거나 고기를 잘라 굽거나 하는 광경을 본 적은 없다. 이런 천한 일을 맡는 것은 언제나 인간이며, 또 인간들은 기꺼이 이런 일을 하고 있

---

*16 고대 그리스 에페이로스 왕국의 도시. 유피테르신전이 있고, 그곳에 있는 떡갈나무는 유피테르의 신탁을 전한다고 한다.

다고 여겨질 정도이다. 이 가엾은 형제의 놀랄 만한 조제 본능이 없었다고 한다면, 개는 밀이나 사탕무를 먹는 것 따위는 생각지도 못했을 것이며, 빵이나 설탕의 맛은 끝내 모르고 말았을 것이다. 언제인지도 모를 먼 옛날부터 우리는 이런 인간의 저장 능력으로부터 우리의 마음에 드는 우수리를 가로채어 사용해 오고 있다. 참을성 있는 관찰자들의 말을 믿는다면, 인간은 꿀벌에게서 그 능력의 결과를 몽땅 빼앗는다고 하는데, 우리도 똑같은 짓을 하고 있는 셈이다. 다만 뛰어난 솜씨라는 점에서는 인간이 꿀벌보다 훨씬 뛰어남을 인정해야만 한다. 인간은 어떠한 것으로부터도 꿀을 만들고 단맛을 만들어낼 수 있다. 만일 만든다는 것이 곧 지식이라고 한다면 인간은 매우 박식하다고 할 수 있으리라. 그렇다고는 하더라도 인간이 우리보다 훨씬 강한데도 우리가 그다지 수고도 하지 않고 이 인간들을 노예 상태로 붙들어 놓고 있는 것을 보면, 아무래도 인간은 꿀을 만들 때의 꿀벌과 마찬가지로 온갖 발명은 해도 생각은 하지 않는 모양이다. 이런 놀라운 일, 이 거대한 건물, 이 고마운 불, 이 깔개, 낮을 길게 만드는 이 빛, 요컨대 우리가 빈들빈들 게으름을 부려 가면서 누리고 있는 이런 보물들을 막상 세세히 살펴보게 되면 우리의 정신도 억측으로서 어찌할 바를 모르게 된다. 이런 것은 자기 자신의 덫에 걸린 지성의 성과인가, 아니면 이런 솜씨 있는 재주는 지금도 이야기에 나왔듯이 인간의 손이 지닌 훌륭한 구조에서 비롯된다고 해야 하는가. 실정은 이러했다. 개는 휴식하고 몽상하며 생각에 잠겨 있고, 그동안 인류는 일한다. 그러나 다음과 같은 상황을 충분히 추측해 볼 수 있다. 같은 일련의 상황들 하나하나가 곧 다른 것을 요구하게 되며, 또한 그 상황들은 모두 끊임없이 조심해야 하기 때문에 주의를 완전히 빼앗겨 버려서 인류는 자기 자신을 반성할 여유도 없이 자연스럽게 능력을 발휘하는데, 그동안 개는 인간에게 아무런 강제를 하지 않는데도 차츰 인간에게 사육되고 보호받아 귀여움을 받고 있다는, 이 역설적인 사태를 비판할 여지도 없는 상황이 된다는 추측 말이다.'

'확실히' 하고 삽살개는 계속 말했다. '비판할 수 있다는 것은 무언가이기는 하다. 그러나 인간의 저 속박된 지성의 협력 없이, 우리의 이 행복한 정신의 자유가 과연 있을 수 있는지 어떤지 생각해 봐도 좋다. 예컨대 옛날이야기에 나올 만한 사자라든가 하이에나라든가 늑대라든가 멧돼지 같은 괴물들이, 들어갈 수 없을 만큼 빽빽한 밀림 속에서 우리를 엿보고 있다고 한다면 우리의 생활, 특히 밤의 생활은 대체 어떻게 되겠는가. 이 고마운 울타리, 이 울짱, 이 벽이며 문, 이들의 보호를 받고 있으면서도 아마 유전으로 전해 내려온 공포심에서 우리가 여전히 감시를 계속하고 있음은 인정해야 하겠지만, 예컨대 이들이 없었다고 한다면 아마도 우리는 싸우거나 엿보거나 달아나기에 바삐 쫓기고 있을 것이다. 그렇더라도 인간이 개 짖는 소리를 한 마디만 들어도 잠에서 깨어나 경계 태세로 옮기는 까닭은, 대체 어떤 수호자, 보호자의 본능에서인가. 여러분, 나는 이런 모든 점에서 놀랄 만한 조화를 찾아볼 수 있다. 왜냐하면 지성의 특징은 매우 작은 징후에서도 먼 앞날을 예견하고 나아가서는 일어날 수 있는 위험까지도 예상한다는 데 있기 때문이다. 이와 달리 본능은 거의 어리석고 고지식하다고 해도 좋을 만큼 마음을 놓은 채로 일에 임한다. 따라서 자연의 길에 의해 신중성과 힘은 저마다의 완성을 위하여 알맞게 분리되었고, 동시에 힘은 신중성에 종속되었다. 공포의 아버지인 정신의 옆에는 공포를 모르는 감시인들이 있다. 이 적당한 배합은 우연의 결과가 아니다. 한결 높은 섭리가 이런 정신과 감시인의 조화에서 엿보인다. 틀림없이 이 인간의 비밀스런 방과 이 감시인의 끊임없는 활동의 결과, 감시인인 삽살개는 인간을 밧줄로 붙들어 매놓고 자신은 번거로움에서 해방되어 이 솜씨 있는 동물의 움직임을 바꾸게 하기보다는, 그 움직임을 꿰뚫어보는 역할을 선택한 삽살개, 그렇게 똑바로 바라보고 있는 동안 진정으로 이 삽살개에게는 마침내 존재라는 것이 자기 자신 앞에 모습을 보였다.'

'좋았어, 좋았어.' 하고 살진 개가 말했다. '그러나 인간의 일을 생각할 때, 인간에게 사상이 있다고 가정하는 것은 잘못임을 잊지 않도록 하자. 내 생각으로는 인간의 일은 모두 그의 손의 연장이고, 그의 손의 활동이며, 또한 인간은 이에 관해 무언가를 이해하게끔 되기 훨씬 전부터 밧줄로 우리에게 붙들려 매여 있었다. 나는 이 인간의 유순함에 호감이 가서 인간을 기분 좋게 맞이해 준다. 일이란 축적이다. 언제라도 일은 이미 되어 있고 사상은 나중에 나타난다. 인간과 개, 이것은 꽤 오래된 짝지움이다. 이를 활용하자. 이 짝지움은 조금이라도 실제로 확인된 우정으로서 인간에게 권리가 있다는 것도 이런 의미, 즉 개와의 우정에서이다.'

1925년 10월 10일

11 가족

어떤 사나이가 결혼한 지 1년 만에 출정했다가, 3년이 지나자 다른 나라에서 고국을 그리워하며 이렇게 말했다. '나는 내가 결혼한 여자를 알고 있다고는 말할 수 없다.' 콩트는 가족이라는 집단 속에서 전개되는 온갖 관계와 감정을 실증에 근거한 엄밀성으로 분석했다. 그러나 이 가족이라는 감정에 대해 말해야 할 것은 아직도 남아 있다. 어느 쪽인가 하면 시인이었고 더욱이 독일풍의 시인이었던 헤겔은, 부부의 결합은 어린이로 말미암아 비로소 실현된다고 말한다. 맹목적인 사랑으로 맺어진 남녀 간에는 일반적으로 혈족 관계도 없거니와 적합성도 없고 비슷한 점도 없다. 무엇보다도 먼저 나타나는 것은 오히려 대립이다. 서로 함께 섞이려고 하는 저 욕망은 언제나 많든 적든 배신당하기 때문이다. 왜냐하면 살아 있는 자연은 한결같이 자기 자신의 속에 담긴 법칙에 따라 자기 자신의 완성이라는 균형잡힌 체제를 찾으면서 발전하므로, 휘고 일그러질 때라도 늘 본디 모습으로 되돌아간다. 온갖 경험이 이것을 긍정하고 증명한다. 서로 다른 것의 조화는 생물학에 근거한 기질의 수준에서는 찾아볼 수 없다. 예절은 이 조화에 꽤나 공헌하지만, 이 예절도 결혼에는 아예 빠져 있는 경우가 보통이다. 깊은 교양은 드물다. 깊은 교양은 시간의 성과로써 만들어진다. 이런 여러 원인으로 결합은 이윽고 분리로 나아간다. 이에 대해서 맹세가 뛰어난 예방법이 된다. 그러나 물과 기름을 섞어 놓는 것 같은 마술은 없다.

혈족의 인연은 이보다 훨씬 강하다. 이런 인연에서는 자연이 맹세를 뒷받침한다. 어머니와 자식의 결합은 우선 내적이다. 엄밀히 공동의 이 생활이 끝난 뒤에도 분리는 다만 외견상의 것에 지나지 않는다. 모성애는 콩트가 실증했듯이 이기적 감정 가운데 가장 빼어난 것, 바꾸어 말한다면 이타적 감정 중에서 가장 힘찬 것이다. 그리하여 이 어머니와 자식 관계는 곧 일정한 범위 모두를 차지해 버리지만 동시에 다른 것으로 전파한다. 왜냐하면 이 혼성된 자연물, 즉 자식은 부부의 쌍방에게 서로 상대의 모습에서 떼어 놓을 수 없게 된 자신의 모습을 되돌려보내 주는 존재이므로, 이혼은 어린이 가운데서는 성립되지 않는다. 정말로 자식이라는 존재 속에서 부부는 자기들의 생명을 초월한 곳에서 결합되고 얽혀 있음을 본다. 빠른 걸음으로 출발해 스스로의 성장력에 의해 물건이건 사람이건 자신에게 끌어당기는 또 하나의 생명 속에 자신들이 결합되고 얽혀 있음을 보게 된다. 자식은 부부의 서로 다른 것 따위는 문제도 삼지 않으며 부부를 소화해 버린다.

이런 점에 참다움의 시작이 있고, 이런 점에서 이러쿵저러쿵할 수 없는 감정이 만들어진다. 자식은 아버지냐 어머니냐를 고를 수는 없으니까 말이다. 집안의 분란이 어떤 결과를 낳든 화해는 자식이라는 존재 속에 늘 만들어져 있으며, 실제로 눈앞에 있으면서 살아 있다. 그러나 또한 여기서도 잊어서는 안 되는 점은, 확실히 자연만으로 충분한 것은 아무것도 없다는 사실이다. 철학자들의 왕, 아리스토텔레스는 문득 떠오른 생각처럼 말했다. 어떤 사랑도 쉽게 횡포한 것이 된다고. 깊이 생각해야 할 말이다. 무언가 커다란 사랑이 깃드는 곳에서는 어디에서나 무언가 크나큰 노여움을 미리 생각해야만 한다. 왜냐하면 사랑은 권리를 부정하고 자신이 거부된 것에 비해서 이제까지 받은 것 따위가 보상할 수는 없다고 생각하기 때문이다. 이런 식이어서 사랑은 그 본성상 모욕이 닥칠 것을 경계하고 있다. 그러므로 감정의 움직임을 충분히 참고 견디고 억제하고 준비하지 않으면, 곧 어려운 순간을 예상할 수 있다. 일이 없고 협력자나 친구도 없고 기분에 규율을 주는 예절, 이런 갖가지 굴레가 없는 가정은 언제든지 파란이 그칠 사이가 없다. 하다못해 자식이 있다면 그를 통해 가정은 단순한 생물학에 근거한 존재가 될 뿐이다. 뿐만 아니라 자식의 성장을 통해, 또 아이들의 사회를 통해, 집안의 예절이 저절로 만들어진다. 어린이는 어버이의 결점을 흉내내어 이것을 확대한다. 왜냐하면 깊은 유사성이 모방을 뒷받침하기 때문이다. 그러므로 양친이 동시에 자기 스스로를 키워 가지 않는다면 어린이를 키울 수도 없다. 사소한 일에서도 볼 수 있지만, 어린이는 어머니를 본보기로 하여 아버지를 존경하는 방법을 배우고, 또한 아버지를 본보기로 하여 어머니를 사랑하는 법을 배운다. 감정의 전파는 가정생활 속에 쉴 새 없이 작용해 완전무결한 부친이라고 하는, 처음에는 단지 상상에 지나지 않고 다른 사람으로는 알 수 없는 그런 존재들을 만들어 낸다. 이를테면 상상 속에나 있을 법한 존재라 하더라도 이런 존재가 품성과 성격의 통제자로서 작용하게 된다는 사정은 변함이 없다. 정말 바로 이 때문에 가정의 굴레를 벗어난 인간은 완전한 인간이라고 할 수 없게 된다.

여기에서 학교가 하나의 에움길을 만들어 다시 작용한다. 왜냐하면 그곳에서 어린이는 또 하나의 규율과 좀 더 비육체적인 인간성을 찾아내기 때문이다. 어린이는 이런 정상적인 것의 얼마쯤은 그 조그마한 책가방 속에 담아가지고 돌아온다. 공책이나 책이 가정 속에 또 하나의 진지함을, 먼저 고귀한 침묵을 갖고 들어오게 된다. 마땅한 이치로 부모는 공부를 시작하여 이미 졸업한 셈이지만 또 다시, 그야말로 자기 몸에 알맞은 무언가를 찾아내게 된다. 학교는 어버이들에게는 성인 강좌이다. 어린이의 어버이 교육이라는 이 크나큰 주제를 누군가 전개해 보지 않겠는가?

12 여성의 사상

행동에는 남자다운 지혜가 필요하다. 어떻게든지 사실을 받아들이고, 자기의 눈을 가리지 않게 비난에도 응수하지 않고, 돌이킬 수 없는 일에 대해 이러쿵저러쿵 궁리하지 않는 지혜이다. '어쩌자고 이런 배에 올라탔는가.*[17] 그러나 우리는 이미 타고 있으므로, 문제는 여기에서 빠져 나가는 것이다. 이미 파괴되고 말았고 이미 잘못은 저질러져 버렸으며, 이미 빚은 지고 말았다. 그러고 보면 행동에는 냉소적인 데가 있어야만 한다. 그리고 이것은 전쟁이 시시각각으로 가르쳐 주는 것이다. 가장 위대한 장군이란 자기의 생각이나 계획을 지나치게 고집하지 않고 상황과 더불어 나아가면서 다른 생각에는 전혀 시달리지 않는 사람이다. 그러므로 행동은 어떤 의미에서는 정신을 건전하게 하지만 다른 의미에서는 정신을 해치고 만다. 스스로 하고 싶다고 생각하고 이편이 좋다고 판단하면서도 결국 실제 사정 때문에 할 수 없었던 것은 잊지 않아도 좋다. 그러나 행동하는 사람은 마침내 자기의 생각이 언제나 상황에 의해 규제되는 신세가 되고 만다. 정치가는 2주일도 되기 전에 자기로서 할 수 있는 일밖에는 다른 일은 이미 원하지 않게 되어 있음을 느낀다. 이런 정치는 일찍이 기회주의라는 이름 아래 비난받았다. 명실공히 훌륭한 것은 아니다. 어떤 명목에서든 정치는 했던 일보다도 오히려 그 일을 하고자 했다는 의도 때문에 언제까지나 비난받을 것이다. 어떤 행동 속에도 다 있는 무자비하고 비인간적인 요소는 저절로 사상을 바꾸게 하고, 지나치게 바꾸어 놓고 만다. 이것은 정의도 평화도 스스로 실현할 수 없는 자격이었다는 점에서, 어느 쪽에 대한 바람도 헛일이라는 데에 이르는, 예의 개종자(改宗者)나 변절자에게서 볼 수 있

---

*17 몰리에르의 희극 《스카펭의 간계》 제2막의 대사 중에서.

는 바와 같다. 이렇고 보면 사실을 앞에 놓고 정신을 이렇듯 굽힌다는 것은 어떤 의미에서는 용서될 수 있다. 왜냐하면 자기가 시련의 밖에 있고 또한 공공 질서나 치안을 책임지는 위치에 있지 않는 경우에 결단은 너무나도 쉬운 일이기 때문이다. 그러나 그렇다고는 하지만 누구나 곧잘 느낄 수 있듯이 자신이 낳은 것을 지나치게 용서해서도 안 되고 또한 무엇이고 다 용서할 수도 없다. 전쟁의 주모자라고 지목되는 사람들, 즉 전쟁이 일어났을 때 권력의 자리에 있었던 사람들의 재판은 이런 이중의 사고방식을 따라야 한다.

야만스러운 사실에 대해서 '안 된다'고 하는 뜻을 굽히지 않는 의견은 여성적이라고 불러야 할 것이다. 이 아름다운 말의 완전하고도 강력한 의미에서 여성적이다. 나는 어떤가 하면, 어린이를 낳는 성(性)을 약한 성이라고 부르겠다는 생각은 일찍이 해본 적이 없다. 오히려 통로를 찾고 술책과 우회로써 나아가고, 그리하여 끊임없이 복종을 계속하는 활동적이고도 진취적인 성(性)이야말로 약하다고 하고 싶다. 그리고 반대로 생물학에 근거한 기능으로 생각하여 여성 속에서 뜻을 굽히지 않는 인류의 힘을 찾아내고 싶다. 그 누구도 완전한 인간은 아니기에 얼마간 실패가 있음에도, 뜻을 굽히지 않는 이 여성의 힘이야말로 저항하고 반역하는 인간성을 언제나 재생시킨다. 그렇다. 크나큰 자기부인(自己否認)을 거듭하고 이렇듯 몇 번씩이나 인간임을 거부하며 나아간 뒤에도, 인간은 그렇게 탄생할 때마다 같은 모습으로 되돌아가고, 하나의 인간으로 태어나려 하는 이 찬양할 만한 의지를 알려 준다. 그리고 여성이야말로 온몸으로써 이런 성향을 오래 기르는 존재이고 보면, 여성의 사상이 피로를 모르는 희망인 채로 그곳에서 늘 되돌아오지 않는다는 것은 있을 수 없다. 여성은 언제나 새로운 탄생을 향해 뜻을 굽히지 않는 힘으로 돌아온다. 순응 따위를 언제나 경멸스러운 행위로 만들고 마는 이 본질적인 거부, 이런 자기에게로의 집중 없이는 진보 따위는 없으리라. 이 기능은 보수적이다. 그리고 잘 생각해 본다면 반항이야말로 보수적이다. 그러므로 남성의 연구를 훨씬 앞지르는 여성의 사상이 있는 셈이다. 그리고 이것은 남성이 거의 생각도 할 수 없는 인간 모습의 보존이라는 일에 기초를 갖는 것이니만큼 더없이 자신에 찬 사상이다. 이런 식으로 볼 때, 여성에 관한 우리의 생각은 모두 부정확하고 또한 부당한 것에 지나지 않는다. 그러나 사랑이 우리에게 경고를 하고 우리의 잘못된 생각을 바로잡아 준다. 물론 이 사랑에 따른 교정을 우리가 도리어 어긋난 것처럼 생각하지 않는 바도 아니다. 그뿐 아니라 여성 자신이 이렇듯 과대하게 평가되는 데 놀라고 이에 무언가 빈정거림 같은 느낌을 받을지도 모른다. 마치 여성의 군림이 한낱 자연의 장난에 지나지 않듯이. 그리고 다만 어린이만이 곧잘 여성에게 이 신비를 이해시키고, 여성에게 자연을 사랑하게 하며, 끝내는 이 위대한 자연력인 인간까지 사랑하게 한다.

이런 것이 여성에 대한 명상적 주제이다. 관찰에 따라서 이것을 부정하려는 사람도 있을지 모른다. 그러나 이에 생각이 미친다면, 관찰은 반대로 이것을 확증하는 것이라는 사실을 곧 알게 된다. 이것은 옛날의 기사도가 훌륭하게 표현하고 있었던 것이다. 기사가 마음에 있는 부인에게 행동의 규칙을 구했을 때, 그는 멋진 말로써 해명해야 할 풍부한 교훈을 우리에게 던져 주고 있다. 왜냐하면 이 여성의 규칙이란, 할 수 있는 대로 순응하라는 것이 아니라 반대로 완전한 남자가 되어라, 그렇지 못하면 죽으리라는 것이기 때문이다. 여성이 고유하게 타고난 것은 다음과 같은 곳에 더욱 훌륭하게 나타난다. 즉 사랑이 희망을 기르고, 무엇보다도 첫째는 이기고 자신의 성(性)으로 돌아오는 굳은 믿음을 반드시 보여 주고 있었다는 것이다. 그리고 보면 여성은 본성으로서 또한 현실적인 사상으로서 뜻을 굽히지 않는 의견을 입증하는 살아 있는 샘물이다. 뜻을 굽히지 않는 여성의 의견이란, 처음에는 사실을 부정하고 덤비지만 도구와 무기의 완고한 제작자에게 찬사와 비난을 퍼붓고나서 마침내 그 사실 속에 들어가고 마는 것이다.

1924년 8월 20일

13 여성의 천분

여성에게는 어떤 일, 어떤 직업, 어떤 역할이 어울리느냐고 사람들은 묻는다. 나는 다만 양쪽 성(性) 저마다의 신체 구조와 원시적인 역할이라고 부를 수도 있는 요소들에서 끌어낸 몇 가지의 고찰을 여기서 말하고 싶다. 사냥을 하거나 물고기를 잡거나 개간을 하거나 말이나 개를 훈련시키거나 밭을 일구거나 집을 짓거나 하는, 이런 일들은 남성이 할 일이다. 이런 일들은 방어와 정복에 관계되어 있다. 이와 달리 아이를 키우거나, 어린이나 어른의 모양새에 따라 집의 내부를 정돈하거나 하는 일들이 여성이 할 일이다. 그런데 문명인인 우리 일의 구분도 마찬가지로서, 여성은 인간적 존재에 적합한 일에 한층 더 잘 통하고 남성은 세계가 요구하는 일, 비정한 비인간적 세계가 요구하는 일에 한층 더 잘 통한다고 구분된다. 이 점에서 남성의 정신은 물리학자이고 여성의 정신은 도덕주의자라고 해도 좋다.

이런 차이점을 내가 잘 알고 있는 일에 적용시켜 보자. 오귀스트 콩트에 따르면 어린이의 교육은, 두 살 무렵까지는 오로지 어머니의 손으로 오로지 감정만을 교육해야 하며, 어머니의 말과 생활 주변의 살아 있는 말을 수단으로 삼아야 한다. 그중에서도 특히 인간적 조화의, 아니 오히려 인간의 생리적 조화를 확실하게 증명하는 위대한 시인들을 활용해야만 한다고 한다. 이 최초의 교화에서는 마음을 닦고 기르며 보전하여 지키는 전통에 근거한 정신을 볼 수 있겠지만, 이것이 끝나면 이번에는 발명가이자 개혁가인 남성이 청소년기 전체를 맡아서 수학·천문학·물리학·화학·생리학·사회학과 같은 저 유명한 백과전서와도 같은 순서에 따라 그들에게 모든 과학을 가르쳐 준다. 누구라도 여기에서 외적 필연성, 즉 우리가 무엇을 즐기는가를 물어주지 않고 자비없이 우리를 강제해 오는 외적 필연성을 연구하게 되리라. 그리하여 목수가 물리학자로 바뀔 때 나는 더는 환상을 갖지 않은 인간으로서의 목수를 똑똑히 보게 된다.

틀림없이 그는 인간에 따라서가 아니라 비를 따라서 지붕을 만들고 물을 따라서 배를 만들며 짐승을 좇아서 덫을 만든다. 풍부한 미래를 열어 주는 이 교육 방침에 대하여 나는 여러분의 주의를 불러 일으켜 둔다. 그러나 일단 여기까지 온 이상, 목수는 지붕 위에서 일하고 아내는 그 밑에서 일하는 것이 자연이다.

지붕 밑에서는 설득이, 지붕 위에서는 실증이, 뼈아픈 실증이 행세한다. 무슨 말이냐 하면 기하학은 우리가 아무리 바꿀래도 바꿀 수 없는 사실을 끊임없이 우리에게 가르친다는 말이다. 이리하여 실제로 보다시피 여성은 최고의 교육을 받은 사람이라도 인간의 모범에 따라 아이를 한 사람으로 길러내는 데 더욱 알맞으며, 이에 반하여 청년기의 남녀는 외적 필연성에서 몸을 지키려면 자연히 남성의 손으로 반드시 따라야만 하는 필연성을 늘 나타내기 때문에, 좀 더 거친 남성의 손으로 옮겨 간다. 16세의 처녀는 남성이 교육하는 편이 좋으며 10세의 남자아이는 여성이 교육하는 편이 좋다. 이런 자연의 압력은 규칙이나 권리 따위의 추상적인 것을 두려워하지도 않는다. 그리하여 가장 아름다운 역할이 어떠한가는 나로서는 그다지 문제가 되지 않는다. 그렇다고는 하지만 일단 여성이 남성과 똑같은 교육을 받아 버리면, 여성은 우리에게 가장 중요한 것인 인간 존재의 내적 규율과 참된 문명에 대한 교육을 받는 것이라고 하고 싶다. 그러나 도덕적 완성도 지붕이 무너진다면 별 의미가 없다는 사실도 알아 두자.

예컨대 똑같은 교육을 받았다 할지라도 남녀 사이에서는 의학의 일이라도 마찬가지로 분담할 수 있다. 그리하여 여기에 어려운 문제는 없다. 그런데 온갖 직업에서 마찬가지인 구분(區分)을 찾을 수 있을까. 나는 할 수 있다고 생각한다. 여자 일꾼은 없다. 뛰어난 여왕은 있었다. 그러나 여성에게는 전쟁 지도보다도 외교나 설득의 일이 알맞다는 느낌은 남는다. 인간의 남녀 사이에서 인사는 여성의 일이며, 설득의 범주 안에 들지 않으며 반드시 이겨야만 하는 외적 필연성의 처리는 남성의 일이다. 주의해 주기 바라지만 전쟁이나 경찰은 상대인 인간을 오로지 하나의 물건이나 두려워할 만한 동물로 본다. 그래서 이것은 여성과는 아무런 인연이 없는 견해이다. 여성이 연민을 느끼기 쉽다는 것은 아니다. 그러기는커녕 여성은 언제나 어린이의 버릇을 길들이는 몸짓을 되풀이한다. 이 여성의 몸짓은 내적이든 외적이든 어느 쪽이든 간에 연민보다는 훨씬 높은 몸짓이다.

그러고 보면 이 원만하고 편안한 몸짓을 길잡이로 삼아 어째서 여성은 남성처럼 바느질하지 않는가, 또한 남성과 같은 천을 바느질하기를 좋아하지 않는가를 이해할 수 있으며, 마찬가지로 여성이 무언가를 파는 일에도 한결같이 알맞지 않다는 사실도 이해할 수 있다. 이를테면 복장에서 여성의 맵시는 늘 인간의 신체에 따르려고 하지만, 이에 반하여 남성의 맵시는 오히려 중력이나 비나 태양을 고려한다. 그리고 어떤 시대든 설득이 효과를 나타내는 부분과 실증이 효과를 나타내는 부분을 재어 보도록 하라. 여성이 기꺼이 종사하는 일과 마지못해 하는 일을 쉽게 알 수 있으리라. 확실히 일이 되고 안 되고는 이런 생리적 원인에 크게 좌우된다. 생리적 원인은 사소할지라도 하루에 천 번이나 작용하는 셈이다. 자연스럽지 못한 얼굴을 보는 것은 누구나 좋아하지 않는다.

1933년 8월 10일

14 부부

저 사려깊은 아리스토텔레스는, 도시의 기초는 정의보다는 오히려 따뜻한 사랑에 있다고 지적했다.[18] 이렇듯 그는 먼저 자연적인 관계를 관찰하면서 이른바 관념의 하늘에서 어떤 일률적인 정의를 내리게 하기보다는 하나 하나의 따뜻한 사랑에 알맞은 종류의 정의를 탐구하려고 했다. 왜냐하면 그에 따르면 아버지와 자식 사이에 정의가 없다고 하는 생각은 분별없는 생각일 것이고, 아버지와 자식 사이의 정의가 두 사람의 형제나 두 사람의 상인 사이의 정의와 같다는 생각 또한 분별없는 생각일 수 있기 때문이다. 자식에 대한 어머니의 자연스러운 따뜻한 사랑은 다른 사랑이며 따라서 그 정의 또한 별개이다. 그렇지 않다면 누구와 누구 사이에도 같은 사랑이 허용되고 같은 일이 금지되고 있다고 해야겠지만, 이것은 도리에 맞지 않는다. 나는 우연히 만난 사람보다도 친구에 대해서 더 많은 의무를 가지며 의무를 대하는 자세도 다르다. 자식 또한 어머니에 대해서 더 많은 의무를 가지며 의무를 대하는 자세도 다르다. 그리고 아버지에 대한 의무의 자세 또한 다르다. 이에 비하여 주인에 대한 노예의 의무나 노예에 대한 주인의 의무, 나아가 포로에 대한 주인의 의무는 훨씬 적다. 왜냐하면 여기에는 애정이 아직 얼마쯤 남아 있다고 하더라도 거의 없는 것이나 마찬가지이기 때문이다.

아버지의 정의(正義)는 왕의 정의를 정의(定義)한다. 형제 사이의 정의는 민주적 정의를 정의한다. 폭군의 정의라는 말을 할 수 있다고 한다면 이 정의는 노예에 대한 주인의 정의와 비슷하다. 그러나 부부 사이의 따뜻한 사랑을 좀 더 가까이에서 살펴 보자. 이것과 비슷한 체제, 또는 정치적 정의는 어떤가. 그에 따르면 그것은 귀족정치이다. 바꾸어 말하면 가장 좋은 것이, 즉 저마다의 가장 좋은 부분이 저마다에게 가장 알맞는 행위를 통치하는 가장 완전하고도 흔하지 않은 정치 체제이다. 이런 체제의 예는 인간 사회에서는 배(船) 위에서나 볼 수 있다. 배 위에서는 가장 솜씨 있는 수로 안내인이 마땅히 항해를 지휘하고, 가장 훌륭한 어부가 고기잡이를 지휘한다. 또한 가장 좋은 눈이란 육지를 발견해 알려 주는 눈이다. 그러나 부부는 저마다 하는 일이 어떤지 곧 알 수 있다. 자식을 기르는 일과 말뚝을 때려 박는 일이 같지 않듯이 그들

---

* 18 아리스토텔레스《니코마코스 윤리학》제8권 참조.

의 일이 서로 같지 않다는 사실을 곧 알 수 있다. 이리하여 이 사회에서는 저마다의 행동에 따라서 저마다 다른 쪽을 섬기고 또한 다른 쪽을 통제한다고 말해도 좋다. 그러므로 부부는 평등하며 또한 동시에 차별된다. 서로 차별이 있기 때문에 평등하다. 나는 지금 아리스토텔레스를 번역하고 있다기보다 오히려 흉내내고 있는 셈인데, 그 까닭은 이 사고(思考)의 움직임을 이어받고, 이 소박하고 자연스러운 취미에 넘친 힘을 그다지 잃지 않은 채, 이 움직임을 우리의 문제에 접근시키기 위해서이다.

우리의 도시는 크고, 가정과는 그다지 닮은 데가 없다. 도시를 결합시키는 사랑은 그 때문에 오히려 형제간의 사상을 닮았으며, 그보다도 더욱 약하다. 이 때문에 여기에서 우리는 평등에 바탕하여 정의를 정하는데, 이것은 잘못이 아니다. 다만 사람들이 불평등을 소망하고 정의가 이에 의존하는 특별한 경우에, 아직도 평등의 규칙을 적용하려고 하는 행위는 이치에 맞지 않는다고 할 수 있다. 이때, 자연 속에 이렇듯 깊게 뿌리를 내린 부부 쪽으로 조심성 없이 되돌아가서 시장과 정계의 벽에 알맞은 저 저급한 정의를 목걸이처럼 부부 위에 걸치려고 하는 것, 이것은 모든 일을 혼동한 것이 아닌가. 확실히 이런 외적 정의로써 부부를 지탱할 수는 있다. 그러나 그것은 나무를 밧줄이나 버팀목으로 받치는 것과 다름없다. 나무가 쓰러지는 것은 막을 수는 있겠으나 두 갈래로 갈라진 나뭇가지를 고스란히 살리는 것은 버팀목도 밧줄도 아니다. 그것은 오직 섬유와 막대관의 훨씬 완전한 조직이며 교착이다. 그와 마찬가지로 부부에게만 있는 정의, 부부 사이에 내재된 정의, 호응하는 사랑에서 태어나 서로의 기능과 차이에 기초를 둔 정의, 요컨대 철학자 투로 말하면 귀족정치와도 같은 정의, 이것에 비교한다면 상인들의 정의 따위는 훨씬 시시한 것에 지나지 않는다. 그리하여 입법자의 약은 식사와 비교했을 때 의사의 약과 비슷하다. 지금도 여전히 우리를 가르치기에 충분한 아리스토텔레스가 있었다는 사실, 이 사실을 몇 가지 표현으로 설명하는 것을 이해해 주기 바란다. 약은 병자에게는 좋다. 그러나 사람이 살고 즐기는 것은 식사를 통해서이다. 여성의 권리는 그 권리가 정치적 사회를 규제하는 한, 확실히 무엇인가이기는 하다. 그러나 그런 권리의 관념은 교환에서 생겨난 것일 뿐이며, 부부의 사회에는 본질적으로 그런 교환 관계는 없다. 다만 의사로서 여기에 관계할 수 있는 데 지나지 않는다. 그리고 누구나 알고 있듯이 병에 대한 일을 생각하는 것은 건강에 좋은 것이 아니다. 우리의 페미니스트들은 온 마을 사람들을 예방의 관점에서 자리에 눕혀 놓고 저마다의 입에 체온계를 물리려고 하는 저 크노크*[19]를 지나치게 닮았다. 건강 또한 좀 더 예민하게 반응하고 있으며 또한 가장 효과있는 권고를 마음에 새기고 있다. 그리고 이 예는 너무나도 지나치게 대담한 플라톤주의의 성격을 보여 준다. 관념이 생명을 주는듯이 생각하는데, 바로 이것이 그 성격이다. 그런데 사실 생명은 주어진 것이고 그렇기 때문에 관념이 생명을 구해 줄 수 있다. 플라톤주의와 영혼 구원의 관계는 사회주의와 사회 구원의 관계와 별반 다를 바 없다.

1924년 4월 26일

15 학교

학교도 커다란 가정이라고 한다. 또한 학교는 작은 사회라고도 한다. 유쾌한 비유이기는 하지만 경험이 이 비유를 곧 깨뜨려 버리고 만다. 한 집안의 아버지가 자연스럽고 힘찬 감정을 믿는 것은 마땅하지만, 아버지라는 존재만이 지니는 이 선의로써 학급을 다스리려고 한다면 엄청난 혼란이 생길 것이다. 또한 충분한 지식과 여가가 있고 자기 스스로 어린이들을 교육하려고 하는 반대의 실험은 아마도 모든 것 중의 최악이리라. 사람과 가정은 작은 사회이며, 사회는 커다란 가정이라고 즐겨 말한다. 이 생각에 따라 아들을 일꾼이나 수습공으로 다루어 보라. 감정과 일이 구별없이 뒤섞여 버려서 모든 일이 잘 되지 않을 것이다. 그러나 또 다른 실험으로 그대의 아들을 그대의 친구인 사업가에게 맡기고, 아들을 친구 자신의 아들처럼 대하겠다고 약속받았다고 하자. 그러면 그 젊은이는 언제나 일종의 용납을 기대하지만 도무지 이것을 얻을 수 없게 되면 모든 일은 몹시 언짢게 되고 말 것이다. 그 까닭은 사업의 진행이나 직업상의 일이라는 성격 등으로 보아 너그러움은 허용될 수 없기 때문이다. 사물에는 결코 너그러움이 없다. 이미 의도 따위는 문제되지 않으며, 존경도 사랑도 문제되지 않는다. 그런데 학교를 작은 나라처럼 조직한다는 또 하나의 시도에 이르러서는, 그런 직업상의 일들은 그다지 생기지도 않고 그 이유 또한 상당히 확실하다. 일생 동안 통용되는 작문 우등증서를 주거나 모든 성찰

---

*19 쥘 로맹의 희극 《크노크 또는 의학의 승리》의 주인공.

의 전체에서 판단해 최우등생을 뽑게 하거나 한다면 어리석은 일이다. 왜냐하면 사람의 마음에 드는 방법에는 추종, 술책, 체력 따위가 포함되며, 나아가서는 학교에서 덕망을 가르칠 때 마땅히 낮은 지위에 두는 천부적 소질이나 세력까지 가세되기 때문이다. 어떤 것이 다른 무엇 무엇에 대해서라는 비유를 이따금 관념으로 인식하기 쉬운데, 그러고 보면 이런 비유에 의해서는 사람은 실패로 인도될 뿐이다.

이에 반하여 대비는 이해로 가는 길을 열어준다. 그리고 이들 세 개의 사회, 즉 가정, 직업, 학교는 그 한 예이다. 학교는 가정이 아니다. 여기서는 감정이 문제될 수 없다. 왜냐하면 학교라는 사회의 감정은 출생이나 어렸을 때의 보살핌과 같은 강한 관계 위에 의거하지 않기 때문이다. 뿐만 아니라 학교 규칙인 연령의 동일성은 가정에서는 자연 그 자체에 의해 명백히 배제되어 있다. 또한 어린이의 약함과 말을 조련하는 자의 성급한 노여움, 이들 사이에는 아무래도 어머니의 주선하는 힘이 필요한데 이것을 학교에서는 찾을 수 없다. 그리고 마지막으로 먹거나 잠자거나 하는 실생활 속에서 필요한 일이라는 끊임없는 경험이 학교에서는 멀리 배제된다. 사실 학교는 자기 힘으로 살아가야 할 까닭도 없고, 이른바 생활상의 필요나 노동으로부터 분리되어 있다. 이런 대조는 효과에 의해 드러나게 된다. 학생이 감정에 호소해 자기를 훌륭하게 보이려고 한다면 빈축을 살 것이다. 이런 감정에 호소하는 낌새는 매우 뚜렷하게 느껴지는 것으로, 교사는 이에 대해 어법의 잘못은 무엇을 갖고서도 지울 수 없다고 말한다. 그러나 만일 교사가 아버지와 같은 마음을 기울인다면 이것은 우스꽝스런 일이 될 것이다. 학생이 일단 교사에게 참다운 괴로움을 주는 수단을 발견했다고 하면 곧 교사의 권위는 사라지고 만다.

학교는 사회라고 할 수는 없다. 생산적인 노동을 학교에서는 받아들이지 않고, 분업도, 거기에서 생겨나는 서로 도움을 주고 받는 것도 받아들이지 않는다. 이리하여 외적 필연성은 인간적이든 아니든 학교라는 사회에는 끼어들지 않는다. 학교는 모든 가정이 해야만 되듯이 자기의 끼니를 획득해야 하는 일도 없고, 또한 마찬가지로 국가의 경우처럼 영리를 위해 스스로 일을 꾸려나갈 필요도 없다. 그렇기 때문에 학교는 이미 얻은 영리와 관계된 지위도 인정하지 않거니와 자본과 비슷한 어떤 것도 인정하지 않는다. 번역에서 으뜸이라고 해도 다음의 테스트에서는 아무런 특별 대우도 특전도 주어지지 않는다.

사회에서는 경영의 결과로서 특별 대우나 특전이 주어지게 되는 법인데, 그러고 보면 이런 것의 부정이야말로 학교 안의 관념인지도 모른다. 상상하건대 현실의 노동은 결코 시도가 아니기 때문이다. 철근 콘크리트 공사에서의 잘못은 번역에서의 오역과는 전혀 다르다. 일은 경솔한 사람의 실수로부터 끊임없이 몸을 지킨다. 예컨대 그 사람이 재능 있는 사람일지라도, 아니 재능 있는 사람은 특히 그 분야에서 실수를 미리 단속한다. 작문 우등생은 쓴 경험에 의해 이런 경계할 점을 재빨리 깨닫는다. 왜냐하면 이럴 때에는 엄격한 관념, 필연성을 이해하고 한편이 되는 관념이 경험을 준비해주고 쓴 생각을 제거해 주기 때문이다.

그렇다면 학교의 교훈이란 어떤가. 학교는 우리가 알고 있는 온갖 사회와는 생활 조건으로 보아 다른 자연스러운 사회이다. 교사와 학생 사이에 생겨나는 감정은 확실히 질이 매우 높다. 학교라는 사회의 감정을 다른 감정과 구별하는 것은 아주 중요하다. 여기에는 한쪽에 존경을 동반하는 복종, 즉 숭고를 동경하는 것이 있고 다른 쪽에는 아주 높은 정도의, 오롯이 정신에 뿌리박은 우애, 가르친다고 하는 행위라는 관점에서 아는 자와 모르는 자를 평등하게 하는 우애라는 것이 있다. 이 높은 기품, 아마도 세상에서 가장 높은 이 기품을 체험한 자야말로 행복하다 하겠다.

1929년 8월 24일

16 외적 질서와 인간적 질서

줄리우스 시저가 제사장이 되어 연력(年曆) 개정을 꾀했을 때, 그 무렵에는 관습이 중요시되고 있었고 일년에 열흘이나 짧은 태음년(太陰年)을 좇아 그대로 따르고 있었으므로, 한 겨울에 수확의 제례를 올리게 되는 형편이었다. 항해나 일반 달력은 태음월(太陰月 : 초하루에서 다음 초하루까지 평균 29일)을 쓰고 있었기 때문에 태양년(太陽年 : 태양이 지구를 한 번 도는 기간)에서부터는 조금씩 벗어났다. 태양년 쪽에서는 단지 부질없이 춘분, 추분과 하지, 동지를 나타냈고, 부질없이 실제 4월의 녹음, 실제 5월의 꽃들, 또한 태양이 거의 지지 않고 북쪽 지평선에 어스름한 빛을 감돌게 하는 실제상의 6월의 긴 낮을 나타낼 뿐이었다. 옛날에는 정치적인 규율의 힘이 어디에서나 이러했다. 자연은 의식으로써 덮여져 버렸고 특히 인간 집단이 눈길을 끄는 수도에서는 이런 현상이 심했다. 그리하여 인간이 세운 질서가 자연의 흐름과는 동떨어지게 계절을 축하했다. 그야말로 태양 쪽이 잘못되어 있다고 여겼던 것이다.

본디 가장 빨리 알려지는 질서는 인간이 세운 질서이다. 어린이는 먼저 자기를 둘러싼 인간들, 자기에게 모든 화복(禍福)을 가져다 주는 인간들을 살펴본다. 그 아이는 무엇보다 정치적으로 사는 셈이다. 이 유연한 정신은 먼저 관습이나 성격, 변덕, 정념을 반영한다. 진실보다는 형편이 좋으냐 나쁘냐를, 지식보다는 예절을 훨씬 귀하게 생각하는 습관은 누구에게나 있고 가장 오랜 것이다. 무분별이나 어리석은 고집, 아무런 성과도 거두지 못한 숱한 논의들도 이런 점에서 설명될 수 있다. 우리들의 주위에서 나이만 먹은 어린이를 찾아보기는 힘들지 않다. 그러나 알고 있는 바와 같이 대부분의 사람들이 일생 동안 어린이로 내내 있었던 시대가 실제로 있었다. 제사(祭司)들은 말하자면 때를 관리하는 몸이었는데, 그들은 단지 나랏법이라든가 해마다의 축일이라든가 권력의 수명, 선거, 기일, 기한 따위만 생각했다. 외적 질서는 이런 정치적인 구름의 끊긴 틈을 통해서만 그들의 마음에 나타났다. 만일 이런 것을 사고방식이라고 할 수 있다면 이런 사고방식은 사람들의 생각처럼 진기하다고는 할 수 없다. 그것을 입에 올려서 일컫지는 않지만 태도나 말투에 드러난다. 또한 예술 작품에도 나타난다. 왜냐하면 이때의 외적 자연은 시대 흐름을 좇고자 하는 예술가의 기도에 약간 대치되기 때문이다. 흔한 말로는 오늘날까지도 아직 사물의 진실보다 오히려 사람들의 의견을 중하게 여기는 사람들을 가리켜 신관(神官)*20이라고 부른다. 그리고 인간의 조건에 의해 저마다 누구에게든 제사와 닮은 부분이 있으므로 이런 주의는 모든 사람에게 유익하다.

겉으로 보기에는 별인 달은 현실적인 힘인 해 앞에 조금씩 자리를 양보해 왔다. 그러나 달을 겨냥하여 만들어진 흔적은 아직도 부활제 속에 있으며, 또한 일찍이 한 해를 형성하던 12회의 태음월의 자취인 우리의 열두 달 속에도 있다. 또한 로마의 제사들로부터 이어받은 유산인 우리의 정월 초하루 속에도 있다. 줄리우스 시저에게 진언한 천문학자들은 동지(冬至)를 알고 있었다. 1년을 이날부터 셈하는 식이 논리적이어서였다. 그러나 사람의 마음에 대하여 언제나 크나큰 힘을 갖는 달을 고려하여 동지의 며칠 뒤에 오는 초승달을 기

---

*20 신관(pontife)은 문학비평 등에서 '견유주의자인 체하는 사람'이란 뜻으로도 사용된다.

다리기로 결정했던 것이며, 그리고 이 관습이 보존되었다.

해가 의기양양하게 빛나는 7월의 오늘 이 무렵, 나는 어째서 달이 저토록 오랫동안 제멋대로 군림해 왔는가를 생각해 보았다. 그것은 아마도 해는 보는 자의 눈을 상하게 하고 자기 자신보다도 오히려 다른 모습을 나타내지만, 이와 달리 오만한 달은 밤의 세계에 군림해 자기 자신만 나타내기 때문일 것이다. 이리하여 늘 정치적 지략, 사려, 희망, 두려움, 야심들이 모두 합쳐져서, 달의 모습의 규칙바른 추이가 잠을 방해하는 원인에 결부되게 되었다. 우리의 생존은 달이 일그러졌다 커졌다 하는 데 따르기보다도 훨씬 더 해의 운행에 의존한다. 그러나 해의 이미지는 말하자면 흩어져 있다. 빛, 열, 초록, 수확들이 모두 해이다. 이에 반하여 달은 다만 혼자서 모습을 보이고, 말하자면 고립되어 있다. 다만 볼 만한 광경들에 지나지 않으며, 미세기의 들고 남의 차이가 크지 않은 바닷가에서는 특히 그러하다. 일련의 외관 말고는 아무것도 알려주지 않는 이 빛나는 모습들을 향하여 정신은 질문한다. 달은 하늘 한가운데 하나의 더없는 감동을 주는 시를 쓰며, 그리고 이것이 상상에 사로잡힌 사람들을 설득한다. 달은 이런 사람들을 다른 바닷가, 다른 민중들에게 연결시킨다. 그것은 갖가지 시도나 욕망을 품게 한다. 그렇기 때문에 소박하고도 경건한 마음은 무엇보다도 먼저 고독에 의해 힘차게, 무슨 징조인지 모르지만 강렬한 무언가의 징조인 이 열기 없는 별을 숭배하게 되었던 것이다.

1921년 7월 6일

17 옛날이야기

옛날이야기의 진실은 인간이 세운 질서에 비하면 자연의 외적 질서도 보잘것없다는 데 있다. 거리도 문제되지 않는다. 인간은 마법의 양탄자에 타고, 나는 용에게 실리어 꿈속에서처럼 이것을 타넘고 만다. 힘을 가진 것이 편들어줄 경우에는 물적 장해도 하찮다. 반대로 적의 편이 될 힘 있는 자를 굴복시킬 수 없게 되면, 모든 것이 장해가 된다. 이것은 우리가 받는 시련이나 불행의 경치를 꽤 훌륭하게 나타내고 있다. 농부는 개간할 때 나무 등걸을 불평하지 않는다. 땅을 정복하는 것은 그의 행복이다. 그런 사나이가 소송 문제에는 잠을 잘 수 없게 되고 만다. 이 경우에 그에게는 통로가 발견되지 않기 때문이다. 적이 된 힘 있는 자가 모든 것을 멈추게 하고 만다. 사냥꾼은 도요새에게 날개가 있다고 불평하지 않는다. 그러나 푯말은 그를 성내게 했다. 행동하는 인간은 오래지 않아 인간을 만난다. 주의하기 바라건대, 인류는 물질 생활과 관련된 문제라면 쉽게 해결해 버린다. 도로 공사나 개간, 경작과 수송, 교환 따위의 일은 장난에 지나지 않는다고 여겨져서, 오히려 우리는 스스로 곤란을 찾을 정도이다. 파리에서 런던으로 가는 데 군이 비행기를 이용할 필요는 없다. 그러나 이것에 성공하는 것이 행복이다. 다만 이 하늘의 왕자도 집에 돌아가면, 아내로부터 잔소리를 듣거나 완고하게 입을 다물고 상대하지 않거나 할지도 모른다. 진정한 어려움은 여기에서부터 시작된다.

크나큰 재앙이라고 하면 전쟁이 있다. 그리고 전쟁은 모두 인간에게서 나온다. 전쟁 때문에 치른 돈, 좀 더 정확히 말하면 전쟁 때문에 이미 소비하고 또한 전쟁의 재난 때문에 이후에도 치러야 할 노동 나날의 노동 대가, 이만한 돈을 가지고 다른 일을 시작했더라면 무엇이든지 할 수 있었지 않겠는가. 학교 둘레에는 공원, 성(城)과 같은 병원을 짓고, 모든 사람에게는 맑은 공기와 진한 우유, 찜닭요리, 이런 모든 편의들이 대수롭지 않은 것이 되었을 것이다. 그러나 거부, 불신, 어리석음, 노여움들이 꽤나 비싼 대가를 치르게 하는 셈이어서 노동에 따른 부(富)도 말하자면 아무 쓸모도 없게 된다. 인간의 시작과 함께 전해 내려온 오래된 민간 설화가 이것을 매우 잘 표현해 준다. 욕망 앞에서는 대지도 대단한 것이 못된다. 샤르망 왕자*21는 이미 나그네 길을 떠나고 있다. 그는 이윽고 목적지에 닿을 것이다. 그뿐 아니라 무사히 돌아올 것이다. 안심하라. 그리고 그가 여행을 마치고 돌아와 여행 이야기를 할 때에는, 이 여행도 한순간의 짧은 일화가 될 뿐이다. 그러나 사실은 막상 그 한순간으로부터 출발하려다가 그는 마술을 쓰는 노파의 명령으로 방바닥에 처박혀 버리고 만다. 눈에 보이는 어떤 것과도 관련이 있지도 않은데 누군가의 명령에 의해 묶여본 적이 없는 사람이 있겠는가. 실생활에서는 이런 명령에 일반적으로 동기가 있지만, 그러나 그 이유로 삼는 것은 결코 참된 이유가 아니다. 옛날이야기는 근원까지 꿰뚫는다. 마법사인 남녀는 나이먹은 사람들로서 주로 젊고 아름다운 것에는 모두 반대한다. 이 인간 세계에서의 포악한 행위는 거의 모두 심심한 사람들에게서 나온다. 말하자면 인간은 특히 인간에게 의존하고 있

---

*21 여러 가지 옛날이야기에 등장하는 왕자, 잘 생기고 용감하며 위급에 처해 있는 공주를 구해주는 기사이다.

다. 한 폭군의 변덕이 갑자기 국민을 계속되는 파국으로 끌어넣는다. 그러므로 옛날이야기가 말해 주듯이 거대한 산업도 풀기 어렵게 뒤얽힌 정치라는 것에 비한다면 아주 쉽다고 해도 좋다. 그리고 옛날이야기는 이것을 불만에 차 있는 마법사가 훌륭하게 표현하고 있다.

나는 또 다른 일에 시선을 돌려 본다. 이런 이야기의 감명 깊은 묘사로 판단하건대, 불가사의한 힘도 영혼 속에까지는 들어가 제압할 수는 없다는 점이다. 어떤 사람을 선망이나 증오로부터 구원하는 마법사는 없다. 과연 마법사인 여자는 눈에 보이는 어떠한 유대를 쓰지 않고서도 샤르망 왕자를 어렵지 않게 묶을 수도 있고 이것을 파랑새의 모습으로 바꾸어 버릴 수도 있다. 그러나 그녀는 그가 스스로 선택한 여성을 사랑하지 못하도록 하지는 못한다. 파랑새의 모습이 되더라도 여전히 왕자는 사랑하는 여성의 창가로 날아가 지저귄다. 이것은 무엇을 뜻하는가. 정신은 결코 노예의 몸이 아니고 초자연적인 힘마저도 훨씬 넘어선다는 뜻 그 밖의 아무것도 아니다. 그리고 또한 옛날이야기에서는 거의 언제나 어떤 마법사가 다른 마법사를 방해한다. 그리고 이 때문에 용감한 사랑과 굳은 의지는 지리멸렬한 모든 정념을 꿰뚫고 나아가, 곧잘 그 목적에 다다를 수 있다. 이리하여 충실에게는 우연에 의해 영광이 주어진다. 그리고 이 영광에는 의미가 없지 않다. 인간의 힘이든 우주의 힘이든 힘은 모두 같은 방향으로 향하는 것이 아니기 때문에, 용기 있는 마음은 마침내 우연히 통로를 발견할 수 있기 때문이다. 내가 옛날이야기 속에서 본 힘찬 진리는 사람을 강하게 한다. 이 진리는 현실에 근거한 경험이 스스로 가르치고 있다고 믿는 상대의 눈 속에 있지만, 아주 잘 꾸며진 현실의 경험이 그만 그 옛날 이야기 속의 힘찬 진리를 그야말로 덮어버리는 것임을 인식할 수 있을 때, 옛날이야기는 좋지 않은 읽을거리라고 누가 주장할 수 있겠는가.

1921년 9월 10일

18 옛날이야기의 정신

어린이는 옛날이야기의 나라에서 세상 물정을 알게 된다. 거기에서는 모든 일이 쉽다고는 이야기하지 않는다. 반대로 거기서는 모든 것이 어렵다. 그러나 그 어려움은 킬로미터로 쎌 만한 그런 것이 아니다. 즉, 매우 사소한 성공도 먼저 몇몇 사람의 나이 먹은 마녀나 수염을 기른 마법사의 뜻대로 되는 것으로, 그들은 정말로 '안 된다'고 하는 무정한 한 마디로 탐색을 막아 버리고 말기 때문이다. 어린이는 스스로 노력할 것도 없이 남에게 안겨서 갔던 첫 여행의 추억을 틀림없이 꽤 오랫동안 지니고 있으리라고 해야 할 것이다. 어쨌든 그 어린이에게는 이웃집 뜰까지 몸을 실어 나르는 일이, 달에 닿는 일 못지 않게 어려운 일이다.

이 점에서 거리나 물적 장해는 문제가 아니지만 몹시 적은 이 아이의 욕망 저편에도 안 된다고 하는 마법사의 모습을 늘 발견하는, 저 옛날이야기의 정신이 생겨난다. 그러므로 좀 더 힘이 센 선녀나 또는 다른 무언가가 더 좋다고만 하면 아이의 문제는 이미 없어지고, 욕망과 목적의 거리는 어떻게 해서든지 극복한다. 이 인간 세계에서 어린이는, 무엇보다 어머니나 젖어머니나 생활 주변상의 힘 있는 사람들의 살아 있는 직물 속에 따뜻하게 안겨서 생활해야만 하는, 그 충실한 닮은 모습이다.

이 세계는 몇몇 나라로 이루어졌고, 그러한 나라의 하나하나는 저마다 누군가가 지배하고 있다. 요리사, 정원사, 문지기, 이웃집 여자, 이들이 저마다 정해진 권한을 가진 요술사들이다. 이렇듯 우리들의 가장 옛날 추억은 신화처럼 짜여져 있다. 이런 까닭으로 옛날이야기는 조금도 늙는 일이 없었다. 개체의 유년시대는 종(種)의 유년시대와 같다.

성숙에는 긴 에움길이 필요하며, 또한 사물들 사이에서의 관찰자의 고독이 필요하다. 이리하여 비로소 물건에는 물건 나름의, 아무런 사고도 의도도 없는 저항의 방식이 존재한다는 사실이 있다는 것을 발견하고, 또한 물건은 기도에도 욕망에도 따르지 않고 다만 노동에만 따른다는 사실을 발견한다. 이때 또 한 가지의 자유, 결코 아첨꾼이 아닌 자유, 남의 마음에 듦으로써 사는 것이 아닌 자유가 모습을 나타낸다.

이때 관찰하는 눈길은 크나큰 마법사들을 온갖 물건 사이에 있는 물건, 말을 하는 물건으로서 판단한다. 아주 현실적인 이 눈은 밀림이나 바위산 속에서 길을 찾듯이 사람들 사이에서 길을 찾고, 지식에 이어서는 관용과 처세술이 태어난다. 그러나 언제나 소망과 아부에만 마음을 빼앗겨 언제나 마녀에 대해서는 마법사를, 나쁜 선녀에 대해서는 좋은 선녀를 찾으면서 옛날이야기 식의 생활을 하고 있는 어른들이 얼마나 많은가. 구멍을 만들기 위해서가 아니라 남의 마음에 들기 위해 파고 있는 어른들이 얼마나 많은가. 누구나 나이와 관계없이 많든 적든 어린이이며 또한 이 한 가지의 필연성에 많든 적든 따르고 있다. 그 까닭은, 슬기롭고 통찰력이 뛰어난 정신이 증오의 마력을 능히 끊어 버릴 수는 있으나, 좋은 선녀나 좋은 마법사를 이기기란 가장 어려운 일이기 때문이다. 타소*22에게서 볼 수 있는, 마음을 가진 나뭇가지들이 피를 흘리는 숲. 그렇기 때문에 나이를 떠나서 누구나가 옛날이야기를 탐독하고 거기에서 마음의 전략을 되풀이해서 발견한다. 알라딘의 요술등잔을 문질러 본 적이 없는 사람이 과연 있겠는가.

1921년 1월 2일

19 전설과 계절

이 눈 속에서, 어쩐지 서글픈 안개 속에서, 황혼의 빛이 한낱 짧은 나날 속에서 우리나라 사람들은 크리스마스를 축하할 준비를 하고 있다. 그들에게 무엇을 축하하느냐고 묻는다면, 구세주가 마침 이 계절에 태어나셨다고 이야기하리라. 그러나 온갖 시대와 민족을 통해, 행복한 계절이 찾아오는 첫 징후에 따라서, 이 계절을 축하하는 축제와 영웅들을 기다리는 추도제가 얼마나 멋지게 어우러져 있는가, 이것에 놀라지 않으면 안 된다. 하늘을 올려다보라. 거기에 뭔가가 태어나려 하고 있음을 발견하리라. 벌써 여러 날 전부터 태양은 이미 낮아지지는 않는다. 정오에 막대기가 지상에 던지는 그림자를 당신이 여름이 끝나는 무렵부터 측정해 왔다고 한다면, 이 그림자가 하루하루 길어져서 9월 끝 무렵쯤 급속히 길게 늘어나는 현상을 보았을 것이다. 그러나 그것도 마지막이다. 이제는 그림자가 더는 늘어나지 않는다. 측정해 보면 2월 끝 무렵에는 그림자가 아주 조금 짧아진다는 사실을 알 수 있으리라. 아주 조금, 그러니까 실제로는 이 사실을 알려면 천문학자이어야만 한다. 물론 몇 번이고 관찰하고 측정해서 지금에 와서는 누구나 다 알고 있고, 실제로 우정사업본부의 달력이 우리에게 알려 주는 바이기도 하다. 그런데 주의해야 할 점은 이 위대한 구제자(救濟者)의 탄생을 축하하는 때가 마침 이 무렵이라는 점이다. 이 일치는 결코 우연이 아니다. 더욱이 역사는 이것을 설명할 수가 없다. 이 놀랄 만한 발명은 모든 사람이 이룩한 행위이다. 이렇듯 분명치 않고 아직도 의

---

*22 타소(이탈리아의 서사시인. 1544~1595)의 〈해방된 예루살렘〉.

론이 분분한 전설이, 그리고 해가 눈에 띄게 길어진 뒤의 봄이 찾아오는 때가 마침 이 무렵이라는 점이다. 이 일치는 결코 우연이 아니다. 더욱이 역사는 이를 설명할 수 없다. 이 놀랄 만한 발명은 모든 사람이 이룩한 행위이다. 이렇듯 분명치 않고 아직도 의논이 다양한 구제자의 탄생 전설이, 해가 눈에 띄게 길어져서 봄이 찾아오는 낌새가 벌거벗은 지상에 나타날 때쯤, 우리의 마음을 들뜨게 하는 저 자연스러운 감정과 저절로 일치되었던 것이다. 그러나 더욱 주목할 점은, 이 전설이 천문학만이 식별할 수 있는 가장 눈에 띄기 쉬운 징후와 일치했다는 점이다. 인간들이 전체로서 하나의 커다란 존재를 이루고 이 존재의 움직임이 동시에 계절에도 전설에도 가장 확실한 지식에도 모범이 되는 것임을 이렇듯 훌륭하게 나타내는 존재는 없다. 이 크나큰 존재에게는 머리, 발, 심장 등 모든 것이 교감한다. 봄의 춤, 희망의 찬미, 계절의 계산, 모든 것이 이 기쁜 크리스마스 전날 밤에 모인다.

옛날의 크리스마스는 물론 좀 더 시기가 늦었다. 왜냐하면 좀 더 확실한 계절의 징후를 기다려야만 되었기 때문이다. 새싹과 맨 처음 피어나는 아네모네가 부활제의 신호가 되었다. 그리고 주의해 주기 바라건대 이 봄의 축제는 언제나, 이를테면 아도니스*[23]와 같은 신화적 인물의 기념제와 연결되어 있었다. 그리고 이런 종류의 축제는 징후가 좀 더 잘 알려지게끔 되었고, 좀 더 멀리서부터 봄을 식별할 수 있게 됨에 따라 앞당겨져서 정말 봄과 합치하게끔 되어 갔다. 오늘날 아직도 우리는 역사가 비롯되기 이전의 이런 축제를 그대로 축하하고 있는 셈이다. 그리고 이것을 부활제에서 볼 수 있듯이 전설과 합치시키고 있는 셈이다. 그렇다고는 하지만 잘 생각해 본다면 식물, 동물, 인간에게도 공통되는 이 축제는 이 점에서 여전히 기독교와는 거리가 있다. 이런 축제에서 우리는 축복받기를 기다린 다음 즐긴다. 사육제에 이르러서는 더욱 멀리서부터 예언하는 셈인데, 이것은 한층 더 많은 희망을 포함한다. 그러나 전통이 이에 빈정거림과 회의를 뒤섞었다. 이 축제는 하나의 파괴인데도 여전히 계절과 합치된 인간적 사상의 자취는 읽을 수 있다. 크리스마스에는 더욱 멋지게, 확신한 사상과 더욱 씩씩한 희망이 빛난다. 감각은 숨을 죽이고 가만히 있다. 실로 눈 위에서 사람은 수확을 찬미한다. 긴 밤의 한밤중에 해의 승리를

---

*23 그리스의 신화적 인물. 잘생긴 젊은이. 사냥하다가 멧돼지에게 받혀서 죽었는데 제우스는 그를 아네모네로 바꾸었다.

축하하는 것이다. 이때 한 인간의 마음을 제외하면 곳곳에 있는 것은 비애뿐이다. 그러므로 사고는 비애에 집중되고 다만 자기 자신에 의해 충분히 몸을 무장한다. 그리고 나무나 샘, 수확과 같은 옛날의 징표, 요컨대 모든 외적인 신들을 극복한다. 안다고 하는 사전(事前)의 인식적 힘이 어떻게 자연에서 비롯된 감정을 극복했는가, 인식이 어떻게 의지로 바뀌는가, 이 실례로써 더없이 잘 이해된다. 도시나 법률, 풍습의 기원을 나타내는 합치의 도움이 없었다면, 정신은 정신으로서 이해되는 일이 없었으리라. 사람들의 구세주인 정신, 모든 희망의 뒷받침인 정신은 가축우리의 형편없는 먹이 한가운데 소나 나귀의 숨결 밑에서 태어났다. 인류는 이날, 자기 자신을 믿으리라 맹세한다. 내가 감탄하는 바는, 내가 인정하는 이 의의가 전설과도 계절과도 놀라울 만큼 합치한다는 점이다.

1925년 12월 20일

20 점

이 아름다운 가을 초엽에는 추위가 곧 닥쳐오는 게 아닐까 하고 여겨졌다. 별들은 맑게 갠 하늘에서 굉장할 정도로 저 겨울의 광채를 띠고 있었다. 지구는 이 차디찬 공간을 외투도 걸치지 않고 회전하며, 벌써 1월의 얼음이 머릿속에 떠올랐다. 그러나 이런 때 나는 두서너 마리의 벌과 한 마리의 잠자리 모습을 보았다. 황혼에는 모기가 옛 모습 그대로 춤을 추고 있었다. 작은 나비는 풀숲에서 나와 날개를 시험하고 있었다. 나는 이들 살아 있는 징후에서 아직 좋은 날씨가 계속되리라고 결론지었지만 과연 잘못은 아니었다.

대부분의 들짐승에게서 볼 수 있는 이런 예감은, 현실적 존재들에게 느끼는 감정에 지나지 않는다. 되새겨 생각해 봄으로써 예감을 만들어 내고 이따금 틀리기도 하는 쪽은 인간이다. 틀린다는 것은 생각의 대상이다. 동물에게는 주위의 자연이 그 동물의 동작과 조화되어 직접 표출된다. 배(梨)가 익듯이 동물은 움직인다. 주의해 주기 바라지만, 인간이라도 이런 예언 능력을 간직해 온 자들은 힘찬 사상을 결코 드러내지 않는다. 선택을 해야만 되는 처지에 있기 때문이다.

인류는 대담한 잘못에 의해서만 군림한다. 움직이지 않는 극(極)의 둘레를 회전하는 천구(天球)를 상상한다는 것은 놀랄 만한 잘못이다. 바로 잡기 어려운 잘못이다. 그러나 천문학은 모조리 이 잘못에서 나왔다. 항해자는 이런 고찰을 근거로 방위를 정한다. 이에 반하여 꾀꼬리나 제비는 하늘의 구름처럼 어떤 장소에서 다른 장소로 실려간다. 구름은 그 움직임을 결코 잘못 놀리지 않는다. 구름은 바람부는 대로 움직인다. 추위나 더위에 따라 빽빽이 모이기도 하고 성기게 흩어지기도 한다. 그러나 아무도 구름의 명민성을 감탄하거나 하지는 않는다.

나무의 맨 윗가지가 언제나 바람을 알려 주듯이, 동물의 움직임도 늘 무언가를 알려 준다. 토끼가 내가 가는 길 안쪽을 가로질러 달아났다고 하자. 이 동작은 토끼가 나 말고 다른 무언가를 겁내고 있다는 뜻이다. 그리고 토끼가 겁을 내는 그 무언가가 늑대이든 사냥꾼이든 주의해서 보아도 좋다. 동물은 동물을 흉내내어 같은 쪽으로 달아난다. 그러면 인간은 걸음을 멈추고 생각한다. 이리하여 잘못 생각한 것과 동시에 생각에 의한 환상의 세계가 하나 생겨나게 되는데, 이 세계는 늘 그 고갱이에 한 수 앞의 진리를 품는다. 길을 가로질러 달아난 토끼의 징후를 이해한 것 같아 무언가 알 수 없는 불행을 겁내어 집으로 되돌아가는 사람은, 경험에서 몸을 빼내어 신학적인 세계로 뛰어들어 거기에 틀어박혀 버린다. 그러나 갈피를 못 잡는 사냥꾼은 자기 개의 후각을 의지할 때 비로소 지혜에 따라 행동하게 된다. 그것은 사냥꾼이 부지런히 신들과 운명을 만들어 내고 있을 동안에, 그의 천한 동반자는 이미 자양분 많고 기분 좋은 냄새의 세계를 인식하고 있기 때문이다. 인간은 기르는 개 아래에 점쟁이들을 불러 모았다. 어떤 미신에 의해, 어떤 주문(呪文)에 의해, 어떤 시도에 의해, 또는 어떤 신학적 소묘를 통해 조점(鳥占)이나 장복(臟卜)을 돌보는 사람들을 개 아래 모으기에 이르렀는지 우리는 모른다. 로마인들의 신성한 닭*24은 잘못이 넘치고 정치적 허구를 단단히 짊어진, 해법을 더듬어 찾고자 하는 술수의 자취이다. 이런 모험적인 사고의 직물을 한 올 한 올 풀어본 일이 없는 자는 인간에 대해 아무것도 알지 못한다.

1921년 10월 9일

---

*24 고대 로마인은 공공제도에서 새, 특히 닭을 두었고, 그 울음소리나 모이를 먹는 방법에 따라 길흉을 점쳤다.

21 신탁

헤로도토스가 말하는 이야기는 거의 우스꽝스러웠다. 그 무렵 그리스나 소아시아의 민족은 무언가를 기획하기에 앞서 반드시 델포이의 신탁에 물어보았다. 수없이 많은 훌륭한 봉납물이 그 증거였다. 그리고 이 역사가는 말하는 바로써 충분히 명백하게 신탁을 누구나 이해하지 못했다는 점, 또 처음부터 이해할 수 있는 것이 아니었다는 점을 인정하고 있다. 그러고 보면 사람들은 정념이 내키는 대로, 또는 그때의 사정에 따라 행동하고 있었다. 신탁은 그 전제로서 '너 자신을 알라'고 하는 비문(碑文)의 문구를 통해 이것을 그들에게 알리고 있었다. 이 문구는 소크라테스를 비롯해 우리에 이르기까지 많은 사람들을 가르쳤다. 그리고 이 예지가 저 광기와 조화되어 있다. 이런 문구는 미개인의 것도 아니고 외국인의 것도 아니며, 우리에게 아주 가까운 낯익은 것이다. 말하자면 우리의 어린 시절의 것이되, 단 이미 교육을 받은 정치적으로 어린 시절의 것이다. 교만도 없거니와 어색함도 없다. 그들의 신체 조각상과 똑같아서, 하나하나의 세부가 다른 모든 부분과 조응한다. 어느 날 어떤 사람이 나에게 이런 말을 했다. '고대 그리스에서는 모든 것이 서로 밀접하게 짜여져 있어서 완전하다. 아주 작은 단편까지도 전체 모습을 잉태하고 있다. 이것은 무릇 사상의 본보기이다. 왜 그런지 그 까닭을 누군가 설명해 주지 않겠나'라고. 이 신탁이라는 주제에 대해서는 나는 알고 있기에 그 까닭을 대충 이해한다.

잠든 사람은 어떤 뜻에서는 모든 것을 알고 있다. 그는 사물의 중심에 서서, 사물의 움직임을 어느 것 하나도 놓치지 않는다. 그는 그런 모든 물건들의 소리를 듣고, 하늘 아래에서 말하며, 또한 이룩되는 모든 울림을 대기의 충격 및 다른 많은 충격을 통해 받아들인다. 우리의 연구소는 구분하고 선택한다. 여기에서는 공기의 무게를, 다른 곳에서는 바람의 속도를, 또한 다른 곳에서는 눈에 보이지 않는 물을, 또한 다른 곳에서는 지구의 진동을, 또한 다른 곳에서는 헤르츠파(波)를, 이런 식으로 측정한다. 그리하여 실제로 있는 현상들을 이렇게 인식하는 것, 비록 그 현상이 아무리 불완전하더라도 오래지 않아 있게 될 것을 추측하려고 하는 경우, 그것이 가지는 뜻은 절대로 작지 않다. 그러나 잠든 사람은 모든 것을 함께 받아들인다. 그리하여 그의 신체에서 더없이 작은 움직임도, 인간의 신체 자체의 사상(事象)과 섞인 이 우주 전체를 나타낸다. 꿈은, 말하자면 선택이 없는 소박한 지각인데, 아무래도 이 꿈은 생명의 움직임이나 동란(動亂)을 나타냄과 동시에 또한 강약의 온갖 주변 소리나 변화도 나타내는 것 같다. 그러나 누가 능히 있었던 그대로의 꿈을 생각해 낼 수 있을 것인가. 우리가 꿈이라고 부르는 것은 이미 꿈의 번역에 지나지 않는다. 그렇다고는 하지만 꿈속에는 탐구해야 할 무엇인가가 있다고 하는 평범하고 확실한 감정은 정당한 감정이다.

무녀(巫女), 점쟁이 여자, 예언자 또한 꿈꾸는 사람이다. 다만 그들은 자기 자신을 위해 꿈꾸지 않고 우리를 위해 꿈을 꾼다. 그리하여 그들은 자기 체내에 울려퍼지는 불가분의 우주를 번역한다기보다는 목소리와 몸짓과 태도로써 직접 나타낸다. 꿈에서 나타나는 것은 먼저 몸에 가까운 우주이며, 이 목소리, 몸짓, 태도가 차츰 퍼져서, 오늘날 물리학자라면 이해할 수 있듯이, 현실에서 마련할 수 있는 어떤 한계를 넘어서 그들의 꿈 속 주위에 펼쳐진다. 그러나 '먼저'니 '차츰'이니 '원근'이니 한다면, 이것은 물리학자의 방식에 따른 표현법이다. 이 민감한 신체에서는 모든 것이 하나이다. 모든 것이 그 속에서 이루어지는 운동이며 그 속에서 나타나는 반응인 이상, 먼 것도 가까운 것도 없다. 그리하여 미래는 현재에 의존하는 이상, 점쟁이 여자가 아무런 분별도 없이 말을 하고 몸을 움직이는 것만으로 충분히 내 몸과 관계가 있으면서도 내가 모르는 일이 예언과도 같은 이런 소란 속에 포함되어 있다고 확신할 수 있게 된다.

그러나 이런 것은 어떤 뜻으로 해독하면 되는가. 무녀도 소크라테스도 또한 그 누구도 해독은 할 수 없다. 할 수 있는 일이라면 오히려 그곳에서 먼저나 자신이 좋아하는 바를 찾아내는 것이며, 다음에는 사건이 일어난 뒤에 새삼스럽게 예언을 찾아내는 것이다. 여기에서 도사(道士)의 판단이 태어났고, 또한 신탁에 대한 술책이 생겨났다. 물론 신탁을 존중하는 생각은 이로 말미암아 변하지는 않았다. 신탁을 물으러 가는 까닭은 결단의 근거를 발견할 수 없기 때문이다. 본능에 따라 결단을 내리는 사람은, 말하자면 자연에 몸을 맡기고 자연과 합치하려고 한다. 그러나 그는 이로 말미암아 자기 사고의 통제력을 잃고 만다.

반면에 꿈꾸는 사람에게 물어 보고 그 답에 귀를 기울일 경우, 듣는 자에게는 아직도 선택한다는 해독의 힘이 남아 있다. 적어도 자기가 이해할 수 있는 구실이 생기고, 만일 잘못했을 경우에는 이 잘못이 변명이 된다. 책임을 신격(神格) 있는 것에 떠넘기는 것은 특히 편리하다. 이 꿈속의 우회와 회귀, 뒤얽히는 움직임, 소박함과 신중함, 불합리한 것과 합리적인 것의 뒤얽힘은, 저 옛날이야기의 노골적인 말로 그려진, 굴곡을 모르고 추상적이고 김이 빠진 예언에 비해, 오히려 있는 그대로의 인간을 한층 더 훌륭하게 그려낸다. 이 꿈의 그리스적인 가벼운 믿음, 그 뒤에 언제나 그림자처럼 회의가 따르는 이런 믿음에는 이미 한층 더 많은 성숙과 참다운 예지가 있다. 그리고 어떤 사람에게도, 그 꿈을 흔들어 대는 사람에게도 신탁의 가장 깊은 진리란 이것을 해독할 수는 없다는 데 있다. 그렇기 때문에 저 델포이 신전에 새겨진 문구는 신전에도 잘 어울리고 삼각대(三角臺)*25와도 잘 어울린다. 틀림없이 이 신전이 인간의 신체이며 또한 틀림없이 이 삼각대가 그 이마인 것이다.

1921년 4월 19일

22 설득

꿈은 마지막 신탁이다. 이런 마음의 신들이 나타나지 않도록 하는 것은 거의 불가능하다. 내가 여기서 인정하는 단 한 가지의 진보는, 많은 경우 우리의 꿈이 다른 사람으로부터의 작용에 영향받지 않는다는 점이다. 이리하여 우리는 꿈에 의해 자기 자신과 대화하고, 자기가 자신에게 조언을 한다. 여기에는 우리들의 가장 변하지 않는 상념이 꿈에서만 나타나는, 거의 번역하기 어려운 돌려 말하는 듯한 모습을 띠고 나타난다. 이를테면 꿈속에서는, 공굴리기 재주꾼이 어떤 노래와 우정을 동시에 나타내는 일도 있다. 또는 아름다운 가로수를 익살스럽게 그리기도 한다. 어떤 사람이 나에게 깃발이 나부끼고 있는 꿈을 꾸었다고 말했다. 이 펼쳐진 채 움직이지 않는 것은 넘치는 기쁨의 샘물과도 같았다. 즉 이 깃발은 시구(詩句)였다고 했다. 사물이 그대로 우리들의 상념이 되는 이 기분 좋은 명상은, 신화나 옛날이야기에서는 불완전하게 드러나 있었다. 그리고 꿈속에서 나타나는 모습들은 보통 우리의 있는 그대로의 본성이라고 나는 말하고 싶다. 그리고 꿈은 조금도 거짓이 아니다. 다만 꿈은 존재하는 것이 아니라 우리가 이루고자 하는 의지를 구체적인 형상으로 나타내는 것을 뜻한다면 이야기는 달라진다. 감정은 꿈에 의해 집중되고 강화된다

---

*25 델포이 신전의 여사제 피티아가 아폴로의 신탁을 전할 때 앉았던 의자.

고 말하고 싶다. 그렇기 때문에 우리의 꿈이 우리의 신탁이라는 말은 사실이었으며, 또한 언제나 사실이었던 것이다.

마술사가 우리의 꿈에 작용하여 이 꿈을 바꾸게 할 수 있다는 것 또한 사실이다. 이 술수는 암시라는 이름으로 의사들에게 알려져 있다. 이에 대해 내가 마침내 다다른 생각을 짤막하게 설명하고 싶다. 이것은 잠이 아닌 잠, 오히려 떠서 움직이는 것이며 무관심인 잠이라는 식으로 생각해야 한다. 이 무관심의 의식 상태에서는 외부의 말이 우리들의 상념과 뒤섞여 이 상념을 조금 바꾼다. 이때 우리의 정신은 약하고 휘어지기 쉽게 된다. 조언자는 다만 말을 하는 것만으로 충분하다. 그리고 우리는 깊은 잠에 가까워지면 가까워질수록 자기에게서 비롯되는 것과 다른 사람에게서 비롯되는 것을 쉽게 혼동하게 된다. 그러므로 인간의 지혜는 모두 깊은 잠이나 뚜렷이 깨어나는 상태로 재빨리 이행하는 것에 달려 있다. 또한 인간의 우열성은 양쪽 모두 이와 반대로, 몽상과 지각이 뒤범벅된 동물적인 얕은 잠을 자는 상태(狀態)로부터 비롯된다. 많은 위인들의 특징은 곧 잠든다는 점이었다. 재빨리 깨어남과 깨어나고자 하는 결단, 그다지 사용되지는 않지만 이렇게 말해도 마찬가지이다. 아주 적은 조언이 있기만 해도 그들은 벌써 일어나려고 태세를 갖춘다. 깊은 잠은 동물에 대한 인간의 가장 아름다운 간접적 정복이라고 생각해도 좋다. 종군한 일도 없는 사람들의 마음에 생겨나는 전쟁에 대한 광기어린 생각은 모두 오래된 불면 때문이라고 충분히 설명이 된다. 또한 반대로 전사(戰士)들의 지혜는 유감스럽게도 거의 모두 매장되고 말았지만, 전사들만이 가진 지혜는 곤란하긴 해도 고립되지 않은 생활에서 태어나는 저 깊은 잠과 잠에서 재빨리 깨어나는 기민성에서 비롯된다.

그런데 얕은 잠이라는 상태는 얼굴 표정으로도 알 수 있지만, 이런 상태는 조언에 대해 무방비인 잠이다. 다른 사람의 말이 이 잠을 흩트리는 일도 없이 들어와 꿈을 만들어 내고, 이 꿈이 신탁이 된다. 실로 여기에 암시의 본질이 있다. 곁다리 같은 술수는 언제나 손을 움직이지 않고 시선을 고정함으로써, 본디 의미로서의 지각을 지워 버리는 게 목적이다. 이런 술수가 설득의 마지막 술책, 깊이 숨겨진 술책이다. 그리고 자극 또는 감동을 주는 이야기가 증명과는 전혀 다른 식으로 증명보다도 훨씬 깊게 우리 속에 새겨지는 것도 모두 이런 술수를 통해서이다. 왜냐하면 이야기에 대해서는 아무도 조심하지 않기 때문이다. 사람은 이야기를 조사해도 이것을 믿거나 믿지 않거나 하지는 않는다. 그래서 우리 자신의 우정이나 연애에 관계되는 이야기에 귀를 기울여 실제보다 더욱 깊게 새겨지지 않게 하려면 이미 경험을 충분히 쌓은 상태에 있어야 한다. 다행히도 속이려고 하는 사람들은 한 번의 증명보다 증명 없는 열 번의 주장이 더 좋다고는 결코 생각하지 않으리라. 다행스럽게도 그들은 이치를 찾는다. 그리고 이것 때문에 우리도 조심하게 된다. 왜냐하면 좋은 증명이든 나쁜 증명이든, 증명은 상대를 눈뜨게 하기 때문이다. 논의(論議)를 내거는 사람은 상대를 조심하도록 만든다. 이에 반해 자기 자신의 꿈에 대해서는 아무도 경계하지 않는다. 꿈을 논의하지 않고 주장할 뿐이기 때문이다. 이를테면 극심한 상처도 우정에는 좀처럼 당하지 못한다. 그러나 우정에 어긋나는 꿈을 계속해서 꾸었다고 한다면, 어떤 우정도 이에 쉽게 항거할 수는 없다. 그러므로 우정은 결코 이런 꿈을 낳지는 않는다. 그러나 얕은 잠을 자는 상태에서 받은 암시는 곧잘 이 꿈을 낳을 수 있을 것이다. 이리하여 세상에서 불리고 있는 대로 불러 보겠는데, 최면술사인 사람은 잠이 깨어 있지도 않고 잠자고 있지도 않은 한 동물과 대화를 나눌 수 있게 되자마자 곧 아무런 증명도 없이 또한 온갖 참된 것에 반해 발빼기 어려운 확신을 쉽게 갖게 되고 만다. 잠이 깨어 있으면 사물로부터 조언을 얻을 수도 있겠고, 잠을 자고 있으면 자기 자신으로부터 조언을 얻을 수도 있을 것이다. 이 둘의 중간, 즉 얕은 잠을 자는 상태에서 그는 말의 뒤를 쫓는 자기 자신의 꿈속에서 말의 노예가 된다. 잠을 자는 법을 알면 잠에서 깨어 있는 법도 알 수 있다.

1921년 12월 3일

23 마술과 의학

나는 일찍이 어떤 분별 있는 의사의 이야기를 들은 적이 있다. 그는 짐승만 진찰하는 사람들을 부러워하고 있었다. '그 까닭은' 하고 그는 말했다. '짐승은 말을 하지 못하기 때문이다. 짐승은 자기가 느끼는 것을 조금도 나에게 알리려고 하지 않는다. 그렇지만 인간은 말을 한다. 그리고 인간의 입에서 나와 우리가 듣게 되는 것을 전혀 믿지 않기란 거의 불가능하다. 그리고 의사들이 경솔하게 환자의 말을 믿었기 때문에 존재해 버린 병의 이야기를 쓴다면, 제법 재미있는 책이 될 것이다. 그리고 그 증세에 대해, 정신에서 비롯된 마음의 병이라고 진단할지도 모른다. 그러나 마음의 병 따위는 있을 리 없다. 착란자(錯亂者)가 이야기하는 내용, 그가 보이는 것처럼 생각하거나 본 것처럼 생각하는 내용, 이것은 실로 마음의 내용이다. 그러나 그가 느끼는 공포나 불안이나 노여움은 조금도 마음의 내용이 아니다. 그것은 그의 신체에서 나타나는 운동, 더욱이 이따금 격렬한 운동이다. 그리고 이것이 언제나 순환이나 소화나 분비를 어지럽히는 요인이라는 사실은 이를테면 눈물을 보면 잘 알 수 있다. 누구나 잘 알고 있듯이, 인간은 자기 자신을 다치게 할 수도 있고 경솔한 행동으로 자기를 파괴해 버릴 수도 있다. 현기증은, 명백하게 상상력만으로도 병이 만들어지는 좋은 예이다. 그러나 혀를 깨무는 사람을 보면 얼마나 우리의 인체가 자기 자신을 수단으로 삼아 자기 자신을 해칠 수 있는가를 좀 더 잘 알 수 있다. 가려운 곳을 긁는 사람은 의사의 치료를 완전히 망쳐 놓고 만다. 그리고 몸을 긁는 데도 온갖 방식이 있다. 우리들은 본디 신경의 주의가 자기 신체의 일부분으로 향해지자마자, 곧 혈액도 그곳으로 향하게 만들어져 있다. 그렇기 때문에 거짓말을 하면 얼굴이 빨개진다. 이것으로도 알 수 있는 것이지만, 자기의 목구멍에게 물어 보아서 조금 맵싸한 맛에도 경계하려고 하는 것은 사래 기침을 멈추는 좋은 방법이 아니라는 말이 된다. 자기의 병을 미리 생각하는 것은 실로 그 병을 자극하는 것이다. 이 자극이라는 말에는 이중의 효과라는 뜻이 들어 있다.*26 놀랄 만한 뜻이다.'

'그렇기 때문에' 하고 그는 말을 이었다. '나는 언제나 거짓말을 하고 있어야만 한다. 말뿐 아니라 몸짓을 하고 눈짓을 해서, 스스로 거짓이라고 알고 있는 바에 따라 병자를 설득해야만 한다. 그렇다고는 하지만 나 또한 인간이고, 모든 사람과 생긴 구조가 다르지 않다. 즉 자기가 말하고 있는 것을 생각할 수밖에 없다. 그러므로 나의 진정한 생각과 유익한 주의는, 이런 생각과 주의들과는 반대인 흉내를 통해 꼼짝할 수 없게 묶이고 마는 셈이다. 눈도 마음도 없는 무생물 대상을 앞에 둔 수학자나 천문학자에게 남겨져 있는 판단이라는 재빠른 자유, 말하자면 영묘한 능력을 나는 가질 수 없다. 나는 인식보다도 오히려 설득 쪽으로 미끄러지고 만다. 그래서 상상력이 일어나는데, 그것은 강한 속성을 지니고 있기 때문에 거의 언제라도 곧 그 효험이 나타나고, 그리하여 나는 내

---

*26 irritation은 정신의 '초조'인데, 다시 신체의 국부적 '자극' 또는 '가벼운 염증'이란 뜻도 있다.

뜻과 달리 마술사가 된다. 나의 환자에게는 이 마술이 제법 먹히는 경우가 흔하다. 그러나 나에게는 언제나 너무 나쁘다. 의사의 경험은 굉장히 풍부하지만 언제나 혼란스러워 당혹스럽다. 그래서 이와 같이 된다. 즉 이 학문을 진보시키는 데 가장 알맞은 깜냥을 지니고 있을 만한 사람들이 마침내는 지식과 마술이 뒤섞인 하나의 술책만 갖게 되고 만다. 바로 이것 때문에 의학은 정치와 똑같아서, 이 의학을 장삿속으로 하지 않는 사람들만이 진보시킬 수 없다.'

1924년 1월 23일

24 아는 것과 믿는 것

우리는 인간을 믿는 만큼 물건을 믿지 않는다. 숫자의 열(列)을 믿고 덤비는 회계 담당자는 없다. 반대로 회계 담당자는 선입관 없이 이를 음미하고, 게다가 그런 선입관을 경계한다. 그는 습관의 힘을 잘 안다. 그러나 또한 그는 습관을 떼는 방법도 잘 안다. 하나의 숫자를 잘못 덧셈하거나 잘못 읽거나 하면, 이것이 우리의 속에 한 가닥의 주름을 남긴다. 같은 일로 저 혀나 목구멍의 잘못도 이른바 계산 착오와 같아서, 일단 이에 빠지게 되면 벌써 습관이 되고 만다. 그러므로 회계 담당자는 습관을 멀리하고 다른 길을 택하고 다른 예측을 세운다. 그는 내려가지 않고 올라간다. 같은 수를 전혀 다른 방식으로 총괄한다. 요컨대 쉴 새 없이 의심한다. 결제할 금액을 앞에 놓고는 화폐 무더기나 지폐 다발을 의심한다. 이런 사람은 사냥하거나 낚시질을 해도 모든 것은 겉보기와는 다르다고 끊임없이 가정한다.

그리고 온갖 사업은 요컨대 조금도 자기를 믿으려 하지 않고 사물의 둘레를 일일이 돌아보는 이런 조사 담당자 때문에 성공한다. 아무리 단순한 야만인이라도 그 일에서는 상당한 지혜를 갖춘 사람이어서 도끼니 톱이니 대패니 물레방아니 배니 돛이니 하는, 인간과 더불어 오래된 저 놀랄 만한 발명도 의구심을 가지고 파고들다 보면 이해할 수 있다. 어린이도 연을 날린다거나 종이로 배를 접는다거나 하는 개인 탐구에서는 대단한 현자이다. 이렇듯 모든 일은 믿을 수 없다는 인식에 근거하여 이루어진다.

그렇다고는 하지만 어린이는 자기가 좋아하는 사람들을 믿는다. 야만인은 많은 사람들이 신뢰하는 것을 믿는다. 엄격한 회계 담당자도 반대되는 증거가 나타날 때까지는 자기가 들은 바, 읽은 바를 먼저 믿는다. 그러나 이것은 경솔하다고 해야 할 것이다. 왜냐하면, 진실 같으면서도 진실이 아닌 이야기는 수없이 생각할 수 있을 것이니까. 이를테면 인간은 인간을 믿는다. 그리고 어느 누구를 믿지 않을 때, 믿어서는 안 된다는 사실을 굳게 믿고 있는 셈이 된다. 이것 또한 잘못에 빠질 수 있는 기회이다. 거짓말쟁이가 언제나 거짓말을 한다면 이야기가 너무 조작된 것이다. 그리고 내가 싫어하는 사람이 언제나 잘못을 말한다는 것은 아무리 보아도 진실과는 거리가 멀다.

확실히 이런 일은 감정이라는 것으로 충분히 설명된다. 우리는 사랑할 때 반대하고 싶지 않고, 미워할 때 찬성하고 싶지 않다. 믿는다는 행위는 하나의 예절이다. 가장 크나큰 예절이기도 하다. 반대로 믿지 않는다는 것은 하나의 모욕이며, 이 모욕은 입 밖에 내지 않더라도 통쾌한 모욕이 될 수 있다. 이런 정체에서 인간 정신이 어디까지 방황할 수 있는지 잘 알 수 있다. 그리고 이것이야말로 정치의 모든 것이다. 우리들은 끊임없이 어느 누구에게 걸고 맹세하며 또한 어느 누구에게 반(反)하여 맹세한다. 사람은 잘 알려진 사실을 부정하는 사람들의 맹목성에 놀란다. 사람은 적에게서 이런 맹목성을 발견하고 놀란다. 그리고 자기 자신 속에 이 맹목성이 있으리라고는 깨닫지도 못한다.

지나간 시대는 우리에게 귀중하고도 순수한 갖가지 진리와 함께 숱한 오류를 가져다 주지만, 이런 오류들의 전체는 보통 사람들 사이에서 흔히 볼 수 있는 노여움, 책모, 당파심 등을 통해 이미 충분히 설명되었다. 활과 우상은 두 개의 증거이다. 한쪽은 곱게 체에 밭인 순수한 관념의, 다른 한쪽은 흙투성이인 과거 오류의 증거이다.

그러나 이런 대조의 주요 원인은 다음의 점에 있다. 인간이 인간에게 말을 걸 때 정작 이야기되는 대상 물건은 실제로 존재하지 않고, 나아가서는 지나가 버리고 사라져 버리기 때문에 오류가 생긴다. 이런 이야기는 사실이 아니다. 그래서 이 점은 전혀 알려져 있지 않지만, 어쨌든 이야기를 비판할 수 없다는 점은 명백하다. 여기에서는 경험한다는 것과 단순한 모든 사실들을 결정적으로 이야기할 수 없다. 경험하는 것과 경험을 듣는 것은 아예 다른 것이다.

기적이란 모두 들은 것이다. 그런데 조약돌을 뒤집어보듯이 이야기를 뒤집어 볼 수 없고, 음미할 수도 없다. 대상이 없으면 정신도 아무런 쓸모가 없다. 내가 이런 기적에 대한 이야기들에서 찾아볼 수 있는 것은 하나의 사실뿐이다. 즉, 나에게 좋은 감정이나 나쁜 감정을 느끼려 하고 있는 한 인간, 그리고 내 얼굴 위에 의심스러운 생각이 나타나는 것을 자기를 존경한다는 것을 거부한다는 뜻으로 생각하고 지켜보고 있는 인간뿐이다.

그런데 루이 14세가 위치가 나쁘다고 판단하여 루부아*²⁷에게 반대 의견을 나타낸 저 창문처럼, 물건이 실제로 존재할 경우에는 국왕도 대신도 문제가 아니다. 자를 가져오면 모든 것이 해결되고 만다. 이와 달리 물건이 없게 되면 이미 정념은 건들건들 흔들릴 뿐이다. 그리고 이 감정이 현실없이 모든 일의 기준이 된다. 그러므로 우리들은 어떤 사람이 경솔하게 믿는다고 하여 그 사람을 바보라고 생각해서는 안 된다. 또한 반대로 어떤 사람이 바보가 아닌데 일단 이 쓸데없는 말을 잘하는 사람으로부터 겨우 2백 미터쯤 떨어진 사물에 대해 들었을 경우, 이 사람이 곧잘 무엇을 믿고 무엇을 믿지 않을 수 있는지 나로서는 정할 수 없다.

1929년 1월 26일

25 자연스러운 마술

프레이저의 《황금가지》란 무엇인가. 더할 나위 없이 아름다운 제목이며 아름다운 책의 하나이다. 지은이는 인류의 어린 시절 사상이었던 집단적인 꿈을 여러 가지 모습에 따라 서술하고 있다. 그리고 내가 기억하는 한, 프레이저는 두 가지 잘못, 즉 하나는 지나치게 믿는다는 잘못, 또 한 가지는 충분히 믿지 않는다는 잘못을 충분히 모면하고 있다기보다, 오히려 다름아닌 그의 황금가지*²⁸는 자기로서는 죽은 줄로 알고 있는 이 조심성 없는 망령들로부터 그를 지켜주고 있다. 루크레티우스는 시인다운 견해로, 지옥은 우리의 정념 속에 실제로 살아 있다고 이미 말했다. 그리고 이것은 그 자신의 생각 이상으로 뛰어난 견해이다. 마술, 종교, 과학은 다만 단순히 인류 역사에서뿐만 아니라 아주 적은 우리의 상념에서도 차례로 계열을 이룬다. 그리고 우리는 모두 이 순

---

*27 루부아(1641~1691). 루이 14세를 섬긴 프랑스 정치가, 특히 육군장관으로 군정에서 능력을 펼쳤다.

*28 베르길리우스 《아이네이스》 제6권. 아이네이아스는 죽은 부왕 안키세스를 방문하기 위해 하계(下界 : 저승)로 들어가기 전에 한 그루의 큰 나무에서 '황금가지'를 꺾어, 이것을 가지고 가라는 말을 듣는다. '아이네이아스의 황금가지'를 몸을 지켜주는 부적을 비유하는 것으로 인식된다. 여기에서는 프레이저가 그 '아름다운 책'에 이 '더할 나위 없이 아름다운 제목'을 주었을 때, 저서는 스스로 호신의 부적을 지니게 된 셈이다.

서에 따라 눈을 뜨고, 또한 다시 눈떠 간다. 우리의 관념 하나하나에서도 마찬가지이다. 이리하여 이 시(詩)와도 같은 움직임에서 벗어난 곳에서는 우리의 관념도 거짓이며, 좀 더 올바르게 말하면 의미를 갖지 않는다.

은혜를 잊은 시대라고 불러도 좋을 비판하는 시대의 자취이지만, 현대에 공통되는 잘못의 하나는 관념을 진실이라고 여기는 것이다. 오히려 사분의(四分儀 : 원기둥의 1/4 각도 눈금이 있는 관측장치)나 경위의(經緯儀 : 천체 관측장치)가 진실인지 어떤지 생각해 보는 편이 좋을지도 모른다. 왜냐하면 이런 것은 좀 더 잘 파악하기 위한 도구이기 때문이다. 마찬가지로 우리의 관념도 모두 한층 더 잘 파악하기 위한 도구이다. 그리고 바른 생각이야말로 한층 더 잘 파악하는 것이다. 진실이란 꿈에서 물체로 향하는 움직임이다. 이런 뜻에서 모든 옛날이야기에는 진실이 있고 모든 이론에도 처음에는 거짓이 있을 수 있다. 정육면체를 이룬다는 것은 이 세상에는 없다. 그렇지 않고 정육면체란 어떤 물건이 어떤 점에서 정육면체와 다른가를 나타내 주는 좋은 도구이다. 원(圓)도 그러하다. 현대 천문학자들의 길둥근꼴의 원 또한 그러하다.

엄밀히 말해서 길둥근꼴의 원을 그리는 떠돌이별 따위는 있지도 않고, 스스로의 궤도를 그리는 떠돌이별조차 없다. 그러나 이미 알고 있는 바에 따라 알지 못하는 것을 생각해야 한다는 것이 법칙 중의 법칙이다.

이 '황금가지'를 가지고 우리의 소박한 조상의 사상까지 거슬러 올라가며, 나는 마술이 최초의 물리학이었음을 이해한다. 이것은 결코 우연이 아니다. 어떤 인간에게도 최초의 세계란 인간이다. 어린이는 인체 속에서 형성되어 거기에 9개월 넘게 머물러 있다. 팔에 안긴 동안은, 아니 그 뒤에도 그는 사람들의 의지에 따라 또한 자기의 소원을 통해서만 손에 넣을 수 있으며, 많은 사항에서 한평생 그러하다. 요리사는 마음만 내키면 맛있는 음식을 많이 내다 준다. 그녀의 마음에 들어야 한다. 말, 약속, 미소, 등 그럴 만한 징표들을 펼쳐 놓아야 한다.

그리고 쉽게 이해할 수 있는 법칙에 따라서, 어린이는 징표의 의미를 완전히 이해하기에 훨씬 앞서서 그런 표징들을 시도한다. 올바르게 '안녕하세요'라고 말하기도 하고 또한 때에 따라서는 끈질기게 울부짖기도 하는 것은 마술과도 같은 수단이다. 단골집을 찾는 사람 또한 마술사이다. 그도 그럴 만한 징표를 찾는다. 그리고 우리들 중 어느 누구나 모두 인간계에 울리는 신호 여하에 따라 싸움이나 평화를, 호의나 불쾌감을, 신뢰나 의심을 불러온다. 이렇게 우리는 행동보다도 말이 중요한 뜻을 가지는 하나의 연극을 연기하는 셈이다. 연극은 말의 반향으로써 정의된다. 여기서 말 그 자체가 반향되는 습관이 생겨난다. 연극에서의 운문은 상징성을 띤다. 그것은 말에 의해 온갖 일이 생길 수 있음을 이야기해 주고 있다. 그리고 연극은 우리 모든 사람들을 교육한다. 연극이 없다면, 조금 야만스러운 물리학자밖에 없게 되고 말 것이다. 우리는 누구나 자기가 내는 외침으로써 살고 있다. 그리고 학교의 교사도 외침에 의해 생계를 꾸려 가고 있다.

말로써 사건을 불러일으키는 이 기묘한 물리학이야말로 확실히 최초의 물리학이었다. 그리고 우리가 갖는 관념은 모두, 예외없이 이 어린 시절의 징조를 띠고 있다. 우리는 천체가 뉴턴의 법칙에 따른다고 말한다. 이 의미는 천체가 영리한 어린이처럼 말을 잘 듣는다는 뜻이다. 그러나 이것은 비유에 지나지 않을 것이다. 그러나 비유는 법칙이라는 단어 속에도 포함된다.[29] 대수학자(代數學者 : 기호로써 숫자를 대신해 연구하는 수학자)는 단순한 비유를 피하려고 함수를 찾아내지만, 이 함수 또한 또 하나의 비유이다.[30] 비유는 아이네이아스를 둘러싼 저승의 망령들처럼 우리를 단단히 둘러싸고 있다. 그리고 비유를 비유한 표현인 레테의 신화[31]가 살려내고 있는 바처럼, 이들의 죽은 사상은 한 순간마다 되살아날 것이 틀림없다. 그리고 젊은 비유를 경멸하는 사람들을 사제(司祭)라고 부른다. 즉 이중(二重)의 비유 때문에 사제이자 전문 기술자라고 부른다.[32]

1921년 12월 6일

---

[29] '법률(loi)'을 '비유'하는 뜻으로서의 '법칙'이라는 뜻.

[30] '직무(fonction)'를 '비유'하는 뜻으로서의 '함수'라는 뜻.

[31] 하계의 강 이름. 레테란 그리스어로 '망각'을 뜻하는데, 죽고 나서 하계로 간 사람들은 이 '망각'의 강물을 마시고 과거를 잊는다. 즉 망각과 전생(前生 : 본디 뜻은 '이 세상에 태어나기 이전의 생애'이나 여기에서는 '죽기 이전의 생애'인 '현생'을 뜻한다.) 사이에 놓인 강이다. 알랭은 이 전생의 신화를 관념의 전생, 바꾸어 말하면 '비유'의 전생 신화, 즉 '비유의 비유'로 쓰고 있다.

[32] '제사(pontife)'는 이미 '문학비평에서 대가인 체하는 사람'이라는 뜻도 있지만, 어원인 라틴어의 pontifex는 '다리'를 뜻하는 'pons'와 '만들다'를 뜻하는 'facere'에서 왔다고 생각된다.

26 어린 시절의 사상

하늘의 별자리 징표로서의 개와 짖는 동물로서의 개 사이에는 명백히 아무런 비슷한 점도 없다고 어떤 사람이 말했다.[33] 나도 같은 의견이었다. 이것은 관용으로 인정하는 표현이다.[34] 그리고 확실히 시리우스나 프로키온[35]을 둘러싼 별들은 조금도 큰 개의 모습을 하고 있지 않거니와 작은 개의 모습도 하고 있지 않다. 나는 요즘 기회가 있어 날이 밝기 조금 전에 일어나 그 사실을 확인한 적이 있는데, 그런 일이 없었다면 아마 그 사실을 언제까지나 몰랐을 것이다. 하늘은 맑게 개어서 차디찬 별들이 인간의 몸서리에 호응하는 저 겨울의 광채를 보여 주고 있을 뿐이었다. 대지는 발 밑에서 버석버석 소리를 냈다. 서쪽 별자리에서는 들에서 자란 사냥꾼 오리온이 벌써 기울어지면서 '나일세, 나의 계절일세'라고 말하는 것 같았다. 그런데 그 뒤에는, 남쪽 지평선 쪽으로 내려간 곳에서 가장 반짝이고 있는 별 시리우스가 사냥꾼을 뒤따르고 있었다. 고대 사람들이 케이니스마이너, 즉 작은개자리라고 부른 별이다. 이제야 옛 비유의 의미가 나에게는 이해되었다.

오리온은 스스로 사냥꾼이라고 분명하게 알린다. 선이 긴 네모꼴 모양으로 나란히 늘어선 아름다운 네 개의 별은 하나의 큰 몸을 그려낸다. 가까이 모여 있는 세 개의 별은 가죽끈을 나타내고, 다른 세 개의 별은 칼을 나타낸다. 그리고 이 기우뚱한 긴 네모꼴은 특히 동쪽 지평선 위에 오를 때에는 무언가에 기어오르고 있는 듯이 보인다. 전사(戰士)의 모습이라고도 할 수 있으리라. 그러나 계절로 보아 또 하나의 비유를 이 전사 별자리는 암시하고 있었다. 그것은 겨울이 시작될 무렵에는 전쟁에 나가거나 하지 않는다는 뜻이다. 겨울은 전쟁의 계절이 아니라 사냥의 계절이다. 짐승들이 깊숙한 숲에서 나오는 때이다. 먹이가 그들을 끌어당기는 시기이다. 또한 나뭇가지 너머로 사냥감을 발견할 수 있는 시기, 눈 위에 발자국이 남는 시기이다. 지금 밤하늘을 떠나면 3월에야 다시 돌아오는 아르크투루스가 농부의 징표이듯이 오리온은 사냥꾼

---

[33] 스피노자 《에티카》 제1부, 정리17 〈비고〉.

[34] '나도 같은 의견이었다(J'en tombai d'accord).' 이 tomber d'accord의 표현에 대해서는 '확실히 이 표현은 기묘하며, 설명하기 쉬운 것은 아니다'라고 리트레는 쓰고 있지만, 일찍부터 용어순화론자들이 비판해 왔던 점이다. 더구나 오늘날 볼 수 있듯이 관용이 이 표현을 허용했다.

[35] 시리우스는 큰개자리의, 프로키온은 작은개 자리의 알파성.

의 징표이다. 그리고 이에 뒤이어서 큰 개와 작은 개가 형태를 이루고 있다. 우리의 머리를 일깨우는 이 힘찬 말, 최초의 시(詩)였던 이 어휘들이 이야기하는 바는 옳았고, 만일 사람이 너무나도 가끔 잊고 있는 비유 관계, 계절과 별들과 인간 노동의 관계를 좀 더 잘 주시한다면, 그것이 마침내는 모든 인간사의 사실들을 설명하게 될 것이다.

인간의 관습에 의미는 없다는 둥 하면서 서둘러 판단하는 듯이 말해서는 안 된다. 모험할 때 새가 나는 모양을 보고 방향을 정하고, 죽인 사슴의 밥주머니로 미루어 짐작해 초원이나 샘물을 곧잘 예견할 수 있었던 시대가 일찍이 있었다. 새의 모래주머니는 그때까지 위험한 것으로 다루어지거나, 잘 알려져 있지 않았던 곡물을 먹을 수 있다고 사람에게 가르쳐 주었다. 경험에 근거한 이런 배움으로부터 동물의 창자를 관찰하여 중요한 행동을 결정한다는 정치적 관습이 생겨났다. 그리고 정치 기술은 초기에 이런 인간의 관습을 머물러 있게 할 필요가 있었다. 왜냐하면 소란과 정념 가운데에 논제를 던지기보다는 공경받고 있는 징조로써 군중을 설득하는 편이 쉽기 때문이다. 이렇듯 만일 우리가 인간이 갖는 온갖 관념의 실제 역사를 좀 더 잘 알았다면, 모든 관념들은 그 마땅한 바를 얻어야 옳을 것이다. 사물의 이름이나 비유는 우리 인류의 어릴 적 사상의 징조를 띠고 있다. 그 이야기하는 바를 완전히 아는 자는 인간에 대한 모든 사실들을 알게 될 것이다.

1921년 11월 10일

27 황혼의 상념

개나 고양이, 소, 토끼가 어떤 일을 생각하는지, 나는 알고 싶다는 생각도 하지 않는다. 이렇게 말하면 사람들이 어떻게 말할지는 잘 알고 있다. 곳곳을 방황하고 있는 생각, 흔해빠진 생각을 그들은 하고 있을 게다. 사람들은 이렇게 말하면서. 나 자신, 그리고 당신도, 아니 우리 인간은 누구라도 자기 자신이 거의 주의하지 않는 상념, 어슴푸레한 또는 황혼의 상념을 늘 갖고 있다. 이를테면 가만히 서 있겠다든가, 철자를 틀리지 않도록 잘 써야겠다든가 하는 기계적인 배려 말이다. 이따금 나는 스스로도 깨닫지 못한 채 무언가를 생각하고 있었음을, 이를테면 자기가 흥얼거리는 노래에 대해서 생각하고 있었음을 발견한다. 물론 이런 상념은 무엇인가이기는 하다. 그리고 지금 글을 쓰면서 각별히 주의해 보고 있지는 않지만 눈에 비치고 있는 저 단풍, 이 또한 내가 늘 의식하지 못한 상태에서 지니게 되는 상념의 색조 속에 있게 되는 무엇인가이다. 사람은 이런 일들에 대해서는, 화면의 중심을 이루는 나의 주요한 상념들 둘레에 하나의 가장자리나 반사되어 비치는 그림자 같은 것을 생각하고, 또 중심 상념 주위의 이 그림자 같은 어렴풋한 것들을 그려 가면서 정밀한 짜집기로 논의를 모을 수 있을 뿐 아니라, 바라는 만큼 이런 식으로 논의할 수 있다. 그리고 거의 상념이라고도 할 수 없을 정도의 어렴풋한 황혼의 상념들이 있는 것이고 보면, 그야말로 개나 고양이나 소나 토끼는 아무래도 이런 정도의 상념들로 채워져 있는 것 같다는 말이 된다. 얕은 잠에 든 상태, 거의 꿈의 상태이다. 피로한 사람, 이제부터 잠에 들어가려고 하는 사람은 이런 상념을 경험한다. 그는 이런 순간에는 개나 고양이와 같다고 할 수 있다. 이리하여 사람은 모든 자연(自然) 속의 무한 단계들을, 또한 우리 속의 의식, 잠재의식, 무의식과 같은 무한의 단계들을 생각하는 셈이 된다. 그리고 이 마지막 단계, 가장 어둠침침한 단계는 사람이 자기로서는 사상을 가지고 있는 줄도 모르고 사상을 가질 수 있다든가, 사랑하고 있는 줄도 모르고 사랑할 수 있다든가, 미워하고 있는 줄도 모르고 미워한다거나, 해치려 하고 있는 줄도 모르고 해치려 한다거나, 이런 일까지 말하기에 이르는 단계이다. 이는 큰 감동을 주는 일이다. 그리고 의도나 계획이라는 깊은 연못을 건널 때 발견되기 시작하는 미약한 정신들 위에 위력을 떨치는 커다란 힘을 제공해 주기까지 한다. 내가 유능하다고 본 몇몇 금 무게를 재는 사람에게, 나는 여러 번 이 가짜 돈을 감정해 달라고 부탁해 보았다. 그러나 그들은 좀처럼 하지 않았다. 무의식(또는 무의식과도 같은 예감)이란 프록코트와 마찬가지로 시내에서 만찬을 들기 위한 의례와도 같다.

그렇지만 이런 사항에 대해서는 엄격하고 정확해야 하며, 그렇지 않다면 참견하지 말아야 한다. 문제를 좋을 대로 뒤집어보라. 미약한 의식, 산만한 의식도 더할 나위 없이 깨어 있는 주의의 결과이다. 램프 불빛은 그 램프빛이 비쳐 주는 중심의 둘레에 다른 그림자를 보여 주고, 사람이나 물건을 간추려서 그린 그림 같은 모습들을 보여 주지만, 그와 마찬가지로 깊이 생각하는 사람은 자기 자신 속에 이런 상념들을 이른바 곁눈으로 발견하고, 다시 그 상념들을 얼마쯤 밝은 곳으로 끌어내었다가 곧 서둘러 본디 상태로 되돌려 준다. 그러나 나는 여기에서 현행범을 잡는다. 애벌레나 마찬가지인 이런 상념들을 잡아다가 이것에 형태를 주는 것, 그것은 틀림없이 찬연한 사색자, 바로 그이다. 그리고 만일 그가, 이런 상념은 중심의 빛이 없어지더라도 여전히 상념이며 기묘한 동물처럼 자신에 의해 자신을 위해서 살고 또한 발전한다고 주장한다면 이는 엄청난 궤변으로서, 나는 그를 비난하고 싶을 정도다. 그렇다면 마치 램프 둘레의 그림자 중에 어렴풋이 보였던 형태는 램프가 꺼진 다음에도, 이 변하기 쉬운 엷은 빛을 그 형태에만 있는 인광처럼 보존하고 유지할 수 있다고 하는 것과 같지 않은가.

다른 관점으로서 데카르트가 취하는 관점, 따르는 사람은 그다지 없지만 사람에게 존경받겠다는 따위에는 딱히 관심을 갖지 않는 이 관점은, 완전한 (이성에 근거한) 주의를 통해 형성되지 않은 상념은 이미 조금도 상념이 아니라는 견해로써 문제를 결론짓는다. 이를테면 3과 2를 합한 수는 4와 1을 합한 수와 같지만, 만일 내가 이 논리에 근거한 이치에 주의하지 않게 되어 버리면, 그것은 아예 벌거벗은 징표, 기계적인 하나의 말, 요컨대 '3+2=5'라고 주장하는 몸짓일 뿐이다. 그리고 생각하지 않고 이런 수의 합을 말하더라도, 아직 수를 만들고 있다는 따위의 주장은 마치 식료품 가게의 계산기로 내부에서 수를 만들고 있다는 말과 같다. 그러므로 이 데카르트와도 같은 사상을 더듬어 보라. 인간의 오류, 우연한 행위, 정념, 광기 등을 이 방면에서 비쳐보라. 꿈을 가지고 있는 사람은 꿈을 갖지 않고, 절반만 생각하는 사람은 전혀 생각하지 않는다. 아쉬움은 여러 가지 있겠지만, 그러나 결코 고양이와 대화해서는 안 된다.

고양이들의 대화에 없는 것은 다름아닌 참된 수(數)이다. 계산기가 참된 수를 만들지 않듯이, 고양이도 이 참된 수를 만들지 않는다. 사상은 상부(上部)의 것을 통해 비추어 낸다. 그리고 회계 담당자와 외판 사원의 대화는 정밀하고 상세한 산술이 뒷받침한다. 말브랑슈*36는 모든 사상들을 신 속에서 보았지만, 사상은 인간의 정신 속에서 확인된다. 이들 두 개의 표현은 같은 가치를 지니며, 그리고 인간은 이것을 통찰함으로써 곧잘 정신을 가질 수 있다.

1928년 11월 20일

---

*36 말브랑슈(1638~1715). 데카르트 철학을 이어받아 발전시킨 프랑스 철학자. 신을 모든 것을 주도하는 역할을 한다고 보았다.

코끼리나 말, 늑대에게 없었던 것은 아마도 무덤이나 사원이나 극장을 세우고서 그 주위나 내부에 모여 누리는 한가함뿐이었다고 하는 콩트의 사상이 나는 좋다. 이런 동물이 보여 주는 신체 구조는 우리 인간의 신체 구조에 비해 그다지 뒤떨어지지 않는다. 곤충은 우리와 아주 다르다. 그러나 곤충의 활동은 우리를 놀라게 한다. 그리고 이 예민함에서 알 수 있듯이 곤충이 가지는 감각의 예민함은 우리가 가지는 감각의 예민함 못지않고, 또한 그 몸의 기구는 더없이 잘 되어 있다. 잘 생각해 보면 그들 모두에게 없는 요소는 기념물과도 같은 요소이다. 즉 존속하여 다음의 세대를 교육하는 것이다. 그리하여 기념물 중에는 도구를 손꼽아야 한다. 동물이 자기 뒤에 남기는 자취는 그 동물과 비슷한 존재, 그리고 그 몸의 모양대로 새로이 그 삶을 꾸려 나가는 존재뿐이다. 꿀벌의 집은 꿀벌 그 자체와 같으며 단순한 반복이다. 그리고 이 놀랄 만한 협동체는 사회라고는 할 수 없다.

참된 뜻으로서의 사회인 인간 사회라는 구성은 또한 다른 종류의 유산이다. 그것은 집이며 사원이며, 무덤, 삽, 수레바퀴, 톱, 활, 경계표(境界標)이다. 그리고 비명(碑銘)과 책이며 전설, 예배, 조각상, 요컨대 죽은 사람이 살아 있는 사람을 지배하는 것으로서, 그야말로 이 일 때문에 파스칼의 유명한 말*37을 빌린다면 인류는 이른바 끊임없이 배우는 유일한 존재인 것이다. 만일 인간이 쥐처럼 곤란한 생존을 하는 생존자로서 모든 것을 처음부터 다시 시작해야만 한다면, 짧은 일생 동안에 별 두드러진 일을 할 수 없다는 것은 확실하다. 2년 또는 3년이나 되는 동안 고립되어 하나의 섬에 살았다고 하는 사람들의 예는 그다지 알려져 있지 않다. 다윈은 그런 사람을 하나 예로 들고 있지만, 그 사람이 발견되었을 때에는 가공의 로빈슨처럼 영리하고 인간성을 잃지 않은 모습이 아니라, 인간이라기보다는 오히려 원숭이의 모습으로 언어도 예의도 반성도 추억도, 요컨대 인간다운 까닭을 모두 잊어버리고 있었다. 하물며 인간이 무언가 좀 더 강한 종속에 의해 쥐와 같은 처지에 몰리어 어쩔 수 없는 긴급한 일로 언제나 뛰어다니고, 언제나 위협받으며, 언제나 굶주리고 있는 상태에 빠진다고 한다면, 인간은 짐승처럼 사냥의 명수는 될 수 있었겠지

---

*37 《진공에 대한 새 실험》 참조.

만 거기에는 진보도 없고 얼마 되지 않는 자기 반성조차도 없었을 것이다. 그렇다면 생각은 부(富)와 경건, 이 둘 덕분이라는 말이 된다.

이런 관념은 사람을 매우 멀리까지 이끈다. 마지막으로는 오늘날 사회학자들이 주장하는 바도 진지하게 생각하게 되는 형편이다. 물론 그들 쪽에서는 이에 그다지 손을 빌려 주지는 않는다. 내가 보기에 그들은 자기의 코앞보다도 먼 곳을 보지 못하고, 분명치 않거나 확실치 않은 자료로 논쟁하며, 두 셋의 학파를 만들어 서로 헐뜯는 것 같다. 그렇지만 이는 겉보기에 지나지 않는다. 그들의 공통 조상인 콩트가 준 충격은 이미 더없이 올바른 방향을 가리키고 있었으며, 또한 탐구 계획은 아주 명백하게 세워져 있으므로, 그들이 스스로 옮겨 놓고 있는 돌로부터 아주 가까운 곳에 눈을 두고 있더라도, 즉 이런 부분에 중점을 두는 탐구를 하면서도 조상의 올바른 지혜와 명백한 탐구 계획으로써 건물은 얼마든지 지을 수 있다.

콩트의 저 아름다운 신화로 되돌아가자. 생각건대 이 콩트의 신화는 동물이라고 하는 우리의 무서운 형제들에 대해 말한 가장 높은 수준의 이야기이다. 이 형제들에게 없는 것은 반성하는 것, 또는 이렇게 말해도 좋다면 조용히 사물을 관찰하는 것이다. 그들은 실천적인 지능의 징표 모두를 나타내고 있다. 그들은 솜씨가 있고, 술책이 풍부하며, 분명히 경험을 갖고 있다. 한 마리의 까마귀가 날면 전부가 난다는 뜻에서 우리 형제들에게는 일종의 언어도 있다. 이 동물이라는 형제들에게 없는 것은 징표에 대한 공경이다. 그들에게 없는 것은 의식이니 무용이니 하는 자유로운 시간에 징표를 맞바꾸는 것이다. 그들에게 없는 것은 징표의 아버지인 무덤 앞에 발길을 멈추고, 거기에 돌을 하나 포개놓는 것이다. 그들에게 없는 것은 행동을 삼가게 하는 존경 또는 이렇게 말해도 좋다면, 예절이다. 요컨대 모두가 하나가 되어 그릇된 관념이긴 하지만 어쨌든 하나의 관념을 만들도록 하는 예절상의 일치가 부족하거나 없다. 동물은 결코 잘못을 사과하지 않는다. 왜냐하면 동물은 생각을 조금도 하지 않기 때문이다. 인간의 본디 성질이란 아마도 모두와 함께 잘못을 사과한다는 사실이며, 또한 이런 습관을 좀처럼 고치지 않는다는 사실이다. 뼈다귀를 물고 있는 개의 고집스러움과는 전혀 다른 이 완고성이, 터무니없는 신앙과 흔들리지 않는 경험을 어떻게든지 전체로서 조화시켜야만 된다는 필요성에서 과학의 전체를 만들어 냈다.

정신이란 무엇인가 하고 물을 때, 사람은 모든 전설들 전체와 죽은 자들의 모임을 발견하게 된다. 정확히 말하면 미신의 모임 전체로서, 이것이 종교를 형성한다. 그리고 이것 없이는 인간의 정신을 위한 어떤 종류의 증명도 없다. 여기에서 정신에 반대되는 듯한 증명은 없다고 하는 하나의 공리적(公理的) 추리가 태어난다. 모든 논쟁도 이를 바탕으로 해서 이루어진다. 이 편견이야말로 인간의 실질이다.

1925년 12월 15일

29 기념

동물은 우리와 똑같은 정도로 좋은 기억을 갖고 있다. 말은 몇 년이 지난 뒤에라도 좋은 술집으로 가는 모퉁이 길을 기억한다. 또한 개는 어떤 수풀에서 토끼를 한번 발견한 적이 있으면 빼놓지 않고 그 장소에 주의하고는, 토끼가 없으면 놀란다. 그래서 동물은 너무 충실해서 잘못을 저지른다고 할 수 있다. 인간만이 추억을 가지며, 또한 전혀 다른 종류의 충실성을 갖는다. 추억은 참과 거짓으로 뒤얽혀 있다. 그리고 몽상이 이 참과 거짓을 즐겁게 아우른다. 이에 비하여 기억은 순응이다. 나는 상황 하나하나에 대해 동작을 하나씩 기억한다. 추억은 오히려 순응을 거부하는 것이며, 인간을 왕의 지위에서 유지시키려고 하는 의지이다. 추억을 생각해 내는 사람이 죽지 않는 사람들을 만든다.

동물에게서 볼 수 있는 것은 무엇인가. 그들은 기념을 하지 않고, 기념물이나 조각상을 만들지도 않는다. 그렇지만 동물도 우리와 마찬가지로, 아니 우리보다도 더 멋지게 자연의 축제를 축하한다. 그뿐 아니라 아네모네나 제비꽃까지도 티티새나 꾀꼬리 못지않게 봄을 축하한다. 그러나 이런 모습은 모두 순응에 지나지 않는다. 그렇기 때문에 동물 사회는 놀라운 기억을 나타내지만, 또한 동시에 놀랄 만한 망각도 보여 준다. 개미는 저마다 개미가 해야 할 일을 알고 있다. 그러나 우리가 아는 한, 그렇다고 해서 개미가 옛날에 죽은 어떤 뛰어난 개미를 존경하지는 않는다. 마찬가지로 말은 그 구조대로 달리는 생물로서, 자기가 그린 달리는 말 그림 앞에 걸음을 멈추고 생각에 잠겨 있는 모습을 보게 되는 일은 결코 없다. 하물며 짐승이 돌을 쌓아올려 무덤을 만들고 그 앞에 조용히 서 있는 광경 따위는 절대로 볼 수 없다. 그러나 무덤을 만들기가 어려워서는 아니다. 조상이란 죽으면 곧 잊히고 만다. 말은 조상에 대한 일 따위는 전혀 생각하지 않고, 다시금 같은 일을 시작한다. 그런데 사고 (思考)가 이미 존재하지 않는 존재를 생각하는 능력이 아니라고 한다면, 과연 사고라고 할 수 있겠는가. 그리고 실제 존재와만 관계하는 짐승의 사회를 사회라고 할 수 있겠는가.

오귀스트 콩트는 이런 종류의 고찰을 훨씬 멀리까지 끌고 나가 동물 사회는 없다고 결론짓고, 끝으로 죽은 자들에게 예배를 드리는 것이야말로 사회라고 사회를 정의(定義)했다. 광대한 관념이지만 그의 뒤를 잇는 자가 없었다. 물론 하나의 관념을 놓쳐 버리기란 아무런 힘도 들지 않는 쉬운 일이다. 그리고 나의 생각으로는 위대한 선인들 속에서 관념을 찾아내는, 이른바 자식된 자의 경건 없이는 사람은 전혀 관념을 갖지 못하리라고까지 생각한다. 그리고 그야말로 이렇기 때문에 우리 사회는 숱한 문명의 이기(利器)가 있음에도 동물 상태로 떨어질지도 모르는 위험에 맞닥뜨리고 있다. 그러나 두려워할 필요가 있겠는가. 인간은 처음으로 하늘을 날았던 사람을 기념하기 위해서는, 대양(大洋)을 횡단하는 일을 멈추면서까지 이 일을 한다. 그러고 보면 저 숱한 조각상을 결코 비웃거나 해서는 안 된다. 이런 징표들이야말로 정말 우리의 사상이기 때문이다.

어떤 사상인가. 진실로 겁내지 않는 묘한 사상이다. 그것은 가장 오랜 발명자나 선구자는 천재에 넘치고, 우리보다 용기가 풍부하며, 우리보다 옳았다고 생각하려고 하는 사상이기 때문이다. 이런 선구자들을 부정하는 어지간한 증거가 없다면, 우리가 그 선인을 하나의 신으로 만드는 일을 못하게 할 수는 없다. 그렇다면 호머를 숭배한다는 것이 얼마나 훌륭한 숭배인가. 사실 우리는 호머에 대해서는 그의 작품에 관해서만 알고 있을 뿐이다. 어쩌면 위대한 사람들도 우리들과 마찬가지로 불순하고 변덕스럽고 약했을지도 모른다. 그러나 그것이 어쨌다는 말인가. 이런 생각에서 출발하는 한, 우리가 모방할 것은 이미 우리들 자신 말고는 없지 않은가. 음울한 심리학이 지배하게 되지 않겠는가. 실제로 살아 있는 사람에게 감탄하는 일은 확실히 쉬운 일은 아니다. 정작 살아 있는 당사자 때문에 우리가 낙담한다. 다만 그가 일단 죽어 버리면 곧 선택이 행해진다. 자식된 자의 경건성이, 감탄하는 행복 그대로의 선인(先人)을 재건한다. 그리고 이 행복이야말로 본질적인 위안이다. 어떤 난롯가에서도 난롯가의 신들을 만들고, 그리고 이 노력, 사실 기도인 이 노력의 전부가 모여서 우리보다 위대하고 훌륭한 사람들의 조각상을 세운다.

이로부터 그들은 우리의 모범이 되고 우리의 입법자가 된다. 무릇 사람은 그의 아버지이든, 그의 선생이든, 카이사르이든, 소크라테스이든 실물보다 위대한 인간을 닮고자 한다. 이리하여 인간은 조금이라도 자기보다 높은 곳으로 자기를 끌어 올려간다.

그러므로 진보는 전설에 의해 만들어지는 데 반하여 정확한 역사를 통해서는, 사람은 곧 자기를 실제의 자기 아래로 보게끔 되어 버린다. 이리하여 인간 혐오가 생겨난다. 그리고 이 혐오감은 온갖 관념의 발명자들을 멸시한 끝에 이윽고 그 관념마저도 잃어버릴 것이다. 콩트 자신과 그 관념이 그 일례이다. 내가 깨달은 것이지만, 콩트를 좋지 않게 여기는 사람들은, '죽은 자가 산 자를 지배한다'는 유명한 문구는 알고 있더라도 지금 보아 온 대로의 관념은 그야말로 아무렇게나 여겨서 놓치고 말 것이기 때문이다. 그리고 그들은 좀 더 뚜렷하게 표현된 다른 문구를 찾아낼 줄을 모른다. 즉 '죽은 자들로 말미암아 점점 더 무거워지는 무게는, 우리의 불안정한 생존을 계속해서 더욱 훌륭하게 규제해 간다'라고 하면서도 곧잘 사람은 감탄하는 표현법을 모르기 때문에 잘못하게 된다.

1935년 11월 25일

30 라마르크와 다윈

어떤 사람들은 라마르크처럼 생각하고 다른 사람들은 다윈처럼 생각한다. 사실은 어느 쪽이 진실이라고도 결정하지 않는다. 어떤 사람들은 술꾼의 버릇은 술꾼의 아들 속에 미리 형성되는 행위와 같다고 하기도 하고, 또는 그 버릇은 가려져 있지만 머지않아 싹이 터져 나타날 씨젖과도 같다고 생각할 것이다. 운명 또는 숙명, 이것이 여기에서는 어디에든 들러붙어 되돌아오는 신들이다. 다른 사람들은 이런 신들에 대해 쓸데없는 궁리를 하지 않으리라. 신들은 이쪽이 기원하면 곧 나타나는 존재라고 알고 있기 때문이다. 이리하여 그들은 술꾼의 아들에게는 취함으로써 우울함을 풀려고 하는 소질이 다른 사람에 비해 많다는 따위를 부질없이 가정하지는 않으리라. 오히려 반대로 그들은 신체 구조란 누구나 공통이며, 고뇌나 권태, 흥분의 진행 상태도 공통인

이상, 그런 공통의 소질은 모든 이의 속에도 있다고 판단할 것이다. 그들이 개인 사이의 차이나 비슷한 점을 인정하지 않는다는 말은 아니다. 그렇지 않고, 절제하는 아들 속에서도 술꾼인 아버지를 찾아 보겠다는 말이다. 그러므로 그들은 행동에 대한 설명은 언제나 상황이라는 것을 통해서 이루어진다. 단지 신체 구조만을 통해서 이루어지는 일은 없으리라. 어린이는 이어받는다고 하지 않고, 모방한다고 그들은 말할 것이다. 또한 그 아들은 사람들에게서 술을 얻어 마시는데, 술이 무척 세다고 하면 바보 대접을 받으리라고 그들은 말할 것이다. 이런 외적 원인은 틀림없이 있고, 또한 이것만으로 충분한 것이다.

파브르는 본능이라는 신비로운 관념으로써 곤충을 관찰했다. 그런데 어떤 종류의 말벌이 애벌레를 식량으로서 산 채로 저장하기 위해 이 애벌레를 죽여 버리지 않고 침으로 찔러 마비시키는 방법을 알고 있다는 데 놀랐다. 때마침 나도 언젠가 많은 곤충 외과의(外科醫)들이 저마다 발 사이에 애벌레를 한 마리씩 끼고 있는 모습을 관찰할 기회가 있었다. 내가 본 바로는 저마다 그 애벌레를 잡는 방법에 따라 다른 방법으로 찌르고 있었다. 이 동물은 자기가 알고 있는 대로가 아니라 할 수 있는 대로 행동하고 있었다. 나는 사물을 이런 식으로 생각하고 싶다. 파브르는 이른바 본능에 대한 그의 놀라움과 신비로움을 사랑하여 탐구를 했다. 좁지만 잘못하는 일이 없는 슬기이다. 그러나 내가 동물의 움직임을 관찰하고 거기에서 여러 번이나 발견한 바는 무언가 경련과 같고, 더 나아가서 미치광이 비슷하기조차 한 현상의 발견, 몇 번이고 시도해서 가까스로 성공하는 따위의 발견이다. 이를테면 누구나 다 보는 바와 같이, 벌렁 뒤집힌 곤충이 가까스로 다시 일어나는 것 따위이다. 그렇다면 짐승은 체력을 심하게 쓰고, 또한 숱한 자손을 낳음으로써 곧잘 살아나가고 있다는 말인지도 모른다. 게다가 이런 모습은 우리 속 야수들의 끝없는 동작에서도 발견할 수 있다. 그들은 끊임없이 장해로 인해 움직이며 돌고 있다. 이것은 물건 대 물건의 동작이다. 정신 대 물건이 아니다. 빵은 제법 곧잘 먹지만, 수북이 쌓아놓은 밀더미 옆에 있더라도 굶어 죽을 뿐이라고 다윈은 지적한다. 그를 흉내내어 말한다면, 나로서는 저절로 일정한 먹이를 향하면서 다른 것은 모두 물리치는 본능을 상정하기보다는, 오히려 이빨의 생김새와 식물의 생김새에 대해서 생각하고 싶다.

본능이라는 신비로운 관념에 근거하여 전쟁을 해석한다면 인간은 늘 인간에게 덤벼들려고 하는 것에 놀랄 필요는 없다. 왜냐하면 우리는 모두 식인종의 자손일지도 모르기 때문이다. 그래서 송곳니를 드러낸 어떤 종류의 잔인한 웃음을 이런 식으로 해석하기란 매우 쉽다. 이것은 전쟁의 신 마르스를 공경하는 것이다. 그러나 나는 여기서도 다윈주의자이다. 나는 전쟁 경험이 있는 저격병의 아들이 반드시 저격병이 되거나 전쟁을 하거나 하는 소질이 있다고는 조금도 생각지 않는다. 오히려 반대로 그는 전쟁을 할 줄 아는 동시에 마찬가지로 평화롭게 살 수도 있다고 생각한다. 그의 신체 구조는 그에게 인간을 죽이게끔 시키지도 않거니와 장작을 패도록 시키지도 않는다. 다만 도끼를 손에 잡으면 이것이 곧 그에게 장작을 팰 것을 권하고 또한 기관총을 손에 잡으면 이것이 곧 그에게 사람을 죽이는 일을 권할 뿐이다. 하물며 유혹이나 모방, 여론은 훨씬 더 훌륭하게 그런 일을 권한다. 또한 잊어서는 안 되지만, 강제는 다만 하나의 길만을 남겨 놓고 다른 길들은 모두 막아 버린다. 어떤 사람이 전쟁을 하는 데 놀라는 것과, 돌이 떨어지는 광경을 보고 놀라는 것은 마찬가지이다. 전쟁을 좋아하는 본능이라는 것을 상정하는 것은 돌이 떨어지기를 바란다고 상정하거나, 호머의 말을 빌려 말한다면 창을 던지는 행위가 사람 고기에 굶주려 있다고 상정하거나—오랫동안 실제로 그렇게 여겨졌다—하는 경우와 똑같은 잘못이다. 병사가 창을 던지는 것 자체보다도 흉포하다는 말이 아니다. 다만 병사가 자기를 다스리고 행동하며 사랑하는 저 힘, 어떤 필요에 사로잡히게 되든 자기가 원하는 바대로 해주고 원하는 바를 사랑하게 해주는 저 힘을 통해 한층 더 속성이 복잡하게 될 뿐이다.

그렇다면 어떤 문제에 대해서도 두 가지 무리의 정신이 있는 셈이다. 라마르크주의자는 적극적인 경향과 싸워서 인간을 바꾸어야만 한다고 생각한다. 다윈주의자는 이른바 본능이라는 인간의 복잡한 속성을 소멸시키고 무시해 버리는 것 같은 환경에만 모든 기대를 건다. 다윈주의자가 자못 영국인답다는 것을 사람들은 깨닫게 될 것이다. 영국인은 자기 나라의 젊은 군대가 초조해 있다든가 하는 따위의 복잡한 일들을 결코 말하지 않는다. 그렇지 않고, 주어진 명령은 어떤 곤란이 일어나든 일정하게 정한 시각까지는 이루어질 것이라고 영국인은 단정하여 말한다. 그들에게는 신체 구조와 상황만 있다면 그로써 넉넉하다.

1922년 2월 22일

31 민족주의

종족의 신들은 흙과 피의 신들이다. 정치적인 신이고, 금으로 만든 저울을 가진 신인 주피터는 그 종족의 신들을 정복하고 그들을 사슬에 묶을 수는 있었다. 그러나 그들을 죽이지는 않았다. 죽일 수는 없었다. 동물이 사상을 밑에서부터 뒷받침한다. 종족이란 동물성을 말한다. 인간은 선택과 살생(殺生)으로써 좋고 나쁜 것을 아예 무시한 채 온갖 동물의 종(種)을 만들어 냈다. 어미 비둘기는 그 새끼들을 모두 똑같이 사랑한다. 그러나 다윈은 발에 솜털이 난 비둘기만 제거하고 이들을 교미하게 했다. 그런데 인간은 이런 식으로 다룰 수 있는 생물은 아니다. 어떤 사람이든 종족에 대해서는 자기 종족에 대한, 즉 자기 자신의 동물에 대한 열애만 가진다. 종족에 대해서 이야기한다고 할 때 지니는 뜻은 저급하고 힘이 으뜸가는 가치로 보여진다. 사고(思考)보다도 높이 되는 것은 물론 명예심보다도 높이 되는 것이다.

힘과 무기의 평등은 이미 하나의 관념이다. 이성(理性)은 규정에 맞는 결투를 용기를 높이는 하나의 확실한 수단으로 본다. 여기에서 기사도나 결투의 도전이 생겨났다. 이런 용기와 도전을 야만이라고 가볍게 생각해서는 안 된다. 야만 행위란 좀 더 저급하다. 나는 야만 행위에서, 그곳에 횡격막보다 위로 올라가려고 부질없이 시도하는 굶주림과 공포와 분노가 뒤섞여 있음을 본다. 명예심은 일찍이 이성 없이 유지된 적이 없다. 결투는 언제나 힘에 취함으로써 부정하게 되었고 잔혹하게 되었다. 용기는 언제나 무엇인가 비밀 공격이나 상대편보다 잘 만들어진 갑옷 같은 것에 의해 더럽혀졌다. 투쟁심은 50명의 적에 대해 1백 명을 보내는 일을 조금도 부끄럽게 여기지 않는다. 반대로, 이 지나친 파병을 자랑으로 삼고 싶을 정도이다. 그러나 그런 파병을 할 수는 없다. 명예심은 정의나 폭력 중 어느 한쪽을 선택해야만 한다. 그 둘의 중간에 머물러 있을 수는 없다. 그리고 내가 지금 쓰고 있는 이런 양자택일과도 같은 추론은, 사실 명예심을 분격에까지 타락시켜 버리는 사람들의 추론이다. 왜냐하면 누구나 사람에게서 판단되는 대로 행동하게 되기 때문이다. 이리하여 스스로 고귀하려 했던 저 노여움이 이윽고 밑바닥으로까지 떨어지고 말리라고 이미 짐작해 마땅하다.

박해 속에는 명예심 따위가 없다. 그 속에는 이렇다 할 기사도 정신의 조각도 남아 있지 않고 오히려 비열한 흥분만이 있을 뿐이다. 그것은 신에게 사람을 제물로 바치던 시대에 보았던 바와 같아서, 거기서 군중은 자신의 무서운 모습을 바라보고 도취했다. 이런 도취는 또한 어떤 종류의 범죄에서도 볼 수 있다. 그리고 저급한 자연이 일부 사람들에게 특히 천박하다거나 하지는 않는다. 그렇지 않고, 자연에는 상위(上位)의 천박함이 없다. 그렇다고는 하지만, 인간에게는 상위의 천박함이 아예 없는 경우는 없기 때문에 동물보다 잔혹하다. 상상력은 온갖 형벌을 발명한다. 왜냐하면 상대 속에 있는 어떤 것, 처형 집행인인 자신에게 부끄러움을 느끼게 하는 어떤 것을 죽이려고 하기 때문이다. 사람은 토끼에게 모욕감을 주려고 하지는 않는다. 다만 깨끗이 죽여 버린다. 그 까닭은 거기에는 같은 부류가, 부끄러움을 느끼게 하는 판단자가 느껴지지 않기 때문이다. 즉, 이쪽이 자기 속의 천박함을 죽이고 싶어하는 그런 것이 말이다. 이것은 사고하는 짐승은 사고를 두려워하기 때문이다. 그리고 사고를 두려워하는 것 또한 사고를 공경하는 하나의 방법이다. 미움에는 사랑이 있다. 이로써도 알 수 있듯이, 인간의 악은 아주 지나치게 넘고 나아간다. 그러니까 인간에게 조심하자.

정의로운 사람들의 뚜렷한 약함은, 그들이 자기 자신을 위해 두려워하는 데 있지 않고 오히려 심술궂게 되는 것을 두려워하는 데 있다. 성자(聖者)는 자기의 처형 집행인을 위해서 기도한다고 한다. 그런데 이런 완전성은 아마도 있을 수 없으며, 또한 불가능하다. 그러나 여전히 이 기도는 야만스러운 행위가 모든 사람에 관해 진실이듯이 모든 것에 관해 진실인 무언가를 그려 낸다고 하는 사정에는 변함이 없다. 정의를 사랑하는 사람이 동류를 모욕하려 하기는커녕 동류를 인정하고 탐구하여 돕는다는 것은 아주 진실이다. 그리고 이성을 위해서 싸우는 사람들에게도 또한 분격이 되돌아오는 것, 더욱이 늘 같은 모습으로 되돌아오는 것은 인정한다. 그렇다고 하더라도 이런 과격한 행위가 그 이성의 원리 자체를 통해서 단죄된다고 하는 사실에는 변함이 없다. 결국 고통은 모두 같은 쪽에 있다. 이것은 정신의 고통인 그리스도의 십자가 상이 표현하는 바이다.

온순하다고만 할 수 없는 인간 본성을 온순하다고 잘못 보는 데서 생겨나는 추상적인 지식, 나는 이 생각을 두려워한다. 1914년에는 많은 사람들이 전쟁의 시대는 끝났다고 믿었다. 그러나 이런 와중에도 그들은 스스로 깨닫지도 못한 채 전쟁 준비를 하고 있었다. 그리고 우리도 고문(拷問)의 시대, 팔라리스*38의 청동 황소 시대는 끝났다고 믿고 있다. 그러나 인간은 달라지지 않았다. 그리고 내가 파시스트를 조롱하여 그가 경멸하고, 갖지 않으려 애쓰고 있는 정신을 그의 속에 오히려 자극해 줄 때, 그는 어느 날인가 도저히 맞설 수 없는 형편으로 나를 잡고서 틀림없이 다름아닌 합리적 정신을 모욕하리라고 나는 각오해야만 한다. 그리고 나는 형편 좋게 소원을 이루게 될 것이므로, 언제나 그의 주머니 속에 피마자 기름병이나 뭔가가 있으리라고 상상하고 싶다. 왜냐하면 나의 논리는 그 뭔가가 있다는 부근까지는 갈 것이기 때문이다. 그리고 그것이 사실임을 알았을 때, 그것이 정말 있는 것으로 확신되었을 때, 나는 피마자 기름병에 빈틈없이 맞설 것이다. 그리고 정의의 벗들과 형이상학적으로 일치하기를 기다릴 일도 없이, 나는 그들과 더불어 군대행렬에 있게 될 것이다. 군대행렬이라고 말한 것은 저항하는 대중, 조금도 광기가 아닌 훈련된 대중을 일컫는 것이다. 이로써 우리는 승리를 거두리라. 그러나 승리는 언제나 고난을 동반하는 보잘것없는 것에 지나지 않으리라. 이미 몇 번이나 일컬었던 것처럼 우리는 끊임없이 싸움이 한창일 때도 자유와 정의를 우리를 거부하는 사람들에게 내밀고 있으니, 어째서 그렇게 되지 않을 까닭이 있겠는가.

1933년 6월 1일

32 인간희극

당장은 진지하지만 오래 가지 못하는 저 놀랄 만한 당파 간의 화해*39에 대해서 모두들 이야기하고 있었다. '어쩌면 그다지도 변하기 쉬운지' 하고 의사가 말했다. '어쩌면 정열이 저토록 쉽게 변한단 말인가. 인간이란 활을 당기기에 따라 끽끽거리는 소리를 내기도 하고 숭고한 소리를 내기도 하는 바이올린과 같구나. 모처럼의 시작 이래 10년 동안 끽끽거리던 것이, 갑자기 마치 끽끽

---

*38 팔라리스(기원전 565~549)는 시칠리아의 도시 아크라가스의 참주. 특히 잔인함으로 유명하며, 청동으로 황소의 상을 만들게 하여 그 속에 사람을 집어넣고 처참하게 삶아 죽였다. 나중에 자기 자신도 이 안에 갇혀 죽었다고 한다.

*39 이 문장의 집필 날짜로 생각하건대 아마도 1935년 12월, 의회에서 성립된 좌우 양 진영의 정치적 휴전을 가리킨다. 이미 우익 파시스트 세력의 급격한 대두에 맞서 좌익은 인민 전선을 조직하는데, 어느 쪽이나 반(半)군사 조직을 만들어 대치했으며 형세는 위급을 알리고 있었다.

거린 일이 없었던 듯이 숭고한 소리를 낸다. 더구나 인간 본인은 여전히 만족한 모양이다. 그런데 사람을 죽인 사나이와 사람을 살려 준 사나이를 만들고 있는 근육섬유를 따로따로 기록해 보면, 이것은 이상할 게 아무것도 없게 되고 만다. 어느 쪽이나 같기 때문이다. 미움의 열광과 사랑의 열광은 양쪽 모두 거의 마찬가지로 가슴안의 근육을 올려 준다. 어느 쪽에도 생명의 충만함이 있고, 모든 도관은 열려 바람이 드나들고 깨끗함과 행복 따위가 있다. 이것은 선인도 악인도 기대하지 말라는 표지이다.'

'섬유 따위에,'라고 다윈주의자가 말했다. '주의할 것까지도 없다. 게다가 섬유에 대해서는 대충만 알고 있다. 그보다도 행동을 관찰하라. 찬찬히 관찰하면 이 녀석이 모든 것을 말해 줄 것이다. 사람은 참으로 교묘한 말도 했지, 입맞춤으로 아기를 먹는다고 하지만 그 입맞춤으로 아기를 먹는 어머니를 관찰하는 일만으로도 충분하다. 누구나 다 알고 있듯이 자기의 배우자를 보기좋게 먹어 버리는 곤충도 있다. 그것은 사랑하고 있음을 나타내는 것과 미워하고 있음을 나타내는 것에 굳이 반대인 두 가지 방식이 있는 것은 아니라는 뜻이다. 꼭 끌어안은 것과 바짝 조여 대는 것은 같은 동작이다. 게다가 무언가를 흐뭇한 심정으로 먹고 있을 때, 그것을 사랑한다고 말해야 좋을까 아니면 미워한다고 해야 좋을까. 그놈을 탐하는 것이므로 사랑하고 있는 셈이고 그놈을 파괴하는 것이므로 미워도 하고 있는 셈이다. 악수는 또 손을 움켜잡는 일로서 힘의 시도이며, 웃음은 송곳니를 드러내게 한다.

인간 생활에서 무언가 기습당한다는 느낌도, 정념의 모호함으로써 설명된다. 그리고 투쟁과 화해의 사이에는, 이런 투쟁과 화해를 위한 일과 가만히 누운 채로 있는 일과의 사이 만큼의 차이도 없다. 머리로 생각해 될 것 같지 않은 변화도 실제로는 쉬울 수 있다. 그리고 우리가 곧잘 말하듯이 환경이 모든 것을 실제로 만든다. 다만 그 환경 자신도 인간에 의해 바뀌며 인간 이상으로 바뀐다는 사실을 잊어서는 안 된다. 실제 변화 자체만 신용한다는 생각이 나의 정치학이다.'

정치가는 깊은 생각에 잠겨 있었다. '자전거는,' 하고 그는 말했다. '움직이고 있기 때문에 쓰러지지 않는다. 내가 보는 바로는 빈틈없는 사람이 불안정한 요소들의 위를 건너갈 수 있는 까닭도 이런 이치이다. 다른 사람 즉 우리라는 말인데, 어디가 바보냐고 하면 아마도 물 위를 걸어갈 수 있을 때까지 기다리

고 있다는 점이다. 인간이 하는 말을 곧이듣지 않게만 된다면, 인간에게는 얼마든지 계략이 있기에 말이다.'

시인은 또한 다른 생각을 좇고 있었다. '그런 기계적인 사람들이라면,' 하고 그는 말했다. '나는 틀림없이 웃어 줄 수 있다. 물론 산문에서의 이야기이다. 노래는 인간의 다른 절반을 나타낸다. 나는 그대들이 말하는 것보다 좀 더 술책이 뛰어난, 자기 자신의 하프를 한결 잘 연주하는 사람들을 보아 왔다. 그들이 뛰어난 까닭은 모두 배우와 같기 때문이다. 배우는 뜻대로 신음하고, 떨며, 울고 발개지며, 파래지고, 까무러치며, 되살아나는 법을 잘 알고 있다. 그렇지만 배우는 자기가 적은 한계를 언제나 조금은 넘어서고 만다. 그렇지만 진짜인 오셀로가 되면 자기 자신의 움직임에 좀 더 쉽게 속고, 나아가서 단순한 위협을 하다가 여러분을 그 자리에서 목졸라 죽일지도 모르고, 처음에는 용서하던 척하던 것이 이윽고는 여러분을 불행에 빠뜨려서 울음을 터뜨리게 하기도 한다. 이렇다면 마치 엉뚱한 세계, 이를테면 술주정뱅이와 그 비틀거리는 갈지자걸음으로 얼마쯤 상상할 수 있는 세계가 되어 버릴 판이다. 그렇다. 연극은 군주와 신하의 학교이며, 이성의 유일한 학교이다. 그 배우는 아무리 해도 절망하지 않으며, 완전히 얼빠져 버리는 일이 없도록 사람들을 단련해 주기 때문이다. 이렇게 하여 배우와 일반 사람들은 함께 느끼는 것을 배울 뿐이다. 그런데 이미 연극은 없어졌다는 이야기로군. 그렇다면 유감스러운 일이다. 왜냐하면 내가 보기로는 스크린 예술은 이런 상호 교육을 이 연극만큼 효과적으로 실시할 수는 없기 때문이다. 그러니까 머지않아 위험한 비극 배우들이 거리로 뛰쳐나오게 될 것이다.'

'물론,' 하고 정치가는 말했다. '우리도 영국인처럼 점액질의 사람을 무엇보다도 높이 평가하게 되면 이야기는 달라진다. 아마 영국 의회에는 우리나라 의회보다도 진짜 연극이 많을 것이다. 어쨌든 우리나라의 언론인 여러분이 진심으로 이치들을 즐비하게 늘어놓게끔 된다면, 나는 그들을 가엾이 여기겠다. 절정이 천둥처럼 잇따르고, 그들의 종이는 만년필 밑에서 항복하고 만다. 연극 교육의 자취에 의해 붙잡아 놓을 수 없다면, 그들은 때때로 장 발장이 쫓아낸 자베르처럼 강물에 몸을 던지게 될지도 모른다.*40

---

*40 위고의 《레 미제라블》 제5부. 장 발장을 노리는 형사 자베르는 혁명 때 민중에게 붙잡힌다. 끝에 가서 장 발장에게 구출되지만 절망하여 센강에 투신한다.

'여러분은 모두 자기의 관념을 조작하고 있다'고 현자가 말했다. '아무튼 여러분은 빈틈이 없는 사람들이니까. 그리고 내 생각으로는 사람들이란 모두 여러분과 똑같다. 그들은 하나의 역할 속에 몸을 숨기고서, 어렸을 때 곧잘 엿보아 가며 놀았던 그 커튼의 구멍과도 비슷한 구멍으로, 자기 쪽은 보이지 않도록 하면서 부지런히 관찰하고 있다. 그래서 이 점은 인정받고 싶은 바인데, 어떤 면에서 생각해 보더라도 그들의 연합은 이번에 했던 대로의 기품 있는 몸짓으로 낙찰할 수밖에 없었으리라는 것이다. 즉, 그들은 자기들이나 다수를 갖지 못했다는 점, 다만 다수는 자기들이 조직하고 어느 날인가 자기들이 무장할 때 무장할 것임을 잘 알고 있기 때문이다. 상상력이 없는 사람이라도 국민군(國民軍)*⁴¹이라는 저 영원한 제도로의 복귀는 충분히 예견할 수 있을 것이다. 우익의 한다하는 인사들로, 자신들이 이대로 나가면 자기들 자신의 잘못 때문에 혁명이 일어나리라는 짐작을, 누가 이해하지 못했겠는가. 이리하여 그렇듯 재빨리 되찾은 그 몸짓, 더욱이 그들이 스스로 바라는 이상으로 진귀한 몸짓이 나타나게 되었다는 이야기이다.'

'위험한 희극배우들이다'라고 정치가는 말했다. '그렇지 않아'라고 현자는 말했다. '오히려 반대로, 스스로 원치 않는 진지함이라고 해야 한다. 이해타산의 감시니 계산이니 하는 것만이 인정되는 곳에서 나는 한숨을 돌릴 수 있다. 배우가 자신이 타야 할 14시 40분 기차 생각을 하고 있는 줄을 안다면, 나는 이미 단검이나 독이 든 술잔에 그렇게 마음이 흔들리지 않아도 된다. 인간이라는 놈은 위험한 폭약이다. 그래서 어떤 일이거나 뜻밖의 급습을 당하리라고 각오해야만 한다. 다행하게도 우리는 단체로서 생각한다. 그리고 우리는 이른바 인간희극(人間喜劇)의 합창대이다. 우리는 여러 의견을 시험해 본다.

그것도 특히 운문으로 한다. 그것인 즉, 운문은 명백히 반응을 부드럽게 해 주기 때문이다. 이런 시도를 한 다음에야 우리는 비로소 자기가 생각하는 바를 알게 된다. 우리는 훈련된 고객이다. 민중 쪽에 있으려 한다면 깨끗이 되어 가는 과정에 몸을 맡겨야 한다.'

---

*41 Garde nationale. 프랑스 혁명 때인 1789년 자연스럽게 생겼으나 이듬해부터 차츰 제도화되어 그 뒤 온갖 조직상의 변화를 거쳐 프로이센—프랑스전쟁 때까지 계속되었으나 프랑스 제3공화국(1870~1940)의 안전과 질서를 위협하는 조직으로 인식되면서 1872년 3월 14일 공식적으로 해체되었다.

이런 식으로 현자는 시인에게도 몫을 주었다.

1935년 12월 14일

33 길게 누운 철학

그들은 생각하면서 생각하고 있는 자기를 응시하고, 느끼면서 느끼고 있는 자기를 응시한다. 이리하여 있는 그대로의 인간 본성은 결코 그런 것은 아니다. 어떤 상념을 만들었는가 하면 곧 그것을 바꾸어 다시 정립한다. '나는 얼마나 바보였던가, 얼마나 바보였던가.' 자기에게 들려 주는 아름다운 말이다. 그런데 인간은 두려움이나 연민이나 비애를 차분히 맛보거나 하지는 않는다. 인간은 이들을 밀어내고 뿌리친다. 이들을 재판해 버린다. 그렇다, 아무리 단순한 인간이라도 그러하다. 그리고 이렇게 함으로써 인간은 동물들에게 군림하는 왕이 된다. 두려워하는 것을 부끄러워하는 마음이 곧 두려움을 노여움으로 바꾼다는 사실은 놀랄 만하다. 그리고 연민이 곧 활동하게 되고 까다로워진다는 사실도 놀랍다. 미움이 맹세로 말미암아 경멸로 바뀌는 것은 훌륭하다. 즉 이것이 바른 길이고, 연모하는 사랑으로부터 활동적이고 훌륭한, 아마도 폭군과도 같은 사랑으로까지 사람을 이끄는 길이기 때문이다.

인간은 자기에게 들려 주는 말이자 힘찬 사상으로써 확실히 분별없는 존재는 아니다. 그러나 내가 보는 바로는 그것은 두려워할 만한 것이다. 그렇지 않다고 한다면 그것은 인간이 아니다. 그렇다면 인간은 잘 될 도리가 없다. 덕은 정념 아래에 있는 것이 아니라 그 위에 있다.

전형적인 학자는 아주 총명하고 지나치게 창백하다. 그는 자신을 만들지 않고 자신을 부순다. 그는 자기 행동의 생기 없는 발단을 깊숙이 파고들어 밝힌다. 그리고 이렇게 중얼거린다. '일단 내가 바뀌고, 내가 하고자 하는 대로 내가 행동해 버리면 나는 이미 진실이 아니다'라고. 나는 보았는데, 이런 사람들은 있는 그대로의 자신을 포착하지 않는 한, 한 인간에게 모든 것이 거짓이라는 생각에 부딪친다. 그들은 투덜거리면서 대충 자신을 살피고는 자신의 모든 행위가 거짓이라는 생각으로 되돌아온다. 창유리에 앉은 파리처럼 찰싹 이 생각에 들러붙는다.

더없이 적은 상념, 더없이 적은 말에도 그들은 아직 인간의 힘으로 이루어지는 것을 본다. 인간이 틀림없이 정말로 자기인 때는 생각하기 이전이다. 삶

인간론 255

은 풍부한데 생각은 가난하다는 말이다. 이런 사고방식은 넓게 퍼지기는 하지만 결코 높아지는 경우는 없다. 이 사고야말로 정말 길게 누운 여유로운 철학이다.

똑같은 일이 꿈을 관찰하는 사람들에게도 생긴다. 왜냐하면 그들의 말에 따르면 꿈을 꾸고 있는 때만큼 천진하고 진실되며, 솔직하고 완전히 자기 자신이 되어 있을 때가 없기 때문이다. 본성이 모습을 나타내준다고 한다. 마치 인간의 잘못은 인간의 것이지만 진리는 인간의 것이 아니라고 하는 말과 같다. 그러나 농담이 아니다. 꿈의 참된 모습은 깨어난 의식이 나중에 이야기하기 마련이다. 아침 나절에, 나는 반쯤 잠이 깨어 있는 상태로 무언가 도깨비 같은 것이 쇠사슬을 흔들어 무서운 소리를 내고 있다고 생각한다. 그러나 마침내, 나는 제정신이 되어 조사해 보고, 그런 소리와 나의 바보스런 상상을 조사해 보고, 그런 소리와 나의 바보스런 상상의 원인이 다름아닌 나의 자명종 시계인 줄을 알아챈다.

이 꿈에서 현실로의 이행에서 인간은 진실한 존재가 되며, 또한 동시에 꿈도 진실한 존재가 된다. 꿈이 뜻하는 바는 실제 존재를 잘못 깨달았다는 점이다. 그대로 깨달았다고 사람은 말한다. 그러나 이 종류의 잘못이, 나의 심오한 본성과 나의 참된 상념을 깨우쳐 알도록 하게끔 할지도 모른다. 잘못된 상념이야말로 혹시 나의 참다운 상념일지도 모른다는 사실에 놀라도록 하라.

스피노자는 곧잘 철저한 생각을 나타내 보였지만, 어느 날 한 사나이가 이렇게 하는 말을 들었다. '우리 집 뜰이 이웃의 닭 속으로 날아갔다'*42고. 그리하여 이 놀라운 예에 대해 깊이 생각하고 이 이야기 속에 있는 진실을 탐구한 결과, 그가 찾아낸 진실은 신경과 목구멍과 혀의 어떤 움직임에 지나지 않았다. 즉 기계적인 속성이 빠지기 쉬운 전도성(轉倒性)으로 말미암아 처음이 끝에 와 닿아 버리고 만 것이다. 웃음거리임에 틀림없다. 그러나 주의해 주기 바란다. 확실히 어린이가 그렇게 생각하고 있지 않는데도 '3×9=17'이라고 어린이에게 말하게끔 하는 그 똑같은 구조의 장난이, 그 어린이의 꿈이나 몽상 속에서 뜻을 지닌 무언가를 가지게 되거나 마음을 움직이게 하는 수수께끼를 낳거나 하는 문구(文句)를 울리게 할 수 있을지도 모르는 것이다. 나로서

---

*42 스피노자 《에티카》 제3부 정리49 〈비고〉.

는 데카르트처럼 이렇게 말하고 싶다. 동물은 생각하지 않는다고. 그리고 자기 자신이라는 동물 속에서 크나큰 비밀을 탐구하는 것은, 옛날 사람들이 했던 것처럼 신성한 닭이나 제물의 내장 속에서 이 비밀을 탐구하는 것 이상으로 합리적이지는 않다고. 내가 길게 누운 철학을 칭찬하려는 생각 따위는 조금도 없다는 사실을 받아들일 수 있을 것이다. 비록 이 철학이 비할 데 없이 정교하고 치밀하며 거의 놀라운 표현상의 엄밀성을 제시하더라도, 나의 생각은 변함이 없다.

바꾸어 말한다면 나는 거의 몸을 들어 일으키지 못하는 사상, 노력하기에 앞서 한숨을 짓고 마는 사상을 좋아하지 않는다. 나의 생각으로는 사고란 화약처럼 격렬하고 힘찬 것이다. 사고는 자기의 잘못에 놀라거나 하는 것 없이 단호히 일에 부딪쳐 간다. 진실로 이것이야말로 인간과 문명을 구하게 된다.

1929년 6월 13일

34 벌레 먹는 새

나는 학생이었던 무렵, 텐*43를 벌레 먹는 새들의 왕이라고 생각했다. 이런 텐과 같은 이들은 고등사법학교에 얼마든지 우글거렸으며, 우리의 선생 가운데 몇 사람도 그 훌륭한 본보기였다. 벌레 먹는 새는 사실이든 본문이든 주석(註釋)이든 뭐든지 먹어 버린다. 이 새는 자신이 먹어 버린 놈들을, 이렇게 말해도 좋다면 관념의 형태로 토해 낸다. 그리하여 새의 밥주머니를 해부해 보면 그 새가 먹은 먹이를 알 수 있듯이, 이 벌레 먹는 새의 말은 이 새가 나는 방법으로 부리를 벌리고 날면서 만나는 대로 가릴 것 없이 주워섬긴 온갖 진리들을, 아직도 식별되는 채로 그 조각들을 제시한다. 내가 진리라고 말했지만 그 까닭은 모든 것이 참이기 때문이다. 사람이 보는 바는 모두 참이다. 사람이 읽는 바도 모두 참이다. 그렇다, 마친 사람의 문장조차도 그러하다. 왜냐하면 미친 사람이 그것을 쓴 것은 참이기 때문이다. 그리고 여론의 상당한 부분은 다름아닌 어리석음이 이루고 있다. 사람은 이야기하고 믿는다. 그리하여 사람이 이야기하는 바, 사람이 믿는 바는 참이다. 사람은 주석을 달고 다시 주석을 풀이한 주석을 단다. 어느 것이나 참된 주석이다. 즉 모두가 기술의 사

---

*43 이폴리트 아돌프 텐(1828~1893)는 프랑스 철학자, 사상가, 비평가, 역사가이다.

실이다. 신학생은 신학을 이해한다. 그는 남달리 그것에 주의를 기울이지 않는다. 오히려 그는 새장 속의 새와 같은 신세로, 일정한 선택에 따라 억지로 먹이를 먹어야 한다.

그러나 벌레를 먹는 새는 자유로운 몸이다. 그는 부리를 벌리고 날아다닌다. 그는 뭐든지 먹어 버린다. 이는 무섭다.

나는 어떤 벌레를 먹는 새가 생각나곤 하는데 이런 사나이는 뒷날 문학계에서 출세하며 반(半) 종복의 지위에까지 올라갔다. 반 종복이란 주방장이다. 이른바 텐의 재료를 먹어 치우고, 이렇게 말해도 좋다면 일종의 농축식을 만들어 낸 결과, 우리 학년에서 이 유명한 아카데미 프랑세즈 회원*⁴⁴의 집에 점심 식사를 초대받은 이는 바로 그였다. 실제의 점심 식사이지만 동시에 상징적인 점심식사이기도 하다.

그란 사람들이 어디서 식사를 했는지 알고 싶다면 위를 해부해 보면 된다. 텐의 단편들, 르낭의 단편들, 조금 뒤져서 바레스의 단편들. 물론 르낭과 바레스에 대해서는 그들 자신이 벌레 먹는 새였다고 할 수는 없으리라. 왜냐하면 그들은 자기의 사상을 제어하고 있었기 때문이다. 사람마다 다르기는 하나, 요컨대 그들은 제어할 줄을 알았다.

텐에 대해서 말하자면, 나는 그를 바보스런 제자들과 혼동하고 싶지 않다. 그렇기 때문에 그들을 보고 나는 벌레 먹는 새들의 왕이라고 했다. 그는 오랫동안 이 너무나도 깜짝 놀란 사람들의 종족에게 온갖 법칙을 주어 왔다. 모든 것이 그에게 흔적을 남긴다. 그는 따르고 쫓아간다. 그의 시대에는 미친 사람에 대한 연구가 신기했다. 그는 이 연구에 손을 대었고, 두 세 명의 미친 사람을 보았다. 여기서 강한 인상을 받았다. 이들의 확대상(擴大像) 속에서 인간 본성을 보는 듯한 느낌이 들었다. 피레네산맥, 전쟁, 코뮌, 어느 것이나 강하게 사람을 때리는 이런 확대상을 그는 자기의 사상이라고 일컬었다. 사람이 거리 모퉁이에서 강도를 발견하듯이 그는 뜻밖에도 필연성, 물건의 무게, 정념, 무질서를 발견했다. 이런 식으로 하여 경험으로부터 지혜를 만들 수는 있다. 그러나 꽉 막힌 지혜이다. 느닷없이 내려치는 것에서부터 사람은 그다지 배우는 바가 없기 때문이다. 뿐만 아니라 이렇게 하여 받은 사물, 받게 된 압력을 하

---

*44 텐은 1878년 아카데미 프랑세즈 회원으로 선출되었다.

나의 체계로 잡아 버리면 사건이든 인간이든 저마다의 사물 속에서 이미 겉껍데기만 잡게 되고 만다. 이런 종류의 정신은 적나라한 기계들 앞에 놓이는 경우에만 옳다. 그러므로 피레네산맥을 소재로 한 텐의 문장*45은 구석구석 골고루 미쳐 있고 아름답다. 그러나 인간을 이해하려 한다면 선택해야 한다. 더욱이 가장 좋은 선택을 해야 한다. 실로 사랑과 희망의 방법이야말로 대상을 단순한 충격의 저편, 드넓은 지평에서 찾는다. 요컨대 천재와도 같은 인간이야말로 보통 인간을 설명할 수 있으며, 위대한 시인만이 정념을 곧잘 충분히 조명할 수 있다.

나는 어제 《레 미제라블》 제1권을 다시 읽어 보았다. 다시금 그 숭고한 문장이 나를 일깨웠다. 나는 그곳에서 두려움과는 다른 무엇인가를 배웠다. 더욱이 나는 주교(主敎)의 철학과 장 발장의 혼란스러운 생각을 분석한 부분에서 희망을 가져야 한다는 마땅한 논거와, 그리고 또 이 인간 세계에서는 무슨 일이건 쉽지 않다는 사실을 예견한 아주 당연한 논거를 마땅한 위치에서 인식할 수 있었다. 그리고 이 빛은 나를 위해서, 또한 숱한 혁명의 밤도 비쳐 주었다. 질서도 무질서도 함께 재판받고, 더욱이 올바르게 서로를 다른 사람이 재판하고 있었다. 이런 반성을 계속하면서 나는 혼자 생각했다. 아마도 사람은 언제가 되더라도 위고를 본디 위치, 이렇듯 높은 위치에 두는 일을 굳이 하려 들지 않으리라고.

그렇게 된다면 벌레 먹는 새들은 너무나도 위치가 낮고 너무나도 경멸받는 존재가 되고 만다. 그렇긴 하지만 지식의 축적은 마찬가지로 경멸받아야 한다. 그러나 다행스럽게도 위고는 시인이다. 그는 지배자의 위치에 있다. 그가 많은 사람들의 영혼이 되어 있음을 나는 여러 차례 깨달았다. 그러고 보면 우리도 우리 자신의 생각보다 훨씬 위쪽에 있고 스스로는 모르는 채 거의 반쯤은 신(神)이 되었다고도 할 수 있을지 모른다.

1928년 6월 1일

35 정신의 부끄러움
자기의 감정은 실로 자기의 것으로서, 아무도 이 감정을 바꿀 수 없다는 사

---

*45 텐 《피레네기행》(1855~60).

실을 깨닫게 되면 어떤 사람에게든 아무도 이겨낼 수 없는 힘이 생겨난다. 어린이조차도 그러하다. 덕(德)이라는 힘이다. 그리고 이런 힘 없이는 덕도 없다. 그렇다고는 하지만 이 영혼의 힘―이것이 그 힘의 이름이다―의 첫 활동은 가끔 서투른 행동이 된다. 그래서 우리 속에서 가장 좋은 것이 가장 나쁜 것이라고 먼저 판단해 버린다. 이런 모습이 본디 우리들의 생김새이다.

이를테면 어린이가 고집을 부리고 자기 주장 속에 틀어박혀 버리는 경우가 그러하다. 어린이는 자기 속에 다만 자기만의 것인 의욕이라는 보물을 처음으로 발견하자마자 곧 무장한다. 그리고 그 첫 표현은 거의 언제나 하나의 심술궂음이다. 왜냐하면 아무도 처음에는 가장 중요한 자기의 생각을 힘들이지 않고 구할 수 있다고 믿을 수 없으며 또한 더없이 사소한 의논을 보더라도 이 점은 알 수 있다. 이리하여 양보하지 않는다는 더할 나위 없이 아름다운 것이 처음에는 가장 추한 것으로 다루어지고 만다. 그리고 이와 반대로 아직 자기 존재를 발견하지도 못한, 양 같은 어린이들이 자연히 호감을 받게 된다. 양치기가 더없이 지혜로운 사람인 경우라도 그러하다. 믿는 사람들을 과대평가하고 음미하는 사람들을 과소평가한다는 것은, 현자라도 언젠가는 빠지게 되는 함정이다. 일단 간섭을 허락하면 몸을 지킬 수 없게 되지는 않을까하는 두려움에서 주의를 다해 거부하는 사람 또한 과소평가된다. 이런 사람들이 가장 나쁘다라는 말은 아니다.

그러므로 두려움을 부추기는 증거를 두려워해야 한다. 나의 말은 자루가 손에 잡힐 만한 증거를 말한다. 이런 증거는 언제나 하나의 무기에 지나지 않는다. 오랫동안 나의 놀라움이었는데, 사람들은 시원찮은 증거 앞에서 달아나는 것 이상으로 명백한 증거 앞에서 달아나고, 명백한 증거 앞에서는 자기의 껍질을 닫아 버린다. 멀리서 보기만 해도 그러하다. 이 점에서는 교육을 받은 사람일수록 빈틈이 없다. 가장 뛰어난 정신은 아득히 먼 곳에서부터 증거가 나타나는 모습을 발견하고, 경계 태세에 들어가 도개교를 들어 올려 버리는 정신이다. 어떤 사람이 바보라든가, 멍청하다든가라고 하면서 결론짓기를 서둘러서는 안 된다. 그 사람은 잠자코 있기는 하지만 보통은 늘 감시하고 있기 때문이다. 당신의 움직임을 단 하나라도 놓치지 않는 것이 보통이다. 그러나 그는 곤충처럼 죽은 체하고 있다. 이런 정신의 부끄러움은 아름답다. 이때는 지성의 빛보다도 자유가 귀하게 된 셈이다. 그리고 이는 도리에 맞는 것이

기도 하다. 인간을 말이 아니라 겉모습으로 판단한다면, 그릇된 판단은 내리지 않는다. 끊임없이 이렇게 그릇된 것을 바로잡지 않는다면 사회생활도 시간낭비이다. 내적인 사람은 스스로에게 망설이는 시간을 주고, 무언가 자기와의 맹세를 되풀이해 새로이 하고 있다고 언제나 생각하면 된다. 이 내적인 사람마냥 미네르바 어깨 위에 앉아 있는 부엉이 주변을 찌르레기처럼 돌아다녀서는 안 된다.

실천에 연결되는 이런 판단 없는 신조를 반드시 옳게 평가하고 있다고 말할 수는 없다. 습관은 정신을 상하게 하지는 않는다. 왜냐하면 습관은 정신에게 찬성을 요구하지 않기 때문이다. 이를테면 전쟁은 합리적이라고 말하지는 않으므로, 전쟁을 엄격하게 비판하지 않은 전사(戰士)는 한 사람도 없다. 전쟁은 보이는 사실대로의 하나의 상태 이외의 것은 아니다. 이와 달리 평화는 하나의 관념이다. 그것은 무례하게도 정신의 가장 높은 부분에 부딪쳐 온다. 여기에서 놀랄 만한 저항이 생기고, 더구나 천한 면이란 조금도 없는 저항이다. 강요된 자유를 꺼림칙하게 여기는 사람은 차라리 자발적인 예속을 달게 받아들인다. 이런 조심과 경계의 배려가 곧잘 이성에 근거한 검증을 미룬다. 그리하여 그다지 재촉하지만 않는다면 많은 사람들이 현명한 생각을 하게 될 것이다. 여기에는 악어 등의 비늘에 의해 표현되는 동물적 불가입성(不可入性 : 두개의 물체가 같은 시간에 같은 공간을 차지하지 못한다는 성질)과는 또 다른 생각의 불가입성이 있다. 그렇다고는 하지만 이쪽에서 끈질기게 재촉해 상대의 동물에게만 있는 완고함과 인간에게만 있는 견고함이 손을 잡게 해 버리면 큰 골칫거리가 된다.

설득하려는 생각 따위는 그다지 신경쓰지 말아야 한다. 우리는 우리의 요청에 승복하지 않는 듯한 사상은 사상이 아니라고 지나치게 쉽게 믿는다. 겁낼 일은 없다. 일은 변화되는 내부에서 계속된다. 헛일이 되어 버리는 의논 따위는 없다. 이성이란 모든 사람에게 하나의 사실이며, 거부로써 그리고 침묵으로 등한시하는 것으로써 누구나가 이 이성에 참여하고 있다. 그러고 보면 작가라는 자도 신호를 규칙대로 울리고 가 버리는 야경꾼처럼 지나가 버리는 게 좋다.

1922년 11월 22일

36 아르놀프

　힘은 무례한 것이다. 그리고 힘은 사랑을 받으려 하면 곧 우스꽝스럽게 되고 만다. 아무리 단순한 여자라도 이 점은 알고 있다. 아르놀프*46는 아그네스를 가두어 둘 수는 있다. 열쇠로 자물쇠 구멍을 조금 돌리기만 하면 된다. '네가 나를 사랑하고 있다는 사실은 잘 알고 있다'라고 이 늙은이는 말한다. '만일 제가 당신을 사랑하고 있고 더욱이 그 사실을 당신이 알고 있다면 어째서 이렇게 가두어 두어야 하나요?' '그렇지' 하고 늙은이는 생각한다. 과연 어떻게 그 여자가 나를 사랑하지 않을 수 있는가. 나에게는 돈이 있겠다, 호탕하겠다, 재치도 있다. 마스카리유란 놈도 어제 이렇게 말했다. 더욱이 그 여자가 누구를 사랑할 수 있다는 것이냐. 그 눈에는 나밖에는 없다. 문을 열어 주자. 그는 열쇠를 돌린다. 그러나 길모퉁이까지도 채 가기 전에 벌써 생각이 바뀐다. '그 젊음으로써는 내가 속기 쉽다. 멋진 사나이라는 작자가 이 근처를 서성거리고 있을지도 모른다. 자유란 자기 멋대로 한다는 것과는 다르다. 게다가 나에게는 그녀를 보호하고 충고해 줄 의무가 있다. 나의 충고는 이런 나를 사랑하라는 것이다. 이것도 그녀를 위한 생각에서이다. 문은 닫아 두자.' 그는 되돌아가서 열쇠를 되돌려 문을 잠근다. '나는 굳이' 하고 그는 열쇠를 보며 말한다. '그녀를 믿지 않는 것은 아니다. 그뿐만 아니라 완전히 믿는다. 믿음이 사랑이 아니라면 사랑한다는 것은 무엇인가. 사랑받는다는 것은 무엇인가. 그녀는 자유이다, 이런 말은 하지 않더라도 뻔한 일이다. 그녀가 선택하는 게 좋을 것이다. 그러나 나의 심정으로는 그녀가 나를 선택하는 게 좋다고 생각한다. 만일 그녀가 망설인다면, 말할 수 없이 괘씸하고 분별없는 표적이라고 하겠다. 누군가가 썼지만 자유란 잘못을 저지르는 자유도 아니거니와 실수하는 자유도 아니라고 한다. 이 열쇠는 그녀를 잘 지켜 준다. 이 열쇠는 만일의 경우를 위한 조심에 지나지 않는다. 거의 아무 쓸모도 없는 조심이다, 거의. 아, 그렇기는 하지만 그녀가 나의 마음에 드는 일밖에는 결코 하지 않는다고 확신할 수 있다면, 그녀가 마음내키는 대로 하게 내버려두겠는데.' 그렇지만 생각은 비약한다. 생각은 결코 갇혀 있거나 하지 않는다. 생각에는 절대로 열쇠를 잠글 수 없다. 이 여인은 강제해 오는 사람 따위에게 어찌 권리를 인정해 줄 수 있겠는가. 자

---

*46 몰리에르의 희극 《아내들의 학교》에서.

신을 가두어 두는 사람에게 호의를 갖고 대해 주어야 할 의무가 조금이라도 있을까. 아르놀프, 그대는 배신당할 것이다. 아니, 이미 배신당하고 있다. 그대 자신이 그 사실을 알고 있다.

'그렇다, 나는 알고 있다. 그녀의 그런 반항적인 심정은 짐작이 간다. 그것은 정말이다. 그러나 적어도 그것은 단순한 심정에 지나지 않는다. 나는 문을 닫아 준다. 문은 이미 닫았으니까 이번에는 오히려 커다란 소리를 내며 닫아 주겠다. 희망이라는 희망을 모두 빼앗아 주겠다. 그녀의 행동은 내 손에 달려 있다. 그렇게 되면 마음도 따라오게 되겠지. 실제로 새장의 새는 주인을 위해 노래하지 않는가. 그리고 또한 사람이 처음에는 신을 두려워하지만 마침내는 사랑하게 된다고 책에도 씌어 있지 않았던가. 폭군이 되어 주리라. 그것도 무던한 점이라곤 조금도 없는 폭군으로서. 어째서 처음부터 그런 식으로 하지 않았던가.'

중년 사나이의 이런 사랑의 심리 상황은 그야말로 인간의 상황이다. 사랑하는 방법은 매우 비밀스럽게 숨겨져 있다. 감정상의 힘을 소망하는, 꽤나 고상하고 감정에 근거한 이런 종류의 야심은, 이 훌륭한 힘을 시험해 보는 것을 스스로 금치 못해 이 때문에 곧 이 현명한 군주의 신민(臣民)들이 저항을 하게 된다. 저항 정신은 충분히 평가되어 있지 않다. 그것은 사랑이 충분치 못하다는 것을 뜻할 뿐이다. 이런 상황을 구제하는 길은 더욱더 사랑하는 것이다. 그리고 여기서, 훌륭한 영혼은 결코 망설이거나 하지 않는다. 이렇기 때문에 권위는 실패하고, 상대가 무기를 들고 일어나도록 만들어 버린다. 사랑을 받고 싶어하지 않는 폭군은 없다. 또한 바라는 만큼 사랑받는 폭군도 없다. 그가 할 수 있는 가장 큰 양보는 문을 크게 열어 두는 것, 단, 문 뒤에 교도관을 숨겨 두고 나오는 낌새가 보이면 곧 문을 닫게 하는 것이다. 중년의 아르놀프는 우스꽝스럽다. 왜냐하면 그는 아그네스도 생각을 갖거나 취향을 가질 수 있다는 생각 따위를 해본 적도 없기 때문이다. 알세스트 또한 우스꽝스럽다. 왜냐하면 기사도의 규칙에 따라 사랑하면서도, 그는 사랑의 규칙을 조금도 이해할 수 없었으니까. 고상하게도 내 몸에 보내진 이 위대한 힘을 시험하기 위해, 셀리메느는 마음이 먼저 들떠서 상대의 기분을 언짢게 하려고 할 것이다. 이것이야말로 사랑의 규칙이다. 말하고 싶은 대로 말하도록 인정된 토론에서 더할 나위 없이 불쾌한 의견이 곧 튀어나오는 광경을 볼 수 있는 것도 이런 이유에서이다. 자유로운 정신이란 무엇보다 저항의 정신이다. 자유의 깃발 아래에 교육하고, 정복하며, 마침내는 지배하려고 시도해 보는 사람에게는 풍부한 지혜가 쌓여 있어야만 한다. 그리고 이때 상대에게 모든 것을 허락할 수 없는 경우에, 먼저 첫째로 스스로 명심해야 할 것은 행동과 의견을 잘 구별해 두어야 한다는 점이다. 왜냐하면 행동은 저절로 힘에 부딪치고 언제든 타협해야 하기 때문에 행동이라는 폭군은 사람을 상하게 하는 일을 거의 하지 않는다. 이와 달리 의견은 주로 이론에 의해서만 상대를 바꾸려고 한다. 그러므로 여기서는 단지 막대기가 기웃거리기만 해도 사람을 상하게 하고 돌이킬 수 없는 변화를 일으키고 만다.

1928년 6월 5일

37 충실

　사랑 속에는 의지가 있다고 말하려고 하면 누구나 반대한다. 정념이란 숙명과도 같은 것이라는 옛날부터의 사고방식 때문에 그러하다. 물론 여기에도 옳은 점은 있다. 왜냐하면 사람은 사랑하든가 사랑하지 않든가를 선택하는 것이 아니며, 또한 어느 누군가를 사랑하는 것을 선택하는 것도 아니기 때문이다. 그러나 또한 선택하는 의지라는 생각은 자못 교사다운 생각이라고 해야만 할 것이다. 사랑은 태어나기를 선택하는 것도 아니고, 또한 명백하게 자기의 부모를 고르는 것도 아니다. 그러므로 훌륭한 의욕, 참다운 의욕이란 이렇게 출발하는 것이며, 나타난 모습을 발전시키는 것이다. 사랑에 대해서도 마찬가지여서, 사랑을 형편 좋게 성공시키느냐 어떠냐는 저마다에게 달려 있다. 이를테면 사랑하는 자식을 키우는 경우가 그러하다. 왜냐하면 사람은 자기 자식을 선택하거나 하지는 않기 때문이다. 그렇다고는 하지만 비나 우박을 받아들이듯이 자식을 받아들여서 좋다는 말은 아니다.

　숙명과도 같은 사랑은 처음 한동안은 기쁜 법이다. 그러나 어쩔 수 없다는 생각에서 이 병이 심해져 간다면, 헌신이라기보다 모욕을 나타낼 뿐이다. 우울증에 걸린 연인이 하는 말을 해볼테니 상상해 주기 바란다. '나는 아무래도 당신을 사랑한다고 하지 않을 수가 없습니다. 달리 어쩔 수도 없습니다. 옛날로 돌이킬 조짐은 없을까 하고 찾아보았습니다만, 쓸데없는 짓이어서 전혀 발견하지 못했습니다. 그래서 제가 당신에게 바치는 찬사는 이렇습니다. 저는 자연의 필연성을 통해 당신과 연결되어 있습니다. 자신을 해방시키고 싶습니다만 그렇게 할 수 없습니다. 제가 당신에게 할 수 있는 약속은 오직 하나, 달아날 수 있게 되면 곧 기꺼이 달아나겠다는 것뿐입니다.'

이 말은 사실 모욕을 주는 말이다. 거기에는 사랑과 같은 정도의 증오가 담겨져 있다. 그러므로 정념의 희롱 속에서도 사랑과 증오가 뒤섞인 결과를 찾아낼 수는 있다. 그러나 그것은 감정이라고 할 수는 없다. 우리는 아직 여기에서는 서로 엿보고 있는 두 사람의 적 이외에는 찾아내지 못한다. 그리고 세월은 날마다 조금씩 그들에게서 저 마력을 벗겨내므로, 서로 저마다 자기가 움켜잡고 있는 금제(禁制)의 힘과 자기를 움켜잡고 있는 금제의 힘을 날마다 조금씩 시험해 본다고 하는 잔혹한 장난이 태어나게 된다. 이렇게 된다면 빨리 달아나는 것이 이기는 것이다.

줄리엣은 처음으로 로미오를 보았을 때, 다음과 같은 숭고한 말을 했다. '유모' 하고 그녀는 말한다. '난 그분과 결혼하지 못하면 처녀로 죽을 테야.' 확실히 그녀는 선택하여 사랑하는 것은 아니다. 오히려 거꾸로, 다른 곳으로부터 임의대로 들이닥친 이 사랑을 그녀는 다시 잡아 자기의 것으로 만든다. 그녀는 먼저 이 사랑을 맹세한다. 그리고 이 사랑이 그녀를 가장 높은 감정의 단계까지 드높인다. 이 사랑은 금할 수 없는 바를 적극적으로 하고자 하는 욕망이라 해도 좋다. 스토아의 현자들이 다음과 같이 말했을 때, 그들의 심정도 마찬가지였다. '운명은 그대가 거스르면 그대를 질질 끌고 가지만, 그대가 동의한다면 그대를 이끌어 준다.' 사람이 형장으로 끌려가는 대신 스스로 나아갈 수가 있는 것도 이와 마찬가지이다. 그러나 이 예는 지나치게 난폭하다. 이 예에서는 현실의 생각이 모두 지워지고 만다. 그 사람이 잘 죽든 잘못 죽든, 어느 쪽이나 아무튼 죽을 뿐인 것이다. 반면에, 사는 것이 문제일 경우에는 그냥 받아들이는 것과 달갑게 받아들이는 것 사이에는 엄청난 차이가 있다. 그냥 받아들인다는 것인지, 아니면 달갑게 받아들인다는 것인지에 따라 행위는 달라진다. 운명이 우리를 이끌어 준다는 말의 뜻을 처음에는 잘 이해할 수 없었다. 그러나 그 뜻은 운명이 시시각각으로 우리에게 길을 마련해 준다는 뜻이다. 즉 짓눌려 슬퍼하고 있는 사람은 빗나가 버리고 마는 통로를 제공해 준다는 것이다. 사실 희망이 많은 문을 열어 왔다.

어떤 직업을 기꺼이 진심으로 받아들였을 경우와, 그런 직업을 마지못해 억지로 받아들였을 경우 사이에는 커다란 차이가 있다. 뛰어난 경리사원과 평범한 경리사원, 뛰어난 목수와 평범한 목수의 차이는 모두 이러하다. 어떤 일에서도 사람들은 곧잘 '선택을 잘못했다. 이젠 돌이킬 수 없다. 정말 난처한 일이다' 등의 우는 소리를 하며 스스로 주저앉아 버린다. 반대로 어떤 선택이라도 당사자가 스스로 포기해 버리면 나쁘지만, 훌륭한 의욕만 있으면 어떤 일이든 잘 될 수 있다고 하는 생각이야말로 옳다. 그 직업이 어떤 직업인지 알기 전에 선택해야만 된다면, 누구나 그럴듯한 이유가 있어서 그 직업을 선택하는 것은 아니다. 사랑에 대해서도 마찬가지여서 아무도 이 사랑을 고르거나 하지는 않는다. 어느 쪽의 경우도 마찬가지이며 이 충실성이야말로 선택한 바를 구해 준다. 충실하다는 것이야말로 선택하는 것이어야 한다. 창작을 하면서 자기가 고른 주제가 아름답지 않다는 사실을 깨닫는 그런 소서(小序 : 시문의 각 편 머리 따위에 쓴 짧은 머리말)라도 있을지 모른다. 그리고 확실히 주제 선택을 잘못했음을 자신에게 증명해 보이는 것은 매우 쉽다고 할 수 있다. 그러나 또한 이로써 어떻게 된다는 말도 아니다. 그런 일을 하고 있으면, 쓴다는 일은 도저히 할 수 없게 되고 만다. 왜냐하면 아름다운 주제니 하는 것은 애초에 없고, 충실성으로써 주제를 아름다운 것으로 만들어야 하기 때문이다. 사상이 발전하기를 기다리고 사상이 춤추는 모습을 바라보고 있을 뿐이라면, 환멸을 느끼지 않을 만한 사상은 아마 단 하나도 없을 것이다.

그러나 우리가 만일 훌륭한 마음으로 이 사상을 쫓아간다면, 우리의 노고에 보답하지 않는 사상 또한 하나도 없다. 마찬가지로 사람이 사랑을 맹세하는 한, 위대하고 아름다운 것이 될 수 없을 만한 사랑은 아마 하나도 없을 것이다. 그리하여 아무리 아름다운 사랑이라도 그 사랑이 달리는 모습을 바라보고만 있다면 그 앞일은 뻔한 것이다. 오히려 사랑하는 자식처럼 이 사랑을 팔에 안고 가는 것이어야만 한다.

1926년 2월 5일

38 전사

어떤 사람도 전사이다. 외부 원인 때문이 아니라 신체 구조와 에너지의 축적으로 말미암아 전사가 된다. 활동을 시작하는 사람은 누구라도 이들의 축적으로 원기를 얻어 발길에 채이는 것도 뼈가 부러지는 것도 아랑곳하지 않는다. 한 병사가 말들의 왕으로 행세하는 사나운 말을 벽구석에 몰아넣고, 이 말에 고삐를 거는 것을 보지 않은 사람이 있겠는가. 동물이 훨씬 강하지만 자랑과 용기와 확신 앞에서는 굽히고 만다. 이 군마병은 생명을 위험 앞에 내놓고 있었다. 그러나 당사자는 그런 일은 조금도 생각하지 않는다. 반대로, 그는 자기의 생명을 확장하는 것에만 관심이 있었다. 인간은 곤란한 행동과 승리만 사랑한다. 이를테면 물난리에서 사람을 구조할 때에 볼 수 있는 광경과 같다. 거기서 인간은 신속하고 확신에 넘치며 피로를 모른다. 이런 영웅, 누구나 다 이와 같다. 지금은 솜*⁴⁷의 흙이 되어 버린 보병이었던 사상가 데부아가 썼듯이, '학살은 활동의 한 조건이지 목적은 아니다.' 사실 죽음의 위험은 많은 행동에 있다. 죽음의 위험을 생각하고 있다가는 끓이지 않은 우유조차 마시지 못하게 되고 말 것이다. 그렇기 때문에 사람은 사는 것과 이기는 것을 선택한다. 전쟁은 무섭다, 힘에 부치는 일이라고 누구에게든 말해서는 안 된다. 전쟁에 나가고 싶은 심정을 일으키게 할 뿐이다.

이럴 때 사고(思考)는 방향을 달리한다. 왜냐하면 전쟁은 인간의 본성 속에 있고 인간과 더불어 이어지리라고 말하는 사람들에게, 마치 내가 항복한 것처럼 보이기 때문에 생각을 다른 방향으로 바꾼다는 말이다. 내 말은 이런 것이다. 즉 노여움은 언제나 가능하며 현자를 기다리고 있기까지 하듯이, 전쟁도 언제나 가능하며 언제까지라도 가능할 것이라고. 그런데 노여움에 관해서는 누구라도 이해할 수 있는 것처럼 두 가지의 잘못된 생각이 있다. 어느 생각이나 마찬가지로 불길한데, 게다가 서로 연결이 잘못된 생각이다. 한 쪽은 하나의 노여움이 극복되었다고 하여 모든 노여움이 극복되었다고 믿는 것이고, 또 다른 한 쪽은 노여움은 극복될 수 없는 원인에 의해 어쩔 수 없는 숙명으로 생길 수 있다고 믿는 것이다. 노여움이 병처럼 머리를 쳐들 때는 나가서 웃는 흉내라도 내라. 실은 노여움에 완전히 몸을 내맡기고 구토증이나 심한 치통이라도 기다리듯이 이 노여움을 기다리는 사람은 미친 사람이다. 그리고 어쩔 도리도 없는 숙명이라는 느낌이 온갖 종류의 광기와 두루 통한다는 사실은 아주 진실이다. 어쨌든 건전한 인간은 자기의 신체를 지배하기 바라고, 또한 지배할 수 있음을 확신한다. 뜻밖의 습격을 받고, 그런 것을 부끄러워하면

---

*47 제1차 세계대전의 격전지. 프랑스 동북부 베르됭의 북쪽에 있는 솜강 유역.

서도 여전히 안전을 믿는다. 여전히 믿으려고 한다. 여기에서 의지의 용수철이 발견된다.

그런데 전쟁은 숙명이 지배한다. 개인으로는 자기가 미쳤다는 생각을 조금도 하지 않는 사람들도 집단으로는 미쳤다고 믿어 버린다. 그들은 전쟁을 하려했다기보다 어쩔 수 없이 하게 되었다고 늘 생각하기 때문에, 그 전쟁의 성스러운 깃발을 자기 주변에서 찾곤 한다. 그들은 이 깃발을 인정하고 이에 이름을 주고는 스스로 그 깃발을 무서움에 떠는 동포들에게 내던진다. 그들은 지상에 오랑캐의 발소리를 들으면서 곧잘 이것을 다시 아득한 다른 나라의 백성들에게서도 발견한다. '이 전쟁은 신의 뜻'이라는 십자군의 외침이었다. 그러나 이 또한 온갖 전쟁의 외침이기도 하다. 고대의 운명관이 이렇게 해서 또한 우리들을 사로잡고, 아마도 종교의 전부이기도 한 예언의 종교가 우리를 사로잡는다. 이때 문제는 이미 저마다 원하는 바를 아는 것이다. 그리하여 잔인한 하나의 의지가 모든 사람들 위로 덤벼든다. 더구나 이 의지는 사실 어떤 사람의 의지도 아니다. 이런 모든 일들은 원인을 모르는 것에서 비롯된다. 사람들은 해난(海難) 구조대가 사람을 사랑하기 때문에 구조 활동을 하는 것으로 받아들이고 싶어 하듯이 전사들은 미워하기 때문에 싸우는 것으로 받아들이고 싶어 한다. 그러나 그렇지는 않다. 전사가 싸우고 해난 구조대가 사람을 구조하는 까닭은 그 행위가 어려운 일이기 때문이다. 전쟁이라는 위급하고 어려운 일은 머지않아 인간을 지치게 만들기 때문에 평화를 확보해 주리라는 생각은 불행하고 잘못된 것이다. 이런 일은 전혀 믿어서는 안 된다. 전쟁은 인간이 곧잘 터득한 손으로 하는 일 이상으로 인간에게 두려움을 주지는 않는다. 왜냐하면 피로와 생각은 손으로 하는 다른 모든 노동에도 있기 때문이다. 그리고 사실 인생 자체가 전쟁이다.

그래서 전쟁은 균형 잡힌 건전한 인간 속에도 고스란히 포함되어 있기 때문에, 더구나 평화를 확보해 주는 원인에 의해서도 포함되어 있기 때문에, 나는 이 점에서 평화가 가능하다는 사실, 끝없이 가능하다는 사실을 안다. 농부와 병사란 따로따로의 인간이 아니고 똑같은 인간이다. 아주 사소한 행동에서도 나는 그것이 똑같은 인간임을 본다. 그러므로 만일 평화가 한 달 계속되면 백 년이라도 이어질 수 있다. 일찍이 꿈을 믿었듯이 전쟁이 사람의 힘을 넘어선 것이고 신의 명을 따른 것이라고 믿는 것에 참다운 전쟁의 원인이 있다. 인간 본성을 정확히 인식하기만 한다면, 아마도 숙명이라는 불완전한 원인은 사라지고 말 것이다. 온갖 행동에 안전성과 힘을 주는 요인은 참다운 원인의 인식이기 때문이다. 인간이 스스로 소유하는 모든 것을 소유하고, 또한 자기 자신까지도 소유하는 것은 통제된 노력을 통해서이다.

1922년 9월 23일

39 징표의 배우

장의업자(葬儀業者)를 관찰해 주기 바란다. 그는 징표의 왕이다. 그런 징표 이외의 존재는 아니다. 그는 모여 있는 군중의 성질과 친척 관계를 통해 또는 신분을 통해 스스로 걷는 법, 바라보는 법, 눈길을 내리뜨는 법, 상대의 이름을 부르는 법을 터득하고 있다. 그는 징표를 받고 징표를 되돌려 보낼 뿐, 자기 자신의 기분 따위는 조금도 염두에 두지 않는다. 무릇 무겁거나 가볍거나 한 물건, 또는 네모지거나 둥글거나 잘리는 듯 하거나 찌르는 듯 하거나 미끄러지는 듯하거나 하는 물건은 그가 맡은 바가 아니고 또한 이런 물건 따위에는 거의 상관하지 않는다. 그가 맡아서 하는 일은 사람들의 얼굴과 자기 자신의 얼굴이며, 자기 둘레와 자기 안쪽의 인간적 질서이며, 억눌리거나 교환되거나 하는 징표이며, 양이 아니라 의미로써 간섭해 오는 무언가이며, 요컨대 무게를 달 수 없는 무언가이다. 이런 것이 그의 맡은 바이다. 나는 이것을 샤르즈(任務)*⁴⁸라고 비유한다. 그리고 그 자신의 행동도 비유적이다. 왜냐하면 그가 감시하고 신경을 쓰는 것은 뜻이지 물건 그 자체는 아니기 때문이다. 그런데 나의 생각으로는 이 징표의 의복은 착 달라붙어 있으며, 단단히 그를 사로잡는다. 이 인물은 그의 직업을 통해 만들어져 있다. 그가 기분에 따라 행동하는 경우는 별로 없을 것이다. 그러고 보면 그의 생각도 어째서 그의 몸짓을 닮지 않을 리가 있겠는가. 왜냐하면 우리의 생각은 징표로써 규제되는 것이니 말이다. 입을 벌린 채로는 나는 '이'라는 음(音)을 생각할 수 없다.

수도꼭지 장수는 또한 걸음걸이가 다르다. 그의 복장 그 자체가 프로그램과 같다. 상자를 든 모양새도 방자하고 제멋대로이다. 왜냐하면 그의 직업은 징표와는 관계가 없고 현실적이기 때문이다. 납이나 구리는 사람이 설득하려

---

*48 Charge는 '짐'이란 뜻을 지니는데, 여기에서 말하는 '임무'는 비유하는 뜻이다.

고 덤벼들 그런 상대가 아니다. 여기서는 몸짓이 물건으로써 규제되고, 물건이 단단한가 물렁물렁한가, 네모난가 둥근가, 큰가 작은가에 따라 달라진다. 처음부터 그의 몸짓은 모두 물건으로써 규제되고, 마치 인간 세계 따위는 보잘것없다는 듯이 다룬다. 그의 몸짓이 이미 행동이고, 더욱이 예절을 모르는 행동이다. 그는 언제라도 물건을 자르거나 비틀거나 녹이거나 할 준비가 되어 있음을 모든 동작으로부터 엿볼 수 있다. 그리고 수도꼭지가 잘만 작동된다면 다른 일 따위는 안중에 없고, 또한 이 일을 그 자신이 피리를 불면서 온 동네에 알리고 다닌다. 이 피리 가락은 반드시 정확하지는 않다. 그러나 부끄럽다고 생각하지는 않는다. 그뿐 아니라 반대로 뻔뻔스럽기조차 하다. 그의 장기는 사람이 기뻐하지 않는 일을 하는 것이다. 정확하게 노래한다는 것은 분명히 예절인데, 이 장기 때문에 또 다른 몸짓이 생겨나고 동시에 또 다른 생각이 생겨난다. 그렇지 않다면 아마도 같은 생각을 표현하는 다른 방식이 생겨날 것이다. 프루동은 아주 온건한 생각에서조차 혁명적인 생각을 하고 있다. 그러나 다시 수도꼭지 장수 이야기로 돌아가자. 그는 사람들의 생각 따위는 안중에 없으나, 절대적으로 그렇다고 할 수는 없다. 왜냐하면 그도 사람의 얼굴을 보고 값을 정해야만 하기 때문이다.

손의 기능에는 예절 따위는 전혀 필요치 않은 것도 있다. 시계 기술자는 시계 상인과 마찬가지로 동료에게 말을 하지는 않는다. 나는 내가 알던 어느 목각 세공사를 기억하는데, 그는 옛날 목각 작품을 본떠서 만드는 것에는 상당한 솜씨를 가졌으며, 또한 조금 주정뱅이여서 세상 일은 무엇이든 콧방귀를 뀌고 있었다. 그는 덕도 없으며 덕이 있는 것처럼 보이지도 않았고, 이 거리에서 저 거리로 떠돌아다녔다. 그리고 다만 자기가 모습을 보이기만 하면 곧 일거리가 발견된다고 확신하고 있었다. 왜냐하면 낡은 가구의 장식을 본떠서 만드는 것에서는 남이 따를 수 없는 솜씨를 갖고 있었기 때문이다. 그런데 대담성도 어느 정도에 이르면 어쩐지 관념, 특히 어떤 감정이나 정치나 권리의 관념을 갖기가 곤란해지기 마련이다. 그러나 만일 이런 대담한 관념을 갖는다면 그것은 또 다른 것이 되고, 설득하는 몸짓에 따른 관념이 아니라 만드는 몸짓에 따른 관념이 될 것이다.

이런 생각은 내가 때마침 결혼식의 마부(馬夫)를 바라보고 있었을 때 떠올랐다. 마부는 초라한 옷차림으로 어딘지 남을 업신여기는 듯한 면마저 띠고 있으면서도 부르주아다운 면을 간직하고 있기도 했다. 그렇다고는 하지만 그의 일은 말을 다루는 일로서, 사람의 마음에 드는 일은 아니었다. 그러나 그의 태도와 얼굴과 커다란 모자 사이에는 어떤 자연스러운 조화가 이루어져 있었다. 그가 말 곁에서 기다리는 동안, 나는 재빠르게 한 편의 인물 전기(傳記)와 아득한 모든 사연들을 멋대로 머릿속에 그리고 있었다. 마지막으로 나는, 실제로 뚜렷하게 자취를 남기고 있는 부르주아다움의 출처를, 내가 그를 소재로 삼아 멋대로 그려내고 있었던 지난날 속에서 찾고 있었다. 그렇게 먼 곳을 찾을 것도 없다고 내가 깨달은 것은 말들이 귀를 눕혀 가면서 서로 물기 시작했을 때이다. 왜냐하면 징표에 주의 깊은 그 마부는 말들을 매섭게 노려보았는데, 그 태도에는 위엄마저 풍기고 있었기 때문이다.

그는 조각가가 죽은 이에게 주는 저 권위 있는 태도를 띠었다. 그리고 말들은 말을 잘 듣는 어린이처럼 곧 조용해졌다. 저 부르주아다운 점은 마부의 몸에 붙은 어떤 속성 같은 것이 아니라, 오히려 주인과 노예라는 관점에서 본 결과였으며, 그는 거기에서 가능한 한의 어떤 것을 끌어내고 있었다. 그는 부르주아식으로 자기를 형성하면서, 이렇듯 주인된 자의 일을 배우고, 주인된 자가 사용하는 징표를 배웠다. 그 건방진 눈초리 같은 징표로 수도꼭지를 닫거나 시계를 움직이거나 할 수 없다는 사실은 확실하다.

1921년 4월 9일

40 여러 가지 직업

4월, 유혹으로 넘친 달. 이 달은 옛날부터 4월 1일의 장난을 우리에게 충분히 이야기해 준다. 그러나 누구나 이 장난에 보기 좋게 걸려든다. 태양의 장난에도 인간의 장난에도. 도시 주민은 옷깃을 여미고 일터로 간다. 공장은 더더욱이 잘 바깥 세계의 영향으로부터 몸을 닫아걸고 있다. 여기서는 수확이 자기가 만드는 양에 정확히 비례되고, 괴로움도 자기의 잘못에 정확히 비례된다. 자기의 손가락을 두들긴 것은 자기의 큰 망치이지, 자기 이외의 것을 탓할 수는 없다. 그러나 농부라면 우박이나 서리의 장난을 만나게 된다. 그리고 이것은 어쩔 도리도 없다. 농부는 진흙 속에서 수레로 나를 수도 없거니와 마른 땅을 갈 수도 없고, 모든 일에서 문자 그대로 하늘의 명을 기다릴 뿐이다. 그뿐만 아니라 무릇 그의 배려는 단지 실마리 역할에 지나지 않는다. 완성해 내는 역할을 하는 것은 자연이다. 그리고 이런 경우에는 노동과 산물 사이에서 노동 성과의 정확한 비례는 이미 찾아볼 수 없다. 한편 프롤레타리아 정신은 노동 성과의 비례 덕분으로 스스로 바라든 바라지 않든 간에 정의로써 단련되고, 자기 자신 이외에 특별히 두려워할 것도 기대해야 할 것도 갖지 않는다. 그런데 부르주아는 남의 마음에 듦으로써 살고 있으며, 똑같은 노동에 대한 똑같은 급료라는 것은 그로서는 생각할 수 없다. 생각건대 이런 종류의 노동과 결과 사이에는 기준이 없기 때문이다. 서투른 변론을 하는 변호사가 어쩌다가 가장 돈벌이를 잘하는 변호사가 되기도 한다. 이에 반하여 프롤레타리아는 이미 희망을 내버렸다. 자기가 얼마만큼 벌 것인가, 그는 미리부터 이것을 알고 있다. 고작해야 그것은 자기 노동의 결과이기 때문이다. 망치질 하나하나에 그 가치가 미리 정해져 있다. 그리하여 노동자는 언제나 운명을 규제하게끔 되어 간다. 그는 날 때부터의 이런 입법자이다.

농지와 들녘에서는 희망이 자란다. 태양의 은혜에 의해, 포도, 밀, 목장, 과일나무가 기적을 여물게 할 것이다. 또 나는 경기가 아주 좋았던 작은 마을의 일이 떠오르는데, 이 마을에서는 하루아침에 다른 지방에서 온 수집 상인들에게 8만 프랑어치나 매실을 팔았다. 주의할 점은, 매실이 없더라도 마을 사람들은 죽지는 않을 터였다. 잘 되고 있는 재배가 언제나 무엇이든지 있어서 생활은 되었다. 이리하여 농부가 꿈꾸는 대상은 하루하루의 끼니나 필수품이 아니라, 오히려 만나처럼 하늘에서 쏟아지는 부(富)이다. 그러므로 이런 기대, 이런 4월의 기도는 은혜를 비럭질하는 가난한 자의 것은 결코 아니다. 화롯가에서 땔 장작과 끓일 수 있는 수프를 언제나 지니고 있는 농부에게는 또한 자랑과 자신이 있다. 그에게도 무슨 일이고 걱정은 있지만, 그것은 늘 그날그날의 생활보다 앞을 바라보고서의 일이다.

그리고 언제나 아름다운 미래를 머릿속에 그려보면서도 참다운 전망은 모른다. 왜냐하면 이틀이 넘는 앞의 일 따위는 어느 것 하나도 짐작이 가지 않기 때문이다. 농부에게만 있는 불행이란 희망을 배신당하는 것, 좀 더 말하면 야심을 배신당하는 것이다. 그는 우연의 영향 속에 살고 있다. 그러나 미리 정해진 나쁜 운명이니 하는 관념은 그의 경험으로는 결코 생겨나지 않는다. 그가 머릿속에 그려 내는 것은 차라리 저주로서, 더욱이 일정한 대상과 일정한 시기에 국한된 저주이다. 전원 시대는 마법사와 운의 시대이며, 결코 희망을 죽여 버리는 일이 없는 일시적인 시련의 시대이다. 민간의 옛날이야기는 저 권능을 작은 숫자의 마법사들과 한없이 끈질기게 활약하는 주인공들이 더없이 훌륭하게 나타내고 있다.

　이길 수 없는 운명이라는 관념은 오히려 정치적인 관념이며 바꾸어 말한다면 생계 자금을 인간으로부터 얻고 있는 사람들, 더욱이 상대에게 아첨하고 상대를 설득함으로써 얻고 있는 사람들에게만 있는 관념이다. 즉 이 운명의 관념에서는 확실히 하나의 성공이 또 하나의 성공을 알려 준다. 그러나 또한 확실히 최초의 실패는 모든 사람들, 즉 주는 사람들이나 구하는 사람들의 신뢰를 잃고 만다. 청원자의 우울한 얼굴은 이런 표징을 웅변하듯이 나타낸다. 여기에서 성패를 지배하는 것은 요령이다. 그리고 이 요령의 여신은 결코 죽는 일이 없을 것이다. 그런데 자기의 도구와 팔에 충분한 자신을 갖고 있는 프롤레타리아는 이 요령을 한 번 웃어버리고 만다. 농부 또한 웃지만 태도는 다르다. 왜냐하면 농부는 농부대로 또 다른 신들을 믿고 있으므로, 이웃의 신을 상처 입힐 만한 짓은 언제나 삼가기 때문이다. 여기에서 하는 농부의 기도는 시인의 기도이지 가난한 자의 기도는 아니다. 그렇지만 노동자는 또 다르다. 그는 일하고 노래한다. 그리고 일의 크고 작음을 가리지 않고 잘 되지 않을 때에는, 곧 손을 뻗쳐 일의 상황을 바꾸어 버린다. 강한 손과 강한 기도를 통해. 이리하여 사람은 변호사와 농부와 노동자의 모임이 어떤 것인지 대략 이해할 수 있을 것이다. 이 모임들에서 어떤 공통된 생각을 이끌어내는 경우는 없다. 왜냐하면 그들 사이에서는 몽상이든 기도이든 도무지 일치하는 경우가 없기 때문이다. 만일 그들 부르주아와 노동자와 농부가 정의에 대해 일치했다고 한다면 저마다 정의를 자기가 하는 일에 따라 제 나름대로 생각하고 있다고 확신해도 좋다. 농부는 다른 사람에게 넘겨줄 수 없는 재산에 관한 제도를 바랄 것이고, 노동자는 생산품의 공영시장과 가격에 따른 급료를, 또 부르주아는 비밀스러운 이익과 물가의 오르내림을 틈타 큰 이익을 볼 수 있는 수단을 바랄 것이다. 생각건대 인간은 자기의 꿈과 신들을 생각하고, 그 밖의 것은 아무것도 생각하지 않기 때문이다.

1921년 4월 30일

41 농민적 구조

자기의 소유지를 넓혀 가는 농부와, 온갖 실업이나 은행 고위층에 관계하여 단 일 년 동안의 수당으로서 농부 열 명이 소유한 토지의 대가(代價)와 비슷할 만큼의 대가를 손에 넣는 대기업주는 엄청나게 대조된다. 커다란 병사(兵舍)와도 같은 막사에서 지긋지긋하게도 고생하며 일하는 노동자와, 망치 따위는 한 번도 잡아 본 적이 없는 사업주 사이에 무슨 관계가 있겠는가. 이것은 별개인 두 종류의 인간으로서, 이미 차림새부터가 마치 서로 적군처럼 다르다. 그리고 실업의 권력과 군대의 권력 사이에는 많은 비슷한 점이 있다. 둘 모두 아랫자리에 있는 자에 의해 발동한다. 직공들의 우두머리는 직공들의 노고를 알고 있다. 그러나 그는 이 비인간적 리듬을 늦출 수는 없다. 그 자신 또한 권력의 앞잡이에 지나지 않는 기사라든가 과장이라든가 하는 다른 사람들에게 눌려 있다. 보병은 자기가 이름만 아는 총사령관으로부터 전진하라는 명령을 받는데, 그렇듯 그보다도 더욱 숨겨진 한 권력과 고리대금업자들의 회의로서 이루어지는 권력 실체가 극비의 공작이나 계획에 따라서 일거리를 주기도 하고 철회하기도 하며, 고용하기도 하고 해고하기도 하며, 나아가서 임금을 줄이기도 하고 실업자를 절망에 빠뜨리기도 한다. 이토록 근본적으로 다른 서로의 생활 체제를 개인의 소유권이라는 것이 이럭저럭 가려 주고 있다. 그러나 이런 관념을 통해 추상적으로 생각하는 사람들은 일을 그르칠 뿐이다. 사실 두 가지 형태의 소유권이 있으며, 또 두 가지 형태의 자본주의가 있기 때문이다.

그러나 마른 풀을 벨 때나 가을걷이를 할 때에는 주인도 머슴도 구별되지 않는다. 어느 쪽이나 바싹 여위고 햇볕에 그을어 있다. 비가 올 낌새가 보이면 모두 같은 동작으로 일손을 바삐 놀린다. 잘 생각해 보면 주인이 좀 더 애쓰고 있다. 또한 이렇게 함으로써 다른 사람들을 재촉하기도 한다. 날씨 걱정이 없을 때에는 인간의 몸에 알맞는 균형잡힌 리듬에 따라 일을 한다. 그리고 모든 일은 말이나 소로 말미암아 늘어나거나 줄어든다. 잘 보살펴 주는 데 달려 있기 때문이다. 모든 것은 땅의 사정에 따라 늘어나거나 줄어든다. 무엇을 재배하든 간에 기다려야만 하기 때문이다. 인간이 아무리 조바심을 내더라도 거두어들이는 때를 앞당길 수는 없다. 겨울의 긴 밤이 저절로 휴식으로 이끌어 주고, 또한 잠자리를 같이하는 반쯤은 아무것도 하지 않는 상태로 이끌어 준다. 이렇게 해서 인간은 늘 자연에 밀착하게 되고, 추상적인 공작에는 결코 끌려가지 않는 아주 실질적인 농민 정신이 형성된다. 그가 갖고 싶은 논밭, 그는 이 논밭을 날마다 보고 있다. 그는 거기에서 노동을 본다. 이 새로운 부(富)는 한결 피로를 늘리는 원인이 될 것이다. 한가한 사람을 보고 부럽게 여기는 일은 결코 없다. 그리고 자기의 논밭을 갖고 싶다고 꿈꾸는 머슴이, 본보기인 자기처럼 발을 거름 속에 파묻고 있는 사람을 부럽게 여기는 일이 있을까? 결코 없다. 그리고 자기의 논밭을 갖고 싶다고 꿈꾸는 머슴은, 본보기인 자기처럼 발을 거름 속에 파묻고 있는 모습을 언제나 본다. 여기에는 자기와 동등한 모습이 실제로 눈앞에 있고 실감할 수도 있다. 그리고 만일 고리대금업자, 탐욕스러운 고리대금업자가 나타나서 성실한 노동의 질서를 어지럽히는 일이 없다고 한다면, 동등하지 않다는 것도 자연스러울 뿐이다.

주인도 노동자와 같은 옷을 입고 같은 일을 한다는 조건에서 합법적인 소유권, 적어도 특전을 받을 소유권을 정의하는 정책을 생각해 볼 수도 있다. 가구공이라든가 목수라든가 대장장이와 같은 마을의 직공(職工)들은 농부를 본보기로 삼아 만들어졌으며, 또한 그 직공 자신도 주인과 같은 옷을 입는 특전을 받은 농부이기도 하다. 문을 하나 만들어 달라고 하기 위해서는 목수가 수확을 끝내기를 기다려야만 한다. 모든 마을의 주민은 주인도 노동자도 조그만 채소밭이나 닭장, 토끼우리 같은 것을 갖고 있다. 인간에게 먹거리를 제공해 주는 옛날부터의 노동과 전혀 관계가 없는 사람은 없다. 도시는 마을로부터 만들어진다. 페인트공, 석공, 가구공은 모두 차림새가 비슷하며, 그리고 맨 먼저 자리에서 일어나는 사람이 주인이다. 재산은 노동에 연결되어 있다. 누구나 이런 사정을 안다. 실례는 눈앞에서 구별된다. 인간 세계의 요점은 실로 이런 식이다. 그리고 보면 입법자는 이 영원한 구조, 즉 늘 농민을 바탕으로 하는 이 실질적 구조를 본질적으로 언제나 주시하면서 자연 상황에 따라서 입법해야만 할 것이다. 공장이나 노동자의 주택 지역은 이와 반대로 자못 도깨비집처럼 어수선하나, 예금 이자로 생활하는 고리대금업자가 사는 오만하고도 으리으리한 지역도 마찬가지이다.

욕구의 질서는 어느 때가 되더라도 바뀌는 일은 없을 것이다. 사람들은 오랫동안 자동차도 축음기도 없이 생활해 왔다. 그러나 빵이나 가축, 집에서 기르는 새 종류 없이는 한시도 생활할 수 없었다. 인간 세계의 큰 혼란은 잘 생각해 본다면 터무니없는 대기업의 탓이다. 대기업은 무엇보다 통화라는 기호를 긁어모으고, 이리하여 신규인 것, 짧은 시일에 막대한 이익을 가져올 만한 것으로 치달린다. 갓 나오기 시작했을 무렵의 자동차나 영화, 라디오에서 실제로 볼 수 있었던 대로다. 잘 아는 바와 같이 이런 종류의 산업은 먼저 노동자를 끌어당기고 농촌 자제들까지도 노동자로 바꾸어 버린다. 이런 일은 모두 무법이며, 자연에 어긋난다. 미치광이 같은 생산과 경쟁, 그리고 시장의 포화에 의해, 이윽고 빈틈없이 약삭빠른 사람들은 손을 떼고 얼마쯤의 저축은 바닥을 드러내어 농부가 실업자로 바뀌리라는 추측은 지금부터도 뻔하다. 그러고 보면 무릇 합리적인 정책이란 모두 농업을 바탕으로 한다고 할 수 있다. 나는 그 관념이 전세계로 퍼져 가고 있는 듯하다고 생각한다.

1936년 7월 25일

42 뱃사람과 농부

뱃사람은 배와 함께 파도 꼭대기로 밀려 올라갈 때, 인간보다도 훨씬 강한 하나의 힘을 몸으로 느낀다. 그러나 또한 뱃사람은 배를 조종해 바람의 바로 옆을 피하여 지나고, 이리하여 바람이 부는 대로 떠밀려 와 있었던 암초로부터 멀어져 갈 때에는, 연구하기에 따라서 바람이나 파도를 이기는 수단이 있다는 사실을 깨닫는다. 그리고 바다가 가져다 주는 어떤 공격에 대해서도 방어 수단이 있음을 경험으로써 그는 배운다. 요컨대 상대의 힘은 늘 기계적인 힘, 다만 기계적인 것에 지나지 않는 힘이다. 여기서는 모든 것이 명쾌하다. 그리고 법칙은 혼란의 속, 저 끝없는 흔들림 속에서도 모습을 나타낸다. 미세기의 규칙바른 반복은 폭풍의 신을 경멸하기라도 하는 듯하고, 나무는 언제나 물 위에 뜬다. 부실한 요소를 근거로 하고 있는 쪽은 겉보기와는 달리 농부 쪽이다. 여기에서는 생물학적인 힘이 계절의 변덕과도 서로 얽혀 작용한다. 농부는 기다리는 것과 참고 견디는 것, 그리고 그보다 실망을 먼저 알게 되며, 이곳은 관개(灌漑), 저곳은 물 빼기라는 식으로 무엇인가 도움이 되는 일을 꾀하는 것은 먼 뒷날의 일이 될 수밖에 없다. 어떤 해는 물이 마르고 가뭄이 이어진다. 다음 해는 비가 많이 내려 큰물이 진다. 씨를 뿌릴 때부터 수확까지의 사이에 얼마나 변화가 많은가. 이 변화를 피할 방법은 아예 없다. 다만 얼마 되지 않는 저축과 벌충에 의지할 뿐이다. 어떤 해는 건초와 가축으로 보충하고 다른 해는 밀로 보충한다. 그러므로 믿는 근거란 전통이며 모방뿐이다. 아마도 예전과 다른 아주 새로운 방법은 모두 미덥지 않다고 하여 배격되리라. 왜냐하면 농부의 지혜는 처음의 결과에만 정신을 빼앗기고 마는 그런 지혜가 결코 아니기 때문이다. 밀밭에 납작한 돌이 흩어져 있다. 저 부바르와 페퀴셰*49는 많은 돈을 들여 이런 돌을 제거하게 했다. 그러나 실은 이 광물질의 거름이 밀대에 힘을 주고 또한 돌은 아마도 물 빼기에 도움이 되고 있었던 것이다. 두 사람은 충분히 거름을 주었지만 수확은 힘없이 키만 자란 풀일 뿐이고 거둬들인 밀도 저장하기에는 좋지 않았다. 끝까지 기다리자, 이것이 농부의 노래이다.

뱃사람의 행동은 미루는 것, 망설이는 것을 허락지 않는다. 키를 다루는 방법 하나가 삶과 죽음의 갈림길이 된다. 시시각각 계속되는 싸움이며 승리는 삽시간에 확보된다. 한 때의 위험은 단 하나뿐이다. 그리고 배가 일단 항구에 들어가 버리면, 바다의 신 넵투누스는 곧 떠들썩한 조롱을 받는다. 대담성이나 바다의 연구는 파도가 잔잔해지는 이런 후미진 바닷가에서 태어났을 것이다. 언제나 조용한 항구 곁에서 장난꾸러기 노릇을 하는 저 떠들썩한 사람들의 비웃음은 두려운 상상력을 부드럽게 해 줄 것이다. '폭풍을 지나가도록 하라.' 이것은 뱃사람의 말이며, 또 어떤 의미로는 생활의 규칙이기도 하다. 우리나라의 항구 도시에서 곧잘 볼 수 있는 광경인데, 뱃사람들의 쾌락은 농부의 아들인 얌전한 보병들의 이맛살을 찌푸리게 한다. 생각건대 폭풍도 바다에서의 뱃사람의 행운을 앗아가거나 하지는 않기 때문이다. 뱃사람은 자기 몸 하나만 구하면 모든 것을 구한 셈으로 여기게 된다. 그러나 농부는 자신의 행운을 항구에 운반해 들일 수 없다. 농부의 행운은 늘 대지에 펼쳐지고 드러나 있다. 이리하여 따뜻한 화롯가의 불도, 변덕스런 서리 걱정에 잠긴 농부를 그다지 위로해 주지는 못한다. '바람이 지상을 거칠게 휩쓸고 있을 때 나의 몸이 이렇게 안전하게 숨겨져 있다니 얼마나 기분 좋은 일인가.'*50 시인과 함께 이렇게 말할 수 있는 이는 결코 농부는 아니다.

이런 원인 때문에 저 중국이라는 나라는 듬직하게 무겁고, 그 서리 걱정에 앞날의 정체를 알 수가 없다. 또한 이런 까닭으로 바다에 묻혀 있는 활동적인

*49 플로베르의 미완성 소설 《부바르와 페퀴셰》의 주인공들.
*50 루크레티우스 《우주론》 제2권의 첫머리.

서양은 그 법칙과 발명의 온갖 것들을 세계에 내보낸다. 이런 고찰은, 저 부지런한 물리학자의 섬나라 영국과 그 정책에 관해 무엇인가를 풀이해 주고 밝혀 준다. 몽테스키외는 이 정책을 미세기의 힘과 선체 뒤쪽 끝의 깊이로써 설명하고자 했다. 그에 따르면 선체의 용골(龍骨)이 깊어지면 측면의 저항력이 늘어 바람의 바로 옆을 운항할 수도 있기 때문에 항구도 깊어야만 뛰어난 돛단배가 태어날 수 있게 된다는 것이다. 이런 원인으로 말미암아 베네치아는 영국을 쳐부술 수 없었다. 그리고 어느 해전도 미세기와 바닷가를 통해 미리 성패의 귀추가 정해져 있었다. 이런 요인들은 뱃사람의 사상과 철학이었다. 뭍의 사람 괴테는 외적 원인에서 비롯된 이런 설명을 그다지 좋아하지 않았다. 오히려 그의 생각은 도토리에서 떡갈나무와 같은 큰 나무로 나아가면서, 인간에게는 잡히지 않는 저 내부를 통한 발전의 길을 더듬었다. 이 점에서 보면 괴테는 농부였다. 그는 관념이라는 것을, 자기 속에서 스스로의 법칙을 가진 씨앗의 종자와 같다고 생각했다. 이런 관념은 신비스럽다. 농부와 닮은 괴테의 정신은 추론하는 대상이라기보다 오히려 조용히 그 이치를 관찰하는 대상이다. 그것은 정신을 비쳐 준다기보다 오히려 정신을 움직이게 하고 경작하게 한다. 이리하여 이 뭍의 사람은 이탈리아의 포도 농장 위를 비치는 햇살을 몽상했다. 아니, 그는 이미 여행길에 오르고 있었다. 이리하여 대륙은 그 성운(星雲)과도 같은 관념의 무리를, 바다를 통해, 온 주위가 씻기우는 섬들 쪽으로 밀어낸다. 그리고 바다의 사람 영국인 다윈이 이 관념의 무리의 털들을 깎아내게 되는 것이다.

1922년 9월 3일

43 프롤레타리아와 부르주아

맞은쪽 노부인의 집 뜰에 공이 떨어졌다고 하자. 문을 열고 들어가야만 하겠는데, 이 문이란 게 좀처럼 지나서 들어가기 어렵다. 게다가 몹시 꾸지람 듣게 될 것을 이미 알고 있다. 물체의 물리학은 아주 단순하지만 물체, 즉 이 공으로 인해 비롯된 정치학이란 꽤나 어려워서, 어린이는 예절이니 구실이니 약속이니, 요컨대 내가 부르주아 성격을 띠는 것 또는 도회지 성격을 띠는 것이라고 부르는 온갖 수단을 다하지 않으면 문제 해결이 어렵다. 문제는 상대를 설득하는 것, 먼저 상대의 마음에 들 것, 그리고 무엇보다 첫째로 상대의 기분을 상하게 하지 않는 것이다. 해결의 열쇠는 마법사인 요술할멈이 쥐고 있다.

같은 공이 이번에는 나무에 걸렸다고 하자. 울짱도 없거니와 출입금지 푯말도 없고, 사람 그림자도 보이지 않는다. 나무나 공을 향해 간절히 빌어보거나 하는 것은 정말 어린이만이 할 수 있는 행동이다. 우리의 소년은 그렇게 어리석지는 않다. 그는 알맞은 크기의 돌을 찾는다. 그는 다만 자기 몸의 안전에만 조심하면서 그 돌을 던진다. 돌에는 이미 끈이 매여 있다. 그는 나뭇가지를 흔든다. 공과 돌이 떨어진다. 끈은 다시 그전의 주머니에 담겨져서 이것 또한 귀중한 도구인 칼과 함께 거기에 있게 된다. 여기에서 어린이는 완전한 프롤레타리아로서 예절 따위는 조금도 찾아볼 수 없다. 그의 얼굴에는 놀이를 할 때 기울였던 물건에 대한 보통을 넘는 주의와 존경하는 마음 따위는 이미 사라져 버리고 없다. 은근함은 다시 돌아올 것인가. 그것은 그가 이런 일로 생계를 꾸려나가는가 아니면 다른 일을 할 것인가를 알면 된다. 물리학자와 변호사는 따로따로의 인간이다. 이 두 인간은 저마다의 공으로 싸우고 있다. 그리고 이들 두 사람 중 어느 쪽이 신을 믿는지 알아내는 것은 어렵지 않다. 신을 믿는 것은 예절이다.

순수한 프롤레타리아는 좀처럼 없다. 나는 어떤 갖바치를 알게 되었는데, 숙녀화에서는 이 사나이와 어깨를 나란히 하여 솜씨를 겨룰 사람이 없었다. 사람들은 그에게 부탁해 오지만, 그는 누구에게도 부탁하지 않는다. 그는 유물주의 철학자의 하나였다. 일이 잘 되어 가고 있을 때의 석공이나 토공, 기계공, 조립공에게서도 그런 일면을 볼 수 있다. 간절히 바라거나 할 필요가 조금도 없는 사람들에게는 유물주의가 태도이며 옷이다. 이와 달리 자기 일을 제공하고 이 일을 널리 퍼뜨려야 할 때에는 곧 부르주아 근성이 되살아난다. 말하자면 거지가 걸치고 있는 누더기옷은 부르주아와 관계가 있다. 거지는 순수한 부르주아라고까지 일컬어도 좋다. 왜냐하면 그는 오로지 간절하게 바라는 것으로써만 살고 있기 때문이다. 사기꾼도 부르주아이다. 지껄이는 것, 속이는 것, 약속하는 것이 그의 생활의 방법이므로. 그러나 강도는 프롤레타리아이다. 자물쇠만을 상대하기 때문이다. 내과 의사는 완전한 부르주아이다. 그는 설득으로 살고 있기 때문이다. 그러나 연구소 직원은 프롤레타리아이다. 세균도 현미경도 화학 실험에 쓰이는 기구도 설득할 수 없기 때문이다. 외과 의사도 처음에는 설득도 하지만, 그러나 여기에는 프롤레타리아의, 바꾸어 말한다면 불신의 한 면이 있다. 왜냐하면 그는 그 이름이 가리키는 대로 손의 직인 *[51]이기 때문이다.

부르주아의 특징 가운데 하나는, 그는 누가 하는 말도 믿고 덤빈다는 점에 있다. 먼저 여기서부터 출발해야만 상대의 마음에 드는 것도, 나아가서는 상대에게 반대하는 것조차 할 수 있기 때문이다. 아무것도 믿지 않는다면, 이야기가 시작될 수조차 없다. 키케로가 신뢰를 앞세운 신성한 원칙의 일을 들고 나오는 까닭은 바로 이 때문이다. 사람의 의견을 바꾸려고 할 경우, 그는 먼저 그 사람에게 동의하고 덤빈다. 이런 종류의 정신은 원칙을 존중하면서도 교묘하게 결과를 바꾸고 만다. 상대가 신이라도 마찬가지로 달게 받아들인다. 누구나 다 알고 있는 바와 같다. 그러나 먼저 크나큰 경례로써 시작하고, 이로써 끝나야만 한다. 신성한 일치는 이런 사람들의 양식이다. 그뿐만 아니라 신성한 일치는 그의 신이다. 의견을 달리하고 논의를 하는 것은 크게 벌려도 좋지만, 단 논의해서는 안 되는 대상을 논의하는 것처럼 남몰래 해야 한다. 현실적인 권리, 도시와 관계가 있고 나아가서는 부르주아와 관계되는 권리는 수많은 신성한 원칙에서 비롯되었다. 그리고 약삭빠른 사람은 이 원칙들을 빠져나가 하나의 예절의 길, 아무것도 망가뜨리지 않아도 될 길을 찾아낸다. 살롱에서는 어떤 찻잔이라도 한결같이 소홀히 해서는 안 되는 것으로, 무릇 난폭한 동작은 모두 위험하다. 그야말로 이런 처세 원칙에서 소송은 멀고 여유 있는 유연한 움직임을 배운다. 사람은 예절의 군대를 생각해 볼 수 있다. 이것은 일찍이 언제나 있었던 존재들을 위해 희생하는 군대이다. 또한 예의에 어긋나는 군대라는 것을 생각해 볼 수도 있다. 이것은 자유니 정의니 하는, 아직 아무도 본 적이 없는 것을 위해 희생하는 군대이다. 후자인 이 군대도 복종은 하지만, 그 노리는 바는 한결 더 옳다. 이 군대는 물리학자의 성격을 띠고 전자는 마술사의 성격을 띤다.

그런데 기묘한 일은, 이 군인 실업자들이 또 부르주아로 바뀌고 만다는 사실이다. 생각건대, 그들은 이제 사람을 설득해야 하기 때문이다. 그 뛰어난 솜씨도 바야흐로 그 가치가 얕보여 모든 인간 존재의 중추가 타격을 받는다. 그

---

*[51] 외과 Chirurgie는 그리스어로 손으로 하는 일을 뜻하는 Kheirourgós에서 왔다.

리하여 직업상의 대담성이 맨 먼저 당하고 만다. 직업을 찾는다는 것은 부르주아와 관계된 것이다. 이 변화는 망설일 시간을 주지 않는다. 변화는 곧 나타난다. 이미 벌써 눈초리가 달라져 있다. 이리하여 실업이 만약 하나의 술책이라고 한다면 더할 나위 없이 교묘한 정치적 술책이라고 할 수 있으리라. 그러나 사물의 움직임은 맹목적이며, 부르주아는 그의 신(神)들인 좋은 기회나 은혜, 좋은 운에 따르면서 날 때부터 타고난 장님 모습인 채 거기에서 자기의 길을 찾아 낸다. 이리하여 새로 닥쳐올 불행은 그의 편이다. 그는 무서움에 죽을 것 같은 생각을 하면서도 이겨 내고야 만다. 이런 것이 세상을 움직이고 있는 저 소화불량 환자의 얼굴이다.

1932년 10월 1일

44 수학자

수학자는 어떤 면에서 프롤레타리아이다. 프롤레타리아란 무엇인가. 자기가 하고 있는 일에서 예절도 아부도 듣기 좋은 빈말도 시도해 볼 여지가 없는 사람을 말한다. 물건이 용서하는 경우는 있을 수 없으며, 또한 용서를 바랄 생각도 하지 못한다. 이로써 이런 생명이 없는 도구를 위해 사고(思考)의 통로를 찾는 눈이 생겨난다. 그렇다고는 하지만 완전한 프롤레타리아 따위는 존재하지 않는다. 프롤레타리아도 설득을 해야만 하는 부르주아의 하나이다.

부르주아라는 또 하나의 정신과 책략이 윗사람 속에서 온갖 종류의 정치를 통해 발전한다는 것은 피할 수 없는 것으로서 놀랄 것이 못된다. 외과 의사는 행위에서는 프롤레타리아이고 말에서는 부르주아이다. 그는 이 둘의 중간에 있다. 그리고 내과 의사는 그의 오른쪽, 즉 부르주아 쪽에 있다. 부르주아 가운데 가장 큰 부르주아는 성직자이다. 왜냐하면 그의 일은 설득이며, 어떠한 물건이라도 생명이 없는 물건에 주의를 집중하여 보지는 않기 때문이다. 변호사도 성직자에게서 멀지 않다. 왜냐하면 소송을 먹여 살리는 것은 감정에서 비롯된 생각이지 물건은 아니기 때문이다.

물리학자는 어디에 두어야 하겠는가. 노동자이지만, 나는 그를 얼마쯤 부르주아 쪽으로 밀어 주고 싶다. 설득하고 변호하는 모습을 볼 수 있기 때문이다. 어째서인가. 물건을 다루는 것만이 아니기 때문이다. 그는 생각해 내고 가정하며 연결한다. 그런데 생각하고 가정하며 연결하는 방식은 한 가지만으로 그치지 않기에 논쟁은 멀지 않다. 그래서 변론을 해야만 한다. 그러므로 경험이 그를 되돌아오게 하는 것은 나도 인정한다.

그러나 이 점에서는 물리학자보다도 화학자인 편이 한층 더 프롤레타리아에 가깝다. 생각건대, 그의 일인 아부를 모르는 조리(條理) 때문이다. 그렇지만 여기에서도 대상이, 웅변이 이곳에 조금도 작용할 수 없으리 만큼 대상이 충분히 벌거벗은 모양이라는 뜻은 아직 아니다. 이론이란 수사학의 딸이다.

좋다. 그러면 수학자는 순수 이론의 세계에 있고 누구보다도 변론을 좋아하는가. 그렇지 않다는 것은 잘 느낄 수 있으며, 그렇지 않은 이유도 알 수 있다. 수학자는 대상 없이는 결코 생각하지 않기 때문에 구구한 수사학이나 변론이 필요없다. 그것뿐만이 아니다. 수학자야말로 완전히 벌거벗은 모양의 대상을 생각하는 유일한 사람이라고 나는 말한다. 도식(圖式)이거나 대수식이거나 모두 한정되고 구성된 대상이다. 그러면서도 확실히 이 수학의 대상이 한번 공정하고도 정확한 인식과, 여기에서 나오는 정확한 조작을 통해서가 아니면 이 대상을 이길 가능성은 없다. 즉 이 대상을 녹이고 해체하며, 변화시키는, 요컨대 이 대상의 지배자가 될 수 있다는 어떤 희망도 없다. 욕망이나 간절한 바람이나 광기 어린 희망이 할 수 있는 역할은, 여기에서는 물건 그 자체에 작용하는 경우보다도 더욱 적다. 물건 그 자체에 대한 일에서는, 자기가 알고 있는 것보다 훨씬 많은 일이 나타난다. 요컨대 노여움에서부터도 형편 좋게 성공할 수 있는 행운이라는 것이 나타난다는 말이다. 자포자기에서 비롯된 한 방이 뜻밖에도 돌을 깨기도 한다.

수학자의 대상은 또한 다른 종류의 저항을 나타낸다. 굽히지 않는 저항, 다만 동의로써, 다시 말하면 맹세에 의해 굽히지 않는 저항이다. 실로 이럴 때 외적 필연성이 모습을 보이고, 이 필연성이 단서를 제공해 준다. 수학자는 모든 사람들 가운데 자기가 하고 있는 일을 가장 잘 알고 있는 사람이다.

추상적인 문제에 관한 이런 종류의 일은 정신을 해친다고 곧잘 일컫는다. 그렇지만 나는 조금도 그렇게는 생각하지 않는다. 확실히 여기저기에 위험이 있고 정념이 있다. 그러나 진정한 수학자라면 물건의 본성을 조금도 잊지 않는다고 생각한다. 사람이 생각하는 이상, 그는 물건의 본성 가까이에 있다. 어떻게 길을 돌아가거나, 그는 언제나 가장 변함이 없고 가장 공통인 경험에 실리어 물건의 본성으로 간다. 그러므로 기하학과 관계된 정신에 대한 전통적인 견해*[52]는 다시 높여져야만 한다. 왜냐하면 기하학은 확실히 섬세하지 못했기 때문이다. 그뿐만 아니라 그렇듯 찬양되는 섬세함이라는 것의 깃발 아래에 있기는 하지만, 내가 보는 것은 무엇이나 늙어빠진 배우들이다. 슬픈 듯한 아첨꾼들이다. 양장점이 옷을 입은 광고 인형으로 꾸며져 있듯 기하학의 관념으로 장식되어 있다. 언제나 구매자에게 눈길을 보내고, 언제나 '이것이 마음에 들까'하고 마음에 묻고 있는 기하학자들이다. 용기, 양심, 성실, 노동, 나는 이 모두를 같다고 본다. 이들의 한쪽에는 이미 다른 쪽이 잃어버리고 만 밝고 밝은 순수한 것이 남아 있다. 그렇다, 수학자에게야말로 프롤레타리아의 본보기와 같은 어떤 것, 섬세한 정신을 놀라게 해주면서도 파괴되지 않은 어떤 것이 있다. 오늘날 존재하는 것과 같은 생산하는 사회로 만들어 내기 위해서는 상당하게 섬세해야 한다. 그러므로 생활하는 고리대금업자는 섬세성으로 산다. 그렇다면 혁명은 수학자다운 것이라고 말할 수 있다. 이것은 확증할 수 있다. 이 수학에 근거한 관념을 이해하고서 플라톤 속에 추상적 관념과 사회주의에 근거한 몽상을 결부시키는 것은 나쁜 일이 아니다.

1924년 6월 24일

45 기술과 과학

도구나 기구, 기계가 없다면 기술은 없다. 그러나 행동을 규제하게끔 만들어지고, 방법이 굳어진 물체라고도 할 이들 기계는 그 자체가 기술을 이루는 것은 아니다. 기술이란 하나의 사상이다. 물건이나 습관, 도구로써 이끌리는 대로 만드는 직공은 또한 기술자가 아니다. 기술자란 더할 나위 없이 높은 사상, 잘 조정된 사상을 행사한다. 기술자는 발견하고, 반성하며, 발명한다. 다만 사고의 대상은 기술자의 행동 그 자체에 국한된다. 기술자는 시도해 보기를 그치지 않는다. 그의 관념은 모두 행동의 관념이다.

경험이 모든 것을 결정한다고 사람들은 즐겨 말한다. 사실 그렇다. 그러나 이것은 너무나도 간추린 진리로, 발명하는 수많은 사람들 사이에 존재하는 서로 다른 성격을 이 갖가지 경험에 의해 한정할 수는 없다. 직공은 경험에 집착한다. 그는 결코 여러 경험들과의 접촉을 잃지 않는다. 그러나 이론가 또한 이

---

*52 파스칼의 《팡세》에 나오는 기하학과 관계된 정신과 섬세한 정신의 구별. 그리고 이하에서 모두 '섬세'라고 번역한 finesse는 '빈틈없음, 교활함' 등의 뜻도 지니고 있다.

론가 나름으로 그러하다. 그리고 기술자는 이들 두 극단의 중간에 자리한다. 팔리시[*53]는 알려져 있는 한, 잿물 만드는 직공이었다. 그러나 그는 탐구에도 종사하고 있었기 때문에 순수한 직공은 아니었다. 직공의 본질은 탐구하지 않으면서 발명하고, 아마도 탐구를 거부하며 발명하는 일일 것이다. 물건과 변함없는 도구를 통해, 전통을 통해 인도되는 그는, 새로운 것을 결코 신용하지 않는다. 통나무배, 돛대, 활, 풍차, 농경, 요리, 동물 사육술은 아주 오랫동안 주인으로부터 자제에게, 좀 더 옛날에는 아버지로부터 아들에게 전해졌다. 이 긴밀하고도 신중한 실천의 결과로서 얻어진 것이다. 현악기 제작술은 순수한 모방에 따른 완만한 진보를 감탄해야 할 기술의 하나이다. 오늘날에는 기술이 이런 악기에 손을 대고 첼로 없이 첼로의 음을 만들어 내는 시도를 하고 있다. 헬름홀츠와 같은 사람은 음색을 분석해 모음이 어떠한 배음(倍音)으로 구성되고 있는가를 가르쳐 준다. 어느 제작이나 모두 경험에 따르고, 물건에 물어 본다. 최초의 것은 이미 알려져 있는 방식에 따르고, 두 번째의 것은 방식을 발명한다. 세 번째의 것은 이해하려고 애쓴다. 바꾸어 말한다면 자기 자신의 관념을 풀어 놓으려고 애쓴다. 이해하여 무슨 얻는 바가 있는가. 아마도 단순히 겁내지 않게 된다는 점을 얻는다. 루크레티우스는 에피쿠로스를 따르면서 이렇게 말했다. 신들을 끌어들이지만 않는다면 월식 현상을 설명하는 데 어떤 관념을 선택하든 그다지 문제는 아니라고.[*54] 나는 여기서 콩트의 저 위대한 관념을 불러일으키는 것으로 끝내고자 한다. 즉, 과학은 신학의 순화에서 태어났으며 기술로부터 태어난 것은 아니다, 라고 하는 관념이다. 이 관념은 논의의 대상이 되어 있다. 그러나 어쨌든 이것은 당면한 주제를 내비쳐 준다.

정념, 감정, 적성, 성격, 미덕, 악덕 같은 영혼의 사항에서도 또한 직공이 있고 기술자가 있으며 학자가 있다. 유명한 교도자(敎導者)가 있고 학자가 있다. 유명한 교도자 드 사시[*55] 씨는 탐구와는 상관없는 일종의 직공이었다. 경찰 감시관 또한 그러하다. 생 시랑[*56]이나 셜록 홈즈는 오히려 탐구에 열중하는

[*53] 베르나르 팔리시. 16세기 프랑스의 도공. 줄기찬 지식욕과 탐구 끝에 감옥에서 죽었다.

[*54] 《우주론》 제5권 참조.

[*55] 이삭–루이 르 메스트르 드 사시(1613~1683) 얀세니우스파의 신학자. 얀세니스트들의 본거지였던 수도원 포르 루아얄의 교도자.

[*56] 생 시랑(1581~1643)은 프랑스 신학자. 얀세니우스의 오랜 동지, 뒷날 포르 루아얄의 교도자가 되었다.

기술자 쪽이다. 데카르트는 정념의 학자이다. 직공은 탐구보다는 전통에 따라 인간을 다루고, 스스로 원하지 않더라도 유능해진다. 기술자는 한 걸음 더 나아가 말하자면 인간을 온갖 방식으로 뒤흔든다. 학자는 다만 자기 자신의 정념을 부조리가 아닌, 조리에 따른 운동으로써 드러내어 나타내려고 애쓴다. 그리고 이런 식으로 하여 데카르트는 사랑이 건강에 좋으며, 반대로 증오가 건강에 아주 나쁘다고 정확히 이해한다. 이 제3의 길을 가는 사람이 그다지 많지는 않다. 용접이라도 하는 듯이, 또는 무선 전화기의 축전기를 다루듯이 정념에 작용해 보더라도 그다지 얻는 바는 없다. 이에 비해 스피노자는 보기 좋게 급소를 찔러 이렇게 말했다. '정념에 대하여 우리가 분명하고 똑똑하게 판명한 관념을 형성하자마자 곧 정념은 정념이기를 그만둔다'[*57] 그러고 보면 오랫동안의 기록에 의해 마침내 월식 현상을 예언하기에 이른 이집트인처럼 천문학의 직공이 있고, 천계(天界)의 겉모양을 설명하는 관념을 줄 수 있는 천문학자가 있다. 그와 마찬가지로 심리학에도 심리학의 직공이 있고 심리학 기술자가 있으며, 또한 드물게는 학자가 있다고 나는 말하고 싶다. 그리고 이 심리학자는 이 곤란한 심리라는 소재에서는 다른 어떤 소재에서보다도 귀중하고 유익한 사람이다.

심리학자란 대체 무엇인가. 무엇인가를 가장 잘 이해시켜 주는 이는 데카르트이다. 데카르트는 자연에 대한 더할 나위 없이 엄격한 집착과 정관(靜觀)을 결부시킨다. 어떤 학문에도 경험의 끊임없는 연구가 있다. 서로 다름을 어떻게 정의하는가, 탐구가 어떻게 방향지어지는가, 또한 자랑스러운 기술이 어떻게 하여 모든 것을 지배하기에 이르지 않았는가, 이것을 살펴보는 것은 좋다. 생각건대 기하학과 역학에 근거한 형식은 도구보다도 훨씬 가볍기 때문에 도구가 지배해 왔다. 이 기하학과 역학은 그림자의 것이고, 그리고 이 그림자의 것이 경험을 한정한다. 이것은 거의 눈에도 보이지 않는다. 사람은 사상(事象)에 따라 이 원리들을 바꾸지만, 현실과 기하학에 근거한 엄밀성이 결코 사라지거나 바뀌지는 않는다. 측량은 늪 지대에서 이루어지더라도 엄밀성이 줄어들거나 바뀌는 것은 결코 아니다.

1930년 8월 1일

[*57] 스피노자 《에티카》 제5부 정리3.

46 기술 대 정신

능력은 지식보다도 환영받는다. 그래서 성공이 언제나 우리가 이해하고 인식하는 바를 넘어서 나아간다는 것은 우리 행동의 기묘한 한 법칙이다. 이리하여 인간은 누구나 성공을 낯간지럽게 여긴다. 무릇 기술이란 자기 자신을 깔보는 이런 종류의 사상이다. 실제로 날 수만 있다면 이론 따위는 아무것도 아니다. 지식을 통해 쟁취하는 즐거움이 있는데, 이를테면 장기판 위의 놀이가 그것이다. 또한 운으로써 쟁취하는 즐거움이 있는데, 이를테면 룰렛이 그러하다. 그리고 사람들이 행복을 결부시킨 대상은 후자, 즉 룰렛이다. '저 자는 행운이다'*58란, 그 사나이가 자기가 하고 있는 일을 알고 있다는 뜻은 아니다. 그 반대이다. 점쟁이는 현자보다도 존경을 받는다. 그리고 사람은 겁쟁이에 대해서는 많은 잘못을 너그럽게 보아 준다. 그것은 점쟁이는 가장 고급스러운 야심가이기 때문이다. 그렇다고는 하지만 희망만 하면 명백하게 사건이 바뀔 수 있는 인간적인 사항에서는, 성공하지 못하는 사람은 못난이라고 경멸된다. 나는 어떤 중요한 자리에 있는 사람이, '저 사람에게는 운이 붙지 않는다'고 하는 간단한 말로 저버림을 당하고 마는 것을 본 적이 있다. 그리고 나 자신도 이따금 이렇게 여럿이 관련된 당파 근성을 드러낸 감동을 품은 적이 있다. 발동기가 돌아가지 않는 이유를 설명하는 사람도 그 사람 이외에 아무런 관심거리도 없을 경우에는 사람들의 주의를 끈다. 그러나 발동기를 돌리는 사람은 신이다. 이런 생각을 통해서 누구나 저마다 정신을 배신할 기회를 갖고 있음을 잘 알 수 있다. 그러나 완전한 기술자가 되면, 이미 울타리를 뛰어넘어 버리고 있는 것이다. 완전한 기술자는 재기(才氣)를 갖고서 정신에 맞선다. 절대적인 배교자란 이러하다. 그리고 어떤 인간 속에도 이런 기술적 재기의 씨앗은 있다. 그런데 무릇 발명이라는 것은 모두 정신을 욕보이고 사랑을 위로했다. 사람은 자기가 무엇을 만들고 있는지 충분히 알지 못한 채, 활, 기중기, 돛을 만들었다. 가솔린 발동기나 비행기도 만들었고, 베르타 장거리포도 마찬가지이다. 우리의 먼 조상은, 생각은 어린이 같으면서도 기술은 크게 발달했다고 때때로 지적되고 있다. 우리의 자손도 우리에 대해 대충 비슷한 말을 할 것이다. 즉 우리는 확실히 미개인들보다도 진보된 지식을 갖고 있지만, 그러나

---

*58 프랑스어 관용구인 avoir du bonheur는 '행복하다'라는 뜻 외에도 '행운이다, 운이 좋다'는 뜻도 지닌다.

그들과 마찬가지로 우리도 늘 지식보다 능력 쪽이 조금쯤 앞서고 있기 때문이다. 그리고 그들과 마찬가지로 우리에게도, 이 얼마 되지 않는 전진은 어떤 경우라도 하나의 관념을 죽이고 만다. 자기 자신의 지식을 경멸하는 두 사람 중에서 더 많이 알고 있는 쪽이 더 한층 야만이다. 저 유명한 푸앵카레는 그에게는 쓸데없는 잡담에 지나지 않는 철학적 저작 속*[59]에서 하마터면 배신을 하려고 한다. 그러나 마지막에는 배신하기를 거부한다. 자못 아쉽다는 듯이 말이다. 그만큼 배신은 즐거운 일이다.

그러나 무엇을 배신한다는 것인가. 대체 사람은 무엇을 알고 있는 것인가. 어느 날인가 무엇을 알 수 있다는 것인가. 금이 그 자체로서는 무엇이며 실제로 어떻게 생긴 것인가, 또 전기가 그 자체로서는 무엇이며, 무엇으로 이루어져 있는가. 어린이가 아니라면 이런 문제에 대해 말해 보려고 시도조차 하지 못한다. 좀 더 단적으로 말해서 사람이 이 우주의 전체를 알 수 있다든가, 이 우주 여러 부분을 끝까지 상세하게 알 수 있다든가, 하는 것은 생각해 볼 수조차 없지 않은가. 우주 전체이든 부분이든 두 개의 무한이다. 완전하지 못한 인식은 참이 아니다. 그리고 그에 부족한 것은 언제나 막대하다. 이리하여 정신은 파산되고 말았으며, 또 언젠가는 파산하리라. 그러고 보면 저 물결도, 부도, 인간도 알 필요는 없다. 다만 조종하면 된다. 그리고 사고하는 대신 구멍을 뚫으라. 맞서는 것에 구멍을 뚫으라. 그러면 승리가 비로소 큰 소리를 치리라. 너무나도 잘 알려진 이런 상투적인 말을 들고 나오는 까닭도, 이것이 전쟁을 일으키는 것이라고 하는 것이며, 더욱이 그것이 결코 우연이 아니라는 것을 알려 주기 위해서이다.

정신은 기술에서 생겨난 것이 결코 아니다. 정신은 신학자이다. 콩트의 관념이기도 한 이 위대한 관념은 지금도 커다란 미래를 품고 있다. 인간은 신들이나 재앙을 부르는 신을 보이는 것으로 생각했다. 그는 눈을 비볐다. 때로는 자기가 꿈을 꾸고 있는 게 아닌가 하고 의심했다. 그는 이런 환상이 있는 것들 속에 자기가 크게 관여하고 있음을 인정했다. 말하자면 자기 자신의 그림자를 이 세계의 물체라고 생각하고 있었다. 이리하여 그는 자기의 안경을 닦고, 보이는 물체처럼 여겨질 뿐인 것과 실제로 보이는 물체를 식별하기에 이

---

*59 이 물리학자이며 수학자에게는 《과학과 가설》《과학의 가치》《과학과 방법》 등의 철학적 저작이 있다.

르렀다. 그의 이런 식별은 이른바 이론 과학이지 기술이 아니었다. 달 속에서 나는 어째서 어떤 동물의 모습을 보는가. 그것은 우화작가가 말한 대로 안경에 파리가 앉아 있기 때문이다. 또 어째서 유령을 보는가. 무서워하기 때문이다. 루크레티우스를 잘 이해하면, 그가 말하는 원자가 분명히 신과 싸우는 무기에 지나지 않았음을 알 수 있다. 그 자신이 이 점을 매우 분명하게 말하고 있다. 이런 면에서 생각해 볼 때, 과학의 진보는 대상에 관해서는 늘 빈약하지만, 인간 자신에 대해서는 결정적인 예지의 서(書)를 형성해 왔다. 온갖 방법의 안목은 확증의 기술에 있는 한편, 이 확증의 기술도 광대한 대상을 앞에 두고서는 미미한 것에 지나지 않는다. 그러나 그 기술은 상상에서 비롯된 우리의 잘못을 씻어 버려 준 점에서는 작은 것이 아니다. 많은 사람들이 월식 때문에 미치광이 소동을 벌이는 일이 없어졌다는 것은 작은 일이 아니기 때문이다. 요컨대 인간은 세계의 상(像)을 깨끗하게 해줌으로써 자기 자신의 야만성도 씻어 버렸던 것이다. 즉, 물건 속에 무엇이 있는지 모른다 하더라도, 적어도 악마나 도깨비나 요정이 그곳에 있지 않다는 사실을 발견했기 때문이다. 이런 환상의 세계에나 있을 법한 이런 것들이 과연 있는지 없는지는 우리의 힘을 넘어서는 문제이다. 그러나 또 이 세상의 모든 데카르트들은 언제나 이런 환상들이 있는지 없는지, 또는 가장 겸손한 태도로 이런 환상이 과연 상상력이 그려내는 그대로의 것인지를 확인하려고 한다. 그런데 이미 몽테뉴가 능숙하게 말했듯이, '환상의 세계에나 있을 법한 그런 것은 아무것도 없다'이다. 정념이 함정에 빠지게 되면 정의가 어떻게 보이게 되는지, 이에 대해서는 말하지 않기로 한다. 거의 모든 피할 수 있는 화(禍)는 믿는 데서, 또한 사람을 믿게 하는 데서 온다는 사실만으로 충분하다. 이리하여 정신을 배신하는 사람들은 무엇인가를 배신하게 된다. 그들은 그것을 알기를 두려워한다. 그리고 그들이 손에 묻은 깨끗한 물까지도 비누로 씻어내는 까닭 또한 그들 자신을 위해서이다. 회의론(懷疑論)에서 빠져나올 수 없게 되고 마는 것도 이 회의가 과연 무엇을 목표로 하고 있는가, 과연 진지한가 어떤가를 사람이 반드시 알고 있지는 못하기 때문이다. 아무 경험도 믿지 않는 것은 매우 쾌적한 일이며, 경험에서 이 자연스러운 규칙의 단순한 연장이 더욱 더 사상가를 뒷받침하고 있을 정도이다. 게다가 사상가는 반대 측의, 무엇인가를 믿는 경향의 사람들의 동맹자들을 경계한다. 이 의기양양한 술책이 참된 배신자들을 만들어 낸다. 그러나 사실 이들도 겉보기만큼 심한 증세는 아니다. 흔히 말하듯이 그들도 그렇게 형편없는 인간은 아닌 것이다. 즉, 그들은 자기가 어떻게 되어 있는지 잘 볼 수 없을 뿐이다. 그리고 지식이 여기에서 간접적인 힘을 보여 준다. 지식은 이에 닿는 사람들을 성실하게 만들기 때문이다. 정신은 가끔 스스로 말하는 이상으로 훨씬 좋은 것이다. 여기에서 빈정거림이라는 것을 설명할 수 있다.

1932년 11월 3일

47 직업 안내

타고난 직업이라고 일컬어지고 있는 것에도 모방이나 우연이 크게 작용한다고 나는 생각한다. 아저씨나 대부(代父)가 우연히 그 직업에 있었다는 이유만으로, 농부가 되었더라면 좋았을 사람이 성직자가 되어 있든가 한다. 모자 가게나 식료품 가게에 어쩌면 더욱 알맞을 만한 사람이 전우(戰友)의 호의로 은행가가 되었거나 한다. 농부는 아버지의 일을 잇는 게 보통이지만, 이런 식으로 선택한 직업은 아주 자연스러운 직업이라고 할 수 있으리라. 이런 쉬운 고찰로써 나는 먼저 이렇게 결론짓는다. 커다란 잘못 이외는 그다지 걱정하지 않아도 좋다고. 왜냐하면 국장과 변호사, 또한 이 둘과 판사의 차이는 그다지 크지 않기 때문이다. 그리고 지금까지 자기가 좋아했던 직업은 가구(家具)를 만드는 분야였지만 기계를 다루는 분야가 좀 더 잘 될 것 같이 보여서 옮기는 것을 두고서 자기 자신을 너무나 모르고 있다고 할 수 없다. 여기서 중요한 것은 대체적인 구분에 준거(遵據)하여 여러 유형의 인간으로 구분하여 적용시키려고 하는 것이다. 물론 이는 그다지 쉬운 일은 아니다.

사람을 지배하기 좋아하는 사람과 물건을 만들어 내기 좋아하는 사람의 사이에는 아주 큰 차이가 있다. 이를테면 변호사가 설득법을 생각해 내는 것과, 냉온 에나멜 칠감이라든가 벽 칠감을 생각해 내는 것은 같지 않다. 그렇다면 그 차이는 무엇인가. 즉 설득하기를 좋아하여 이 방법에 능통한 사람은 인간에게 흥미를 갖고 있으며 독서가이자 말재주꾼이다. 이에 비하여 후자는 칠감이나 시멘트를 보고 이야기할 게 없다. 왜냐하면 이런 것은 설득할 수 있는 것이 아니기 때문이다.

이런 관점에서 볼 때 남녀를 통해 두 가지의 유형이, 때로는 그것도 이미 학교교육의 시초부터 나타난다. 한쪽 유형은 책모나 계략이나 신중성을 몸에 지닌 유형으로, 자기의 권고를 강요하여 상대에게 믿게 하고서 동의(同意)를 빼앗아 버리고야 마는 일종의 대담성을 갖고 있다. 성직자, 변호사, 교사, 은행가, 군인, 외교관, 관리 등이 거래를 잘하는 데는 안성맞춤인 직업인들이다. 그리고 거래를 잘한다는 말은 설득을 잘 한다는 뜻도 포함한다라는 사실도 잊지 않도록 주의해 준다. 그러나 소심하고 성품이 과격하며 짜증을 쉽게 내는 사람, 반대 의견을 참지 못하고 다른 사람의 온갖 성격에 순응하지 못하며, 남의 말에 귀를 기울일 수 없고 기다릴 수도 없는 사람, 이런 사람들을 보면 지나치게 과격한 성질은 물건을 상대로 하는 직업을 갖는 편이 보다 성공하게 되지 않을까 하고 나는 생각한다. 사실 물건에 대해서는 화를 내어 보았자 아무런 소용도 없기 때문이다. 이런 사람은 실증가(實證家)이다. 그는 반드시 의지할 만한 어떤 인식을 찾는 성격이다. 그러므로 화를 내지 않고는 단 2분도 의논을 할 수 없는 이 사람이, 시험용 발동기를 몇 달 동안이나 계속 돌릴 수 있게 되기도 한다. 여기에서는 실패하더라도 그 실패가 결코 발동기를 헐거나 부러워해서는 안 된다라는 확신을 가질 수 있기 때문이다. 이런 종류의 느긋한 성질과 이런 종류의 성급한 성질은 누구라도 쉽사리 관찰할 수 있으리라. 이리하여 이렇게 물건을 다루는 사람의 앞에는 또 다른 직업이 나타난다. 발명가, 기사, 조립공, 기계공, 대장장이, 목수, 토공, 이들이 그에게 맞는 직무이다. 그리고 마지막으로 어울리는 일은 농부라는 사실을 잊지 않도록 주의해 둔다. 사실 농부도 늘 물건을 상대로 한다. 다만 여기에서는 훨씬 인내가 필요하고 또한 관습을 존중해야 한다. 물론 이 관습 존중이란 무릇 물건을 다루는 사람들에게 언제나 소홀히 해서는 안 되는 것이다. 막상 이렇듯 구분을 세워 두고서도 나는 이렇게 말하고 싶다. 물건을 만드는 타고난 재주를 가진 자가 성직자나 은행가가 된다면 아주 큰 잘못이지만, 성직자가 교사나 조립공 또는 목수가 되는 것은 큰 잘못은 아니라고. 적성(適性)의 가짓수는 수없이 많고, 해석도 상당히 쉽다. 이를테면 글쓰는 일은 물건을 만드는 무리와 연결되고, 계산하는 기술은 성직자 무리와 연결된다고 말하고 싶다. 제조 판매를 하고 있는 큰 회사에서 설득하는 사람인 판매 담당과 물리학과 화학을 탐구하는 제작 담당을 관찰해 주기 바란다. 또 경리 담당은 양자의 어느 것과 인연이 있는지 짐작이 갈 것이다.

그럼 여기에서 덧붙여 말해 두어야 하겠는데, 어떤 직업에 대한 적성의 징후에 따라 교육 방향을 정해서는 안 된다는 것이다. 왜냐하면 처음에는 기호라는 것에 속는 수가 있기 때문이다. 그리고 또한 자기가 알고 싶지도 않은 분야를 배우는 것은 언제나 좋은 일이기 때문이다. 그러므로 먼저 기호와 반대로 가고, 그리고 그 반대를 오래 가도록 하면 좋다. 과학만 좋아하는 사람이 있다고 하자. 그 사람은 역사나 법률이나 문학을 공부해야만 한다. 그 사람에게는 남달리 그 분야의 지식이 필요하다. 또한 반대로 시인에게는 수학이나 수공(手工)을 권한다. 어떤 사람이든 먼저 첫째로 보편적인 재능인으로서의 재주와 기량을 갖추어야만 할 것이기 때문이다. 그렇지 않다면 교육 따위는 입에 올리지 않는 게 좋다. 수습공 수업의 이야기라도 하고 있으면 된다. 그리고 판단하고 제어하며 발명한다는 보편적 천재 기질로 환기시키는 것은 비록 거칠다 할지라도 성격 형성에는 가장 좋은 강장제라고 확신한다. 이것은 그에게 저 귀중한 물건의 정신을 줄 것이다. 선택을 잘못했다느니 하는 생각은 결코 하지 않고, 어떤 일에서도 최대한으로 해치우는 것이야말로 자기에게 어울리는 것이라고 판단하는 데서 생기는, 결코 굽히지 않는 정신이다. 전쟁이라는 야생과도 같은 생활은 많은 사람들에게, 자기에게 어떤 일이 일어나더라도 충분히 당해낼 수 있다는 것을 가르쳤다. 조립공의 천성을 가진 어떤 무전병은 정확한 프랑스어는 물론이거니와 영어, 독일어까지 배웠다. 일의 폭을 넓히는 이런 모험은 또한 마음의 폭도 넓히고, 자기 인식에 풍경을 곁들이는 것이라고 말하고 싶다. 마음의 윤기를 갖는 일이란, 아마도 모든 가능한 일들로부터 벗어나 더 높은 곳에서 실제적인 일들을 판단할 수 있게 되는 것이다. 인간은 이렇듯 자기가 실제로 하고 있는 일의 위쪽에 있다. 인간에게 이 위치를 계속 갖도록 하지 않겠는가.

1934년 12월 27일

48 집회의 마비

이런 이야기를 듣는다. 노동자는 아직 관념을 이룰 수 있는 데까지 이르지 못했다고. 이것은 그들이 오랫동안 예속되어 온 결과이다. 오래 묵은 병은 오래 치료해야 한다. 참된 프롤레타리아의 문화를 내걸기 위해서는 10세기가 걸리더라도 너무 길다고 말할 게 없다. 그러나 나는 이런 일은 모두 한 마디도 믿지 않는다. 어리석음이 유전된다느니 하는 말은 나에게는 아무런 의미도 없다. 실제로 나는 온갖 종류에서 유전이 언제나 균형 잡힌 평균 유형으로 돌아가는 것임을 관찰하고 있기 때문이다. 그렇게 말하더라도 이런 생각에 대해 아직 너그럽게 본다. 어쨌든 인간 대 물건이라는 현장의 일이 인간을 어리석게 만들 수 있다느니 하는 것을 나는 이해할 수 없다. 그뿐만 아니라 반대로, 내가 보는 바로는 사람을 어리석게 만들기 쉬운 것은, 만들지는 않고 정리만 하는 것이다. 그리고 세상의 엘리트라는 사람들을 잘 보더라도, 나는 그다지 대단하다고 여기지 않는다. 참모부가 어떤 식으로 전쟁을 지휘하고, 외무 당국이 어떤 식으로 교섭을 진행시키는가를 보기만 해도 좋다. 전쟁에서의 엄청난 잘못이 몇이나 있었다. 외교관의 잘못으로는 자르 지방에 관한 계획, 이의(異議), 주장, 착각을 생각해 주기 바란다. 우리 우등생들의 더없이 높은 교양도 그들이 인간이게 해주지 못하고, 추종하게, 감탄하게, 자만을 느끼게, 유행을 따라 생각하게, 현실을 잊을 수 있게 해주지도 못한다. 이런 결함은, 나의 생각으로는 아직은 있을 수 없다. 즉 이런 것은 언젠가라도 우리를 위협하리라는 것이다. 또한 그렇게 우등생으로 떠받들어진 인간은 어리석은 인간이 되리라는 것이다. 나는 그 증거를 이성이라는 능력을 가진 이 동물의 구조 자체 속에서 본다. 그것은 이성도, 지식도, 다음 순간에는 누구에게도 보증되어 있지 않다는 뜻이다. 허영심, 선망, 노여움의 안개를 걸치기만 해도 벌써 끝장이다. 국회의원이 되는 위험, 장관이 되는 위험을 잘 알 수 있다. 그러나 국장이 되는 위험도 이에 뒤지지는 않는다. 왜냐하면 그 또한 아첨꾼들과 동료를 갖기 때문이다. 그리고 곳곳에서 나는 보는데, 굼뜬 행정기관은 좋은 일을 하려고 애쓰면서도 그다지 이에 성공하지 못한다. 그렇지만 훌륭하고 능력 있는 관리는 있기 마련이고, 세세한 부분도 잘 되어 있기는 하다.

이런 점은 노동자에 대해서도 말할 수 있다. 그들이 자기 정신의 높이에서 생각하는 한, 나는 그들에게서 이솝 우화에 나오는 명민성을 인정한다. 인간의 존엄이 그들 속에는 있으며, 또한 무엇보다도 품질 높은 웃음이 많다. 다만 노동 계급은 관리되지 않는다는 등을 생각해서는 안 된다. 노동 계급에도 구분이 있고 연합이 있으며, 부서가 있고 전문분야가 있다. 또한 열심히 지켜지는, 관습에서 비롯된 권위가 있다. 직무상의 편견이 있다. 자만심이 있다. 거기에는 인간의 모든 것이 발견되며, 아첨도 있거니와 책모도 있고, 많은 논의

끝에 느끼게 되는 피로도 있다. 노동자 회의도 의회와 같은데, 문제는 이야기에 의해 한없이 부풀어 오른다. 그렇게 해서 인간은 벌써 자기를 잃고 만다. 체념하고, 마음은 채워지지 않는다. 모든 것은 몇 사람인가의 기운찬 배신자와, 몇 사람인가의 지칠 대로 지친 정직한 자들이 운반한다. 노동 계층은 존재하지 않고, 사고하지 않으며, 판단하지도 않는다.

사교인 계층이나 군인 계층 또한 마찬가지다. 모든 동료끼리의 결사(結社)는 옛 종교회의가 그러했듯이 자질구레하고 번잡한 의논에 빠지고 만다. 집회의 이런 점착(粘着)과 마비야말로 진보를 어렵게 하고, 또한 거의 불가능하게 한다. 진보란 지혜의 진보를 말한다. 알다시피 지혜 없이는 힘의 진보도 실로 귀찮은 것이 되어 버리기 때문이다. 지혜가 있다면 어느 쪽으로 나아가면 좋은가. 40세기를 목표로 할 것인가. 그러나 그 시대가 되더라도 집회가 일찍이 언제나 있었던 그대로이리라는 것, 우두머리가 그 지위로 말미암아 오히려 그의 지도를 받아야 할 사람들보다도 뒤처지리라는 것은 명백하다.

시간은 이런 뒤처짐을 어떻게도 할 수 없다. 내가 비판하려고 하는 이런 모든 사람들, 노동자, 기사, 위정자들도 걱정거리와 연기해야 할 희극이 없는 자유로운 몸의 순간을 포착할 수 있다면, 그들도 그들 나름대로 뛰어나며 아주 예민하고 올바르게 판단할 것이라는 사실을 알 수 있으리라. 그들이 조심해야 할 점은 자기의 위엄을 구하려고, 또는 단순히 자기의 역할을 구하려고 하는 인간의 소심함이다. 그가 무엇인가를 주장하기 시작했다면 이쪽은 달아나야만 한다. 왜냐하면 지배하는 몸이 되면, 그는 곧 가장 어리석은 사람보다도 더욱 어리석어지기 때문이다. 나는 확신하지만 어느 시대에도 문화만으로 일종의 황금시대가 충분히 이룩될 수 있었을 터인데도, 모든 시대에 걸쳐 의견이 문화를 짓누르고 찌부러뜨렸다. 그러나 어느 시대에든 의견이나 의논, 동의나 수정(修正), 그 밖의 인간을 사로잡는 숱한 함정들을 풀어 늦추기만 한다면 다시금 문화는 공기를 정화하리라. 이런 현상은 모든 시대에 걸쳐 오늘날 실제로 볼 수 있으며, 내가 보기로는 오늘날에는 기존의 문화 양식이 자유롭게 활개쳐 이론을 넘어서려 하고 있다. 그러나 주의해 주기 바란다. 승부에서는 아직 이긴 게 아니며 완전한 승리는 언제가 되더라도 얻을 수 없을 것이다. 생각건대 단 혼자일 때는 그윽하고 아름다운 사상을 만들면서, 큰 무리를 짓게 되면 이것을 보기좋게 망가뜨리고 마는 인간의 잘못 때문이다. 그러면 어떻게 해야 좋을까. 결코 비판의 손을 늦추지 않아야 한다. 결코 크나큰 우정을 놓아 주지 않고 비판하는 것이다. 온갖 수단을 다하여 개인을 해방시키고, 개인을 믿으며, 그 본디 타고난 본분(本分)을 발휘케 하여 우리 개인들의 공통된 조국인 내적 생(生)에 호소하는 것이다. 이것은 이웃 사람을 믿는 것보다도 훨씬 나은 것이지만, 그러나 동시에 다른 방식으로 이웃 사람을 믿는 것이기도 하며, 무엇보다도 먼저 이웃 사람을 대등하다고 믿는 것이기도 하다. 실로 이렇듯 가까운 곳에 인간애는 숨겨져 있다.

1935년 2월 23일

49 지평선을 쫓는 사람

지평선은 없다. 하늘과 물을 가르는 저 선(線), 뱃사람은 결코 이 선을 만나는 일이 없으며, 언제가 되더라도 만나지는 못할 것이다. 숲과 산의 저 꾸불꾸불한 선, 또 색채도 풍부한 저 안개, 그것을 한번 보러 가는 게 좋겠다. 어디나 여기와 같은 물체들, 줄기와 잎사귀와 오솔길과 바위들뿐이다. 코끝을 들이대어 보면 그대의 놀람도 줄어들게 된다. 그렇지 않다면 그대의 놀람은 달라질 것이다. 어디에서나 놀라게 된다. 싹이 트고 장미가 되는 이 모습은 놀랄 만하다. 중국의 장미만 하더라도 마찬가지로 놀랄 만한 것으로서 이것 이상도 이하도 아니다. 눈이 치켜올라간 중국인은 이해하기 어려운 존재이다. 그러나 내가 날마다 보는 농부도 나에게는 퍽 중국인처럼 기묘하다. 끝없이 넓은 중국은 하나의 신비라고 말할 사람도 있을 것이다. 그것은 중국 전체의 모습을 결코 보지 않았기 때문이다. 이 전체 모습도 지평선에 비유할 수 있다. 독일도 멀리서 보면 꽤 기묘하다. 그런데 그곳에 가 보면 이곳과 별다른 다른 모습은 없다. 그러나 나는 지평선만 생각하는 사람들을 적지 않게 알고 있다. 그들은 우리나라 파시스트들의 주머니에서 피마자기름 병이 나오는 것을 모른다. 그래서 그들은 다른 곳에서는 정적(政敵)에게 이것을 먹이는 데 놀란다. 볼셰비키에게는 혁명적 사회주의자보다 더 괘씸한 정적은 없었다. 이것은 이치에 맞지 않는 일인 듯이 보인다. 그러나 우리나라의 일을 보라. 블랑제주의,*60 드레퓌스 사건,*61 그리고 전쟁, 이런 광경들을 본 사람은 이 세상의 온갖 기이함

---

*60 블랑제 장군(1837~1891)을 중심으로 한 우익의 반정부 정치 운동.
*61 프랑스군 장교 드레퓌스(1859~1935)는 군사 기밀을 누설시켰다는 혐의로 기소되었다. 이것

을 본 것이다. 모든 이런 일들에도, 또한 정신에는 엿보기 어려운 지평선의 고리들이 있고, 또한 몸 가까이에 낯익은 사물이 있기도 했다. 그리고 이 낯익은 사물에야말로 미처 알지 못했던 모든 다른 사물, 일상적인 사물의 비밀이 있었다. 이것이야말로 실은 몹시 놀랄 만한 사실이다. 다만, 이것을 내 몸에서 놀랄 만한 것으로 해야만 한다. 지평선을 쫓는 사람들은 멀리 있다는 사실에 감탄하고 만다.

중국이니 하는 따위는 없다. 그 자리에 서서 해명해야 할 뿐이다. 파리이거나 팡탱*62이거나, 어느 쪽이 어렵고 어느 쪽이 쉽다고 할 수는 없다. 갈릴레이는 비탈을 굴러내려가는 공에 놀랐으며, 뉴턴은 나무에서 떨어지는 사과에 놀랐다. 신에게는 흔해빠진 일들이지만 그들에게는 이해할 수 없는 일이 되고 말았다. 아르키메데스는 목욕통 안에서 몸이 가벼워지는 것에 소스라치게 놀랐다. 나는 지붕이 제대로 되어 있는 시장이 도무지 신통하게 느껴지지 않고, 거리의 임시로 만든 판잣집에 사람들이 밀치고 밀리고 하는 광경에 놀라고 싶다고 생각한다. 그러나 면도할 때 바르는 크림을 파는 사람보다도, 지평선 상의 존재인 데모스테네스*63 쪽에 한결 더 흥미가 끌린다. 물론 이 크림 상인만 하더라도 무척 활기 있는 웅변가로서, 그 호흡도 술책도 감정도 헤아릴 수 없을 정도이다. 그가 때로는 매우 정직해지는가 하면 이해를 구하기도 하고, 입을 다물어 버리기도 하며, 친근감을 보이기도 하고, 어떤 종류의 경멸을 보이기도 하며, 반복하기도 하고, 요컨대 면도할 때 바르는 크림이나 유리를 자를 때 쓰는 롤러를 팔기 위해 필요한 온갖 일을 하기 때문이다. 그러나 이쪽은 그 상인에게는 관심이 없고 저 지평선 쪽에 조바심이 나 있다. 지평선을 가 보기 위한 여권을 가지러 가야만 한다. 나폴리에서도 똑같은 것을 발견할 테고, 거기에서도 또한 그들을 볼 여가 따위는 없을 게 뻔하다.

쉽게 깨닫는 것이지만, 여행자들은 일찍이 자기가 느낀 저 초조, 또한 지평선이 아직 지평선일 뿐이었던 때 자기가 그 지평선에 보냈던 그 눈길, 이런 것을 여행자로서 우리에게 전해 주려고 하리라. 그들은 이것을 잘 전하게 된다.

은 무고한 죄였으므로 여론이 들끓고 나라가 둘로 나뉠 만큼 큰 정치적 사건이 되었다. 1906년에 이르러 무죄가 확정되었다.
*62 파리 북쪽의 소도시.
*63 데모스테네스(기원전 384~322)는 아테네의 정치가, 웅변가로서 이름을 떨쳤다.

왜냐하면 우리는 누구나 여행을 좋아하고, 아직 보지 못한 것에 호기심을 느끼는 것을 타고났기 때문이다. 그러나 아무래도 견고한 문제에 부딪치게 되면, 그들은 재정 이야기를 하려고 하는 은행장처럼 곤혹에 빠지고 만다. 그리고 이 여행자가 곧잘 핵심을 찌르고 사람의 이해를 얻을 수 있다고 한다면, 그것은 그가 먼 곳에서 돌아왔기 때문이 아니라 처음부터 어디에 있더라도 꿋꿋한 사람이었기 때문이다. 여행 전과 달라질 것이 없다는 말이다. 본디 마법이나 옛날이야기 따위는 있을 리 없었으며 다만 놀랄 만한 현실, 손에 닿는 한에서만 현실로 느껴지는 현실이 있을 뿐이다. 전쟁 중에 나는 부임 지역인 베르느에서 돌아온 어떤 교양 있는 인물과 만났다. '얼마나 놀라운 광경이었던지' 하고 그는 말했다. 그렇다면 흔해빠진 이야기만 하리라고, 나는 마음속으로 내기를 했다. 과연 그대로였다. 흔해빠진 이야기는 공기나 물, 소금, 화강암과 마찬가지로 어디에서나 똑같다.

그리고 이런 예는 나를 이끌어, 이미 지평선만 그리는 우리 물리학자들의 일을 생각하게 한다. 극미(極微)라는 것이 곧 지평선이기 때문이다. 거기에서는 사람이 확증한다기보다 오히려 가정한다. 그리고 이것 때문에 놀라게 된다. 내가 여러분을 보듯이 전자나 양자(陽子)나 다른 기묘한 미세물을 볼 수 있다고 한다면, 그것은 자갈더미와 마찬가지로 흔해빠진 것이 되어 버리며, 그렇게 되면 순진한 아가씨처럼 놀라기보다 데카르트식으로 이성 때문에 놀라는 것이야말로 문제가 되기 때문이다. 지평선만 보는 물리학자들도 실제는 이대로라고 나는 생각한다. 또한 극미는 중간 정도의 것이나 큰 것과 마찬가지이며, 신비는 수레바퀴인 경우나 원자인 경우나 다 같다고, 그들로서는 크게 말하고 싶으리라고 나는 생각한다. 그러나 그들 또한 여행자와 마찬가지이다. 그들은 먼 곳에서 돌아와서, 우리를 또 알리바바의 동굴 입구로 다시 데려가려고 한다. 그들은 일찍이 생각했었다. 이 문이 열릴 수 있다면 얼마나 놀랍겠느냐고. 아직 열리지 않은 문이란 그 얼마나 놀라운 지평선이겠느냐고. 토공 쪽이 좀 더 현명해 구멍이 어떠하든 언제나 똑같은 자기의 곡괭이를 가지고 온다. 자기의 곡괭이, 즉 자기 자신을 닮은 곡괭이를.

1933년 7월 23일

이해란 물건을 통해 성립되는 것으로 이 물건 말고는 이해의 길이 없다. 인간들은 너무나도 휘어지기 쉽다. 사람들은 그들이 한 일로 판단해 여러 가지 능력들을 그들에게서 상상하지만, 이런 상상만으로는 아무런 설명이 되지 않는다. 영국의 뱃사람이 베네치아의 뱃사람보다 진취성이 강했다고 말하기는 쉬운 일이다. 그러므로 몽테스키외는 바다의 힘찬 미세기 현상에 의해 끊임없이 패어 가고 있는 영국의 후미를, 든바다의 갯벌이나 괴어 있는 물에 비교한다. 깊은 배, 높은 용골, 강한 돛이 어디에 태어나게 되는지 짐작하기 어렵지 않다. 그러나 이 인간 물리학은 아직 어린 시절에 있는 것이며, 저 다윈의 웅대한 사상은 어정쩡하게만 적용될 뿐이다. 돌아오는 길의 오디세우스와 그 일행을 지중해의 형태에 따라 설명해 본다면 즐거울 것이다. 그러나 그들의 모험과도 같은 정념이나 몸짓, 유사성을 조금이라도 자기 것으로 해보고 싶다면, 그들이 탔던 배로 지리적으로 똑같은 곳을 돌고 그들이 했던 대로 키를 잡아야 한다.

샤토브리앙의 《여행(旅行)》*[64]에서 주목해야 할 것이 하나 있다. 바다로 나서자마자 그는 곧 오디세우스의 모험을 만났으며, 또한 오랜만에 항구에 들를 때에는 환대의 다짐이 그를 기다린다. 이런 모험은 가파르고 거친 파도가 일렁이는 깊은 바다의 폭풍이라는 것으로 이미 충분하게 설명된다. 평소에는 문제가 없는 항해를 갑자기 할 수 없게 된다는 데서 오디세우스의 모험이, 나아가서는 약탈마저도 설명될 수 있다. 일행은 여드레 치의 식량을 갖고 출발해 몇 년 동안이나 바다 위를 떠돌아다녔다. 태양신의 소들을 죽인 것*[65]은 어쩔 수 없는 선택이었다. 내가 들은 이야기인데, 그루아섬*[66]의 뱃사람들이 삼치를 쫓아 지중해에 들어갔을 때, 좀처럼 돌아올 것 같지 않았지만 경찰의 서류로 그들의 행방이 알려졌다. 그들 또한 여기저기에서 태양신의 소들을 죽이고 있었다. 바다와 해안과 날씨에서 오는 태평스러움, 권태 그리고 끝으로 정열이

---

*64 《파리에서 예루살렘으로의 여행》.
*65 《오디세이아》 제12장. 오디세우스 일행이 트리나키아 섬에 닿았을 때 부하들이 배고픔을 참지 못하고 태양신 헬리오스의 소를 잡아먹었다. 그 결과 신의 노여움을 사게 되고, 신이 일으킨 폭풍을 만나 죽는다.
*66 브르타뉴 반도의 남해안 로리앙 시의 남쪽 바다 위에 있는 작은 섬.

있다. 《오디세이아》는 이런 바다의 시이다. 오디세우스는 바닷가에 앉아 바다를 응시하며 자기 자신을 깨달았던 것이다.

산골 사람은 산 속에서 자기를 안다. 그의 오금은 오솔길과 같음을 알게 되고, 망태기가 그의 머리를 단련해 생각이 다시 이마로 끌어올려짐을 알게 된다. 해마다 긴 겨울 동안 화롯가에서 시계를 조립하는 사람이 공장 노동자와 같은 술책이나 종교를 받들 리가 없다. 공장은 저 증기 기관의 영향으로 많은 가족을 불러모으고, 동시에 또 이 가족을 해체한다. 실로 증기 기관은 어떤 설교나 선전도 일찍이 이룩하지 못했을 만큼 깊이 풍속을 바꾸었다. 이와 달리 산골의 한 집안을 옴츠러들게 하는 저 겨울의 고독을 떠올려 보자. 존경이나 복종도 여기에서는 또 다른 성격이 된다. 각자의 관념은 행동을 닮기 때문이다.

발자크는 《시골 의사》에서 높은 산지의 풍속을 그렸다. 여기에서는 가족이 한층 더 잘 결합하고, 더 잘 모이며 더 강력하게 통제된다. 그러므로 종교의 힘도 여기에서는 한층 더 세다. 신인동형론(神人同形論)에는 여러 가지 느낌들이 있다. 인간은 자기의 모습과 비슷한 신을 만들지만, 신의 나라 또한 인간 나라의 모습을 본뜬 모습으로서 생각된다. 그리고 신의 의지는 언제나 풍습에 따라서 가장 일정하고 변함없는 인간 관계에 바탕을 두고 가정된다. 우리의 비유가 보여 주듯이 아버지는 어디에서나 신의 첫 본보기이다. 그러나 좀 더 면밀히 파고들어야 한다. 말을 부리는 사람이 소를 부리는 사람과 같은 정념을 갖고 있을 리 없다. 또 개를 훈련하는 사람은 훈련법이 다르다. 이런 훈련법의 힘에 접하고, 이윽고 이것을 흉내내는 어린이는, 어떤 존경법과 도전법과 말하는 법과 속이는 법, 기다리는 방법과 감행하는 법을 익힌다. 그러나 산골의 사람은 들판에 내려오면 이미 그 산에서의 관념을 잃어버리고 마는 법이다. 서너 시간이나 되는 참을성 있는 등산이, 또 달음박질로 내려오는 하산(下山)이 그에게는 없어지고 만다. 더더구나 급류와 메아리라는 두 음악가도 없고, 재빨리 찾아오는 봄도 없으며, 또한 고개 너머로 가고 싶다는, 누구도 거역할 수 없는 욕망도 없어진다. 반대로 거리의 길모퉁이는 그 하나하나가 나름의 시(詩)와 노래를 갖는다. 길모퉁이 하나 하나가 인간의 몸짓을 그려낸다. 이렇듯 시는 끊임없는 풍경을 통해 끊임없이 모습을 갖추게 된다. 좁게 정리된 오솔길이 인간을 데리고 간다. 층계는 인간을 멈추어 서게 하고 발돋움을 하게 한다. 어딘가로부터 들려오는 메아리로 말미암아 사람들은 노래를 부르고, 산은 합창을 전해 온다. 사회는 좁혀지고, 확립되며, 그리고 이것이 많은 원인들과 상관되어 신앙을 굳히게 된다.

1923년 10월 11일

51 교수인 바다

세계와 힘을 겨루고 고통을 마다하지 않는 영웅을 찬양하면서, 사람은 때로는 고통 그 자체를 찬양하고 또 용서를 모르는 세계의 맹목인 필연성도 찬양하게 된다. 이것은 우상을 떠받드는 것이다. 괴로워할 수 있다는 능력도 힘의 표징임이 확실하다. 이를테면 모욕에 괴로워하는 것은 무감각하기보다 훌륭할 때가 가끔 있다. 그리고 좀 더 정확히 말하면, 학대하는 광경을 보고 학대받고 있는 당사자보다 괴로워한다고 하면, 이는 위대한 것이다. 약간의 빗나간 소리를 듣고 불쾌감을 느낀다고 한다면, 그것은 귀가 완전하기 때문이며 불완전하기 때문은 아니다. 요컨대 사람은 요구하는 양에 비례해 괴로워한다. 그러므로 나는 육체와 관련된 것이라고 일컫는 불분명한 고통의 가까이까지 차츰 나아가면서, 거기에 또한 불의에 대한 분노를 더하겠다. 즉 실로 있어야 할 것과 실제로 있는 것의 싸움*67을 상정하고 싶다. 우주 또한 이것을 불러들인 하나의 원인이기는 하다. 왜냐하면 우주는 실제 있는 그대로의 귀머거리와 장님 모습으로 덤벼들기 때문이다. 그러나 고통의 위대하고 아름다운 것은 이런 면은 아니다. 우주가 우리들에게 가져다 주는 가혹한 시련 때문에 우주를 찬양한다고 하면, 그것은 전쟁이 영웅을 출현시킨다고 해서 전쟁을 찬양하는 것과 차이가 없다고 할 수 있다. 나는 시련을 이겨내는 영웅을 찬양할지언정 덤벼드는 전쟁은 찬양하지 않는다.

하물며 나는 이 기계 같은 우주를 찬양하려고 하지는 않겠다. 그것은 헛된 찬양이다. 실재(實在)는 그런 찬양이 필요없다. 비난도 헛되며 찬양도 헛되다. 바다는 필연성을 가지고 필연적으로 펼쳐져 있다. 물가는 아주 작은 조약돌까지도 둥글게 윤곽을 짓고서 움직이는 평형을 그려낸다. 빛은 태양과 구름으로 그 조약돌들에게 장난하려 든다. 아주 작은 줄 하나라도 태양에 달에 바

*67 〈4〉의 *6 참조.

람에 응한다. 모든 것이 모든 것으로부터 변화를 받는다. 이 자연은 악도 선도 아닌, 다만 그 자체일 뿐이다.

이런 사고방식은 젊다. 넵투누스에게 소를 바치는 대신, 인간이 자기 자신을 믿게끔 되었던 것은 그다지 오래된 일이 아니다. 그리고 낡은 정신은 여전히 지나칠 만큼 남아 있다. 하나하나의 물건 속에 하나의 힘을, 이를테면 뜨거운 무쇠가 손에 가하는 모욕을 상정하는 말투 속에 아직도 이것이 새겨져 있다. 모든 지성의 칼날은 칼의 날과 마찬가지여서, 지성이 자기 자신에 집중해 마음을 굽히지 않으려 하는 필연성에서 몸을 뺀다는 것에서 비롯된 결과이다. 뒤섞인 광석 입자들과 사브르(西洋劍)의 칼날과는 거리가 있다. 어수선한 정신만 해도 마찬가지이다. 배에 탄 손님은 울부짖으며 기도한다. 그러나 물길 안내인은 실재를 있는 그대로 파악하고 행동한다.

바다는 숲이나 들보다 훨씬 더 교사다웠다고 나는 확신한다. 바다 위에서는 앞을 내다볼 수 있다. 그리고 이리저리 옮겨 다니는 전체는 바위나 진흙보다 한층 더 우주의 정확하고 규칙을 따르는 평형을 잘 나타낸다. 그리고 위험이 한층 더 크기는 하지만, 배는 스키보다 인간이 할 수 있는 능력을 더 잘 보여 준다. 물길 안내인은 발명하고, 농부는 모방한다. 물길 안내인이 농부를 가르친다는 말은 진실이다. 그러나 드넓은 대륙이 자연과 인간에 대해 키워 주는 관념은 바다의 관념과는 다르다. 톱니와 같은 바닷가에서 태어나 다시 만들어지는 관념과는 또 다른 관념을 키워준다는 것 또한 진실이다.

이 바다에 있는 정신의 술잔은 순수한 경험들이 채운다. 이 바다 정신은 술잔에 든 건강한 음료이다.

1923년 12월 12일

52 사막의 시

'인간없이 존재하는 신', 사막에 관한 이 놀랄 만한 관념을, 나는 발자크의 어떤 소설 속에서 발견한다. 나에게는 전해 들은 것에 지나지 않고, 발자크 또한 그러하다. 성서를 완전히 이해하기 위해서는 아마도 저 황량한 공간을 걸어다니다가 온 사람이어야 하리라. 그 공간에서는 자연은 가없는 것으로서 나타나고 사람에게 구원의 손길을 뻗칠 여지도 없다. 그리고 우리보다도 이렇듯 강한, 꿈쩍도 하지 않는 자연은 말하자면 어쩔 도리도 없는 운명과 같다. 우리 일드프랑스의 땅*68은 자연과는 전혀 다른 식으로 이야기를 걸어 온다. 여기에는 여기저기에 인간의 표적이 있다. 이것은 사람이 읽어야 하는 역사의 책이다. 벽에 생긴 틈새들까지도 용기를 준다. 돌은 벌써 기다리고 있다. 일을 계속해야만 한다. 춘분(春分)이 구름을 달리게 할 걱정은 필요치 않다. 큰 비는 정신을, 이미 시작된 이 견고로 되돌려 보내주고, 책략이기도 하고 승리이기도 한 이 처마 아래로 다시 데려온다. 이리하여 인간은 조금도 움직이지 않는다. 그러므로 이 처마를 만드는 사람은 성서가 바라는 만큼은 신을 두려워하지 않는다. 그러나 시인이 말하듯이 사람은 모래 위에는 아무것도 쓰지 못한다. 바람이 발자국을 지워 버린다. 그러고 보면 작은 길은 신성한 흔적이다. 그러나 신탁 따위는 조금도 아니다. 반대로 사람은 의욕을 가질 수 있다는 사실을 생각나게 해주는, 인간에 대한 인간의 흔적이다. 이 인간들의 즐거운 언덕 위에서는 숙명이 아니라 의욕적인 필연성이 노래한다. 그러나 인간됨과는 거리가 먼 펼쳐짐을 앞에 두고서는 무엇을 생각하는가. 거기에서의 실재는 우리에 대해서가 아니라 자기 자신에 대해서 모습을 나타낸다. 그 인간됨과는 거리가 먼 세계에서의 인간은 은총으로만 생존할 수는 없다. 아브라함의 희생*69과 〈욥기〉*70는 사막의 시편이다.

한바다도 같은 사상으로 이끌 수 있으리라고 생각할지도 모른다. 그러나 그렇지는 않다. 이것의 움직이는 힘은 온갖 방식으로 밑으로부터의 받침을 제공해 준다. 이것은 물건을 뜨게 한다. 그리고 물길 안내인은 주의력을 활동시키기만 하면 말 백 필분의 짐을 나른다. 미세기가 빠지면 조개나 게가 모습을 드러낸다. 해안은 저항하고 곶은 피난처가 된다. 배는 집보다도 더욱 숨김없이 말한다. 생명의 어머니인 이 소금물과 우리의 혈액 순환 사이에는 아마도 좀더 비밀스러운 혈연이 있을 게 틀림없다. 매를 맞고 사납게 날뛰어도, 이 물은 우리의 건강에 좋고 소금의 맛은 우리의 정신과 관련된 삶의 맛 그것이다.

---

*68 파리 분지를 중심으로 한 일대의 지방명, 프랑스의 섬이라고 일컫는다.
*69 창세기 제22장, 신은 아브라함을 시험하려고 그 외아들 이삭을 제물로 바치라고 명한다. 아브라함이 바야흐로 그 아들을 제물로 바치려고 했을 때, 신은 그의 굳은 신앙을 알고 그를 용서한다.
*70 욥의 고난. 신은 늘 욥을 자랑하고 있었는데 사탄의 중상(中傷)을 만나 욥을 시험하기 위해 이를 고난에 빠뜨린다. 욥은 곤란을 잘 견디어 내어 신앙을 굽히지 않았으며, 이리하여 마침내 신의 축복을 받는다.

그러므로 실제로 볼 수 있는 바와 같이, 희생이나 우애의 축제에는 정신과 관련된 삶의 맛으로서 소금이 모습을 보인다. 여기 바다에서는 대기에 닿고, 이 뒤에는 물방울에 맞아서 담력이 키워지고 사상은 그 힘을 자기 것으로 삼는다.

사막에서 볼 수 있는 것은 이와 달리 절망적인 정관(靜觀)이다. 이 매우 거친 이 신의 명령에 따르지 않으면 정신은 감히 어느 것 하나도 잘 기를 수 없다. 그러므로 사상이 더욱더 사소한 것에 관계되고 희망 없이 활약해야만 한다. 주의, 질서의 정신, 인내 같은 것도 도덕 질서의 규범을 지녀야 하며, 크나큰 야심을 위한 수단으로 쓰여서는 안 된다. 〈욥기〉의 정신으로 한다면 시련은 자의적이며 덕은 아무것도 약속하지 않는다. 주의해야 하지만, 이 히브리만의 독특한 체념도 행복한 우리의 나라들로 운반되어 오면 저절로 기업과 축적의 힘으로 바뀌고 만다. 그러나 여기에 시도 없거니와 정관의 위대함도 없는 이해관계를 따지는 정신 따위를 보아서는 안 되리라. 전혀 반대로, 이 히브리만의 독특한 체념은 신비로운 정신이다. 인간을 한낱 벌레만 보는, 온전한 힘의 숭고로 언제나 되돌아가는 정신이다. 또한 그것은 곤란한 창업(創業) 때에도 곧잘 견디게 해주고, 세자르 비로토[*71]를 파멸케 한 허영에 취한 것에서 벗어나게 해주는 귀의의 감정이다. 어음 중매인인 이 백성은 형이상학적으로 인색한데, 말하자면 절망으로 인색하다. 갈망이 재산을 만든다는 생각은 커다란 잘못이다. 그렇지는 않고 오히려 노동의 엄격한 법이 재산을 만든다. 이 법을 가장 뛰어난 규정으로 간주하고, 그리고 이 규정은 부자도 가난한 자도 구별하지 않는다. 상상하건대 사막의 신 앞에서는 사람은 모두 무(無)이며 티끌이기 때문이다. 요컨대 이해관계를 따지는 것이 아닌 업신여기는 것에서 비롯된 신중함이 기업이 뜨기에 가장 좋은 받침이다. 소비를 희망하는 것을 거두어 자신의 것으로 삼는 인내를 받쳐 주지 않는다는 것은 수많은 실례가 증명하고 있다. 욕망은 부러워할 뿐 아무 일도 저지르지는 않는다. 그리하여 명랑한 성공자의 돈은 고스란히, 행복을 믿지 않고 신뢰를 가장 큰 죄라고 아는

---

*71 발자크 《세자르 비로토의 영화와 몰락의 역사》의 주인공. 부유한 이 향수 상인은 욕망에 휩둘려 사업을 확장하는데, 그 과정에서 지게 된 큰 빚을 갚지 못하고 파산한다. 그러나 모험성이 다분한 사업을 새로 시작해서 성공하고 빚을 다 갚게 되는 즈음에 갑자기 사망한다.

이 슬픈 듯한 고리대금업자에게 마지막으로 흘러간다. 요컨대 자유 의지와 불확실의 관념은 인간의 건강에 좋은 것이다.

이때 인간은 신중함보다도 엄격함 때문에 스스로 행동을 금한다. 아무것도 두려워하지 않고서 불행을 미리 짐작한다. 이런 것이 금을 지닌 사람의 풍토이며, 존경과 대접의 정의(正義)이다.

이와 달리 명랑한 뱃사람은 자기의 눈, 자기의 팔, 또한 주인인 태양을 신뢰한 나머지 받을 급료를 내던져 버린다.

1924년 9월 13일

53 데카르트의 시절

나는 혼천의(渾天儀 : 천문관측기) 옆에 발길을 멈추고 바야흐로 태양이 위쪽에서 적도(赤道)를 비치고 있는 것을 옛날 사람들이 보았듯이 눈으로 똑똑히 보았다. 그 뒤에 나는 모두에게 봄이 찾아왔음을 알리고 저마다 옛날 사람들처럼 명랑해지도록 이끌었다. 그러나 파리 사람은 만족하려고 하지 않았다.

'거짓 봄이다'라고 그는 말했다. '해마다 똑같다. 이 거센 샛바람을 그대는 느끼지 않는가. 이 엷은 햇살로 그대는 따뜻한가. 적어도 아직 넉넉히 한 달, 살을 에는 듯한 날씨가 이어진다. 우리가 대기에 몸을 맡기고 옷을 껴입지 않고도 살게끔 되려면 아직 두 달, 아니 석 달은 지나야 한다. 좋은 계절, 불이 필요없는 계절이 고작 석 달 동안밖에 안 되는, 이런 기후를 가진 이 지역에 어째서 이렇듯 많은 인간이 모였는지 이상한 일이다.'

이번에는 내가 그에게 말했다. '불 때문이다. 불은 좋은 것이다. 우리나라 사람들은 불을 돋워 일으키며 명상을 한다. 옛날부터의 습관이지만 불에는 여러 의미가 있다. 저 유명한 켕통*72에게 들은 이야기인데 인간은 지구가 식어감에 따라 먼저 적도 쪽으로 이주해야만 되었고, 그 뒤에 불을 휴대하고 다시 극(極) 쪽으로 거슬러 올라갔다고 한다. 엄청나게 오래된 옛날 일에 대해서는 신화의 관점에서 상상해서 안 되는 것은 없다. 상상에서 비롯된 이런 견해로 보건대 인간은 이 근처를 두 번 지나갔다. 처음은 동물들처럼 편한 생활 수단을 찾아서, 동물들과 마찬가지로 태양을 따라갔다. 그러나 인간만이 지니

---

*72 켕통(1866~1925)은 프랑스의 생리학자.

고 있는 도구인 부젓가락을 휴대하고 거슬러 올라왔을 때, 물론 그들은 많은 곤충이나 파충류를 그대로 내버리고 온 셈이다. 그들은 또 추위 때문에 해마다 없어져 버리는 토지 쪽으로 나아갔다. 그들이 그곳에서 찾아낸 것은 한 해의 태반은 추위에 벌벌 떠는 짐승들뿐이었다. 그리고 그들 자신의 정념도 짐승과 마찬가지로 얼어붙어서 온순했다. 이 추위로 말미암아 의복, 집, 화로가 생겨났고, 이때부터 인간은 짐승으로부터 떨어지게 되었으며, 추위와 불의 이중 활동으로 짐승 위에 군림하기 시작했다. 부젓가락은 길어지고 온갖 형태를 취했다. 교묘한 명상은, 인간을 노예 상태로 던져넣는 저 미칠 것 같은 감정을 저절로 가라앉혔다. 연기가 치솟는 이 닫힌 집들 속에서 정치가 모든 정념과 더불어 태어났다. 사실 온 지구를 정복한 것은 추위의 시대이다.'

　파리인은 이미 나의 이야기에 귀를 기울이고 있지 않았다. 이 인종의 마음이 변덕스러운 것은, 변덕스러운 기후 때문이라고 사람들은 말한다. 아마 사고에 꼭 알맞은 더위와 추위의 정도라는 것이 있다. 여행가였던 데카르트는 아마도 이것을 발견했던 것이다. 아무래도 선택을 해야만 한다면, 우리는 좀 더 추위가 매서운 봄과 좀 더 길게 이어지는 겨울을 찾아가야만 하리라. 북으로 지나치게 가면 인간은 실험용 쥐처럼 자기의 사상 속에 얼어붙어 웅송그리고 말 것이고, 남으로 지나치게 가면 원시 자연 속에 들어박혀 버려서 이비스*73나 뱀을 숭상하게끔 될 것이다. 확실히 쾌적한 지역은 하나뿐만이 아니다. 산이며 해안선의 요철 따위에도 의존하는 엄청난 차이가 여러 가지로 있다. 그렇더라도 짐짓 사고에는 어느 정도의 추위가 알맞은 듯하고, 또한 인간은 화롯가에서 그 발명의 실마리를 찾아내는 것 같다. 불을 돋워 일으키며 생각하는 것은 더할 나위 없이 놀랄 만한 도구, 즉 불을 만드는 것을 가능케 해 준 부젓가락에 의견을 구하는 것이기도 하다. 우리의 사상은 올바르게 이런 길 위를 달린다.

　동물은 타다 남은 뜨거운 잿덩이를 만지는 법을 알지 못했기에 화상을 입는다. 다만 인간만이 곧잘 몸을 따뜻하게 한다. 동물은 다만 몸을 따뜻하게 할 뿐, 불을 조절할 줄도, 세게 할 줄도 모른다. 인간은 원소 가운데 가장 위험한 이 불의 원소를 지배할 수 있게 됨으로써 모든 자연 위에 왕으로 군림하는 몸

---

*73 따오기 과에 속하는 새. 고대 이집트 사람들은 이것을 지혜와 정의의 신인 토트 신의 화신으로 숭상했다.

이 되었다. 모든 화학이 불 속에 포함된다. 물건을 파괴하고는 다른 방식으로 또다시 모아들이는 불 속에 원자를 회전시키고, 폭발을 준비하는 불 속에 포함되어 있다. 사람이 불을 응시하면서 몽상한다는 사실을 나는 이해할 수 있다. 그러나 그것은 행동과 지배를 지향하는 꿈이다. 사람들은 그곳에서 참된 알라딘의 궁전을 보고 현자 에픽테토스의, 이른바 다이아몬드와 금의 결과를 본다. 나는 추위가 매서운 우리나라의 봄을 이렇게 인간의 치밀한 생각들이 꿈틀거리는 계절로서 파악한다. 이 데카르트의 시절을 활용하지 않겠는가.

1926년 3월 15일

54 계절

천사 제스라드(Jesrad)가 나의 꿈에 나타났다. '너로서는' 하고 그 천사는 나에게 말했다. '인간의 역사를 풀어낼 수는 없다. 너는 실을 한 가닥 뽑고는 또 한 가닥 뽑는다. 그런데 그 실은 이미 쓸모가 없게 된 낡은 실이다. 낡은 빛깔의 자취는 아직도 남아 있어서, 이것이 환상적인 누더기천을 만들고 있다. 나에게는 2만 5천 년의 경과를 보는 것이 네가 25년을 보는 것과 다름없는데, 그런 내가 거의 6천 년을 주기(週期)로 하는 참인 계절을 쫓아 인간의 무리가 거슬러올라갔다 내려갔다 하는 광경을 벌써 여러 번이나 보았다. 6천 년 동안 이어지는 여름이 끝날 무렵에 다다르면, 과학이나 예술은 극권(極圈)에서 조금만 내려온 곳으로 옮겨진다. 그동안 남방 민족은 모두 적도 지방의 게으름에 물든다. 그러나 6천 년이 계속되는 가을이 깊어지면 극지의 얼음이, 사고하고 지배하는 종족을 북방에서 공격한다. 이리하여 북으로부터 남으로의 침략, 다만 야만인이 아니라 문명인이 침략하고, 그리고 이 문명인이 해마다 되돌아오는 서늘한 기운 때문에 얼마쯤 잠에서 깨어난 남방 민족에게 지혜와 산업을 가져다 준다. 그리고 모두가 한 덩어리가 되어 신들이나 예술, 정치 제도를 섞어 가면서 해마다 얼어붙는 듯한 겨울에 쫓기는 대로 자꾸만 내려간다. 6천 년 동안 계속되는 겨울에서는 생각하고 지배하는 종족이 회귀선(回歸線) 부근까지 이르러 극북(極北)의 요정들을 적도 지방의 물신(物神)들과 결혼하게 한다.'

'그것이야말로' 하고 나는 그에게 말했다. '백문(百門)의 도시 테베*74나 아

---

*74 이집트 수도로서 영화를 누린 고대 도시. 사원의 탑문이 많았기 때문에 '백문의 도시'라고 불렸지만 나중에 페르시아인에 의해 파괴되었다.

틀란티스*75의 좋은 시대이군요. 또한 고대 멕시코의 좋은 시대이며 캐나다의 잠든 시대이군요.'

그러나 천사 제스라드는 마치 귀머거리처럼 대답은 하지만 물음에는 귀를 기울이지 않는, 상급의 정령들을 닮았다. 그는 계속 말했다. '모든 민족은 폐허 위에서 일을 시작해야만 한다. 겨울이 지나면 6천 년 동안 이어지는 봄이 와서 다시 북방의 나라에 사람을 살게 하기 때문이다. 이때 한편으로는, 남방 민족 중 가장 뛰어난 자는 지하의 궁전을 남기고 신들과 예술, 법률을 가지고 온대 지방 쪽으로 거슬러 올라간다. 그러나 그는 북으로부터 남으로의 또 하나의 침략에 맞부딪히게 된다. 이번에는 야만인의 침략이다. 자기의 식물보다도 빠르게 번식하고 좀 더 편한 생활을 찾는 야만인의 침략이다. 또다시 신들이나 전설이 뒤섞인다. 그러나 지혜와 능력은 함께 북으로 올라가고 6천 년 동안 계속되는 여름으로 말미암아 그들은 그곳에 정착한다. 그리하여 어떤 의미에서는 모든 것이 새로 시작된다. 그러나 또 어떤 의미에서는 모든 것이 계속된다. 왜냐하면 모든 민족은 이런 여행을 할 때마다 다시금 무언가를 배워 왔기 때문이다. 몇 번인가 펠라스기족*76이 그리스를 눈뜨게 하고, 몇 번인가 누군가의 로마가 갈리아를 눈뜨게 하겠지만, 그때마다 그들은 조금씩 지혜로워지고, 좀 더 뛰어나게 폐허를 다시 일으킬 것이다. 그들은 언제나 옛날의 신들을 잊지 않고 이 신들에게 새로운 사상을 입혀 준다. 이렇듯 관념이란 네가 생각하는 이상으로 훨씬 어우러진 것이고, 또한 모든 신들은 많은 의미에서 진실하다.'

나는 잠이 깨어 손꼽아 세었다. 이렇게 생각하면서 지금 우리는 6천 년 동안 이어지는 여름의 중간쯤에 있는 이상, 북방 민족들은 모두 내려왔을 터이며, 바야흐로 닥쳐올 겨울의 테바이드를*77 위해 황금 시대를 준비해야 할 때이다.

1921년 12월 14일

---

*75 대서양 바다 밑으로 가라앉았다고 생각되는 전설의 섬.
*76 기원전 3천 년 무렵부터 북방에서 그리스를 침입한 민족.
*77 테베를 수도로 한 고대 이집트 남부 지방.

55 크나큰 역사의 계절

천문학자가 말했다. '지구상에서 일어나는 일에 대해 나는 잘 모르며, 우리 이전에 인간이 해온 일은 더군다나 모른다. 그 대신 하늘에서 일어나는 일이라면 먼 우리의 조상들의 눈에 비친 일까지도 꽤 잘 안다. 만일 그대가, 탈레스는 소아시아에서 보이는 개기일식을 예언했다고 한다면 나는 그다지 고생도 그리 커다란 잘못도 저지르지 않고 그 식(蝕)이 어느 해 어느 계절 어느 날에 일어났는가를 그대에게 말할 수 있다. 그리하여 그대들의 역사가 그대 쪽에서 그대들의 연표를 내 것에 맞추어야만 하는 것이다. 좀 더 시대를 거슬러 올라가서 말하면 나는 단언할 수 있는데, 1만 2천여 년 전에 계절 사이의 부조화는 태양계가 용납할 수 있는 가장 높은 한계에 다다르고 있었다. 오늘날 우리가 온대라고 부르고 있는 이 지역에서는, 그 무렵 빙하가 겨울마다 평야까지 확대되었다. 그 대신 여름은 불타는 듯해서 거의 사하라 사막과 같았다. 거기서 봄은 격류처럼 심하게, 강은 흐르는 얼음을 가득 띄우고 사납게 날뛰었으며 대지는 씻겨나가 움푹하니 오목하게 들어간 곳이 되고, 이윽고 그것을 불타는 태양이 불모의 사막으로 바꾸었다. 확실히 그즈음 프랑스에서는 인간의 생활이 오늘날처럼 쉽지 않았다. 많은 사람들이 굶주림이나 추위로 죽었다. 그래서 많은 사람들이 좀 더 기후가 부드럽고 따뜻한 지역 쪽으로 옮겨갔다. 나는 이쯤에서 추측을 그만두겠다. 그런 인간의 대이동 때문에 어떤 풍습이 생겨나고 어떤 치안이 생겨났는지 나는 모른다. 내가 알고 있는 것이란 이러할 뿐이다. 이 어려운 때로부터 다시 1만 3000년쯤 전에는 이런 지역의 계절이 오늘날과 꽤 닮았으며, 겨울의 매서움도 여름의 더위도 오늘날 우리가 볼 수 있듯이, 또한 닥쳐올 몇 세기 동안 좀 더 잘 볼 수 있듯이 그렇게까지 심한 것은 아니었다. 이리하여 우리의 역사에 훨씬 앞선 이 시대에는 확실히 또 다른 정치 체제가 있었다. 그리고 좀 더 거슬러 올라가 보기로 하자. 그러면 100만 년 단위로 셈을 해야만 하는데, 내가 지금 말한 주기에 이를 때마다 이때의 계절과 같게 될 것이다. 나는 꼭 들어맞는 많은 증거로써 이렇게 주장한다. 지구는 양극에서부터 시작하여 조금씩 식어 왔으며 또한 생명은 양극에서 나타나고, 그 양극에서부터 처음에는 사람이 살 수 없었던 적도 쪽으로 조금씩 나아갔다고. 역사에 대해서 내가 말할 수 있는 것은 이상의 것뿐이다.'

'아주 굉장한 것이다' 하고 사회학자가 말했다. '나는 거기에서 대략적이지만 먼저 이렇게 결론짓는다. 인류는 적당한 따뜻함을 찾아 극에서 적도 쪽으로 옮겨가야만 했으며, 또한 불을 발명한 뒤에야 비로소 적도에서 극 쪽으로 거슬러 올라갈 수 있었다고. 그러나 이 견해는 너무나도 간단하다. 그대의 이야기에 따르면 오랜 기간에 걸친 계절간의 진폭이 있었던 것인데, 그러나 내 생각으로는 확실히 불이 발명된 뒤에도 계절이 본질적인 이주에 커다란 영향을 주었음이 틀림없다. 한편, 계절 사이가 썩 고르지 못해 생존이 곤란하게 되고, 혼하지 않은 것이 된다. 그러나 다른 한편 또 계속되는 여름이 사람을 어리석고 둔하게 만들어 버린다.

그래서 나의 결론인데, 풍속, 법률, 학문을 진보하게 한 많은 총명한 민족은 반드시 같은 지역에 살지 않았다는 점이다. 어떤 시기의 초에는 문명이 북에서 남으로 내려갔다.

이런 시대에는 조건이 좋은 나라가 된 이집트가 시베리아와 같은 지역을 탐험해, 그곳에 어떤 안정된 인간 체제, 스스로 영원이라고 생각했던 인간 체제의 흔적을 찾아내고 이집트 고고학자들로서는 설명하기 어려운 쇠망의 원인을 찾았다. 그러나 이어지는 시기에서는, 이번에는 이집트 자신이 북국(北國) 고고학자들의 연구 대상이 되었다. 북국의 쇠망이 다만 파괴와 이주에서 비롯되었다면, 남국의 쇠망은 무기력과 게으름, 예속에서 비롯되었다는 점이 다르다. 그렇긴 하더라도 일찍이 지상에 황금 시대가 있었고 신들이 있었다는 전설은 곳곳에서 볼 수 있으며, 또한 여기에는 충분한 근거가 있다.'

이번에는 역사가가 마음속으로 독백을 하고 있었다. '나는 언제나' 하고 그는 생각했다. '참된 역사는 기후의 역사라고 설명해 왔다. 그러나 이 관념의 모든 내용을 파악하고 있지 않았음을 이제서야 알겠다. 지금 나에게 명백해진 것은 이렇다. 끊어지지 않고 계속 이어지는 진보는 있을 수 없었다는 것, 반대로 중단과 파묻힌 과거의 발견이 있었으며, 이리하여 사람은 언제나 훨씬 진보된 과거의 한 상태를 또다시 계승했다는 사실이다. 진보는 전통에 끊임없이 복종하는 것에 있었다. 인간들은 언제나 조상들이 자기들보다 뛰어났다고 믿었지만, 이는 그들의 잘못이었다. 어느 쪽이든 서로 다른 기후에 적응하여 익숙해졌을 뿐이다. 진보란 적응하여 익숙해지는 것이었다.'

1921년 12월 5일

56 탈레스

화가는 무엇보다도 먼저 붓을 삼가는 법부터 배워야 한다. 아니면 스스로 민그림으로 나타냈을 뿐인 최초의 사상을 곧 지워 버리게 된다. 능숙한 사람이라도, 태어나고 있는 자기 작품의 얼굴을 바라보는 데 시간을 소비해야만 한다. 그러나 무릇 행동은 사람을 끌어들임으로써 사람 관찰에서부터 벗어나 버린다. 내가 알게 된 몇몇 경험 없고 무모한 화가들은 스스로 자신의 몸짓에 흥분하고서는 마침내는 모델을 보지 않고 자기가 그리고 있는 그림마저도 보지 않는 형편이었다. 찰흙 속에 자기의 사상을 기록하려고 하는 조각가는 자기가 무엇을 만들고 있는지, 따라서 또한 자기가 무엇을 하고자 하는지를 알기에는 더욱 형편이 좋지 않은 처지에 있다. 더없이 사소한 손의 움직임도 형태를 바꾸어 버리므로, 자기가 바야흐로 이해하려 하고 있는 것을 곧잘 스스로 지워 버리게 된다.

이런 손의 조바심은 두 가지 방식으로 사상을 지운다. 먼저 행동으로써 또 하나의 대상을 만든다. 또한 이로 말미암아 인간의 몸 속에도 태도의 변화가 생겨나고 새로운 몸 흉내 같은 것이 생겨나서, 이 흉내가 대상과 더불어 포착법도 바꾼다. 전설이 우리에게 저 흔들림 없는 탈레스(고대 그리스 철학자. 만물의 근원은 물이라고 보았다)를 보여주는 까닭은 바로 이 때문이다.

섞고, 흔들며, 옮기고, 삶으며, 다시 삶는 초조한 화학자와 흥분한 화가 사이에는 커다란 차이가 있다. 그러나 화학자가 물이나 흙, 금속에 대해서 휘두르는 힘을 화학자 스스로 경계해야 하는 것 또한 사실이다. 이런 종류의 화학자로서의 행동 또한 두 가지 방식으로 사상을 지운다. 한 가지는 변천하기 쉬운 몸 흉내로써, 다른 한 가지는 물건의 변화, 거의 언제나 돌이킬 수 없는 변화를 통해서이다.

학자들은 자신에게 들러붙은 불안을 두고서 그 원리에 대해 분별없이 논쟁한다. 이런 불안은 화학에서 나온다. 이런 영광적 기대는 옛날 연금술사 속에서 극단적인 형태로 나타났음을 볼 수 있는데, 이것은 솥이니 도가니니 하는 장치와 얼마쯤 관계가 있다. 이런 장치에 따른 변화는 전투와도 같고 정복을 앞세우는 방법이며 가장 신중하고 조심성 있는 사람들에게도 늘 얼마쯤 격렬한 방법이다. 성공은 언제나 그들을 충분히 벌하고, 힘도 그들을 위로하기는 어렵다. 머리에 올려지는 모든 관(冠)은 텅빈 머리에 놓여지는 것이다.

이런 식이어서 전사(戰士)도 인간을 화학자처럼 조종하려고 조바심하기 때문에 인간을 알 수 없다. 스스로 용서도 조심도 없이 인간을 바꾸는 것이고 보면, 어찌 그가 인간이 무엇인지를 알 수 있겠는가. 인간을 때리고, 부수며, 태우고 또다시 태우는 이 방법으로는 흐리터분한 경험이라는 것만 할 수 있다. 이 화학에서, 화학자는 언제나 연금술사이다. 눈초리만으로도 벌써 물건은 변해 버린다.

놀고 있는 아이를 잠시 관찰해 보라. 아이는 그대가 관찰하고 있다고 느끼는 순간부터 이미 장난은 멈추고 겁쟁이와 연극적 요소가 뒤섞인 뭔지 알 수 없는 것이 된다. 곁눈으로, 그리고 급히 지나치면서 본다. 이것이 때로 참된 인간을 포착할 수 있는 방법이다. 나는 철학자이자 과학자인 탈레스처럼 꼼짝하지 않고 기다리면서 희극 작가 몰리에르를 본다. 바야흐로 이러하기 때문에 정신은 무지(無知)에 싫증을 내고 힘에 싫증을 느껴 하늘에서 자신의 구원을 찾아낸다. 다행스럽게도 우리의 손은 거기까지는 미치지 않는다. 그래서 인간은 생각하는 것만 할 수 있는 것이다.

1921년 11월 10일

57 흔적

경험은 두 가지 방식으로 우리에게 도장을 찍는다. 어떤 의미에서 우리는 그야말로 물건의 흔적이 찍혀지는 납판이다. 상처는 모욕의 흔적이다. 모욕의 유품이라고 해도 좋다. 사건이 조직을 짓눌러 터뜨리거나 잡아찢거나 했다. 자연은 일그러짐에 따라 자수(刺繡)의 꽃과 같은 것을 짜낸다. 조그만 자연이나 큰 자연이나, 눈에 보이는 자연이나 눈에 보이지 않는 자연, 이런 자연들이 일그러지면서 사람에게 다리를 절게 하기도 하고, 걸려 넘어지게 하기도 하며, 비틀거리게 하기도 하고, 눈을 깜박거리게 하기도 하며, 얼굴을 찡그리게 만들기도 한다. 얼마나 많은 이런 종류의 흔적이 있는지. 덕분에 사람은 추억 속에서도 걸려 넘어지고 관념까지도 얼굴을 찡그린다. 이는 경험의 채찍질이다. 사람은 이것에 각인되고, 이로써 작아지고 이로 말미암아 소모된다. 이런 식으로 사람은 점차 늙어 간다.

또 다른 흔적이 있다. 약함의 흔적이 아니라 힘의 흔적이다. 이것은 부지런히 달리고 있으면 이른바 발이 생기는 흔적이므로 그렇다. 근육은 힘으로 단련되면 약해지는 일이 없다. 그러나 반대로 가공된 해면(海綿)처럼, 검은 피를 쫓아 버리고 붉은 피를 부른다. 운동 그 자체로써 먼저 자신을 깨끗이 하고 이어서 자기를 기른다. 근육은 눈에 띄게 커진다. 이런 식으로 하여 그 흔적으로서 대장장이는 대장장이가 된다. 노력으로 한층 더 강해지고, 일을 하는 바로 그 한 부분에 새로운 근육이 붙어 온다. 그뿐만 아니라 팔 말고도 등과 허리, 다리와 발 모든 것이 일에 참여한다. 또한 혈액과 영양을 곳곳으로 보내어 정화시킴으로써 전체가 도움받기 때문에, 일을 통해서 전신이 커지고 한층 더 강해진다. 물론 가장 많이 쓴 근육이 다른 근육보다 앞서기에 어떤 사람은 장딴지가, 다른 사람은 팔의 이두근이 단단해진다. 이런 것 또한 하나의 흔적이다. 다만 이미 오목하게 찍힌 것이 아니고 볼록하게 찍힌 것이다. 늙는 법 또한 달라서 늙는 쪽은 커지고 풍부해진다.

나는 이미 실제의 상처 자국과는 다른 눈에 보이지 않는 상처 자국이, 아주 작은 섬유 속에 있음을 감지했다. 또 감관 속에도, 신경망 속에도, 갈림길에도, 뇌라고 불리는 빈번한 통로에도, 그런 흔적들이 있어야 할 것을 어떤 논거가 있어서 미루어 관찰했다. 그렇다면 마찬가지로 나는 모든 기관 속에 있는 어떤 풍부해진 흔적을, 즉 일 그 자체로써 얻어지고 커진 일정한 힘을 상정하고 관찰해야만 한다.

이리하여 두 가지 배우는 방법이 있다. 직업은 우리들에게 그 흔적으로서 육(肉)의 옷을 입혀 준다. 두 개의 육의 옷이라고 하자. 그들 중 하나는 모욕으로 우리에게 흔적을 남긴다. 에픽테토스*78가 주인에게 맞아 다리가 부러져 그 이후 절름발이가 된 것은 이런 모욕의 옷이다. 그런데 달리기 선수의 다리가 달리기의 흔적을 남기는 경우는 전혀 다른 것으로, 흔적은 다리의 약함이 아니라 반대로 다리의 강함으로서 남는다. 패배는 오목한 흔적을 남기고 승리는 볼록한 흔적을 남긴다. 찡그린 얼굴은 종이의 구김살처럼 펴지지 않는 구김살이 근육과 신경에 생기기 때문에 오래오래 남는다. 그러나 이에 반대인 얼굴은 힘의 시도나 승리를 통해 정돈되어 온다. 이런 까닭으로 관념 또한 찡그리지 않게 되고 떠듬거리지 않게 되며 걸려 넘어지지 않게 된다. 운동가가 행동으로써 행동을 준비하듯이 만들어진 관념으로써 다른 관념을 준비한다.

---

*78 스토아파의 철학자 에픽테토스는 노예 출신이었다.

한 시간의 민그림 그리기, 유화(油畵), 연설, 문장에서 나는 오목하고 볼록한 흔적을 발견한다. 말이 같은 곳에서 뒷다리로 서듯이 그도 한평생 같은 곳에서 넘어지게 되리라. 그는 지워질 일이 없는 줄인 채로 민그림을 그리고 그리며 이야기하면서 쓴다. 그는 이렇게 늙어가고 이렇게 죽을 것이다. 상처 하나하나가 훈계의 세포(細布)*⁷⁹가 되고, 마침내는 미라를 만든다.

그러나 무릇 생기 있는 작품에는 철인, 즉 풍부해진 흔적이 나타난다. 이것은 증대된 힘의 자취이다. 또한 말하자면 경기자에게만 있는 선, 즉 이미 이룩된 행위와 정착된 승리에 의해 바야흐로 가능성으로서 벌써부터 준비되어 있는, 무언가 새로운 어떤 것을 알려 주는 선과 같다. 시시한 음악은 자기 자신의 흔적으로 되돌아가서 거기서 침몰하고 만다. 위대한 음악은 힘차고 풍부한 힘에서 뛰어나온다. 이것은 창작으로써 힘을 획득한다. 사람들은 이런 고찰을 시에까지 넓히고 싶어할지도 모른다. 왜냐하면 시인은 늙는 것을 모르는 사람처럼 차츰 풍부해지는 흔적을 보이기 때문이다. 그러므로 시는 곧 불사(不死)를 가져다 준다. 시는 사람이 늙어 버리는 것을 금한다. 어떤 예술가에 대해, 사람들은 그가 이미 한 일을 언제까지라도 계속하리라고 말한다. 흔적은 또한 오목한 흔적이다. 그래서 다른 예술가에 대해서는 그는 이미 한 일을 이제는 하지 않을 것이라고 예감하기도 한다. 다리를 만들고 있던 무렵의 달리는 방법으로는 그는 이미 달릴 수 없다. 이리하여 그의 행동은 그 무렵의 그를 재현할 수 없다는 것, 이것은 그가 그때의 일을 잊었다는 것이며 그에게는 이미 옛날의 달리는 방법이 생각나지 않는다는 것이다. 배운다는 것은 일종의 잊어버리는 방법이다.

1927년 6월 21일

58 몸짓

입을 벌린 채로 i의 음을 생각할 수 없는 것과 마찬가지로, 크게 벌린 손의 손바닥을 위로 들어올릴 때에는 노한 상태로 있을 수는 없다. 곧 노여움이 사라지지 않는다면 그 몸짓은 불충분하다. 누구에게서도 이미 관찰된 것이지만, 몸짓은 기분, 집착, 거부, 불신 등 자잘한 점까지 드러낸다. 반대로 단지 손

---

*79 고대 이집트인이 미라를 감은 세포.

을 뒤집기만 해도 벌써 얼마쯤 기분과 의견이 바뀐다. 심심풀이 삼아 변호사가 하듯이 그때그때의 생각을 몸짓으로 나타내 보라. 또는 물건을 받을 때처럼 두 손을 벌리고 내밀어 보라. 벌써 그대는 무엇이든지 들을 준비가 되어 있는 셈이다. 그대의 상대가 그대에게 무언가 가르칠 수 있다면 그렇게 하는 게 좋다. 그런데 그대 쪽에서 고맙다는 인사 한마디라도 해 보라. 그대는 이미 화해하고자 하는 인간이 되어 있다. 그러나 손바닥을 사람들 쪽으로 향하게 하고 손을 심하게 휘두르는 몸짓을 해보라. 이야기를 시작하는 것은 다른 인간으로, 이미 정해진 자기의 의견을 가지고 있는 인간이다. 그가 햇빛보다도 명백한 것을 다시 문제 삼는 일은 없을 것이다. 이때 그런 몸짓은 하나의 체조이며 춤에 가깝다. 이 몸짓은 생각의 흐름을 바꿈과 동시에 생각의 격렬함을 부드럽게 만든다. 어깨를 들어올리는 몸짓은 가슴 안에 이어지는 근육을 늦추고 심장을 해방시켜, 우리를 좀 더 깊은 곳에서부터 뒤흔든다. 그러나 온몸의 몸짓은, 그 몸짓을 보는 사람으로서는 몇가지 결과만 인정할 수 있다는 점을 생각해 주기 바란다. 아주 작은 소리 하나, 새의 그림자 하나만으로도, 손바닥 뒤집기보다도 빠르게 우리 몸의 근육 덩어리 하나가 거의 동작 하나 없는 채, 말하자면 우리 몸의 방향이 바뀌어 다른 목적으로 향하거나 제멋대로 흩어지기도 하고, 갑자기 굳어지기도 한다. 그리고 이 때문에 혈액의 물결이 방향을 바꾸거나 내장이 뜨거워지거나 숨이 멎거나 하게 된다. 각 근육의 한바다 위를 우리의 생각은 가냘픈 거룻배처럼 떠돌고 있다.

　나는 어느 날 응석을 부리다가 호되게 꾸중을 듣고 설득당한 작은 남자아이에게 이런 말을 했다. '자라나면 너도 이제 아이를 가지게 된단다. 그러면 아이에게 말을 타이른다는 것이 좀처럼 쉽지 않다는 것을 알게 될 거다.' 근육들의 작은 조직체라고 할 수 있는 어린이는 열심히 생각하려고 하듯이 나를 똑바로 올려다보면서 말했다. '그렇다면 나는 그 아이를 때려 줄 테야.' 이것은 결코 생각이라고 할 만한 것은 아니었다. 오히려 짜증이 난 기분이 시키는대로 한 대답이었다. 기분의 움직임에 따라 차례차례로 바뀌어 간 전쟁에 대한 의견—내 자신의 의견도 포함해서이지만—에 대해서도 나는 이와 다르다고 생각하지 않을 것이다. 그리고 오늘날 아직도 좀처럼 사라지려고 하지 않는 이 전쟁의 영향을 둘러싸고, 기분은 어떤 때에는 음울하게, 한순간이 지난 뒤에는 조롱하는 투로, 베를린에서 런던으로, 나아가서는 대서양 저편에까지, 협박과 저주의 말을 흥에 따라 그 자리에서 그때그때 보내고 있다. 재빠른 행동을 바라고 저항을 바라며 또한 방관을 바란다. 인간의 몸은 스스로의 법칙대로 긴장하고 이완하며, 방향을 바꾸어 하나의 잘못을 다른 잘못으로 바로잡곤 하지만, 이것만으로는 언제까지라도 차분하게 자리잡을 것 같지 않은 탓에 기분이 크게 번창하고 만다. 자기와의 싸움이다.

음악을 너무 듣는다든가 새로운 음악을 지나치게 듣는다든가 하는 사람들은 또한 이따금 즉흥에서 비롯된 기분에 휩싸이기 쉽다. 정신이 네 개의 관현악단에 이끌려가고 있을 때 판단을 내린다는 것은 쉽지 않다. 그뿐 아니라 이 쏟아지는 소리의 비 아래에서는 짜증스러움으로부터 곧 뛰어오르고 만다. 그래서 '이것은 아무것도 아니다'라느니 '자극을 주고 소박하고 힘차다'느니 하고 지껄이게 된다. 실로 박식하다든가 잘 씌어 있지 않든가 숭고하다든가 평범하다든가, 귀에 들리는 소리들은 이러하다. 사람들의 판단이 이런 식으로 되거나 또 다른 식으로 되거나 하는 까닭도, 실은 방법이 달라졌거나, 앉은 기분이 좋거나 나쁘거나 오직 감탄하는 것이 지쳐 있거나, 지리하고 심심하여 피로해 있거나 하는 데서 온다. 인간의 몸은 한 가지 자세로 말미암아 지치고 힘들어지면 다른 자세를 취하고 휴식해야만 하는 것이기 때문이다. 몸짓의 훈련이야말로 예절이다. 그러므로 사람은 예절 없이는 취미를 기를 수 없다. 그때그때 순간의 인상을 가질 뿐이다. 애써 침묵이라도 한다면, 판단은 모두 깊이 생각하고, 정신은 아름다움으로써 자기를 꾸준히 가꾼다. 이것이야말로 유일한 태도이며 교양이라고 불려왔다. 교양의 밖에 있다면, 우리는 미술관에 불을 질러 놓고 작품을 하나하나 들어내는 야만인에 지나지 않는다. 음악을 아주 좋아하는 어떤 사람이 어느 날, 공연 50회째 음악회가 끝난 뒤 나에게 이렇게 말했다. 그는 음악가들에게 조심성 없이 덤벼들었는데, '나는 이제 아름다운 것도 추한 것도 모르겠다. 모든 것이 잿빛이 되고 지리하게 되고 말았다'고. 이것을 치료하는 방법은 알려져 있다. 얼마 동안 아름다운 작품만으로 몸을 보양하는 것이다. 잘 알려지고, 시련을 거쳐 널리 찬양되고, 많은 박수를 받고 있는 아름다운 작품만을 오로지 듣는 것이다. 이것은 선택하는 수고를 덜어주며 인간다운 태도로 다시 돌아가게 한다. 이런 일로, 사고하는 기분에 접하기 위해서는 시련을 거친 작품으로 되돌아가는 것이다. 이 또한 선택하는 수고를 덜어주고, 우리에게 사고하는 자유를 맡겨 준다. 그리고 우리 내부의 참된 싸움에 대한 움직임이다. 또한 일리아드라는 최고의 고전이기도 하다.

1921년 5월 13일

59 대상 없는 공포

자칫 주의를 기울이지 못해서 찔리거나 화상을 입거나, 한 사람의 신경이나 근육, 혈액의 움직임을 관찰할 수 있다면, 부분으로부터 전체로 나아가는, 하나로 이어지는 개구리떼 같은 움직임을 볼 수 있을 것이다. 그럴 수 밖에 없다. 신경의 충격은 먼저 하위 중추에서부터 차츰 넓은 범위에 걸쳐 근육을 잠깨우고, 이리하여 마침내 전체가 모든 부분을 통제할 수 있게 된다. 말을 바꾼다면 뇌의 높은 곳이, 전체가 서로 평형된 자극, 즉 서로 상쇄된 자극을 모든 부분에 되돌려 보내기에 이른다는 말이다. 예컨대 한 인간이 투명해져서 나의 앞에 놓여졌을 때, 내가 외부로부터 관찰될 수 있으리라고 생각되는 바는 대략 이런 몸 전체의 통제된 자극 현상이다. 왜냐하면 이것이 나의 몸이라면 나는 이런 일을 모두 느낄 것임을 경험으로 이미 알고 있기 때문이다. 다만 그 신체의 지각도 주요 중추가 활동하기 시작한 뒤의 일이다. 즉 나는 먼저 근육과 혈액의 대동란(大動亂) 방어의 개시, 전체적인 동요 같은 것을 느끼고, 그런 뒤에 적극적이고 신중하게 탐색함으로써 그런 것에서부터 어떤 한 부분의 화상이라든가 칼에 찔린 상처라든가의 고통을 식별하게 된다. 주의 깊은 사람들은 깨닫게 되는 것이지만, 자기가 어떤 원인 때문에 잠이 깰 경우, 잠이 깨는 것은 먼저 자기 자신의 소란, 즉 최초의 방어 운동이다. 요컨대 우리에게 경고를 통보해 오는 것은 언제나 근육인데, 움찔하고 뛰어오르는 동작은 이 경고장의 목적지를 아주 잘 나타내고 있다. 감각은 감정을 추상(抽象)한 것에 지나지 않는다고 해도 마찬가지이다. 어쨌든, 나 전체인 내가 이 아픔을 통해 움직여지는 것이라면 손에 아픔을 느낄 수 있다는 사실은 틀림없다. 나 자신의 동요에서 느끼는 아픔의 감정을 공포라고 부른다면, 나는 내 스스로 느끼는 모든 것을 공포라는 첫 바탕 위에 느끼는 것이고, 이어서 바탕에서부터 하나의 대상이나 상해, 효과 있는 행동을 식별해야만 하는 것이라고 할 수 있다. 그러고 보면 원인 없는 공포, 대상 없는 공포, 순수한 경보야말로 예외없이 내 모든 상념의 첫 상대가 되는 것이다.

아주 어려운 이런 문제를, 그것도 요약의 형태로 들고 나온 셈인데, 그 까닭은 소심함이라는 것을 본디 첫 단계 위치에 되돌려 놓으려 하기 때문이다. 처음에는 무엇을 두려워하는지도 모르면서 두려워한다고 하는 게 사물의 순서이다. 자기 자신의 공포를 통해 잠깨워지고, 상념으로서의 공포는 무엇보다 공포를 두려워하는 것이다. 대상을 발견하고 행동을 시도해 보는 단계가 되면, 공포는 이미 염려와 두려움으로 바뀌어 있다. 염려와 두려움은 측정하고 계량한다. 행동은 자기 일을 생각하는 것에서 벗어나게 해준다. 누구라도 많은 경험으로써 알고 있는 바와 같이, 정체를 알고 있는 위험은 아무리 두려워할 만한 것이라도 원인 없는 공포만큼 우리를 혼란스럽게 만들지는 않는다. 원인 없는, 대상 없는 공포야말로 가장 혼란스럽다. 또한 요컨대 행동은, 특히 곤란하고 그것도 우리에게 이미 각오가 되어 있는 행동은 우리를 곧잘 공포에서 해방시켜 준다.

겁은 기다리는 사이에 커진다. 왜냐하면 유효한 행동을 취할 수도 똑똑히 지각할 수도 없으면서, 이때 우리의 몸에서는 자기 자신을 통해 전파를 경험하게 되기 때문이다. 이것은 말하자면 허상이 출발하게 되고 마는 잘못이다. 이를테면 자기에게 중요한 대화를 시작한다고 하자. 그러나 이야기 상대가 사라진다면 대화를 계속할 수 없다. 대상이 발견되지 않는다. 또한 피아노 없이 피아노를 치거나, 그 밖에도 이런 종류의 일을 한다. 말하자면 이렇게 단단해진 기관에서 쫓겨나 부드러운 증기로 승화되려 한다. 이 동요를 공포라고 해석해 진짜 공포에 괴로워하듯이, 이에 괴로워하는 것은 아주 어리석은 짓이라고 할지도 모른다. 그러나 이런 동요야말로 다름아닌 공포이며, 전혀 순수한, 공포라고 할 이유도 치료할 방법도 없는 이런 혼란스러운 느낌에 지나지 않는다는 점을 이해하기 바란다고 이미 나는 일종의 머리말을 내걸어 두었었다. 요컨대 공포는, 마땅히 우리가 무서워해야만 하는 대상에 관해 우리가 품게 된 상념의 결과 따위는 아니라고 말하리라. 그러고 보면 겁이란 자기 자신에게 느끼는 공포이며, 실로 이 때문에 가장 고통스러운 것이라고 하겠다.

공포를 치료하는 방법은 여러 가지를 생각할 수 있다. 온갖 종류의 안마가 겁에는 아주 잘 듣는다. 온갖 종류의 체조도 좋다. 어쩔 수 없이 가만히 있을 수밖에 다른 도리가 없을 경우에는 정말로 가만히 있도록 노력하라. 두 발로 서 있는 것보다는 한 발로 서 있는 편이 겁쟁이가 된다. 근육을 부드럽게 하는 방법도 있다. 이는 가볍게 볼 것이 아니다. 즉, 잠자려 할 때에 취하는 자세와 똑같다. 그러나 원인을 인식하는 것이야말로 아마도 가장 좋은 치료법일 것이다. 왜냐하면 공포를 두려워하면 공포를 끝없이 키우지만, 반대로 만일 공포를 이미 두려워하지 않게 된다면, 요컨대 공포에 생각이 미치지 않게 된다면, 공포도 그 정도를 뻔히 알 수 있는 것에 지나지 않기 때문이다. 말하자면 자기의 앞일을 예고하지 않는 것이다.

1931년 2월 19일

60 겁쟁이

겁은 기묘한 병이다. 마치 우리가 몸 안의 경계에서 달리는 것과 같다. 더욱이 충분히 이것을 설명해 줄 만한 외부 원인이 있지도 않다. 남을 해치고자 하는 마음이라고 해도 좋을 만한 반란이다. 이 반란은 제어하는 힘에게 그 힘이 무엇을 계획하건 좀처럼 섬길 수 없다고 알려 주는 것 말고 다른 목적을 갖는 것처럼 보이기 때문이다. 이것은 확산된 빈정거림이다. 겁많은 사람이여, 그대의 지팡이는 문지기의 정강이를 때리고 말 것이다. 그대의 발은 깔개에 걸리고 말 것이다. 그리하여 문을 밀어야 할 경우, 그대는 아무래도 문을 잡아당기고 말 것이다. 이 악질과도 같은 근육들은 모두 좀처럼 복종하지 않겠다는 배짱으로 벋대고 있다. 그리고 미리 나타난 이 폭동은 그대의 얼굴을 땀나게 하고 볼을 불덩이처럼 붉게 만들고 배에 아픔을 일으킨다. 겁이 일으키는 이런 해로운 폭동으로 그대가 어색한 대화를 할 준비가 되었다고 한다면 훌륭하다고 하겠다. 실은 그런 겁이 끼어든 대화에는 체조 선수만이 지닌 나긋나긋한 유연함과 칼잡이의 자제된 자세가 그야말로 필요하다. 그러나 겁쟁이는 이를 악물고 칼의 손잡이에 힘을 주어, 손은 물론 온몸을 경련시키고 나아가서는 불행한 용기라는 것을 꽤 잘 나타내는 두려움과 분노가 섞인 모습을 보이고 만다. 어떤 사람이 항공기 조종에 알맞는지 어떤지를 알기 위해서는 그 사람에게 여러 가지로 갑작스럽게 공격해 본다.

뒤에서 권총을 쏜다. 발 아래에서 발판을 위아래로 움직인다. 그리고 그런 뒤에 곧 의사가 심장의 반응을 조사한다. 바늘을 주고 이에 실을 꿰어 보게 하여 시험할 수도 있으리라. 잠깐 동안의 국왕이든 아니든 간에, 무릇 국왕이라는 인물이 이런 종류의 시련을 겪어 보게 하는 것도 좋을지 모른다. 한 나라의 국민에게 겁쟁이인 국왕을 갖는 만큼 무서운 것은 없다. 그리하여 체조를 우리보다도 사랑했던 고대인은, 만일 자기 자신을 제어하지 못할 만한 인물이 정부 요직에 앉아 있는 모습을 보면 아마도 웃을 것이다. 그러나 사람은 바로 이 지점에서 자칫하면 속는다. 왜냐하면 겁쟁이도 가끔 야심을 품기 때문이다. 그는 위엄의 갑옷으로써 권력을 구한다. 그것은 다른 사람들의 예절이며, 존경은 그의 번민을 잠재우는 향기로운 기름이기 때문이다. 게다가 겁쟁이인 국왕으로 볼 때 진짜 겁쟁이보다도 더한 아첨꾼은 없다. '그럼 나를 무서워하는 놈도 있구나.' 개구리가 팔딱 뛰는 것을 보고 토끼는 말했다.*80 이런 식으로 한 단 한 단 겁쟁이이자 점잔을 빼는 자들의 행렬은 가장 높은 곳까지 뻗쳐올라가 그 높은 곳에서 이럭저럭 위엄을 갖춘 듯이 지배한다. 그러나 마침내는 즉흥과 더불어 실수가 본성을 드러내는 위기가 닥치는 것 또한 어쩔 수 없는 일이다.

겁쟁이 병에 시달리고 있는 것처럼 보이지 않는 어떤 사람이 말하기를, 운이 좋은 정부는 그다지 나쁜 정부가 아니라고 했다. 필요 이상으로 진지해지는 정부를 내버리고 마는 이런 방식은 체조에 속한다. 이것은 유연하게 만드는 하나의 방법이다. 거드름을 피우는 정부의 부정 그것이다. 이리하여 양식(良識)에 든든한 자리가 주어진다. 양식이란 휴식할 때에는 가장 흔한 것이지만, 행동할 때에는 가장 드문 것이다.

솜씨 있는, 때로는 세찬 힘도 보여 주는 어떤 바이올린 연주자로부터 나는 이런 양식의 몸짓을 느껴서 깨달은 적이 있다. 그는 위대한 것을 언제나 엿보고 있는 융통성 없는 상태를 피하기 위하여 자기의 모든 근육의 긴장을 늦추는 방법을 알고 있었다. '소크라테스여'하고 신탁은 알려 주었다. '소크라테스여, 음악을 배우라.'

1921년 10월 24일

61 허영심

어떤 사람의 행동, 감정, 의견을 좋을 대로 바꾸는 힘을 내가 지니고 있다고 하자. 이를테면 내가 품고 있는 생각의 비밀과 나의 적이 품고 있는 생각의 비밀을 기록하고, 서로 다른 점들을 곡선으로 여기저기 내쏘는 복사 장치를 상

---

*80 《이솝 우화》 제191, 또 《라 퐁텐 우화》 제2권 제14.

상해 주기 바란다. 그리고 피아노 소리에 따라 바이올린의 소리를 맞추어 고르듯이, 나의 적의 생각을 조정해 무조건 나의 생각과 조화하게끔 해 버릴 수 있다고 하자.

그럼 이로써 나는 확실히 커다란 유혹의 힘을 몸에 지녔다.

나는 뜻대로 사랑을 받을 수도 있거니와 칭찬을 받기도 한다. 더욱이 진심으로 사랑받고 찬탄받는다. 폭군도 일찍이 이 이상의 일을 꿈꾸어 보았겠는가. 그러나 이 커다란 힘은 완전히 그럴듯한 겉치레에 지나지 않는다. 나를 지지하는 자들은 자발적으로 나에게 갈채를 보내고 있다고 생각할 수도 있다. 주머니 속에 남모르게 숨기고 있는 예의 겉치레와도 같은 복사 장치를 잊어버리기만 한다면 나는 그렇게 생각할 수도 있다.

그리고 어떤 사람이라 할지라도 한순간이나마 유혹을 하는 이런 생각들을 쏘아 대는 복사 장치를 잊어버리는 일은 충분히 있을 수 있다. 그만큼 찬사는 유쾌하다. 그러나 사실을 말하면, 내가 오롯이 나의 뜻대로 부릴 수 있는 수단에 생각이 미칠 때 인정해야 하는 것이 있다. 그것은 나는 다만 나 자신을 찬탄하고 있는 데 지나지 않고 인간인 것 같으면서도 인간이 아닌, 실은 순전한 기계를 조종해 나 자신에게 박수를 보내고 있는 데 지나지 않는다는 사실이다.

야심가는 이 설득의 작은 상자를 손에 넣고 있지는 않고, 우스꽝스럽게도 이런 상자를 하나 갖고 싶어한다. 배우는 박수꾼에게 비싼 돈을 내고 등장할 때 소리를 지르게 하여 만족해한다. 정치가는 곧잘 어용 기자를 써서 그가 쓴 기사를 읽고 흐뭇해한다. 그리고 한낱 중위의 칭찬으로는 늘 장군을 불쾌하게 할 뿐이라는 생각을 해서는 안 된다. 그것도 자립심이 조금쯤 남아 있기 때문이며 이것은 값을 치른 찬사에 남아 있는 소금 찌꺼기와도 같다. 내가 소설을 쓰고, 돈이나 술책을 써서 손에 넣는 데 꽤 비싸게 먹힌 비평을 읽는다고 하자. 찬사를 팔아먹는 상인이 자기의 일을 분별해 알고 있을 경우, 나는 그 문장을 읽으면서 이렇게 생각한다. (이 재주 있는 사나이의 주의를 순간이나마 얻은 셈이니까 아주 행복한 일이다. 즉 그가 저항할 수 없었다는 것, 그의 마음이라는 가는 현악기 줄이 내 마음에 꼭 들어맞았다는 것, 이것을 잘 알 수 있기 때문이다. 이것이 제대로 이해된다. 성실성은 흉내내려 한다고 해서 흉내를 낼 수는 없다.)

그러고 보면 나는 무엇을 찾고 있는가. 청렴하고 결백한 판단자, 자유로이 결정하는 판단자, 이쪽에서 강제할 수 없는 판단자, 바로 그런 사람이 아닌가. 아첨꾼들의 기술은 바람둥이 여자의 방식인데, 자유와 도망질의 행위로써 상대에게 자기를 바라게 만드는 것이다. 이런 기술은 아첨꾼의 속에 있으면서 작용하는 오만이며 더구나 이것이 미치는 바는 크다. 이런 아첨꾼의 기술이 상대에게 알리고자 하는 바는 이러하다. '저는 당신의 마음에 드는 일 따위는 아무래도 좋아요. 칭찬할 가치가 있는 경우에만 나는 당신을 칭찬해요.' 이것은 희극 대사의 자료이다.

허영으로 들뜬 마음은 매우 진지한 감정이다. 이 감정은 상처받기 쉬우며 사람은 무슨 일이든 이 감정을 위로해 주는 것이기에. 그러나 또한 징표라는 것은 꽤 힘이 있는 것이라고 해야만 한다. 비웃는 목소리가 사람을 잘못 보아 그대에게 향해졌을 경우라도 그대를 병들게 하고 말 것이다. 그리고 유명인과 아주 닮은 어떤 사람이 아주 잠시 동안이라도 감탄하는 눈길에 둘러싸이면 기분이 좋아진다고 하는 사실도 나로서는 알 수 있다. 이 눈길 그 자체가 정말로 기분 좋은 징표이기 때문이다. 스스로가 어리석은 일이라고 생각하는 것은 반성한 뒤에야 하는 생각에 지나지 않는다. 그렇다고 하더라도 찬사의 축음기를 즐기는 자는 없을 것이다. 사람이 정복하고 싶다고 생각하는 것도 같은 종류이다. 정확히 말하면 같은 종류의, 은밀하게 숨겨진 자유로운 부분을 사람은 뒤좇아 구하는 것이다. 사랑의 장난은 처음에는 수수께끼에 차 있지만, 그것도 이곳에서부터 설명된다. 그러나 야심의 장난은 가장 순수하여 본질적으로는 좀 더 깨끗하다.

여기서는 완력으로는 어쩔 수도 없는 자유로운 인간으로부터 칭찬받는 것 그 밖의 즐거움이란 없기 때문이다. 이리하여 힘은 헛되이 또 이리하여 힘은 언제나 짜증을 내기 마련이다. 사람은 명분을 갖기를 바란다.

그러나 이 명분이라는 강한 징표는 곧잘 또 하나의 의미, 매우 폭력적인 의미를 취한다.*[81] 이런 점에서 야심가가 무엇을 바라고 또 무엇을 잃고 있는가를 그 스스로 폭로하고 만다. 그런데 인간은 강제하려는 낌새가 보이는 즉시 아득히 먼 자기 속으로 달아나서, 이제는 들어설 방법이 없다. 알세스트(몰리

---

*81 프랑스어의 avoir raison이라는 구(句)는 '…의 도리가 있다, …의 이유가 있다'라는 뜻 말고도 '…을 이기다, 극복하다'라는 뜻도 지니고 있다.

에르의 《인간 혐오자》에 나오는 인물. 사람을 싫어하는 사람의 본보기이다)가 투덜거리기 시작하면 셀리메느(《인간 혐오자》에서 알세스트가 사랑하는 여성)이 곧 자신의 겉모습 속에 열쇠를 잠그고 틀어박혀 버리는 것도 그것과 마찬가지이다. 셀리메느의 사랑을 받거나 찬탄받거나 하는 길은 하나밖에 없다. 즉 힘이나 명분을 멀리하고 다만 자유로운 것만을 찾고 존중하며, 저항과 거역을 사랑하는 것이다. 더욱이 이것이 겉치레를 중시하는 사람이 하는 것처럼 장난이어서는 안 되며, 또한 한때에 그쳐서도 안 된다. 사람은 여기에서 어느 세상에서나 실제로 진지한 종교였던 면모를 찾아낼 수 있다. 신학의 탐구는 마침내 자유의지야말로 신의 더할 수 없이 뛰어난 속성이며, 신을 흉내낸다는 것이야말로 스스로 자유로운 존재가 되고, 자유로운 모든 것을 공경하며, 이 지상에 반신(半神)들을 살게 하는 데 있다고 고찰하기에 이르렀기 때문이다. 이런 자유로운 존재성의 추구와 숭앙은 아주 먼 곳까지 사람을 이끈다. 사람은 누구나 이때 자신과 대등한 자들의 위에 군림하기를 끊임없이 바라기 때문이다.

이런 것이 하나의 예외도 없이 세상의 모든 사회의 바탕이 된다. 공포와 타락은 단순히 겉으로 드러난 징표에 지나지 않았다.

자유와 우애가 발견될 때까지 파내려가지 않는 한, 사람이 쓰는 것은 한낱 역사의 겉보기에 지나지 않는다.

1932년 6월 7일

62 오만과 허영심

수많은 장점이 있었지만, 그중에서도 특히 어느 바이올린 연주자의 이야기가 있다. 그는 지금은 은퇴했지만 한때 언제나 정확한 소리를 낸다는 특별한 기술을 지닌 연주자로, 이탈리아에서 휴가를 마치고 돌아왔다. 나는 건강한지 휴양으로 만족스러운지 등, 판에 박은 듯한 질문에 그가 예의 조용한 태도로 이렇게 대답하는 것을 들었다. '고맙네, 건강해. 그런데 덕분에 소리의 상태는 나빠져 버렸다네.' 이 말은 나의 검술 선생의 엄격한 가르침을 생각나게 했다. 이 선생은 검술 못지않게 어려운 또 하나의 기예에서도 짐짓 비결을 터득한 사람이었다. 그러나 조예(造詣) 그 자체가 그를 겸허한 사람으로 만들고 있었다. 그는 말했다. 고작 며칠이라도 '연습을 쉬면 눈앞에 안개가 낀 것처럼 된다.

그래도 들어오는 칼을 막아낼 수는 있고, 어쩌다 찌를 수도 있기는 하다. 짐작은 되지만 그러나 이미 보이지는 않는다. 글자를 더듬어 가면서 읽는 어린이처럼 괴로운 연습을 다시 시작하면, 그제야 조금씩 안개가 걷혀 상대의 다음 동작, 이쪽이 해야 할 것이 모두 잘 보인다. 아무리 칼이 빨리 움직이더라도 자네를 보는 것과 마찬가지로 똑똑히 보이게 되는 것이다.'

참된 예술가는 허영심으로부터 벗어나게 된다. 더욱이 아주 빠르게 벗어나게 된다. 그의 부당한 찬사는 오히려 화가 나는 것이기 때문이다. 그러나 그 예술가들은 오만에서도 벗어나야 한다. 이것이 힘의 두 번째 계기(契機)이다. 오만과 허영심의 차이는 무엇인가. 다음과 같다. 허영심이 강한 사람은, 어떤 작가가 다른 작가에게서 모방한 점으로 칭찬받은 경우와 같은 거짓 징표에 스스로 만족하고 만다. 이와 달리 오만한 사람은 실현될 수 있는 힘, 즉 싫증을 나타내거나 작품을 만들거나 하는 실현될 수 있는 힘을 기뻐한다. 그러나 오만은 허무하기도 하다. 그 이유는 언제라도 일단 작품이 실현될 수 있는 힘을 얻으면 저절로 그것이 보존된다고 생각하는 점에 있다. 이를테면 자기에게 그런 가치가 없으면서도 무공훈장(武功勳章)을 달고 득의양양해하는 사람은 허영심이 강한 사람이고, 몇 번이나 증명된 자기의 용기 위에, 마치 재산 위에 앉듯이 턱 앉아서 언제나 자기의 과거 행위를 뽐내거나 이것만으로도 충분하다고 여기거나 하는 사람은 오만한 사람이다. 다른 사람들은 샘에서 물이 나오기를 기다리듯이 이 사람에게서 용기가 나오기를 기다리고 있는 데 말이다. 그러나 당사자는 많은 행위를 한 뒤라도, 태어난 날과 마찬가지로 여전히 아무것도 가진 것이 없고 알몸일 뿐만 아니라 앞으로는 다른 사람들보다 높은 지위에 선다는 책임과 역할이 덧붙여진다. 그런데 이야말로 그에게 태어난 날과 마찬가지로 곤란한 일일 뿐만 아니라, 경험이 있다는 바로 그점 때문에 때로는 한결 곤란하게 된다.

현재의 학자들도 과거의 지식을 이른바 잡아벗기게 된다. 이 오래된 지식들을 걸치고 있으면 그는 오만에서 허영심으로 다시 던져지고 만다. 학문도 있고 가는 데마다 칭찬받으며 찬양받는, 그런 사람의 자만심은 엄청난 어리석음과 뒤떨어짐의 뿌리가 되는 요인 중 하나이다. 남의 옷을 입고 뽐내는 허영심은 오만에 내리는 벌이라고도 할 수 있으리라. 오만이 머리를 쳐들어 자신이 다른 사람보다도 잘한다고 확신하기에 이르자마자 가장 낮은 수준으로까지 떨어지고 만다. 참을성 있게 일한 사람이라면 모두 자신의 뛰어난 작품으로 얻을 수 있는 것은 아무것도 없으며 모든 것을 정복하고 또 다시 정복해야 한다는 것을 실제로 느끼고 있다. 어떤 늙은 현자가 있었다. 이 사람은 이미 마땅히 은퇴해야 할 정도의 사람이었는데 어려운 문제가 이야기될 때 이렇게 말했다. '옛날에는 나도 이만한 것쯤은 알았었는데' 라고.

예술가는 다른 사람들 이상으로 이 현자와 같은 크나큰 법칙에 지배된다. 왜냐하면 이미 만들어진 작품이 이제부터 만들어질 작품을 쉽게 한다는 따위의 주장은 진실이 아니며, 진실인 것 같지도 않기 때문이다. 만일 그렇다면 자기 자신을 계속 다시 베껴야 한다는 말이 될 것이다. 그리하여 예술가에게나 다른 사람들에게도 이 이상으로 명백한 타락의 징표는 없다. 진실로 이런 한심스러운 생각으로 말미암아 재능은 순식간에 기법으로 타락하고 만다. 아주 작은 성공도 일이 늘어감에 따라 쟁취해야 하는 까닭은 이 때문이다. 베토벤은 늘그막에 이르러서도 여전히 손으로 하는 일로 되돌아왔으며, 옛날식의 노래를 바탕으로 수많은 근대적인 화성(和聲)을 쓸 수 있었다. 이런 식으로 하여 그는 자기의 타고난 재능을 다시 창조하고 어린 학생과도 같은 모방 덕분에 다시금 창의력을 발휘할 수 있게 되었다. 이미 만들어진 작품은 이때 비교의 기준으로서 도움이 되어 우리에게 이 기준을 넘어설 것을 재촉한다.

그러므로 명성은 어떤 것을 보증해 주지 않는다. 그것은 두려워할 만한 시련이다. 정신은 처음에는 한동안만 이 명성에 기뻐한다. 이어서 이것은 정신의 무거운 짐이 된다. 그리고 정신이 이것을 느끼지 않는다고 하면, 그것은 타락한 표시이다. 그 무감각은 아침마다 되풀이해 시작해야만 하는 강행군이다. 요컨대 대중의 취미는 천재들의 비판을 통해 확립되며, 천재들의 비판이란 그들의 작품일 따름이다. 다만 그들만이 기꺼이, 의심스러운 부러움을 받는 일 없이 충분히 엄격한 태도를 취할 수 있다. 이 생각은 건강하다. 또한 내가 보기에 이 천재의 작품은 온갖 종류의 부러움으로부터 사람을 자유롭게 해준다. 썩 대단치 않은 명성이라도 틀림없이 무거운 짐이 되기 마련이기 때문이다. 나는 이런 고찰을 궁정 대신에게도 적용하고 싶다. 왜냐하면 자신이 성공했다고 생각한다면 그는 이미 쓸모없는 존재가 되고 말기 때문이다. 그의 시련은 시작된다. 만일 그가 소인배에 지나지 않는다면 그의 참된 모습은 언젠가는 알려지게 된다. 그가 과거의 자기를 되풀이해 이야기할 뿐이라면, 사건이 그

허점을 찌를 것이다. 그래서 큰 성공을 하게 되면 사람은 어리석은 인간이 되든가 아니면 겸허한 사람이 된다.

1921년 9월 9일

63 자연스러운 언어

웃음은 사람을 웃게 한다. 울음은 사람을 울게 한다. 두려움은 사람을 겁나게 한다. 이렇듯 단순하면서도 잘 알려진, 이렇듯 힘찬 이들의 효과는 생리학에 근거한 기능인 모방 기능에 의거한다. 공포의 징표를 나에게 던지는 사람은, 공포에 맞서는 태세를 나 자신에게도 취하게 한다. 나는 징표를 돌려 준다는 그 일로써 그 징표를 이해하는 셈이다. 그러나 어떤 위험이 있는지, 즉 불인지 물인지, 인간인지 짐승인지를 나는 아직 모른다. 나는 먼저 징표를 함께 하고, 동시에 감정을 함께 하는 것부터 시작한다. 그렇다고는 하지만 최초에 있었던 시작은 무엇보다도 행동이다. 나를 감동케 하는 것은 바로 이 행동 때문이다. 무서워 허둥댈 때, 나는 먼저 무서움의 징표를 모방하고 되돌려 보내는 것부터 시작하는 셈인데, 그것이 어떤 징표인지도 모르며 자기가 무엇을 느끼고 있는지도 모른다. 나는 징표를 끊어버리거나 또는 단축해 버리고서 그로써 감동이나 탐구, 또는 인식을 만들어 낸다. 징표는 이런 끝없는 에움길을 거쳐 감정이나 관념을 의미하게끔 한다. 그래서 우리는 자신이 무엇을 말하고 있는가를 다 알 수는 없다.

신(神)이라는 낱말은 늘 사람의 설명을 기다리고 있다. 어떤 광경이 숭고하다고 나는 말한다. 그리고 내가 무슨 일인가를 말하고 있음을 느낀다. 그러나 무엇인가. 그리스도가 못박힌 십자가상은 위대한 징표여서 깊은 감명을 주기는 하지만, 그러나 그것이 무슨 징표인가. 초승달은 지금 하나의 신비한 괴물이다. 우리에게 좀 더 가까운, 좀 더 낯익은 말로 말하면 공포라는 낱말 자체가 내포하는 바의 모든 것을 밝히고 있지는 않다. 전율이라는 낱말은 모든 것을 이야기하지만 또한 동시에 아무것도 이야기하지 않는다. 그러나 이 낱말에서는 생리학이 웅변을 드러낸다. 나는 자신 속에서 고슴도치와도 같은 방어를 깨닫는다. 나는 이것으로 이해한 셈이다. 다만 옳은 길에 들어섰다는 뜻에서의 방어적 전율이다. 시인들은 징표를 통해 생리학적으로 나로 하여금 어떤 태세를 취하게 하는 기술을 몸에 지니고 있다. 그들은 언제나 그가 아는 것보다 더 많은 것을 말한다. 우리만 하더라도 산문으로 이야기하게끔 되는 경우는 거의 없다. 자기가 말하고 있는 바를 완전히 알고 있다는 사람은, 내가 보는 바로는 수학자뿐이다. 그러나 이 또한 확언할 수는 없다. 이토록 적나라한 대수 기호에서도 뜻하지 않은 깊이가 모습을 보이기도 하기 때문이다. 이런 문제에서 누구보다도 뛰어난 선생인 콩트는 대수 기호의 발명은 선량한 여자들의 언어, 이를테면 더듬어 찾는 맹목적인 모색을 본뜨는 것이라고 우쭐해서 제시한다.

그러므로 무언가 낯선 언어로 이야기하려 하는 경우에는, 자기가 말하려는 바를 알고 덤비느냐 아니냐는 생각만큼 그렇게 중요한 것은 아니다. 먼저 자기 나라 말로 생각한 것을 다른 나라의 말로 옮긴다는 방식, 이것은 조금도 자연스럽지 않다. 이런 식의 언어 표현은 조금도 자연스럽지 않다. 이것은 명백히 어머니에게서 배우는 어린이의 방식은 아니다. 어린이는 모르고 먼저 말을 하는 것부터 시작하기 때문에 자기가 말한 것을 이해하는 데는 꼬박 일생이 걸려도 좋은 셈이다. 어린이는 먼저 처음에 생각을 갖고 이어서 그 생각을 전하는 것이 아니다. 오히려 반대로 어린이 자신은 자기 자신의 이상한 언어로부터 자기의 생각을 찾아내는 것이다.

옳은 방법이란 무엇인가. 이제까지의 탐구로 생각해본다면, 옳은 방법은 자기가 무엇을 말하고 있는가를 알기 전에 영어로든 독일어로든 이야기한다는 것이리라. 인사말이니 감탄사니, 주어니 하는 것은 결코 잘 알지 못하는 채로 쓰는 징표이다. 이런 품사들로 말미암아 사람은 좋은 날씨를, 기분이 어떤가를, 잘 되기를 빌고 있다고 생각하지는 않더라도, '안녕하십니까'라고 말할 수는 있지 않은가. 말의 첫 번째 의미, 다른 모든 뜻의 바탕이 되는 뜻은 태도에서 온다. 개방을 지향하는, 좋게 생각하는, 믿어 주는, 정이 많은 태도, 즉 어느 것이나 확실하게 발음하게끔 하는 태도에서 온다. 그리고 이에 관하여 말해 두고 싶은 유익한 것은, 영어 문장 속에서 영국 사상을 발견하고 싶다면 먼저 발음이, 또는 바란다면 억양이 중요하다는 것이다. 주의해야 할 점은, 언어는 턱이나 폐, 목구멍 등의 가장 중요한 힘찬 기관과 관계된다. 그러므로 하나의 낱말은 특히 얼굴을 바꾼다. 어떤 생명의 뒤틀림 이외에는 생길 수 없다. 이리하여 영어로 이야기하기 위해서는 영국인의 찡그린 얼굴을 그대로 따라 해야만 하며, 또한 영국인의 정념이라는 생명의 징표를 닮아야 한다. 그리고 나 자신이 언제나 잘못하기 때문에 잘 알고 있지만, 그것은 프랑스만이 특별히 지닌 관념을 나타내는 데 어울리는 영어를 찾는 데 있다. 그렇다면 자신 속에서 번역을 결코 하지 않고 외국어를 배워야 한다는 말이며, 달리 말한다면 영어의 표현을 프랑스어로 이해하려 하지 말고 어디까지나 영어를 이야기하는 것이어야만 한다. 실제로 그런 이야기까지 이를 수 있다는 것을 나는 알고 있다.

그리고 그리스 철학자들은 우리에게 그리스어를 생각하게 하는 방법을 잘 알고 있다. 그렇다고 하더라도 소크라테스가 자신의 그리스어를 씹어 맛보듯이 그의 방식을 내가 먼저 흉내내고 덤비는 것부터 시작할 수 있다고 한다면, 나의 그리스인도 얼마나 진보했을지 모르는 일이다. 이 소크라테스의 방식은 무엇보다 감정부터가 스스로 그리스인이 되는 것이었다. 이것은 그 무렵의 그리스인의 관념을 밑바탕으로부터 파악하는 것이었다. 그리고 그 밑바탕으로부터 파악한다는 이 비유 자체가 내가 바라던 것보다 훨씬 많은 것을 이야기하고 있음을 주의해 주기 바란다. 곤란한 것은 한 나라 말을 할 때 이런 종류의 행복을 찾아내는 것이다. 이것은 그리스어로는 어렵다. 이렇게 말할 수 있는 것은 새의 노래를 흉내라도 내는 듯이 영어를 이야기하는 어린이의 특권이다.

1930년 10월 15일

64 구원

예속에 상처를 받는 까닭은, 첫째로 자기의 자유를 느끼고 분노하는 정신의 힘에 따른다. 이렇게 분노하는 사상은 자기 자신의 명령에 따른 것 말고는 결코 굽히려고 하지 않는다. 모든 정념은 이 싸움을 통해 몸을 기르고, 또한 이를 통해 순수한 감정이 이긴다. 물론 이에 사상적인 에움길이나 책략이 필요하기도 하다. 그리고 이 에움길이나 책략은 저절로 일종의 수도원이나 절 같은 것쪽으로 간다. 모든 이런 것은 추녀나 주랑(柱廊), 비탈진 지붕처럼 자연스럽다. 그것은 종교 또한 인간의 모습을 취하기 때문이다.

왕자와 같은 정신의 소유자였던 파스칼, 그러나 자유로운 저항을 발견하지 못했던 그는 말이 날뛰기 시작하면 그 마차를 강 속으로 처박게 하는 위험을 당해 그 뒤로 이 일을 지나치게 두려워하게 되었다고 한다. 그에게는 늘 신변에 깊은 연못이 보였던 것이다. 자기를 통해 자기를 통제하고, 옳게 생각하며 재빠르게 생각하는 방법을 익힌 하나의 정신에게, 이런 시련이 어떤 장해가 될 수 있었는가를 이해해야만 한다. 그것은 치욕이었으며 노여움이었고, 자기를 존중함으로부터 비롯된 자기 경멸이었다. 그러나 무엇보다도 지나치게 두려워했던 것은 그의 하나의 문제, 원뿔곡선이나 삼각함수의 문제보다도 조금 더 까다로운 문제였었다. 이리하여 그는 신체의 징표, 즉 정신에 줄 수 있는 가장 큰 징표를 더할 나위 없이 미세한 것에 이르기까지 탐구한다. 모든 것을 확대하고, 모든 것을 가중시키면서 영혼의 모든 것을 차지해 버리는 재채기, 윙윙거리며 사색하는 사람을 크게 번거롭게 하는 벌레, 이미 몽테뉴가 현자를 태우고 그 위대함을 측정하려고 했던 저 유명한 널빤지 위에서의, 이성보다도 더욱 강한 어지러움[82] 등등을 탐구한다. 이런 모든 것에서 우리를 부끄럽게 하는 것은 충격 그 자체가 아니라, 풍부하지만 혼란스러운 감정, 조바심과 노여움 등으로, 말하자면 두려움이다. 이해해야 할 것은 두려움을 느끼게 하는 것은 벌거벗은 죽음이 아니다. 오히려 반대로, 두려워하기 때문에 두려워하게 된다. 이 두려움에 얽매이는 것 때문에 사람들은 초조해진다. 그리고 이런 현상은 곳곳에서 볼 수 있는 것이다.

파스칼 그는 이 심리적 공포의 언저리에서 머무를 수는 없었다. 대담하게 한걸음 더 나아가 완전히 시인하게 하는 감정, 이로써 공포나 절망까지도 저마다 훈작(勳爵)을 받을 수 있을 만한 감정에 이르러야만 했다. 사랑하는 사람은 모두 이런 자기 해방을 시도한다. 그리고 맹세를 통해, 즉 예속을 선택함으로써 곧잘 이 해방을 얻게 된다. 그러나 여기서는 병리적인 충격 때문에, 또한 좀 더 내적인, 좀 더 타고난 예속을 발견하는 투철한 사고 때문에 문제는 한층 더 컸다. 이 예속을 바라고, 이른바 이것을 선택하고, 그리고 이것을 사랑하게까지 되어야만 했다. 모든 정념에 사로잡힌 사람의 자연스러운 움직임에 따라 '나는 좀 더, 좀 더 자유롭게 정념을 해보일 테다' 하는 것이다. 이렇게 하여 그 튀렌느[83]는, 공포를 느꼈기 때문에 위험으로 돌진했다. 그러나 튀렌느는 스스로 수도사가 될 만큼 상상력이 충분하지는 않았다. 파스칼은 튀렌느 식의 돌진에 방정식의 해답을 구했다. 불행은 커다란 잘못 없이는 있을 까

---

[82] '재채기' '벌레' '널빤지' 이야기는 모두 파스칼의 《팡세》 속에 있다.
[83] 튀렌느(1611~1675)는 루이 왕조를 섬기며 전공이 많았던 용장.

닭이 없다. 이리하여 그는 잘못을 찾고 인류를 심판하려 든다. 그런데 이성이 남아 있다면, 구원할 수 있다. 정신은 자기를 잊기 때문에 멸망한다. 정신은 계산기나 손수레[*84]나 이런 종류의 위안으로 말미암아 자기를 잊는다. 증명이라는 것을 잘 보자. 증명을 증명할 수 있는 것은 없다. 이처럼 정신은 믿는 것이다. 하찮은 일들에서는 정신은 즐기기 위해 믿는다. 이 정신을 다시 데려오도록 하자. 정신은 자기를 구하기 위해 믿는 것이어야 한다. 정신은 다만 다리를 만들기 위해서 실재하지 않는 직선이나 곡선을 가설(假說)의 관점에서 생각해 낼 수 있는데, 자기 자신을 완전히 구제하는 가설에까지 나아갈 수 없다고 한다면 너무나도 부조리한 것이다. 이렇게 하여 가책에서 후회로 나아가면서— 이것은 모름지기 위안이라는 것의 본문이다—파스칼은 장세니즘을 생각해 내기에 이르렀다. 장세니즘이란 엄격하게 고찰된 인간의 상황이다. 종교도 여기에서는 한낱 사실 조건에 지나지 않는다. 장세니즘에서 근본적으로 종교와 다른 점은, 곤란한 상황에 대한 영혼의 응답이라는 것이다.

장세니즘을 가르친 것은 하늘이 아니라 땅이다. 그런데 장세니즘은 파스칼에게는 교육을 통한 주의이며, 그의 주변 사람들에게는 실제의 예를 통한 주의였다. 다른 사람들은 이미 노여움에서부터 자기 자신을 구하기 위해 분개(憤慨)를 발명했으며, 또한 경멸에서부터 자기를 구하기 위해 겸손을 발명했다. 이미 욥의 한탄에서는 희망이 생겨나고 있었다. 그리고 증거가 될 만한 뒷받침은 조금도 없는 희망도 사랑의 맹세로써 곧잘 자기를 구할 수 있다. 이리하여 이들의 위대한 영상에서 더할 나위 없이 자유롭게 인간을 깊이 생각하고 연구하는 사상이 반짝거렸고, 그리스도의 신화는 이른바 인간을 대상으로 하는 이런 고등 기하학의 백묵이며 흑판이었다. 신화에 근거한 이런 종류의 정신은 생각된 직선을 앞에 두고 멋지게 그어진 실제 직선을 경멸한다. 왜냐하면 관념을 나타낸 징표가 관념을 닮았다고 생각하는 것이야말로 본디 의미로서의 우상 숭배라고 하는 것이기 때문이다. 징표란 신체를 위한 것이며 신체에 꽤 좋은 것이다. 이를테면 소크라테스는 독이 든 잔을 들려고 했다. 우상 숭배를 극복하는 동시에 보존한 셈이다. 고대인은 가설에 근거하여 돌진하는 기하학자였다. 그리고 현대인은 오히려 기호에 이리저리 대입시켜보는 대수

[*84] 계산기, 손수레 모두 실제로 파스칼이 발명한 기구이다.

학자이다. 그러나 어느 쪽에서나 깊은 뜻을 미루어 살피려는 과감한 수사법으로서, 잘못을 지나치게 두려워하는 것으로부터 구제해준다는 의미는 같다.

1924년 4월 22일

65 절도

자기를 업신여기는 사람은 오만한 사람과 마찬가지이다. 이런 사람은 속박되고, 잔뜩 죄어져 있다. 반대로 절도는 앎의 신속한 힘이다. 이는 인간의 아름다운 순간이다. 그리고 나는 이것을 근육의 어떤 상태로 정의하고 싶다. 그렇다, 한가하고 편안한 상태이다. 실제로 검술 선생은 제자에게 이렇게 가르친다. 물론 제자는 이 절도를 믿지 않는다. 재빨리 배어 들어가는 참된 방법은 긴장하는 것이 아니라 반대로 긴장을 푸는 것이라고 믿지는 않는다. 또한 실제로 바이올린 선생도 제자에게 이렇게 가르친다. 물론 제자 또한 음을 이끌고 늘이고 펼치려면, 손이 활을 꽉 쥐어서는 안 된다고 하는 말을 믿지 않는다. 마찬가지로 나도 어떤 지식의 제자에게나 이렇게 가르치고 싶다. 주의나 욕망의 징표를 통해 몸을 긴장시키거나 잔뜩 죄거나 해서는 안 된다고. 제자는 내가 하는 말을 믿지 않으리라. 지식의 선생 또한 내가 하는 말을 믿지 않으리라. 이 사람도 어떤 관념을 형성하려고 곧 목을 잔뜩 죄어 긴장시키고 소리를 높이다가 마침내는 외치고 만다.

그 까닭인즉 의욕하는 방법을 아는 것은 사소한 지식도 아니고 쉬운 지식도 아니고, 거의 모든 사람들이 개처럼 먼저 이를 악물고 덤벼야 하는 것이다. 그렇다고 해서 그들이 심한 자기 찬미나 질투심, 세찬 야심을 갖고 있지는 않다. 혹시 그들 자신은 그렇게 생각하고 있을지도 모른다. 그러나 나만 하더라도 노여움에 끌려 들어갔을 때에는 그들이 오히려 그렇게 생각해 버릴지도 모른다. 나는 그렇다 하더라도 그들이 스스로를 살펴보거나, 판단하거나, 다시 내세워도 안 되는 것이다. 반대로 플라톤이 바랐듯이, 체조와 음악으로 자기를 유연하게 하는 것이어야 한다. 후회는 사람을 유연하게 만들지는 않는다. 후회의 악이란 자기의 일을 이것저것 걱정하는 것이다. 노여움과 노여움을 부딪히게 한들 아무런 얻는 바도 없다. 먼저 나부터 온건하게 생각하도록 해야만 한다. 그리고 이 일이 나로부터 괴로운 생각을 물리쳐 준다. 이런 생각은 모두 죄어진 주의가 낳는다.

좋은 학생들 가운데 볼 수 있는 저 단순하고 힘찬 절도를 나는 자유분방함이라고 부르고 싶다. 그러므로 나의 충고는 '주의하라. 나를 잘 보라. 주먹을 움켜쥐고 입술을 깨물어라'가 아니라, 반대로 '지나치게 바라지 말라. 여무는 대로 내버려 두어라. 겨를은 있다. 미소 짓자. 내달릴 필요는 없다. 관념이 달아나 버리겠는가. 또 돌아올 것이다. 그때 볼 수 있지' 하는 것이다. 그런데 만일 내가 음악 선생이었다면, 이런 설교를 할 것까지도 없다. 귀를 기울여 듣기만 해도 좋다. 왜냐하면 사람의 마음에 들려고 하는 욕망이 아주 조금만 있어도 자연스런 음에 상처가 생기고 말기 때문이다. 플라톤이 음악을 한결 더 미묘하고도 힘찬 체조로 보는 까닭을 깨달은 것은 이런 길을 거친 다음이다.

예절 또한 휴식이며, 해야 할 말, 해야만 할 일, 즉 겁이나 서투름과는 서로 용납하지 않는 이런 행위들에 대한 확신이다. 다만 예절은 아무것도 목표로 하지 않는다. 이와는 달리 절도는 훨씬 멀리를 목표로 한다. 이미 누구나 관찰한 것이지만, 예절은 사고를 통해 사람을 멀리한다. 사상 그 자체를 무서워하기 때문이 아니라, 오히려 반대로 보통 논의라는 것에서부터 비롯되는 놀랍고도 어리석은 동요를 무서워하기 때문이다. 예절이 낡아 빠진 상태로 떨어지는 까닭은 첫째로 절도가 사라지기 때문이다. 절도는 새로운 대담한 관념을 두려워한다고 한다. 그러나 나의 생각으로는 절도는 정념과 버릇없음을 두려워한다. 그것도 민중의 것이 아니라, 절도 자신의 정념과 버릇없음을 말한다. 절도를 생각하면 어떻게 해야 할지 모른다. 이리하여 절도는 평화라는 미지의 길로 뛰어드는 가까운 악보다는, 전쟁으로 모든 남자들을 잃는다고 하는 먼 악을 선택한다. 이리하여 가까운 평화가 먼 전쟁을 만들어 낸다. 왜냐하면 전쟁보다 평화가 새로운 것이기 때문이다.

그러므로 절도가 먼 곳을 목표로 한다는 말은 옳다. 절도는 스스로 생각하는 것보다 많은 것을 이룰 수 있다. 이 올바른 감정은 곧 끝없는 전망을 열고, 그리고 이런 감정이 희망보다도 강한 무엇인가를 눈뜨게 한다. 언제나 굴욕을 짓씹고 있는 이 불행한 자아를 절도를 통한 올바른 감정으로 한순간 잊기만 해도 충분하다. 그리고 사람은 근육을 풀게 함으로써 형편 좋게 이 일을 해낸다. 좋은 학생은 이렇게 하는 절도의 방법으로 공부하는 의자에 앉아 있다. 사실 그들은 진선미 같은 것보다는 오히려 자기의 공책이나 연필을 염려한다. 그 모양은 마음을 놓은 상태이며 나아가서는 아무렇게나 되라는 태도이기도 하다. 자기를 주장하거나 지배하거나, 자기 자신의 법칙을 물건이나 사람들에게 강제하거나 하는 생각은 그다지 없다. 그러나 절도의 정신은 새끼고양이처럼 발랄하다. 그는 털실 뭉치라도 기다리듯이 관념을 기다리며, 멋지게 한 번 발로 걷어차서 이것을 굴리려고 몸을 도사리고 있다고 말하고 싶다. 수련이니 하는 관념은 모두 절도에서는 지워져 버렸다. 절도 있는 그는 신처럼 사물을 본다. 고맙다는 말도 하지 않는다. 나는 이 선량한 미소에서 절도 있는 사람을 본다. 절도를 잃지 않는다면 그는 대단한 사람이 될 것이다.

1929년 12월 5일

66 야심가의 장난

나는 폭군을 가엾게 여긴다. 폭군은 절대로 그가 바라는 바를 손에 넣는 일이 없다. 여자는 돈 때문에 사랑을 받더라도 그다지 기뻐하지 않듯이, 폭군은 돈으로 사거나 힘으로 얻는 갈채를 기뻐할 수는 없다. 야심이란 사랑 못지않게 요구가 엄격하며, 또한 사랑 못지않게 통찰력이 뛰어나고 슬기로운 안목을 갖고 있다고 생각한다. 바보들, 줏대 없는 자들, 비위를 맞추려는 내심이 빤히 보이는 아첨꾼들을 지배하고 싶다고 생각하는 자는 아무도 없다. 빈틈없이 약삭빠른 신하란 한 알의 자유를 집어넣어 자유라는 맛을 내는 방법을 알고 있는 사람이다. 그러나 폭군은 참된 자유를 노리고 있다고 생각한다. 이 자유야말로 폭군의 전리품이기 때문이다. 그는 자유로운 인간에게서, 사람이 좀처럼 베풀지 않는 자유로운 찬사를 바란다. 마찬가지로 수학자도 배운 것이 없는 사람들의 칭찬을 경멸한다. 다른 수학자로부터 찬미받기를 바란다. 그리고 모든 허영을 짓밟고 자기가 무엇을 바라고 있는가를 잘 이해한다면, 그는 자기와 대등한 자를 찾는다. 그는 하찮은 것으로 만족하지는 않는다. 아직 대등하지는 않은 한, 칭찬은 강요된 것이거나 바보같기 때문이다. 그런데 희극 배우처럼 거의 완전한 허영 속에서 살고 있는 사람들이라도 자유로운 갈채와 자기가 돈으로 산 갈채를 구별해 생각한다. 폭군은 아무리 희극 배우라 하더라도 시라쿠사의 디오니시우스가 했듯이 언제가 되더라도 플라톤을 초빙할 것이다. 실로 자만심 때문에 그들은 여기에서는 장님이 되고 만다. 그리고 자기가 웅변가이고 매력이 있으며 심원하고 현명하며 모든 것이라고 믿기 때문에, 그들은 다름 아닌 플라톤과 한번 승부를 겨루고 싶다고 생각한다. 이 승부는

이미 한번 아주 좋지 않은 결과로 끝났다. 이제부터도 몇 번이고 몇 번이고 같은 결과로 끝날 것이다.*85

만일 이쪽이 단순히 외부로부터 엿볼 수 없는 침묵 속으로 스스로 망명하는 그런 갈래의 자유인이며, 자기 위에 떠받드는 존재가 참주(僭主) 디오니시우스가 아니라 한낱 대장인 경우에는 폭군이 곧잘 이 노예들 속에서 사상을 알아내고 이들에게 추파를 던지며 다가간다. 그리고 마침내는 우정을, 또한 이렇기 때문에 평등을 내미는 광경을 볼 수 있다. 권태는 폭군들의 폭군이므로. 그런데 노예는 이 폭군이 제안하는 아름다운 계약을 시험하고, 이른바 그 바탕을 음미하기 위해서 이 폭군의 제안을 받아들이는 것을 서슴지 않는다. 이리하여 그는 상대의 비위를 거스르고 상대에게 반대할 기회를 찾는다. 그러자 계약서는 둘러 찢기고 만다. 내가 관찰한 바로는 폭군이 언제나 권태의 힘에 져서 되돌아가 친밀한 관계를 다시 찾으려고 하지만, 그러나 그 시도는 언제나 헛일이다. 이리하여 나는 플라톤과 디오니시우스의 이야기를 아주 잘 이해할 수 있다.

존경받기를 바라는 상대로부터 경멸받는 것은 괴로운 일이다. 또한 상대는 자기가 요구받고 있음을 느끼기 때문에 재빨리 또 자기 상대의 기분을 해치는 듯한 태도가 되어 버린다. 나는 이처럼 엄격한 친구를 두서너 명 알고 있는데, 이 친구들은 여러분이 결코 아첨으로 조종되지 않는다고 판단한다. 그리고 여러분을 존경보다는 몽둥이로 닥달하게끔 된다. 허영심은 이 닥달에 괴로워하기 마련이다. 어떤 사람도 폭군 같은 부분을 갖고 있기 때문이다. 그러나 그것이 어쨌다는 말인가. 만일 양쪽 모두가 상대에게 힘을 휘두르지 않는다면, 그것만으로도 까다롭고 굳은 우정이 태어난다. 음악가의 영감이 끊어졌을

*85 시칠리아의 도시 시라쿠사의 디오니시우스 2세는 아버지 디오니시우스 1세의 사망 이후 왕위를 물려받게 되지만 나이 서른 살이 되도록 국정 경험이 아예 없었기 때문에 그의 숙부인 디온이 대신 국정을 맡아보게 된다. 조카를 훌륭한 군주로 키우고자 했던 디온은 플라톤을 조카의 스승으로 초빙하여 가르침을 받도록 하면서 함께 개혁정책을 실시하지만 디온의 개혁에 반발하는 움직임을 등에 업은 디오니시우스 2세는 디온을 나라 밖으로 추방한다(기원전 366). 그러나 디오니시우스 2세의 통치가 민중의 지지를 잃게 되면서 플라톤은 디온의 귀국을 간청하게 되고, 이에 따라 귀국한 디온은 디오니시우스 2세를 폐위시킨다(기원전 357). 디온이 부하의 손에 암살된 뒤에 다시 왕위에 올랐으나 그의 어지러운 정치에 실망한 민중이 등을 돌리게 되고, 코린트의 장군 티몰레온과의 싸움에서 패하면서 코린트로 추방되어 비참하게 살다가 죽었다(기원전 344).

때, 시인이 화려한 군말만 쓰게 되었을 때, 딱 걸음을 멈추는 사람은 참된 친구뿐이다. 이 비평가에게는 우정으로 사물을 밝게 보는 슬기로운 눈이 있다. 그리고 사람의 안목은 무섭다. 그것은 한창 남을 심판하면서도 정작 자신의 타락을 모르는 심판자, 그리고 아무것도 숨기거나 할 수 없는 사람의 일을 늘 생각하기 때문이다. 예술가가 고도의 통찰을 움직여 이 통찰로써 그 엄격한 벗이 마음으로는 생각하면서도 말로는 하지 않는 바를 헤아리고 있는 모습을 사람은 상상할 수 있다. 비판자의 이 두 개의 의식은 거울을 만든다. 그런데 인간을 따뜻하게 해 주는 것은 다만 이 인간의 모피뿐인데, 폭군은 이 모피를 살만큼 충분히 넉넉하지는 않다. 그가 갖고 있는 줄로 알고 있고 사실 지녔을지도 모르는 미덕이나 미점도, 그의 손안에서는 아무 이용 가치도 없는 것이 된다. 더군다나 만일 무기를 내민다면 보기좋게 찔릴 뿐이다. 그 폭군은 또한 다시 조심하게 된다. 그러면 상대, 즉 대(大)플라톤이든 소(小)플라톤이든 언제나 거부하기 때문에 꽤나 위대한 상대는, 바보를 가장하는 존경으로 몸을 감싼다. 그런데 이 존경이야말로 세상에 더할 나위 없이 무례하다. 이에 대하여 폭군은 될 수 있으면 칼과 피로써, 어쩔 수 없다면 종이 자르는 칼과 잉크로써 공포를 던진다. '그들이 나를 두려워하기만 한다면 아무리 미움을 받아도 좋다'인데 이는 절망의 외침이다. 이것은 야심이 뜻했던 대로 펼쳐지지 못한 증거이다. 이것은 시인의 외침이다. 시인이 아첨꾼들과 아카데미와 모든 것을 자기 손아귀에 넣겠다고 스스로 맹세하면서 참된 독자, 문제가 되는 독자, 고미다락방에 살면서도 심판자인 독자를 잊을 수가 없다고 소리치는 평범한 시인의 외침이다. 무릇 포학은 모두 오롱트의 소네트*[86]이다.

1929년 4월 13일

67 참된 명성

사람들은 모두 어떤 쾌락을 찾는다. 어떤 사람은 음식에서 쾌락을 찾는데, 그것은 그 사람이 그렇게 만들어졌기 때문이다. 다른 사람은 부자가 되는 데서 쾌락을 찾는데, 그것도 이 사람이 그런 식으로 만들어졌기 때문이며, 또 다른 사람은 헌신에서 쾌락을 찾는데, 그것도 이 사람이 그런 식으로 되어 있

---

*86 몰리에르《인간 혐오자》제1막. 오롱트는 자기가 지은 서투른 시를 낭독하고 아첨의 말인 찬사를 듣고서 기뻐하지만, 알세스트는 가차없이 이것을 혹평한다.

기 때문이라고 할 때, 이런 해명만으로는 아직 아무 말도 한 것이 되지 않으며 조금도 인간을 해명했다고 할 수 없다. 왜냐하면 쾌락이란 찾든 찾지 않든 이쪽의 마음이며, 상품처럼 진열장 속에 진열된 것은 아니기 때문이다. 이를테면 독서의 즐거움도 독서의 훈련을 스스로 해 본 적이 없는 사람에게는 없는 것이나 마찬가지이다. 그림 그리기의 즐거움, 등산의 즐거움도 마찬가지이다. 저마다가 자기의 즐거움을 찾을 수 있는 즐거움이어야만 한다. 그뿐 아니라 노력을 거듭해 자기 자신으로부터 끌어내는 즐거움이어야만 한다. 그리하여 나는 이 규칙에 벗어나는 예외를 전혀 인정하지 않는다. 무엇인가를 즐기고 있는 사람들을 보면 부럽고, 그래서 그 사람들의 흉내를 낸다. 그러나 이런 즐거움을 시작할 때의 잘못 때문에 곧 권태를 느끼게 되고 만다. 권태가 생기는 까닭은 즐거움이 일정한 장소에 있어 이것을 취하기만 하면 된다고 생각하는 데 있다. 그러나 그림 그리기의 즐거움을 얻으려고 더덕더덕 칠하기 시작한다면 그것은 미친 짓이다. 그리고 전문가가 아닌 사람의 즐거움이라 할지라도, 겉보기처럼 엉성하기만 하지는 않고 어떤 수업을 전제로 한다. 무릇 쾌락은 아낄 줄 모르는 사람에게 주어지는 상이라고 해도 좋을지 모른다. 왜냐하면 쾌락은 먼저 주어 버려야만 하는 것이기 때문이다.

사실을 말한다면, 사람들은 행동에 뛰어든다. 그들은 그 행동에서 자기의 힘을 시험한다. 그들은 자기 속에 붙잡힌 몸이 된 채 몸부림치고 있는 타고난 재질의 배출구를 찾는다. 그들은 자기의 행동을 지배하는 한 그런 지배에서 즐거움을 발견한다. 그리고 예속과 무력을 느끼는 괴로움만이 고통이다. 안락이 아무것도 해결하지 못하는 까닭은 이 때문이다. 받은 재산 따위에 흥미를 느끼는 사람은 없다. 발자크의 고브세크*87는 재산을 모을 뿐인 옛날의 꾸며 낸 수전노들과는 다르다. 그는 하나의 힘을 활동시켜 무대 위에서와 같이 사람들의 정념을 움직이게 하는 인간이다. 수전노가 자기의 돈을 즐기지 못하는 꼴을 보고 사람들은 놀란다. 수전노에게는 돈이 향락의 한 수단이기보다 오히려 힘의 수단이기 때문이다. 우정은 하나의 힘이며, 사랑 또한 힘이다. 이미 되어 있는 대로의 쾌락만을 찾고 이 쾌락을 높이는 힘을 갖지 못했다면, 어떤 수준으로 사람은 떨어지고 마는지 누구나 잘 알고 있다. 이리하여 무릇

---

*87 발자크의 《인간 희극》의 몇 작품에 등장하는 인물. 전형적인 고리대금업자이다.

야심은 모두 사람을 아득히 멀리까지 데리고 올라간다.

　사람은 우연이나 잘못에서 힘을 얻기를 바라지 않는다. 사람이 바라는 것은 진실로 위대한 자유로운 힘이다. 음악가도 처음에는 갈채받기를 목적으로 삼았을지도 모른다. 그러나 그의 이 목적은 허영심에 지나지 않는다. 네로는 예술가의 대열에 끼기를 바랐으나 갈채가 돈으로 사거나 강제의 결과라고 생각될 뿐이어서, 갈채는 이미 소용없는 것이 되고 말았다. 그런데 기묘하게도 누구라도 잘 아는 것이지만, 사람은 자유로운 갈채를 바라는 법이다. 즉 자기가 그 갈채를 받을 만한 가치가 있기를 바란다. 한창 일에 몰두하고 있는 음악가의 뒤를 밟아 보라. 음악가에게 문제는 그가 느끼고 그만이 판단할 수 있는 음악성의 진보이다. 사람들에게는 잘 알려지지 않더라도 스스로 진보했다면 음악가로서는 좋은 승리이다. 내적 법칙에 따른 발전이다. 그리고 이에 대해 선인(先人) 아리스토텔레스는 아주 깊이가 있고 오묘한 말을 했다. 쾌락은 힘을 상징한다고. 이리하여 예술가는 전혀 내적이고 그 자신 말고는 증인도 없는 쾌락 그 자체로써 자기가 자기 자신을 넘어섰다고 판단한다. 이때 바야흐로 갈채는 의미를 갖는다. 왜냐하면 이 갈채는 자유로운 칭찬, 즉 유식한 자의 칭찬이라고 판단되기 때문이다.

　복종도 하나의 갈채로서, 같은 규칙을 따른다. 왜냐하면 야심가는 어떤 확실한 움직임을 통해 끊임없이 허영에서 오만으로, 오만에서 겸손으로 옮겨가기 때문이다. 그러나 요컨대 복종하는 그는 자신을 가치 있는 존재라고 판단해야만 하며, 자기 자신에게 엄격해야만 한다. 그렇지 않으면 쾌락을 멀리해야만 한다. 즉, 복종하는 사람은 다른 사람도 자기도 모두 경멸하여 겉으로 드러난 가장을 통해 정신없이 열중해야만 한다. 세상 소문에 지나지 않는다면 명성도 헛된 것이다. 나의 용기가 칭찬받았다고 하자. 그러나 내가 미친 짐승처럼 달린 것을 스스로 알고 있다면, 나에게 그 찬사가 무엇이겠는가. 사람들은 이렇게 하여 언제나 참된 일, 스스로에게 영향을 미치는 일로 되던져진다. 아무리 보잘것없는 권투 선수라도 여기에서는 우리에게 교훈이 된다. 그는 병이 든 적에게 이기고 싶다고는 생각하지 않기 때문이다. 그는 적이 강하고 자유롭고 수준이 갖추어져 있기를 바란다. 이것은 사랑한다는 뜻에 가깝다. 작가 또한 사물을 밝게 보는 슬기로운 눈을 가진 독자를, 그리고 편파성이나 경박성, 동정심도 없는 독자를 바란다. 이와 달리 독자를 경멸하는 작가는 참으로 불행하다. 그는 자기를 경멸하는 셈이 되기 때문이다. 이런 상황에서는 어떤 즐거움도 없다. 이쪽에서 무식하다, 바보다, 라고 생각하는 대중을 상대로 성공을 구하는 것은 타락일 뿐이다. 그리고 참으로 속마음으로 느끼는 쾌락이야말로 마침내는 심판자이자 하나뿐인 심판자이며, 또한 이리하여 그런 쾌락을 쾌락이라고 또는 기쁨, 행복, 아니면 뭐라고 불러도 좋지만 이것이야말로 하나뿐인 선(善)이다. 다만 이런 쾌락은 움켜잡을 수 없다. 만들어야만 된다. 아무래도 온갖 정치와 관련된 이상향의 본체(本體)는 물을 분배하듯이 쾌락을 분배하려고 하는 것인 듯하다.

1929년 11월 26일

68 선망에 대하여

자기가 산책할 수 있을 때에는, 산책하는 이를 부러워하는 사람은 없다. 만약 있다면 꼴불견일 수밖에 없다. 그러나 복권의 1등에 당첨된 사람은 부러움의 대상이 된다. 여기에서는 사람이 기다리고 바라고 기대할 수밖에 없으며, 의욕할 수 없기 때문에 부러워할 뿐이다. 그렇다고는 하지만, 이 경우의 부러움은 거의 독을 품지 않았다고 생각된다. 맹목의 우연이라는 관념 때문에 그렇다. 그리고 우연의 결과는 누구의 명예가 되지도 못한다. 그러나 바이올린을 켠다거나 라틴어를 공부한다거나 하는, 의지가 따라야 하는 어려운 일들을 부러워하지는 않는다. 아주 얼마 되지 않는 솜씨도 꾸준한 공부의 결과라는 사실에 조금이라도 생각을 돌린다면, 부러움 따위는 들어설 여지가 없다고 생각한다. 나는 어떤 뛰어난 그리스 학자와 알게 되었는데, 이 사람은 그리스어를 모두 머릿속에 넣고 있었다. 그러나 또한 그는 해마다 그의 이른바 그리스어 책을 모두 처음부터 끝까지 읽었다. 자기가 처음부터 배우려고 원하지도 않았던 분야를 모른다고 하여, 내가 한탄한 적이 있는가. 게다가 학교 걸상 위에서는 내가 본 한에서는, 아무도 그다지 부러워하거나 하지 않는다. 게으름뱅이도 누구의 탓으로 돌릴 것인지는 잘 알고 있다. 재능에 대해서는, 자기 자신의 타고난 성품인 채 실제 그대로 있을 뿐인 자가 무슨 근거로 자기가 가지지 못한 의지의 성과를 바라는지 나는 모른다. 카드놀이를 좋아하지 않는 사람은 카드놀이를 하고 있는 사람들을 부러워하지 않는다. 반대로 그는 그 카드놀이를 하는 자들이 그런 놀이에 흥겨워하는 모습을 보고 놀라고 만다. 기하학자가 아닌 사람은 기하학자를 부러워하지 않는다. 왜냐하면, 자기 자신이 기하학자도 아닌데 어떻게 기하학자의 기쁨을 상상해 볼 수 있겠는가. 타고나기를 음악가가 아닌 사람은 세상의 음악가들을 부러워하지 않는다. 실은 어떤 사람도 자기가 갖고 있는 것 그 밖의 것을 바라지는 않기 때문이다. 그러고 보면 부러움이란 허영심과 마찬가지로 실체를 갖지 않는 헛된 것일지도 모른다.

아니, 부러움은 실체를 갖는다. 단지 힘뿐만이 아니라 위대함도 갖는다. 그것은 비판이 없는 믿음과도 같으며 나아가서는 종교를 바꾸라는 권유와도 같다. 부러움의 시선을 거짓 선에는 보내지 않으며 참다운 선에 보낸다. 즉, 사람은 의욕할 수 있다고 믿는 선이다. 부러워하는 사람은 용기를 가질 수 있다는 사실을 이해할 수 없는 사람이다. 또한 어떤 사람도 신념을 갖고 일해서는 안 되며, 또한 만족해서도 안 된다고 하면서 자기 자신에게 증명하듯이 다른 사람들에게도 증명하려고 하는 사람이다. 이렇듯 부러움에는 파렴치한 면이 있다. 부러워하는 사람은 다른 사람의 표면적인 유리(有利)함을 눈앞에 두고 놀라는 것이 아니라, 오히려 반대로, 자기 자신을 믿고 용감하게 자신의 타고난 성품을 발전시키는 사람들에게 격노한다. 그렇기 때문에 성공도 부러움을 채워주지는 못한다.

부러워하는 사람은 자기를 높다고 하지 않는다. 또한 어떤 것이라도 높다고 하지 않는다. 그리고 이 사고방식에 잘못이 없다고 스스로 확신한다. 여기에서 순조로운 일을 눈앞에 두고서도, 정말로 사악한 노여움이 생긴다. 누구나 다 아는 바와 같이, 부러워하는 사람은 민주주의자는 아니다. 사소한 이유로 말한다면 민주주의라야 마땅하겠지만, 그러나 심오하고 사악한 이유에서는 그는 사람이 민주주의자가 되기를 바라지 않는다. 왜냐하면 이것을 바란다는 것은 공공복지가 향상되고, 평화가 지배하며, 정의가 지배하기를 바라는 것이기 때문이다. 그리고 그가 이런 일을 굳이 바라는 것은 더할 나위 없이 예의 없는 일로 비친다. 그가 정의도 평화도 좋아하지 않는다고 결론짓는다는 말이 아니라, 이 고뇌 많은 영혼을 이해해야만 한다는 말이다. 그가 부러워하는 대상은 야심이 없는 사람이다라고 해도 좋다. 이를테면 아카데미상 후보는 후보가 아닌 사람을 부러워한다. 자유로운 사람은 그에게는 적일진대 하물며 행복한 사람도 예외가 아니다. 이리하여 사람은 자기를 위해서 바라지 않는 바를 부러워한다. 이런 정념이 어떤 의미로는 높은 인격이나 품성, 학식 따위와 인연이 없다고 하는 말은 아니다. 반대로 이 광기, 좋아하는 바를 군이 의욕하는 이런 기질이야말로 그에게는 모욕이 된다. 이 때문에 빈정거림이 그의 무기가 된다.

의지는 일관된 행동을 통해서만 증명되므로 무엇보다도 먼저 의지를 가져야만 하며, 이른바 아무런 보상 없이도 의지를 가져야만 한다. 데카르트는 '고매하게'라고 말했다. 이보다 멋진 말은 없다. 어떤 증거도 없이, 또 온갖 증거에 반대되더라도 멋진 말이다. 그러나 경험을 쌓은 지성은 증거를 탐구하고 의욕을 가질 수 있는 확신이 생기기를 기다린다. 그러나 또 이 증거만으로는 구할 도리가 없다. 의욕을 가지려 하지 않는 사람에게도 증거 따위는 얼마든지 찾아올 수 있기 때문이다. 그리고 온 정신을 쏟아서 시도하고자 하는 의욕을 갖지 않는 사람에게는 시도가 아무런 도움이 되지 않는다는 사실이 곧 뚜렷해지고 만다. 숙명론이라고 하든 어떻게 말하든, 이것은 반대하고 의욕을 가지고자 하지 않는 사람에게는 진실이다. 그리고 반대하고 의욕을 갖는 용기야말로 부러워하는 사람에게 조바심을 가지도록 만든다. 그러므로 부러워하는 사람이 다른 사람의 불행을 바라고, 다른 사람의 불행을 기뻐한다는 말은 사실이다. 그러나 이 경우에는 그 자신이 성실하다는 뜻이다. 그리고 의욕을 가지려 하는 어리석은 용기를 그가 나에게서 없애려고 하는 뜻은 나를 위한 생각에서이다. 그 이유 때문에 그는 이런 종류의 용기를 어쩔 수 없이 가지게 된다. 즉 극도의 선은 또한 극도의 괴로움이어야 하기 때문이다. 이리하여 악마는 천사의 흉내를 내려고 하는 사람을 언제나 엿보고 있다. 그러나 인간은 아무것도 원치 않고, 악마와 천사의 중간인 본성 속에 자기를 확인하고 활동하는 존재이다.

1922년 10월 7일

69 우리들 감정의 기분

우리는 모두 숙명론자이다. 그것도 상상력의 자연스러운 장난에 의해 숙명론자이다. 이 감정은 예감이다. 그러나 또 얼마쯤은 어지러워한다. 왜냐하면 행동이 없다면 심한 감정도 결코 없기 때문이다. 떨어지지나 않을까 하고 두려워할 때, 벌써 우리는 자신이 떨어지고 있음을 느낀다. 미리 나타나는 이 징조인 몸서리는 우리 기계의 첫 움직임을 뜻하는데, 이 몸서리는 더없이 명백하고 아주 당당하기 때문에 사람은 이것으로 말미암아 자기 자신에게 들려줄 만한 현명한 말을 모두 잊어버리고, 이미 동물적인 말에만 귀를 기울이게끔 되고 만다. 노여움이 자기 자신 속에 폭풍우처럼 끓어오르는 까닭은 이 때문이다. 그리고 몸은 조바심하는 말처럼 고삐를 팽팽히 당긴다. '나 자신도 모르게 일이 잘못되어 가는 게 느껴진다'고 말하는 순진한 사람도 있다. 잘못을 저지르고 어리석은 짓을 할 때마다, 또는 거의 그때마다 예언이 실현된다.

여기에 한 사람이 있는데, 내가 그 사람을 소중히 대하고 추종해 요컨대 이 사람의 마음에 들려고 비위를 맞추어야 한다고 하자. 아주 현명한 말을 이야기하면서 나는 스스로 경계한다. 그러나 이윽고 나는 몸짓을 시작하는 가운데 초조해지는 조짐을 느낀다. 나는 자기 자신의 목소리 속에서 신음소리를 듣는다. 그러자 동시에 나는 그 소중한 사람의 속에서 이런 징조들에 호응하는 다른 징표를 관찰한다. 자기를 두려워하는 것은 견디기 어렵다. 때를 기다리는 상태는 심각하다. 나는 나의 말(馬)을 풀어 준다. 나는 나 자신을 경멸하게 되고, 오만해지며, 위협하는 존재가 된다. 몸을 내어던진다. 자기의 불행을 성취한다. 이런 움직임은 어디에서나 볼 수 있다. 누구라도 이런 경험은 갖고 있다. 기분의 움직임은 모두 이런 식으로 예견되고 두렵게 여겨지고, 그런 끝에 내적인 지배를 통해 확신된다. 그리고 이번에는 이 지배가 사건을 성취해 마치 배우처럼 그 역할을 해내게 된다. 이렇게 하여 사람은 어떤 결심, 어떤 양식을 갖고 있건간에 성질이 까다로워지고 나아가서는 사악해지기까지 한다. 자기가 그렇게 되리라고 느끼고 있다고 생각만 해도 그렇게 되고 만다. 인간에게는 당돌한 결단이 있어서 이 결단이 느닷없이 동물적인 힘을 지휘하게 된다. 더욱이 아주 고상한 움직임을 통해서이다.

왜냐하면 사람은 공포에 사로잡히면서도 어떤 일이라도 감행하게 되기 때문이다. 겁쟁이가 대담한 사나이로 바뀌기도 하고, 일종의 전달자인 이성이 불행을 비쳐내어 이 불행이 이루어지게도 한다. 크고 작음을 떠나서 우리의 정념은 모두 이렇게 움직인다. '이럴 수밖에 없음은 알고 있었다.' 두려워할 만한 상념, 자기에 대한 자기의 불길한 예언을 수행하는 것이 우리 잘못의 보통 모습이다.

감정은 하나의 예언이며, 말하자면 인간의 몸에서 솟아오르는 신탁과도 같다. 이런 감정의 인식은 매우 혼란스러운 인식이지만, 또한 더없는 감동을 주는 인식이다. 그 인식은 행동에 동반되어 나타난다. 주사위는 이미 던져져 있고 사람은 선택해 버린 것이다. 자기가 어떤 역할을 맡아서 해내는 것을 이해하거나, 그렇지 않으면 몸짓을 멈추어 움직임을 억제하는 수밖에 없다. 이것이 이미 선택해 버렸다고 스스로 느끼는 것이다. 그는 돌진하거나 아니면 골똘히 생각한다. 되돌아가기에는 이미 너무 늦었다고 그 자신을 생각한다. 그가 맡아서 해내는 역할이 그의 의견이 된다. 정치 당파가 자기 자신을 격앙으로 몰아가는 까닭도 여기에 있다. 당파가 여기에서는 관객이며, 자기가 편드는 연설가들 중에서 스스로 지난날의 격앙을 생생한 모습으로 발견하게 되기 때문이다. 자신이 싸우는 것 따위는 전혀 생각하지 않고, 자신의 둘레에서 자신의 의견을 찾아다니는 사람들로부터 전쟁의 위협을 듣고 사람들은 이따금 놀란다.

숙명론은 우리의 마음을 용서하고 형벌은 면제하는 추상론이다. 이것 때문에 사람은 숙명론을 좋아한다. 톨스토이는 두 황제들의 싸움을 이야기하면서 모든 사건을 보로디노 전투도, 모스크바 대화재도, 비참한 후퇴도, 모두 미리 정해져 있었던 일이라고 즐겨 말한다. 숙명론으로 말미암은 이 힘찬 상상력은 관념마저도 통제한다. 스스로의 정념의 움직임과 현기증, 환상을 닮아야만 감정을 그려낼 수 있다.

만일 우리가 나무를 베는 사람처럼 유연하고 냉정하며 절도가 있었다면, 숙명론에 근거한 관념은 이때 어떤 힘도 갖지 못할 것이다. 이때 우리는 냉정하게 미래를 변화시킨다. 그러나 이런 냉정하고 귀중한 경험은 다른 경험만큼은 감동을 주지 못한다. 우리의 생각도 이 냉정한 경험쪽으로는 거의 향하지 않는다. 힘은 스스로를 아는 경우가 없다. 자기 자신을 아는 것은 감정이다.

나무꾼이라도 자기가 자르고 있는 나무의 가지에 1초 더 마음을 허락하든가, 또는 물러서지 않고 언제까지라도 자르고 있든가 하여 때로는 목숨을 잃는다. 그리하여 공포라는 심한 움직임 때문에 도끼에 한결 힘을 주기도 한다. 이 짧은 감정의 순간 속에 신들이 복수한다. 그리고 신학(神學)이 어떤 영향을 주는지 알 수 있다. 사람이 운명을 견디는 데는 한 사람의 신이 필요하기 때문이다. 확실히 형이상학 속에는 기분이 있다. 자유에 대한 유명한 반증은 모두 조급한 반증이었음을 나는 보았다. 고등학교 출신의 복수의 여신들이라고나 할까.

1928년 7월 5일

70 우리들이 느끼는 상념의 기분

지성에서 어떤 한도를 발견해내기란 쉬운 일이 아니다. 어떤 문제라도 2+2=4라는 단순한 문제로 되돌려서 풀면 아주 쉽게 풀리기 때문에, 상상에 따른 곤란으로 방해받지만 않는다면 아무리 어리석은 사람이라 할지라도 어렵지 않게 해결할 수 있다. 어려운 문제는 아무것도 없다. 인간이 인간을 상대할 때 어려울 뿐이라고 말할 수도 있을 것이다. 어리석은 사람은 귀만 움직일 뿐 실행하려고 하지 않는 나귀와도 같다고 말하고 싶다. 기분과 노여움을 통해, 공포와 절망을 통해 그렇게 어리석다. 진실로 이런 온갖 원인들이 함께 섞여 소용돌이를 쳐서 사람을 어리석게 만든다. 민감하고 오만하며 야심으로 가득 차 있고 쉽게 흥분하는 이 어리석은 동물은, 오로지 소박하고 겸손한 태도로 5분 동안 일하는 것보다는 1년 동안 바보처럼 행동하는 것을 더 좋아하리라. 이를테면 피아노 치는 연습이 싫어져서 세 번 계속해서 잘못 쳤다고 하여 이것을 고스란히 내던지고 마는 그런 사람이다. 그렇지만 사람은 음계 공부뿐이라면 기꺼이 한다. 이와 달리 추리를 하게 되면, 사람은 이 추리를 하고 싶어하지 않는다. 아마도 손끝의 잘못이라면 상관없지만, 자기 자신의 마음의 보물인 자기 정신의 잘못은 크나큰 부끄러움일망정 용서받을 수 있는 것은 아니라는 심정 때문이다.

확실히 편협한 머리에는 거센 분노가 있고, 일종의 반항이 있으며, 이른바 내 쪽에서 스스로 청하여 지옥으로 떨어지는 요소가 있다. 화가나 시인도, 마지막 심판의 장면에서 지옥으로 떨어진 자들이 형벌 선고도 기다리지 않고 뛰어내려서 달아나는 모습을 충분히 그려내지는 못했다. 이런 상념이라는 기분의 움직임은 어린이에게서도 볼 수 있다. 이 그림에서는 어떤 아름다운 오만과 용서받기를 거절하는 모습을 볼 수 있기 때문이다. 이것은 하나의 가시돋친 미덕이라 할 수 있다. 얽힌 실뭉치를 푸는 참을성은 충분히 갖고 있으면서도, 관념의 덩어리를 푸는 참을성은 전혀 없는 사람도 있다.

인간의 차이를 만드는 것은 기억력으로서, 이 기억력은 타고나는 것이라고 사람들은 때때로 말한다. 그러나 사실은, 어떤 사람이든 자기가 몰두하고 있는 일에서는 충분한 기억력을 발휘하는 모습을 볼 수 있다. 피아노를 치거나 바이올린을 켜는 예술가가 악보 없이 연주할 수 있는 것에 놀라는 사람들은, 예술가가 되는 데 들어간 끝없는 노력에 대해 무식하다는 사실을 보여 주는 것에 지나지 않는다. 필요한 만큼 공부한 사람이라면 악보 없이도 연주할 수 있으며, 이런 능숙한 연주는 전혀 이상할 게 없다. 나의 생각으로는 어떤 종류의 지식이라도 이와 마찬가지이어서, 기억력은 공부의 조건이 아니라 오히려 공부의 결과로서 생겨난다. 나는 수학자의 기억력에 감탄하며, 그의 기억력을 부럽게 여기기까지 한다. 그가 한 만큼 내가 기초가 되는 공부를 조금도 하고 있지 않았기 때문이다. 어째서 하지 않았는가. 나는 그 자리에서 이해하고 싶었기 때문이었고, 이 성급하고 얼빠진 고집스러운 정신이 무언가 우스꽝스러운 잘못을 저질렀던 것이 아무래도 괘씸해서 견딜 수 없었기 때문에 공부하지 않았다. 이렇듯 공부와 기억력 부족으로 누구라도 곧 자기를 쓸모없는 존재로 단정짓는다. 처음에는 열중하지만 이것이 언제나 호되게 벌을 받는다. 그래서 어쩔 수 없이 소심스레 굴게 된다. 그리고 소심스레 굴다가 일을 시작하기도 전에 틀어지게 되고 특히 잘 걸려 넘어지며, 도움의 손길을 내치게 된다. 먼저 잘못을 저지르고 나서 웃는 방법을 알아야 한다. 이런 이야기를 하면 사람들은 지식을 거부하는 사람은 이미 충분히 경박하다고 말할지도 모른다. 옳은 말이다. 그러나 경박함도 아주 진지한 것이다. 말하자면 그 무엇에도 몸을 맡기려 하지 않는 맹세와 같다.

이리하여 나는 이렇게 생각한다. 학생들의 공부는 성격 훈련이지 지성 훈련은 아니라고. 정서법(正書法)이건, 번역이건, 계산이건, 문제는 그 방법을 배우는 것이다. 그리고 기분을 이겨내는 것이다. 아마도 사람은 이 기분의 극복에서 교양의 헤아릴 수 없을 만큼 커다란 가치를 이해하고 또 놀랄 것이다. 교양이란 훌륭한 자기 통제를 말한다. 라틴어를 알아서 무슨 도움이 되겠느냐고 사람들은 묻는다. 그러나 곤란하고 번거롭기 때문에 이 라틴어를 배웠다는 것이 도움이 된다. 그러나 사람은 이런 종류의 시련을 마땅히 거부한다. 인간은 자기를 높이 평가하고 싶다는 마음에서 자연히 성미가 까다로워지고 사람을 싫어하게 된다. 틀릴 정도라면 하지 않는 편이 낫다고 말하는 사람을 나는 많이 알고 있다. 그러나 또한 누구나가 인정하듯이 정치에서의 온건이란 언제나 상당히 대단한 상태이다. 놀랄 만큼 뒤섞여 얽혀 있는 이 상태에서는 모든 것을 해결하고 해명할 수 없다는 까닭으로 사람은 느닷없이 모든 것을 믿고, 모든 것이 믿어지기를 바라게 된다. 이것은 사람은 무슨 일이든 바뀌게 할 수는 없다고 자기 자신에게 맹세하는 것일 따름이다. 전쟁에서는 다만 어째서 전쟁을 하고 있는지를 이해할 수 없다는 것에 사람은 더욱더 감정이 격해진다. 인간이 순전히 오만에 빠져서 사고를 거부할 때는 스스로 좋아서 짐승이 되어 있는 셈이다. 그리고 전기 작가가 우리에게 이러이런 우두머리는 사실 소녀처럼 겁쟁이였다고 이야기할 때, 나는 나의 두려워할 만한 형제와 벗을 본다. 데카르트는 말했다. 진지함을 지나치게 사랑하다 보면 때로는 진지함을 놓칠 수도 있다고.

1929년 2월 20일

71 기질과 성격

성격이란 의식된 기질이다. 사람은 기질 때문에 난폭해질 수도 있다. 그러나 이 성격은 다만 움직임에 지나지 않는다. 성격은 늘 하나의 긍지를 포함한다. 난폭한 사람은 난폭함을 자랑으로 여긴다. 기쁠 때에도 그는 시무룩한 표정을 지어 보인다. 이런 종류의 희극은 구경꾼이 필요하다. 로빈슨은 혼자 있는 한 좋든 나쁘든 성격이라는 것을 갖지 않았다고 나는 생각한다. 성격은 의견으로 만들어지지만, 특별히 성격은 언제라도 기질만큼 급하고 거세다. 어린이들 사이의 장난 가운데, 성을 잘 낸다고 알려진 아이를 성내게 하는 장난이 있다. 상대는 이 장난을 아주 잘 알고 있다. 그는 모두가 자신을 향해 몰려 오고 있음을 알아차린다. 이쯤에서 웃어 보이면 아주 지혜로운 사람이다. 그러나 보통 그는, 모두가 자기를 짜증나게 하려고 하는 데 그만 짜증을 내고 만다. 이렇게 해서 더욱더 보기좋게 자기의 역할을 해내게 된다.

겁쟁이도 혼자 있는 경우에는 겁보가 아니다. 여기에서는 의견에만 모든 주의를 기울이게 된다. 겁쟁이는 사람들이 자기를 나쁘게 생각한다는 것 때문에 스스로를 저주한다. 그는 앞으로도 사람들이 자기를 나쁘게 생각할 것이라고 예언한다. 더욱이 가장 나쁜 것은, 사람들은 내가 겁쟁이라는 사실을 알고 있다, 사람들은 웃고 있다, 나에게 함정을 파놓고 있다, 그리고 이런 것들을 상상하는 경우이다. 이렇게 되면 자기가 맡게 될 역할을 너무나도 훌륭하게 연기한다. 그는 그렇게 되리라고 알고 있다. 그 일만 생각하기 때문이다.

거짓말은 누구나 한다. 사람은 언제나 무엇이든지 알고 있는 대로 말할 수는 없다. 그러나 말하자면 다른 사람의 명령으로 어쩔 수 없이 거짓말쟁이가 되어야 하는 경우가 있다. 인간은 이런 일에는 아주 쉽사리 복종해 버린다. 이

때는 속이는 것이 말하자면 규칙이다. 일종의 놀이이다. 고브세크*[88]는 장삿일로 결코 그의 말을 믿지 않겠다고 맹세한 상대자들에게는 이야기를 걸 때 거짓말을 할 것이다.

　마찬가지로 도둑은 모든 사람들의 믿음을 받지 못하고 있다는 점을 구실로 삼는다. 도둑을 믿는 것은 못할 짓은 아니다. 그렇지만 실제로 해보면 어렵다. 먼저 아무런 두려움도 품지 않고 믿고 덤벼야만 한다. 그리고 이쪽이 믿고 있다는 사실을 상대가 믿도록 해야만 한다. 이런 기적은 크고 작음을 가리지 않고 솔직하게 하면 잘 된다. 《레 미제라블》의 비앙브뉘 주교*[89]에 대해서는 누구나가 다 알고 있다. 고작해야 소설이 아니냐고 할지도 모른다. 그렇지만 나는 어떤 약제사의 일이 생각난다. 이 사람은 온갖 배신 행위에 뛰어난 전과자를 고용해서 계산서를 내주고 현금을 받는 심부름을 시키고 있었다. 그렇지만 그로 인해 속는 일은 한번도 없었다.

　누구라도 스스로 믿는 바가 있다. 그리고 이런 믿음이야말로 무릇 성격의 전부이다. 이 때문에 질책이나 비웃음, 또한 판단에 대해서는 조심스러워야만 할 것이다. 설득하려고 들면 사람은 심술궂게 되고 완고해지며, 나아가서는 어리석게까지 될 수 있다는 사실은 너무나도 명백하다. 아무래도 믿고 대해야만 한다. '그대는 그런 사람이며 그대에게는 그것이 어쩔 수도 없는 일이기 때문에 나는 그대를 용서한다'라고 한다면 좋은 용서법이 아니다. 참된 용서법은, 반대로 이렇게 말한다. '그대가 그런 사람이 아니라는 사실을 내가 알고 있기 때문에 나는 그대를 용서한다. 그대가 보여주는 이 옳지 않은 모습은 아직 참된 그대의 모습이 아니다'라고. 소크라테스가 모범을 남긴, 참된 논의에서 볼 수 있는 모습 또한 마찬가지이다. '그대가 하고 있는 말은 옳지 않다.' 그리하여 인간의 행동은 그 말보다도 더욱 해석하기 어렵다. 요컨대 행동이든 말이든 참된 자애라면 이것은 성격을 지우고 인간을 구한다. 이리하여 인간의 본디 기질은 본디 지위로까지 다시금 되돌아간다. 인쇄판의 낱낱의 활자가 뜯어내어지고 나서 그 전에 있던 선반으로 다시 되돌려진 활자, 아무 의미도 없어지고 산산이 흩어지고, 다시 다른 낱말로 짜여지기를 기다리고 있는 활자

---

*88 발자크 소설 속의 인물. 〈67〉의 *85 참조.
*89 위고의 소설 《레 미제라블》의 인물. 소설의 주인공 장 발장을 갱생시키는 미리엘 주교의 다른 호칭으로, '환영하는 주교'라는 뜻을 지닌다.

와 마찬가지이다. 기질은 악덕이나 미덕의 훨씬 아래쪽에 위치해 있다.

1924년 3월 19일

72 성격

성격이란 문자 그대로 밖으로부터 받은 각인*[90]이다. 물론 흔적은 이것을 받은 것을 통해서도 바뀐다. 그러므로 성격에는 체질도 기질도 포함되어 있다고 하는 말이 옳다. 그러나 이것만으로는 전부를 말한 것은 되지 않는다. 아주 늠름하고 강한 사람은 곧잘 성격보다도 본디의 기질 쪽을 많이 갖는다. 성격이란 속박된 기질이기 때문이다. 이를테면 기질이 성급한 시계공은 타고난 움직임과 직업상 행위의 싸움을 통해 하나의 성격을 가지게 된다. 마찬가지로 변덕스러운 기질인 군인도 확고한 성격을 가지게 된다. 그러고 보면 성격이란 직업을 거스르는 체질이나 기질에 직업이 찍은 도장이라고 할 수 있다. 그러므로 성격은 바로 성질을 나타내는데, 다만 성질과 환경의 싸움을 통해서 이 성질을 나타낸다. 그리고 환경이 우리의 성질을 거스르는 것은, 특히 가족, 장사, 직무를 통해서이다. 그러므로 우리의 성격은 사회에 힘입는 바가 크다. 갑작스럽게 터져 나오는 우리의 성질이 이렇게 억압되어 하나의 성격을 뒷받침하게 된다. 아주 거친 삶에는 오히려 본디의 기질이 있다. 베토벤과 같은 위대한 정신은 기질만을 갖는다. 이와 달리 괴테에서는 신체까지도 기질적으로 받아들이는 방법을 알고 있다. 그러므로 본성이 여기에서는 에두르는 방법으로 힘을 드러낸다. 기질은 말하자면 갑작스럽게 튀어나온다. 그러니까 이 기질은 쉽게 알아차릴 수 있다. 사람은 이 기질을 생리학의 관점에서 다룰 수 있다. 이를테면 뚱뚱한 사람에게는 폭넓은 안락의자가 기질에 어울리는 치료법이 된다. 그러나 성격은 모습이 변한 기질이나, 억제된 노여움, 뒤로 미룬 미움, 전이된 욕망 등이 어우러진 것이다. 발자크의 《라 뮤즈》*[91]에서의 난쟁이 사나이 보들레와 같은 가냘픈 사나이는 그 원한이 멀리에서부터 비롯된다는 데서 곧잘 하나의 수수께끼가 된다. 자기가 갖고 있는 가게의 절대적인 주인인 쇼샤르는 붉은 머리의 여자를 모두 해고했다. 왜 그랬을까? 이것은 다만 그의 기질에

---

*90 caractere는 '성격'이라는 뜻 외에도 '문자, 활자'라는 뜻도 있는데, 궁극적으로는 '각인(刻印)'을 뜻하는 그리스어 charactēr에서 비롯된 것이다.

*91 발자크의 《인간 희극》 중 한 작품으로 본디 제목은 〈La Muse de départment〉.

지나지 않았다. 만일 그가 붉은 머리의 여자와 어쩔 수 없이 30년이나 함께 살아야 했다면, 아마 그로서도 확고한 성격을 몸에 지니게 되었을 것이다.

기질은 생각할 겨를을 갖지 않는다. 다만 외치고 때릴 뿐이다. 성격은 곰곰이 생각하고, 처음에는 생각만 한다. 바꾸어 말한다면 그 반응은 모두 뒤로 미루어진다. 그렇기 때문에 무릇 성격 속에는 위장이 있고, 옅지만 슬퍼하고 서러워하는 태도가 있다. 인간을 우울하게 하는 요인 중의 하나는 오랜 경험에 비추어 스스로 사서 걱정거리를 예상하는 것이다. 그리고 닥쳐올 이 걱정거리가 벌써 걱정거리가 되어 있다. 그러므로 특이한 성격이 되면 행복을 의심하려 들기까지 한다. 그리하여 이처럼 미리 걱정하는 예언은 정신과 관련된 온갖 예언과 마찬가지로 그 예언의 힘을 통해 마침내 실현되고 만다. 그러니까 인간은 성격의 노예라고 말해도 잘못된 것은 아닌 셈이다.

다만 결코 잘못되는 일이 없는 세상의 말들이 여기에서 나의 생각을 바로 잡아 준다. 왜냐하면 어떤 사람이 '성격을 갖는다'*92라고 할 경우 그것이 뜻하는 바는, 그 사람이 본디의 기질과는 달리 어떤 처세 방법을 알고 있어 결코 기질이 통제하는 대로는 되지 않는다는 말이기 때문이다. 그러므로 성격을 가진 사람은 반대로 자기 쪽에서 사물과 사람들에게 자기 자신의 도장을 찍으려고 한다. 그는 자기의 기질보다는 성격으로써 통제하려고 한다. 불굴, 인내, 강인함을 보여 주려고 한다. 반면에 성격을 가진 사람이라는 말에는 벌어진 일을 참고 따른다는 뜻은 조금도 없다. 관습처럼 두 가지의 의미를 하나의 낱말로 모아 쓰는 셈이어서, 기질로써 성격이라는 것이 지니는 힘에 대해 반성하게 해 준다. 정력적인 사람은 곧잘 그 기질로써 통제한다. 그는 알맞은 때에 노여움을 폭발시키고, 또한 무기력의 덩어리와 같은 부하들을 움직인다. 나폴레옹은 자기의 놀랄 만한 기질의 움직임을 이용하는 방법을 잘 알고 있었다. 그런데 성격은 기질보다 더욱 훌륭한 무기이다. 자기 자신의 성격을 바꾸려고 하는 것은 헛된 일이기 때문에 사람을 슬프게 만드는 기도(企圖)의 하나이다. 반대로 의지가 있는 사람의 특이한 점은 주어진 상황 앞에서 결코 불평하지 않고, 이 상황 앞에 자리잡고 앉아 여기에서부터 출발해 상황을 바꾸려고 하는 데 있다. 이와 마찬가지로 그는 자기를 있는 그대로 받아들이고, 어

───────────

*92 '성격을 가지다(avoir du caractère)'는 관용구에는 '기개가 있다, 줏대가 있다'는 뜻도 아울러
  지닌다.

띤 성격이 절대 나쁘다는 생각을 조금도 갖지 않는다. 사실 사람은 자기의 성격을 바탕으로 해서 자기가 하고자 하는 바를 이룩할 수 있으며, 성격을 바꿀 것까지도 없다. 난쟁이가 키가 커지기를 바란다는 것은 쓸데없는 바람이다. 난쟁이는 검도(劍道) 도장에서는 남이 한 걸음 걷는 거리를 두 걸음에 걸어야 한다. 대신 몸이 가볍고 겉넓이도 다른 사람보다 적다. 이 기술은 고급이라고는 할 수 없으나 위대한 기술이며 가진 그대로의 모든 힘을 발휘해 행동하는 것이다. 물론 이 난쟁이는 자기 자신의 작은 키라는 모자라는 점을 보충하는 이런 기술을 발휘할 때는, 자기는 성격상 이러저러한 것은 할 수 없다는 따위의 말을 결코 입에 올리지 않고 기질과는 다른 성격을 지니겠다고 하는 전제가 필요하다. 위대한 장사꾼은 그 사람의 결점이라고 할 만한 점 때문에 힘이 줄지는 않는다. 그랑데 아저씨*93가 말더듬이 버릇을 어떻게 고쳤는가를 생각해 보는 것만으로도 충분하다. 자기가 겁쟁이라는 사실을 알고 있는 겁쟁이는 정말로 그 깨달음으로써 충분히 다른 사람을 조종할 수 있다. 그리고 남을 시기하는 버릇도 자부심을 훌륭하게 뒷받침하는 것이 된다. 즉, 결점 있는 자신으로써 자기를 지키고 있다고 느끼기 때문이다. 문제는 성격도 기질도 있는 그대로 가만히 내버려 두는 것이다. 성격과 기질 중 어떤 것일지라도 도구로 삼아 버리는 솜씨 좋은 사람처럼 하는 것이다. 그러니까 이렇게 말하자. 확고한 성격을 보여 주려면 먼저 보여 주기 전에 이성과 의식에 근거한 어떤 성격을 가져야만 한다고.

1931년 8월 20일

73 모습을 바꾼 신들

인간을 혐오해서는 아무 일도 되지 않는다. 남을 경계해 피하면 그대는 도둑맞을 것이다. 경멸하면 미움받을 것이다. 인간은 남이 만들어 낸 자기의 초상에 빨리 닮으려고 하는 법이다. 게다가 아이는 바보이기 때문에 이 경우에 더욱 해당된다. 심술궂다는 생각이 들겠지만 이것을 시험삼아 어린이에게 몇 번씩이나 되풀이하면서 어린이를 키워 보라. 그 아이는 그대로 될 것이다. 물론 그대가 생각하는 만큼은 되지 않을 수도 있을 것이다. 어린이의 둥근 머릿

---

*93 발자크의 소설 《외제니 그랑데》의 주인공.

속에는 여러 가지 자원들이 채워져 있기 때문이다. 그러나 그 아이는 배우처럼 연기하고, 심술궂게 행동해 보이리라. 인간들 사이에는 희극의 정신이 있다. 그들의 종교란 완전히 징표이기 때문이다. 한 명의 배우가 1백 명의 관객이 보내는 집중포화 속을 헤쳐 나아간다. 그는 사람이 기다리는 대답을 들려 준다. 만일 그대가 그 관객들에게 배신자 역할을 준다면, 그들은 그대가 기대한 바와는 거꾸로 갈 것이다. 그는 배신의 예술가가 되리라. 어떤 인간도 예술가이다. 악덕은 이 배우의 기막힌 재주로 말미암아 두려움의 존재가 된다. 어리석은 자는 특히 더 어리석어져서, 놀랄 정도로까지 어리석은 자가 된다. 남들이 바보로 대해 주기를 바란 나머지 정말로 바보가 되고 마는 사람들을 나는 많이 알고 있다. 어떤 어린이라도 이런 경험은 한다. 엄격하고 경멸하며 비난하는 듯한 표정을 지어 보라. 그대는 의무 비슷한 상태로 되돌아 간다. 그대는 예의로라도 멍텅구리가 되고 만다. 대놓고 거짓을 기다리는 듯한 사람에게는, 사람은 두려워할 만한 연민 때문에 거짓말을 하게 된다. 성질이 까다로운 사람도 이 연극의 등장인물이다. 얌전히 굴면 웃음거리가 된다고 생각하기 때문이다. 이 세상의 비극은 모두 배우들이 연기한다. 다만 아예 관심이 없는 사람은 비극의 움직임을 딱 멈추게 해 버린다. 건방진 아이는 꾸지람 듣는 것을 권리를 행사하는 것으로 생각해서 기다린다. 모욕받은 사람의 역할이란 참으로 연기하기 쉽다. 그러나 반대로 상대가 준 모욕을 의미 따위가 없는 자연의 소음이라고 생각한다면 놀랄 만한 변화를 볼 수 있을 것이다.

아예 관심이 없는 채로 있는다는 것은 그리 쉽지 않다. 그러나 좀 더 훌륭한 방법이 있다. 화내고 있는 사람도 본래는 그가 드러내는 노여움보다 낫다고 사람은 확신할 수 있다. 이처럼 신용해 주는 것은 다만 그를 하나의 인간이라고 여기는 것이다. 신들에게는 거지나 떠돌이, 누더기를 걸친 사람으로 모습을 바꾸는 버릇이 있다고 옛날 사람들은 말했다. 아름다운 비유이다. 그러나 나는 이 생각을 더듬으면서 이렇게도 생각했다. 신들이 현자를 시험하기 위해 조바심하는 사람이나 부정(不正)한 사람, 배신자 등으로 모습을 바꾸는 것이라고. 다른 것에 빗대어서 이렇게 생각하면 현자의 견해를 지지하게 될 것이다. 나는 생각할 것이다. '이 배신자는 사실 나보다 훨씬 지혜로운 사람이다. 자기가 미치광이라고 그는 나에게 생각하게 하려 한다. 조심, 또 조심, 속아서는 안 된다.' 이것은 아름다운 불신(不信)이다.

노예의 자식이 소크라테스에게서 기하학에 대한 질문을 받고 성급하게도 어리석은 대답을 하려고 했을 때, 소크라테스는 전혀 받아들이지 않고 이렇게 말했다. '너는 그런 것을 생각해서는 안 된다. 그것은 네 생각이 아니다.'[94] 상상하건대 그는 자기 자신의 정신을 상대에게 빌려 주고 있다고 생각했던 것이다. 그리고 한 인간을 인정한다는 것은 하나의 정신을 인정한다는 것이 아니면 무엇을 뜻하는가. 나는 정신에게 말을 건다. 푹 깊이 잠든 사람에게 말을 걸듯이 나는 무엇이든지 이 정신에게 말을 건다. 정신은 꿈속에서 나에게 대답하는데, 엉뚱한 대답을 한다. 만일 그대가 대화의 덧없는 즐거움만 바란다면, 이 대답만으로 충분히 그대는 우월감을 느낄 수도 있다. 그러나 잠든 사람을 흔들어 깨워 보지 않는 한 이 우월감도 믿을 만한 것이 못된다. 꿈 속에서 이루어진 정신과의 대화에서는, 그대는 이렇게 생각하는 것이 좋다. 이것은 하느님일지도 모른다. 하느님이 나를 놀리고 있는지도 모른다고. 정신에 생각이 미치자, 사람은 곧 자기가 겸손해짐을 느낀다. 이리하여 사람은 정신을 두려워한다. 그리고 정신을 두려워하는 사람의 상상 속에 존재하는 저 기지(機智)의 번득임은 이런 우월감의 패배에서 온다. 그러므로 이렇게 패배하는 때야말로 명확히 이야기해야 할 때이며, 또한 상대 속에서 인간다움을 눈뜨게 하고 싶을 때가 나의 속에서 인간다움을 눈뜨게 해야 할 때이다.

그런데 나라는 인간은 그대에게 말을 하지만, 실제는 이보다 훨씬 좋은 존재이다. 인간은 잠자코 있지는 않는다. 그는 눈을 조금 뜨고 그대를 관찰한다. 그는 이렇게 생각한다. '이 녀석도 배우인데, 이 녀석이 어떤 희극을 나에게 연기하게 하려 할까. 어떤 연극일까. 이번에는 어떤 엉터리일까. 가난뱅이, 무식한 사나이, 심술꾸러기, 아니면 멍텅구리를 연기하려는가? 인간은 늘 이렇게 응시하며 감시하고 있다.' 인간만이 지니는 본디의 위대함이란, 인간이 먼저 그대를 실망케 하려고 시도해 보는 데 있다. 그 자신이 인간을 찾고 있다. 그 자신이 엄격하고, 주의 깊으며, 의심 많고, 인간을 혐오하는지는 그대가 알 바 아니다. 그대의 할 일은 그를 하나의 인간으로 대하는 것일 뿐, 그가 그대의 부름에 대답하지 않더라도 그쪽이 나쁘다고 말해서는 안 된다. 만일 이쪽이 그쪽에게 희극 배우와 같은 인상을 주었다고 하면, 오히려 이쪽이 나쁘다고

*94 플라톤 대화편 《메논》 참조.

생각하라. 그대도 조금은 의심하고 있다. 그것만으로 충분하다. 인간을 앞에 놓고 인간을 의심하는 것이 잘못이다. 조심하라, 거듭 말하지만 신들은 거지로 모습을 바꾸는 것이며, 그 힘을 갖고 그대를 속이는 것쯤은 문제도 아니다. 그리고 보라, 이 신들의 본디 모습과 바꾼 모습의 비유가 얼마나 정확한가. 정확하다. 그들은 자비*95를 구하는 것이므로 여전히 바로 그 자비라는 말 그대로이다.

1931년 4월 27일

74 신뢰와 신앙

어떤 사람이 손재주가 있는지, 경련증이 있는지, 체계적인지, 성미가 급한지, 주의가 깊은지, 몽상가인지, 잘 잊는지, 기억력이 좋은지, 하는 것을 몇 분 안에 보여 주는 유명한 심리 검사를 결코 경멸하지는 않는다. 이것은 그 사람이 빛깔을 잘 식별할 수 있는지를 확인해 보는 것처럼 간단하다. 그러나 이 두려워할 만한 판정법으로써 모든 것을 다 판명할 수 있을까? 그렇지는 않다. 내가 알게 된 어떤 사람은 한쪽 귀가 거의 쓸모가 없는데도 뛰어난 전화교환원이었다. 또 아다시피 데모스테네스는 천성적으로 말이 빨랐으나, 자기의 목소리를 통제할 수 있게 되었다. 타고난 장해도 의지를 강하게 할 수 있고, 한편 흔히 보게 되는 바와 같이 더할 나위 없이 혜택받은 재능도 게으름이나 무관심으로 쓸모없는 것이 되어 버릴 수도 있다. 그러므로 판정은 결코 기계처럼 할 수 없으며 또한 기계처럼 해서도 안 된다. 그리하여 나는 원칙 중의 원칙으로서 이렇게 주장한다. 배짱좋게 상대를 믿고 아름다운 점을 찾는 심판이어야만 한다고. 즉 아름다운 점을 예상하는 심판이어야만 한다고 주장한다. 인간에게 큰 기대를 거는 사람이야말로 가장 잘 보답받는다. 왜 그럴까 생각해 보고, 나는 곧 그것이 인간이 민감하기 때문이라는 것을 깨닫는다. 왜냐하면 참으로 부당한 의견이나 의심스러운 의견을 받아들인 당사자가 부당한 인간, 믿을 수 없는 인간이 되어 버리기 때문이다. 이런 현상은 어린이인 경우에는 더 뚜렷하다. 그리고 회답을 묵살해 버리는 질문법이 있다. 선생 쪽에

---

*95 '자비'를 뜻하는 charité는 '베풂, 애덕(愛德)'이라는 뜻도 아우른다. 여기에서는 다른 사람이 베풀어 주는 것을 구하는 거지의 모습에서 느끼는 바를 자비를 구하는 신들의 모습에서도 느낄 수 있다는 것이다.

서 어떤 좋은 일도 기대하고 있지 않다는 사실이 뚜렷해지면 어린이는 가장 낮은 수준까지 떨어져 간다. 이에 반하여 훌륭한 답을 기대하고 더욱이 진심으로 이 답을 바라는 것이야말로 진정으로 돕는 방법이다. 고용주가 교육자처럼 오랫동안 참고 기다릴 수 없다는 것은 나도 안다. 그에게는 그럴 겨를이 없다. 그렇지만 그도 어떤 의미로는 교육자인 셈이다. 그러고 보면 그는 인간을 만든다는 구실로 인간을 못 쓰게 만드는 일을 결코 해서는 안 되는 사람이다. 반대로 그는 인간에게 용기와 자신감을 주어야만 한다. 물론 뛰어난 사람들은 때로는 겁쟁이이며, 그리고 그 때문에 쓸모없는 존재가 되고 만다. 그리고 이 것은 그들 위에 서는 사람의 잘못된 태도 때문이다. 성미가 급한 주인은 고용된 사람을 위해 실습 기간을 길게 하는 게 좋다. 만일 그대가 고용된 사람에게 2주 동안의 시간을 주고, 잘 보고 듣고 모방하고 기억하도록 한다면, 그는 1주일 동안에 완전히 준비를 갖추게 된다.

모스 부호를 피리로 습득하는 경우를 예로 들자. 이 학습은 어렵다. 그리하여 처음 배우는 자가 처음부터 마구 꾸중을 듣게 되면 기억할 수도 없게 되고 만다. 그러나 만일 그대가 처음에는 학습을 천천히 해나가다가 차츰 잘못을 바로잡아 줄 수 있다면, 속도를 빨리 해도 좋은 때는 그대가 생각하고 있던 때보다 훨씬 빨리 찾아오게 될 것이다. 이 또한 인간의 본성을 믿는 것이다. 그리고 아는 바와 같이 여기에서도 다른 모든 경우와 마찬가지로 인간 혐오야말로 주요한 장해이다. 그러나 특히 주의해야 한다고 생각되는 점은, 이 병은 전염된다는 사실이다. 어떤 일 속에도 실제로 이 인간 혐오병은 폭포수처럼 떨어져 모든 것을 해치고 만다. 그대의 부하도 그대와 마찬가지로, 슬픈 눈길이나 좋은 일은 전혀 기대하지 않는 눈길이 된다. 사실 아무리 보잘것없는 고용된 사람이라도 어떤 물건의 주인이며, 누군가의 주인이다. 이를테면 심부름꾼은 문의를 할 수도 없고 전달만 해야 되지만, 이것도 사람이 자기를 위해 도움이 되게 하는 것이다. 그리고 그는 자기가 통제되는 방식으로 사람을 통제하게 된다. 그런데 인간을 혐오하는 태도로 통제하는 것은 지위의 높고 낮음을 떠나서 성공하지 못하는 수단이다. 여기에서 실천할 수 있는 하나의 규칙이 나온다. 즉 어두운 사고방식으로 사람들의 일을 불평하는 사람을 좋게는 생각하지 말라는 규칙이다. 어떤 지위에 있더라도 자기가 지도해야 할 사람들을 나무라는 것은 자기 자신을 나무라는 것이다.

생각하면 생각할수록, 나는 더욱더 인간의 가장 큰 결점이자 거의 유일한 결점이란 자기가 부리는 사람들을 미리부터 의심하는 것이라고 생각한다. 이 염세주의는 온갖 일을 해치고 사람들을 해친다. 그런데 한편으로 이런 성미 급한 판단은, 자기에게 돌리거나 다른 사람에게 돌리거나 전혀 같은 일이지만, 거의 모든 일을 잘 살린다. 빠진 것이 주의이든 기억력이든 창의든 무엇이든 간에 언제라도 용기가 빠져 있을 수 있으므로 빠르게 판단을 내려도 마찬가지의 일이다. 몸이 큰 것은 하나의 이점이지만 작은 것에는 또 다른 장점이 있다. 몸이 가볍고 발걸음이 가벼우며, 재빨리 몸을 비킬 수도 있다. 이와 마찬가지로 사람은 어떤 일에서부터도 이익을 끌어낼 수 있다. 그리고 아까 생각한 예로 다시 돌아가면, 전화나 돈표의 번호이든, 주소이든, 성명이든, 파리 지도이든, 프랑스령 아프리카의 지리이든 간에 반드시 알아 두어야 할 것을 반복해 연습하는 데 매일 아침 5분을 쓴다면, 아무리 나쁜 기억력으로라도 틀림없이 기억할 수 있게 된다. 다만, 그렇게 될 수 있다는 믿음이 있어야만 한다.

자기 스스로에게 기대하는 사람은 그대에게도 기대할 것이다. 이런 사람이야말로 쓸모 있는 사람이다. 고지식한 사람이 빠지는 함정의 하나는, 그가 어렵지 않게 비애에 빠지고 마는 것이라는 점에 충분히 주의해야 한다. 무슨 일인가를, 또는 누군가를 비평하는 사람들의 비평 중에 그 비평이 올바른 것이라고 하더라도 조금이라도 가시 돋친 데가 있는가 없는가에 귀 기울여 보라. 이 비평의 목적이야말로 최악이기 때문이다.

1936년 2월 5일

75 작은 괴로움

우리는 몸 안에 하나는 작은 불행 때문에, 또 하나는 큰 불행 때문에 하는 식으로 두 가지 기분을 갖고 있지는 않다. 사람은 훈장이나 출세를 너무나도 바라기 때문에 얼굴이 누렇게 뜨거나 몸이 바싹 마르거나 한다. 신하는 마침내 왕을 뵐 수 있는 때에 이르러, 전투가 있는 날 아침의 병사처럼 갑옷차림으로 떨며 땀을 흘린다. 이것은 이성적으로 생각하면 우스꽝스러운 일이다. 이 때 이 사람의 정신이 두려워하는 바는, 특히 군주 앞에서 마음먹은 대로 이야기할 수 없지 않을까 하는 것이며, 또한 고작해야 조바심이 나서 성미 급한 군주를 뵙게 되지나 않을까 하는 정도일 터이기 때문이다. 예컨대 그 두려움 때문에 몇 푼 되지도 않는 연금을 받지 못한다 한들, 다리 하나를 잃은 병사에 비한다면 그것이 한낱 무엇이겠는가. 그러므로 이것을 이성으로 판단해서는 안 된다. 좀 더 정확하게 말하면 이성을 중요한 사항, 날것 그대로의 풍미를 만들어 내는 사항에 적용해야만 한다. 즉 혈액의 미세한 움직임, 심장이나 그 밖의 근육의 격동, 살아 있는 신체와 자기 자신에 대한 그런 반항과 분열들에게 이성을 적용해야만 한다. 시작되자 억제되는 지리멸렬한 움직임을 통해 스스로 내 몸을 죄는 겁쟁이의 혼란, 공포에 대해 지금 느끼는 공포, 공포를 느낀 것에 대한 부끄러움이 괴로움을 더욱더 크게 한다는 사실은 별도로 하고, 이 혼란만으로도 큰 공포 못지않게 괴롭고 때로는 걷잡을 수 없게 된다. 그것도 이 겁쟁이가 혼란에서 비롯된 부끄러움보다도 혼란 그 자체를 한결 더 잘 느낄 수 있으며, 그 때문에 당사자는 한결 더 조바심하게 되고 더욱이 두려워한 사건이 우스꽝스러우리만큼 사소한 것이어서 한결 더 조바심을 내기 때문에 이 겁쟁이의 혼란은 더욱 걷잡을 수 없게 된다는 말이다.

그리고 큰 공포는 뻔히 꿰뚫어 보이는 괴로움의 크기로써 정의되지는 않는다. 사람은 무엇을 두려워하는지도 알지 못한 채 큰 공포를 느낀다. 기다림은 늘 견디기 어렵고, 대상이 없는 불안은 피하기 어려운 고뇌를 두려워하는 것만큼이나 깊이 생명을 어지럽힌다. 감정은 원인의 크고 작음으로써 측량되지는 않는다. 사소한 일 때문에 의론이 격앙되고 주먹다짐이 오고가는 일도 있다. 장관이 전쟁 중에는 건방지고 화를 잘 내는 것이 당연한 일이라고 할 수 있다. 그러나 평시라도 준비가 충분하지 않다거나, 모욕을 받았다고 여기거나, 피로해 있거나, 다른 불쾌한 일이 동시에 생겼다면 그는 지금 이런 상태라고 생각하면 된다. 즉 시골길 이야기, 배우가 받은 훈장 이야기 하나만 해도 그는 비슷할 정도로 조바심을 낼 것이라고. 이 경우에 다른 점은, 조국을 위해 바치는 노여움에서는 자기의 노여움을 시인하지만, 이것과 다른 쪽에서는 자기의 노여움을 경멸한다는 사실이다. 이리하여 전자는 폭발하여 온 세상에 드러나고 후자는 때때로 억제된다. 그러나 이런 결과의 차이를 느끼는 만큼 당사자는 느끼지 못한다. 더욱이 반대로 부끄러운 개인의 노여움을 돌이켜 생각할 때 한층 더 아프고 시간이 걸리며, 한층 더 괴롭다고 생각해도 좋다. 괴로움의 한계는 어떻게 할 힘이 없는 이 몸 속에서 발견된다. 괴로움의 한계는 아주 빠르게 알게 된다. 아주 보잘 것 없는 실망이나 굴욕의 경우라도 개인의 괴로움이 조국을 위한 괴로움보다도 한결 더 괴롭다는 말이다. 누구나가 알듯이 몸을 태우는 듯한 질투를 맛보기 위해서 일부러 엄청난 사랑을 해야만 하는 것은 아니다. 질투만큼 모르는 감정은 없다. 질투하는 사나이는 실연당한 셀리메느*96의 위대함을 상상하게 되므로, 질투는 흔히 위대함과 연관되어 있다. 이 질투의 노여움은 빛나는 구실을 얻어, 다만 더 심해질 뿐이다. 그러나 사랑하는 상대가 구원받을 수 없는 비열함을 나타냈다고 한다면, 굴욕은 한층 더 커지게 될 것이다. 이리하여 사람은 하나의 이유에서 또 다른 이유로 흔들리고 양극에 무자비하게 부딪히게 된다. 어찌되었거나 사람은 자기가 어리석다는 것에 조바심이 나고, 또한 자기가 어리석은 존재가 될 것이라는 사실을 벌써 알고 있는 것을 맹세하다시피 하는 데 짜증이 난다. 우리도 알세스트처럼 무대 위에 있으며, 객석의 사람들은 우리를 흥미롭게 보고 있다. 이리하여 이쪽에서 거의 알지도 못하는 사람들인 관객들이 무엇을 생각하고 있는가 괴로운 탐색을 시작하게 된다. 우리는 사람들의 의견을 날조하고, 정열을 기울여 항변한다. 누구나 다 잘 알고 있듯이, 원인을 경멸하고 싶다는 심정의 거의 뜻하지 않은 작용 때문에 결과가 더욱 커지고 만다. 괴로워하는 것이 어리석고 우스꽝스럽다고 생각하면 그것으로 분노가 더욱 커진다. 분노, 경멸, 우유부단, 기대, 굴욕… 이들 모두가 어우러져서 이 가죽부대*97 속에 있다. 움직임에 움직임이 더해진다. 그 때문에 조바심낼 이유는 없다고 생각함으로써 더욱더 조바심을 내고 만다. 이렇게 해서 사람들은 작은 괴로움에 견딜 수 없다는 이유로 곧잘 큰 괴로움 속으로 뛰어들게 된다.

정치는 전혀 놀랄 만하지도, 위대하지도 않다. 마치 경관이 경찰봉을 들어올려 통과를 지시하듯이 통치도 그렇게 해야 할 것이고, 다른 쪽에서도 도로 통행이 가능해지기를 차 안에서 기다리듯이 다만 온순하게 따라야 할 것이다. 시민들이 그 사람좋은 주인들에게 그토록 관심을 갖고 있으리라고는 아무도 생각하지 않을 것이다. 그러나 사실 정치라는 장난에는 놀랄 만한 노여움과 터무니없는 미움이 숱하게 쌓이고 쌓인 결과로서 그 총계가 나타난다. 그래서 폭동이나 전쟁으로 보답을 한다. 그리고 이런 보답이 절정에 이르면 사람은 조바심을 내기보다는 놀라고 만다. 즉, 저 괴로움의 한계에 이르고 만다.

*96 셀리메느 및 알세스트는 모두 몰리에르의 《인간 혐오자》에 나오는 인물들.
*97 인간의 신체. 《4》를 참조.

좋다. 그러나 어떤 충고를 하면 좋겠는가. 그대의 차 속에서 윗몸을 거의 일으킨 자세로 차를 움직이려고 하면 정념이 그대를 엿본다. 그러나 반대로 허리받이에 몸을 눕히고 가만히 있으면 기다릴 수 있다.

1928년 12월 5일

76 고통과 불행

거의 모든 괴로움은 사상과 관련되어 있다. 몸을 태우는 듯한 심한 육체의 고통은 사상과 관련된 고통과는 별개이다. 이 육체의 고통은 상념이 필요하지 않다. 그래도 한 번쯤 생각해 볼 필요가 있을지도 모른다. 그러나 대부분의 고통에는 여유가 필요하다. 언젠가는 자신의 고통을 잊게 된다는 것은 충분히 믿을 수 있는 것이고, 또한 만일 류머티즘 환자가 다만 아픔만으로 마비되어 있을 때 그가 불이나 물을 맞닥뜨리면 훌륭히 달릴 수 있을 것은 확실하다. 그러니까 대부분의 고통은 주의를 다른 곳으로 돌리기만 하면 줄어들게 마련이며, 어쩌면 사라져 버리는 것이라고까지 해도 좋다. 그러나 고통을 두려워하기 때문에 사람이 고통을 기대하게 하고 미리 짐작하게 하고 측정케 하며, 나아가서는 이 고통을 거의 맛보게 한다. 극단적인 고통은 도막도막 잘린 벌레에 견줄 수 있을지도 모른다. 고통이 연결되는 모든 부분은 이미 서로 통하는 바가 없다. 의식은 이른바 도막도막으로 끊기고 만다.

큰 불행의 작용도 거의 이런 고통이라고 생각된다. 알다시피 공포의 한가운데에서는 누구나가 다 생각 없이 달아나 버린다. 지나친 두려움이 두려움을 지워 버린다. 그래서 남는 것은 오직 징표뿐이며, 이 징표는 방관자에게는 사실 큰 감동을 줄 뿐이다. 그러나 공포에는 방관자 따위는 있지도 않다. 나는 요즘 30년 전쟁의 정경을 돌이켜 생각해 보면서 점령되고 약탈당해 신음 소리나 화재, 살육에 찬 도시, 이들이 어떤지를 머릿속에 그려 내려고 해보았다. 그러나 명백히 여기에서는 모든 것이 상상에 근거할 수밖에 없다. 돈을 품에 안고 달음박질치는 가게 주인은 지나쳐 가는 문이란 문에서 모두 죽음의 모습을 목격하지만, 생각할 여유 따위는 없다. 오히려 저 무서운 군대가 가까이 다가오고 있었던 때야말로 공포는 웅성거림처럼 솟아오른다. 그리고 처음에 공포에 여유가 있었을 때야말로 아마도 공포가 가장 세차게 사람을 괴롭혔던 순간일 것이다. 마침내 불행이 덮벼들었을 때는 그 공포가 무덤 속 같은 것을 만들어 내고, 미리 예상한 죽음을 만들어 낸다. 일단 예상했던 죽음의 경계에서 다시 일어나자, 아무런 일이 없었다는 기쁨에 더할 나위 없이 무서운 추억도 잊게 된다.

그러나 추억이 과연 있는가. 몽테뉴의 사고(事故)*98의 실례는 다른 많은 예가 확증하는 바이지만, 그 순간에 공포의 형태를 지을 여유가 없었던 것에는 추억이 없다는 사실을 나타낸다. 말에서 갑자기 떨어져 꽤 오랫동안 정신을 잃고 나서 다시 제정신으로 돌아온 몽테뉴는, 이 충격에 앞서 일어난 사건을 기억 속에서 끝내 찾아낼 수 없었다. 극도의 공포는 아무래도 충격 같은 효과를 낳는 듯하다. 그렇기 때문에 공포는 겪는 순간에는 맛볼 수 없으며, 또한 추억으로 맛볼 수도 없다. 이리하여 가장 무서운 현실이 굳이 우리를 가장 무섭게 한다고 말할 수는 없는 일이다. 그럴 수 없다. 생각건대, 공포는 아무런 경험도 없는 끝을 지레 상상하려고 노력할 때 가장 크다. 모든 것이 상상에서 비롯된 것이고 보면 행동 수단은 없다. 그런 만큼 이때 공포는 터무니없이 커지게 된다. 그리고 데카르트가 말했듯이 온갖 괴로움 가운데 결단할 수 없는 일이야말로 가장 견디기 어려운 일이라고 할 수도 있게 된다.

내가 데카르트를 생각하게 된 까닭은, 실은 저 전쟁 이야기 속에서 다름아닌 그의 모습을 발견하고 싶다는 생각이 들어서였다. 그는 스스로 지원해 종군했다. 당시 전쟁은 그렇게 쉽지 않았다. 오늘날에도 전쟁은 결코 단순하지 않다. 짐작건대 이 놀랄 만한 사상가는 스탕달이 말했듯이 자신의 상상력을 적으로 보고, 스스로 직접 불행에 접근하는 것을 구원이라고 생각했다. 그는 늘 자기 몸을 쇠약하게 하는 미열에 시달리고 있었다. 그런데 이 좋지 못한 병을 기르는 데는 사소한 불안만으로도 충분하다. 이에 비해 실제의 위험이 닥치면 사람은 생각한다기보다도 오히려 그저 전율할 뿐이다. 이때 사람은 이미 아무것도 손을 쓰지 못하고, 기다리고 있는 것에 굴욕감도 느끼지 못한다. 생각의 여유는 불행의 바로 가까이에 몸을 둔다. 이 생각의 움직임은 틀림없는 전사(戰士)와도 같은 움직임이다. 범죄 또한 이른바 확실한 불행으로 나아가는 질주와도 같다.

기다림을 견딜 수 없게 되어 사람은 뛰쳐나간다. 공포는 싸움으로부터 사람

---

*98 《수상록》 제2권 제6장 참조.

을 피하게 한다기보다 거꾸로 싸움으로 몰아댄다는 사실을 여기에서도 이해할 수 있다. 그리고 느닷없이 몸을 찔린 사람의 격심한 움직임이 잘 나타내 주듯이, 신중함은 사람들이 생각하는 만큼 그렇게 평소에 인간의 몸에 배어 있지는 않다. 즉 경련은 조금도 분별을 거치지 않고, 또한 경련의 목적과 결과는 위험을 멀리하는 신중함이 아니기 때문이다. 장미 가시가 할퀴려 했을 리는 없고, 다만 경솔한 자가 허둥대며 달아나려다가 자기 몸을 할퀴었을 뿐이다. 말을 죽이는 사람은 다만 그 가슴을 찌르고 단단히 누르고 있기만 하면 된다. 근육이라는 이 힘찬 기계가 뛰어오르는 움직임을 통해 스스로 자기의 가슴을 꿰뚫게 만드니까 말이다.

1926년 8월 15일

77 심술궂은 사람

오셀로는 데스데모나를 목졸라 죽였다. 대등하지 않은 두 몸끼리의 포옹은 통제를 잃으면, 곧 이런 비극으로 끝나고 만다. 힘과 양은 틀림없이 밝은 데 드러나 있고, 그 크기는 정신의 눈앞에서 측정된다. 이렇듯 나는 모든 일에 조금도 신비를 인정하지 않고, 또한 어떤 악의도 인정하지 않는다. 동물처럼 영혼의 어둠에 웅크리고 있는, 무언가 은밀하게 사람을 죽이려는 생각 따위를 가정할 필요가 없다. 여기에 있는 것은 다만 한 마리 동물, 그것도 꽤나 무서운 동물일 뿐이다. 이것이 인간이다. 조금도 숨겨져 있지 않거니와 꽉 막혀 어둡지도 않다. 영양이 풍부한 근육 속에 저축된 힘이다. 급류만큼 명백한 상황이 있겠는가. 언덕이 무너지는 것만큼 명백한 상황이 있겠는가. 사람을 죽이는 것만큼 명백한 상황이 있겠는가. 이것은 팽팽하게 잡아당겨질 활이다. 섣불리 이 상태를 건드려서는 안 된다. 그럼 여기서 이틀 동안 내리 싸운 뒤의 오셀로를 상상해 주기 바란다. 그는 졸음이 심해서 견딜 수 없었을 것이다. 또는 장작으로 쓸 나무를 그에게 주었다면 어떻게 되었겠는가. 정념은 달라질 것이다. 결과 또한 달라질 것이다. 생각도 달라질 것이고, 결심도 달라질 것이다. 인간은 이미 자기의 생각을 이끌 수 없게 되면, 곧 현재 자기가 하고 있는 일을 생각한다. 그리하여 자기가 하기 시작한 일을 하기를 바란다. 힘센 손을 늦추는 것과 용서하는 것은 같은 하나의 일이었던 것이다.

벌거벗은 모습의 인간, 즉 데카르트라고 하는 인간. 쏟아지는 빛의 비(雨)

속에서 눈의 생김새가 한결 촘촘한 소용돌이(渦動).*99 여기에서는 모든 것이 투명하며 조작할 수 있다. 적인가 한편인가. 내가 공격하면 적이 된다. 내가 아무런 두려움도 품지 않고 미소지어 보이면 한편이 된다. 여기에서는 예절이라는 안전하고도 힘찬 장비가 군림하기 때문에, 공손한 몸짓, 대접과 정중한 목례도 무릇 노여움을 그치게 한다. 그런 예절을 베푸는 행위만으로 과한 것이다. 그런 행위를 할 수 있음을 알기만 해도 된다. 신체에 이러이런 자태를 갖게 하는 것 말고는 어떤 의지도 쓰지 않는 것만으로 충분하다. 생각 따위를 걱정할 것은 없다. 무서운 생각이란 다만 흥분이나 신체의 소동에 이어서 일어나는 것일 뿐이다. 인간은 시작된 행위만 기억한다. 대장장이는 대장일을 할 때에 일에 대한 생각을 해낸다. 싫은 데도 억지로 하는 일이든, 간절히 바라던 일이든, 어쨌든 일을 시작함과 동시에 생각해 내기 시작한다. 인간은 한 줌 정도밖에 살인에 대한 생각을 하지 않는다. 긴장했다가 늦추는 방법을 아는 사람은 올림피아의 사람들에게 이어진다.

심술궂다는 것은 잘못 떨어진 사람이라는 뜻이 있기도 하다. 재주없고 음침하기도 한 것이다. 이런 사람은 자기의 생각과 싸움을 시작한다. 그리하여 어떤 일을 잊으려다가, 오히려 자기가 잊고 싶은 일을 생각하고 만다. 누구나가 이 생각의 함정에 걸린다. 누구도 충분히 데카르트와 같지 않다. 누구나가 은밀한 생각을 품고 또 그 은밀한 생각이 바로 옆에 있기라도 한듯이, 당장에 다가오기라도 하는 듯이 생각한다. 누구나가 괴로운 순간에는 스스로 주름과 그늘진 마음을 만들어 내고, 자기 자신 속에서 자기 몸에 대한 깊은 음모를 스스로 꾸민다. 다만 자기의 손, 둥글게 옴츠린 모든 근육, 그리고 자기를 조여 대는 움직임, 이것들에 조심만 하면 된다. 그러나 그렇게는 되지 않는다. 그는 적에 대해서 생각하고, 적이 쳐들어오리라고 믿어 버린다. 이렇게 하여 자기의 머릿속에서 멋대로 상상한 심복자(心服者)들 쪽을 향해 비극 배우처럼 독백을 계속하고, 한편 그가 스스로 알지 못한 채 계속 던지고 있는 모든 메시지는 그를 모르는 사람들, 그의 이름조차도 모르는 사람들을 그의 적, 진짜

---

*99 데카르트는 우주는 '물질로 가득 찬 공간'(plenum)이라고 주장하면서, 그 속에서 물질입자들이 다른 물질입자와 잇달아서 접촉하는 과정에서 일어나는 운동을 '소용돌이'(와동(渦動))로 설명한다. 그리고 인간은 세계라는 와동 속에 존재하는 '눈이 한결 촘촘한 와동'이다.

적으로 만들어 버린다. 그런 사람들 가운데는 다행스럽게도 적이 아닌 몇몇 경기자가 있어, 미소로써 이 메시지를 지워 버려 준다. 이 음모자가 몹시 얼빠져 버리지 않았다면 다행이다. 그러나 서로 모르는 두 음모자들이 같은 식탁 앞에 앉아, 입 속에서 적을 꼭꼭 씹기라도 하듯이 그런 방법으로 식사를 하고 있는 우화를 상상해 보라. 그 음침한 눈길, 식인종과도 같은 처절함, 잔인한 결의. 삶은 쇠고기에 대한 이 어찌된 조미료란 말인가. 이렇게 해서 진하게 맛이 더해진 이 고기를 씹는다는 것은 일을 조용히 꾸려 나가는 것이 아니다. 먹을 때에는 우리의 머리도 파괴에 대해서 생각한다. 이리하여 우리는 적을 날조해 내고 만다. 두 음모가가 서로 마주보는 광경을 가정한 까닭은, 다름 아니라 서로의 움직임을 본뜨다 보면 서로의 정념을 본뜨게 된다는 사실을 알아 주기를 바랐기 때문이었다.

식사를 하는 순간은 그러므로 위험한 때이다. 자기의 쓴 생각은 어디에서 왔는가, 자기의 어떤 동작에서 온 것인가, 주위의 어떤 징표에서 온 것인가, 저마다 이것을 탐구해야만 한다. 살기 위해서 어쩔 수 없이 파괴해야 하는 순간에는 특히 그러하다. 그래서 저 고대인의 습관은 아주 현명한 것이었다. 그들에게는 식사란 종교 의식, 그것은 바로 일종의 기도, 식사하기 전에 드린 기도의 행위가 그것이었으며, 이런 것이 무릇 격렬함을 모두 배제해 버렸던 것이다.

1929년 5월 7일

78 교섭하는 사람

교섭이란 힘의 효과를 가장 잘 나타내는 것이라는 생각이 먼저 떠오른다. 이런 생각은 우리의 몸짓 자체를 볼 때 그렇게 생각된다. 밖으로 나타나는 몸짓은 이른바 본능에서 나오듯이 생겨나고, 언제나 힘을 통해 움직인다. 생물은 자기의 입에 맞는 것을 잡아찢고, 깨물고 씹어 소화해 위력을 떨친다. 그리하여 이 자연의 행위, 즉 씹는 폭력에는 즐거움이 뒤따른다. 고기 커틀릿을 먹고 있는 저 사나이를 잘 보라. 자기 몸의 조직을 위해 그는 양의 몸을 어떻게 해체하고 있는가. 그렇지만 음식을 먹는 인간들 가운데 한 동물의 다른 동물에 대한 승리밖에 볼 줄 모른다고 하면, 우리는 얼마쯤 부끄러운 느낌이 든다. 어느 민족에게도 식사 규칙이라는 것이 있었다. 어떤 경우라도 그 규칙은 이러하다. 식사를 하면서도 다른 일을 생각하고, 힘의 무절제한 몸짓을 통제할 수 있음이 먹는 몸짓에 나타나야만 한다는 규칙이다. 그렇기 때문에 엄숙한 차림새를 바로하고 먹는 것이 소홀히 할 수 없는 시련이 된다. 실로 이때, 즉 쇠고기 조각이나 큰 새우 수염을 앞에 두었을 때, 어떤 사람에게 통제의 능력이 있는지 없는지를 잘 엿볼 수 있다. 남을 통제할 수 있으려면 먼저 자기를 통제할 수 있어야만 하기 때문이다.

힘으로 해결하는 사람들이 하는 이야기를 듣게 되면, 나는 '이 사람도 식사법을 모르는 사나이로군'하고 생각한다. 무릇 맨 처음에 나오는 움직임은 어리석은 몸짓이다. 가까스로 참을 수 있는 사람이란 폭력을 자제할 수 있는 사람이다. 이것은 얼굴 표정이나 태도, 능숙한 말씨, 행동이라고 일컬어지는 것에서 알아차릴 수 있다. 용기조차도 폭력을 뒤로 미루는 데 있다. 폭력을 뒤로 미룬다는 것은 폭력을 잘 조절하여 누른다는 것이지, 이 폭력에 몸을 맡겨 버린다는 말은 아니다. 그래서 결국 문제는 지성이다. 그리고 지성의 가장 명백한 징표는 물건을 빼앗는 것을 거부하는 몸짓이다. 만일 난폭한 사람이 지성을 지닐 수 있다면, 그 사람이 모든 것을 장악하며 가능하게 만들 것이다.

그러나 아무래도 선택해야만 한다. 그리고 힘에 호소하는 것은 어리석은 짓이기 때문에 예부터 난폭한 사람은 교섭하는 사람에게 질질 끌려다녔다. 타협하는 방법을 익힌 사람들이 반드시 승리하지만, 승리를 이끌어 내기까지 그 과정에서 이루어진 우여곡절, 망설임, 미루기 등의 타협 과정이야말로 무릇 역사의 바탕을 만든다. 타협의 역사를 생각하게 된 것은 저 유명한 레츠 추기경[100]의 《회상록》을 다시 읽고 있을 때였다. 이 사람은 다시 말하자면 파리의 왕이었다. 그는 일찍이 본 적이 없으리만큼 아름다운 문체로 프롱드[101]와 여러 선인들을 훌륭하게 묘사하고 있으므로, 사람은 눈앞에 그들을 보는 듯이 느끼고 그들 한 사람 한 사람의 처지를 차례차례로 생각하게 된다. 조금도 인

---

*100 레츠 추기경(1613~79)의 본명은 장 프랑수아 폴 드 공디. 국왕의 중앙집권 정책에 반발한 반국왕파 귀족들이 일으킨 프롱드의 난(1648~53)을 주동하였다. 두 차례 체포되어 감옥에 갇혔다가 탈옥하여 유럽 전역을 돌아다녔다. 말년에 은퇴한 뒤에 쓴 《회상록》은 17세기 프랑스 문학의 고전으로서, 알랭이 즐겨 읽던 책 중의 하나이다.

*101 프롱드의 난(1648~53). 그 즈음 프랑스 왕은 루이 14세였으나, 그의 모후와 재상 마자랭이 실권을 쥐고 통치하였다. 마자랭에 대한 불만에서 비롯되었으나 마자랭의 승리로 끝났고, 중앙집권 체제는 더욱 강화되었다.

내할 줄 모르던 영웅, 무슈 프랑스*[102]의 신변에는 죽음의 위험이 있었다. 그러나 또한 그는 거의 언제나 계속 속기만 했다. 그리고 다른 사람들은 거의 모두가 용감한 이들이었지만 어떻게 그들이 의논하고 양보하며 설득했는가는 놀랄 만한 광경이었다. 이 내란은 무엇보다도 먼저 모임과 의논에 있었다. 그리고 이야기하는 대신 몸을 내던져 결말을 지으려고 한 사람들은 곧 당했다기보다 오히려 행동의 자유를 잃고 말았다. 가게 주인이나 최고 법원의 사람들, 그리고 거지떼들 가운데에 있을 때에는 폭력도 망설일 뿐이어서 활약할 여지가 조금도 없었기 때문이다. 그러나 시험삼아 바다를 때려 보라. 실제로 존재하는 사항, 이렇듯 긴밀하고 이렇듯 흔들림 없으며 이렇듯 맹목인 사항 속에서 하나의 용기 있는 자가 과연 무엇을 잘할 수 있을지 상상할 수 있다. 사람들이 달아날 수조차 없을 때 겁을 준다고 한들 무슨 소용이 있겠는가.

승리자는 누구였던가. 여러분은 알고 있다. 그는 마자랭*[103]이다. 마자랭에 대해서 레츠는 우리에게 이렇게 말한다. 그는 교섭을 크게 즐겼고, 가장 공공연한 적에 대해서조차 결코 이 즐거움을 그만두지는 않았다고. 그런데 이렇듯 자신 속에 틀어박힌 이 정신을 조금이라도 이해하려고 한다면, 나는 앞서 말한 바를 다시 한 번 말해야 한다. 단지 교섭의 길만이 정신을 잘 보호하고 유지해 준다는 것이다. 이로부터 깨닫지만, 오랫동안 교섭을 등한히 해 온 사람은, 담판해야만 하는 기회가 싫건 좋건 찾아왔을 때 이미 교섭할 방법을 모르게 되고 만다. 교섭에 익숙한 사람일수록 자기 내부의 노여움을 싫어하고, 자기 자신의 힘을 크게 두려워하는 것은 당연하다. 그런데 그는 상상하건대 힘에 효과를 발휘하도록 하게 된다. 그는 남의 마음을 꿰뚫는 것을 잊어버리게 되고 말 것이기 때문이다. 그리하여 바로 이 힘의 법칙, 저마다의 내부에 숨겨져 있는 이 힘의 법칙에 따라서 승리자는 자기 자신의 승리를 스스로 무너뜨리고, 또한 주인은 노예 신세가 된다. 이런 상황의 크나큰 변동 속에서 신은 오만한 사람을 욕보이기를 즐긴다는 민간 신앙이 태어났다. 사실 인간의 모습과 몸짓, 그리고 이 둘과 사상의 연계, 이 연계를 단단히 파악하면 깨닫게 되

---

*102 콩데 대공(1621~86)을 가리킴. 루이 14세 때 장군이었는데, 이 즈음에는 반국왕파에 속해 있었다.
*103 마자랭(1602~61)은 루이 14세 치하의 전성기를 준비한 정치가. 외교가로서의 재능이 특히 뛰어났다.

는 것이지만, 오만한 사람은 그 몸짓 자체로써, 나의 기쁨이 아닌 기쁨, 힘의 기쁨에 몸을 맡기는 순간에 치욕을 받게 된다. 자기 자신의 어리석음은 이런 식으로 틈을 보이고, 어리석음에서 비롯된 이런 헛점은 결코 벗어날 수 없는 인간의 아름다운 속성 중 하나가 된다. 그래서 이제 바야흐로, 오래 계속되는 폭군은 교섭을 즐기는 마음에서, 또는 말하자면 자기의 참된 힘의 체조를 통해 교섭할 것이 틀림없다고 여러분은 생각하지 않겠는가. 여러분의 마음에 떠오르는 실례로 하여, 힘이 결코 아무것도 규제하지 못한다는 것을 여러분은 충분히 이해할 것이다. 그리고 이런 종류의 공리(公理) 위에서야말로 현실의 법, 달리 말하면 현실의 공화국, 어떤 정체이든 생명 있는 유일한 부분인 현실의 공화국은 이룩된다.

1634년 8월 1일

79 미치광이

무언가 미치광이에 대한 연구를 읽을 때나 운나쁘게 미치광이 한 사람을 만나게 될 때, 나는 먼저 무섭다거나 우스꽝스럽다거나 하는, 겉모습에서 받을 수 있는 느낌을 지워 버린다. 인간을 찾아내야만 하기 때문이다. 그런데 이런 일은 어렵지 않다. 다만 우리의 목적 없는 몽상의 지리멸렬함과 박약함을 이미 충분히 연구하고 있기만 하면 이런 인간은 쉽게 찾아낼 수 있다는 말이다. 이런 인간에 대해서는 우리의 꿈이 충분히 밝혀 주는 바이다. 그러나 이성적인 인간의 특질이란 이런 기계적인 즉흥을 넘어서고, 불합리의 극복을 경시하는 데 있다. 그는 그런 것에는 주의조차도 하지 않는다. 데카르트는 일관된 지혜 덕분에 불합리한 무서운 꿈에서 해방되었다고 굳이 말했다.*104 나는 이것을 있을 수 없는 일이라고 생각하지는 않는다. 의지가 신체를 감독하는 이 활동의 한계를 나는 인정하지 않는다. 오히려 나는 이렇게 생각한다. 데카르트는 자기 꿈의 추억에 그다지 귀를 기울이지 않았으며, 또한 특히 이 꿈을 희극 배우가 하는 식으로 스스로 머릿속에 그리기를 거부했다고. 이런 수단으로 그는 꿈을 지웠다. 그는 꿈도 태어난 장소, 즉 잠을 깰 때의 혼돈 상태 속에 방치했다. 발작성 경련을 일으킨 사람이 하는 방식인데, 몸흉내라거나 주

---

*104 1645년 9월 엘리자베스에게 보낸 편지.

문(呪文)을 통해 꿈에 형체를 주는 것들을 피했다. 자기의 꿈을 숭배하지 않는 사람은 꿈 따위를 갖지 않는다. 그리고 악마를 쫓는 방법은 환영을 지울 수 있는 몸짓과 말을 좇아서 구하지만, 이 악마를 쫓는 몸짓과 말의 탐구는 소박할망정 조금도 어리석지는 않다.

그런데 이런 이야기를 읽게 되는 것은 유쾌하지는 않겠지만, 미치광이의 이야기로 돌아가서 나는 이렇게 말하고 싶다. 생각의 기계적인 진행은, 미치광이의 경우나 우리 저마다의 경우나 그다지 다르지 않다고. 다만 미치광이는 뛰어난 속성이 결여되어 있기 때문에 기계성이 크게 행세를 한다. 미치광이는 스스로 무엇을 하고자 할 수 없다. 그 원인은 확실히 몸의 이상에 있으며, 일부 신경 기관의 중독이나 해체에 있다. 이런 점에 대해서는 의사가 나보다 더 잘 알고 있다. 그러나 그렇다고 해도 그들이 대단한 일을 할 수 있지는 않다. 이와 달리 우리는 누구에게나 가까운 경험들을 바탕으로, 저마다의 의욕 체제를 고찰해 보면, 나는 미친 듯한 기미라는 것의 일부분, 우리와 비슷한 부분을 이해할 수 있다. 뿐만 아니라 이것을 치료하는 방법까지도 발견할 수 있다. 모든 이런 지적 장애 상태에서는, 확실히 상상력이 스스로 괴로움을 불러내고 있다. 자기 자신의 소심함을 두려워해 소심함을 키우고 마는, 겁쟁이에게서 볼 수 있는 증상과 같다.

정신적 무능의 원인이 무엇이든간에, 확실히 그 무능에 관하여 품는 생각이 곧 병의 주요 부분이 되고 만다. 무릇 병은 병자가 노리고 있는 것이다. 그러나 정신의 혼란이야말로 가장 무섭다. 왜냐하면 이것은 언제나 스스로의 기대에 응답하는 것이기 때문이다. 지능의 정상적인 움직임은 오로지 소박한 움직임이며, 몽상가는 행복한 사람들이다. 그들은 지리멸렬을 조금도 신경쓰지 않는다. 그들은 불합리를 즐긴다. 위험한 생각은, 이렇게 마음 속에서 공연되는 희극에서는 아무것도 바꿀 수 없다는 생각이다. 이때 사람은 불합리함의 위협을 받는 것처럼 생각하는 동시에 자기의 생각 앞에서 달아난다. 이 병자는 이미 의욕이 필요하지 않다. 그는 이미 자기 자신을 믿을 수 없다. 그는 스스로 자기를 저버리고 돌보지 않는다. 그는 자기의 생각이 기계적으로 펼쳐지는 광경을 단순한 방관자로서 구경한다. 그런데 모든 생각의 기계적인 전개는 절도 없는 잡담처럼 곧 지리멸렬하고 불합리한 것이 되고 만다. 이런 헛소리에 신비로움 따위는 전혀 없다.

흔히 하는 말이지만, 문자를 아무렇게나 늘어놓는 것만으로는 결코 《일리아스》가 되지 않는다는 이야기가 있다. 습관대로, 자태와 몸짓대로, 피로한 대로, 그리고 몸서리칠 때의 그대로 생각하는 경우도, 위와 같은 기계적인 전개이다. 즉 뒤죽박죽이 된 문자가 있을 뿐이다. 이를테면 두려움이나 노여움에서는 몸이 지나치게 흥분하게 되고, 끝내는 자기 자신을 해치기에까지 이르게 됨을 볼 수 있다. 그렇지만 어떤 움직임이든 때마다 우리의 생각을 만들어 내는 움직임은, 확실히 그 짝지움이 훨씬 다양하다. 그러므로 불합리한 생각에 짝지워진 재주없는 몸짓에 놀라서는 안 된다. 나의 생각으로는 우리는 언제나 우스꽝스러운 생각을 갖는 데서부터 시작하며, 그런 다음 이 생각을 바로잡아 고치고 이겨 내며 잊는다. 생각이란 바로 이런 것이다. 생각이란 저항하는 우주와 상식, 이 두 개의 본보기에 따라 자기의 생각을 통제하는 것이다. 그런데 이 경우에 치명적인 관념은 사람이 이것을 어떻게도 할 수 없다고 생각하는 것이다. 반대로 고마운 관념이란, 의욕하기만 하면 이제부터 자기를 해방할 수 있다고 생각하는 것이다. 이 관념만으로 언제나 충분하다는 뜻은 아니다. 다만 이 관념이 없다면 무엇이 있더라도 충분치 않다는 뜻이다. 어떤 신앙이든, 무릇 신앙에 따라서 설교자나 위안자가 정력적인 권고로 기적을 나타내는 저 힘, 때때로 오해받고 있는 저 힘은 의욕하고자 하는 이런 관념에서부터 비롯된다. 그들의 방법은 간접적이며, 신을 믿고 신을 사랑하는 것이었다. 이런 일은 쉽다. 신은 누구에게도 보이지 않는 존재이기 때문이다. 그러나 한편 우리의 가장 힘센 방법, 인간을 사랑하고 인간을 믿는다는 방법은 훨씬 더 어렵다. 즉 인간은 누구에게나 보이는 존재이기 때문이다.

1921년 7월 2일

80 상념의 발생
우리는 미치광이를 추방한다. 그러나 우리의 머릿속에서는 이 미치광이를 추방하지 않도록 하자. 미치광이와 보통 사람의 관계를 옳게 평가하자. 형이상학은 또한 여기에서도 활동해 우리와는 아무 연고가 없는 정신, 즉 우리와는 배열이 다른 기구를 상정해 다른 한 세계, 어쩌면 다른 광명, 그리고 하나의 신성한 영감을 상정했다. 이것은 미치광이의 이야기에 지나지 않는다. 나로서는 오히려 미치광이에게 보통 사람과 다른 점은 아무것도 없다고 생각하고 싶다. 아니, 나는 오히려 이렇게 말하고 싶다. 우리에게도 미치광이에게도 미쳐 버린 점은 있지만, 미치광이에게는 미친 듯이 날뛰는 정신 체계가 제대로 배열되어 있지 않고, 또 그 열등한 체계가 다만 종속된 위치에 있지 않은 동시에 깔봄의 대상이 되지 않을 뿐이라고. 미치광이란 마음에 떠오르는 온갖 생각을 어느 것이나 동등하게 평가하는 사람이다. 이와는 달리 건전한 사람은 상념의 재빠른 변화 따위는 파리가 나는 것과 마찬가지로 마음에도 두지 않고 가볍게 생각한다.

부조리한 상념이 발생하면서 우리의 모든 상념이 일어나게 마련이다. 그것은 감각에서 태어나서 흙 먼지처럼 추억을 일으키기 때문이다. 나는 눈을 들어 별을 보고, 《골짜기의 백합》을 생각하며, 여름을 생각하고, 수확을 생각하며, 마실 것을 생각하곤 하는 존재이다. 이런 직접적인 연관들은 모두 내가 지금 마지막으로 든, 즉 마실 것을 생각하는 것과의 연관과 마찬가지로 부조리하다. 이 마지막의 연관은 말이 막혀 버린 것에 지나지 않는다. 또한 나머지 다른 연관은 동물정기(動物精氣)의, 또는 뭐라고 해도 좋지만, 서로의 만남이나 반동(反動), 미끄러져 떨어지는 것에 지나지 않는다. 어느 것이나 말장난이며, 아니면 그와 비슷할 뿐이다. 우리의 몸은 사면에서 얻어맞아 기묘한 울림들을 낸다. 왜냐하면 우리 속에 있는 무엇인가와 습관이 서로 연결된 어떤 울림이 겉으로 드러난다고 할지라도, 일반적으로 그 이상 합리적인 다른 연관을 갖고 있는 것은 아니기 때문이다. 이것은 파블로프의 개의 실험에서 볼 수 있는 바와 같다. 이 개는 불쌍하게도 녹색 불이나 빨간 불을 보면 위액을 분비하도록 어렵지 않게 길들여진다. 몇 번이고 고기와 동시에 녹색 또는 빨간색 불을 보여 주기만 하면 된다. 그런데 이 생리학자가 습관 이외에 어떻게든 기묘한 연관성을 고안한다 하더라도, 가장 기묘한 연관은 무엇보다 우주가 시시각각 우리에게 제공하는 연관일 것이다. 데카르트는 사팔눈 여성에게 마음이 끌렸다. 그 까닭인즉 그는 어린 시절에 이런 결점을 지닌 여자아이와 친했었기 때문이다.*[105] 그리고 이 철학자가 말하듯이 우리가 무릇 샐러드라는 음식을 경계하게끔 되는 데는 샐러드 속에 든 벌레를 단 한 번 보는 것만으로 충분하다. 이런 연관은 본디 의미에서 미치광이 기질이다. 원인을 이해했을

---

*[105] 1647년 6월 6일자 샤뉴에게 보내는 편지 참조.

때, 그 연관은 합리성을 띠게 된다. 단, 그 원인 자체는 조금도 합리성을 띤 것이 될 수 없다. 이리하여 사람은 우주를 깊이 생각하고 연구함으로써 이런 미치광이 기질을 고칠 수 있게 된다. 저 유명한 이야기에 따르면, 우주는 특별한 설명도 없이, 한 마리의 큰 거북과 한 사람의 선교사를 같은 날 같은 바닷물에 태워 지독히 현명하지 못한 야만인들에게로 보냈다. 그 이야기에 따르면, 야만인들은 거북과 선교사를 같은 음모를 꾸민 한 패거리라고 믿어 버렸다고 한다. 야만인은 우리와는 사고방식이 다른 존재라고 어찌 우리가 말할 수 있겠는가. 우리가 상정하는 이 음모 따위는 모두 이런 어리석은 생각에서 비롯된다. 어느 것이나 똑같이 거북이와 선교사이다. 요컨대 우리의 직접적인 생각은 모두 미치광이 기질이다. 그리고 가장 미치광이 기질같지 않게 위장된 것이 실은 가장 확실한 미치광이 기질이다. 왜냐하면 말의 우연일 뿐인 것에서 지구의 회전을 배웠다면, 올바른 사실을 생각하는 것은 배우기 전 처음부터 천계(天界) 전체의 회전 운동을 믿은 경우보다 더욱 곤란한 일일 터이기 때문이다. 자신이 진리를 만들지 않고 다만 우연한 말로부터 이 진리를 받아들일 뿐인 사람에게 화가 있을 것이다. 데카르트는 특이하게도 모든 것을, 참다움마저도 일단 거부하겠다고 생각했다. 그리고 그런 다음 그는 처음부터 1, 2, 3……하고 세기 시작했다. 확실히 이런 1, 2, 3……식의 순서는 언제가 되더라도 우주로부터 던져져 주어지는 일은 없을 것이다. 사람은 먼저 한 마리, 이어서 두 마리, 이어서 세 마리 하는 식으로 나오는 새끼 양을 본 적은 없기 때문이다. 다수(보편적인 양)는 나타나지만 수(한 마리, 두 마리의 양)는 나타나지 않는다.

그런데 데카르트는 특이했다. 다만 보편성을 갖고 있으면서도 특이했다. 누구라도 만일 바란다면 이 보편성에서 자신의 형제를 발견할 것이다. 그러나 탐구하고 의심을 품어야 한다. 그러나 이렇게 탐구하고 의심을 품을 수 없다. 그러므로 미치광이가 사물을 생각하고 있는 상태는 우리가 꿈을 꾸고 헛된 생각을 하는 상태와 같으며, 우리가 상념을 가질 때라도 그 상념의 출발점에 있는 상태와 같다. 왜냐하면 나는 나의 꿈속에서는 완전히 미치광이이기 때문이다. 다만 나는 이런 헛되고 미치광이에게나 어울릴 상념을 초기에 한 번 웃어 버리고 만다. 그리고 그 기계적 구조는 같으므로 나도 알맹이는 미신과 같다고 할 수 있다. 다만 나는 이것을 비웃고 만다. 나는 자신을 신탁으로써 해석하지는 않는다. 그러나 모든 민족이 미치광이들을 신탁의 관점에서 해석했다. 여기에는 일리가 있다. 미치광이들은 우주의 우연만을 알고, 그 밖에는 모르기 때문이다. 그리고 미치광이들은 선택없이 상념을 갖기 때문에 우리의 이성이 이미 돌아보지 않는 무언가 중요한 사항을 충분히 말할 수 있다. 그러나 미치광이는 자기가 이성 이전의 사실을 알고 있다는 것을 알지 못한다. 미치광이는 폭풍우의 지침이며, 온갖 폭풍우의 지침이다. 그리고 이 장치는 또한 새가 나는 방법이나 제물(祭物)의 창자나, 그 밖에 이와 비슷한 기구들과 마찬가지로 온도계만큼도 도움이 되지 않은 기구가 되었다. 온도계는 단한 가지 사실만 알려 주기 때문이다. 현명한 이는 미치광이 속에서 인간을 선별하고, 미치광이를 거부한다. 이를테면 《데이비드 코퍼필드》에 나오는 숙모가 그러하다. 그녀는 딕 씨를 맞아들여 양식과 관련된 질문을 여러 가지로 하고 그의 의견을 듣는다. 그가 미치광이라는 생각 따위는 더군다나 하지 않는다. 그런데 정신과 의사라면 당장 딕 씨가 미치광이라고 생각할 것이다. 정신과 의사에게는 연구 대상이 필요하기 때문이다. 그러나 직업과 관련된 이런 상담 때문에 정신과 의사는 자기 자신의 정신을 둔하게 만드는 반면, 저 선량한 숙모는 상담과 동시에 자기 자신의 기분도 치료하고 있는 것이다. 그러니 지능이 떨어지는 사람이나 대가족 일원으로서 자신이 미쳤음을 스스로 인정하는 사람이야말로 다행이다. 그는 생각할 줄 알고 있다고 말할 수 있기 때문이다.

1933년 5월 4일

81 정신의 덕

큰 신문의 힘이라는 것을 나는 믿지 않는다. 하나의 신문은 그것을 읽는 사람들과 그 신문을 아끼는 사람들을 나타낸다. 그리고 집필자가 유려한 문체로 문장을 쓴다고 하더라도, 집필자 자신은 독자들과 마찬가지로 자연스러우며 성실하다. 그의 독자들 쪽에서 그를 선택하고 또한 그쪽에서 그의 독자들을 선택했다. 집필자는 어떤 당파이든 돈을 듬뿍 대주는 당파를 지지한다는 따위의 말은 사실이 아니다. 그런 식의 문제는 나오지 않는다. 같은 금액으로 신문사 사장은 성실한 보도기자를 발견할 수 있을 것이다. 젊은 집필자들을 키우고 있는 작은 신문을 조금 조사해 보면 된다. 그 신문에는 순수한 토마스주의자가 있고, 순수한 왕당파가 있으며 순수한 온건파가 있고, 순수한 급진파가 있고, 순수한 공산주의자가 있다. 그들 모두에게 공통되는 바는 모두 봉급이 적다는 점이다. 그러나 이 적은 봉급만으로는 아직도 표현이 모자란다. 그들은 봉급이 전혀 없다. 그리고 이 예비대, 집필가들이 풍어를 기대하는 이 양어지(養魚池)에서 아마도 백만장자는 배신자가 아닌 충실한 자를 낚아올릴 수 있을 것이다. 그런데 이 큰 신문의 집필은 누구를 위한 집필인가. 자기가 생각하고 있는 것을, 누군가가 자기보다도 잘 말해 주기를 기다리는 대중을 위한 집필이다. 좀 더 능숙하게 말하면, 대중은 독자의 불만이나 악담이나 욕지거리를 얼핏 보기에는 고상하고 공평하며 일관된 말씨로 표현해 주는 신문을 기다리는 셈이다. 다수의 모르는 사람들과의 이런 합치(合致) 없이는 신문은 죽어 사라지고 만다. 누군가 대주주가 어떤 식으로 반란을 일으켜 실권을 쥐고, 다른 집필가를 골라서 조금씩 정책을 바꾸어 간다고 한다면, 이때 대중 또한 변할 것이다. 오해가 없도록 말하자면 그 신문은 독자를 잃고, 그 대신 다른 독자들을 얻을 수 있으리라는 말이다. 그러나 사람들의 의견은 그들 저마다의 코 생김새만큼 다양하지는 않다.

이런 사실을 사람들은 모두 부정할 것이다. 그렇다면 설명해 보라. 왜 급진파는 저렇게 많은데 급진파의 신문은 저렇게 적은가. 큰 신문은 무슨 일이든 할 힘이 있다고 한다면, 이미 큰 변화를 일으킬 수 있을 것이므로 일부 사람들은 신문의 이런 변화를 기대했다. 그러나 부질없는 짓이었다. 시민들은 그들만이 지니는 색조를 여전히 지니고 있었다. 신문에 비한다면 확실히 전쟁이 설득력이 강했다. 그런데 전쟁은 많은 사람을 죽이기는 했지만 단 한 사람의 인간도 바꾸지는 못했다. 신문은 의견을 바꾸지는 못한다. 연설도 마찬가지이다. 한 사람의 인간을 계발하고, 교화하며, 위대하게 만들고, 그 정신을 유연하게 하는 일은 못할 것도 없지만, 그러나 그렇게 하고자 한다면 멀리 돌아가는 방법과 긴 과정이 필요하다. 이에는 모든 위대한 작품이 도움이 된다. 이들 작품이 인간에게 두려움을 주는 일은 없다. 그에 비하여 연설가나 설교가는 일찍 그 어떤 사람의 마음도 돌리게 한 적이 없다는 사실을 사람들은 알아야만 한다. 거의 모든 사람들은 자기의 생각을 확인받기 위해서 여기에 온다.

그러나 내가 깨달은 바가 또 하나 있다. 즉 사람은 어떤 연설가를 좋아하면서도 그 연설가의 사상은 아무것도 받아들이지 않는다는 사실이다. 어떤 사람이라도 증명의 낌새를 알아차리고, 매우 주의깊게 증명의 공격을 피하고 만다. 사고하는 사람의 이 조심성은 놀랄 만하다. 결코 그는 밀리거나 독촉받거나 하는 일이 없다. 의논할 여지가 없는 듯한 사실이라도, 마찬가지로 사람은 이 사실을 곁으로 돌려놓아 버리는 방법을 알고 있다. 의논이 확고하면 확고할수록, 그 의논이 찾아오는 바를 잘 찾아내고 만다고까지 말하고 싶다. 그렇지만 사람은 이 발견에는 귀를 막아 버린다. 사람은 자기 스스로가 구해온 바를 기다린다. 연설가는 때마침 그 점을 생각해 낸다. 그래서 연설가는 사람이 기다리는 말을 던진다. 그는 자기의 벗을 또한 찾아낸다.

나는 내가 사랑하던 사람들과 의논한 적이 있다. 나는 그들에게 상처를 줄 수는 있었지만 흔들리게 할 수는 없었다. 오로지 우정에 넘친 그들의 감성과, 언제라도 하늘 높이 떠돌기 시작할 것만 같은 그들 정신의 높이의 사이에서, 언제나 갑옷으로 무장한 그들의 의견 영역을 나는 인정하고 탐구했다. 나는 그들 의견의 영역 둘레를 돌았다. 나는 들어갈 틈을 찾아내지 못했다. 어째서 내가 그토록 사랑하는 사람들의 의견 영역에 들어가지 못한 것에 놀라워했을까. 나는 옛날이나 오늘이나 마찬가지이다. 왕당파의 주장은 나로서는 잘 알 수 있다. 파시스트의 주장도 잘 알 수 있다. 그런 주장들을 나는 경계하지도 않는다. 플라톤은 내가 온 마음을 기울여 숭배하는 많지 않은 작가 중의 한 사람이다. 그가 옛 민주정치를 다시금 맹렬히 비난하고 욕할 때 나는 마음을 기울여 숭배하기를 멈춘다. 나는 암초를 발견한 뱃사람처럼 신중한 태도로 둘레를 돈다. 이 위험한 장소를 넘기면 나는 다시금 옛 정치를 완전히 신뢰하게 된다. 이 정절은 귀중하다. 정신의 높이는 우리를 여기저기로 떠돌아다니도록 만들기 때문이다. 이런 도깨비불은 곧잘 볼 수 있다. 다행스럽게도 의견에는 붙잡아매기 위한 밧줄이 달려 있다. 폭풍이 오면 밧줄은 더 늘어나게 될 뿐이다. 중상(中傷)이나 기습이 알려지면 누구라도 곧 한눈으로 자기의 처지를 되돌아보고, 그리고 이 관점을 지키리라 맹세한다. 이 맹세야말로 실로 크나큰 판단력의 표적이다. 짐승이 초원에서 초원으로 쫓겨가듯이, 의견에서 의견으로 몰리고 쫓겨다녀서는 안 된다고 양식은 가르쳐 주기 때문이다.

누구나가 자기에게 충실한 것을 자랑으로 여긴다. 이런 충실은 어떤 뜻을 지니는가. 그 뜻은 우리 생각 중에서 아름다운 부분은 행하고자 하고, 또 이 부분에 대해서는 맹세한다는 점이다. 또한 대조적으로 강제된 생각은 결단코 노여움일 뿐임이 인정된다. 이 때문에 사람은 요구를 받아들여 바꾸는 것을 거부한다. 언제라도 박해는 종교에 대한 믿음을 오직 단단하게 만들 뿐이었다. 확실히 어떤 생각이 위험해졌을 때, 이로부터 떨어지는 것은 명예로운 선택은 아니다. 이 위험한 때에 사람은 참됨을 뒤로 미룬다. 상상하건대 이 넓고 끝없는 참됨에는 어떤 기습이나 함정이 있으리라고 언제나 각오해야만 한다. 반면에 바야흐로 자유와 충실은 서로 지탱하면서 정신의 덕이 된다.

1935년 7월 1일

82 환영

이른바 무의식인 것이 진실인가 아니면 거짓인가, 나는 여러분에게 말할 수 없다. 물론 어떤 일에도 대답하는 방법은 있는 법이다. 그러나 나는 논쟁은 사양하겠다. 무의식과 관련된 이런 관념은 크게 환영받고 아주 잘 팔리는 것이기도 하지만, 나에게는 어쩔 수도 없는 물건이다. 나는 자연히 이 무의식과 관련된 관념에까지 이끌리는 일은 결코 없다. 나도 유행에 뒤떨어지지 않도록 이 무의식과 관련된 관념을 사용해 보려고 했지만, 이 관념은 조금도 인간을 파악하는 것이 아니며, 해명하는 것도 아니다. 인간의 내부, 또는 세계가 필요하지 않다는 이런 종류의 무의식이라는 상념은 문학자가 만들어 낸 말이다. 조금도 지각하지 않는 사람에게는 자기 자신의 관념에 맡겨지는 것이라고는 아무것도 없다. 그렇기는커녕 오히려 그는 벌써 관념을 잃어버리고 만다. 잠들어 버리는 것이다. 만일 그가 꿈을 꾼다면 그것은 외부의 우주가 어떤 벽면으로부터 그를 공격해 오기 때문이다. 그 자신이 지각하기 시작했기 때문이다. 생각하는 사람이란, 내 생각으로는 운동하고 있는 사람을 말한다. 그가 그의 내부에 갖고 있는 것은 구조와 운동일 뿐, 상념 따위의 것은 아니다. 상념만큼 보존하기 어려운 것, 지속하기 어려운 것은 없다. 다만 혼자 눈을 감은 채 생각하는 사람이 있음은 잘 안다. 그러나 나는 결코 그런 것을 믿지는 않는다. 인간은 자기의 몸짓, 즉 실로 그 순간 자기 몸의 준비 자세와 운동에 따라, 또한 바야흐로 자기에게 작용되는 물건에 따라 생각한다. 먼저 주먹을 쥐고 덤비면 화가 치밀어 오른다. 손을 내밀고 미소 지으면 친밀하게 화해하는 기분이 된다. 마세나*[106]가 층계 위의 대리석상을 보고 그랬듯이 사람은 환영을 보

---

*106 앙드레 마세나(1756~1857)를 가리키는 것이리라. 나폴레옹 휘하의 용장이었다.

고 달아난다. 그의 지각은 달아나는 사람의 지각, 환영을 판단하기에 형편이 좋지 않은 사람의 지각이다. 상황은 우리의 몸에 어떤 자세를 취하게 함으로써 커다란 작용을 한다. 층계는 우리의 몸이 급히 달아나게끔 작용한다. 그리하여 올라가는 사람은 내려가는 사람과는 또 다른 관념을 갖는다. 발이 시리면 이런 신체와 관련된 상황 때문에 우리의 꿈도 달라진다. 새의 노랫소리나 양복장수의 외침 소리는 나를 다른 생각 속에 던져넣는다. 경례하는 병사는 공손한 심정이 되고, 가발은 재판관에게 진지함을 준다. 모자와 깃털장식은 무도회의 옷차림을 한 부인의 온갖 진지함을 없애 버린다. 머리를 늘어뜨리고 실내복을 입으면 그녀의 사고 방식 또한 달라지게 될 것이다. 또한 내가 꽤 자주 관찰한 것이지만, 목소리를 낼 때 첫 소리가 잘 나오지 않으면 이 증상이 기분은커녕 생각까지도 몰아낼지도 모른다. 이런 모든 변덕스러움은 누구에게나 신선하고 또한 언제나 신선하다. 누구라도 같은 주장을 반복하지만, 사실 실제로 같은 추억을 두 번 다시 갖는 일은 아무에게도 없고, 또한 문자를 이용한 정착이 아니라면 어떤 기발한 생각을 두 번 다시 찾아내는 일은 아무도 할 수 없다. 이렇듯 때때로 예견하기 어렵고 늘 불안정한 것인 현실을 반영한 시(詩) 속에서, 사고하는 동물을 파악하려고 마음먹는다면 그 사고하는 인간의 손을 보고 그가 무엇을 하고 있는가를 보는 게 좋다. 앉아 있는가, 서 있는가, 어떤 도구를 손에 들고 있는가, 수염을 깎았는가, 뾰족한 모자를 썼는가, 수면모자를 썼는가.

그러나 옛날의 제3의 인물은 무슨 쓸모가 있는가. 사고하는 사람의 뒤에서 생각하는 이 그림자, 즉 제3의 인물은 무엇인가. 통조림 속의 낡은 관념을 겉으로 밀어내는 이 음침한 인물은 무엇인가. 이 추억의 인물은 무대 뒤에 대기하고 있으면서, 프롬프터(무대 뒤에서 대사를 읽어 주는 사람)가 배우를 도와 주듯이 그 사람의 역할을 돕는다. 이미 만들어진 추억이란 무엇인가. 눈에 보이지 않는 자들의 이 대화들은 무엇인가. 오싹한 이야기이다. 마테를링크여, 그대는 사람을 어리둥절하게 만든다.[107] 이 안락의자 뒤에서 이야기를 하고 있는 것은 하나의 환영이 아니라, 환영들의 행렬이다. 무의식의 무의식이 있는 셈이다. 그러나 처음에는 나도 반농담 삼아 존재하지만, 한순간 뒤에는 결코

---

[107] 자연주의적인 희곡과는 달리 동적인 사건이 아니라 단순한 구성, 암시하는 듯한 대화로써 영혼의 신비로운 내면을 나타내는 것이 마테를링크 작풍(作風)의 한 특색이었다.

모습이 보이지 않을 존재를 언제까지나 기다리는 데 진절머리가 나고 만다. 셰익스피어의 주인공들은 좀 더 견고한 바탕으로 이루어져 있으며, 소박하게도 자기의 주먹 속에서 관념을 만든다. 어느 인물이나 모두 순간 속에 산다. 어느 인물이나 그 순간의 감흥이나 기분에 따라 행동하고, 신선하며, 자기 자신의 시인이다. 카시우스, 햄릿은 칼을 뽑는다. 그와 동시에 그들의 사상이 튀어나온다. 오셀로는 그 힘찬 두 손을 벌린다. 그와 동시에 확신이 그의 속에 완성된다. 그리고 포옹이 늦추어지자 즉시 확신은 무너진다. 그러나 누군가 다른 오셀로가 오셀로의 귓가에서 속삭였다느니 하고 상상해서는 안 된다. 그의 귓가에서 속삭인 것은 이야기이다. 이 무어인은 그 힘찬 구조에서 완전한 존재이다. 그가 품는 생각 또한 완전한 생각이다. 추억은 행동이고 말이며 지각이다. 요컨대 인간의 내부는 인간의 말과 행동을 설명하지 않는다. 몸짓과 상황을 펼쳐 거기에서부터 말이 어떤 마무리를 짓게 하는 것이야말로 연극인이 보여 주는 바이다. 그리고 연극의 가장 훌륭한 발명이란 독백이며, 이 독백은 자기 발견으로써 이루어진다. 이리하여 내면의 영혼은 남김없이 관객의 눈앞에 드러난다. 어둠의 밑바닥에서부터 되돌아오는, 무언가 은밀한 관념이니 하는 것을 상정할 필요도 없다.

세계는 충분히 크고 넓다. 그리고 생각하는 사람은 이 세계의 여기저기 돌아다니며 하나하나의 물건에서 신과 운명을 만들어 낸다. 그렇지만 과연 인간의 사상을 인간 속에 깃들게 한다는 생각은 누가 해 냈는가. 인간은 밤의 어둠 속에서 얼굴을 쳐든다, 자기의 별을 본다. 그리고 그 별이 그의 사상이다.

1921년 9월 23일

83 심리학자

나는 소비에트를, 또한 이성으로써 모든 것을 규율하려고 하는 노력을 생각했다. 소비에트로서는 다른 길을 택할 수 없다. 이미 항해에 나선 배이다. 그러나 인간의 본성에 근거한 인식은 함정으로 가득 차 있다. 잘 아는 바와 같이 그 나라에서는 이혼이 아주 쉬운 일이어서, 마치 결혼 따위는 없는 것과도 같다. 그리하여 아이를 키우는 문제는 국가의 어깨에 실려 있다. 어떤 사람이 말했다. 그렇다면 자유연애로의 복귀라고. 그런데 이 문제를 잘 생각해 보고 나는 이렇게 생각했다. 이렇게 이혼으로 결혼이 늦추어져 버린다면 이런 결혼은 자유연애보다도 훨씬 뒤떨어지지 않느냐고. 자유연애는 처음부터 끝을 생각하지 않기 때문이다. 즉 자유연애는 처음부터 희망을 죽여 버리지 않기 때문이다. 이에 비하여 법률과 풍습이 이혼을 있을 수 있는 일로 알려 준다면, 처음부터 이혼을 생각하지 않을 수는 없다. 그리고 이것은 사랑을 죽이는 것이다. 언젠가는 끝이 오리라고 생각하는 사랑은 결코 진정한 사랑이 아니기 때문이다.

그러나 사람은 이렇게 말할지도 모른다. 만일 인간이 이렇게 만들어진 존재라면 어쩔 수 없는 일이 아니겠느냐고. 그렇다면 나는 묻겠는데, 과연 인간의 본성은 그렇게 되어 있는가, 또한 어떻게 하여 그런 사실을 아는가. 이 예로서도 과학적 입법(立法)이 얼마나 위험한 일인지 알 수 있을 것이다. 심리학과 의학을 함께 예로 들더라도, 여기에서는 미치광이나 변덕쟁이, 우울한 자, 요컨대 자기를 통제할 수 없는 사람들의 연구에 주로 의거한 편견만 나에게 제공한다. 어떤 감정에도 기복이 있고, 피곤한 때가 있다. 그러나 인간이 이런 순간에 이와 반대인 기쁨의 승리나 재출발의 순간보다도 한층 더 진실한가를 알기란 쉽지 않다. 스피노자라면 옛날의 엄격한 태도로 약함과 슬픔은 조금도 우리의 힘이 아니며, 행복이야말로 정상이며, 다시 말해서 규칙이라는 것을 공리(公理)로서 내놓을 것이다. 이 늠름한 사상은 사람을 놀라게 한다. 무릇 사상은 사람을 놀라게 한다. 심리학자나 의사는 사상을 믿지 않는다. 그들은 이미 사상과 이혼하는 것부터 시작한다. 그들은 인간이 자기 몸이 미끄러져 내려가는 대로 내어맡길 때, 인간에게 생기는 것을 아주 훌륭하게 관찰한다. 그들은 인간이 이런 식으로 이루어진 존재라고 말한다. 나라면 오히려, 인간은 그런 식으로 해체되는 존재라고 말할 것이다. 병은 규칙이 아니다. 예컨대 열 번 가운데 아홉 번까지 같은 병이 관찰된다 할지라도, 그 병은 여전히 규칙이 아니다. 모든 전쟁보다 더욱 참혹한 어떤 전쟁으로 말미암아 대부분의 인간이 지체 부자유자가 된다 할지라도, 그로써 인간이 바뀐다고 할 수는 없는 일이다. 인간을 비하시키기를 그치지 않고, 마침내는 없애 버리고 마는 상황이라는 비(雨)를 통해서 인간을 정의할 수는 없다.

그러나 심리학이 과학 중 가장 위험한 학문으로 나타나는 까닭은 이러하다. 대부분의 사람들이 지체 부자유자가 되었다고 할지라도 지체 부자유자가 아닌 사람들마저 그처럼 바뀌는 것은 아니다. 그런데 감정의 세계에서는 사람이 믿는 것은 이윽고 진실이 되고 만다. 사랑은 눈 깜짝할 사이의 환상이라고 법률에서 말한다고 하면, 이것은 생각에도 새겨질 것이다. 즉 자기를 나쁘게 생각하는 것만큼 쉬운 일은 없기 때문이다. 이것은 비탈길이므로 한 번 사물로부터 받은 충격은 끊임없이 우리를 데리고 나간다. 실의는 설득으로도 만들어진다. 만일 어린이에게 너는 바보라고 되풀이해 말한다면, 그 어린이는 정말 바보가 되고 말 것이다. 또한 마음이 확고한 사람이라도 모두가 미리 짜고 이 사람을 바보라고 생각하게 하는 시도에 길게 버틸 수 있을지 어떨지 알 수 없는 일이다. 그리고 이런 수단으로 그를 완전히 못 쓰게 만들어 버릴 경우, 반대로 그에게 신용과 신뢰를 바보라고 말하는 것처럼 되풀이해서 기울이는 경우보다 한층 더 참된 그가 될 수 있을까. 어떤 교육가라도 자기의 일을 분별해 알고 있는 한, 이 교육가에 대해서는 한 마디라도 해야 할 것이다. 그리고 자유로운 정신의 소유자가 그다지 익숙지 않은 이런 교육가의 관념을 앞에 두고 불신을 느낀다면, 콩트를 읽는 게 좋다.

콩트의 작품에는 하나의 강한 두뇌, 세상에 드문 실증을 중시하는 정신이 있으며, 방법, 경험, 사실이 무엇인가를 아는 인간이 있다. 그러나 또한 콩트는 숱한 불신의 무리 속에 있으면서, 내가 아는 한 주의하여 이상향을 꿈꾸지 않았던 유일한 사람이다. 그러므로 그에게는 기묘한 적이 있다. 그 스스로 한편이 되고 싶었던 사람까지도 그의 적이 된다. 그 대신 그에게는 또한 기묘한 한편이 있다. 아무래도 좋은 일이다. 이런 일 때문에 그의 훌륭한 작품이 단 한 줄이라도 바뀐 것은 결코 아니니까. 그러므로 그에 대하여 일컫는 것 따위에 귀를 기울이지 말고, 다만 그 자신만을 믿는 게 좋다. 확실히 이 훌륭한 천재는 사랑을 알고 있었다. 그렇기 때문에 그가 다른 사람을 사랑하는 감정은 그 자체로서 유쾌하다고 말할 수 있었던 것이다. 그러나 사람은 사랑의 일을 확신할 수 없기 때문에 사랑의 관념 곁을 지나쳐 버린다. 그런데 이렇게 잘못된 입법을 하고는, 바라던 결과의 반대를 손에 넣게 되기도 한다. 인간을 알기 위해서는 어떤 대담성이 있어야만 된다. 인간을 믿고 사랑으로써 결혼을 다루어야만 했던 것이다.

1930년 2월 22일

84 거짓된 진보관

막심 고리키는 어린 시절의 추억 속에서 자기가 할아버지에게 어떻게 회초리로 맞았는가를 이야기하고 있다. '어린 시절의 나를 즐겁게 해준 그림책 가운데는 매질하는 할아버지가 회초리의 묶음을 안고 지나가는 모습이 그려져 있었다. 그러나 나의 눈에는 이것이 저 유명한 그림, 죄를 쫓아다니는 정의와 복수의 여신*[108]과 마찬가지로 하나의 비유에 지나지 않았다. 단 한 번도 나는 마음속으로 이 회초리의 다발을 푼 적이 없었다. 어린이의 약하디 약한 피부를 단 한 대로 찢어 버릴 것 같은, 물에 불어 나긋나긋해진 버드나무 지팡이와 같은 회초리를 나는 단 한번도 거기에서 꺼낸 적이 없었다. 하물며 그에 이어서 날아오는 50회나 되는 회초리를 내가 상상했을 리는 없다. 그렇기는 하지만 이 매질하는 할아버지는 무엇인가를 나타냈던 것이다. 그리고 그의 회초리는 말하자면, 오늘날 벽의 장식물이 된 권위를 나타내는 속간(束桿)*[109]과 도끼 같은 것이었다.' 지금은 이미 표장(標章)일 뿐이다. 그러나 또한 증거물이기도 하다. 일찍이 회초리가 아무런 비유도 아니고, 실제로 권력이 도끼로 지탱되었던 시대가 있었다. 어린이들이 종아리를 맞아 피를 흘리던 시대가 있었다. 다만 고리키의 어린 시절은 우리보다 1백 년쯤 뒤떨어진 시대였다. 왠지 모르지만 교육학자들은 오늘날 아직도 로크를 읽고 있지만, 그는 거짓말쟁이 아이를 고치는 데 회초리를 이용하는 방법만 알고 있었다.

그렇지만 인간이 크게 바뀌었다는 것은 아니다. 고리키의 이 슬픈 책장을 넘겨보면, 그렇듯 무자비하게 자기의 손자를 매질한 이 할아버지가 인정사정 없는 사람이 아니었음을 알 수 있을 것이다. 어린이들이 매를 맞는 일은 오늘날도 있다. 또한 도끼와 지팡이가 지금도 비유적으로 쓰임으로써 우리의 일상 행동을 규율할 수 있음을 보여 주었다. 그러나 전쟁은 이변이다. 이미 관습이 되어 온 행위는 아니다. 오늘날 사람은 토요일에 매질을 하지는 않는다. 그리고 도끼가 속간에서 떨어지기 위해서는 흉악한 범죄가 있어야만 한다. 그러면서도 나라에서도 가정에서도, 질서는 옛날 못지않게 아니 옛날 이상으로 훌륭하게 보호되고 유지되고 있다.

---

*[108] 프뤼동이 지은《죄악을 뒤쫓는 정의의 여신과 복수의 여신》.
*[109] Fasces : 막대기 다발 사이로 도끼날을 내보이게 한, 고대 로마 집정관의 권위의 상징. 권표(權標)라고도 일컫기도 한다.

옛날에 널리 실시되던 관습에서 끌어낸 논의는 모두 박약하다. 사람들이 노예 제도나 고문, 매질, 전쟁 같은 방법을 지켰던 까닭은, 그런 방법을 통해서만 질서를 유지할 수 있었기 때문이라고 하는 논의가 너무나도 종종 벌어진다. 그대는 다른 방법으로 좀 더 잘할 수 있겠느냐는 것이다. 이런 기대는 역사가 생겨나기 이전에 있었다는 황금 시대의 어디에서나 볼 수 있는 헛된 신앙과 관련이 있다. 이런 소박하지만 헛된 신앙은 그것 자신, 죽은 사람의 영혼을 숭배(崇拜)하는 것을 뿌리로 한다. 그런데 이 신앙과도 같은 숭배는 옛날이나 지금이나, 또 언제라도 가장 뛰어난 사람들의 추억을 보존하고 그 덕을 순화시킨다. 그리고 이 사자숭배가 마침내는 참된 인간의 본보기를 나타나게 한다. 그러나 다른 한편, 이 숭배는 옛날 사람들이 실생활에서도 우리보다 뛰어났다고 믿게 함으로써 우리를 속인다. 우리는 언제가 되더라도, 처음에는 넘어진 전망에 속을 것이다. 인류의 실제 역사에 대한 일관된 성찰에 의해, 강력히 저항해야 하는 까닭은 이 때문이다. 실제의 역사는 언제나 우리를 바탕으로 과거를 판단하는 데 있다. 그런데 어려운 국면에 즈음하여 우리는 어떻게 반응할까, 이를 알아야만 한다. 어려운 국면에 대해 저 유명한 레츠 추기경의 기도(企圖)*110에 즈음해 파리 시민들이 꿀벌 떼처럼 웅성거리기 시작했을 때, 그들은 몸으로 받게되는 형벌 따위는 꿈에도 생각하지 않았으며, 다만 단순히 거의 반성도 없이 자기의 일에 종사하고 있었다. 그들이 웅성거리는 행동으로 옮긴 것은, 늘 공포라든가 연민이라든가 하는 큰 감동에 사로잡혔기 때문이었다. 결과는 무서웠지만, 그들은 두려워하지는 않았다. 저마다 할 수 있는 대로 한 때를 헤쳐나갔다. 그리고 이것이 군중 속에 압박의 작용, 또는 가공할 만한 충격으로서 나타났다. 경련이야말로 언제나 첫 시도였다. 경련은 우리 저마다의 속에 있고 지금도 그러하다. 먼저 가슴이나 발, 손이 명령하는 경련은 언제라도 몸짓 가운데 가장 심하고, 가장 서투르며, 가장 효과가 적다. 더욱이 이 인간 세계에서는 전염이 아주 빠르기 때문에, 아무리 미치광이 같은 행동도 곧장 똑같은 성질의 반격을 불러온다. 분노에 분노가 대답하고, 잔학에 잔학이 대답한다. 인간 사회에서는 아무리 큰 잘못도 곧 자기 잘못의 정당화를 만들어 낸다. 이처럼 인간은 먼저 가장 나쁜 일, 가장 복잡한 일, 가장

---

*110 프롱드의 난에 즈음하여 레츠는 마자랭에 대한 불만으로, 이른바 '바리케이드의 날'을 조직해 반국왕파 쪽에 서서 활약했다.

곤란한 일을 시도하고 또 정당한 것으로 만들었다. 이를테면 말을 타는 사람이 그러한데, 그는 무엇보다 가장 나쁘게도 떨어지는 데 필요한 모든 일을 해 보는 것이다.

1921년 10월 28일

85 두 개의 죽음

병은 정념과 마찬가지로 사람에게 굴욕을 준다. 그것도 같은 원인을 통해서이다. 이때 나에게는 내 존재가 나를 배반하는 듯이 생각된다. 열이 오르거나 겁이 나서 말을 더듬거나 공포가 배를 사로잡거나 하면, 내가 나 자신으로 말미암아 죽을 것 같은 느낌이 든다. 반란이 일어나 몸의 모든 부분이 복종을 거부한다. 검술가나 체조 선수, 달리기 선수가 그토록 자랑하는 훌륭한 통일 속에 분리가 일어난다. 이 죽음은 우리의 속에서 활동한다. 나이와 더불어 그것은 자리잡게 될 것이고, 이윽고 승리를 얻을 것이다. 반대로 늠름하게 무서움을 모르는 사람은 스스로의 죽지 않음을 알고, 화산이라든가 호랑이, 탄환 등의 외부 위험으로 말미암아 쓰러지더라도 그 쓰러짐이 그를 모욕하는 것은 아니다. 그렇다면 두 개의 죽음, 즉 신체 부분들 스스로의 분리에 따른 병사와 외부 위험에서 비롯된 죽음이 있는 셈이며, 전자가 오히려 후자 쪽 죽음으로부터 구해 주는 셈이 되기도 한다. 이 관념을 밀고 나가면서, 나는 죽음과 만남을 약속하는 《일리아스》의 불사신인 사람을 얼마쯤 이해하게 된다. 이 사람에게는 자기 분열이 없다. 그는 자기를 온전히 소유한다. 그가 자기 자신의 죽지 않는 삶을 가장 확신하고 있는 순간에, 칼이 그의 삶을 끊는다. 이렇듯 외부 원인으로 파괴되면서도 그는 불사신으로 태어난 자신은 죽지 않을 것으로 확신한다. 헤라클레스는 짐승도 사람도, 어쩌면 어떤 신도 두려워하지 않았다. 그러나 비참한 한 정념으로 말미암아 그 자신의 힘을 분할함으로써 스스로 무너졌다.*111 그리고 이때 세계는 헤라클레스의 한탄을 들었다.

수난(受難) 구조나 반란, 전쟁에 즈음해 젊은이가 얼마나 위험한 곳에 어렵지 않게 뛰어들어가는지 사람은 이미 이 광경을 보았으며, 실제로 이 광경을 보고, 또한 앞으로도 볼 것이다. 사람은 이 광경을, 두 개의 죽음을 생각함으

---

*111 헤라클레스는 아내가 있는 몸이면서도 다른 여자를 사랑한 것 때문에 쓰러졌다. 즉, 사랑의 정념 때문에 죽은 셈이다.

로써 거의 이해할 수 있을 것이다. 한쪽의 죽음은 우리 몸 안에 이미 담긴 결함으로서 몸 그 자체에 강하게 느껴지지만, 그와는 반대로 다른 쪽 죽음은 우리를 멸망케 할 수 있을 뿐이지, 우리 자신을 쪼그러들게 하지는 않는다. 어쨌든 삶이 평형이 잡히고 단련되고 재빠르며 나긋나긋하고 스스로를 잘 지배할 수 있다면, 그런 삶은 모험의 매력이 보여 주듯이 우리의 생각으로부터 죽음과 공포를 둘 다 몰아내고 만다. 그러나 또 인간이 파괴되면 신음하고 앓으며, 며칠 동안이나 굴욕을 느낀다는 것도 사실이다. 《일리아스》의 영웅은 다친 사람의 급소를 찔러 더 이상의 고통 없이 죽게 했다. 이것이 두려워할 만한 장난의 규칙이었다. 이것은 또 하나의 죽음으로부터 몸을 지키기 위한 보증이었다. 모든 부상이 그 자리에서 당장 목숨을 빼앗는 전쟁은, 스스로 인간다운 것이라고 일컫는 전혀 인간답지 않은 우리의 전쟁만큼 사람을 두렵게 하지는 않으리라는 것을 알아야 한다. 그렇지만 아직 경험이 없는, 즉 첫 출전에 임한 혈기 왕성한 젊은이를 말릴 수 있을 만한 두려움은 없다. 그리고 느끼는 것을 방해할 수 있는 두려움도 없다. 이처럼 두려움을 느낄 수 없는 순간이 평화를 위협하는 순간이며, 그리고 이는 언제까지나 위협하리라.

이에 대한 방법을 나는 스피노자에게서 발견한다. 그는 누구나 자기 자신 때문에 죽지는 않으며, 모든 죽음은 외부 원인 때문이라고 판단한 유일한 사람이다. 그에 따르면 살아 있는 인간 속에, 더욱이 그 사람의 삶 자체에 담긴 죽음의 원리라는 것이 있다면 그 사람은 단 한순간도 살 수 없을 것이기 때문이다. 그러므로 그 사람은 외부 원인을 통해서만 죽을 수 있으며, 열도 포탄도 마찬가지로 그에게는 외부 원인을 통한 죽음의 요인이다. 그를 해치고 그를 파괴하는 것은 언제나 외부 충격이나 마찰이다. 여기에서 사람은 인간의 극도의 취약함과 강고함을 하나의 견해로서 파악할 수 있다. 모든 것은 외부 원인에 의존한다. 그리고 명백히 많은 원인들이 우리의 힘을 한없이 넘고 있다. 한장의 기와가 피로스*[112]를 죽였다. 그러나 반면에 외부 원인으로 치명상만 받지 않는다면 인간의 몸이 곧바로 온 힘을 다하여 자기를 고치려고 함을 인식하는 것, 아니 이것을 느끼는 것마저도 정당하며 마음이 든든하다. 죽음이라는 눈에 보이지 않는 적이 상처의 한 부분에 없는 한 상처가 저절로, 더욱이

---

*112 피로스(기원전 318~272). 고대 그리스 에피루스의 왕.

아주 빠르게 아물게 된다면 아주 훌륭한 일이며, 더욱이 이렇게 빠르게 아무는 경우가 보통이다. 이런 점에 주의를 기울임으로써 우리는 자기 자신과 화해하게끔 된다. 그리고 이 치료법은 또한 정념에도 잘 듣는다. 정념은 우리 철학자에 따르면 늘 세계의 충격으로부터 비롯되며, 만일 우리가 그것을 거스르지만 않는다면 우리 본디 건강이 즉각 이것을 고치도록 활동한다. 확실히 정념에서 가장 나쁜 악은, 우리가 잘못된 이 정념을 우리 본성의 어떤 결함과 연계시켜서 고칠 수 없다고 보는 데 있다. 이 가장 나쁜 악을 있는 그대로 외부의 악이라고 판단하면, 우리는 즉각 이제부터 고쳐지기 시작하는 것이다.

이론에서부터 《일리아스》의 인간까지 거슬러 올라가면, 나로서는 그가 잘못되었음을 알 수 있고, 감기란 칼에 한 번 찔리는 것과 그다지 다르지 않다는 것도 안다. 감기란 추운 기운의 습격일 뿐이며, 이것은 칼과 마찬가지로 아무리 강한 사람이라도 쓰러뜨릴 것이다. 전투의 환영도 환영에 지나지 않는다. 어떤 생활도 싸움이며, 용기는 어디에서나 마찬가지이다. 그리고 삶은 죽음보다도 아름답다. 또 하나의 서사시 《오디세이아》가 나타내는 바는 이것이다. 여기에서는 용기가 결코 죽음을 목표로 하지는 않고, 반대로 바람과 천둥, 신들의 저주를 두려워하지 않고 사는 것을 목표로 한다. 사는 용기는 죽는 용기보다도 드물다.

1933년 5월 1일

86 실재

헤겔은 산을 앞에 두고, 단 한 마디 '바로 그대로다'라고 말했다고 한다. 이 순간에 순수한 모습으로 그의 앞에 나타난 실재의 이 엄격한 관념을, 그 뒤 그가 또다시 발견했다고는 생각하지 않는다. 이 시인은 여기저기에서 정신을 찾으면서, 그 스스로가 말했던 대로 하나의 거대한 변신론을 알맞게 완성하려고 시도했다. 이 정력적인 천재가 이토록 멀리까지 정신의 변신론을 이끈 것, 우리 누구나가 이것을 시도하고 있다. 실재는 증명할 수 있다고 우리는 생각하고 싶어한다. 그러므로 사정없이 떨어져오는 이 돌, 사정없이 내리는 비를 우리는 타박한다. 6월이란 우리에게는 우리에게 의무를 지고 있는 맨 밑의 신이다. '하느님이 노하고 계시다'라고 제사(祭司)는 말한다. 그러나 비와 바람, 태양, 이들의 이 맹목적인 배분을 어찌 하나의 벌이라고 간주하겠는가. 또는 어찌 단순한 하나의 알림이라고까지 여기겠는가. 세계의 온갖 원소들은 뒤흔들리고 있다. 그들은 서로 마찰하고 부딪쳐서, 여기에서는 회오리바람이나 폭풍이 되고, 저기에서는 맑게 갠 하늘이 된다. 이런 원소들의 움직임에서 의미를 찾아서는 안 된다. 이 원소들은 실제로 춤추듯이 춤추고 있을 뿐이다. 우리의 일은 이런 움직임을 달게 받아들이는 것이다. 이 일렁임 위에 우리의 기도를 던지고, 우리의 배(舟)를 던지는 것이다.

산을 바라보고 있으면 산은 무언가 기정 사실임이 연상된다. 상상컨대 눈은 이 산의 덩어리 윤곽을 따라 나아갈 수밖에 없기 때문이다. 그러나 이 움직이지 않는다는 느낌도 우리를 속인다. 왜냐하면 우리는 이 움직이지 않는 이런 광경에 익숙해지기 때문이다. 그리고 바로 이대로라고 생각하는 데서, 이 상태로만 있어야 했음을 이해한 듯한 느낌이 되고 만다. 이 고집스러운 덩어리의 땅은 어떤 불변성을 갖고 있다. 우리는 이 덩어리를 개체라고 생각한다. 그러나 이 덩어리는 실은 쌓인 것에 지나지 않는다. 어떤 조약돌, 어떤 모래알이라도 곳곳에서 충돌을 받아 가능한 대로의 그곳에 위치하지만, 거기에 머무르는 일은 거의 없다. 그렇지만 산이 움직이는 광경이 보이게끔 되자면 오랜 기간 동안 눈길을 보내고 있어야만 한다. 고체는 어떤 표정을 나타내 보임으로써 늘 우리를 속인다.

육지의 표정만 보는 사람은 언제라도 미신의 영향을 받을 수밖에 없다. 그는 이런 존속하는 형체 속에서 어떤 의미를 찾는다. 게다가 하천도 언제나 같은 방향으로 흐른다. 순수한 실재를 조금이라도 머릿속에 그려 보려고 한다면, 주시해야만 할 것은 오히려 바다이다. 바다에서는 하나의 모양이 다른 모양을 지운다. 하나의 순간이 다른 순간을 지운다. 파도에 말을 걸려고 해도 그 파도는 이미 없다. 이런 모든 것은 흔들리고 움직이며 더욱이 무엇을 목표로 하지도 않는다. 어느 물방울이나 여기저기로 밀려간다. 그리고 물방울은 물방울로부터 만들어진다. 바다에서 죄 있는 것 따위를 찾아서는 안 된다. 이곳은 책임 없는 자의 영역이다. 어느 부분이나 우리를 다른 부분으로 되돌려보내고 중심 따위는 아무것도 없다. '고요한 소란스러움'*113 오늘날의 시인은 이렇게 말한다. 가능하다면 이 말을 잘 음미해 주기 바란다. 그러고 보면 인간은 마

---

*113 발레리의 시편 〈해변의 묘지〉에서.

침내 바다 앞에서 아무런 말도 하지 않는 이 시인의 중얼거림을 이해했던 것인가.

꽤 오래 전부터 인간은 이미 일정한 생김새가 없는 바다를 이해하고 있다. 뱃사람은 여러 세기 전부터 아무것도 원하지 않고, 아무것도 알지 못하며, 끝없이 자기 자신과 부딪히는 이 물체에 몸을 내맡기고 있다. 농부는 이에 비해서 겁쟁이다. 기대하기 때문에 땅덩어리를 두려워한다. 뱃사람은 떠서 움직이는 덩어리를, 명백히 기도(祈禱)도 없고 기억도 없는 물체로서 판단했다. 그리고 그는 이것에서 아무것도 기대할 수 없기 때문에 다만 자기 자신에게만 의지하게끔 된다. '처음으로 바다에 몸을 맡긴 사람, 그리고 자기와 그 배를 바다에 맡긴 사람은 자기의 마음을 삼중의 청동으로 무장하고 있었다.' 라틴 시인*114은 이처럼 말한다. 그러나 이 말은 농부의 말이다. 그렇기는커녕 반대로 사람은 이 물결치는 기슭에서 대담성이 생겨났을 게 틀림없다. 거기에서는 물체가 똑똑히 보이기 때문이다. 더 보아야 할 것이 아무것도 없음이, 즉 보이는 것만큼 똑똑히 보이기 때문이다. 표면 이외에 더 이상을 보고자 하지 않는 이 완전한 무관심은 사람에게 자신감을 준다. 왜냐하면 우리에게는 좋은 뜻도 나쁜 뜻도 보이지 않는 이 흔들림을 앞에 두고는, 숙명에 의존하는 관념은 사라져 버리기 때문이다. 지상에 형체를 취하고 있는 물체들은 미리부터 우리가 할 수 있는 바를 규제한다. 여기서부터 저 이교도의 생활과 똑같은 농민의 삶을 닮은 생활,*115 바꾸어 말하면 용납된 바 대로 금지된 바 대로 움직이는 생활이 생겨난 것이다.

바다는 또 다른 법칙을 보여 줌으로써 우리를 깨우친다. 대담한 사람에게는 도구가 되고 수단이 되는 법칙이다. 여기에서 되돌아가서, 고체이든 아니든 간에 끝없이 펼쳐지는 실재의 이 펼쳐짐, 완전도 불완전도 아니고 우리를 사랑하지도 미워하지도 않고 단순히 기계적일 뿐인, 따라서 그 맹목적인 움직임을 붙잡는 한 우리가 통제할 수 있는 물체가 되는 실재의 이 펼쳐짐을 비판해야만 한다. 마침내 액체의 물리학이 고체를 설명한 사실, 또한 지상의 물건이

---

*114 호라티우스를 말함.

*115 '이교도의(païen)'는 '농부'를 뜻하는 라틴어 pagánus에서 왔다. 그리스도교가 전래되는 과정에서 먼저 도시에만 퍼졌으며 농민은 여전히 다신교를 받들었다. 그러므로 '농민의 삶을 닮은'이라는 말이 '이교도'라는 의미를 갖게끔 되었다.

보이는 대로의, 저 미혹(迷惑)에 찬 움직이지 않는 표정을 부수는 데 물리학이 도움이 되었다는 사실은 아주 주목할 만하다. 인간이 이 순수한 실재 현상의 범위를 탐구해 넓히면 넓힐수록 더욱 더 인간은 이 세계의 모든 실재물들을 자기 자신에게 접근하게 하고 끝에 가서는 이것들이 이 인간 세계에, 또한 자기 자신의 삶 속에 흐르고 있음을 볼 수 있게끔까지 되고, 그럼으로써 더욱 더 인간은 강해진다.

1926년 9월 12일

87 천문학

만일 그대가 무엇을 관찰하려고 한다면, 물건을 잡으려는 그 손을 멈추어라. 대상을 변화하게 만드는 일이라면 손을 대지 않고도 쉬운 일이기 때문이다. 그리고 실제로 볼 수 있듯이, 아무리 문명이 뒤떨어진 종족이라도 손일은 곧잘 완성의 경지에 접근한다. 그러나 화살을 과녁에 맞추는 방법을 안다는 것과 활이란 무엇인가를 안다는 것은 같지 않다. 마찬가지로 사냥감을 죽이는 방법을 안다는 것과 동물이란 무엇인가를 아는 것은 같지 않다. 그대가 물건을 변화하게 하는 만큼 그대로의 변화는 잘 알 수 없다. 만일 그대가 정치가라면 그대는 인간을 아주 잘 알지는 못할 것이다. 또한 그대가 많은 여자를 유혹한다 해도 그것으로 그대가 여자를 잘 알지는 못할 것이다.

그러므로 잘 아는 것처럼 야만인은 물건이나 짐승이나 사람을 잡는 데 아주 교묘하면서도, 동시에 몸에 가까운 자연인데도 이 자연의 광경에 대해 더할 나위 없이 잘못된 관념을 계속 지니게 된다. 그러나 인간 역사의 기묘한 에움길을 생각해 보라. 사냥꾼이나 어부, 요리사, 우두머리 같은 일은 누구라도 결코 가르치는 일은 없었지만, 이에 비해 점성학자의 일은 인간을 참된 지식, 참된 지혜, 참된 능력의 길 속에 던져넣었다. 어째서인가? 정념으로 가득찬 이 점성학자의 호기심도 여기에서는 그 학자를 이끌어, 그 물체를 자신의 손으로 잡아 이것을 다루고 바꿀 수 없었기 때문이다. 천체는 분명히 우리의 손이 미치지 않는 곳에 있었다. 이리하여 하늘을 바라보기 싫어도 미지의 천체는 우리로 하여금 관찰이라는 것을 하게끔 했다. 그리하여 점성학자는 싫더라도 천문학자가 되었다. 여기에서 대상에 손을 대지 않고도 계산하는 능력이 발달했고, 그것의 성공은 어떻게 하는 방법을 아는 데만 의존하지 않고 생각하는 법을 아는 일에 의존했다. 즉 달의 회귀를 기다려야만 했기 때문이다. 그리고 우리가 아무리 간절히 기다린다 해도 태양이 더 빨리 떠오르지는 않는다. 정념은 가라앉고 자연이 모습을 나타낸다. 천체나 계절에 기울였던 이 힘찬 관심이 없었다면 인간이 어찌 인내를 배울 수 있었겠는가.

천문학의 영향을 받은 정신을 이룩하는 대신 통찰하는 훈련을 우리에게 부과하며, 차츰 우리의 모든 탐구를 다시 이룩해 갔다. 물리학은 천문학에서 생겨났고, 산업 분야에서 생겨나지는 않았다. 화학은 물리학에서 생겨났고, 요리법에서 생겨나지는 않았다. 생물학은 물리학과 화학에서 생겨났고, 짐승을 잡거나 훈련을 하거나 하는 것에서 생겨나지는 않았다. 그리고 사회학은 생물학에서, 즉 천문학에서 생겨났다. 이공계 대학의 학생이 먼저 기하학자가 되는 것은 우연이 아니다. 그러나 그가 천문학 공부를 너무나 재빨리 해 버려도 이 또한 위험이 없다고 하지 못한다. 왜냐하면 이런 공부를 해서 가장 훌륭한 단도 정도는 만들 수 있지만, 아무것도 모르는 저 아프리카의 대장장이처럼 물건을 다룰 줄만 아는 인간이 되어 버릴지도 모르기 때문이다. 그러므로 그대는 알려고 하면 먼저 천문학자가 되는 것이 좋다. 그리고 그 다음부터는 꾸준히 견디어, 경건한 태도라고 해도 좋은데, 천문학자인 채로 있는 게 좋고, 그리고 되도록 모든 물건을 천문학의 관점에서 살펴보라. 이것이 고찰한다*[116]는 낱말의 오래된 뜻이다. 그렇다. 이 사람들을, 이 전쟁을, 이 평화를 천문학의 관점에서 고찰하라. 그리고 그대의 친근한 개까지도 그렇게 고찰하라.

이렇게 하지 않고는 그대의 말을 잘 듣는 그대의 개를 그대가 이해하는 방식도, 그대가 부른 그대의 개가 그대를 이해하는 방식과 큰 차이는 없을 것이다.

1922년 4월 30일

88 이성

사냥꾼이 아침부터 나섰다가 불길하다고 여겨지는 징후를 보고는 곧장 자

---

*116 고대 프랑스어로 '고찰하다, 연구하다, 되돌아보다'를 뜻하는 considerer의 어원인 라틴어 considerare는 '함께, 마주하다'를 뜻하는 접두사 com의 다른 형태인 con과 '천체, 별, 별자리'를 뜻하는 sidus의 소유격인 sideris에서 비롯된 것으로, '별을 관측하다'(to observe the stars)라는 뜻을 지니고 있다.

기 집의 난롯가로 되돌아온다. 이런 일은 상상할 수 있다. 어떤 종류의 바람이라든가 지나치게 젖은 땅바닥이라든가, 이런 것으로 충분하다. 또한 개의 태도로도 모든 일을 정하는 경우가 이따금 있다. 개가 사냥할 짐승을 찾기도 하고 뒹굴기도 하며 몸을 흔들기도 하는 태도만으로도, 때로는 농사꾼인 사냥꾼으로서는 판단하기에 충분하다. 그는 또 좋은 때에 다시 나갈 수도 있거니와 다른 일에도 부족함은 없다. 까마귀니 콩새니 하는 새의 날아오름이나 울음소리는, 숲의 평화가 이미 무엇인가 때문에 흐트러졌음을 알린다. 나뭇잎이 떨어지기만 해도 벌써 얼마든지 모든 사냥감들이 경계한다. 어부도 이런 징후를 알고 있다. 그리고 그 징후는 때때로 설명하기 어려운 물빛이나 그것의 그림자인데, 이런 징후가 이따금 장소가 좋고 나쁨을 제시해 준다. 방게를 노린 일이 있는 사람은 방게 잡기에 좋은 시간이 있다는 사실을 알고 있다. 때때로 교묘한 사람은 일의 원인을 이해한다. 그러나 또 그렇지 않은 경우도 있다. 그리고 상황은 모든 일들이 어우러져서 작용하는 것이기 때문에, 그는 저절로 그 일들을 전체로서 지각하게끔, 좀 더 잘 말하면 그 일들이 뒤섞인 채로 맛보고 냄새 맡게끔 노력하게 된다. 이것은 예감이 의지하는 방식이며 자연스럽다.

그렇지만 이 방법에도 다음과 같은 결함이 있다. 즉, 사건을 예언하는 사람 자신이 사건의 부분을 이루고, 이리하여 사건의 부분인 예언이 원인이 된다는 사실이다. 때때로 사람이 이것을 믿는다는 것만으로 예언이 실증되어 버리는 수가 있다고까지 말할 수 있다. 이를테면 어떤 사냥꾼이 왼쪽에서 까마귀를 보았다고 해서 '오늘은 아무것도 죽이지 않으리라' 중얼거리면서 곧장 집으로 돌아가 버린다면, 예컨대 그것이 그의 잘못이라고 하더라도 누가 그에게 그 잘못을 깨닫게 할 수 있겠는가. 주의를 바라는 바는, 이런 사냥꾼의 경험을 단지 부정할 것만은 아니라는 점이다. 그가 같은 징후에 부딪쳐 불안한 마음으로 풀이 죽어 집으로 돌아갈 때마다, 그는 그 징후와 비애를 함께 자기의 기억 속에 새기면서, 스스로 자신의 몸에 새기게 된다. 이리하여 나이와 더불어 그는 더욱더 경솔하게 믿어 버리게 되고, 끝내는 비판이 없는 믿음에까지 다다를 수도 있다. 다시 말하면 그는 이 징후를 비웃으려고 하는 다른 사람의 태도를 일종의 모욕이라고 여기게끔 될 것이다. 그리고 사실 자신이 아무런 비판 없이 믿는 징후와는 달리 상대편이 형편 좋게 잘 되어 가면 그 자신은 꼴불견이 된다. 자기가 믿는 것에 어긋나는 온갖 경험을, 협박은 물론이고 폭력까지도 사용해 하지 못하게 하려는 태도는 자연스러운 행위이다. 잘못된 관념이 갖는 힘을 거의 아무도 측정해 보려고는 하지 않는다.

그러나 어떤 사람이 징후를 거스르는 행위를 시도하고, 더욱이 본인이 이것이 거스르는 것임을 아는 경우를 더듬어 보자. 그 시도는 잘 되지 않을 것이 틀림없다. 징후를 부정하는 행위를 해서는, 그가 망설이든 아니면 그 망설임을 노여움으로 극복하든, 행복에서 오는 유연성으로 교묘히 몸을 비키기도 하고 잘 달리기도 하며, 잘 겨누도록 하게도 해 주는 유연한 행동 능력이 그의 몸에 찾아오는 일은 결코 없을 것이다. 그러므로 아주 작은 실수까지도 나아가서는 징후가 된다. 바야흐로 자기로서는 믿고 싶지도 않은 징후, 그러나 자기가 의지로 삼고 있는 자들이 벌써 얼마쯤은 믿고 있는 징후, 그런 징후를 거슬러 행동하는 행동 대장을 상상해 주기 바란다. 그렇게 모두가 믿고 있는 징후를 거스르는 대장들 가운데 과연 어떤 대장이 그런 일을 잘 할 수 있겠는가. 만일 잘 할 수 있다 하더라도, 어떤 대장이 자기 자신을 잘 지키면서 전적으로 자기의 생각대로 일에 몰두할 수 있겠는가. 인간에 관한 사항이라는 경우에서 불행을 예언한 자가 잘못 예언했다는 일이 과연 몇 번이나 일어날 것인가.

이런 의문에까지 다다르고 자기가 믿지 않겠다고 맹세한 것을 다른 이유로 해서 믿게끔 재촉받으면, 자유로운 사람은 올바른 사고의 몇 가지 조건을 이해하고서도 동시에 겁을 먹는다. 즉 계산이라든가 계량에 근거한 경험이라든가, 그 밖의 수단으로 참을 찾는 사람들이 만일 진심으로 찾는 참이라 하더라도 그 사실을 시인해서는 안될 때가 있기 때문이다. 그것은 또 신탁의 예언 따위는 별도로 하더라도, 도취나 반쯤 잠든 상태를 통해 아는 방법으로서 경험에 저촉되지 않는 인식 방법이 많기 때문이다. 이 마술사들을 놀라게 하는 것은, 어떤 미친 듯한 기미에서 비롯된 도취 상태의 발견을 앞에 둔 현자의 단호한 무관심이다. 그런 도취된 상태에서 이루어진 탐구가 그야말로 진심이니만큼, 사람을 잘 믿는 청년들은 그 마술사들의 말에 귀를 기울이지 않도록 조심해야만 하며, 나아가서는 그들이 증명하는 것을 가까이에서 보는 것조차 못하게 해야만 하기 때문에 현자라면 그런 말에 관심이 없다. 또한 그 마술사들이 때로, 아니 곧잘 옳다고 말하는 일이 있더라도 이런 일에 놀라거나 할 것까지는 없기 때문에 현자는 관심이 없다. 오히려 그의 예언이 옳을 수도 있다고 예견해야 마땅한 일이며, 그뿐만 아니라 동시에 이 예언을 무시하려고 해야만 할 것이다. 이런 태도는 도취되다시피한 미치광이 작자의 피를 뒤끓게 할 것이지만 말이다.

나는 이런 이유에서, 또한 쓰면 몇 권의 책이라도 될 테지만 다른 여러 이유에서 털어놓고 말하지만, 은으로 만든 스푼이나 잉크의 바다를 써서 위대하고도 중요한 진리를 보여주겠다고 누군가가 약속하더라도, 내가 그런 예견에 눈을 돌리는 일은 없을 것이다. 이슬람교의 수도사처럼 빙빙 돌며 춤을 추면 무언가 크나큰 비밀을 얻을 수 있을지라도, 나는 절대로 그런 짓을 하지 않을 것이다. 바꾸어 말한다면, 나는 진리보다도 이성이 더 소중하다고 생각하는 사람이다.

1926년 10월 15일

89 자연스러운 상념에서의 변증법

헤겔의 변증법에 따라 생각하려고 한다면, 우리를 존재와 비존재로부터 생성으로 이행시킨다고 한, 저 더할 나위 없이 추상적인 장난을 고집해서는 안 된다. 이 명제는 출발점에 지나지 않을 뿐만 아니라 추상적이고 이해하기 어려우며 숨도 쉬기 어려운 명제이다. 저 늙은 파르메니데스 이후에 이토록 오랜 시간이 지나, 존재란 이동 없는 하나이며 부동이라는 사실을 다시금 여러분에게 증명하기 시작하는 사람은 여러분으로서는 이 세상의 사람이라고는 생각하지 않고, 우리의 문제와는 인연이 멀다고 생각한다. 또한 이런 종류의 추론으로, 존재는 결국 존재·비존재로부터 생성으로의 이행이며 여러 개이다—이것은 결과적으로 존재가 자기 자신을 물리치고 자기 자신을 부정하는 것이 현상이다—라는 것을 증명하고 흥미를 느끼는 다른 궤변가는, 이윽고 여러분을 달아나게 하고 말았다. 그러나 사실 여러분은 여러분의 사랑이라든가, 일이라든가, 복종, 게으름, 분노와 같은 여러분의 생활을 나누어 가지는 몇 가지의 현실적인 상념에다 몸을 맡기고 있지 않은가. 현실을 생각하자. 발을 땅에 대자. 우리는 도망쳐 이동했다. 사람은 여기저기에서 이런 도망자들을 만났다. 다른 사람들이 귀를 막듯이, 그 도망자들은 자기의 지성을 막는다. 그러나 이 도망자들도 자기의 생각으로부터 달아날 수는 없었다. 무슨 뜻인가. 그들은 자기의 생각 속에서 싸우고 있는 서로 반대인 상념들부터 자기 몸을 해방시킬 수 없었다는 뜻이다. 나는 그녀를 사랑한다. 그렇기 때문에 나는 그녀를 죽일 테다. 나는 가르치고 싶다. 그리고 나는 벌써 주먹을 움켜쥐고 있다. 이렇게 나의 자유의지가 위협받고 있는데, 여기서 나를 구해 주는 누군가 강력한 의지의 폭군은 없겠는가. 또한 우리는 자기의 생명을 대가로 하여 안전을 사들여서는 안 되는 것인가, 이런 생각이 우리를 괴롭힌다. 이 생각을 거스르더라도 우리는 아무 것도 얻는 바가 없다. '그렇다'는 우리를 '아니다'로 되돌려보내고, '아니다'는 '그렇다'로 되돌려보낸다. 그 까닭인즉, 우리는 달아나면서 생각하기 때문이다. 우리는 옛날 그대로인 부동(不動)의 '존재'와 옛날 그대로인 부동의 '비존재'에 쫓겨가고 쫓겨오고 있다고 이해해야만 우리의 자유의지는 구제될 수 있다. '두 개 중의 하나'라고 누군가가 말하지 않았던가. 그리고 그것도 그야말로 장난이 아니던가. 조금 뒤에는 아무래도 둘 다 가져야만 하기 때문이다. 이 지긋지긋해질 만한 경험들이 온건한 사람들을 만든다. 온건한 사람들은 실로 지겹도록 조바심이 난 사람들이다.

그런데 헤겔에서는 여러분이 그에게 산책자로서 발을 들여놓는 한, 여러분의 모든 정념을, 나아가서는 기질의 초상을, 결국 성미가 까다로운 동물인 인간의 모든 것을 곧바로 발견할 것이다. 그가 주인과 노예의 대립을 들고 나올 때, 여러분은 즉시 주인의 변함없는 생각과 노예의 변함없는 생각, 다시 말해서 모든 사람의 변함없는 생각을 알게 된다. 그리고 이것은 확실히 실제로 활동하는 생각이며 인간 세계를 뒤흔들어 움직이고 있는 생각이다. 여러분은 자기 자신의 주인의 생각과 노예의 생각을 소재로 삼은 역사를 읽는다. 그리고 이것을 반드시 읽어야 한다. 어떻게 하여 주인은 그 주인의 생각으로 자기가 노예임을 아는가, 또한 어떻게 하여 노예는 그 노예의 생각으로 자신이 주인임을 아는가, 여러분도 이것을 이해한다. 또는 좀 더 감동을 주는 말을 써서 말하면, 부자가 부(富) 때문에 모든 부로부터 멀어지는 것, 가난한 사람이 빈곤 때문에 모든 부를 손에 넣는 것, 마지막으로 일하는 사람이 쉴 새 없이 부지런히 여가 있는 사람의 재산을 수용해 온 것을 여러분은 이해한다. 이런 개인 차원의 변화들이 바로 존재가 비존재로 옮아가고, 비존재가 존재로 옮아가는 것이 아니겠는가. 그리고 이 영원한 변전(變轉)은 스스로 영원하다고 생각하는 이들 모두에게 불가피한 생성이 아니겠는가.

이렇게 하여, 처음에는 너무나도 경시하던 논리도 이것을 돌아보는 듯한 상(像) 같은 것을 만들어 보면, 달아나는 대신 처음부터 정면으로 맞서야만 했었다고 다시 생각하게 될 것이다. 그리고 그 논리의 적나라한 모습에서는, 서로 가치가 같은 '존재'와 '비존재'를 비웃는 대신 스스로 자유로운 인간으로서, 바로 몸 가까이에 있는 사상으로, 즉 내 몸 주변의 생성으로 몸을 옮기고 이로써 존재와 비존재를 함께 생각할 것이다. 그러면 이 생성은 이제부터의 끝없는 여행을 말한다. 하나의 모순으로부터 밖으로 나가려고 할 때마다 여러분은 그에 대응하는 생성을 찾아내야만 하며, 헤라클레이토스에게 친근한 흐름에 몸을 맡겨야만 하기 때문이다. 실로 모순을 깨끗이 다 버리는 듯한 아주 정확한 생성을 찾아야만 하며, 요컨대 세상 사람들이 하고 있는 행위나 보이는 물체 그대로가 참의 생성임을 찾아내야 한다. 이는 무엇보다도 먼저 생각하는 것에 대해 느끼는 공포로부터 여러분을 고쳐 줄 것이다. 여러분은 생각에 떠밀리는 대로 몸을 맡기는 대신, 스스로 생각을 정확하게 추진하게끔 되기 때문이다. 헤겔과는 다를지도 모른다. 헤겔이 성전(聖典)은 아니다. 내가 거기에서 보는 것은 오히려 모순은 언제나 라이프니츠의 말대로 훨씬 더 아름다운 모습을 알려 주고 있다는 사실을 경험하게 함으로써 모순을 극복하게 하는 방법, 먼저 모순을 직시하게 하는 방법이다. 다만 무슨 일이 있더라도 이겨내야만 하고 해결해야만 한다. 그러나 이런 모순의 극복이 지나쳐서 온갖 시대를 통해서 일어나는 흔한 미치광이 기질은 모순된 한 가지 내용을 고집하고 있으면 다른 내용은 우리를 가만히 내버려 둘 것이라고 믿는 것이다. 요컨대 사고하는 것은 휴식의 상태도 아니고, 뒤로 물러서는 상태도 아니다. 그렇지만 눈을 감고 생각하는 사색가들을 위해서는 이와 반대되는, 즉 모순에서 물러서지 않는 것을 딱하게 생각한다.

1932년 3월 8일

90 피론

알렉산드로스 대왕이 그 유명한 모험의 길에 올랐을 때, 그는 짐과 함께 또한 사람의 불사인(不死人) 피론을 데리고 갔는데, 그 무렵 피론은 아직 용기를 시험하거나 새로운 광경을 보거나 하는 데 굶주린 한 청년에 지나지 않았다. 그는 새로운 광경을 보았다. 그러나 그 광경은 유쾌하지만은 않았다. 그 무렵에도 전쟁은 가까이에서 보는 것보다도 멀리서 보는 편이 아름다웠다. 전해지는 바에 따르면 피론은 심한 상처를 입었지만, 병상에서는 꽤 용기를 보였다고 한다. 또 귀국했을 때에 그는 이미 이 무렵 세상의 아무것도 믿을 수 없었으며, 이미 수레나 무는 개조차도 조심하지 않을 정도로까지 되어 있었다. 그리고 이 지혜에서 오늘날 아직도 그의 이름을 받드는 부정적인 한 체계가 만들어졌다. 옛날의 역사가들을 믿는다면, 그가 자기의 스승인 사람들을 발견한 곳은 인도였다. 지금도 그 고장에서 찾아볼 수 있는 벌거벗은 수도자들을 그곳에서 만났던 것이다. 인도는 풍습이나 계율의 면에서는 그 무렵에도 오늘날과 다를 바 없었듯이, 또한 그곳 사람들은 알렉산드로스의 병사들에게도 놀라지 않았던 것 같다. 파리가 몇 마리쯤 늘었다고 했을 정도였다. 전해지는 바로는, 이 초연한 사람들 가운데 하나는 군대의 눈앞에서 살아 있는 채로 자기 몸을 태웠다고 한다. 한 병사가 체념으로써 몸을 무장하며, 더욱이 이 체념이 괴로움이었던 때에 벌거벗은 수도자들로부터 배우는 바가 있었다는 사실은 틀림없다. 피론은 의견을 갖지 않는 것이야말로 그 수도자들의 비결임을 발견했다. 불행은 정념에서 유래되고, 정념은 의견에서 비롯한다. 지금 나는 내가 잘 알고 있는 책 중의 하나인 《인질(人質)》*117에서, 의견을 갖지 않는 동양에서 비롯된 무관심의 공식을 빌려 본다. 즉 아무도 쿠퐁텐 이상으로 잘 말할 수 없기 때문에 의견을 갖지 않는다. '그런데 나는 인도의 수도사들이 생각납니다. 그들은 이렇게 말하지요. 이 세상은 모두 덧없고 헛된 그림자인데, 이 세상이 우리에게 따라 붙는 것은 우리가 이와 더불어 움직이기 때문입니다. 그런데 이 세상이 우리에게서 떠나기 위해서는 우리가 가만히 움직이지 않고 앉아서 조용히 하면 된다고 하지만, 그러나 이것은 상스러운 유혹입니다.' 여기에는 정복자의 말이 있다. 그리하여 다만 이 몇 마디일 뿐인 말이 사고(思考)의 활동이 중요하다는 것에 대해, 학교 전체와 똑같을 만큼 많은 것을 나에게 가르쳐 주었다.

피론의 제자 중의 하나가 핀다로스의 송시(頌詩, ode)와 같은 투로 그를 찬양한다. '믿는 것으로부터 우리를 멀리하고, 이리하여 우리에게 행복으로 가는 길을 열어 준 그대여, 그대에게 축복 있으라' 라고. 그리고 이 말은 개인의

---

*117 폴 클로델의 3막짜리 희곡. 쿠퐁텐은 주인공이다.

사고가 생각하는 사람 속에서 어떻게 질서가 세워지는지, 이것이 내가 미루어 생각하는 것을 도와준다. 의논에는 모두 저마다 고유한 힘이 있어, 어떤 의논에는 이길 수 있지만 다른 의논에 걸리면 나가떨어진 것처럼 되는 것을 사람들은 믿는 척했고, 또 곧잘 나에게도 이런 것을 믿게 하려고 했다. 모든 것을 사고하고 의심하라고 하는 논거(論據), 피론이 이미 질서를 세운 이 논거는 사람이 바란다면 아주 강력한 것이 되며, 사람이 원한다면 이기기 어려운 것이 된다. 그러나 이 논거도 나는 무례한 것으로 생각할 뿐이다. 왜냐하면 나는 그런 사고와 의심의 길을 나아가려고는 조금도 생각하지 않기 때문이다. 그리고 피론 자신은 반대로, 이 증명에 만족했다. 왜냐하면 그는 운명의 타격을 피하기 위해, 자기가 자기와 주변의 모든 것이 녹아들어서 만질 수 없는 그림자가 되기를 선택한 다음, 이 그림자도 증명하고자 했던 것이기 때문이다. 여기에는 아무런 변덕스러운 점도 없다. 그리고 나도 그가 남 못지않게 합리적임을 인정한다. 즉 나는 방법상의 규칙을 세우고 관념을 만들어 내어, 이 규칙이나 관념들을 덫이나 그물로써 잡으려고 하지만, 한편 그는 이들을 부정하거나 파괴함으로써 이 내기의 조건을 남 못지않게 뚜렷하게 만들기 때문이다. 다만 그는 조금도 내기를 하려고는 하지 않고, 또한 어떤 것도 그에게 그런 내기를 억지로 하도록 시키지는 않는다. 주의해야 할 점은 만일 우리가 계산기처럼 사고한다면, 우리의 사상 속에도 사태나 물 속 못지않게 논리에 따른 증명이 필요하다는 말이 된다. 사람이 열을 내는 이유와 마찬가지로 우리는 의견을 갖는다. 요컨대 어떤 사상이 증명되어 이길 수 없는 것이 되어 버렸다면, 그 사상은 이미 사상이 아니다.

　어느 날 라뇨*[118]의 이야기를 들으면서 거의 멍청해졌던 일이 생각난다. 그날 그 천재에게 몸을 맡기면서, 그러다가 마침내 이길 수 없는 증명이란 이미 사상을 증명하는 것이 아니라 물건을 증명하는 것에 지나지 않는다는 사실을 발견했다. 이 실패한 증명의 결론은 거부와 저항을 요구한다. 사고란 속박을 거부하는 것이며, 저마다의 물건 앞에 잠깐 동안의 피론으로서 몸을 두는 것이다. 어떤 사상도 강한 회의(懷疑)를 통해서만 강해질 수 있다. 이런 사상가는 또 다른 때, '피론주의는 참이다'라고 말했다. 이 또한 하늘의 계시 같은

---

*118 쥘 라뇨(1851~94). 학생 시절부터 평생에 걸친 알랭의 스승. 알랭은 《라뇨에 관한 추억》이라는 작품을 썼다.

말이다. 이 일이 있은 뒤로는 데카르트가 판단을 이렇듯 추론 위에 놓는 방식을 해석하는 것을 두고서 나는 망설일 수 없었다. 그리고 이것은 우리가 자기의 사상을 잘 감독해야만 한다는 의무를 명백히 해준다. 즉 언제라도 선택해야만 하기 때문이다. 이를테면 전쟁이냐 평화냐, 둘 가운데 하나를 선택해야만 한다. 그리고 전쟁을 선택한 사람의 사상이라 할지라도 제법 확실하다. 그리고 관념을 시장(市場)으로 사러 나가는 단순한 사람들은 이 일에 크게 놀란다. 그러나 스스로 자기의 관념을 만드는 사람들은, 선택과 용기가 없으면 이 관념도 산산이 부서져 버린다는 것을 잘 알고 있다.

1922년 6월 11일

91 생각하는 갈대

파스칼은 곳곳에서 겉면을 꿰뚫어 보지만, 무엇보다도 자애 없는 정신은 허약한 정신이라고 부르기까지에 이른다. 그는 힘의 군주에 대하여, 또한 사람이 힘의 군주에게 치르게 되는 어떤 종류의 존경에 대하여 교묘히 이야기했다. 이는 몹시 하찮은 이야기이다. 또한 이 이야기는 창(槍)과의 관계로써 방패를 고른다는 데 귀착된다. 그러나 사람은 늘 좀 더 강한 방패를, 또는 좀 더 강한 창을 생각할 수 있으며, 이윽고는 이것을 찾아낸다. 이렇게 해서는 한정이 없다. 그리고 한정이 없다는 것에 무엇보다도 먼저 진저리가 난다.

미터가 무엇이든, 사람은 언제나 미터를 갑절로 할 수 있다. 갑절의 바람, 갑절의 비, 갑절의 화산, 이 정도로는 정신은 조금도 낙담하지 않는다. '그대를 빠져 죽게 하기 위해서는 오직 얼마되지 않는 물만 있으면 된다'고 에픽테토스는 말했다. 힘의 우주는 다만 힘이 강할 뿐이다. 생각하는 갈대 이야기로 옮겨 가자.

정신의 왕자였던 아르키메데스는 숱한 발명으로 힘의 우주보다도 훨씬 높은 곳에 있다. 그가 저 유명한 왕관을 두 번, 한 번은 공중에서 또 한 번은 물 속에서 측정할 때, 그는 매머드니 별과 별 사이의 거리니 하는 것과는 다른 뜻에서 위대하다. 금은세공을 업으로 삼는 사람들에게 속지 않는 새로운 방법을 찾아냈다는 점에서 위대하다는 말이 아니라, 그 발명 자체가 위대하다는 말이다. 물이 왕관에 의해 밀려나고, 밀어 올려지며, 그리고 그 물의 무게를 알 수 있음을 인식한 점에서 위대하다는 말이다. 모든 배의 난파는 이런 인식으로 말미암아 극복된다. 그리고 이 귀족 칭호를 아르키메데스의 아들들은 결코 헛되이 하지 않았다. 그들은 또한 다른 많은 것들을 측량했다. 아무리 작은 문제라도 왕의 아들에게는 굴욕을 주고 양치기의 아들에게는 영광을 가져다 준다. 둘의 지식과 주의 나름이다. 그리고 두 사람 모두 사물에 대한 이것을 푼다면, 그 일에서 둘은 평등하게 된다. 군대도 전쟁에서의 승리도 이에 대해서는 아무런 관여도 할 수 없다. 우리는 이 또 하나의 어떤 승리에 찬사를 아끼지 않는다.

그러나 이 지식과 주의의 평등도 아직은 승리이며 힘이며 불평등이다. 정리(定理)를 하나 더 배웠다고 하는 것은 우연한 일에 지나지 않는데, 정리를 하나 더 알고 있다고 해서 다른 사람을 경멸하려는 사람들을 나는 자주 본다. 이렇게 하여 문장을 세 줄 더 읽었다는 또 다른 사람이 즉시 나타난다. 그리고 이에는 한정이 없다. 이 또한 좋지 않은 무한정이다. 온갖 정신에만 있는 크기라는 관점에서 생각한다면 모든 지식을 지닌 정신이 한 가지를 아는 정신보다 과연 큰지는 의문이다. 아니, 오히려 의문이 아니다.

소크라테스는 오늘날 우리의 지식보다 많은 지식을 가지고 있지는 않았지만, 조금도 작은 정신은 아니었다. 고등학교 출신자의 잘못에 대해서도 말할 수 있듯이 데카르트 자신의 잘못을 바로잡는 것보다 데카르트식으로 잘못하는 편에 한층 더 많은 정신의 책임이 있다. 그리고 정신의 이 위대성은, 잘못이 정념보다는 정신에 있는 경우의 잘못 속에서 더욱 잘 볼 수 있다. 어떤 정신이 위대하다고 하는 까닭은 정신이 넓어지기 때문이 아니라 오히려 그 정신이 자기를 통제하기 때문이다.

사람은 여기서 이미 스토아 철학자들이 보았듯이, 또한 데카르트가 명백히 했듯이 의욕이라는 문제에 부닥치게 된다. 사고의 대담성은 고매한 것인 한 아무리 사소한 주의(主義) 속에라도 완전히 존재하지만, 관념을 파는 인색한 장사꾼 속에는 조금도 존재하지 않는다. 데카르트는 자기가 만든 관념 중 대부분은 의심스러우며 몇 개인가는 잘못되어 있다고 알린다. 물론 이 때문에 그의 자연학이 멈춰 버리지는 않는다. 나는 이런 데카르트가 마음에 든다. 그리고 다름아닌 바로 이 사람이 또 이 사고의 대담성을 고매(高邁)라고 이름지었다. 이 낱말은 우리들의 주의를 환기해 준다. 우리는 저 자애로부터 그다지 떨어져 있지는 않기 때문이다. 사실 데카르트에게 의지의 질서는 그야말로 제

3의 질서이며 파스칼이 그렇듯 훌륭하게 그려낸 자애*[119]이다. 이것은 모든 정신 사회 전체를 포함하고, 모든 정신을 연결하는 사랑 전체를 포함한다.

즉 관념을 만들 수 있는 능력을 자기 속에 인정하는 것은, 아르키메데스의 지식이 우리보다 적었다 할지라도 이 능력 자체는 같았음을 인정하는 것이며, 사람이 얼마만큼 무지하고 빈한하게 보이더라도 이 능력이 모든 이들에게 있다고 생각하려는 것이기 때문이다. 이런 관념은 사람을 평등하게 한다. 인간은 인간에게 하나의 신이다라고 말한다면 오류와 정념에서 이끌어 낸 온갖 증명들이 일제히 덤벼든다. 많은 사람들은 이 오류와 정념으로부터 비롯된 증명들에 굴복해 이 평등이 눈앞에 모습을 나타내기를 구하는데, 이 평등은 상정되고 유지되어야 할 평등임을 잊고 만다. 이때 그들은 자기 자신으로서는 위로 올라가고 있다고 생각하지만 실은 아래로 내려가고 있는 것이다.

왜냐하면 어떤 사람 속에서도 정신을 찾고 이 사람의 정신을 탐낸다는 이 정신의 힘은, 모든 것을 알기 전에 무엇인가를 이해한다는 곤란을 용케 이길 수 있는 힘과 같기 때문이다. 이리하여 파스칼은 권력의 신과 지식의 신을 파면하고 마지막으로 저 소란스러운 불평등을 모두 파면한다. 더욱이 스스로 이 신을 완전히 알고 있다는 뜻은 아니었다. 그의 '치욕을 받은 신'은 아직도 형상(形象)이다. 신은 예언을 완성했으나 그 자신은 아직 징조를 띤 자일 뿐이며 예언자이다. '새로운 약속'이라고 해도 좋을지 모른다.

1924년 7월 20일

92 권세의 초상
생 시몽*[120]에서 읽은 이야기인데, 파리의 중앙시장에서 민중이 굶주림을 외친 일 때문에 그 질서 회복을 위해 어떤 고관이 파견되었을 때, 이 고관은 먼저 위험한 군중이 더할 나위 없이 더러운 욕설을 퍼붓는 한복판을 마차로 지나가야만 했다. 치안을 맡은 이 사람은 눈썹 하나 까딱하지 않았다. 귀머거리를 가장한 덕이었다. 그가 자기의 생명을 구하고 나아가서 자기의 권위를 구한 것도 아마 이 예사롭지 않은 지혜의 용기 덕분이었다. 그는 사람이란 달아

---

*119 파스칼이 주장한 신체·정신·자애의 3가지 질서. 《팡세》 참조.
*120 생 시몽(1675~1755). 외교관, 정치가, 저술가. 루이 14세 시대의 인물, 사건을 중심으로 한 기록 《각서》를 남겼다.

나는 자는 쫓아가고 위협해 오는 자는 때리는 법이라고 생각했던 것이다. 그리고 아무런 행동도 하지 않는 사람이나 벌거벗은 옆구리는 좀처럼 공격할 수 없는 것이다. 뿐만 아니라 사람은 인간의 힘이라고 생각할 수 없는 힘은 언제까지나 기억한다. 그래서 우상 같은 힘은 기적으로 남는다.

짐작하건대 알렉산드로스나 카이사르도 이런 일을 겪었을 것이다. 권력은 그런 우상 같은 힘을 남기기 위해 수단과 때를 고르는 일종의 준엄함을 배운다. 상대가 바랄 때가 아니라 자기가 바랄 때 공격하는 것이야말로 군인다운 선택이 아니겠는가. 역사는 이런 일들을 지워 없애 버리고 자기 의지와는 상관없이 이루어진다. 역사는 한심할 만큼 믿기 쉬운 이야기일 뿐, 아무것도 가르쳐 주지는 않는다. 진실이란 사나워서 용서를 모르는 사람들의 어떤 종류의 번뜩임을 통하지 않고는 사람에게 알려지지 않는다. 레스는 튀렌느[*121]가 만난 모험을 이야기하지만 이 또한 헛된 것이다. 그에 따르면 튀렌느는 무시무시한 군대를 동맹군에게 보냈지만 마자랭이 여러 개나 되는 금화 자루를 나누어 주도록 했기 때문에 전우들이 그를 혼자 내버려 두고 가버렸다고 한다. 나의 상상에 튀렌느는 그때 자신의 의지와는 상관없이 장군으로서의 자기 권력을 잠자게 했던 것이라고 생각된다. 이 파병을 시도해 볼 때를 잘못 택했던 것이다.

키플링의 《패크》는 황제 막심을 다시 살아나게 함으로써 또 하나의 면을 보여 주지만, 이 행위는 평범한 사람을 겁나게 하고 어쩌면 강한 자까지도 겁나게 한다. 그러나 강한 자는 그런 두려움에 대해 한 마디도 입에 담지 않는다. 황제는 나무랄 데 없이 용감하고 서로 사이가 매우 좋은 두 청년 장교에게 친근하게 말을 건다. 황제는 꽤 요령이 있어서 한쪽에게 이렇게 말한다. 어떤 풍자하는 듯한 말이 권력에 아주 민감한 귀에까지 도달했는데, 이 말 때문에 몇몇 사람들은 크게 혼이 났다고. '그러나'하고 황제는 말을 잇는다. '너는 나 때문에 어떤 위험도 겁낼 일은 없다.' '조금도 겁내지 않습니다' 하고 또 한 사람의 벗이 사냥에 쓰는 던지는 창을 아무렇지도 않은 듯이 흔들면서 말한다. 이때 황제 막심은 얼굴에 아무런 의심의 표정도 드러내지 않았다. 그 뒤 그는 두 사람을 완전히 믿었다. 그리고 두 사람 쪽에서도 마침내는 그를 사랑

---

*121 《64》의 주를 참조.

하게끔 되었다. 이 황제의 기질을 서술한 말은 마음에 든다. 나는 거기에서 내 의무의 한계를 찾아내고 끝으로 참된 가치를 찾아낸다.

또 한 가지 확실한 목격자로부터 들은 이 이야기는 좀 더 우리에게 가까이 느껴진다. 유명한 망갱*[122]이 도로변의 작은 언덕에 서서 싸움터에서 돌아오는 휘하 사단의 행진을 바라보는 광경을 상상해 보라. 그의 모습은 그의 동상 그대로이다. 표정은 전혀 움직이지 않는다. 팔짱을 끼고 있다. 이 모습은 전설이 되었다. 그러나 또 알아야만 할 점은, 이 무장병들의 긴 대열은 욕설과 협박의 대열이었다. 아마도 입에 올릴 수 있는 한의 모든 욕설과 협박들이 쏟아져 나오고 있었다. 그 목격자는 나에게 말했다. '장군에게는 용기를 보일 기회가 없었다'라고, 또한 흔히 일컬어지지만, '장군은 다른 사람의 목숨만을 위험에 처하게 한다는 생각은 잘못이다'라고. 사람들은 여기에서 어떤 존경의 어조를 포착할 수 있을 것이다. 또한 현실로 비극을 움직이고 있는 사람들이 누구인지도 얼마쯤 포착할 수 있을 것이다. 인간은 무엇을 생각하고 있었는가. 퐁크*[123]는 1000미터나 되는 높은 하늘에서 떨어지면서 조종하는 날개의 면(面)을 움직이지 않게 만든 고장을 찾다가 마침내 그 원인을 찾아냈을 때 이 순간에 무엇을 생각하고 있었겠는가. 그는 고장보다 더 무서운 결과를 어림잡고 있었다. 작업상의 배려는 무서움을 없애 버린다. 아마 병사들의 지휘자는 그 무서운 징표를 보면서 스스로 잘 알고 있는 수단으로 머지않아 실시해야 할 군대 재편성을 어림잡고 있었으리라. 아마도 그는 부관에서부터 하사에 이르기까지 권력의 연관 전체를, 또 저마다 해야 할 말, 말하게 할 것을 머릿속에서 점검하고 있었던 것이다. 저마다 나름대로 갖고 있는 야심 위에 작용할 수 있는 희망과 불안이 뒤섞인 훈련을 하고 있었을 것이다. 또한 제재(制裁)나 사면(赦免)의 힘, 자기가 듣고 보는 바로 판단하면 결코 예사로울 수 없는 자기 악명(惡名)의 효과 그 자체들을 머릿속에서 점검했던 것이다. 실로 이와 같이 하고 있을 때의 망갱은 돌아오는 사단의 행렬을 바라보고 있을 때 다른 사람이었다. 지배력을 잃었다고 여겨졌을 그 순간에 용케 지배력을 되찾을 수 있게 되었기에 말이다.

---

*122 망갱(1866~1925)은 프랑스 육군대장. 제1차 세계대전 때 베르됭 전투에서 독일군을 반격하여 공적을 세웠다. 아주 호전적인 성향으로 말미암아 '도살업자'라는 별명이 따라다녔다.
*123 르네 퐁크(1894~1953)는 프랑스 공군장교로서 제1차 세계대전에서 활약했다.

그 무서운 부하들이 그를 욕하며 지쳐 있는 동안에 그는 자기의 힘에 집중했다. 심한 욕지거리도 귀에 들어가지 않았음은 잘 알 수 있다. 그렇더라도 다음의 점에 주의하자. 이렇듯 위험한 상황이 오히려 그의 끔찍스러운 일에서부터 그를 정결하게 씻어 주었다는 점이다. 화약도 손쉬운 것은 아니고, 또한 겁낼 것이 없는 듯한 이 아군들이 무슨 도움이 되겠는가. 스탕달의 쥘리앙은 솔개가 그리는 원(圓)을 눈으로 좇으면서 그 힘과 그 고고함을 찬탄했다.*124 이것이 권세의 보답이다.

1932년 8월 1일

93 믿는 일

몽테뉴는 다음과 같은 명언을 했다. 가장 알려진 일이 없는 바야말로 가장 굳게 믿어지는 바라고.*125 사실상 아무런 의미도 없는 이야기에 대해 그대는 어떤 다른 의견을 내세우려 하는가. 우리가 알려고 하는 불가사의에 의미가 없다고 하는 놀랄 만한 견해이다. 이 문제를 나는 지적하고 싶은데, 그것은 불가사의는 늘 관심받는 이야기가 된다는 점이다. 그러나 또한 그렇기 때문에 우리는 더욱더 불가사의를 믿게 된다.

인간은 자기가 보는 바를 그다지 믿지 않는다. 그런데 나는 이렇게 말하고 싶다. '인간은 본 것을 전혀 믿지 않으며 본다는 것은 믿지 않는다는 그 자체'라고. 보는 것은 응시하는 것을 전제로 하고 응시란 의심하는 것이다. 전쟁을 관찰한 적이 있는 사람이라면 잘 알겠지만, 자기에게 보이는 바를 먼저 믿고 덤빈다면 아무것도 보이지 않게 되어 버릴 것이다. 왜냐하면 모든 것이 우리를 속이기 때문이다. 그리고 우리는 끊임없이 이런 환상 같은 겉모습을 식별하고 있다. 나는 어느 날 밤 심상치 않은 소리에 놀라 내 누추한 집을 뛰어나와, 아직 반은 잠에 취한 채 내가 아케이드 모양의, 다이아몬드와 진주로 만든 궁전 속에 있음을 깨달았다. 이는 아주 짧은 순간이었다. 이윽고 나는 일이 어떻게 된 것인지 알았다. 즉 달빛을 가득히 받는 엷은 안개 속에서 나무들이 서리에 덮여 있었고 나는 그 가운데에 서 있었던 것이다. 그러나 만일 내가 그때 눈에 보인 궁전을 의심하지 않았다면, 나는 언제까지라도 옛날이야기

---

*124 스탕달 《적과 흑》 제1부 제10장.

*125 《수상록》 제1권 제32장

속에 나오는 나라의 궁전만 보았을 것이다. 확인하는 사람이란 의심하는 사람이다. 말을 한다는 것은 행동에서 의심하는 사람, 즉 탐색하는 사람이라는 뜻이다. 관찰하는 사람을 지켜보기 바란다. 얼마나 그가 물건의 주위를 돌고 눈에 보이는 사물을 스치면서 이 사물을 탐지하려고 하는가. 얼마나 그가 멀고 가까움을 여러 가지로 변화하게 하기 위해 될 수 있는 대로 위치를 바꾸는가. 이렇게 늘 관찰하는 사람은 조금도 경솔하게 믿지 않으며 또한 일찍이 경솔하게 믿었던 적도 없다.

바로 이 사람이 자기가 꾼 꿈 이야기를 한다고 하자. 그러나 꿈은 이미 아무것도 아니다. 이미 꿈을 관찰할 수 있는 여지는 없고, 오히려 반대로 말을 관찰한다. 이렇게 되면 정신은 이미 의심할 수 없다. 말만 있을 뿐이므로, 정신을 의심할 수단이 없다. 다만 달아날 뿐인 이 말을 관찰할 때, 현실 경험의 경우라면 그렇듯 재빨리 인정되는 저항점을 정신은 말에서 찾아 낼 수 없다. 꿈을 꾸던 그때야말로 정신은 의심하고 탐색해야 했던 것이다. 왜냐하면 그때에는 탐색할 수 있었기 때문이다. 그러나 그렇게 하면 잠이 깨고 말았으리라. 그러므로 꿈의 참된 모습을 찾아내는 데는 그 말이 옳은 말이어야만 한다. 이를테면 누군가가 나의 피아노를 조율하는 꿈을 꾸었다고 하자. 나는 잠을 깬다. 그리고 12시를 치고 있음을 깨닫는다. 그러나 꿈이 지나가 버린 뒤에는 탐구할 수 있는 때 또한 지나가 버렸다. 자기 정신에 이미 아무것도 남아 있지 않으므로 그 빈 자리에서 진실을 찾는다 할지라도 헛일이다. 잘 보지 못했던 물건이라든가 순간적인 것이라든가, 내가 무서워서 달아나고 있는 대상이라든가에 대해 이야기하는 경우도 마찬가지이다. 사람은 의심하지 않는다. 상상하건대 탐색할 수 없기 때문이다. 그리고 듣는 사람도 그것은 할 수 없다. 이때는 어조와 정념이 자기의 인상(印象)을 새긴다.

참말인 이야기도 옳게 이해될 수 없다고까지 말하고 싶다. 말하는 사람이 우리에게 물건을 직접 눈앞에 제시할 수 없다고 한다면 듣는 사람의 상상은 곧 미칠 것 같아진다. 무릇 이야기란 모두 옛날 이야기이다. 그리고 물건이 없기 때문에 사람은 이 물건에 대해서 의심할 수 없다. 여기에서부터 이해되는 것이지만 이야기의 이야기는 예컨대 본심에서 비롯된 것일지라도 잘못을 더욱 심하게 만들고 만다. 내가 지금 믿고 있는 주의나 그 밖에 많은 주의들로부터 비롯되는 높은 차원의 불신 때문에 무릇 이야기라는 것은 누구의 속에

나 뚜렷하게 기억됨으로써 돌이킬 수 없는 거짓으로 여겨지고 만다. 단, 그 이야기를 절대적으로 의심하고 덤벼든다면 거짓이라는 누명이 벗겨질 수도 있다. 그러나 또한 이런 주의는 이야기하는 사람의 성실성에 대한 온갖 종류의 의심을 한꺼번에 없애 버리는 것이므로, 환상 같은 이야기도 인간 본성의 사실이 되고 또 이런 환상 같은 이야기는 그 이야기대로 우리를 가르치는 것이다. 그렇기 때문에 몽테뉴와 같은 뛰어난 정신은 보고하는 이야기에 대해서는 선택하지 않고, 어떤 관점에서 그 모두를 옳다고 판단한다. 왜냐하면 또 다른 관점에서 그는 그 모두를 의심하고 있기 때문이다. 사람들에게서 들은 이야기를, 있을 법한 일이라든가 그럴 듯한 일이라든가 하는 판단에서 정리해 가면서 이야기하는 것은 명백히 거짓말을 하는 위험한 방법이다. 왜냐하면 처음부터 믿기 어려운 이야기인 경우에, 과연 어떤 권리로써 믿을 수 있는 이야기라고 할 수 있겠는가. 실은 하나의 이야기를 믿을 수 있게 하는 유일한 방법은, 이 이야기를 존재할 수밖에 없었던 이야기로 해석하는 것이며, 이 방법은 다름 아니라 사실 속에서 영원한 본질을 발견하고 새삼 그 이야기를 흔들리지 않는 사실로 삼는 것이다. 즉 모든 존재들이 의미를 갖고 있는 셈이며, 아주 상세한 부분도 본질을 잘 나타낼 수 있기 때문이다. 그러므로 인간의 증언은 모두 진실한 것으로서 이것을 전하는 증언이어야만 한다. 그렇기 때문에 몽테뉴는 이것을 아주 조금이라도 바꾸는 것을 원치 않았다. 그리고 대상이 없을 때에는, 앞에서 이야기한 바와 같은 비판은 알맞은 때를 얻을 수 없음이 확실하다. 대상이 없을 때, 사람은 때때로 이 진지한 정신을 경망하다고 하고, 의심을 품은 이 사람은 주장이 모호하다고 말하고, 또한 이 자가 깊이 생각하지 않고 쉽게 믿는다고 말해 버린다. 플라톤도 같은 성질의 사람이었다. 이런 스승을 갖지 못할 때, 사람은 말이 바람처럼 달려가듯이 정신없이 골몰하는 식으로 생각할 수밖에 없다.

1924년 11월 7일

94 정신 대 정신

사람은 사고할 때 초조해지게 마련이다. 즉 보편적으로 생각해야만 하며, 바꾸어 말한다면 모든 정신에 법칙을 주어야만 하기 때문이다. 그러나 이것이 잘 되지 않는다. 수학에서 가장 잘 밝혀진 부분에서는 이런 법칙을 쓸 수 있다. 그러나 이것은 너무나도 간단하다. 여기에서의 법칙은 탈레스 이래 사람들의 정신에 주어지고 있다. 일이 복잡해지면 사람들의 정신을 지배하고 싶다는 욕망, 즉 어느 정신이나 다 갖는 이 욕망은 곧 호된 타격을 받는다. 그리고 순조로운 법칙의 진행 도중에 반론이 나왔을 때 크게 놀라게 된다. 미리 이 반론의 등장을 예견할 수 없었다고 한다면 스스로를 바보처럼 여기게 된다. 크게 감행해야 할 일이어도, 다만 아무런 욕망도 갖지 않고 하는 감행이었어야 한다. 이것이 어렵다. 즉 겸손하기만 해서는 아무것도 되지 않기 때문이다. 스스로 작은 데카르트가 되려고 하지 않는 사람, 자기 자신의 광명을 믿으려고 하지 않는 사람은 약한 사색가이다. 그러나 자기 자신의 광명을 좇아 돌진하는 사람도 이윽고는 우스꽝스러운 사색가가 되어 버린다.

갑자기 떠올랐는데, 나는 어떤 아주 단순한 사람에게 서양장기를 가르쳐 준 일이 있다. 말을 움직이는 방법을 익히자, 그는 하늘의 계시라도 받은 듯이 나에게 이런 말을 했다. '자, 이제는 잘 알았고, 마음이 후련하도록 당했다' 그리고 나서 그는 화가 머리끝까지 나서 서양장기를 그만두어 버렸다. 내가 나빴다. 일부러 한 번인가 두 번 져 주어야만 했는데. 승부에 깨끗한 사람, 즉 지더라도 불쾌해지지 않고 물러날 수 있는 사람은 그다지 많지 않다. 그러나 이쪽이 자꾸 이기기만 하면 불쾌해지지 않을 상대는 한 사람도 없을 것이다. 승부가 정신에 걸려 있는 놀이에서 언제나 지기만 하는 자신을 어떻게 용서하겠는가. 정신은 평등을 말하지만, 그러나 아름다운 평등에 대한 희망을 곧 배신하고 만다. 이미 학교의 의자 위에서도 도중에 한번 실수했기 때문에 영원히 감정을 해치는 열광자가 발견되지는 않을까. 그들은 이해하지 않고 배우려고 맹세했던 것이다. 그들은 일단 자기가 생각하는 바를 입에 올렸고, 그것이 의미를 찾지 못했다. 그래서 이제 그것에는 손을 대지 않는다. 그러므로 판단력을 일깨우게 하는 것을 늘 요구하는 정신적 승부의 방법, 얼핏 보기에 이토록 간단한 이 방법에는 위험이 조금 있을 수도 있다. 승부의 출발이 지나치게 딱딱하면 뒤얽힌 정신을 만들어 내게 되어 버린다.

교양이 뛰어난 치료법이 된다. 내가 말하는 교양이란, 온갖 종류의 사상과 오래 가까이 지내 온 자기를 시인하거나 비난하는 것이라기보다도, 처음에는 오히려 자신과는 연관 없이 작가를 이해하는 것에 뜻을 두면서 모든 작가를 탐구한다는 것이다. 명예심 따위가 결코 들어오지 않는 두뇌의 장난은, 어린 시절이나 소년 시절에 알맞다. 이리하여 관념을 먹이처럼 삼켜 버리지 않는 방법을 배운다. 이해는 하지만 잡혀 버리지는 않는 것이 정신의 건강함이다. 루크레티우스의 사상은 때로 소박하지만, 이렇게 해서 에피쿠로스를 따르면서도 아주 신중하게 이렇게 말한다. 해가림이니 계절이니 떠돌이별이니 하는 현상에 대해서는, 하나의 설명이 아니라 많은 설명이 필요하다고.[126] 즉 그에 따르면 신들이 물리칠 수만 있다면 그것으로 충분한 사상이기 때문이다. 저 유명한 맥스웰[127]은 이 관념을 극점(極點)까지 밀고 나가 이렇게 말한다. 어떤 현상을 기계적 관점에서 설명을 하나 할 수 있으면, 이미 그 설명을 수없이 할 수 있는 것이라고. 위대한 현자들은 가설로 추론한다. 그리고 가설을 바꾸는 방법을 알고 있다. 그리고 데카르트는 때로 딱 잘라 말하는 것처럼 보이기는 하지만, 그래도 자기는 신이 세계를 만들었듯이 세계를 다시 만들었다고 자부하는 것은 아니라고 적절하게 말할 수 있었다. 이것은 관념을 신이 만든 그대로 취하는 것이었다. 그리고 동시에 그의 일은 사소한 일은 아니다. 나의 눈앞에 기적이 나타나고 또는 요술이 나타날 때, 내가 해야 할 일은 먼저 그 솜씨 있는 사람이 어떻게 했는가를 아는 것이 아니라, 그 사항의 설명으로서 가능한 것을 한 두 가지 상상해 보는 것이다. 그리고 그런 다음, 실제의 사정을 이야기할 수 있는 유일한 것인 경험을 조용히 기다려야 한다. 이렇게 함으로써 사람은 자기를 확신하되, 엄밀하게는 어떤 것도 확신하지 않는 경지에까지 다다를 수 있게 된다.

볼테르는 잘 보고 있었다. 참으로 열광은 인간의 악이다. 그리고 이것은 너무나 조급한 야심인 동시에 속아 넘어간다는 이유로, 정신이 경련처럼 생각하는 것일 뿐이다. 오늘날 열광은 그다지 후퇴하지는 않았다. 그 열광은 대상을 바꾸었다. 아니, 오히려 말을 바꾸었을 뿐이다. 나의 생각으로는 정치적 정념은 이해에 관계하기보다도 정신에 보다 더 관계한다. 반대자가 대담하게도 스스로를 정신으로서 자랑스럽게 보여 주면, 이쪽이 그에게서 받는 손해를 생각하고 있을 여유가 거의 없다. 또한 나에게 찬성하는 경우라도, 그는 스스로를 나와 대등한 사람으로 여기고 있는 셈이다. 그를 정신으로서 인정하기를 나에게 재촉하는 셈이며 불일치 그 자체에서 일치를 구하는 셈이다. 그런데

＊126 〈45〉의 ＊52 참조.
＊127 맥스웰(1831~79)은 영국 스코틀랜드 출신 물리학자.

정신은 자기와 똑같이 생각하지 않는 다른 정신의 대등자, 자기와 같은 갈래 따위의 정신을 참을 수 없다. 이런 기이한 버릇에는 존중이 있고 나아가서는 자신을 속인 사랑까지도 있는 셈인데, 다른 정신에 대한 이 존중과 거짓 사랑이 지난날의 화형대를 만들고, 또한 전쟁이라는 오늘날의 크나큰 화형대를 만들었던 것이다.

1931년 2월 10일

95 원숭이

인간을 혐오하는 사람이 나에게 말했다. '나는 인간을 경멸하지 않는다. 오히려 인간을 너무도 잘 보지 못했을 뿐이다. 오해하지 말게. 거의 아무것도 모르는 인간. 정념에 사로잡힌 인간. 또는 세상 쪽에서 무엇이든지 다 자기를 위해 해줄 의무가 있다고 하면서 절망하는 인간. 또 술꾼인 인간. 이 인간들의 행위는 확실히 인간다운 것이며 단연코 동물의 행위는 아니다. 이런 인간은 꽤 볼 수 있다. 참, 거지들 가운데도 인간의 얼굴을 한 사람은 있다. 그래서 화가들이 곧잘 그곳에 찾아가기도 한다. 지금은 나도 곧잘 이런 말까지 중얼거리는 형편이다. 진정한 인간은 알렉산드로스 대왕이 될 수 없으면 오롯이 나무 밑의 철학자 디오게네스가 되려 하는지의 태도로 식별할 수 있다고. 이런 까닭으로 제법 높은 지위에는, 이 위치에야말로 한 사람쯤은 디오게네스 같은 인간이 있었으면 하고 생각되지만 그런 일은 결코 볼 수 없다.'

'그럼 여기서' 하고 그는 말했다. '일종의 우화를 들어 주게. 주피터, 아니면 누군가가 인간의 모습을 한 원숭이를 만들었다고 하자. 그는 본디 의미로서의 정신은 없지만, 원숭이가 갖추고 있는 모방하는 기술을 갖고 있는 인간 원숭이이다. 그러면 어떤가. 잠깐 보았는데 그는 완벽하다. 표정도 제대로 한결같다. 받은 돈을 한 닢 한 닢 시험하고 무게를 재며, 소리를 내어 보는 짓은 하지 않고, 이 돈을 모두에게 나누어 준다고 한다면 이 행위는 그의 놀랄 만한 진보라고 할 만하다. 여보게, 실제로 진짜 인간이 스스로 공부해 그렇듯 쉽게 귀결을 끌어내는 기계 같은 행위는 모두 경멸하고, 마지막으로 수다스럽고 웅변하는 듯하며 설득에 능숙한 기억을 경멸하게끔 될 무렵에는, 원숭이 쪽은 벌써 다른 사람에게 가르치는 몸이 되어 있을 것이다. 이렇게 되면 2세로서 처음 책을 쓰는 쪽은 과연 어느 쪽인가. 정념을 알지도 못하면서, 정념을 설명할 수 있게끔 되는 쪽은 과연 어느 쪽인가. 온갖 문제에 대하여 뻔히 아는 말, 일반에게 널리 알려져 있는 말, 얼핏 보기에 고마운 듯한 저 숱한 말을 마구 지껄이게 되는 쪽은 과연 어느 쪽인가. 원칙에 서서 흔들리지 않고, 이야기나 의논이 활발하게 나오며, 체계를 통해 압도하고, 끝으로 기계가 카드놀이라도 하듯이 언제나 같은 방법을 쓰게 되는 쪽은 과연 어느 쪽인가. 원숭이인가, 인간인가. 그렇더라도 기계만큼 굳고 단단한 것이 있겠는가. 기계만큼 훌륭하게 자기와 맞아떨어지는 것이 있겠는가. 요컨대 기계만큼 논리에 충실한 것이 있겠는가. 그러나 또한 그렇게 기계보다 더 나은 것이 무엇이든 간에 색이나 형체에 따라 분류할 때 기계만큼 잘 되어 있는 것이 어디 있겠는가. 그리고 또 '빅토르 위고'니 '샤토브리앙'이니 '공간'이니 '시간'이니 '주의(注意)'니 '종교'니 하는 어떤 하나의 낱말이 적혀 있는 전 세계의 모든 종이들을 선별할 때 기계만큼 체계가 잘 되어 있는 것이 어디 있겠는가. 도서관을 샅샅이 뒤져서 아무것도 빠뜨리는 일이 없는 쪽은 원숭이인가, 아니면 인간인가. 그리고 이를 통해 학설의 어릿광대를 만들어 내는 쪽은 원숭이인가 인간인가.' '어떤 종류의 예의에서도' 하고 그는 말했다. '절이나 듣기 좋은 말이나 능숙한 미소를 보내는 쪽은 어느 쪽인가. 인간인가 원숭이인가. 또 컵이나 병이 담긴 쟁반을 무사히 잘 돌릴 수 있게 되는 쪽은 어느 쪽인가. 골똘히 생각에 잠겨 있으면 깨뜨리고 만다. 생각에 잠겨 있으면, 남에게 불쾌한 느낌을 주고 다른 사람을 성내게 만든다. 생각에 잠겨 있으면 당사자까지도 불안해져 버린다. 인간의 재판소를 만들어 보라. 아마도 그는 생각이 모자라는 원숭이를 선택할 것이다. 그러나 나라는 사람이 무슨 말을 하고 있는 것일까. 법학은 박학(博學)이고 쌓아올리기 주의이며 또한 학업이 사상의 역할을 한다. 이런 법학에서 예부터 원숭이 쪽이 인간보다 앞섰다고 하는 것은 있을 법하지 않은가. 선례에 따라 재판하는 것만큼 쉬운 일이 있겠는가. 생각에 잠기는 것은 방해이기 때문에 그동안 쌓아올린 수많은 선례들만을 이리저리 비추어 보고, 실제로 공판하고 있을 때 많은 판사들이 졸고 있다는 것이다. 그리고 이런 판사가 가장 나쁜 판사도 아니다. 그렇게 말은 하지만, 나는 이 선례의 목표를 잃어버리고 만다. 이 판사의 잠도 본뜨게 되는 것이기 때문이다. 내가 말하는 잠은 판사의 진짜 잠이다. 그건 그렇고, 호두가 있는 쪽으로 가려고 조금도 호두에서 눈을 떼지 않고 있는 동안에도, 요구되는 대로 기다려지는 재주를 부린다. 무슨 일이든 조금씩 가까이 다가간다. 그리고 공손히 몸을 빼내면서도 호두 쪽으로 한 걸음 나아 간다. 그리고 친밀한 표시로 손을 내밀면서 다시 그 손을 호두 쪽으로 뻗친다. 일단 호두를 손에 잡으면 곧 호두를 깨어 먹기 시작하고, 다른 일은 전혀 거들떠보지도 않으며 아주 잘난 체하는 깔보는 듯한 표정을 짓는다. 이런 모든 일은 원숭이가 하는 일이 아닌가. 인간이 즐기지 않는 일은 아니지만 부끄러움에서 좀처럼 말할 수 없는 사실을 말한다는 것 또한 마찬가지가 아닌가. 그리고 현재의 자기보다도 더 좋은 사람이 되는 것은 현재의 자기가 아무것도 아닌 경우인 편이 한결 더 쉬운 일이 아닌가. 다만 호두에 다가가는 자기를 통해서만 자기를 평가하는 편이 쉽지 않은가. 바로 눈앞의 공포에 말을 걸어 그것을 이기는 용기를 조금만이라도 갖고 있다면, 눈앞의 공포 앞에서 입끝으로 빈소리를 할 수 있겠는가. "나는 달아났다"고 인간은 말하지만, 그러나 원숭이는 "프랑스 인은 결코 달아나지는 않는다"라고 말하는 것이다. 여보게, 사정이 이러하니 나에게는 아무래도 많은 인간들이 마침내 원숭이 흉내를 내기로 결정한 게 아닐까 하는 생각이 드는 걸세.'

1923년 6월 23일

Définitions

말의 예지

알랭은 정의(定義)(Définitions)를 아주 높이 평가한다. 그는 아리스토텔레스의 정의를 인용하고는 참으로 거장답다고 생각했다. 또한 알랭은 데카르트, 몽테스키외, 칸트 속에서도 정의를 발견하고는 매우 기뻐했다…… 알랭은 정의란 본질로까지 되돌아가는 하나의 공통된 관념을 간결하게 제시한 것이라고 하면서 감탄했다. 그리고 말로 나타낸 단순한 엄밀함으로 표시된 정밀한 덕, 이데올로기와 관계 없는 논쟁으로는 얻을 수 없는 덕, 바로 모든 참된 성찰의 원형이며 원천인 덕을 얻었다.

알랭이 학교 교장을 지내며 보낸 마지막 몇 년 동안(약 1930~1933년) 그가 가르쳤던 사람들은, 알랭이 학생들에게 교실에서 즉흥적으로 정의를 쓰게 하는 방법을 가르쳤다고 말해주었다. 그 정의는 바로 읽혔고, 검토·보완·수정이 더해져 칠판 위에서 힘있는 문장으로 완성되었다. 그 문장을 기억하는 사람들도 많다. '이 습작은 내가 생각해 낸 것 가운데 가장 훌륭한 습작이었다'고 알랭은 쓰고 있다.

언제부터인지는 확실히 알 수 없지만(아마 1929년에서 34년에 걸쳐) 알랭은 카드 한 장에 낱말 하나씩을 써 넣어 500장 정도의 카드를 만들게 했다. 그들이 선택한 술어에는 그때의 기분이나 우연이 크게 작용한 듯 보인다. 그 선택에는 어떤 의도된 통일도 볼 수 없다. 알랭은 가끔 카드 하나를 골라 힘있는 필체로 단번에 '정의'를 완성했다. 그러나 유감스럽게도 알랭은 카드를 모두 완성하지는 못했다. 이들 '정의'의 일부는 《메르퀴르 드 프랑스》(1951년 12월 1일부)에 발표되었는데, 여기에 그 모두를 발표한다.

모리스 사반

말의 예지

낙담(ABATTEMENT)

낙담이란 생각지도 못하는 충격에 빠지는 상태로, 절망과는 전혀 다르다. 절망은 조금씩 빠져 들어가는 것이고, 낙담은 자연스러운 것으로서 시간이 필요하다. 진정할 시간이.

절대적(ABSOLU)

순수하게 분리된 것으로, 혼합, 의존, 관계 등이 없는 것으로부터 자유로운 상태를 절대적이라고 일컫는다. 이런 의미에서 '절대적인 안전' '절대적 무아' '절대적 절망'이라고 말한다. 절대적은 상대적과 대립한다. 그러니까 절대적 운동이란 다양한 관계나 지표 등과 완전히 별개로 존재하는 운동이다. (그런 운동은 현실에는 존재하지 않는다) 상대적 운동은 움직이지 않는다고 여겨지는 어떤 한 점과 비교되듯이 움직여지는 운동이다. 그런데 이 임의의 점들이 움직인다면 운동은 정지로 바뀌는 경우도 있을 수 있을 것이다. 천문학상의 여러 현상은 만일 지구를 고정으로 두면 태양의 운동으로써 설명이 되며, 또한 만약 태양을 고정으로 두면 지구의 운동으로써 설명된다. 도덕에 절대적인 판단이 적용되는 까닭은, 사람은 절대 가치 즉(이쪽에서는 악덕이지만 저쪽에서는 미덕이고 하는 회의적 판단이 아닌) 의견이나 상황에 의존하지 않는 가치를 찾기 때문이다. 도둑에게 약속을 지킨 튀렌느의 성실성은 절대적 성실에 가깝다.

사면(ABSOLUTION)

사면은 심판자가 내리는 판결이다. 누구도 자기 죄를 사면할 수 없다. 사람은 모두 자기를 단죄함으로써 스스로를 위로하지만, 그것은 게으른 자가 이렇게 스스로를 학대하는 것과 같다. '나는 아무런 도움도 안 돼. 나는 아무 것도 못해. 나는 어떤 사람도 못될 거야'. 단죄는 회한의 찌꺼기를 지우는 한편, 사면에는 회개가 깃들어 있다. 회개는 받아들여진 회한이다. 따라서 사면은 자기 자신을 자랑하는 듯한 단죄를 반대하는 판결이다. 사면은 자기의 잘못을 방어하는 벽이다.

추상(ABSTRACTION)

추상은 무한히 복잡하고 끊임없이 변화하는 구체적인 대상을 단순하게 표현한 것이다. 이 추상이라는 단순하게 표현된 모습은 행동상 필요해서 또는 지성의 요청으로 우리들에게 주어진다. 추상은 대상의 한 요소를 완전히 분리할 수 없는데도 분리된 것으로, 전혀 일정하지 않은 요소인데도 일정한 것으로 표현된다.

절망(ACCABLEMENT)

절망은 크고 작은 수많은 불행들을 한꺼번에 만나게 되면서 생기는, 희망이 보이지 않는 슬픈 상태이다. 절망에 대해서는 이런 격언을 권장한다. '한 번에 한 가지만을 하는 것이 좋다'.

사고(ACCIDENT)

사고는 예측할 수 없는, 또는 있을 것 같지 않아 보이는 일이다. 예를 들면 자동차가 열차와 거의 동시에 건널목으로 진입하는 일. 포탄이 비행사의 머리를 스쳐지나가는 일. 그런 사건은 마치 확률법칙에 도전하는 것처럼 그때에는 숙명의 탓으로 돌려진다. 이 생각에는 상당하고 진실된 아름다움이 있다. 숙명의 탓으로 돌리면 우리들은 이미 일어나 버린 일에서 해방된다. 그러나 숙명이라고 해도 신중한 태도를 지켜나가야 한다.

동의(ACCORD)

동의는 자연스러운 합의이자 자연스러운 평화로서, 의지의 힘과는 전혀 상관없이 이루어진다.

찬탄(ADMIRATION)

찬탄은 관객이나 청중, 또는 독자 안에서 생겨나는 숭고한 감정이다. 찬탄의 주요점은, 찬탄으로 말미암아 우리들은 인류나 스스로를 호의로써 대하게 된다는 사실이다. 사람을 혐오하는 것은 찬탄을 경계하는 것이다.

숭경(ADORATION)

숭경(崇敬)의 감정은 찬탄이 아니다. 찬탄에는 언제나 일종의 평등과 응답 관계가 내포되어 있지만, 숭경은 그렇지 않기 때문이다. 숭경받는 사람은 동포들을 넘어서며, 숭경받는 사람을 감히 닮는다는 것은 생각할 수 없다. 사람은 자신으로서는 전혀 불가능하다고 느끼는 완전함이나 우아하고 아름다운 것을 숭경한다.

자랑(AFFECTATION)

성격이나 정감을 표현할 때 남달리 강조하는 것이 자랑이다. 다만 이러저러하다고 자랑하는 바는 모든 면에서 우리들의 천성에서 비롯되어야 한다. 위선은 자랑이 아니다. 그런데도 만일 이미 위선자라고 한다면, 그 위선을 자랑할 수는 없다. 만약 이미 솔직하다고 한다면 솔직함을, 만약 이미 덜렁대는 사람이라고 한다면 덜렁댐을, 만약 이미 경솔하다고 한다면 경솔함을, 이들은 모두 자랑이라고는 할 수 없으므로 자랑할 수 없다. 한편, 사람은 본디 타고난 것이라면 단순한 본성까지 자랑할 수 있다.

정감(AFFECTION)

생각과 계획, 단호한 의지 속에서 사랑과 증오, 기쁨과 슬픔을 어느 정도라도 표현하는 모든 느낌이 정감(情感)이다. 우울은 정감이다. 선망과 실망도 정감이다.

비탄(AFFLICTION)

비탄은 마음의 고통이 더 한층 심해진 상태로, 인간의 악의에서 나온다기보다는 잇따르는 자연스러운 불행들(병, 신체장애, 사별)에서 나온다.

불가지론(AGNOSTICISME)

불가지론이란 모르겠다고 체념해 버린 인간의 태도이다. 예를 들면 신, 내세, 영혼이 존재하는지 어쩐지 알 수 없다. 또는 사물 자체가 무엇인지 알 수 없다. 감각으로 표현된 결과로써만 사물을 알 수 있다. 이것은 회의론자에 가까운 태도이지만, 단 불가지론자가 다른 점은, 이 태도는 회의론자의 태도보다도 온화하다는 점이다. 회의론자는 아무 것도 밝혀낼 수 없는 것을 끊임없이 증명하려고 하지만, 불가지론자는 모호하고 불확실한 사실에는 흔들리지 않는다. 다른 사람을 불안하지 않게 하는 것을 도덕이라고 한다. 도덕은 증오, 야심, 탐욕을 잠재운다. 독단론자의 우스꽝스럽고 역설적인 말과는 대조되는 것으로, 불가지론자의 도덕은 온화한 체념과 온화한 의구심, 그리고 절도와 평화로 이루어져 있다.

경계(ALARME)

경계는 본디 군영이나 마을에서 생기는 긴장된 상태로, 이런 지역에서는 사람들 모두가 전혀 이유도 모르는 채 그저 긴장된 웅성거림에 잠을 깨고 무장을 한다. 따라서 이 경계라는 말은, 자기 자신 안에서 모든 투쟁 기능이 황망하게 태세를 갖추고 있음을 느끼는 개인의 갑작스런 각성을 잘 표현하고 있다. 심장은 더 빨리 뛰고, 호흡은 더욱 짧아지며, 뚜렷한 이유도 없이 근육은 긴장되기도 하고 움직이기도 한다. 그는 자주 큰 외침 하나에도 경계 상태에 빠지지만, 대부분은 그 외침의 결과인 영혼의 부름만 알게 될 뿐이다. 자기 이름을 불린 사람은 경계심으로 눈을 뜬다. 그럴 때 그는 자기 이름을 또렷이 구별한다.

환희, 희열(ALLÉGRESSE)

환희와 희열은 깊이 생각하고 난 뒤에 생기는 마음이 북돋워진 상태로 충분한 영양과 에너지가 넘치는 상태에서 나온다. 예를 들면 〈젊은 파르크〉에 나오는 파르크의 산책은 환희 그 자체이다. 환희를 다른 종류의 기쁨과 구별하는 까닭은, 환희의 관념이 생김과 동시에 행동이 이루어지기 때문이다. 독단으로 돛을 올릴 때 환희를 느낀다. 배우게 되면 환희는 느껴지지 않는다. 누군가와 함께 해야 하는 때에도 환희는 생기지 않는다. 예를 들면 춤으로는 환희가 생기지 않는다. 거기에는 주의, 부끄러움, 복종, 제어된 욕망, 사라져 버린 상념이 있지만, 환희에는 경계가 없다.

애타주의(ALTRUISME)

애타주의는 이기주의의 반대개념이다. 애타주의는 다른 사람들(autrui='타자')을 생각하는 성격, 그들이 무엇을 생각하는지, 무엇을 느끼는지, 무엇을 희망하는지, 무엇을 원하는지, 무엇을 원할 것인지, 무엇을 참지 못하는지 등을 배려해 생각하는 성격이다. 애타주의는 다른 사람의 위치에 자기를 두는 성격이므로, 다른 사람들이 드러내거나 표현한다고 가정되는 찬탄이나 비난의 영향을 크게 받는다. 이런 종류의 우정이 없다면 세상에 사회란 존재하지 않게 된다. 이 우정은 다른 사람들을 생각하기는 하지만 그들의 감정을 고려하지 않고, 또 조직하려고 하는 의지와는 전혀 다르다. 국왕은 분별력은 있어도 애타심을 갖지 못한 경우가 있다. 또한 때때로 여론이 분명히 유익한 개혁에 반대한다는 사실을 알고 있는 국왕은, 애타심에서 이성적인 태도를 등지는 경우가 있다.

야심(AMBITION)

야심은 행동이 반대에 부딪쳐 분노로 몹시 화가 났을 때 생기는 정념이다. 그러나 야심이라는 정념은 모든 정념과 마찬가지로, 욕망을 방해하거나 또는 도무지 존중하지 않는다고 볼 수 있는 사람들에게서만 확대된다. 그때 사람들은 설득하고 싶은 욕망과 강제하고 싶은 욕망 사이에서 분열한다. 사람은 사랑 안에 야심이 있다는 사실을 알 것이다. 또한 야심은 다른 사람을 존중한다는 뜻을 내포한다는 사실을 알 것이다. 왜냐하면 다른 사람으로부터 인정받으면 자신만만해지기 때문이다. 그러나 사람이 다른 사람을 강제하려고 하는 한, 다른 사람을 경멸하는 것이다. 이런 초조한 모순이 야심이라는 정념을 정의한다. 이 야심의 정념을 억제하는 감정은 맹세코 자기 동포를 사랑하고 존경하는 것에서 나온다. 사랑과 존경을 통해 동포를 가르칠 수 있게 된다. 자애는 이 고귀한 야심에 어울리는 이름이다.

영혼(ÂME)

영혼이란 육체를 거부하는 무엇인가이다. 예를 들면 몸이 떨릴 때 도망치기를 거부하는 무엇인가이다. 몹시 화가 났을 때 한 대 치기를 거부하는 무엇인가이다. 몹시 갈증이 날 때 마시기를 거부하는 무엇인가이다. 몸이 원할 때 먹기를 거부하는 무엇인가이다. 몸이 거절하고 있음에도 체념하기를 거부하는 무엇인가이다. 이런 모든 거부는 인간의 생활이다. 모든 거부는 존엄하다. 따르기 전에 깊이 음미해 보는 것이 바로 지혜이다. 이 거부할 수 있는 힘이 영혼이다. 미치광이에게는 거부할 수 있는 힘이 없다. 그에게는 영혼이 없기 때문이다. 그는 의식이 없다는 말을 듣는다. 그것은 사실이다. 한 대 치기도, 도망가기도, 말하기도, 모두 몸이 명령하는 대로 따르는 사람은 자기가 무얼 하고 있는지, 무얼 말하는지 전혀 모른다. 사람은 자기가 자기와 대립하는 경우에서만 의식한다. 예를 들면 알렉산드로스는 사막을 건널 때, 물이 가득 든 투구를 받으면 먼저 감사한 다음, 마시지 않고 군사들이 지켜보는 가운데 땅에 흘려버렸다. 도량이 큰 영혼이란 바로 훌륭한 영혼이다. 비천한 영혼이란 없다. 그것은 다만 영혼을 지니고 있지 않을 뿐이다. 이 아름다운 말은 하나의 존재를 나타내는 말이 절대 아니다. 그것은 언제나 하나의 행위를 나타낸다.

우정(AMITIÉ)

우정은 스스로에게 주는 자유이며 행복한 약속이다. 이 약속으로 말미암아 자연스런 우정의 호의가 연령, 정념, 상극, 이해, 우연을 넘어 흔들림 없는 동의가 되고 있다. 그렇다고 보통 분명하게 말하지는 않지만, 그런 감정은 잘 알 수 있다. 우정에는 절대적인 의미의 신뢰가 있다. 때문에 어떤 책략도 없이 자유롭게 서로 말할 수 있으며, 자유롭게 판단할 수 있다. 반대로 조건이 붙은 우정은 절대로 기쁠 수가 없다.

사랑(AMOUR)

사랑은 하나의 정념임과 동시에 하나의 감정을 나타낸다. 사랑의 시작은, 그리고 사랑을 느낄 때마다, 그 사랑은 언제나 하나의 환희이다. 더구나 한 사람의 현재와 그 추억이 깊이 관계하는 환희이다. 사람은 이 환희에 불안을 느낄 수 있다. 언제나 조금은 불안을 느낀다. 왜냐하면 환희는 다른 사람에게 의존하기 때문이다. 잠깐만 생각해도 공포는 한 인간이 마음먹기에 따라 우리들을 행복으로 가득차게 할 수도 있고, 우리들에게서 모든 행복을 빼앗아 갈 수도 있다. 그러므로 이 공포 때문에 우리들은 어리석게도 이번에는 사람에게 권력을 휘두르려고 한다. 그가 스스로 느끼는 사랑의 정념 운동은, 필연적으로 상대의 상황을 한층 더 불확실하게 만들어 버린다. 이런 사랑의 징표의 교환은 마침내 일종의 광기에 이르게 한다. 여기에 들어 있는 것은 증오이며, 이 증오에 대한 후회, 사랑에 대한 후회, 바로 떳떳이 좇아야 할 수많은 바른 길을 벗어난 사고와 행동이다. 결혼과 아이가 이 사랑의 흥분 상태를 종식시킨다. 어쨌든 사랑하는 용기(자유의지의 감정)는 충실해도, 즉 의심 속에서도 좋은 쪽으로 판단하고, 사랑하는 대상 안에서 새로운 아름다움을 찾고, 자기 자신을 사랑하는 대상에게 어울리도록 하기 위해 조금이라도 명백하게 맹세함으로써 우리들을 불쌍히 여겨야 할 정념의 상태에서 끌어내는 것이다. 이런 사랑이야말로 사랑의 진실이며, 그 사랑은 누구나 알고 있듯이 육체에서 영혼으로 승화되며, 아니 영혼을 만들어 내며 그 영혼을 사랑이라는 마법으로 영원히 죽지 않게 한다.

자존심(AMOURS—PROPRE)

자기를 사랑하는 것이라기보다 자기에 대해 애태우는 것이 자존심이다. '자존심'이라는 녀석은 굳이 비난에 맞선다. 그는 말한다, '사람들이 나를 어떻게 생각하는지 잘 알아'라고. 동시에 아무리 칭찬을 받아도 그는 절대로 만족하는 법이 없다. 자존심은 불행한 사랑이다.

천사(ANGE)

천사는 사자(使者)이다. 행복한 사자, 기다려지는 사자, 환영받는 사자이다. 천사는 노인이 아니며 학자도 아니다. 천사는 오직 새로운 때를 알려준다. 천사는 심판하지 않으며 사면하지도 않는다. 그는 기뻐하며 준다. 그가 가져다주는 것은 증거가 아니라 하나의 소식이다. '이래서는 안 된다'라고, 그는 당신이 머리를 고치듯이 단순하게 말한다, '당신은 저주받지도 않고 슬퍼하지도 않는다. 당신은 쓸모없는 사람도 아니며 용기가 부족한 사람도 아니다. 내가 당신에게 이 말을 하는 까닭은 이 사실을 알고 있기 때문이다. 그러나 당신은 이 사실을 모르고 있다'. 천사는 논쟁을 하지 않는다.

고뇌(ANGOISSE)

숨이 멎을 정도의 극도의 주의력에서 나오는 고뇌는 결과를 의식하면 더 심해진다. 고뇌를 해결하는 방법은 동물처럼 호흡을 하는 것이다. 고뇌는 한숨이다.

동물성(ANIMALITÉ)

숫소는 동물성을 상징한다. 이성은 숫소를 상대로는 아무 것도 할 수 없다. 그뿐만 아니라 합리적으로 계산된 이성이 계산과는 반대되는 반응을 불러일으킨다. 공격을 해도 숫소는 절대 멈추지 않는다. 숫소에게 공포를 줄 수는 없다. 숫소에게 적당히 이해되는 실리를 이해시킬 수는 없다. 따라서 인간은 자기의 정념 앞에서 크게 분노하게 된다. 지혜도 인간을 격노하게 하고, 지혜 자신에 대해서도 절망할 뿐이다. 사람은 이성을 사용하면서 이성적이지 못한 행동을 하게 된다. 두 사람이 저마다 상대에게 잘못이 있음을 증명하려 한다. 그런 과정에서 서로 상대를 격노하게 한다. 그것이 되돌아와 자기 자신이 매우 분노한다. 왜냐하면 그는 이렇게 생각하기 때문이다. '내가 논리적으로 말을 하면 할수록 그는 점점 더 화를 낸다.' 그래서 그는 불합리해 보이는 간접적인 방법을 취하게 된다. 예를 들면 잘못하고 있는 사람에게 완전히 양보하거나, 그의 궤변을 옳다고 생각한다(불합리하지만 효과가 있는, 일종의 외교 교섭을 보이고 싶어 한다). 군밤장수는 아무 물건도 교섭해서 팔아본 적이 없는 사람보다 더 많은 정념을 알고 있다.

걱정(ANXIÉTÉ)

걱정은 하나의 공포로서 고뇌와 비슷하지만, 다음과 같은 점에서 고뇌와 차이가 있다. 즉 걱정에서는 그다지 생리적 감동을 느낄 수 없다. 그러나 의사는 그 생리적 감동을 언제나 알아차릴 수 있다. 고뇌는 불쾌감이고, 걱정은 그 불쾌감을 느끼는 사람에게는 하나의 정신 상태처럼 여겨지기 때문에 두려워하는 이유가 갑작스럽게 설명할 수 없는 힘, 즉 어떤 정신적인 힘에 의해 만들어진다. 무엇을 두려워하고 있는지 알 수 없을 때조차도 걱정은 짐짓 하나의 정신 상태로서 존재하며, 또 근원적으로는 혈액순환이 엉망이 되면서 일어나고 있다. 그러나 걱정에 사로잡혀 있는 사람은 일어나는 과정에 대해 아무것도 모른다.

무감각(APATHIE)

무감각이란 문자 그대로는 정념의 결여, 또는 일반적인 의미로는 감수성의 결여이다. 즉 아무 흥미도 느끼지 못하기에 어떤 방법으로도 생각이나 행동이 움직이지 않는 상태이다. 여기에 내포된 관념은 다음과 같다. 사람이 활동할 때, 그 행위가 어떤 종류의 것이든 거기에는 반드시 관심을 불러일으키는 온갖 이유와 보잘 것 없는 흥미가 내포되어 있다. 아무리 동기가 훌륭하다고 해도 처음부터 움직이게 되고 끌리게 되지는 않는다. 예를 들면 산업이 발전해도 비참한 이웃은 깜짝 놀랄 뿐이다. 시인은 선망받을 때에 비로소 더욱 분발하게 된다. 그러므로 무감각은 덕의 일종이 아니다. 바꾸어 말하면 무감각은 모든 덕을 없애버리는 덕이다.

가지고 싶어 하는 것(APPÉTIT)

가지고 싶어 하는 욕망은 자연스러운 욕망, 즉 필요로써 갖게 되는 욕망, 그리고 정신이 섞이지 않은 욕망이다. 예를 들면 권력을 갖고 싶어 하는 마음은 완전히 순박한 야심을 정의하는 마음이다. 이 야심은 기질에 관계하며, 거기에는 오만도 경멸도 없다. 돈을 가지고 싶어 하는 마음은 단지 무작정 돈을 벌어 모으려고 하는 하나의 인색함이다. 이렇듯 가지고 싶어 하는 마음은 완전히 순수한 욕망이다.

전념(APPLICATION)

전념은 반성이 없고 거리를 두지 않는 주의력이다. 대상에 따라 전념은 지배당한다. 사람은 모든 부분에서 대상과 일치하려 한다. 이것은 오만한 사람에게는 덕이지만, 실행을 맹세하고도 그 실행에 전념하지 않고 망설이는 사람에게는 악덕이다. 어떤 대상에 전념하는 것은 사고를 거부하는 것과 같은 것이다. '나는 그것이 마땅하다는 듯 사람을 단두대에 세운다'. 관청업무는 전념을 위한 계약이다.

오만·거만(ARROGANCE)

오만과 거만은 부당한 방법으로 내 것으로 만드는 것, 즉 자기를 위해 요구하는 것이다. 그리고 자기를 위해 다른 사람들을 이용하려는 생각이며, 다른 요구자들을 염두에 두지도 않는 생각이다. 이 말이 갖는 느낌은 다음과 같다. 즉 이 말의 의미는 어떤 분노의 과시이다. 이 분노는 호의를 베푸는 사람에게도 작용하고, 그 호의를 요구하는 사람에게도 작용하려 하기 때문에 거만이 분노없이 잘 먹히는 경우는 거의 없다. 이렇게 거만은 거의 언제나 우스꽝스럽다.

연상·관념의 연관(ASSOCIATION DES IDÉES)

연상과 관념의 연관은 우리들의 정신에 적용되는 일종의 법칙이다. 이것은 대부분 몽상, 반수면 상태, 꿈 속처럼 의도된 사고가 작용하지 않는 모든 경우에 볼 수 있다. 이 연관은 우리 관념의 무의식적인 흐름을 설명한다. 외견상 모든 관념들은 그 유사성으로, 또는 그 관념들이 흔히 놓여 있는 접근성을 통해 서로 연결되어 있다(사과, 오렌지는 땅, 기관은 증기기관을 습관이라는 힘으로 이끌어낸다. 모자chapeau는 성chateau을 연상시킨다. 남작baron은 기구ballon를 연상시킨다, 등). 좀 더 구체적으로 말하면 관념의 연관이란 주로 현실에서는 말의 연관, 즉 운동의 연쇄―잘 알려져 있듯이 한 걸음이 다른 한 걸음을 이끌어 내는, 또는 피아니스트의 어떤 움직임이 다른 움직임을 이끌어 내는 운동의 연쇄―를 뜻한다는 사실을 알 수 있다. 관념의 연관은 모두 몸짓이나 뇌에서 비롯된 일련의 운동 결과라고 생각하는 것이 이성적이다. 물론 그것은 단순한 가설이다. 연상이란 사실상 이런 내용이다. 어떤 관념에서 다른 관념이, 어떤 합리적 맥락도 없이 그저 앞의 반복으로서 반복이 이해되고 재현되어 생각에 이르는 것이다. 이런 종류의 연관은 미신이라고 불린다.

보험(ASSURANCE)

보험은 내기의 반대이다. 모든 사람이 각 사람에게 우연한 손해, 예를 들면 요절, 병환, 교통사고, 도난, 화재 등에 대해 보상할 것을 목적으로 한다. 불행의 내기에서는 누구도 손해를 입지 않도록 하는 것이 보험이다.

대담(AUDACE)

대담은 움직이고 있는 용기이다. 사람들은 자주 모든 정신을 빼앗는 행동으로써만 공포를 극복한다. 그리고 행동이 시작되자마자 그 행동에서 가능과 불가능에 대한 좀 더 정확한 견해가 나온다. 나폴레옹의 기마대는 자주 불가능하다고 생각되는 길을 통해 침범해 왔다. 대담함은 대담한 사람을 안심시키고, 신중한 사람을 경악케 한다. 대담과 무모 사이에는 어감 차이밖에 없다. 대담이란 규율을 가진 어떤 경우에 무리하게 발휘된 무모함이다. 대담은 과감보다 더 크게 정신에 의존한다. 대담은 도리어 지도자의 자질이다.

인색(AVARICE)

인색은 공포의 정서에서 나오는 감정이다. 그것은 연령이나 병으로 말미암아 쇠약해진 사람들에게서 볼 수 있다. 쇠약해진 사람들 안에서는 공포가 분노로 바뀌는 일이 없다. 그들에게 야심 같은 것이 생길까. 인색한 사람은 두려워한다, 그리고 자기가 두려워하는 바를 두려워한다. 그래서 방어할 것을 채워 넣고, 준비할 것과 비축할 것(돈은 비축이다)을 채워 넣게 된다. 인색함 안에는 예견하는 기술과 숨기는 기술이 들어 있다. 또한 일종의 야심도 들어 있다. 인색한 사람은 다른 사람을 지배하려 들기 때문이다. 그러나 동시에 다른 사람을 절대 신용하지 않는다. 인색에는 한계가 없다. 왜냐하면 인색한 사람은 실제로 언제든지 불안에 빠지기 때문이다. 인색한 사람을 구원하려면 박애하는 마음으로 자기 주변에 가능한 한 질서와 신중함을 확대하고자 하는 질서와 신중함의 사상이 필요하다. 이렇게 해서 확실성의 원리를 찾게 되면, 그는 질서와 일을 사랑하고 결국에는 도서관, 병원, 생활협동조합, 보험, 그 밖에 이런 종류의 것을 세우기에 이른다. 그러나 이런 감정은 자주 반사적인 경계심으로 말미암아 인색으로 다시 빠져든다.

자백(AVEU)

자백은 동포 앞에서 잘못을 인정하는 행위이다. 자백하지 않으면 심판자에게 잘못은 존재하지 않는다. 왜냐하면 심판자는 그 동기를 알 수 없기 때문이다. 다만 규칙위반이 있을 뿐이다.

탐욕(AVIDITÉ)

탐욕은 지키려 하기보다 오히려 취하려는 욕망이다. 탐욕은 낭비하는 버릇과도 자주 결합된다. 또한 자기가 소유한 것을 잊는 것과도 연결된다.

품위가 떨어지는 것(AVILISSEMENT)

천한 것은 팔아야 한다. 이것은 판다는 뜻의 자연스러운 확장을 통해, 고가가 아닌 상품의 판매를 뜻한다. 품위가 떨어지는 것이란 한 인간 안에서 일어나는 변화, 즉 그가 자기를 상품으로서 파는 행동으로 말미암아 스스로 가치를 떨어뜨리는 것이다. 노예는 강제로 품위가 떨어지게 된다. 그러나 스스로 품위를 떨어뜨리는 행위는 더 나쁘다. 그것은 헌신하는 행위, 우정에서 나오는 다른 모든 결과에 공연히 가격을 매기는 행위이다. 이렇게 팔린 헌신의 진지함은 그 사람의 품위를 더욱더 떨어지게 한다. 겉모습의 고매함, 겉모습의 독립에 이해관계가 뒤섞일 때마다, 사람의 품위는 한 단계씩 떨어지게 된다.

세례(BAPTÊME)

세례는 하나의 의식이며, 이 의식을 통해 아이(또는 외국인)는 자신에게 무엇 하나 빚진 적 없는 순수한 사람들에게 엄숙하게 받아들여지게 된다. 의지로써 정신으로써, 요컨대 고매한 정신을 통해 엄숙하게 받아들여진다.

수다(BAVARDAGE)

수다는 무의식적인 대화이다. 상대에게 말을 가로채이지 않도록 침묵을 지킬 필요가 있음을 수다 속에서 보게 되며, 끊임없이 쫓기는 마음 때문에 수다는 무엇이든 상관하지 않고 이야기하게 되며 마침내는 지쳐서 체념하고 상대의 말을 듣게 된다.

미(BEAU)

미(美)는 사람이나 사물의 형태이며, 이것은 모든 판단에 앞서서 우리들에게 호의를 나타낸다. 아름다운 시는 표현되고 있는 사상이 먼저 옳다는 것을 우리들에게 알려준다. 아름다운 얼굴을 보면 천한 생각을 하지 않게 된다. 아름다운 행동이라 불리는 것은 그 행동이 이성과 정의 위에 기초하고 있는지 어떤지를 확인하기 전에, 그 양상으로써 사람의 마음을 감동시키는 행동이다. 이렇게 미의 감정 안에는 어떤 보편적인 행동의 모습이 존재한다. 이 미의 모습은 처음부터 그렇게 아름답다고 깨닫지는 못하지만, 이미 설명되었거나 밝혀진 사상과 비슷하다.

아름다움(BEAUTÉ)

추함이란 실추나 겁쟁이, 격노, 또는 시기를 놓친 시도처럼 모두가 자기 자신에게 모순되는 시도에서 비롯된다. 예를 들면 때리려는 생각이 없었던 때에 때리는 행위는 근육조직과 정신조직을 파괴한다. 반면에 행동을 물 흐르듯 하게 하고 반동이 없도록 하기 위해서는 신경의 다양한 명령들(그들은 아마 율동적일 것이다)이 일치해야 한다. 그래서 서로의 신경을 강하게 해야 한다. 그것은 근육의 각 부분이 전체에 미치고 있다는 뜻이다. 예를 들면 도끼를 휘두르기 위해서는 먼저 다리와 무릎에 그리고 허리에 힘을 주고, 한편으로는 팔을 준비한다. 이 준비는 먼저 신경을 더듬는 과정이며, 힘이 율동적으로 쌓이는 동안의 조화이다. 맨 처음에는 아무런 저항이 없는 상태에서 시작된다, 마치 아무런 무게도 없는 듯. 인간의 형태가 가는 곳마다 넓게 확산되는 이런 의지를 말로 표현하는 한, 인간의 형태는 아름답다.

축복(BÉNÉDICTION)

축복은 문자 그대로 선한 것을 말한다(malediction='저주'는 나쁜 것을 말한다). 따라서 축복이란 장래, 현재, 아니 과거에 대해서조차 아이들에게, 자식에게, 동포에게, 그들을 선량하고 자유로운 사람으로 판단하고 있다고 말하는 것이다. 그를 믿는다고 말하는 것이다. 그리고 모든 것은 한 개인의 의지에 의거한다는 것도, 그가 하려고 하는 것도—그것이 훌륭한 시도라고 생각한다면—먼저 잘 될 것이라고 말하는 것이다. 따라서 축복은 자애에서 비롯된다. 또한 축복은 견책이나 비난을 한 뒤 다시 헤어질 때, 자연스럽게 생기는 자애로움의 표현 수단이다. 축복은 엄숙하다. 왜냐하면 축복은 상황과는 관계가 없기 때문이다. 아니 아마도 관계가 없을 것이기 때문이며, 그리고 흔들림 없는 신앙을 주장하기 때문이다. 성부와 성자와 성신의 이름으로, 이런 정식에는 명확한 뜻이 있다. 그것은 다음 사항을 새롭게 표현한다. '나는 당신을 축

복한다. 왜냐하면 당신은 자유로운 정신에 참여하기 때문이다'. '나는 당신을
축복한다. 왜냐하면 당신은 처음부터 나의 형제이기 때문이며 인간은 정신에
봉사할 수 있을 거라고 믿기 때문이다'. '나는 당신을 축복한다, 왜냐하면 당신
은 덕과 이성이 그 반대와 마찬가지로 가능한 세계, 그리고 숙명 따위는 존재
하지 않는 세계에 살고 있기 때문이다'.

욕구(BESOIN)

욕구란 어떤 결핍을 느끼는 인간의 상태, 더구나 그 결핍을 생각하지 않고
는 견디지 못하는 상태이다. 사고의 순수한 결과이자 실현 가능성이 없는 헛
된 욕망 안에는 좀 더 많은 자유가 있다. 그러나 욕망은 자주 욕구로 변한다,
특히 욕망을 획득한 사람이 그 욕망을 다시 잃게 되는 때에는 욕구로 변한다.
예를 들면 보수가 아주 좋은 지위에 대해 처음에는 욕구라기보다는 욕망을
갖게 된다. 그러나 이 지위를 손에 넣은 뒤 만약 다시 그 지위를 잃게 되면 그
욕망은 욕구가 된다. 이렇게 자연스럽지 못한 욕구가 헤아릴 수 없이 많다.

바보 같은 것(BÊTISE)

바보 같은 행위란, 틀림없이 동물인 우리들 인간(우리들의 신체)이 훈련을
받지 못한 경우에 저절로 하게 되는 것이다. 바보 같은 행위는 행동보다 말로
사람을 더 불쾌하게 한다. 발 없는 말(言)이 천리를 간다는 말은 누구나 알고
있다. 그 말을 잘 이해했다면 이 바보 같은 행동은 사람에게 상처를 주지 않
는다. 그리고 사람을 웃게 한다.

선·재산(BIEN)

의무의 형식이다. 누구든 모두에게 공통된 형식이며 밖으로 표현된 결과에
따라서 저마다의 행동을 결정하는 형식이다. 예를 들면 병원을 세우는 것은
선(善)이다. 이 방법으로 자기의 의무를 완수하게 된다는 것은 분명하다. 그러
나 아무리 의무라 해도 복수를 선이라고 할 수는 없다. 그것은 다시 말해 이
의무에서 모든 종류의 악이 나올 위험성이 있기 때문이다. 따라서 선은 공통
의 선, 즉 누구도 비난하지 않는 것인 병원, 도서관, 그 밖의 시설을 뜻하게 된
다. 어떤 여성이 책 읽기를 통해 무지한 사람들을 가르쳐야 한다면, 그것을 위

한 책의 수집, 보전 등으로 자기의 시간을 써야 한다고 생각하는 것은 매우 당연하다. 자기도 모르는 사이에 그녀는 도서관을 세우게 된다. 이 경우의 도서관은 하나의 선이다. 그러나 이런 예처럼 우표수집가가 도서관을 세운다 해도, 그는 자기 의무의 완수에서 크게 벗어나 있으며 아니, 의무를 안다는 점에서도 동떨어져 있다. 이런 선은 진정한 자애가 없이 자연스럽게 돈과 고용인에 의해 운영된다. 그 점으로부터 선이라는 말이 재산으로까지 확대될 수 있음을 알 수 있다.

자선(BIENFAISANCE)

자선은 선에서 나온 것으로, 선이 갖는 모든 뜻을 표현한다. 왜냐하면 자선이나 독지가라는 말은 실제로는 빼어나고 훌륭한 감정을 모두 물러나게 하기 때문이다. 자선은 단지 예사로이 인정된 형식으로 재산을 관리하는 것이다. 진료소 경영은 자선 행위의 한 결과이다. 그러나 그것은 자기의 휴식시간을 환자의 간호에 충당해야 하는, 돈 없는 사람의 헌신적인 행위와는 아무런 관계도 없다.

예의범절·예의(BIENSÉANCE)

참석하고 참례하는 의식에서의 좋은 예의범절, 더욱 넓은 뜻으로는 행렬에서의 예의범절을 뜻한다.

호의·친절(BIENVEILLANCE)

호의와 친절은 처음 만난 누군가에게 보이는 하나의 낙천주의이다. 낙천주의와 마찬가지로 호의는 자연에 순응하고 의지에 복종하는 것이다. 호의를 베푸는 사람은 기분에 좌우당하지 않으며, 또한 충격을 받지 않기 위해 조심한다. 현명한 사람은 그런 영혼의 안배를 반복한다. 또한 그것을 좋아한다. 누구에 대해서도 신용대부를 해야 한다는 것, 그리고 그 신용대부가 그럴 만한 가치를 갖는다면 그것을 뚜렷이 하기 위한 유일한 방법이라는 것을 그는 인정한다. 따라서 호의는 다른 사람에 대한 또 자기에 대한 두려움을 고치는 치료약이다. 호의 안에는 기쁨 같은 것이 있다.

담즙질[인 사람](BILIEUX)

담즙질인 사람은 키가 작고 말랐으며, 머리는 갈색으로 곱슬머리이며 얼굴색은 분홍과 황색의 중간이다. 자기에게 얽매여 바로 불쾌감을 드러내며 성격이 어둡다. 이런 사람은 다시 말해 애정이 깊지만 의심이 많다. 그러나 친구나 계획에는 충실하다. 성실함과 주의력에서는 다른 사람들보다도 뛰어나다. 왜냐하면 그를 지배하는 법칙은, 일단 자신이 흥미를 가진 대상은 그에게 신성한 것이기 때문이다. 담즙질인 사람의 정념 가운데 하나는 원한이며, 사람들의 추억이 바로 그의 사회적인 덕이라는 사실을 잘 알 수 있다.

난폭(BRUTALITÉ)

맨 처음 한 방이 제대로 들어가지 않으면 타격하려던 사람에게 되돌아와 그를 초조하게 한다. 그렇기 때문에 두 번째 타격도 잘될 리 없다. 물려고 덤벼드는 개는 이렇게 많은 볼거리를 제공한다. 난폭은 자기 자신에게 작용하며 다른 사람에 대한 작용은 곁다리이다. 난폭은 때리는 방법에서 볼 수 있고, 추한 것이다. 범죄자 중에도 서투른 사람이 있다는 사실을 알아야 한다. 20번이 넘는 칼자국은 단 한 번의 빠르고 정확한 칼자국보다 상대를 죽이고자 하는 뜻이 약하다는 것을 증명한다.

정념의 반응이 난폭해지는 까닭은 꼬집는 동작이나 몸을 비트는 동작에 따르는 경우가 많다. 자기를 구속하는 것, 노예로 삼으려는 것을 통해서이다 (이를 가는 것, 손에 상처를 내는 것, 목마르게 하는 것). 특히 무능하기 때문이다. 폭군은 난폭하지 않다는 사실을 알아야 한다. 폭군의 혁명은 재빠르다. 그를 죽이려는 자가 난폭한 행동을 하는 한, 절대 승부는 안 된다.

비방(CALOMNIE)

비방은 막연한 인간 혐오에서 나온 상정이다. 상상의 행위를 비방한다면 그 비방은 거짓이다. 그러나 동기를 비방한다면 그 비방은 인간 혐오 그 자체와 꼭 같은 정도로 진실이다. 비방은 결코 멈추지 않는다. 그 스스로 침몰해 간다. 그리고 마침내는 인간 전체를 부인하게 된다. 비방의 독은 이미 퍼져 있어 누구나 그 비방에서 도망칠 수 없다는 점이다.

성격(CARACTÈRE)

성격은 잘 알고 있는 사람에 대해 내리는 판단이다. 이 판단을 가능한 한 모든 사람의 판단과 일치시킨다. 예를 들면 이렇게 말한다. '그는 화를 잘 내지만 곧 바로 진정을 해', 또는 '무척 경박하고 게으른 놈이다', 라고 그러므로 성격은 그 단어가 뜻하듯이 외부로부터 우리들에게 주어지는 것이다. 그리고 자기의 성격을 판단할 때에는, 언제나 자신을 뚜렷이 드러내 주는 의견들을 대부분 따른다. 그래서 이미 알고 있듯이 어떤 사람은 냉정하다고 생각되는 까닭에 냉정하고, 또한 잔혹하다고 생각되는 까닭에 잔혹한 것이다.

따라서 성격 안에는 성깔 같은 요소가 있다. 또한 어떤 역할을 담당하려고 하는 배려도 있다. 그러나 이 배려는 상황에 잘 맞춰 나가도록 선택되었다. 이 자연스러운 부분은 언제나 성격 안에 있으므로, 사람은 자기 성격을 멋대로 바꿀 수 없다. 그러나 성격 안에 어쩌지도 못하고 갇혀 있다고 생각하는 것도 이성적이 아닐까. 왜냐하면 사람의 의견은 크게 달라질 수 있으며 역할도 달라질 수 있기 때문이다. 언제든 우리들의 자연스러움과 합치되는 성격은 얼마든지 있다.

자애(CHARITÉ)

자애는 신앙이다. 더구나 '인간'에 대한 신앙이다. 자애는 반증에 의해 순순히 깨지지는 않기 때문에 미치광이, 백치, 범죄자, 그리고 불행한 사람들의 인간성을 칭송한다. 또한 부자, 권력자, 경박한 사람, 부정한 사람, 술 취한 사람, 난폭한 사람, 질투심 많은 사람, 선망하는 사람의 인간성을 칭송한다. 자애는 이들 모두를 좋은 쪽으로 판단하고, 이들을 돕고, 무엇보다도 이들을 사랑하기 위한 방법을 찾는다. 자애는 신앙이고, 곧 의지를 따르는 것이며, 새로이 모든 종류의 실망을 초월하는 것이라는 사실을 알게 되면 참된 자애를 알게 된다.

벌(CHÂTIMENT)

벌이란 '영혼의' 정화이다. 벌과 형벌 사이에는 큰 차이가 있다. 형벌은 강제되어 괴로워하는 상태로서, 공포로 보이게 하기 위해 어쩔 수 없이 그렇게 행해야 하는 것에 지나지 않는다. 벌은 더 깊이 들어가 죄인의 마음까지 변화시키고자 하는 목적을 갖는다. 벌은 절대 강제되는 행위가 아니다. 벌은 수용되며, 아니 요구되기까지 한다. 벌은 범죄에 따르는 것임을 뜻하는 귀결로서 요구되며 동시에 하나의 욕망과 탐욕, 그리고 도취와 분노를, 다시 말해 과실을 낳는 것을 배제하는 새로운 제도로서 요구된다.

그리스도인(CHRÉTIEN)

그리스도의 가르침에 근거한 정신은 권력을 경멸한다. 또한 모든 영혼은 똑같이 마땅히 구원받아야 할 존재로서 존중된다. 다시 말해 모든 유혹 앞에서 인간은 약한 존재일 수밖에 없다고 하는 자각을 가지고 빈곤과 일을 선택할 것을, 그런 정신을 아무도 모르는 사이에 권하고 격려한다.

그리스도교(CHRISTIANISME)

그리스도교는 십자가에 달린 정신의 제사이다. 그는 정신과 권력의 다툼, 또한 권력에 'NO'라는 뜻을 분명히 밝힌 관점을 뜻한다. 사람은 권력을 행사하는 동시에 정신을 구할 수는 없다, 그것이 그리스도의 가르침에 근거한 원칙이다(한 신체의 운명과 맺어진 정신이 영혼이다). 부자이면서 동시에 바른 사람일 수 없다, 이 또한 그리스도교의 실천하고자 하는 원칙이다. 또한 오만과 열광은 영혼을 위험한 곳으로 빠뜨린다, 이 또한 그리스도교의 실천하고자 하는 원칙이다.

타락(CHUTE)

타락은 정념과 욕구, 피로에 끌려 다니는 정신의 자연스러운 운동이다. 죄에 빠짐과 속죄에 대한 유명한 은유는, 타락과 재시도를 내용으로 한 모든 순간을 표상한다. 분명 신(神)으로서의 인간은 이 어려운 인생에서 좇아야 할 모범이다.

문명(CIVILISATION)

문명이란 다른 곳에서는 조사하지도 않고 특별히 놀라지도 않고 받아들여지는 실천을, 불가능하고 생각할 수 없는 실천으로 만드는 법과 관례, 의견, 그리고 판단의 총체를 말한다. 예를 들면 노예제, 아이들의 거세, 고문, 마법사의 처형이다. 문명은 아주 평범했던 도덕이 최선이 되는 것이 아니라, 도덕에 근거한 관습에 지나지 않던 것들이 어떤 도덕주의자들의 정력적인 활동으로 변화하게 된 것을 뜻한다. 따라서 우리들 서구문명이 전쟁을 완화하지 않는 데 사람들은 놀라고, 정치적 열광을 잠재우지 않는 데, 고통이 아직도 설득하는 수단으로 채용되고 있다는 데 사람들은 놀란다. 예를 들면 도시에 폭격을 가하고 한 나라의 저항을 분쇄하면서 정치적인 적을 죽이고, 그와 동시에 고문이라는 낡은 형태를 풍습의 변화에 따라 폐지한다. 너무 당연한 일처럼 그렇게 한다. 이런 일들은 문명을 판단도 하지 않고 목적이 배제된 관례로서 확립하려는 데서 나온다. 거기에는 이점도 있지만 성가신 문제가 없지도 않다.

교화한다(CIVILISER)

교화란 '영혼이라는' 관습을 더하는 것으로, 그것에는 다른 관습을 폐지해야 한다는 전제가 붙는다. 이런 변화에는 온갖 위험이 따른다. 문명은 '영혼이라는' 관습의 지지를 받아 비로소 꽃을 피우게 된다. 가능하면 '영혼이라는' 관습을 존중하면서 지혜를 가르치는 것이 좋다.

예절·예의범절(CIVILITÉ)

예절과 예의범절은 도시와 도시생활에서만 볼 수 있는 예절 같은 것이다. 농부들은 깊은 경의를 가지고 손님을 환대하기도 하지만, 형식적으로 가족이나 종교와 관련된 의식이나 기이하고 이상야릇한 의식을 행하기도 한다. 그러나 그들에게는 도회지에서만 볼 수 있는 예의가 없다. 이 도회지에서만 볼 수 있는 예의란 일종의 길거리의 덕인데, 모르는 사람들이 무리를 이루어 교제하는 덕이다. 이 덕에는 예외가 없다.

심장(COEUR)

심장은 다정함과 용기가 사는 집이며, 무엇보다 힘과 생명을 분배하는 기관이다. 그렇기 때문에 심장은 아주 작은 문제에도 민감하게 반응한다. 그래서 심장을 가진 사람은 다른 사람들의 고통과 기쁨에 참여할 수 있다. 이것이 바로 사랑의 징표이다. 심장을 가진 사람은 또한 자신이 가진 힘으로 할 수 있는 모든 일들을 다른 사람들에게 알려주려 한다. 그것은 지키는 것이고 돕는 것이며, 깊은 의미에서 용기를 주는 것이다. 왜냐하면 그런 것들을 알려주는 것보다 아름다운 선물은 없기 때문이다. 이 이중(二重)의 뜻은 사랑을 설명한다. 왜냐하면 사랑은 그저 다정함 안에만 있는 것이 아니라(약함 속에 있는 것도 아니다), 언제나 명석하고 흔들림 없는 신앙을 내포하기 때문이다. 즉 행복한 맹세로써만 충분히 표현할 수 있는 자유롭고 변하지 않는 뭔가를 담고 있다. 이런 뜻에서, 사랑하기 위해서는 무엇보다도 먼저 용기가 필요하다. 다정한 생각만으로는 자칫하면 배신하게 된다.

분노(COLÈRE)

분노는 힘을 나타내 보이는 것이다. 공포의 결과와 마찬가지로 저절로 생기는 저항의 힘, 도전하는 힘을 나타내 보이는 것이다. 따라서 겁쟁이는 자주 우스꽝스러운 분노를 드러낸다. 겁쟁이의 분노는 분노 중에서도 가장 낮다. 그 분노 또한 공포에서 나온 반사 작용에 지나지 않는다. 분노에는 언제나 공포에서 생겨난 크고 작은 굴욕감이 있고, 또한 내려놓기 어려운 초조한 용기의 징표를 증대시키는 하나의 희극이 그 분노와 결합되어 있다. 분노가 최전선을 넘어버렸을 때, 거기에는 노예처럼 따라붙는 격노와 분명히 자기에 대한 공포가 더해진다. 이런 격노와 공포는 분노를 자주 일상에서 벗어난 최전선으로까지 확대시킨다. 그렇게 되면 분노가 지쳐서 스스로 진정되기를 기다리는 수밖에 없다.

화합(CONCORDE)

화합은 오랜 시간을 들여 느끼고 깨닫게 된 동의로, 장래에 대한 신뢰를 준다. 화합은 동의와 마찬가지로 자발적이며 논리적 이치를 비웃는다.

육감(CONCUPISCENCE)

육감은 빈곤함과 채워지지 않음, 궁핍에서 생겨난 욕망이다. 고대 도덕주의자들은 육감을 신경질에 근거한 욕망(이는 식욕, 욕구라고도 할 수 있을 것이다)과 대립시켰다. 신경질을 잘 부리는 사람은 힘이 남아돌기 때문에 운동하기를 욕망한다. 이 신경질과 수준이 비슷한 정념은 모두 격정을 쫓는다. 예를 들면 탐욕스러운 사람은 더 많은 재산을 탐한다. 재산을 획득할 수 있으리라고 느끼기 때문이다. 그에 비해 본디의 뜻에서 수전노가 가지고 싶어 하는 까닭은 다만 그에게 그 물건이 없기 때문이며 그는 자기를 늙은 사람, 또는 약자라고 생각하기 때문이지 그 밖의 다른 이유는 없다. 또한 야심에도 두 가지가 있다. 하나는 필연(또는 필요)에서 오는 것으로 그런 야심은 기댈 곳을 찾는다. 다른 하나는 오만과 분노에서 나오는 것으로 그런 야심은 이웃을 자기 멋대로 할 수 없다. 사랑에도 두 가지가 있다. 하나는 욕구와 약함에서 나오는 사랑으로, 그런 사랑은 보호받고 싶다고 생각한다. 다른 하나는 반대로 보호하고 싶다고 생각하는 사랑이다.

육감이라는 이 옛말은 욕망을 분노와 대립시킨다, 배를 가슴과 대립시키듯이. 분노에서 야심이 생기고, 육욕은 야심이 없는 욕망을 뜻한다. 예를 들면 사랑의 낮은 부분을 뜻한다. 그러나 이 육욕은 더 이상 사랑이 아니다. 따라서 육욕은 요구도 허영심도 아니고 욕망에 가깝다. 예를 들어 대식가는 자주 예의와 우정을 보인다는 뜻에서 육욕의 뜻보다 뛰어나다. 육욕은 탐욕과 비슷하다. 그리고 거기에는 단순한 반복의 관념이 덧붙여진다.

고해(CONFESSION)

고해는 심판자 앞에서 하게 되는 자유로운 고백으로, 자기를 안심시키고 공평하게 심판을 받을 필요에서 생긴다. 심판자는 질문하지만 그 질문은 의사처럼 요구하는 질문이다. 내가 우쭐해져서 지나치게 설교를 했다고 고백한다(예를 들면 '포르루아얄' 속에 있는 것처럼). 그러면 심판은 내가 무엇에 의지해 고백했는지, 자기가 지난날 했거나 앞으로 하려 하는 설교에 대해 어떻게 생각하고 어떤 마음으로 쓰고 있는지 등을 알려고 한다. 심판은 언제나 나다. 심판은 위로를 해준다. 나의 걱정은 오만을 포함한 자기애에서 나온다고, 그리고 얼마쯤의 자만에 빠진 구원에 대한 관심에서 나온다고 그는 말할 것이다. 자신의 친구에게 야유를 어떻게 생각하는지, 그 야유에 선망이 있는지를 묻고 있는 사람을 생각해 보라. 만약 나의 친구인 주브날로부터 자기 그림의 격한 색조가 주로 의심 많은 호기심에서 나온 것은 아니냐는 질문을 받게 된다면, 나는 많은 사실들을 말해야 할 것이다.

신뢰(CONFIANCE)

신뢰는 신앙의 한 단계이다. 그러나 신앙에 대한 성찰은 빠져 있다. 그것은 평화롭고 우호에 근거한 감정과 인간을 좋은 쪽으로 판단하려는 영혼을 안배한 결과이다. 신뢰에는 낮은 단계도 있지만 그런 신뢰는 다만 부주의와 슬픈 감정에 대한 공포에서 비롯된 신뢰일 뿐이다. 이 모든 '신앙' 단계들, 즉 이런저런 신뢰들도 상당하지만, 기적은 사랑과 신앙에 따른 최고의 신뢰가 있을 때에만 일어날 수 있다. 왜냐하면 기적이 일어날 수 있도록 하는 사랑과 신앙에 근거한 신뢰는 증거를 기대하지 않기 때문이다. 또한 증거를 외면하면서까지 믿기 때문이다. 그것은 속이려는 의욕을 빼앗는다. 예를 들어 거짓말쟁이가 말하는 바를 진심과 맹목적으로 믿는다면 거짓말쟁이는 더 이상 거짓말을 할 수 없게 된다. 만일 모든 물건들이 도둑에게 맡겨져 있다면 그 도둑은 더 이상 도둑질을 할 수 없게 된다. 아름다운 영혼의 시련이 여기에 있다. 왜냐하면 조금이라도 의심하는 마음이 생기면 그런 경험은 잃어버리고 말기 때문이다. 빵 한 조각을 훔친 아름다운 영혼의 시련, 《레미제라블》의 서두를 누군가 읽어주었으면 좋겠다.

의식(CONSCIENCE)

의식은 자기 자신에게 돌아오는 지적 활동이다. 바로 결정을 내리고 자기를 판단하는 인간성에 근거한 인격 자체를 중심으로 하는 활동이다. 이런 내재된 운동은 모든 사고 안에 있다. 왜냐하면 결국 '나는 어떻게 생각해야 하는가'를 생각하는 사람이 절대 생각한다고 말할 수 있기 때문이다. 의식은 언제나 암암리에 도덕을 지향한다. 부도덕은 늘 생각하고 있다고 생각하려 들지 않는, 내재된 판단의 부당한 연장을 내용으로 한다. 사람은 자신에 대해 전혀 묻지 않는 사람들을 분별없는 사람이라고 말한다. 이것은 지당한 말이다. 그렇게 스스로에게 물으면서 억측을 다시 억측하게 된다. 또 성찰—자기를 알고, 자기를 심판할 수 있는, 자기 자신을 반성하고 살피는 것—이 없는 어떤 방법에 관한 억측에 빠지고 만다. 그런 반성이 바로 의식이라는 것이다.

양심(의식)은 사람이 스스로에게 그 양심에 대해 묻는 한 결코 잘못되지 않는다고 루소는 말했다. 이는 맞는 말이다. 예를 들면 왜 나는 이러이러한 상황에서 비겁했을까를 곰곰이 생각해보면 그것을 알 수 있다. 나는 그런 조정에서 정당했을까. 이렇게 스스로에게 물어보기만 해도 괜찮다. 그러나 나는 그 질문을 다른 사람에게 맡기고자 한다. 요컨대 빌린 물건에 대한 원칙에 대해서는, 자제심을 잃지 않는 한 내면의 예속 상태가 아주 예민하게 느껴지는 법이다.

통회(CONTRITION)

통회란 가장 깊은 뉘우침을 뜻하는 종교적 표현이다. 통회와 대립하는 것은 불완전한 통회(신의 형벌이 두려워서 한 뉘우침)로, 이런 통회는 그저 두려움에 지나지 않는다. 종교적으로 생각할 때 불완전한 통회에 대한 두려움 때문에 영혼의 정화는 어려워진다. 적어도 통회에는, 자기의 운명을 교회의 중재에 맡기는 무능력한 감정 자체를 더해야 한다. 이렇게 하여 세례와 성찬식이 불완전한 통회를 갈음하게 되었지만 그것도 아직 절대 확실한 통회는 아니다. 반대로 통회는 결과를 생각지 않으며, 다만 잘못 그 자체를 생각하는 뉘우침이다. 그리고 자기 안에서 참된 덕, 참된 가치, 이상, 다양한 인간적 시련을 거쳐 왔다고 생각되는 신(이것은 같은 것을 다양하게 바꾸어 말한 것에 지나지 않는다)에 비추어 비난받아 마땅하다고 잘못을 판단하는 뉘우침이다. 예를 들면 어떤 영향도 주지 않는 불성실은 뉘우칠 수 있다. 또 아무도 모르는 생각 속에서만 존재하는 불성실도 뉘우칠 수 있다. 같은 잘못을 두 번 다시 하지 않겠다고 결심하는 것은 당연하다. 그러나 그런 결심은 통회가 아니다. 왜냐하면 벌은 피할 수 없다고 하는 관점에서 두려움 때문에 뉘우치는 사람도 그렇게 결심할 수 있기 때문이다. 이렇게 해서 하게 되는 통회의 결심은 가치가 높지 않다.

용기(COURAGE)

용기는 공포를 이겨낸 덕이다. 공포는 전율, 서투름, 약함, 도망, 그리고 그들 모두에 대한 두려움이다. 용기는 자기를 내던져 버리는 듯한 이런 행위들에 처음부터 정면에서 맞선다. 그러나 용기 있는 행위가 큰 위험으로 내달리는 행위라고 하는 말은 옳지 않다. 그것은 신중하지 못한 행위이다. (용기와 비슷한) 노기는 그런 때의 용기를 내는 수단이다. 그와는 반대로 용기는 신중하게, 화내지 않고, 훌륭하게 헤쳐나간다. 아무리 경솔한 공포라 해도 이따금 공포 그 자체에 맞서는 행동이 필요하다. 이런 경우에 차분하게 대처하는 것이야말로 용기임을 알 수 있다.

노기(COURROUX)

노기는 용기와 비슷한 분노이다. 즉 노기는 단순한 분노보다 더 의지가 끼어든 분노이며, 그 노기에는 모욕당했다는 기분과 위엄의 관념이 들어 있다. 분노(쓸개즙의 분비)는 좀 더 배 부분에 속하며, 노기는 가슴 부분에 속한다. 분노와 노기, 이 두 말은 공포에서 용기로 이르는 길을 나타낸다. 노기는 플라톤의 말대로 이성에서 구원을 구할 때 일어나는 어울리는 적합한 말이다. 한편 분개는 보편적 사고에 한 단계 더 가까워지는 분노이다.

은근(COURTOISIE)

은근이란 의식에서 온 것으로, 자기를 내세우지 않는, 외부에 비치는 호의이다. 은근의 즐거움은 춤을 상대에 맞추어 능숙하게 출 때 느끼는 즐거움 같은 것이다.

범죄(CRIME)

범죄란 인간의 인격을 의식적으로 경멸하는 행위이다. 살인이든 상해든 또한 어린 아이의 유기든 노인의 유기든, 범죄와 과실이 구별되는 까닭은 범죄는 인격을 훼손하기 때문이다. 예를 들면 화폐 위조가 무거운 죄가 되는 이유는 그 행위에 의도된 권력 남용이 있기 때문이다. 화폐 위조는 사실 과실이 아니라 의도된 사기 같은 것이다.

신념(CROYANCE)

신념은 증거가 없이도 확신되는 모든 확신을 가리키는 공통된 단어이다. 신앙은 의지에 근거한 신념인 반면 신념은 학설이나 판단, 또는 사실을 의식하지 못한 채 받아들이는 영혼의 처리(處理)이다. 말의 낮은 의미로 '믿음'을 가지려고 하는 영혼의 처리를 맹목적인 믿음이라고 부른다. 믿음의 여러 단계는 이러하다. 가장 낮은 단계는 공포심 또는 욕망 때문에 믿는 믿음이다(욕망하는 것이나 두려워하는 것을 사람은 금세 믿는다). 그 윗단계는 습관이나 모방을 통해 믿는 믿음이다(왕이나 웅변가나 부자를 믿는다). 또 그 윗단계의 믿음은 노인, 오랜 습관, 전통을 믿는 믿음이다. 다시 그 윗단계의 믿음은 모두가 믿는 것을 믿는 믿음이다(자신이 직접 보지 않았음에도 파리는 실제로 존재한다는 사실, 한 번도 보지 않았어도 오스트레일리아는 실제로 존재한다는 사실). 또 그 윗단계의 믿음은 가장 박학다식한 사람들이 증거를 바탕으로 일치해서 주장하는 바를 믿는 믿음이다(지구는 돈다, 별들은 빛난다, 달은 죽은 별이다, 등). 이들 여러 단계의 믿음은 모두 신념의 영역을 이룬다. 신념이 의지에 근거한 것이며, 인간으로서 마땅히 해야 하는 의무에서 이루어지는 고귀한 관념에 따라 서약될 때, 그것의 참된 이름은 신앙이다.

잔혹함(CRUAUTÉ)

잔혹함이란 피를 흘린 것, 피가 흐르는 것에 도취하는 것이다. 잘 알고 있듯이 피를 보면 공포심이 생기고, 또 공포심에는 생리적으로는 보는 사람의 피의 운동, 즉 내부에 숨어 있는 피 때문에 정신을 잃기도 하는 운동이 내포되어 있다. 그에 대항하려면 운동을 강화하거나, 일부러 격정을 불러일으키는 수밖에 없다. 그래서 잔혹함이란 강화된 운동·격정으로서의 노여움이다. 게다가 그 노여움은 바로 생리적인 노여움의 가능성, 어떤 반성도 하지 않는 노여움의 가능성에 있다. 잔혹함은 군중에게 있을 때 커진다. 그래서 군중으로 있을 때 군중은 자신들이 두려워하는 처형에 참가하려고 한다.

도전(DÉFI)

'당신은 그렇게 말하면서도 실행은 하지 않는다.' 도전은 다른 사람의 사고를 행동으로써 시험해보는 것이다. 도전은 용기가 없음을 뜻한다. 도전은 신뢰를 대놓고 부인하는 것이며, 그래서 지나치게 흥분한 사람이 도전에 바로 맞짱뜨는 행위는 위험하다. 도전과 내기 사이에는 비슷한 점이 있다. 왜냐하면 상대가 도전을 하지 않는 쪽에 내기를 건다는 것은 바로 도전이기 때문이다.

불신·의심(DÉFIANCE)

불신이나 의심은 누군가의 가르침이나 권고이고, 나아가 일반적으로 진지함에 품는 하나의 회의(懷疑)이다. 다만 진중함에 지나지 않는 불신도 있다. 그러나 참된 믿음은 맹목적인 믿음이 아니다. 아니 맹목적인 믿음은커녕 때때로 다른 사람이 말하는 바를 덮어놓고 그대로 믿지 않는 것이며, 그에 따라 다른 사람에 대한 판단을 부정하는 것이다. 왜냐하면 인간은 때때로 정념에 빠져 악역을 연기하기도 하고, 자기 자신을 비방하기도 하기 때문이다. 따라서 믿지 못한다는 것은 특히 실수하기 쉽다고 생각되는 데로 쏠린다. 의심함으로써 좀 더 좋은 판단을 할 수 있게 되기도 한다.

밀고(DÉLATION)

밀고는 두 가지 사정을 지닌 염탐꾼 행위의 형태이다. 즉 한편으로는 의지에 따른 것이며, 다른 한편으로는 사생활이나 비밀스런 생각과 상관이 있다. 밀고 안에는 주어진 임무를 저버리는 행위와 그것을 들키지 않으려 하는 의지가 있다. 밀고가 도움이 될 때도 있으며, 올바른 일일 때마저 있다. 그러나 밀고는 방식 자체가 나쁜 행동의 한 예시이다.

심령(DÉMON)

이것은 악마와 완전히 같지는 않다. 그것은 질서를 어지럽히고, 예견을 배반하며, 아무 이유도 없는, 게다가 행복하고 변덕스러운 영감(靈感)이다.

불명예(DÉSHONNEUR)

불명예란 자신이 경멸당하고 있음을 알고, 자기 자신을 경멸하는 인간의 상태이다. 남이 뭐라고 하건 상관하지 않는다고 생각할 수도 있다. 그러나 여기에서 문제는 자기 자신이 그 경멸을 인정한다는 점이다. 불명예의 특질은, 더는 겉모습의 평가만으로 기뻐할 수 없다는 사실이다. 겉모습뿐만 아니라 '만약 모두가 안다면, 만약 모두가 나에 대해서 안다면'하고 생각해 버린다. 따라서 불명예는 무엇보다도 명예 그 자체 안에 있다. 불명예는 사막 가운데에서는 결코 느끼지 못한다. 또한 경멸하는 사람들 가운데에 있어도—.

무사무욕(DÉSINTÉRESSEMENT)

무사무욕이란 옳게 말하면 무관심désintérêt이다. 이 말은 흥미가 없다는 뜻이다. 그러나 흥미나 이점을 경멸한다는 뜻은 아니고, 무엇보다 그 일에서 기뿜을 찾지 못한다는 뜻이다. 모든 정념은 정념이 아닌 것에는 흥미가 없다. 그런데 사람은 허영심이 사라지면 모든 일에 무관심해진다. 무관심은 일종의 높음이다. 그것은 다른 사람들이 느끼거나 추구하는 바에 따르기를 거부하는 것이다. 예를 들어, 허영심이 없는 젊은이는 남이 하는 칭찬에는 그다지 관심이 없다. 무관심에 대해 판단을 내리려면 콩트가 허영심에 대해 한 말, 즉 허영심이란 자애(慈愛)의 시작이라는 말을 떠올려야만 한다. 그것은 더욱 더 공감을 느끼는 것이며, 다른 사람들 덕분에 깨닫는 것을 스스로 깨닫도록 길들여지는 것이다. 이런 자기 칭찬에서 기쁨을 느끼는 것이 좀 더 예의바르고 우애로운 것일 수도 있다. 이런 지적은 훌륭한 말이 때때로 하찮게 쓰이는 것을 막기 위한 것이다.

욕망(DÉSIR)

욕망에서 우리는 열중하기보다 공상을 더 많이 한다. 그렇기 때문에 욕망은 반드시 욕구에 따르지는 않는다. 사람은 경험한 적이 없는 사물에 대해서도 욕망을 품을 때가 있다. 따라서 발명자가 우리에게 줄 수 있는 욕망에는 한도가 없다. 예를 들어 비행기나 무선전신, 텔레비전, 달 여행 등이다. 사람은 새로운 것에 욕망을 갖는다. 예지(叡智)를 따른다면 자기의 욕망을 욕구에 맞추고, 또 욕망을 (왜냐하면 사람은 욕구를 얻기 때문에) 사람들의 평균 수준에 맞춰야만 한다.

불복종(DÉSOBÉISSANCE)

불복종은 자유로운 시도이며 용감한 행동의 시도이다. 따라서 불복종은 우정을 가지고 좀 더 지켜보아야 그것이 불복종임을 알 수 있다. 불복종이 비난받을 때는, 다만 그 행동이 아주 게으르고 비겁한 경우이다. 사실을 고백하자면, 대부분 게으르고 비겁한 것은 복종 쪽이다. 학생이 숙제를 하지 않는 까닭이 만약 게으름 때문이라면 나쁜 것이다. 그러나 오만함 때문이라면(그 말을 하는 것은 당신 자신이다) 그 오만한 자에게 자유를 돌려주어야 한다는 말이다.

무질서·혼란(DÉSORDRE)

무질서와 혼란은 정념의 표시이다. 공포와 노여움, 복수, 술에 잔뜩 취해 몸이 떨리는 감정 상태도 포함된다. 무질서는 군중 안에서 정점에 이른다.

전제주의(DESPOTISME)

전제주의는 겉으로 드러난 질서이며, 예지가 결여된 질서, 안절부절못하는 질서이다. 즉 이성의 지배에 따를 때도 있지만, 그 지배 자체가 이미 힘이 지배하는 지배이다. 전제주의의 반대는 모든 사람들의 정념의 동요가 없는 곳에서 이성의 지배(예를 들어 교환에서의 평등)가 승인받은 지배체제를 말한다.

운명(DESTIN)

운명이란 한 존재가 만들어 낸 허구이다. 그 존재는 앞날을 알 수 있으며, 미래를 알려줄 수 있다는 허구를 만들어 낸다는 말이다. 다시 말해 사실은 장래를 바꿀 수 없다는 말이다. 이 허구의 운명은 신학에 근거한 운명이며, 그것은 신은 모든 것을 다 알고 있다는 신의 완전함에서 나왔다. 이 허구에 반대하려면, 단지 신앙을 자유 안에 두는 수—사실, 바로 자유야말로 신앙이다—밖에 없다. 자기 운명을 바꿀 수 없다고 믿는 사람을 두고, 신앙이 없다고 말한다. 따라서 신학자가 신의 의지에 얽매이는 것은 신앙이 없기 때문이라고 말해야 한다.

점쟁이(DEVIN)

점쟁이는 인간의 미래를, 인간이 나타내는 표시를 통해 읽어내어 알려주는 사람이다. 점쟁이는 모든 표식을 참조하는 마법사와는 틀림없이 다르다. 필적감정을 하는 이는 일종의 점쟁이이다. 손금쟁이도 마찬가지이다. 모든 관찰자는 점쟁이이다. 사람은 모두 자기가 흥미 있어 하는 일에는 점쟁이이다.

의무(DEVOIR)

의무는 어려운 상황 속에서도, 정신 속에 보편적인 가치를 갖는 행동으로서 눈앞에 나타난다. 예를 들어 약한 사람이 공격받고 있을 때 구해주는 것, 쫓기는 친구를 숨겨주는 것, 부정하게 얻은 재산을 돌려주는 것, 페스트에 걸린 사람을 간호하는 것이다. 보편적인 가치를 지닌 일에서 의무는 마땅한 것이기는 하지만, 결코 강제되는 것은 아니다. 어떤 보수를 얻을 수 있기 때문에 하는 것도 아니며, 어떤 기쁨을 얻을 수 있기 때문도 아니다. 의무 안에는 의무를 행한다는 것 그 밖에는 어떤 어려움도 없다. 어떤 일을 의심하게 되었다면, 그 일은 이미 더는 의무가 아니다. 그때 인간은 적절한 악, 또는 최소한의 악을 선택한다. 덕에 따르되 감정이 하는 말을 듣고 덕에 따르는 것이다. 거의 모든 의무는 전문성을 띤다. 즉 인간은 하는 방법을 아는 것에 의무감을 느낀다. 예를 들어 소방사, 구조대원, 외과의사, 변호사, 광부가 그렇다.

헌신(DÉVOÛMENT)

헌신은 특정한 사람에 대한 복종과, 정성을 다한다는 서약이다. 그렇기는 하지만 임무에 헌신할 때도 있는데, 그것은 사람이 임무에 따라 주인을 쉽사리 바꾼다는 사실을 상정한다. 헌신은 언제나 사람이 그 방법을 알고 있는 행위에서, 그리고 실수를 두려워하는 것에서 생겨난다.

악마(DIABLE)

악마는 비겁한 행동에 상을 주는 사악한 권능이다. 악마란, 덕이 언제나 벌을 받는다는 말이다. 힘의 세계란 그러하다. 모순은 악마가 쓰는 말이다. 그래서 악마는 단 하나의 이름 아래, 자연의 신들과 전쟁의 신들, 즉 목신 판과 카이사르를 모아두고 있다.

변증법(DIALECTIQUE)

변증법은 사실 문제를 로고스(논리적 사고)로써 증명하려는 하나의 방법이다. 사실 문제, 즉 전쟁이 일어난다거나 일어나지 않는다거나, 화폐가 묵혀지고 있다거나 나돌고 있다거나, 물가가 올라간다거나 내려간다거나, 모든 것은 선이라거나 악이라거나, 신은 존재한다거나, 신은 세 개의 신격으로 나뉜다거나, 신은 하나라거나, 세계는 신이라거나 하는 문제들을 요컨대, 하나의 선택과 하나의 행동을 포함한 모든 판단, 그것도 이런 선택, 이런 행동을 통해서만 사실이 될 수 있다는 판단으로써 증명한다. 예를 들어, 정의와 관련된 문제에서 정의가 존재하는지를 증명하려고 하는 것은 시간 낭비이다. 의를 여기에,

저기에, 또 어딘가에 만들어 내는 것이 문제이다. 신학은 경건한 변증법이며, 경건을 대신할 수는 없다.

신(DIEU)

신은 최고의 가치이다. 어떤 사람은 명예야말로 신이라고 하고, 다른 사람은 돈이야말로 신이라고 하고, 또 다른 사람은 배(腹)야말로 신이라고 한다. 그럼에도 말하려는 것은, 신이란 어떤 신이건 찬미 받으며 누구라도 신을 위해서는 어떤 희생도 마다하지 않는다. 희생물을 바치는 제사 의식은 그것을 상징한다. 배의 신은 풍요로운 자연이며, 생명의 힘이다. 명예의 신은 전쟁의 신이며, 영웅으로, 정복자로 숭배된다. 용기의 신은 자유로운 인간이며, 의연한 인간이다. 사랑의 신은 성자(聖者)이다. 사람은 사랑의 신 안에 모호함이 있다는 사실을 알아차릴 것이다. 왜냐하면 이 사랑의 이름으로 표현되는 뜻이 과연 자기 사랑인지, 그렇지 않으면 짐승처럼 맹목적인 다산인지 뚜렷하지는 않기 때문이다. 도덕 안에는 가면이 벗겨진 거짓 신들과, 하나의 참된 신이 모두 포함되어 있다.

치욕(DISGRÂCE)

치욕은 훌륭한 말이다. 왜냐하면 치욕이란 여러 권력이 그 사람을 호의로써 대하지 않게 되었을 때, 그가 그런 권력에 대해 취하는 마음의 태도를 드러내기 때문이다. 하지만 그것은 또한, 그런 인간의 마음속에 있는 기분, 즉 자유를 잃고 고매함을 잃은 상태를 나타내는 말이다. 이것이야말로 치욕이 지닌 깊고 진정한 뜻이다.

위선(DISSIMULATION)

위선은 자기가 욕망하는 것만 말로 나타낸다, 즉 의도되지 않은 모든 표시를 몸짓과 얼굴에서 흔적 없이 지우려는 마음씀씀이와 태도를 뜻한다. 위선이라는 말에는 좀 더 깊은 뜻이 있다. 왜냐하면 위선이라는 말은 문자 그대로 사람을 헷갈리게 하는 연기, 즉 해치려는 마음을 품은 연기이건 좋게 생각하는 마음에서 비롯된 연기이건 어떤 표시가 된, 의도한 것이거나 버릇이 된 모방을 뜻하기 때문이다(왜냐하면 사람은 좋게 생각하는 마음도 감출 수 있기 때문이다). 무뚝뚝한 사람이 때로는 아주 음험할 때가 있고, 좋은 사람으로 보이는 사람도 이따금 음험할 때가 있다. 의도되지 않은 표정이나 표시는 다른 사람에게 실수하거나 자신에게 실수하는 것이 되기도 하므로 자신을 감추는 것은 예절의 일부이다. 예를 들어, 의사가 마음 속 깊이 생각하는 바를 끝까지 완벽하게 감춘 데 사람은 화를 낸다. 또 친구가 알고 있는 중대한 비밀을 끝까지 교묘하게 감춘 데 화를 낸다. 이 두 가지 예에서 잘 알 수 있듯이 감출 수 있는 힘을 경솔하게 무조건 나쁘다고만 판단해서는 안 된다.

산만(DISSIPATION)

본디 평범한 이 산만이라는 말은 주의의 산만을 뜻한다. 비슷한 흥미에 따라, 아무 선택도 하지 않은 채 모든 대상과 사건들에 쏠리는 주의의 산만이다. 그것은 대상이나 사건에 쏟는 주의가 가진 풍부한 뜻을 버리는 것이다.

독단론(DOGMATISME)

독단론은 회의주의와 반대되는 사고체계이다. 즉 무엇이든 설명할 수 있고 증명할 수 있다고 믿으려는 마음씀씀이일 뿐만 아니라, 우리가 흥미를 갖는 문제들은 모두 이미 예전에 체계적으로 설명되고 증명되었다는 확신이다(예를 들어 가톨릭 신학, '유물론', '언제나 변함없는 정치', '도덕', 명예와 예의의 법칙). 교의(도그마)는 이미 재고의 여지가 없는 인식(원리 또는 규칙)이다. 왜냐하면 교의는 마땅한 권위에 따라 정해지기 때문이다. 이런 독단적인 교의에는 종교에 대한 것도 있는가 하면, 과학, 올바른 예의, 위생에 대한 것도 있다.

법과 권리(DROIT)

법과 권리는 일반적이고 서로를 아우르는 규범체계이며, 그 법과 권리의 기초는 습관과 판단하는 사람의 판단 위에 놓여 있다. 그 목적은, 상상력이 명하는 인간적인 상황의 필요나 안전의 욕구를 정의에 근거한 이상과 조화시키는 것이다. 법은 사실이 아니다. 예를 들어 소유는 순수하고 단순한 사실이다. 소유자는 여론의 감시 아래에서 판단하는 사람이 인정한 권리자이다. 어떤 물건의 소유자가 완전히 합법적이고 정당하게 나 자신인데도, 실제로는 도둑이 그것을 소유한 경우도 있다. 동산에서는 소유가 소유 자격과 같으며, 부동산에서는 30년 동안 이의가 제기되지 않은 소유는 소유 자격과 같다고 인정하고 있다. 거기에서 알 수 있는 사실은 법이란 현실의 필요에 맞추어져 있다는 사실이다.

정직(DROITURE)

정직은 사고보다도 행동과 관련된다. 정직은 거짓과 에두름[우회(迂廻)]을 배제하는 방식으로서 행동과 비교되어 일컬어진다. 또한 설명이 행동의 일부인 경우에 한해서는, 설명과 비교되어 정직이 관련된다.

평등(ÉGALITÉ)

평등은 법적 지배 상태 가운데 하나이며, 절도나 권력 남용, 모욕과 같은 힘의 불평등 결과를 판결해야 할 때, 힘의 비교를 배제하는 지배 상태이다. 예를 들어, 부유한 사람과 가난한 사람은 불평등하다. 사람들의 의견에 힘을 미치는 수단이라는 관점에서 불평등하다. 강자와 약자는 물건을 취하거나 지키거나 하는 수단이라는 관점에서 불평등하다. 사기꾼과 피해자는 정보량이라는 관점에서 불평등하다. 결국 법적 지배 상태는 이들 불평등이 전혀 개입되지 않은 판단에 따라서 정의된다. 예를 들어 매수되지 않고 협박에 굴하지 않는, 결정하기 전에 음미하는 판결을 통해서 정의된다.

이기주의(ÉGOÏSME)

이기주의는 몸을 경계하는 것과 결부된 사고이며, 쾌락의 무게를 가늠하여 선택하듯이 괴로움이나 병을 예견하고 물리치는 것에 오로지 마음을 쏟는 사고이다. 만일 부끄러워해야할 정감, 비겁함, 악덕을 물리치기 위해 이기주의가 영혼을 감시한다면, 이기주의는 하나의 덕이 될 것이다. 그러나 이기주의라는 용어의 뜻을 확대해서 쓰는 것은 안 된다.

웅변(ÉLOQUENCE)

웅변이란 언어의 기술, 즉 어조(톤)와 운율(리듬)에 의존한 준비와 공격으로 설명을 강화하고자 하는 기술의 하나이다. 특히 듣는 사람의 몸에 가장 먼저 영향을 미치는 목소리와 몸짓을 통해, 그리고 사람을 매혹시키고 놀래는 준비와 공격으로 설명을 강화하고자 하는 기술이다. 경우에 따라서는 올바른 증명을 강화하고, 의심스러운 증명을 간과하게 만들기도 한다. 웅변의 힘은 군중으로 말미암아 더욱 커진다. 그러나 독립된 개인이라 해도 웅변과도 같은 설명으로, 특히 직접 공감을 통해, 그리고 사람을 움직이고자 하는 설명으로 바뀔 수 있다. 사실 웅변은 사람을 가르치는 의무의 태도에 어긋난 기술이다.

정서(ÉMOTION)

정서는 의지와 상관없이 몸(심장, 폐, 근육) 안에 생기는, 게다가 갑자기 사고 조직의 모습을 바꾸게 하는 운동 체계이다. 정서 가운데 눈에 띄는 것으로는 희열이나 기쁨, 웃음처럼 마음을 풀어주는 것, 두려움이나 노여움처럼 마음을 갑갑하게 만드는 것이 있다. 또한 갑작스레 놀라는 것은 모든 정서를 불안하게 하고 갑갑하게 만든다. 갑작스런 기쁨이나 커다란 웃음조차도 말이다. 이런 결과는 몸 안에 갑자기 자극이 생생하게 확산되는 데서 나온다. 그것은 모든 근육을 수축시키고 호흡을 정지시켜서, 뇌와 장에 울혈을 만든다. 그때 두려움은 모든 정서의 처음 상태이다. 왜냐하면 그 두려움은 저절로 퍼지는 생리학적 경보이기 때문이다. 흐느낌과 눈물은 첫 번째 완화제 역할을 하지만, 뜻밖에 겪는 놀라움에서는 이따금 초조함과 행동이 생겨나기도 한다. 일련의 정서가, 그것도 같은 대상과 연관된 격렬한 정서들이 정념을 만들어 내는데, 이때 정념이 지배당한 상태를 감정이라고 한다.

열광·격정(EMPORTEMENT)

열광과 격정은 행동 그 자체가 여러 기관을 자극해서 그 행동을 부추기는 행동 체계이다. 예를 들어 도망으로써 두려움이 커지고, 또 그 두려움 때문에 도망치고 싶다는 마음이 더욱더 커진다. 싸움은 더욱더 싸우고자 하는 마음을 부채질한다. 힘은 행사됨으로써 깨어난다. 열광은 완전히 타버리지 않는 한 끝나지 않는다. 열광에 논리는 없다. 쓸데없는 모든 힘이 열광으로 변해 버리고 만다.

에너지(ÉNERGIE)

에너지는 끈질김이나 폭력, 격정과는 다르다. 이들은 행동을 실행하는 방법의 문제이며, 의지의 뒤에 나오는 행위이다. 에너지는 갑작스레 장애물 앞에 마치 저항과 서로 관련이 있는 것처럼 나타나며, 그리고 용기가 꺾였을 때 때때로 나타난다. 따라서 이 말의 도덕적인 의미는 일의 능력(폭발물)을 나타내는 에너지라는 물리적인 개념과 일치한다. 에너지를 지닌 성격은, 대개 허둥대지 않으며, 한때의 관심에 좌우되지 않는다. 에너지에는 끈질김이 있는데, 그 끈질김은 활발하고 들끓는다. 에너지는 온갖 저항을 이긴다. 왜냐하면 저항은 그 자신이 가장 두려워하는 것을 에너지가 발동시킨다는 사실을 경험으로써 잘 알기 때문이다.

지옥(ENFER)

지옥은 정신이 몸을 빼앗는다는 숙명론이다—그것도 영구히(왜냐하면 숙명론은 영원한 것이기 때문이다). 도박꾼에게 지옥은, 내기를 절대로 그만두지 않겠다는 결심 자체이다. 모든 정념, 모든 범죄에 대해서도 마찬가지로 멈추지 않겠다는 결심이야말로 지옥이다. 연옥(煉獄)은 자기 안에 어떤 바람을 상정하는 뉘우침이다. 그러나 예컨대 뉘우치는 데 천년이 걸렸다고 해도 자신은 여전히 자신이며, 그 자신을 어찌할 수도 없다고 맹세할 수 있다. 멈추지 않겠다는 그 결심은 오만이다. 의지를 바라지 않는다는 잘못된 노여움 안에서, 사람은 멈추지 않겠다는 이 결심 자체를 선택하고 맹세한다. 사람은 누구나 첫 충동에서부터 절망하기를 좀 더 즐긴다. 그러나 그때의 사고는 자기 자신을 두려워하는 것 때문에 제약된다. 멈추지 않고 지옥의 절망을 더 즐긴다는 것은 죽음을, 즉 아무것도 할 수 없음을 바라는 것이다. 그것이야말로 되돌아오지 않는, 영원을 상징하는 행위이다. 지옥에 떨어진 모든 사람들은 되돌아가 용서하기를 거부한다. 싸움을 생각해보라. 사람은 본디대로 되돌아갈 수 없다. 본디대로 돌아가는 것은 자신을 용서하는 것이다.

에피쿠로스주의(ÉPICURISME)

부당하게도 때때로 가장 낮은 이기적 쾌락주의로 여겨진 에피쿠로스주의는 미신이나 환상, 요컨대 정념에 내몰린 모든 미친 듯한 기질을 치료하여 낮게 하고자 하는 의지와 관련된 유물론이다. 그것을 통해서 영혼은 진정한 선을, 지(知) 그 자체를, 자기와의 평화를, 그리고 우정을 얻는다.

희망(ESPÉRANCE)

희망은 좀 더 좋은 미래에 대한 신앙 같은 것(따라서 의지에 근거한 신념)이며, 여기에서부터 정의와 선의가 태어난다. 예를 들어 사람은 아무런 증거 없이 신앙과도 같은 정의와 선의를 통해 전쟁의 종결을 바란다. 그저 그 종결을 바라기 때문이다. 또한 그 종결을 바라야만 하기 때문이다. 희망은, 희망이 태어나기 전에 먼저 신앙을 상정하고, 희망의 다음에는 자애의 탄생을 상정하고 있음을 잘 알 수 있다. 희망의 본디 목적이나 대상은 구체적인 문제의 해결이다. 예를 들면 누구나 그런대로 돈을 가질 수 있다고, 누구나 일을 즐길 수 있다고, 많은 병을 치료하여 낫게 한다고, 또는 견딜 수 있게 된다고 답한다. 또 아이들이 더 잘 길러진다고, 더 잘 자랄 수 있다고, 특히 이들 모든 문제, 또는 다른 비슷한 문제도, 만약 우리가 정말로 그것을 바란다면 해결된다고 답한다. 따라서 희망의 참된 목표는, 바란다면 그것은 반드시 이루어진다는 대답이다. 만약 자연과 그 모든 자연의 힘이 신격화된다면—이것은 처음에 잘 볼 수 있는 것인데—희망은 신 자신을 목표로 했을 것이다. 다만 자애는 좀 더 순수한 신, 인간에 좀 더 가까운 신을 목표로 한다. 그리고 순수한 신앙은 나아가 가장 뛰어난 신을 목표로 한다.

염탐질(ESPIONNAGE)

염탐질은 조국을 위해 행하는 배임 행위이다. 염탐꾼의 특질은 아군인 척하며 신뢰를 얻는 것이다. 자신이 행하고 나서 스스로 부끄럽게 생각하는 짓거리는 다른 사람에게 시키지 않는다는 것이 염탐질을 할 때 지켜야할 규칙이다.

기대(ESPOIR)

기대는 하나의 덕이다. 또 이렇게 말해도 된다면, 의무인 희망(espérance)보다도 잘 쓰이지 않는다. 희망은 정념이며, 현재의 기쁨을 통해 비친 미래를 보여주는데, 이 희망의 상태는 불안에서 결코 멀지 않다. 이 불안은 포상이라는 생리적인 법칙에 따라 자연과 기대에 이어서 태어난다. 어느 감각작용을 쉽게 하는 것, 즉 앞의 작용이 끝난 뒤 휴식과 같은 반대 작용으로 쉬는 것이 늘 필요하다.

정신(ESPRIT)

정신은 가장 일반적인 관점에서 볼 때, 모든 일을 희롱하는 것이다. 이 관점은 옳다. 이런 희롱에서부터, 곧바로 깊은 관점에서 볼 때 의심하는 힘인 정신의 관념에 이른다. 그것은 모든 체제와 질서, 덕, 의무, 교의를 초월하는 의심의 힘이다. 그리고 그 힘은 그것들을 판단하고 의심에 종속시켜, 정신만 짊어지고자 하는 자유, 그 자체를 통해 그것들을 갈음한다. 만약 신이 정신이라면, 신은 자유이며, 자유를 위해 존재한다. 그것이 가장 아름다운 사물의 깊은 뜻이며, 아마도 틀림없이 유일한 깊은 뜻일 것이다.

미학(ESTHÉTIQUE)

미학은 아름다움을 대상으로 하는 학문이다. 만약 그런 학문이 있다면 말이다. 미학과 도덕의 관계는 다음과 같다. 추한 것은 모두 부끄러운 것이다. 거기에서 굳이 결론을 내자면, 아름다운 것은 모두 악덕이 아니다. 이 예감은 거의 언제나 입증된다.

존경(ESTIME)

존경은 자기 자신에게 되돌아오는 것이 없는 하나의 믿음이다. 나는 자신을 믿는 사람은 저속한 짓을 하지 않을 거라 믿는다. 그렇게 생각하기에 나는 나 자신의 이익을 생각하지 않는다. 우정의 기쁨도 생각하지 않는다. 존경은 존경만을 보면 조금 냉담한 것이지만, 아주 중요한 것이다. 존경은 조정할 가치가 있다.

영원함(ÉTERNEL)

그 자신을 통해 바뀌지도 않으며, 나이 들지도 죽지도 않는 것은 영원이라 일컫는다. 이를테면 숭고한 우정은 영원이다. 우정은 간접으로만, 즉 우정과는 전혀 관계없는 사건을 통해서만 상처를 받는다는 전제 아래에서다. 사랑은 영원하기를 바란다. 수학이나 기하학 같은 가장 확실한 사고 또한 영원이다. 반대로 지속은 그 자신으로 변하는, 나이 드는 모든 것의 본질이다. 영원한 것들을 모두 신 안에 모으려고 하는 관념은 이치에 맞는다. 엄밀히 증명할 수는 없지만 말이다. 또한 모든 영원한 것들, 우정, 사랑, 수학도 마찬가지로 이치에 맞는다.

변화(ÉVOLUTION)

완만한 변화는 천천히 일어나는 것, 깨닫지 못한 전혀 예견하지도 의욕을 느끼지도 않은 것을 뜻한다. 변화는 거꾸로 외부 상황에 대처한 의지가 패배 했음을 인정하는 것이다. 예를 들면 병의 영향이나 피로, 나이, 직업, 사회 환경, 암시의 힘을 통해 일어난다. 따라서 변화는 진보의 반대이다.

연습(EXERCICE)

연습이란 실질적인 행동을 위해 자신을 준비하는 것을 목적으로 하는 행동이다. 악곡을 연주할 수 있도록 음계 연습을 한다. 싸울 수 있도록 검술을 배운다. 영어 교사 말고도 다른 사람과 말할 수 있도록 영어를 배운다. 연습이 뜻하는 바는 하나의 운동을 다른 모든 운동과 구별함으로써 어려움을 분산 시키는 것이다.

사람은 자기가 원하는 것만 연습한다. 예를 들면 팔을 뻗거나, 주먹을 내밀 거나, 달리는 것이 그러하다. 사람은 하고 싶은 것을 처음부터 잘 할 수 없음 을 경험으로써 잘 알고 있다. 그림 그리기는 놀라운 예 가운데 하나이다. 왜 냐하면 능숙하게 그림을 그릴 수 없는 동안에는 사람은 자기가 바라는 대로 하지 못했다고 줄곧 생각하기 때문이다. 한 개의 원을 그리려고 생각했다고 해서 실제로 그 원을 그릴 수 있는 것은 아니므로, 원하는 기술의 대부분을 차지하는 것은 연습이다. 연습과 대립되는 것은 상상 속에서의 실행인데, 이 상상 속의 실행만큼 익살스러운 것은 없을 것이다. 나는 달리는 것을 상상한 다. 상을 받는 것, 적을 무찌르는 것, 그리고 다만 실행이 어려운 다른 것들을 상상한다. 허세를 부리는 이에게 사람은 칼을 뽑는다. 그것은 허세를 부리는 '상대의 실력을 알아본다'는 뜻이다.

우화(FABLE)

우화는 사람의 마음에 상처를 주지 않고, 조금은 엄격한 진리를 이해시키 려 하는 소박하고 형식적인 설화이다. 동물이 이야기한다는 허구는 하나의 예의일 뿐, 그 누구도 속이려는 말이 아니다. 예를 들면, '사자의 몫'이라는 말이 어느 임금님을 두고 한 말이라면 충분히 두렵다. 사람은 그런 두려운 말을 믿지 않는 이유마저 찾으려 할 것이다. 이와 달리 사자발톱(garra de león)이라는 이름의 꽃에 대해서는 그런 두려움을 전혀 느끼지 않는다.

광신(FANATISME)

정신에 대한 정신의 또 다른 흥분상태를 말한다. 진리를 향한 사랑을 탐구와 어울리게 하는 것은 어렵다. 다른 사람 안의 회의를, 또한 자기 자신에 대한 회의를 미워하지 않기는 어렵다. 그 회의에서부터 열광적인 경계심이 생겨나, 사람은 그 경계심을 신체 기관 내부에서 강하게 느끼고 또한 그 경계심이 모여서 정신을 어지럽게 만든다. 거기에는 광신의 칼끝이 있다. 그것 없이는 우리의 사고가 모두 멸망해 버릴 것 같은 광신의 칼끝이 있다. 우리의 사고를 지키도록 개에게 부탁해야 한다.

숙명론(FATALISME)

숙명론은 아주 일반적인 가르침, 어떤 관점에서는 보편적인 가르침이다. 곧, 존재하지 않은 것은 존재할 수 없었다고 생각하는 것이다(그런 운명이었다). 숙명론은 유감을 느끼지 않게 한다. 그러나 숙명론이 유감을 없애는 때는, 사람이 할 수 있는 모든 일을 다 끝낸 뒤뿐이다. 그러므로 행동을 중시하는 사람은 숙명론에 따라 가장 능숙하게 스스로를 위로한다. 행동이 굼뜬 사람도 이처럼 숙명론에 따라 생각할 수는 있지만, 그는 일이 일어나기 전부터 그렇게 생각한다. 그런 식으로 무슨 일을 하건 일어날 일은 일어난다고 하며, 걱정으로부터 자신을 해방시키고 있다. 그렇지만 숙명을 알고서도 미리 피하지 않는 사람의 사고방식은 이성적이지 않다. 왜냐하면, 사람은 무엇이 일어날 것인가를 미리부터 알지 못하기 때문이다. 이와 달리 첫 번째 사고방식 즉, 행동한 다음에야 숙명론을 받아들이는 사고방식은 이미 성취한 사실에 근거한다. 다른 사건이 무엇이건 불가능했음은 때때로 진실이다. 왜냐하면 이미 일어난 일이 그것을 말하고 있다. 이리하여 숙명론은 이성의 계기 가운데 하나지만, 그 숙명론을 미래로까지 확대해서는 안 된다. 때때로 숙명론은 신이 미리 모든 것을 안다는 사실 위에 근거를 두고 있다. 그러나 신에 대한 가장 깊은 관념은 자유로운 신, 미리 모든 것을 알지 못한다고 하는 신이라는 관념이다. 게

다가 미리 절대적으로 안다는 관념은 영원과 서로 연관되는 관념인 미래와 시간을 완전히 지워 버린다.

숙명(FATALITÉ)

숙명이란 미리 말해진 사실(fatum) 또는 쓰인 사실이다. 숙명은 일반적인 관념이다. 어떤 일이 일어나기 전에(예를 들어, 교통사고), 그 일이 일어나리라는 예견은 이미 진실이었다는 관념이다. 숙명론은 변증법과도 같다. 즉, 윤리적(또는 언어적) 필연은 사물의 필연임을 상정한다. 그런데 어떤 일이 일어나는 까닭은 그저 추론으로써 그 일이 일어날 거라고 증명되어 있기 때문이 아니다. 또 자연의 움직임은 추론을 통해서가 아니라 사물이 실제로 있는지 없는지에 따라서, 거리를 통해 일어난다. 그리고 우연한 만남과 충돌을 통해 일어난다.

잘못(FAUTE)

잘못은 죄보다 가벼운 것을 말한다. 왜냐하면 잘못은 다른 사람들에게 그다지 큰 해를 주지 않을 뿐 아니라, 본질이라는 관점에서 보면 잘못은 실수에 가깝기 때문이다. 분명한 규칙이 있음에도 그 규칙을 어긴다면, 사람은 경기 중에 잘못을 저지르고 있는 셈이다. 정치에서의 잘못 또한 이와 마찬가지이다. 그 정치적 잘못은 저질러서는 안 되는 실수이므로, 정치적 잘못을 저지르면 정신은 변명의 여지가 없다. 정신은 자기 자신을 위반하고 있는 셈이기 때문이다. 그러나 죄는 열광에서 나온 행위이며, 이에 반해 정신은 거의 무력하다.

호의(FAVEUR)

호의는 가치(다시 말해서, 역량)를 첫 번째 조건으로 하기보다는 자기가 좋아하는 것만을 골라서 취하는 감정이다. 호의가 특별히 올바르지 않다는 말이 아니다. 호의가 나타나는 경우는 주로 자격은 엇비슷하나 친밀감이나 안심감이나 형편에 따라 차이가 있는 경우이다. 호의는 개인 비서나 자기 대리를 뽑을 때, 또는 대통령이라면 국무총리를 뽑을 때 저절로 발동한다. 왜냐하면 호의 없이 이런 지위에 자기 마음에 들지 않는 사람을 뽑으려면, 압도적이고 거의 전례가 없었던 가치가 필요하기 때문이다.

가장(FEINTE)

가장은 거짓 행동이며, 계속하려는 의지 없이 시작한 것이다. 가장은 행동이므로, 몸짓도 태도도 이해해야 한다. 예를 들면 들리지 않는 척한다. 또는 말하고자 하는 바를 잘 모르는 척한다. 냉담, 불만, 무관심을 거짓으로 꾸며낸다. 가장이란 시장 원리에 속하며, 흥미 없는 척한다. 거짓된 친애의 마음은 속임수이다. 예심 판사는 예비 심사에서 늘 속임수를 수단으로 삼는다.

더없는 기쁨(FÉLICITÉ)

이것은 외부에서부터 찾아오는 행복이다. 그러나 이와는 반대로, 더없는 행복은 행복한 사람 안에서 비롯된다. 더없는 기쁨 안에도 그와 같은 충만감과 안전감이 있다. 이 사실은 '축복하다féliciter'라는 동사가 아주 잘 나타내고 있다. 이 동사는 마음의 행복에는 적용되지 않는다, 오히려 행복에 필적하는 우연에 적용된다. 더욱이 축복받는 사람은 자기 자신 안에 어떤 운(運)이 있었음을 뚜렷하게 느끼고 있어서, 때로는 그 운 좋은 축복을 자기의 장점보다 더 자랑스럽게 생각한다. 이 감정에는 어딘지 아름다움을 살펴서 찾고자 하는 부분이 있다. 왜냐하면, 그 운 좋은 축복은 자신과 사물의 본성의 조화를 뜻하기 때문이다. 따라서 누군가가 문법을 안다고 해서 그를 축복하는 것은 잘못이다. 그가 그것으로 영예나 지위를 얻은 운 좋은 조화를 축복해야만 한다. 왜냐하면, 그런 것은 반드시 공적의 결과가 아니라, 그와는 관계가 없는 원인에서 비롯되기 때문이다. 반대로 복권에 당첨된 사람을 축복하는 것은 자연스럽다.

주물(呪物)(FÉTICHE)

페티시즘(주물숭배)은 그 쓰임새나 쓸모가 있는지와는 상관없이, 마성을 지녔다고 상정된 특수한 사물을 숭배하는 것이다. 예를 들면 열기로부터 몸을 지키는 팔찌나, 불행을 가져오는 돌이 있다. 이런 생각은 자연의 힘을 두려워하는 종교가 우세한 곳이라면 어디서든지 볼 수 있다. 그것은 주물을 믿는 것만으로도 이미 어떤 행복을 느끼게 한다. 그저 이런 식으로 미신이 늘어가면, 사소한 행위도 복잡하게 되어 모든 창의력이 방해를 받는다. 그러나 하나의 높은 차원 단계의 종교가 지배한 주물숭배의 흔적은, 인간의 본성에 속하며 그 흔적을 인간의 본성으로부터 완전히 끊어낼 수는 없다.

충실함(FIDÉLITÉ)

충실함은 신앙과도 관련된 덕이다. 왜냐하면 모든 충실함에는 다음 내용이 포함되기 때문이다. 곧, 의심하려고 들면 의심할 수도 있는 것을 굳이 믿으려 하는 의지가 충실함에는 깃들어 있다. 예를 들어, 어머니는 자식이 무엇을 하건 아이에게 충실하다. 그러므로 충실한 사랑에는 자기에 대한 서약이 포함된다. 그리고 하나의 정당한 생각이나 감정의 싹틈을 피하려는 의지가 포함된다. 충실함은 이미 증명되어 의논의 여지가 없는 생각에도 필요하다. 왜냐하면, 사람은 그런 생각까지도 충실하겠다는 마음만 먹으면 깨끗이 잊기 때문이다. 마지막으로 모든 것은 선택한 의지를 충실하게 실현하고자 하는 마음가짐 위에 기초를 두고 있다. 그렇지 않으면 언제나 사람은 생각을 바꾸게 되고 아무 일도 할 수 없게 되며, 그 무엇도 이루어지지 않는다. 충실함은 정신의 중요한 덕이다.

아첨(FLATTERIE)

아첨은 무언가를 기대하는 상대를 망설임 없이 온갖 말로 칭찬하는 거짓말이다. 이런 아첨은 아주 드물다. 왜냐하면, 은혜를 베풀어 줄 만한 사람을 잘 생각해 고르려고 하기 때문이다. 아첨은 결국에는 이런 모습으로 끝난다. 상대의 마음에 들고 싶다며 아주 기쁜 척하는 모습으로. 또 예의상 어느 정도의 아첨이 필요할 때도 있다. 그것은 예컨대, 칭찬할 수 없는 많은 것들 가운데 무언가를 칭찬하려고 할 때이다.

신앙(FOI)

인간은 운명을 만들어 낼 수 있으며, 따라서 도덕은 공허한 말이 아니라는 사실을 증거도 없이 믿으려는 의지이다. 아니, 증거에 어긋나게 믿으려는 의지이다. 신앙의 전망대이자, 마지막 보루는 자유 그 자체이다. 자유를 믿어야 한다. 믿지 않으면 자유를 누릴 수 없기 때문이다. 또한 선과 악의 존재를 믿어야 한다. 자유와 선은 거의 같다. 만약 내가 자신이 자유를 누릴 수 있다고 믿는다면, 계속 자유를 누릴 수 있도록 지키는 것이 좋으며, 자신이 계속 노예가 되도록 두는 것은 나쁘기 때문이다. 깊은 의미에서 모든 악은 노예 상태에서 태어난다. 노예 상태란 자유보다도 겉으로 드러나는 행복을 더욱 바라게 되는 것이다. 또한 동포를 믿어야 한다. 그 동포가 교양을 익힐 자격이 있음을, 자유를 얻을 수 있음을 믿어야 한다. 이런 신앙은 자애라고 불린다. 그리고 자연은 원칙적으로 선한 의지와 대립되는 것은 아무 것도 갖지 않았음을 믿어야 한다. 그와는 반대로, 신앙이 있는 사람은 물질과 관련된 계획에서도 잘 풀리리라고 믿어야 한다. 이런 신앙은 희망이라고 불린다. 신은 자유로운 인간이자 올바르고 선량한 인간의 본보기이다. 이 본보기는 인간과 닮은 것일수록 더욱 더 가치가 있다(왜냐하면, 순수한 정신 행위는 너무나도 훌륭할 테니 말이다). '사람은 신이다'라는 은유는 그 사실을 아주 잘 나타내고 있다.

재산(FORTUNE)

재산의 두 가지 뜻[부(富), 운(運)]에는 배울 점이 많다. 거기에서는 부의 기원을 단순한 우연으로 본다(그것이 재산이라는 말의 본디 뜻이다). 재산에는 말의 깊은 뜻이 나타나 있다. 왜냐하면 운이 따르지 않으면 풍족해지지 않기 때문이다. 그렇기 때문에 재산이 정당한지 아닌지를 묻는 것은, 제비뽑기가 공정한지 아닌지를 묻는 것과 같다고 할 수 있다.

솔직함(FRANCHISE)

솔직하다는 것은 먼저 잘 헤아려보지도 않고서 자연발생으로 하는 말이다. 솔직하다는 것은 적어도 예의가 없는 것이다. 예를 들어, 자식의 죽음을 한탄하며 슬퍼하는 어머니에게, 죽은 이는 틀림없이 행복할 것이라고 말하며 위로하는 것이다. 이 솔직함은 분명 생각해 볼 만한 것이다. 이따금 그런 생각이 들 때도 있지만, 그것을 입 밖에 내는 것은 옳지 않다. 상대의 마음을 바꾸고 싶더라도, 결코 마음에 떠오르는 대로 말해서는 안 된다. 게다가 엄밀히 말해서 마음에 떠오른 그대로의 말은 정말 터무니없다. 더욱이 늘 진리를 말해야 하건만, 진리를 잘 모르는 경우가 정말 많다는 사실 또한 고려해야 한다. 따라서 모든 사고는 첫째로 예의바른 생각이어야 하며, 둘째로 용의주도한 생각이어야 한다. 중국의 예절은 남에게 질문하는 것을 금지한다. 왜냐하면, 거기에서는 답하지 않으려고 아무런 말 없이 있는 것이 이따금 하나의 답이 되기 때문이다. 이런 방식은 재판관이 취하는 태도이지, 친구가 취해야할 태도는 아니다. 남을 상처 입히지 않는 명제를 사고(思考)라고 부를 수 있다. 따라서 상처를 주는 솔직함은 따로 특별한 요구가 있을 때에만 무대에 등장하고, 또한 모든 것을 진중하게 처리하되 한 번으로 끝나지 않는 연장된 솔직함이어야만 무대에 나타날 수 있다. 우화를 끌어낼 수 있는 것이 바로 노예의 솔직함이다.

경박함(FRIVOLITÉ)

경솔함이나 일부러 부리는 변덕, 아니, 그런 척하는 것도 경박함이다. 그것은 사람들이 진지함을 두려워하는 것, 문제의 심각함을 두려워하는 것에서 나온다. 이런 뜻에서의 경박함은 헤아리기 어려울 만큼 깊은 경박함이다.

격노(FUREUR)

격노는 미친 듯한 기미를 띤 일시적인 노여움이다. 격노는은 통제되지 않는 노여움으로 거기에는 이런 느낌이 있다. 노여움을 키우는 것은 (열광이나 잔혹함에서처럼) 행동이 아니라 오히려 병과 아주 비슷한, 인간의 몸이 보여주는 몸짓 반응이다. 격노한 사람에게는 관여하지 않는 편이 좋다. 그들에게는 침묵과 격리로 대처하는 것이 좋다, 결코 논리를 따져서는 안 된다. 격노는 완전히 논리 이전의 문제이기 때문이다. 격노가 때로 계획에 근거한 것이라는 점을 부정하는 것은 아니다. 격노는 때로 광기가 완전히 의도적으로 나타나는 것이다. 광기가 의지를 갖고 있다는 의미가 아니다. 사람이 몸을 던지면 중력이 인간을 맡는다. 마찬가지로 초조함이 인간을 맡는 순간이 있다는 뜻이다.

서투름(GAUCHERIE)

서투름이란 자기 몸이 느끼는 곤혹감이다. 동료들 사이에서나 다른 사람과의 사귐 안에서 처신하는 법을 배우지 않았기 때문에 곤혹감을 느끼곤 한다. 서투름은 반드시 겁이 많음을 뜻하지는 않는다. 왜냐하면 사람은 옷을 입을 때나 어떤 행동을 해야만 할 때, 자기도 모르게 서투르기 때문이다. 그에 반해 겁이 많은 것은 어떤 서투름, 즉 몸이 나타내는 표시에 따라 한결 심해지는 서투름을 의식하는 것, 그리고 그 서투름을 상상하는 것이기 때문이다. 그런데 체조 연습을 하면 이런 모든 불편함이 치료된다. 이런 연습을 하면서부터 우리는 바라는 바를 망설이지도 겁내지도 않고 정확하게 행할 방법을 익히게 된다.

중대함(GRAVITÉ)

중대함은 웃음을 거부한다. 그것은 어찌 되었든 웃음에 대해 확실하게 지시된 거부이다. 또 결국 음미를 거부한다. 중대함은 모든 뜻에서 우아함을 거부하고, 다른 사람에게도 자신에게도 무겁고 답답하다. 이 낱말이 그렇게 나타내듯이 무게를 따르되 결코 결정도 자유도 아니다. 중대함은 잘못이 따른다. 그 잘못을 중요시한다는 말이다. 중대함은 꼭 일어날 일을 강조할 수 있을 뿐이므로 부차적이다. 그것은 법 또는 의지를 실행한다. 또 그것은 전례를 알린다. 중대함은 취소할 수 없음을 뜻한다. 한편, 시간의 중대함이란 이런 뜻이다. 어떤 방책을 취하건 나쁜 방책뿐이지만 굳이 그 길을 선택한다는 각오로, 나는 지금 나 자신이 절대 승인하지 않을 일을 하기로 중대한 결심을 한다. 빈약한 정치는 모두 아주 무겁다. 근엄한 사람은 말한다. '사람은 자신이 원하는 일을 한다고 당신은 믿지만, 그렇지 않음을 나는 잘 안다'고.

습관(HABITUDE)

습관은 생각하지 않고 행동하는 방법이다. 게다가 생각하고 하는 행동보다 더 능숙하게 행동하는 방법이다. 습관의 쓸모를 알고 싶다면, 먼저 훈련을 쌓은 적이 없는 미숙한 사람을 심하게 괴롭히는 공포, 구애받는 기분을 다스리는 것, 그리고 자신에게 화가 나 있는 상태에 습관이 어떤 도움이 되는가 하는 점에 주의해야 한다. 습관은 근육의 활동을 분할해 움직일 필요가 없는 근육을 쉬게 한다. 그렇기 때문에 곤혹감도 거리낌도 없이, 아니 곤혹감이나 거리낌을 두려워하지 않은 채 빠르고 유연하게 행동할 수 있다. 습관은 풍습과 같지는 않다. 왜냐하면 풍습은 몇몇 행동을 쉽게 할 수 있도록 기능하지만 모든 행동을 쉽게 할 수 있도록 기능하지는 않기 때문이다.

미움(HAINE)

미움은 직관에 준거한다면 다만 노여움의 예감일 뿐이다. 그것은 사람이 아주 올바르게도, 간격이라고 부르는 어떤 감정을 설명하기에는 충분하다. 이처럼 미움은 혼자 있음으로써 이상하게 자기를 더 키우고, 미워하는 대상의 결점을 끊임없이 생각해 내어 그 가치를 약하게 만들 수 있고 파괴할 수 있는 것을 끊임없이 욕망한다. 거기서부터 사람이 잘 알지도 못하는 사람들을 얼마나 미워하기 쉬운지를 잘 알 수 있다.

과감함·대담함(HARDIESSE)

이것은 대담한 운동이며, 계획보다 행동에서 흔하게 나타난다. 독일어[hart '딱딱하다' 및 härten '딱딱하게 하다']에서 나온 이 말은, 바로 옛날식 직업군인들에게 알맞다. 그 군인들은 처음에는 느긋하지만, 이윽고 스스로도 할 수 있으리라고 믿지 않았던 일을 해낸다. 이렇듯 사람은 미리 대담할 수는 없다.

이상(IDÉAL)

이상은 찬탄이나 모방의 대상으로서 만들어지는 본보기이다. 이상은 늘 어울리지 않는 사소한 현실에서 벗어나 있다. 사람은 금을 가벼이 여기고 뇌물이 통하지 않는 재판관이 집에서는 금전에 지나치게 야박하다는 사실을 굳이 알고 싶어 하지 않는다. 사람은 진리의 탐구자가 권력자에게 아첨한 사실을 알고 싶어 하지 않는다. 사람은 누구나 사랑하는 대상을 가장 완전한 존재로 생각하기 때문이다. 그러나 그런 맹목은 미움에서 생기는 맹목보다는 해가 적다. 인류는 때 묻지 않은 영웅들을 찬미함으로써 인류 자신을 초월하고 있다. 순수한 영웅들은 사람이 숭경하는 만큼 많이 존재하지는 않았다. 레오니다스는 이상이다. 그리고 스파르타 또한 이상이다.

우상숭배(IDOLÂTRIE)

어떤 형상(이것이 이돌라[우상]의 본디 뜻이다)이 정신을 뜻할 수 있다. 이런 뜻에서 겉으로 드러난 아름다움은 정신의 균형을 나타낸다. 그 모습 안에는 무언가 사람을 매료하는 요소가 있다. 또한 반대로 사람에게 사랑받는 방법을 모르는, 매력 없이 정직한 사람들도 반드시 있다. 좋아하는 것을 존중하는 식도락 같은 것, 기분 좋은 사고를 즐기고자 하는 이 기호(嗜好)가 우상숭배의 본질이다.

상상력(IMAGINATION)

상상력은 사물 또는 사람이 눈앞에 보이지 않는데도, 일어날 수 있는 일을 생각하는 것만으로 사물이나 사람에게 작용되는 힘이다. 예를 들어, 칼라스 가문이 겪은 모진 고통을 떠올리자, 공포와 연민이 마음을 휘젓는다. 또 사람은 전쟁, 폭력, 전염병 유행 등을 떠올리면, 곧바로 자신도 거기에 있다고 믿게 된다. 상상력이 가진 이런 힘은 모두 우리 몸 안에 있는 방어라든가 노여움처럼, 자신이 스스로 시작하는 운동에 의존한다. 아직 깨어나지 않은 악에 불안을 느끼는 것은 모두 상상력에 의거한 불안이다. 모든 정념은 사람이 싫어하는 것의 힘을 상상하거나, 좋아하는 것의 약함과 괴로움을 상상하는 데서 나온다. 사람은 또한 자신의 괴로움도 상상한다. 그렇게 상상함으로써 괴로움은 훨씬 더 커진다. 왜냐하면 현실의 악은 때때로 의기상실로써 마비되어 있지만, 상상력은 온 힘을 다해 우리를 몹시 괴롭히기 때문이다. 한편 행동과 피로 때문에 상상력은 죽는다.

바보·얼간이(IMBÉCILE)

바보란 판단 안에서 나타난 어떤 약함을 뜻한다. 바보는 하찮은 정념만 가지고 있다. 그저 흉내 내고 되풀이할 뿐이다. 그의 의견은 그냥 되는 대로이며, 방금 말한 것, 방금 들은 것을 잊어버린다. 그의 생각은 기계적으로 움직일 뿐이며, 어떤 방향성도 없다. 그는 금세 굳게 믿고, 전혀 믿기 어려운 사실마저도 바로 믿어 버린다.

본받기(IMITATION)

보자마자 본받기로 삼는 것은 어리석은 형식이다. 반대로 그것이 선택한 것이라면, 그 본보기를 본뜨는 것은 자신에게 용기를 북돋아 주는 방법이다. 왜냐하면 남이 이미 한 훌륭한 일은 당신도 훌륭하게 할 수 있기 때문이다. 따라서 감탄은 좋은 행위이며, 남이 감탄하는 것을 흉내 내는 것도 좋은 행위이다. '그리스도를 따라서'는 [제목 그대로] 인간의 종교임을 자백하고 있다. 왜냐하면 신을 본뜨는 것은 절망적인 일이기 때문이다. '신이기도 한 사람[그리스도]'을 인간은 흉내 낸다.

본능(INSTINCT)

동물 안에서와 마찬가지로 [인간] 안에도 어떤 행동 형식이 있다. 본능은 구조, 상황, 실천 등에 의존해 쓸모 있는 목적을 이룬다. 그런 목적에 대한 지식이나 의식이 있다고는 생각할 수 없는데도 말이다. 본능적으로 손은 눈을 감싼다. 또 본능적으로 사람은 차 옆으로 붙는다. 약한 사람은 본능적으로 도와주는 사람에게 매달린다. 마지막 예에서도 알 수 있듯이 본능은 덮어놓고 밖으로 나타나는 것이기 때문에 때때로 자신에게 유리한 쓸모에서 벗어난다. 그러나 쓸모와 아무 관계가 없지는 않다. 반감이나 공감은 본능에서 비롯된 것이다. 그리고 우정이나 사랑 또한 대부분 본능에서 비롯된 것이다.

용감함·대담함(INTRÉPIDITÉ)

용감함은 용기의 한 형태로서, 사람은 날 때부터 이 용감성을 의지보다 한층 많이 짊어지고 있다. 용감함이란 공포를 느끼지 않는 것이며, 정력과 신속함, 그리고 경험이 없음에서 비롯된다. 또한 그것은 때로 (위대한 콩데 공(公)처럼) 말처럼 채찍질을 당한 노여움이다.

만취(IVRESSE)

만취는 스스로 욕망한 열광, 추구한 열광, 자신을 감독하는 것으로부터 자신을 자유롭게 만들고자 하는 격정이다. 술에 취하기도 하며, 축제, 찬미, 욕망, 쾌락, 경건하지 못한 행위에 취하기도 한다. 그러나 경건하지 못한 행위에 취한다는 것은 모든 만취에서 공통이라고 할 수 있다. 왜냐하면, 존경해야 할부분을 천하게 만들어 버리는 것이 언제나 문제이기 때문이다. 모든 행동에는 사람을 취하게 하는 부분이 있다. 춤에 취하는 것(춤추러 다니는 열광과 수도승)은 유명하다. 살인이나 잔혹함, 노여움, 모 아니면 도, 무모한 행동에 취하는 것, 이런 것들은 틀을 벗어난 부문에 있으며, 모든 취하는 것을 설명하고 있다. 그런 행위들은 바로 조절하여 제한되지 않은 명예이다.

질투(JALOUSIE)

질투는 열심과 거의 같은 말이다. 질투는 다른 사람의 장점에 예의없이 보이는 관심이다. 그러므로 질투는 주인의 실제 위대함을 모두 부정하려 하는 나쁜 충고자에게로 저절로 향한다. 타락시키는 사람이 질투를 부추겨 살찌우는 먹잇감이라고 말하기에는 알맞지 않겠지만, 타락시키는 사람은 모든 질투를 부추기기에 알맞은 대상이기는 하다. 질투라는 열광은 주로 사랑하는 사람에게로 향한다. 왜냐하면 사랑에 빠진 사람이 상대를 꾸미는 행위, 그 상대를 훌륭하게 만드는 것을 기쁘게 상상하는 행위, 그리고 그 사람을 멸시하는 것을 염려하는 행위는 자연스러운 것이기 때문이다. 그리고 또한 그런 열광은, 사랑의 대상을 멸시하는 것은 그 사람의 외부에 있는 것, 그와는 다른 것이라고 생각하기 때문이다. 그래서 사람은 비열한 수단, 도취, 아첨, 그리고 모든 종류의 애무나 추종으로써 사랑하는 존재에게 영향을 미치는 예의없는 사람을 찾거나, 발견하거나, 또는 적어도 상정한다. 따라서 질투는 자신이 집착하는 사랑의 대상을, 상징 안에서 멸시하고 실추시키는 것을 멈추지 않는다. 한편으로 질투는 자신이 소중히 지키는 존재를 미화해 훌륭히 만드는 것에 얽매인다. 거기서 질투는 때때로 존경해야 할 대상, 아니 고매하기까지 한 대상이 된다. 그러나 한편으로 질투는 완전한 환상인 상상력의 장난에 몸을 맡기게 된다.

놀이(JEU)

맥락이 없는 활동, 즉 활동의 처음과 끝이 동떨어져 있다고 생각되는 활동을 놀이라고 부른다. 만약 아이들이 나뭇가지로 집을 만들어 거기에 가구를 들여놓고 그 집을 수리한다면, 그것은 더는 놀이가 아니다. 만약 한 아이가 날마다 장사를 해서 돈을 모은다면, 그것도 더는 놀이가 아니다. 소꿉장난이란 어떤 행동을 흉내 내는 것이지 그 행동의 결과를 보유하고자 하는 행위가 아니다. 그것은 '우리 집에 왜 왔니'나, 야구 같은 놀이를 통해서 확실하게 알 수 있다. 거기서는 새로운 놀이는 이전의 놀이와는 전혀 관계가 없다고 약속되어 있다. 이 놀이의 성격은 또한 짜맞추기 놀이(서양장기, 카드놀이)를 통해 더욱 두드러지게 드러난다. 거기에서는 늘 놀이를 새롭게 다시 시작한다. 우연한 내기에서 다음 승부는 이전의 승부와는 전혀 관계가 없다는 것이 규칙이다.

내기에 거는 정념은 기대에 거는 정서와 일치한다. 내기에 거는 이런 정서는 처음에 우리의 모든 기획에 빛을 주지만, 현실 생활을 꾸려 가는 과정에서 곧바로 파괴된다. 내기는 전혀 새로운 기대를 되살려 준다. 그리고 내기는 스스로가 그 주인인, 불안을 원하는 마음을 이따금 되살려 줌으로써 현실 생활을 꾸려 가는 과정에서 벗어날 수단을 전해준다. 이런 현실 생활을 누리다 보면, 더 이상 무엇에게도 마음을 빼앗기지 않겠다는 오만함이 생겨난다. 따라서 이 내기에 거는 정념에는 어딘가 고귀한 데가 있다. 그것은 생활을 꾸려 가는 과정에서 겪게 되는 시련을 겪지 않고, 현실의 기획에 실망하지 않고 바라는 기쁨을 부여한다. 따라서 내기에 거는 이런 정념은 긍지 높은 영혼들에게 염려스러운 것이기도 하다.

정의(JUSTICE)

정의란 이성적인 부분이 탐욕스러운 부분을 억제하는 힘이다. 욕심이 지나치게 많고, 재물이나 음식을 끝없이 탐내며, 폭리를 탐하는 부분을 억제하는 힘이다. 정의는 당신의 문제이며, 나의 문제이기도 한 여러 문제를 중재자처럼, 또는 중재자를 통해 해결하도록 이끈다.

탐욕스런 부분은 아주 교활하고 처음의 판단을 틀리게 만들기 때문에, 반대되는 술책이나 진중한 대응책을 취해야만 비로소 정의를 유지할 수 있다. 주요한 술책은 계약으로 이루어진다. 이 계약은 먹거리를 탐내지만 아직 대상이 분명하지 않을 때 작성되는 계약이다. 어떤 사람이 두 사람의 상속인 사이에 다음과 같은 분할계약을 생각해 냈다. '자네가 분할하고 내가 선택할까, 아니면 내가 분할하고 자네가 선택할까' 이것은 다른 계약적 술책도 정할 수 있음을 시사한다. 모든 계약을 내버려 두고, 정의의 원칙은 평등이다. 즉 모든 교환, 분할, 또는 지급 행위에서, 나는 내가 아는 모든 지식을 동원해 상대의 처지를 생각해야 하며, 그 계약이 과연 상대의 마음에 들지를 정해야 한다.

다른 사람에 대한 크나큰 배려는 정의의 바탕이며, 동포는 늘 이 배려를 목적으로 여겨야 하며, 결코 수단으로 여겨서는 안 된다(칸트)는 결론에 이르게 된다. 예를 들면 급여가 있고, 또한 인간답게 살아갈 수 있을지를 곰곰이 생각해 보아야만 한다. 믿음이 깊은 하녀가 있다면, 과연 그녀에게 예배에 출석할 시간이나 복음서를 읽을 시간이 있을지를 생각해야만 한다. 가정부의 자식들에 대해서도 생각해야만 한다. 이런 예를 통해서 알 수 있듯이, 사람은 중개인(중매인, 집사, 소매점) 없이 일을 마칠 수 있도록 하기 위해서 보다 많은 정의의 수단을 지니게 된다.

비겁함(LÂCHETÉ)

비겁함은 공포를 두려워하게 되면서 공포를 피하는 정념, 또는 이 정념[공포를 두려워하는 것]이 불러일으키는 예견을 모조리 확대하는 정념이다. 공포보다도 훨씬 이성적이다. 불안은 그저 있을 법한 공포와 그 공포의 원인, 그리고 그 공포에 대해 발견할 수 있는, 공포로부터의 구원을 정리하고 있다는 관점에서 더 이성적이라는 말이다. 그러나 비겁함은 자기에 대한 깊은 경멸과 완전한 숙명론으로써 불안을 체계적으로 확대시킨다. 이렇게 해서 비겁함은 오롯이 상상에서 비롯된 것이며 스스로 자신의 명예를 손상시킨다. 비겁함의 양상 가운데 하나는, 자신이 항복하리라고 미리부터 확실히 알고 있다는 점이다. 자신의 미래를 이렇게 확신하는 때가 스스로가 느끼는 불안의 정점이다. 따라서 미래의 확실성은 비겁함 그 자체의 표시와 같은 표시로써 미리 알 수 있다.

추함(LAIDEUR)

예술은 때로, 추한 형태는 존재하지 않는다고 가르쳐 준다. 그리고 추함의 형태는 얼굴을 찌푸린 모습이라고 가르쳐 준다. 이런 뜻에서 아름다운 얼굴도 추해질 수 있고, 반대로 그리 유쾌하지 않은, 아니 거의 추악하기까지 한 형태라 해도, 그 자신의 조화를 통해 훌륭한 모습으로 바뀔 수 있다. 이런 식으로 본보기가 누구이든 조각상은 아름답게 보일 수 있고, 추하게 보일 수도 있다. 아름다운 얼굴에 떠오른 바보 같은 웃음을 떠올려 보라. 그보다 추한 모습은 없다. 따라서 아이가 떼쓰는 것이 통하지 않으면 바로 화를 내는 아이에게 어머니가 "어머 보기 흉해라! 왜 그런 못난 얼굴을 하고 그러니!"라고 말하는 것은 결코 틀린 것이 아니다. 추함이란 다름아니라 바로 얼굴에 그려진 어리석음과 격노, 무절제, 부정이다.

눈물(LARMES)

더러는 근육 수축의 결과로, 또 더러는 몸의 표면에서 핏기가 가시는 자연 반사로써(예를 들어, 추울 때) 혈액이 내장 속에 고이는 현상은 일시적인 감정(특히 놀람)의 법칙 가운데 하나이다. 따라서 감정은 모두 내장(뇌, 폐, 장)의 피몰림 현상으로 말미암아 심해진다. 눈물은 혈장의 자연스러운 사혈(瀉血 :

치료하기 위해 환자의 몸에서 약간의 혈액을 뽑아냄)이다. 그것은 또 다른 반사 작용을 통해 위험한 혈압을 치료한다. 또한 놀라움에 속하는 모든 감정(기쁨, 숭고)은 이처럼 눈물 (그리고 모든 분비물의) 한 방울로 완화된다. 그러므로 눈물은 감정의 표시라기보다 회복의 표시이다.

논리(LOGIQUE)

논리는 고찰하는 대상이 무엇이건 정신이 스스로 짊어지고 있는 문제를 정신에게 가르치는 학문이다. 정신은 보편적으로, 즉 경험과는 관계없는 보편적 증거를 통해서 생각하는 것을 스스로 짊어지고 있다. 예를 들어 사람은 경험론을 통해 아주 능숙하게 생각할 수 있지만, 적어도 한번은 증거를 다시 파악하는 것이 정신에게는 더욱 더 알맞다. 논리에는 많은 단계가 있어서, 추상적인 단계에서부터 구체적인 단계에까지 이른다. 아리스토텔레스의 논리학은 언어의 논리적 일관성을 이야기한 일반문법이다. 데카르트의 논리학, 또는 질서 논리는 [사고와 연장이라고 하는] 완전한 계열을 통해 생각할 것을 가르친다. 칸트의 논리학, 또는 초월론적 논리는 모든 인식에서 형식을 실질로부터 분리하여, (지성에 근거한 인식을 중시하고) 모든 종류의 증거를 되도록 약화시킨다. 마지막으로 베이컨의 논리학, 또는 실험에 근거한 논리는 크기나 기술적 언어, 도구, 기록 자료, 공개 토론 등에 대한 모든 경험의 철저한 진중함을 탐구한다.

법·법칙(LOI)

모든 존재들이 복종하는 원인과 결과의 이어짐이 법이다. 누구도 중력으로부터 벗어날 수 없고, 누구도 아픔을 느끼지 않고 때릴 수는 없다. 누구도 복수의 위험에 처하는 일 없이 복수할 수는 없다. 이 마지막 실례는, 어떻게 일반적인 의미(자연법)로부터 특수한 의미(사회법)에까지 연관되는지를 보여준다. 사회, 또는 사회를 다스리는 국가는, 해로운 활동의 재앙이 확대되지 않도록, 그 사건에 따르는 결과에 대응하려고 한다. 예를 들어, 살인자는 결국 군중에 의해 격리되는 것은 법이지만, 여기에는 반드시 혼란, 공포, 오류가 뒤따른다. 따라서 모든 범죄는 수사, 사정 조사, 공개 재판을 하도록 결정함으로써, 그리고 또한, 군중의 반응을 때때로 두드러지게 자극하는 지체나 지나침을 회피함으로써 결과를 예측하는 것이다.

복권(LOTERIE)

복권은 어떤 부정도 없이 운을 걸어 보는 방법이다. 복권의 구조는 모두에게 기회가 똑같이 주어진다는 점에 있다. 이렇게 기회는 돌고 돈다. 10만 명의 가난한 사람이, 무차별적으로 그들 가운데 한 사람을 부자로 만든다. 복권은 보험의 반대이다.

음욕·색욕(LUXURE)

음욕은 사람이 뚜렷하게 알 수 있는 지나침을 뜻한다. 모든 형태의 지나친 과시, 화려한 몸차림을 말한다. 따라서 음욕 안에는 사치의 경우와 마찬가지로 지나침에 대한 실수(추문)가 있다. 음욕은 특히 추문 중의 추문, 즉 구경거리가 된 난잡함을 뜻한다. 인간의 육체나 사생활을 공개하게 되면, 보는 사람은 거의 저항하기 어려운 영향을 받는다. 공개된 광경을 보는 사람의 노여움이 욕망과 뒤섞여 욕망을 부추기는 것이다. 이런 욕망의 흔들림이야말로 음욕이라고 불리는 정념을 모든 한도를 넘어 [크게] 확대하는 것이다. 틀림없이 이 음욕이라는 정념은 모든 정념 가운데 가장 무서운 것일 것이다. 그것은 어떤 도취이며, 늘 굴욕감과 노여움과 잔인함이 뒤섞여 있기 때문이다. 라블레(Rabelais)만이 지니는 정신은, 난잡한 과시의 해학과 추함을 강조함으로써 음욕의 정반대로 가고자 한다. 그리고 사람은 상상에서 비롯된 정신의 음욕이 왜 가장 무서운 음욕인지를 이해하게 된다.

점액질[인 사람](LYMPHATIQUE)

점액질이란 먹고 자는 어린이의 체질이다. 포동포동하고 부드러운 근육, 지방, 배부름의 행복, 산만한 주의력이 바로 어린이의 체질이다. 이 체질은 어른이 되어도 계속해서 지배하게 된다.

마키아벨리주의(MACHIAVÉLISME)

마키아벨리주의란 정념도 신앙도 경의도 없다고 가정된 권력의 술책이다. 다른 사람들을 지배하기 위해 그들의 정념을 냉혹하게 대한다. 예를 들면 아무런 죄도 없는 사람의 고통은 본보기로서 폭군에게 도움이 되는 결과를 낳을 수 있다. 마키아벨리는 이런 사상으로 《군주론》을 그렸다. 그러나 그런 군주는 존재하지 않는다. 인간은 이해관계에 따라 움직여지기보다 미친 듯한 기미를 통해 농락되면 앙갚음으로써 기뻐하기 때문이다.

너그러움(MAGNANIMITÉ)

글자 그대로 넓은 마음이다. 다시 말해 소인배나 사소한 꾀, 한때의 수단 등 평범한 정신을 낮추는 행위이다. 또한 정신이 신체 행동으로 드러나는 것을 좋다고 보는 덕이다. 너그러움은 자유로운 영혼만을 존경하고, 영혼을 노예로 삼는 것을 경멸한다. 비뚤어진 호기심은 언제나 너그러움의 반대이며 증오이기도 하다. 비뚤어진 사람은 호기심, 즉 증오를 자신과 어울린다고 생각하지 않기 때문이다. 너그러움에서 나오는 용서는 자애로부터 나오는 용서와는 다르다. 자애는 인간을 마지막까지 믿지만, 너그러움은 때로 인간을 묵살하기도 한다.

지배·자제(MAÎTRISE)

지배란 자신을 지배하는 것을 뜻한다. 인간이 지배자가 되면 단순히 모든 것을 알게 될 뿐만 아니라 자신의 모든 힘을 자유롭게 쓰게 된다. 사람들은 먼저 자신을 떠맡은 사람이 아니면 지배자라 하지 않는다.

저주(MALÉDICTION)

저주는 행복의 반대이며, 악의 엄숙한 통지이다. 저주의 특징인 확신에 찬 어조는, 깊은 뜻에서 저주받은 자의 두려운 상상력을 두드러지게 자극한다. 저주는 위협하고, 예언인 동시에 폭력이다. 저주는 예를 일부러 짓밟는다. 끊임없이 저주를 한다면 거기에 저항하는 사람은 아무도 없을 것이다. 그래서 저주받은 자는 파국으로 치닫는다.

유물론(MATÉRIALISME)

유물론은 사물과 인간을 소재로 하나의 관념으로, 우연히 흔들리는 사물의 조건 없는 운동과 인간을 뒤얽어 모든 것을 설명하고자 한다. 이런 관념은 또한 남보다 우위에 있는 자를 남보다 못한 자의 관점에서 설명하고자 하는 정신과 같다고 할 수 있다. 예를 들어 인간의 정신 사상을 뇌 안에 포함된 어떤 물질이라는 관점에서, 용기를 혈액의 열기와 혈압이라는 관점에서, 선의를 점액질이라는 관점에서, 정복을 지나친 인구라는 관점에서, 지성을 뇌의 무게와 형태라는 관점에서, 종교를 여러 직업의 관습이라는 관점에서, 혁명을 설비의 변화라는 관점에서 설명하려는 관념이다. 이 마지막 형태의 유물론은 칼 마르크스 이래 사적 유물론으로 불린다. 변증법적 유물론은 철학자에 따르면 남보다 못한 모든 조건들에 작동해서 억측을 변화시키려는 방법이다.

험담(MÉDISANCE)

험담은 바로 비방이다. 험담이 의도한 모든 것이 사실은 비방이다. 상대를 잘 알지 못하면서 골탕 먹이는 행위는 칭찬받지 못한다. 또 알면서 험담을 하는 행위도 마찬가지로 나쁘다. 변명이 허락되는 경우는 재판의 경우뿐이다. 그 경우에도 사실에 한정되고, 어떤 추측을 덧붙여서는 안 된다. 추측이 허락되는 범위는 상대에게 호의적인 추측, 그 사람에게 명예가 되는 추측뿐이다. 재판에서는 진실이 올바름이다. 올바름은 자애이다. 부정한 행위를 험담으로 억측하는 것은 옳지 못하다. 옳지 못한 행위인 도둑질조차도 험담으로 억측하는 것으로 증명할 수 없다. 부정을 증명하려는 것은 실수다.

많은 사람들이 의무인 경우에만 사람의 일을 말하도록 권한다. 사람들에 대해 말한다면, 그들에게는 괴물과도 같은 외모를 제거하기 위한 것뿐이라고 말하는 편이 좋다. 책망하기보다는 용서하는 편이 낫다.

거짓말(MENSONGE)

거짓말은 진실이 필요한 사람을 속이는 행위이다. 거짓말은 배임 행위이다. 거짓말은 적어도 남모르게 진실을 말하기로 약속한다. 나에게 길을 묻는 사람에게 진실을 말하는 것은 남몰래 구한 양해이다. 그러나 친구의 결점을 묻는 경우에는 다르다. 재판관 자신이 피의자의 친구, 고용주, 고용자인 경우 선고하지 않는 것을 허락하고 있다. 선고를 거부하는 것이 의무인 경우도 있다. 단, (고해와 관계가 있는 성직자의 경우) 선고를 거부하는 행위가 때로는 자백하는 행위가 되기도 한다. 거짓말을 하지 않겠다고 맹세하고 나서 거짓말을 하지 않으면 안 될까? 이것이 어려운 점이다. 부모, 교수, 재판관들은 이 어려움을 단순하게 판단하는 것이 좋다.

경멸·멸시(MÉPRIS)

경멸은 어떤 사람을 동포로 인정하지 않는 거부의 행위이다. 그때 사람은 그 사람의 명예, 판단, 하나의 말도 믿지 않는다. 그 사람에게 전혀 반응도 하지 않고, 그가 있는 것조차 신경쓰지 않는다. 경멸은 자애의 반대이다.

장점·공적(MÉRITE)

장점은 보상받아야만 마땅한 점, 즉 육체적 이익을 받아야만 마땅한 점이다. 따라서 장점은 현재로서는 아직 성공하지 않은 것, 오직 성공해야 마땅한 것을 가정하고 있다. 또한 마음의 보상을 받는 것조차도 아직 성공하지 않고 단지 성공해야 마땅한 일을 가정하고 있다. 마땅한 성공을 위해 용기 있는 노력이야말로 가치가 있다. 따라서 어떤 작품, 어떤 인간에게 장점이 있다고 말하는 것은 조심스러운 찬사이다.

살인(MEURTRE)

이것은 동포를 살해하는 것이다. 다만 의도된 살인인지, 짐작될 만한 것인지, 또는 어쩔 수 없는 것인지는 알 수 없다. 살인은 언제나 조사를 받는다. 왜냐하면 범죄를 못 본 체할 수 없기 때문이다. 과실치사가 살인과 다른 점은 우연한 사고라는 점이고, 살인은 사고가 아닌 실질적인 행위이며 우연은 아니라는 점이다.

기적(MIRACLE)

관습으로는 기적을 미리 알 수가 없다. 이해력으로는 설명할 수 없는 일, 즉 자연을 통해 일어나는 영웅적인 일을 기적이라 한다. 참된 기적은 인간에게 속한다.

신기루(MIRAGE)

신기루는 모래에서 피어오르는 열기에서 생기는 환상이다. 우리들의 욕망과 맞아 떨어지도록 기를 쓰고 미화하고자 하는 모든 예지력이다. 예를 들면 사막 한가운데에 있는 물을 보고 있다고 믿는 사람은, 자신이 무엇을 보고 있는지 잘 몰라도 물을 본다고 생각한다. 따라서 신기루란 그릇되게 생각한 것이다. 그것은 육체와 관계가 있다.

인간을 혐오하는 사람(MISANTHROPIE)

인간을 혐오하는 사람은 인간을 사랑하기 때문에 속았다고 성급하게 결론을 내리는 사람이다. 여기에는 큰 희망과 실망이 있다. 자애란 인간을 싫어하게 되지 않도록 하는 맹세이다.

도덕(MORALE)

도덕은 원리와 잠언이다. 또 공평한 증인이 옆 사람에게 권하는 모든 규칙이다. 도덕에는 어떤 불확실함도 없다. 어려운 것은 도덕의 실천이다. 주의를 하면서 도덕적 판단을 배우는 것이다. 도덕을 마음에 새겨 두고서 생각하게 되면 사람은 비난하는 것을 더 이상 즐거워하지 않을 것이다.

무거운 죄·죽어야 하는 사람(MORTEL)

무거운 죄를 지어 죽어야 하는 사람은 영혼(의지)를 죽이는 것이다. 죽음은 반드시 악마에서 비롯된다. 사람이 그 일을 생각하면 할수록 거기에서 벗어나기를 바라지 않게 되는, 그런 악마 같은 일에서 비롯된다. 예를 들면 선망이 악마이다. 질투를 느끼게 하는 기회를 발견하자마자 악마의 유혹은 시작된다. 모든 찬사와 공적을 질투하게끔 생각하고 있음을 알자마자. 그것은 절대적이라고 말하자마자. 사람들이 모두 이러이러하기 때문에 그것이 인간의 법칙이라고 단언하자마자.

이 때문에 죄의 사면(赦免)이 모습을 나타내게 된다. 왜냐하면 절대적인 의지와 영혼을 수정해야 하기 때문이다. 그리 가볍지 않은 잘못도 사면할 수 있다. 중대한 잘못을. 예를 들면 스스로 거의 반성하지 않으려고 하는 게으른 자를 벌할 수는 있지만, 오만해서 게으른 자는 벌을 내리지 않아도 된다. 왜냐하면 오만한 그는 벌 받기를 기다리고 있기 때문이다. 은총이 여기에서 그 뜻을 떨쳐 나타낸다.

'죽어야만 한다'는 것이 자신의 결정을 막고, 자신의 모든 사고에서 중요성을 빼앗아 버린 인간의 태도라면, 죽지 않는 몸으로 생각하고 행동하는 것은 영웅의 태도다.

순진함(NAÏVETÉ)

정확히 말하면 천진난만한 상태, 즉 모방과 유행을 따르지 않는 상태이다. 순진한 사람은 설득으로는 조금도 흔들리지 않고, 다른 사람의 의견을 듣지도 않는다. 그렇지만 감정에 치우치기 쉽기 때문에 의견에 민감하다. 따라서 순진함에서 벗어나야 한다. 이 순진함은 '자연스러움'과 같은 말이라 해도 좋다. 하지만 순진함이 어린시절의 자연스러운 천진난만한 것이라면, 자연스러운 것은 범죄 속에도 있다는 느낌의 차이가 있다.

필연(NÉCESSITÉ)

반대를 가정할 수 없는 것이 필연이다. 예를 들면 몇 개의 숫자가 이루는 조화는 그 숫자가 정해지는 순간 필연이 된다. 그 밖에는 있을 수 없다. 단순한 상태의 필연은 부분과 전체, 포함되는 물질들, 척도, 무게, 속도, 압력, 충돌, 그 밖에 비슷한 요소들 안에서 볼 수 있다. 사람은 그런 필연을 자연과 그 장치가 잘 모르는 데까지 확대한다. 예를 들면 설탕이 물에 녹고, 금이 수은에 융화되고, 비소는 독이라는 등등. 이 모든 경우에서 필연은 뚜렷하게 증명되지는 않지만, 항상성은 필연의 증표이다. 필연은 늘 가설에 근거한다는 사실을 알 것이다. 어떤 삼각형을 가정하면 필연적으로 삼각이 어우러지는 각도는 180도이다. 따라서 가정이 전제되지 않은 절대적 필연은 생각할 수 없다. 이런 지적은 숙명론을 극복하는 한 방법이다.

무관심(NÉGLIGENCE)

무관심이란 영혼의 위대함이 나타내는 보통의 결과이다. 왜냐하면 영혼의 위대함은 작은 것에는 거의 개의치 않기 때문이다. 무관심은 타고난 성격에서 비롯되는 경우도 있고, 전혀 가지고 있지 않은 경우에 얻어지기도 한다. 또는 흉내를 내서 허울뿐인 무관심도 있다.

신경질[을 잘 부리는 사람](NERVEUX)

신경질은 학문과 예술의 재능이 타고난 기질이다. 창백한 얼굴 빛, 빈약한 근육, 큰 두개골, 침착하지 못한 태도, 활기찬 표정들이 신경질을 잘 부리는 사람으로 보이는 증표이다. 침착하지 않아 머리가 자주 움직인다. 왜냐하면 신경질을 잘 부리는 사람은 그 대상과 만나기 때문이다. 그러나 충실하지 않아 잊기 쉽다. 신경질을 잘 부리는 사람은 자신의 행복을 위태롭게 하고 해를 끼치고자 하는 생각이 지나치다.

낙천주의(OPTIMISME)

비관주의를 멀리하고자 하는 의지에 근거한 판단이 낙천주의이다. 낙천주의는 자주 고통, 병, 죽음 때문에 내버려진다. 그러나 비관주의가 인간에 대한 판단에서 뛰어나다고 믿으려고 하는 그 순간에, 낙천주의가 승리를 거두고 만다. 왜냐하면 인간은 늘 자신이 바라면 적어도 그의 동포를 구할 수 있기 때문이다. 당연하게도 사람은 가장 좋지 않은 상황에서도 나쁘게 해석하지 않는 기질을 갖고 있다. 선을 구할 것이다. 잘 생각하면 이 호의는 정의이다. 좀 더 정확하게 말하면 이 호의를 구하는 것은, 인간을 혐오하는 대상이 거짓이라는 추측 속에서도 정의이다.

오만(ORGUEIL)

오만은 위엄의 감정, 자신을 낮추게 하고 공포를 느끼게 하는 것을 거부한다. 거기에는 목적을 벗어나고자 하는 격노가 들어 있다. 오만의 반대는 겸허함이지만 이것은 절도 있는 사고이다.

해학(PLAISANTERIE)

해학은 밝은 욕망이다. 이것은 정념에 맞서 웃음으로 몸을 지킨다. 해학으로부터 범죄로 이르는 경우는 없다. 많은 말, 소란스러움, 광고 등은 해학이다. 라블레는 모든 일들을 진지하게 하는 어리석은 자들을 겨냥했다. 어리석은 자들의 진지함은 유쾌함을 없애 버린다. 그 진지함은 범죄를 만든다. 사람이 혐오하는 대상을 바란다면 그것은 악덕이다. 그러나 무엇보다도 웃음을 바란다면 그것은 이미 악덕이 아니다. 이것은 술을 뜻한다. 왜냐하면 술을 마시는 행복이 마지막에는 다른 모든 것을 이길 수 있기 때문이다. 한편 모든 퇴폐스러운 행위들 속에 있는 모독의 관념은 해학과는 다르다.

평화(PAIX)

평화는 어떤 적도 모르고 누구의 불행도 기뻐하지 않는 인간의 상태이다. 평화가 가정되는 때는 무관심한 상태일 때뿐이고, 모든 것은 사람들 사이에서 이성과 인내로 해결되어 불행의 절정은 계속되지 않는다는 적극적인 신앙이다. 평화에 대한 신앙은 국가 사이에서도 같다고 말할 수 있다.

범신론(PANTHÉISME)

범신론은 모든 힘, 수림, 곡물, 암소, 이리, 강, 화산 등에게 제사를 드리는 자연의 종교이다. 이들은 모두가 하나로서 세계에서 유일한 신의 존재라 생각된다. 범신론은 모든 것이 신인 동시에 신이 완전한 존재임을 뜻한다.

부활제(PÂQUES)

부활제는 봄의 축제이다. 부활제는 자연과 정신의 사순절, 즉 마음을 다잡고 뉘우치는 때를 가정한다. 인간은 정신의 온갖 부활제를 만들어 내야 한다. 하지만 자연의 '부활제'는 세계, 자연과 굳은 약속을 새롭게 맺는 좋은 기회이다.

낙원(PARADIS)

영혼뿐인 인간들이 필연적인 지배에서 벗어나 있는 상상의 장소가 낙원이다. 그들은 낙원에서 어느 누구의 방해도 받지 않고 살 수 있으며 사랑할 수 있다. 낙원은 행복한 순간에서 본다면 좋은 세계이지만, 그 세계를 믿을 만하도록 행동해야 한다. 의심이 많은 사람들은 낙원의 나쁜 점은 지루함이라고 말하지만 제대로 표현한 견해이다.

용서(PARDON)

용서는 문자 그대로 아무런 대가를 바라지 않는 베풂으로서 의무를 져야 되는 것은 아니다. 용서는 올바름과는 맞지 않다. 올바름은 그 이상으로서, 먼저 속죄하고 먼저 뉘우치는 것이다. 용서란 죄인을 가능한 한 복수와 추궁에서 지켜주는 것이다. 죄인을 자신의 앞에 두고 그 죄인이 스스로 심판하도록 베푸는 것이다. 용서 안에 포함된 관념에서 보면 육체에 가해지는 형벌은 아무런 의미도 없고 해법도 되지 않는다. 그런 형벌은 모두 다른 사람을 위한 것이다. 따라서 용서 안에 포함된 관념은 복수의 정신을 경멸하는, 제한 없는 관념이다. 용서가 가져오는 이 의미는 절대명령이고, 또 하나의 생명, 즉 영혼의 명령이라고도 할 수 있는 마음(정신)과 관련된 생명과 깊은 관련이 있다.

정념(PASSION)

정념은 인간의 정감에서 가장 일반적인 단계이다. 감정이 없다면 정념도 없다. 단, 감정 그 자체는 운동을 내용으로 하며 행동으로써 없어진다. 나는 공포를 느끼면 도망치고, 욕망이 생기면 가진다. 나는 화가 나면 잡아 찢는다. 그래서 동물에게는 감정만 있다는 사실이 인정된다. 인간은 감정을 생각하고, 또 이 감정을 욕망하고 두려워한다. 감정이 생기는 것을 예견하고 발휘한다. 감정에서 자유로워지지만, 이런 모든 상념으로 말미암아 감정은 더욱 강해지고 만다. 거기에서 감정에 대해 아무것도 할 수 없다고 믿는다. 그리고 일종의 미신에 빠지고 만다. 이성과는 거리가 먼 이런 탐닉은 매력과 반발이 습관적인 감정을 일으키는 모든 사물들, 사람들에게까지 미치고 만다. 정념 안에는 괴로움이 있고, 말이 그 괴로움을 지시하고 있다. 유명한 예로, 유쾌, 분노, 공포의 지시에 대응한 사람, 그리고 야심과 인색함이 있다.

인내(PATIENCE)

인내는 절제의 한 형태로 생각대로 되지 않고 초조해서 몸을 가만히 있지 못하는 행위에 대비된다. 몸을 가만히 있지 못하면 끝내 아무것도 얻지 못하므로 성급한 사람은 실망감을 맛본다. 그리고 전력을 다하지 않으면 때로는 계획을 포기해 버린다. 농부의 생활은 인내이다. 왜냐하면 만일 사람이 싹이 트게 하는 일을 빠르게 할 수 없다면, 이틀 만에 암소를 만들어 낼 수도 없기 때문이다. 인내는 성급한 사람에게 발휘되어야 의미가 있다.

조국(PATRIE)

종족, 언어, 역사의 통일이 요구하는 희생을 통해 사람들을 연결시키는 것이 조국이다. 전쟁에서는 조국애가 대단해서, 그 전쟁으로 화를 입으면 절망하게 된다. 조국에서 인류에 이르는 경우는 없다. 조국은 민중을 자신 안에 넣어 버리고 민중 쪽으로는 가지 않는다. 조국은 제국주의를 끝장낸다. 그러나 이 오만한 제국주의 감정은 용기와 찬탄으로써 더욱 높아진다. 그런 이유에서 그 감정은 분노, 증오, 잔혹함을 용서하고, 아니 명예로운 것으로 만든다. 사람이 엄밀한 의미로 조국의 은혜를 입는 것을 인정하고, 다른 모든 감정을 함부로 짓밟는 미친 사랑에 결코 약해지지 않으려고 하는 자세야말로 지혜이다.

죄(PÉCHÉ)

죄는 주를 더럽히는 허물이다. 죄에는 주가 그 죄를 부끄러워하는 느낌이 있다. 주가 죄를 저지른 사람이라는 까닭도 있다. 가장 큰 죄는 정신에 대한 죄라고 자주 이야기한다. 잘 생각해 보면 정신에 대한 죄야말로 단 하나의 죄이다. 죄와 범죄가 다른 까닭은 죄는 죄를 저지른 당사자에게 돌아오는 결과만을 문제시하기 때문이다.

속죄(PÉNITENCE)

속죄는 죄를 지은 사람이 스스로 받는 처벌이다. 즐거움과 고민에 대해 강한 의지를 가질 수 있음을 자신에게 증명하기 위한 처벌이다. 그리고 이 증명으로 사람은 뉘우칠 수 있게 된다.

사고(PENSER)

사고는 정신에 나타나는 것을 재는 것, 정신의 판단을 정지하는 것, 스스로를 판단하는 것, 그리고 자의에 빠지지 않도록 하는 것이다. 생각이란 하나의 관념에서 그 관념과 대립하는 모든 사고들에까지 감으로써, 모든 사고들을 현재의 사고와 조화시키고자 하는 행위이다. 따라서 생각하는 행위란 자연스러운 사고를 거부하는 것이고, 근본적으로는 자연을 거부하는 것이다. 실제로 자연은 사고를 판단하지는 않기 때문이다. 생각하는 바가 드러나기까지는 바르지는 않다고 판단한다. 결국 생각하는 행위란 오랫동안 꾸려 나가는 것이고, 완성된 평화이다.

비관주의(PESSIMISME)

비관주의란 자연스러운 주의이고, 그 비관주의를 용서하게 하고 싱겁게 만드는 요인들은 많다. 왜냐하면 누구나 슬픔, 고뇌, 병, 죽음을 피할 수 없기 때문이다. 비관주의는 엄밀히 말하면 현재는 불행하지 않지만, 이 불행들을 예견한 인간의 판단이다. 비관주의는 자연과 체계의 형태로 표현되고 모든 계획, 모든 기획, 모든 감정의 나쁜 결말을 예언한다. 비관주의의 기질은 의지를 믿지 않는 기질이다. 한편 낙관주의는 의지에 근거한 것이다.

공포(PEUR)

공포는 감정의 가장 처음 것으로 갑자기 놀라면서 생긴다. 놀라면 사람은 자신도 모르게 뛰어오르고 만다. 그 원인은 모든 근육이 놀라 갑자기 무질서해지고 혈액순환이 잘 되지 않기 때문이다. 이 병은 공포를 더 느끼는 마음의 병을 키운다. 공포는 용기의 재료이다.

철학(PHILOSOPHIE)

철학은 거의 모든 선이, 또 거의 모든 욕망이 헛되다고 생각함으로써 실망과 굴욕을 스스로 더 경계하는 영혼의 안배이다. 철학자의 목표는 자연스럽고 자신에게 거짓말을 하지 않는 사실들만을 알아차리는 일이다. 철학자의 결점은 쉽게 비난하고 의심을 품는다는 점이다.

경건(PIÉTÉ)

경건은 남보다 못한 사람이 뛰어난 사람에게 갖는 사랑이다. 자식이 부모에게 갖는 경건한 마음이 신에게도 향한다. 이것은 판단되지 않는다. 경건은 어떤 기분의 혼란도 용서하지 않으므로, 또 하나의 예의바름이며 결코 형식을 경멸하지 않고, 또 어떤 엄숙함도 경멸하지 않는다. 경건은 정화된 감정의 한 예이다.

즐거움(PLAISIR)

즐거움은 계속 그대로 있기를 바라게 되는 감정, 인간이 추구하는 감정이다. 즐거움은 몇 개의 사물과 상황에 의존한다. 예를 들어 나는 사과와 딸기, 여름에는 아이스크림을 먹으면 기분이 좋다. 겨울에는 따뜻하고, 몽상하는 것에서, 그리고 바닷가를 걷는 산책, 등산, 경마로 하는 내기 등에서 즐거움을 얻는다. 즐거움에만 있는 성질은 어떤 방법을 통해 즐거움을 얻는 것이다. 이에 비해 행복은 영혼의 안배에 의존하고, 우리들을 둘러싼 여러 대상과 존재에는 그다지 의존하지 않는다.

플라톤주의(PLATONISME)

플라톤주의는 육체의 아름다움은 완전한 영혼의 증표라고 생각하는, 하나의 이상적 사랑이다. 그런 완전한 영혼이야말로 중대한 관심사라고 주장한다. 사랑은 지속과 행복을, 그리고 사랑받는 완전한 대상을 구한다는 관점에서 정신적이다. 그런 완전함은 균형, 관계, 적합성 등 영혼과 관련된 요소들을 통해서만 존재한다는 사실을 내용으로 한다. 예를 들면, 영혼의 고귀함이다. 미천함이 결국 영혼 안에도 존재함을 뜻한다. 따라서 우리들이 싫어하는 것을 사랑하는 것은 결국 영혼이다. 바꿔 말하면 영혼은 어떤 판단, 어떤 느낌, 어떤 자유의 행사이다.

시(POÉSIE)

문학 작품에서 시는 처음으로, 언어 안에 숨겨진 생리적 조화와 음률적인 친근함으로부터 착상을 얻었다. 보이지 않던 사고의 기교를 그런 방법으로 발견한 것 외에, 시는 아주 평범한 사고에서도 연설가와 산문가가 줄 수 없었던 강한 힘과 효과를 준다.

논쟁(POLÉMIQUE)

논쟁은 말싸움이다. 논쟁은 반론자를 격파하기 위한 것이지, 진리를 말하거나 발견하기 위한 것은 아니다. 말의 평화를 지키기 위해서는 반론자가 하는 말을 진실로 보고, 단 그 진실을 설명만으로 끝나게 해서는 안 되고 발견해야 한다. 논쟁의 공포스러운 점은 싸움으로 말미암아 다른 데까지 끌려들어 가고 사람이 어리석게 되어 버리는 것이다.

경찰(POLICE)

경찰은 일의 분할로써 조직된 안전 장치, 특히 잠을 자고 있을 때 필요한 보호장치이다. 이 보호장치는 순찰을 전제로 한다. 경찰은 단순히 방위하는 것이다. 경찰의 주요한 역할은 보는 일과 예견하는 것이다. 무언가를 방어하기 위해서는 보고 예견하는 것으로 충분하다. 특정 임무 이외에는 모든 시민은 경찰의 일부를 맡고, 경찰에 협력하는 게 의무이다. 경찰의 수준은 문명을 이루는 하나의 요소이고, 문명은 덕을 행하는 모든 외부 수단들을 포함한다.

예의(POLITESSE)

예의는 증표를 주고받는 행위이다. 예의바름의 첫 번째 규칙은 그 예의를 바라지 않으면 어떤 예의의 증표도 보이지 않는다는 것이다. 두 번째 규칙은 예의의 증표를 보이더라도 그 증표 안에 의도가 보이지 않도록 한다는 것이다. 세 번째 규칙은 무엇을 하더라도 온화함을 잊어서는 안 된다는 것이다. 네 번째 규칙으로는 결코 자신의 일은 생각하지 않아야 한다는 것이고, 다섯 번째 규칙은 유행을 따른다는 것이다.

실증주의(POSITIVISME)

실증주의는 오귀스트 콩트가 자신의 사고체계에 붙인 이름이고 공통언어 속에 있는 공정함을 뜻하며, 또 처리수단에서의 논리를, 경험에 근거한 결론을 뜻한다. 실증에 근거한 것은 관념에 근거한 것과 대립한다.

소유(POSSESSION)

소유는 소유권에 대립하는 사실이다. 소유는 어떤 대상을 목적에 맞게 쓰고 있는 사실이며, 소유권은 재판관이 인정한 권한이다.

속단(PRÉCIPITATION)

속단은 우리들이 충분히 맛보지 못한 미숙한 생각에서 나온 잘못의 한 원인이다. 실행할 수 없는 속단도 있지만, 바라지 않는 속단도 있다. 원하지 않았던 뜻밖의 속단은 우리들이 자신을 확실한 존재로 믿고 있을 때, 또는 다른 사람보다 먼저 행할 때, 또는 단순히 문득 떠오른 생각에 달려들 때 일어난다.

예정설(PRÉDESTINATION)

예정설은 어떤 존재의 미래가 어떤 일이 일어나든 중요한 몇 가지 점에서는 결정되어 있다는 사상이다. 예를 들면, 재산이 풍족하지만 난폭한 사람은 어리석고 난폭한 사람이 된다고 대부분은 예정되어 있다. 또 의심 많은 사람은 운명이 그에게 귀중한 친구를 주더라도 의심이 많아 우정을 엉망으로 만들 것이라고 예정되어 있다. 따라서 예정설은 육체보다는 정신과 관련된 것이 우세함을 나타낸다. 그러므로 예정설은 기회와 상황에 따라 모든 것이 결정된다는 숙명론의 정반대이다. 예를 들면 신이 숙명적인 상황에 대해 아무것도 할 수 없다는 사실은, 신이 그 상황을 바꿀 힘이 있음을 인정하지 않는 것이다. 그러나 신이 예정된 상황에 대해 아무것도 할 수 없다고 생각하는 것은, 신이 성격을 바꿀 힘이 있음을 인정하지 않는 것이다.

예언(PRÉDICTION)

호의적인 예언은 용기를 주고, 또 그 예언이 이루어지면 힘을 얻게 된다. 왜냐하면 예언의 대상이 되는 존재가 그 경우에는 좀 더 많은 확신과 인내와 끈기를 발휘하기 때문이다. 호의적이지 않은 예언은 취소해야만 하는데, 그 이유는 그런 불미스러운 예언이 미리 경고하고, 사람들이 깊이 마음에 새겨 조심하도록 만들기 때문이다. 그것이 보통 예언의 효과이다. 그러나 예언의 반대 효과, 즉 심각하지도 긴장시키지도 않는 예언은 상상력의 힘을 바탕으로 하여 이루어지는 경멸이다. 왜냐하면 예언은 정신과 관계된 상황 속에서 정신으로 되돌아가 꼼짝 못하게 하는 관념이며, 절박한 숙명의 관념을 불러오기 때문이다. 사람은 그렇게 되면 망설이지 말고 행동해야 하는데도 하지 않는다. 그래서 예언의 하나인 저주의 느낌이 영향을 미친다. 또 불행이 닥칠 수 있다고 생각하는 것도 위험하다. 왜냐하면 그럼으로써 자신에게 불행이 닥치기 때문이다. 이런 생각이 불행을 초래한다고 한다. 예언에 대비해 할 수 있는 최선의 일은 그것을 잊는 것이다.

예측(PRÉJUGÉ)

예측은 알기 전에 판단된 것이다. 예측이 있으면 사람들은 배울 수 없게 된다. 예측은 감정에서 나오는데, 증오의 감정은 나쁜 예측을 좋아한다. 예측은 의견을 바꾸도록 권고하는 오만에서 비롯되기도 하고, 또는 오래된 사고방식에 따른 관습에서, 또는 탐구와 음미를 좋아하지 않는 게으름에서 비롯되기도 한다. 하지만 예측을 지배하는 가장 큰 요인은 올바른 생각이다. 자기에 대한 믿음 없이는 어떤 진리도 존재하지 않는다는 올바른 생각이다. 그러므로 사람은 모든 새로운 의견을 정당한 정신에 대응하는 책략으로 보게 된다. 그런 고결한 감정에 지배되는 예측, 그것이 비판없는 믿음이다.

고의(PRÉMÉDITATION)

고의에 근거한 즉 의도한 행동이란 먼저 구상하고 선택하여 숙고한 행동, 그 결과로서 기회가 찾아오는 듯한 행동이다. 또한 반대로, 전혀 생각지 못한 상황, 급하게 상황에 쫓겨 저질러진 죄이다. 이런 의도한 행동의 상황들은 참작해야만 하는 이유가 된다. 반대로 그런 의도는 죄를 무겁게 하기도 한다. 왜냐하면 그런 의도 자체가 이미 잘못된 실수이기 때문이다. 그렇지만 그런 의도 자체만을 벌하는 것은 관례가 아니다. 예를 들어 증거가 있어도 그렇다. 발자크의 《붉은 여관》에서 보면, 일부러 나쁜 마음을 품은 것이 뉘우치는 노력으로 변호받지 못했기 때문에 죄로서 벌을 받는 경우가 있다. 왜냐하면 미리 계획한 사람은 실행하지 않았다 하더라도 유죄이기 때문이다. 고의와 대조되는 것은 모든 분노와 격정이다.

징조(PRÉSAGE)

징조는 성공을 의심하게 만드는 듯한, 또는 의심하지 않게 만드는 듯한 강렬한 인상이다. 대대로 이어 가는 듯 보이는 징조로서는, 새가 왼쪽에서 나온다든가, 또는 토끼가 앞을 가로지른다든가 하는 것이 있다. 이런 징조들은 어부와 덫을 놓은 사람의 경험에서 나온 것이다. 스스로 얻은 징조도 있다. 이 가운데 스스로 얻은 징조들은 우유부단을 고쳐주고 적어도 구제 수단을 약속해 준다. 또한 경험에서 나온 징조들은 언제나 현실적인 의미에서 생각할 필요가 있다. 앞을 가로지르는 토끼는 모든 짐승들이 경계한다는 것이다. 새나 어치가 우는 징조는 다른 어부가 있음을 경고하는 것이다. 언짢은 사람이 나타나는 징조는 적이 공격해 오고 있음을 뜻한다. 이런 징조들이 간파되면 실행이 잘 되지 않을 것을 뜻한다.

증거(PREUVE)

증거는 우리들 사고가 알맞게 되도록 맞추어진 짜임새이고, 이것으로 우리들은 확인하거나 의심한다. 좋은 증거도 있지만 나쁜 증거도 있다. 어떤 증거에 아무 대답도 할 수 없다는 것은 아직 어느 것도 증명되지 않았다는 말이다. 증거는 조사해서 공공연히 비판하기를 바란다. 자신이 예전에 조사한 적이 있고 지금은 조사하지 않아도 믿을 수 있는 증거 위에 있다는 사실을 알고 있다면, 새로운 증거에 굽히지 않도록 정신을 혼란스럽게 하지 않는 것이 지혜롭다. 그렇게 생각된 예측에는 도리에 어울리는 무언가가 있다. 그래서 학자들의 의견의 일치는 곧 사람이 아직 생각하지도 않은 증거에 대한 아주 유력한 반증이다. 순진한 사람은 새롭고 유력한 증거를 한 번도 돌이켜 보지 않는데 종종 놀라곤 한다. 이렇게 증거를 돌이켜 보지 않는 것은 강한 정신임을 보여준다. 증거를 앞에 두고 달아나는 것은 약한 정신임을 보여준다.

자신을 증명하는, 또는 시험해 본다는 것은 어려운 행위의 실행이다. 그것은 자신을 증명할 수 있다고 보는 행위이다. 그에 비해 자신을 증명하지 못한 사람이 약속하는 것만으로는 의미가 없다.

기도(PRIÈRE)

기도는 들어주기를 바라면서 정당한 바람을 나타내는 행위이다. 사람은 훌륭한 계획을 성취하기를 기도한다. 비겁한 행동으로 망상을 버리지 못하고 집착에서 해방되도록 기도한다. 기도는 반드시 소망을 확고히 할 수 있으며, 그 소망을 확실히 나타내고 근거를 밝힌다. 따라서 모든 기도는 신앙과도 같다. 왜냐하면 기도는 신앙이고 신앙을 언제나 단단하게 만들기 때문에 좋은 행동이 나온다. 또한 기도로써 자신이 바라는 바를 알고 그것을 판가름하기 때문이다. 사람을 심판하는 것은 그 사람의 기도와 신에 따른다.

진보(PROGRÈS)

진보란 오랫동안 알아차리지 못했던 변화이다. 진보로 말미암아 외부 힘에 맞서는 의지의 승리가 흔들리지 않게 된다. 나는 내가 바라는 바 대로 할 수 있다. 모든 진보는 자유에 속한다. 예를 들면 아침에 일어나거나, 악보를 읽거나, 예의바르게 처신하거나, 화를 참거나, 질투하지 않거나, 확실하게 말하거나,

읽기 쉽도록 쓰거나 하는 등이다. 사람들은 모두 평화를 지키고, 부정과 빈곤을 줄이며, 모든 아이들을 교육하고, 환자를 간호할 수 있다.

반대로 진화란 우리들을 알게 모르게 멋진 계획으로부터 멀어지게 함으로써 우리들을 비인간적인 자연의 힘에 복종하도록 만드는 변화이다. '나는 진화했다'라고 말하는 사람은 때로 미리 나아갔었다는 사실을 이해시키려 하지만 그것은 불가능하다. 언어가 그것을 허락하지 않기 때문이다.

반사(REFLEXE)

사람이 반사라고 부르는 것은, 몸이 의지와 반대되는 일정한 자극에 반응한다는 아주 복잡한, 본능에 근거한 운동이다. 예를 들면 한 번에 씹는 음식의 양이 목구멍 부근의 입안 부분 한 곳에 압력을 가하면 음식이 자동으로 삼켜진다. 게우는 것도 하나의 반사이다. 강렬한 빛에 반사하는 작용으로 눈동자가 작아지거나, 손이 가까이 가면 눈꺼풀이 감기는 현상들이 모두 반사 작용이다. 놀라면 심장 고동소리가 커지고, 피부가 추위를 느끼면 혈액은 피부 근처로 모여든다. 자신의 얼굴을 생각하면 피가 얼굴로 올라간다. 이렇듯 모든 생명은 반사로 이루어져 있다. 이런 자연 반사로 습득된 무의식적인 운동을 더 할 수 있다. 예를 들면 기수와 비행사의 기술은, 의식적인 운동보다도 빠르고 확실하게 익힌 반사 작용을 통해 행해진다. 널리 사용되게 된 반사 작용이라는 말은 가장 뛰어난 운동은 아니라는 점에 주의해야 한다. 왜냐하면 육체의 반사 작용은 정신의 반성 작용과 비슷해서 정신의 반성을 배제하기 때문이다.

후회(REGRET)

후회는 이미 일어나 버린 일을 그렇지 않았다면 좋았을 걸, 또는 일어나지 않았다면 좋았을 걸, 하는 생각이다. 후회는 회한이나 회개에서 변한 것이다. 후회 그 자체에는 과거를 동반한 슬픔이 있을 뿐이고, 책임을 져야 했다는 관념이 들어가 있지는 않다. 후회가 가진 모든 역할은 사물에 질서를 주는 것이다.

종교(RELIGION)

종교는 증거가 없든 증거에 반대되든 의지에 근거해서 믿는 것을 내용으로 한다. 가장 높은 가치인 정신, 여러 가치의 심판관이기도 한 정신은 현상 안에서 더불어 존재하고, 역사를 읽을 수 있는 자는 현상 안에서 현상으로부터 계시를 받는다. 종교 안에는 여러 단계가 있다. 희망의 종교는 깊은 뜻에서 자연을 선이라고 믿는다(범신론). 자애의 종교는 인간의 본성이 깊은 뜻에서 선하다고 믿는다(영웅숭배). 신앙의 종교는 정신이 자유라고 믿는다. 그래서 신앙의 종교는 어떤 인간에게도 희망을 가지도록 하고, 자연에는 우리를 적대시했던 계획이 들어 있지 않다고 믿도록 분류된다. 종교는 철학이 아니라 역사이다. 어떤 사건이든 정신을 명시하지만, 한결 기적과도 같은 사건도 있다. 사건은 한 번만 일어난다. 제사는 이 사건들의 중요성을 기념하는 것을 내용으로 한다. 이는 인간과 절대 정신 사이, 즉 인간과 인간의 정신 사이의 공적이고 친밀한 관계를 지키기 위해서이다.

훈계(REMONTRANCE)

훈계는 아주 조리 있게 잘 하는 말이다. 훈계는 죄를 저지른 사람의 정신에 잊힌 사실을 불러일으키는 것이다. 훈계하지만 비난하지는 않는다. 그래서 훈계는 그저 불쑥 내밀어진 과거의 거울과 같다.

회한(REMORDS)

회한은 실수에 대한 후회로 희망이 없다. 이것은 단지 벌이 무서워서가 아니다. 회한에는 자신에 대한 공포와 혐오가 들어 있다. 오만일 리는 없고, 다른 사람이 되고 싶다고 생각하지 않는다. 더욱이 사람은 자신을 자연의 힘 가운데 하나라고 본다는 운명론을 통해 마음속에서 스스로의 생각을 강하고 튼튼하게 한다. 모든 사람이 그렇게 운명론에 미루고 자신들은 큰 죄가 없다고 생각하고 싶어 한다. 그래서 회한 안에는 어떤 사상이 들어 있고, 또 잘못을 저질러도 자신을 지키려고 한다. 반대로 진정한 덕의 번쩍이는 빛은 회한을 없애 버린다(《레 미제라블》 성직자가 보고 싶다).

명성(RENOMMÉE)

명성(名聲)이라는 말이 보여주듯이 어떤 이름을 소리 높여 되풀이한 것이다. 명성은 이유를 말하지 않는다. 자크와 우연히 만났을 뿐, 자크의 작품 가운데 한 줄도 읽지 않은 군인의 눈에는, 자크가 가진 것은 명성뿐으로 보였다.

회개(REPENTIR)

회개는 모든 사고를 미래로 향하게 함으로써 회한을 버린 마음의 변화이다. 회개하는 영혼이란 자유의지를 믿는 것이고 자유로운 신, 달리 말하면 은혜의 신을 믿는 것과 같다. 그때 사람은 포상과 시련을 자유의지를 시험하는 것으로 받아들인다. 그래서 처벌은 처벌받는 사람에게 드러내는 경의이고, 회개는 처벌과 속죄를 구한다.

질책(RÉPRIMANDE)

질책은 훈계보다 강하지만 비난보다는 약하다. 질책은 스스로에게 압력, 즉 억제력을 가해야 한다는 충고이다. 그리고 자기 통제를 해야 한다는 단순 경고이다.

규탄(RÉPROBATION)

규탄은 일반 사람들의 확고하고 엄격한 비난으로, 주로 일반 사상을 통해 이런 엄격한 비난을 하게 된다.

비난(REPROCHE)

누구든 자발적으로는 보고 싶어하지 않는 것을 눈앞에 들이대고, 상대가 음미하도록 하는 행위가 비난이다. 비난에는 훈계 이상으로 문제를 의심해 그 문제에서 벗어나지 않도록 하는 효과가 있다. 비난에는 집요함이 있다. 예를 들면 실패라든가 빈곤 등, 책망할 수 없는 것까지 비난할 수 있다.

체념(RÉSIGNATION)

체념은 말 그대로는 포기하는 행위, 즉 받아들이는 행위, 힘 또는 권위를 책임지워 맡기는 행위이다. 따라서 체념에는 이미 일어난 일을 바꾸기 위해 이제는 아무 일도 하지 않으리라는 뜻이 포함된다.

결단(RÉSOLUTION)

결단의 순간은 혼란이 사라져 버린 순간이다. 정신적 곤경에서 벗어난 순간, 사고가 바로 전 단계에서 갇히지 않고, 같은 곤경이 두 번 다시 일어나지 않으리라고 생각해서 다시 나아가기 시작한 순간이다. 마지막 판단은 결단 안에 어떤 의지의 역할을 나타낸다. 방황과 후회 등은 생각하지 않으리라고 맹세한다. 결단이란 사실 생각했던 것보다 쉽다. 단, 할 수 있다고 굳게 믿어야 한다.

꿈(RÊVE)

꿈은 충분하지 못한 여건의 상태이다. 즉 감각이 거의 없고, 신체가 거의 움직이지 않으며, 정신이 거의 무관심한 때 형성되는 순진한 지각 상태이다. 예를 들면 눈부심은 화재를 생각나게 하고, 물에 갠 겨자는 덤불 속 가시를 떠올리게 한다. 한편 자각은 감각을 움직인다. 그래서 진정한 대상을 발견한다.

꿈은 의식이 깨어나도 이어지는 무관심의 명령이다. 그러므로 꿈이 없어도 별다를 것은 없다. 무서운 꿈이라도, 그 꿈은 믿어버릴 정도로 영향을 주지는 않는다.

성사(SACREMENT)

성사(聖事)란 전통이 규정한 의식, 우리들의 약속이나 결단, 맹세를 받아들인 경덕(敬德)이라는 중재자가 집행하는 의식이다. 성사는 공적인 의식이다(결혼). 때로는 사적이다(세례). 때로는 은밀하다(고해와 사면). 모든 경우에 증인이 있고 의지의 변화에 주목한다. 또한 취소할 수 없다는 의미를 보여준다. 모든 성사는 인간에게 의지에 따라 새로운 법칙을 준다. 그 의지는 증인 앞에서, 자신 앞에서 또 신 앞에서 하나의 법칙이 된다. 이 마지막 신 앞에서라는 말은 성사가 죽어야 하는 인간, 변하기 쉬운 약한 인간에 의존하지는 않는다는 뜻이다. 그렇지 않고 성사는 죽지 않는, 쉽지 않은 심판인 정신에 의존함을 나타낸다. 이 성사라는 조건이 없으면 약속은 있을 수 없다. 성사가 진실로 보이기 때문에 약속이 가치를 갖는 것이다.

예지(SAGESSE)

예지는 분노를 극복하는 덕이다. 이해가 얽힌 논쟁과 오만한 논쟁에서는 격노하는 것이 보통이다. 그런 상황이 아니더라도 정신은 진리를 사랑하는 것, 또는 상황에 딱 들어맞는 생각, 비판 없는 믿음, 심각한 편견 등으로 성급하게 판단하기 쉽다. 누구든 자신도 다르지 않다고 생각하기 때문에, 예지는 모든 성급한 판단과 선입관에 쉽게 빠지지 않도록 하는 진리이다. 그러므로 예지는 알게 된 사실과 받아들인 사실을 다시 묻고 확실히 하기 위해 의심을 갖는다.

오열(SANGLOT)

오열은 목숨을 끊는 듯한 슬픔에서 죄어오는 결말이다. 웃을 때와 똑같은 심한 경련이 일어나고 호흡이 가빠진다. 언제나 똑같은 불행을 생각하게 하고, 또 그런 일이 되풀이된다. 오열하면 사고가 더 강해지고 생명력은 사라져 간다.

다혈질[인 사람](SANGUIN)

다혈질인 사람은 근육이 다부지고, 혈색이 좋으며, 곱슬머리에 번뜩이는 눈초리를 지니는 등 보기에 활발하게 행동하고 과감하다. 화를 잘 내고 잘 잊어버린다. 그래서 또 잘 용서하고, 주로 용서가 필요하다. 생각은 모두 야심으로 일관성이 없으나 실행하는 데는 안성맞춤이다.

회의주의(SCEPTICISME)

모든 일들의 내용을 새겨서 생각하고자 하는 사람, 즉 판단되는 어떤 일도 인정하지 않는 사람의 상태 또는 그 움직임을 가리킨다. 모든 사람이 믿고 있고, 말하는 바를 의심한다. 그리고 신성한 것, 즉 금지된 것에 맞선다. 행복을 부정하는 태도로 의심하는 것이야말로 회의주의자를 정의하는 말이다. 그래서 가능한 모든 인간의 악(예를 들면 전쟁, 박해, 개인에 관계된 범죄, 결투, 싸움 등)은 모두 독단론에서 나왔다고 생각한다.

감정(SENTIMENT)

감정은 정감의 최고 단계이다. 한편으로 가장 낮은 단계는 한때의 감정이다. 감정은 겉으로 드러난 흥분과 본능에 근거한 반응(겁내기, 울음, 부끄러움)을 끌어 일으키고, 갑자기 복받친다. 중간 단계는 정념이다. 이것은 한때의 감정에 따른 반성이나, 또는 한때의 감정에 대한 공포, 욕망, 예언, 저주를 말한다. 예를 들면 공포는 한때의 감정이고, 비열함은 정념이라고 말할 수 있다. 이 공포와 비열함에 대응하는 감정은 용기이다. 모든 감정은 의지를 되찾음으로써 생긴다(예를 들면 사람은 사랑하기를 맹세한다). 그리고 근본적인 감정은 자유의지의 감정(또는 위엄, 또는 데카르트가 말했듯이 고매한 감정)이다. 이런 감정에는 무언가 숭고한 면이 있어, 그런 숭고함이 개인적 감정에 드러난다. 감정의 수준은 인간이 바라는 대로의 느낌에 따른다고 주장하지만, 결코 그렇지않다. 감정이 극복된 뒤에 한때의 예민한 감정과 정념이 남아 있는 정도가 감정의 내용을 이룬다. 실례로 용기 안에 남아 있는 공포의 잔영, 사랑 안에 남아 있는 욕망, 자애 속에 남아 있는 상처의 정도이다. 감정은 더 깊은 것이 나오는 원천임을 알 수 있다.

진심(SÉRIEUX)

중대함을 예견한 순간에 사람의 마음은 진심이다. 진심은 기대가 있지만 그 기대를 잃을까 걱정하기도 한다. 진심은 경고한다. 진심에는 언제라도 경박해질 수 있다는 느낌이 있다. 진심을 나름대로 그 내용을 새겨서 생각해볼 필요가 있으므로 진심은 원치 않으면 외투처럼 벗을 수 있다. 나는 진심이다, 이 진심은 스스로 바라기 때문이므로 언제까지나 그럴 수는 없다. 진실로 진심은 주목을 받는 것인가!

비굴(SERVILITÉ)

비굴함은 추종하는 행위의 본 모습이다. 먼저 실행되고 승인되면 모든 비굴함과 행위는 합쳐진다. 비굴함은 명령을 기다리지 못하고, 그 명령을 성급히 바라며 돌진한다. 그래서 비굴함은 호감을 받지 못한다. 폭군에게는 이미 복종이 있고, 상대의 복종에 모든 명령은 취소될 수 없다. 비굴함은 폭군을 위험하게 한다. 또 폭군 자신이 이 비굴함을 좋아할 수 없음을 알고 있다. 거기에서 이런 폭군의 슬픈 얼굴이 나온다.

진지(SINCÉRITÉ)

진지함은 가장 모호한 말 중 하나이다. 사람은 숨길 수 없는 것을 진지함이라 부르지만 사실 진지함은 숨길 수도 있다. 왜냐하면 그것을 전혀 믿을 수 없기 때문이다. 숨기려고 하는 마음은, 생각지도 못한 것을 당황해 말해 버리고 말았을 때 겁쟁이들이 보이는 본능이기 때문이다. 진지함은 사고가 필요하고, 무엇보다 확실성이 필요하다. 사람이 진지하다고 말할 수 있는 것은 상대를 의심하지 않고 천천히 자신의 생각을 설명할 시간이 있는 경우뿐이다. 이런 우호적인 상황 말고는, 가장 진지한 사람은 자신이 잘못을 저질렀던 것은 말하지 않고, 또 오해살 만한 것은 이야기하지 않고 잠자코 있는 것을 규칙으로 한다. 물론 확실한 생각이 아니라면 반드시 가만히 있는 태도를 규칙으로 한다. 그래서 진지함은 누군가를 판단해야만 하는 때 또는 누군가로 하여금 찬성 여부를 가려달라고 해야 할 때 진지해진다. 생각나는 대로 말하는 경솔한 사람은 진지하다고 말할 수 없다. 진지함은 경솔한 생각에서 벗어나 있지 않으면 그것과는 상관이 없다.

사회주의(SOCIALISME)

사회주의는 이성에 따라 사회를 건설하려고 하는 모든 설교이다. 그런데 이 사회주의라는 설교에는, 먼저 이성에서 생긴 불확실함이 저항하고, 본성에서 생긴 이런저런 곤란함이 저항한다. 따라서 사회주의는 개인의 권리를 크게 제한하는 이성의 지배력에 사회주의의 참가자를 언제나 복종시키려고 한다. 그렇지만 사회가 받아들이는 한, 또는 그것에 기대는 한, 지배력의 적용이 제한되는 사회는 사회주의의 성향을 띤다. 반대로 강제된 모든 사회는 전제주의이다.

사회(SOCIÉTÉ)

사회는 연대하고 있는 동포들의 집단이다. 일부는 자연스러운 연대 상태에 있고, 일부는 의지에 근거한 연대에 있다. 사회적으로 연결해주는 요소들 중 일부는 사실로 선택될 가능성이 없는 것, 일부는 강제된 것, 일부는 선택한 것, 또는 의지로써 확인된 것들이다. 사회를 이루는 데서 생겨나는 모순은 모두 이런 뒤섞임에서 생겨난다. 우연한 측면과 우애의 측면을 갖지 않는 단체를 사회라 부를 수는 없다. 사회 계약이란, 이렇다 할 사항들을 좋아한다고 의지로써 파악한 것에 지나지 않는다. 어떤 계약으로 이루어진 사회는 참된 사회가 아니다. 어떤 은행이 파산 위기에 처하면 모두가 예금을 빼내고 은행을 버린다. 진정한 사회는 가족, 친구로 만들어지는데 말이다.

연대성(SOLIDARITÉ)

연대성은 은유적으로 이해된 견고성으로 우리들의 운명을 다른 누군가의 운명과 결부시켜 준다. 우리들은 흑사병과 홍수, 화재, 약탈의 위협에 연대하고 있다. 우리들이 연대를 위해 의지하려는 것이다. 우리들은 또 불운을 나눠 갖자고 맹세함으로써 누군가와 연대할 수 있다. 다른 사람을 통해, 또는 법을 통해 우리들은 반드시 혈연관계, 우정, 협력으로 사람들과 맺어진다. 연대성은 타당한 것도 아니고 반드시 옳은 것도 아니다.

잠(SOMMEIL)

노폐물이 빠지지 않는 생물에게는 충분한 수면, 휴식이 필요하다. 자지 않으면 활동이 둔해지고 반수면 상태가 된다. 따라서 충분한 수면은 사고의 조건이다. 잠은 공복보다도 더 절박한 인간의 가장 중요한 욕구이다. 이 욕구는 사회와 감시자가 순서대로 가질 수 있다고 가정된다. 공안체제가 나온다. 수면은 정념을 가시게 하고 정신을 쉬게 함으로써, 사고를 명석하게 하고 모든 망상과 피로를 없앤다. 그러므로 걱정을 뒤로 하고 자는 것이 가장 중요하고 필요하다.

반수면 상태(SOMNOLENCE)

반수면 상태는 자지 않는 상태, 반은 잠든 상태, 자주 자지만 늘 그렇지는 않은 상태이다. 일부러 잠시 조는 경우가 있는데, 그것은 외부의 신호를 받아들이면서 몸을 쉬게 하는 방법이다.

궤변가(SOPHISTE)

궤변가는 지혜로운 사람은 아니다. 어리석은 사람도 아니다. 모든 목적에 대해 생각을 해보게 하는 사람이다. 또 궤변가는 좀 더 근본적인 의미로, 사고

(思考)는 다른 도구들과 마찬가지로 하나의 도구에 지나지 않으며 진리는 한계가 있다고 궤변하는 사람이다. 그렇듯 궤변가는 정신을 어지럽게 만들어 버린다.

마법(SORCELLERIE)

마법은 자신의 몸을 만들듯이 자유자재로 생물과 무생물을 만들려고 하는 것과 같은 순진한 실천이다. 마법사는 자신의 의지로써 보리를 크게 하거나 그 반대로 하거나, 바위를 떨어뜨리거나, 인간을 제어하거나, 또한 쫓아낼 수 있다고 믿는 사람이다. 그런 힘을 믿게 하려는 우연의 일치를 사용하는 수법 말고도, 마법사의 의지가 주목되자마자 예언처럼 되는지 살펴야 한다. 사람들은 이런 광경을 볼 때 느끼는 조바심에 마법사의 생각이 쏠려 있다는 것을 알자마자 마법사, 또는 그렇게 생각되는 자에게 초조감을 느낀다.

어리석음(SOTTISE)

어리석음은 예지의 반대이다. 악덕이야말로 우리들로 하여금 온갖 잘못을 저지르게 하므로 악덕으로 말미암아 정념은 그릇되기 쉽다. 그렇지만 우리들을 어리석게 만드는 정념은 한결 정확하게 우리들의 판단과 그에 맞대어져 비교되는 우리들의 의견과 관계된 정념이다. 예를 들면 자만심과 권위에 대한 존경, 모방, 관습이다. 어리석음에는 언제나 의식할 수 없는 무언가가 그대로 있지 않은 지혜의 조각이 있다.

소망(SOUHAIT)

소망은 다른 사람에 대한, 또는 우리들 자신에 대한 형식적인 생각이다. 소망을 통해 우리들은 모든 것이 잘되리라고 바라면서 기뻐한다. 소망은 욕망보다는 뚜렷하지 않지만 희망보다 명확하다. 소망은 잘 알려지지 않은 진리를 나타낸다. 사람은 결과가 나오기 전에 행복이라는 결과 그 자체를 얻기 위해 최선의 것을 기뻐하려고 한다.

정신주의(SPIRITUALISME)

정신주의는 유물론과 정반대의 독단론으로 인간은 신체가 아니라 자유로

운 의미에서 죽지 않는, 의식이라는 독단론(왜냐하면 그 의식이 신체에서 떨어
져 나오면 죽을 수 있을까)이다. 자유로운 의식은 모든 어떤 몇 가지 법칙을 공
유하므로 정신주의는 세계를 지배하는 공통의 완전한 의식을 가정하고 있다.
신념은 의지에 따른 것이다. 아니, 그래야만 한다. 신이 사실처럼 확실하다면
선의는 맹목적인 필연으로 변하고 선도 악도 존재하지 않을 것이다. 신은 때로
사실상 유물론과 똑같은 것인 보편적인 정신의 설교를 관념론이라 부른다.

자발성(SPONTANÉITÉ)

자발성은 자연의 운동, 반성이 없고, 탐구가 없으며, 경계도 예지도 없는 운
동이다. 그러나 이런 느낌을 가지고 있다. 그 운동은 안에서 나오고 상황에 의
존하지는 않는다. 따라서 적어도 자유라는 느낌처럼 칭찬받는다고 가정하고
있다.

숭고함(SUBLIME)

숭고함은 자연의 큰 힘을 초월한 고귀함을 느낌으로써(폭풍우를 뚫고 나가
고, 폭군에 굴하지 않으며, 죽음을 초월한다고 느낀다) 사람은 고귀함을 경험한
다. 시인은 고귀하다. 숭고함을 구체적으로 나타내면서 동시에 그는 운문술로
써 자연을 섬겨, 기적처럼 만나기 때문이다. 그래서 영웅의 숭고함과 시인의
숭고함이 하나의 같은 것, 즉 의지의 승리를 거두는 것을 발견한 독자 속에서
경탄은 두 배가 된다. 숭고함은 언제나 인간의 힘 가운데 하나가 보이는 친밀
한 감정이다. 아름다움은 생각하는 것이 아니다. 아름다움이라는 감정은 대상
의 겉모습에 본질적으로 속해 있는 듯하다.

시사(SUGGESTION)

의학의 관점에서 이 말의 뜻을 이해하기 위해서는 널리 쓰이는 그 말의 뜻
에 따르면 좋다. 권한다고 하는 것은 생각한다는 뜻이고, 그 생각을 제시하고
밝히고 말한다는 뜻이다. 시사한다는 것은 증표와 말, 몸짓, 단순한 대상을
가져온다는 뜻이다. 가장 높은 이삭을 베어 넘어뜨리는 어떤 유명한 폭군은
무엇도 권하지 않고, 시사하고 있을 뿐이다. 단순한 말은 시사하고 있을 뿐 어
떤 설명도 하지 않는다. 아니, 시사를 거부하는 것도 훌륭한 시사이다. 왕에게

서만 찾아볼 수 있는 어리석음은 틀림없이 시사이다. 왜냐하면 누구도 왕이 시사하는 징표들을 믿으려 하지 않기 때문이다. 따라서 통용되는 말만 사용한다는 예의의 규칙이 나온다. 지금 시사하는 힘을 아이들과 신화, 환자, 흉내 내는 사람의 경우로 옮겨 보자. 날마다 반복되는 말다툼이 왜 일어나는지 이해될 것이다. 반수면 상태의 사람에게는 더욱 그렇다. 특히 자고 있는 사람에게 혹시 그를 일으키지 않고서 이해시키려 한다면 그렇다. 그때 오히려 꿈을 부추겨서 완전한 수면 상태에 들면 꿈을 처음부터 끝까지 보게 된다. 그것은 큰 힘을 주는 것이 된다. 따라서 자유에 저항할 수 있음을 먼저 스스로 알고 있는 사람만이 자유롭게 말할 수 있다. 소크라테스는 상대를 돕고 있다.

무모(TÉMÉRITÉ)

무모는 악덕 중에서도 가장 유명하고 가장 위험한 악덕이다. 무모는 열광에서 비롯되는, 술에 잔뜩 취한 상태라고 말할 수 있다. 빨리 달리면 말이 무서워한다. 신중해야 하는데 위험해지는 것이다. 무모는 기병대만이 지니는 기질이다. 무모의 용례라 생각되는 기질이다. 즉 밀집 기병대 형태의 공략으로, 그것은 미친 듯이 날뛰는 기질로 본보기를 보이고 있다. 전투술은 아주 사납다. 왜냐하면 무모를 거부하는 듯하면서 현실에서는 그 무모함이 실행되고 있기 때문이다. 로마 전설에는 무모한 자(그리고 승리자!)의 처벌을 위해서 자신의 아버지를 통해 군인들의 모든 허위성을 모으고 있다.

본질(TEMPÉRAMENT)

본질은 행동, 애착, 사고 속에서 기분이 맡아서 해야 할 일이다. 고대의 의사들은 네 개의 체질, 즉 점액질, 담즙질, 다혈질, 우울질로 구별했는데, 모든 인간은 네 개의 체질을 가지고 있다. 흡수를 하면 점액질이고, 배설을 하면 담즙질이다. 힘이 넘치면 다혈질이고 예견을 하면(즉 지각하는 한) 우울질이다.

이들 조합을 이해했다면 사람은 체질과 절제 사이의 혈연관계에 그다지 놀라지 않을 것이다. 왜냐하면 체질은 균형이기 때문이다. 어떤 작용이 다른 작용으로 억제되기 때문에 자고 싶고, 청소하고 싶으며, 먹고 싶고, 운동하고 싶다는 육체의 요구가 작용한다면 모든 관념에, 욕망에, 계획에 명령하는 절도를 생각하지 않아도 된다.

절제(TEMPÉRANCE)

절제는 술에 잔뜩 취하는 것을 극복한 덕이다. 따라서 공포는 절제가 아니다. 왜냐하면 공포는 언제나 본능 속에 숨겨져 있기 때문이다. 신중함은 하나의 절제이고, 이것은 무모함과 모순되는 태도라고 할 수 있다. 술에 취하는, 관능에 충실한 행위는 가장 무섭다. 내기는 술에 취하는 행위라고 바꾸어 말할 수 있다.

아리스토텔레스는 말한다. "조심하면서 즐기는 자는 절제하는 사람이다. 조심하면서 조심하는 것을 한탄하는 자는 절제하는 사람이 아니다."

시간(TEMPS)

시간은 공통된 변화의 형식으로서, 우리들은 시간에 대해 많은 것을 미리 알고 있다. 예를 들면 동시에 두 개의 시간은 존재하지 않는다라든가, 시간에는 속도가 없다, 시간을 되돌릴 수 없다, 상상의 시간은 존재하지 않는다, 시간은 모든 변화, 모든 존재에 공통이다. 예를 들면 다음 주가 되려면 그 시간으로 모든 사람, 우주가 가야만 한다. 시간에 대한 공리(公理)는 남아돌 정도로 많지만, 모든 공리와 같은 모호함이다. 데카르트가 말한다. "신 자신도 일어나 버린 일을 일어나지 않았던 것처럼 할 수는 없다."

신학(THÉOLOGIE)

신학은 이성이 신화를 받아들이게 하기 위한, 신화 비판이다. 예를 들면 스토아주의자들은 올림포스 신들에 대해 "이 신들은 세계라는 드넓은 어떤 신이 지닌 여러 가지 힘들 가운데 일부를 저마다 가리킨 이름들에 지나지 않는다"고 말했다. 또 하나의 예로 구약성경을 신약성경과 합치려는 것이다. 둘 다 본질에 맞지 않는 재편집, 논증, 반론에 지나지 않는다. 증명은 신앙을 올바르고 마땅한 것으로 만들려고 하는 것일 뿐이다.

신지학(THÉOSOPHIE)

신지학(신비주의에 관심을 기울이는 종교철학)은 하나의 신학이지만, 제사와 성사로부터는 벗어나 있다. 신지학이 미치지 않는 곳은 없다. 마음에 드는 모든 것이 신지학에 들어 있고, 모든 것을 잘 할 수 있어서 모든 것을 잘 받아들인다. 천만년의 사소한 늦음이 있다고 말할 뿐이다. 한 순간에 할 수 있는 일은 아무것도 없지만, 이에 비해 신학의 관점에서는 모든 것이 한 순간에 불가능을 넘어 창조된다. 인간은 자유롭지 않고, 자유로워질 뿐이다. 악은 내버려두어야 하고, 악은 한 발자국도 물러나지 않는다. 신은 어찌할 바를 모르고 있다. 신지학과 관련된 신은 뛰어나서, 이름이 보이듯 완전하다. 신지학에 근거한 추론은 절대 술을 마시는 행위를 이해할 수 없는 말짱한 인간 그것이다. 따라서 이런 인간은 술을 마시는 행위를 늘 부정하면서도 그 해결을 미래의 일로 넘기고 있다. 왜냐하면 인간은 그 행위 속에 있는 부조리 때문에 마시는 것을 그만둘 수 없기 때문이다. 하지만 부조리는 존재한다.

겁(TIMIDITÉ)

이것은 대상이 없는 공포, 또는 가정된 위험을 넘은 공포이다. 연주를 앞두고 있는 연주자, 출격을 앞둔 병사, 또는 형 집행을 앞둔 죄인과 거의 같은 공포를 느낀다. 공포는 아무리 작은 것이라도 주의를 하자마자 특히 이성으로써 이 공포를 이겨내고자 할 때, 공포를 느끼자마자 더 커져 버리고 만다. 행동하기 전의 긴장된 근육이나 불안한 공포는 운동의 문제이다. 쉬어야 하고, 만약 쉴 수가 없다면 일에서 벗어나야 한다.

관용(TOLÉRANCE)

관용은 아무런 비판 없이 진리를 믿는 사랑을 극복한 하나의 예지이다.

고문(TORTURE)

고문은 복수하기 위해, 또는 자백시키기 위해 더하는 의도된 고통이다. 폭군은 자신에게 맞서는 자를 반드시 고문할 것이다. 왜냐하면 고문은 그 도전자를 모욕하는 유일한 수단이기 때문이다. 재판관은 또 상대의 마음을 움직이려고 한다. 모든 권력을 떨어뜨리는 즉시 이런 잔혹한 수단은 자연히 사라지지만, 전제주의로 돌아가면 바로 나타난다.

비극(TRAGÉDIE)

비극은 불안, 절정, 해결에서 생긴 위기이다. 이 위기는 말로써 더 심해진다.

침묵하다 당황해 무심결에 지껄이면서 비극은 생긴다. 숨쉴 틈도 없다. 하룻밤 지나면, 또는 잠시 동안의 휴식만으로 정념은 진정될 것이다. 시를 읊음으로써 비극을 조금 늦춘다. 위기 때에는 보복의 말이나 노골적인 변명은 경계해야만 한다. 여기에서 침묵이라는 수도사 규정을 잘 알 수 있다. 결국 무엇보다도 위험한 것은 혼잣말이다. 거기에서 노래나 기도가 나온다. 시는 찬미가와 그 중간 어디쯤이다.

보편성(UNIVERSALITÉ)

보편성은 편견만 없으면 모든 사람이 이해한다고 동시에 받아들여지는 사물의 성격이다. 기하학은 보편성의 하나의 실례이다. 또 계약자가 다른 쪽을 인지하지 않으면 계약 말소는 널리 인정된다. 흔히 용기 있는 사람은 존경을 받는다. 용기 있는 사람은 위험해도 자신이 결정한 일은 해내는 사람이다. 보편성은 이성과 마찬가지로 감정이라는 관점에서도 이해된다. 실제로 칸트는 말했다. 보편성은 이성에 근거한 개념에 따르는 제약 없이(즉 이성을 통해서가 아니라 직접적인 감정을 통해서) 보편적으로 마음에 드는 것이다.

우아함(URBANITÉ)

우아함은 설득해서 생기는 도시 사람들만이 가진 예의바름이다. 변두리 노동자는 예의가 없다. 그의 일에는 어떤 예의도 포함되어 있지 않다는 말이다. 농부는 다른 종류의 예의를 가지고 있지만 버릇은 없다. 아버지에게서 받은, 그리고 나이로부터 얻은 예의이자, 고향 신들에 대한 예의이다. 그러나 말에 대해서는 그렇지 않다. 폭력으로 명령할 뿐이다. 그러므로 우아함이 존재하지 않게 된다. 예를 들면 농부를 미소 짓게 하는 관습은 없고, 상대가 하는 말이 무엇이든 무조건 동의하는 척하는 듯한 관습도 없다.

폭리(USURE)

폭리는 경영하면서 기업이 얻는 이득이다. 폭리는 대금업자가 아무 일을 하지 않아도 빌려준 돈이 만드는 이자이다. 회사의 주주는 고리대금의 전형이므로, 폭리는 처벌을 받는 경우가 대부분이다. 왜냐하면 모든 회사는 대금업자들로부터 어떻게든 도망치려고 하지만 붙잡히고 말기 때문이다.

공리주의(UTILITARISME)

공리주의는 이성에 근거한 모든 행동과 유서 있는 제도는 유용성을 목적으로 해야 한다는 영국의 설교이다. 이 가르침은 정념 또는 감정과 정면으로 부딪힌다. 예를 들면 모르면서 벌하는 것은 유익하지 않다. 작은 실수를 아주 엄격히 벌하는 것도 유용성과는 거리가 멀다. 보복은 무익하다. 이 의미에서 공리는 바르지만, 공리주의는 인간이 언제나 유용성을 추구하기 위해서만 행동한다고 기술하고자 한다. 인간은 화, 또는 열광으로도 행동한다. 또는 공포, 집착으로도 행동한다. 만약 인간이 유용성만 생각한다면 모든 것이 잘 될 것이다. 그러나 현실은 그렇지 않다.

가치(VALEUR)

가치란 정확한 의미(전쟁에서 용기, 용감함)로는 용기를 뜻한다. 즉 어떤 인간도 가장 칭송하고 있다. 과연 용기가 빠져 있는 덕이 있을까? 그렇지만 검소, 지성, 기억, 건강, 강한 힘 또한 가치이다. 모든 덕은 가치이므로, 인간에게 의욕을 불어 넣는 모든 것은 가치라 부를 수 있다. 미 또한 가치이며, 모든 가치는 비축되어 있다. 돈에서 힘에 이르기까지 가치의 질서는 도덕에 근거한 가르침을 위한다. 도덕에 근거한 가르침의 변혁이란, 모두가 가치질서의 전환이나 그 시도이다.

허영심(VANITÉ)

허영심은 다른 사람들이 보기에 좋은 것을 자신이 가지고 있다고 생각하는 마음이다. 예를 들면 어떤 백만장자, 어떤 배우, 어떤 권투 선수와 닮아 행복하다고 느끼는 감정이다. 용기 있는 사람인 척하거나 또는 학식 있는 척하는 사람이다. 완벽한 허영심은 단순히 허영심이라고만 말할 수는 없는, 올바른 면이 있는 허영심이다. 그렇지만 이 완벽한 허영심의 소유자는 여전히 그 재산, 말, 건강, 힘, 지성, 지식을 과시한다. 자신이 보여주는 것을 다른 사람이 보고 기뻐한다고 생각하기 때문이다. 가난한 사람이 된 수전노는 허영심이 전혀 없다. 싸움에서 순순히 복종하는 권투 선수는 허영심이 전혀 없다. 콩트는 허영심 속에 있는 미덕을 알아챘다. 왜냐하면 허영심 속의 그 미덕은 의견을 중시하기 때문이다. 의견을 전혀 중시하지 않는 사람은 괴물이다.

문득 떠오른 생각(VELLÉITÉ)

문득 떠오른 생각은, 실패해도 그대로 단념하겠다는 의지이다. 이 생각 안에는 의지 같은 것이 있지만 지속되지는 않는다. 인간과 자연 속의 모든 것이 의지와 대립하기 때문에, 이 생각은 한 번밖에 시도하지 않으면 성공할 수 없음을 아주 잘 나타내고 있다.

경죄(VÉNIEL)

죄의 성격상, 경멸당한 죄는 외부의 악마에게 넘겨씌워지게 된다. 그것은 결국 인간은 용서받을 수 있다는 말이다. 도대체 누군들 사면이 필요하지 않을까. 명령을 어긴 회한은 죽음에 이른다. 예를 들면 어떤 순간에 자신을 바로잡지 않았을 때 판단되는 악덕이다.

덕(VERTU)

덕은 좋아하고 싫어함에 의지하는 힘, 또는 행동하는 힘이다. 덕은 모든 종류의 경련, 격정, 술에 취하는 힘, 공포로 얻은 힘이다. 덕은 육상경주이다. 선수는 달리는 데 도취하지 않으려고 하듯이, 권투 선수는 때리는 데 도취해서는 안 된다. 덕은 실제로 힘에 지나지 않고, 아무런 의미도 없다. 외과의사의 덕은 벌벌 떨거나 울거나 몸을 흔들지 않는다. 고대 사람은 네 가지 격정에 대해 네 개의 주요한 덕을 정의했다. 공포라는 격정은 정반대의 의미로 용기의 덕을 정의하고 있다. 욕망의 절정으로서 술에 취하는 행위는 반대로 절제를 정의한다. 갈망이라는 격정은 반대로 정의를 정의하고, 싸움이라는 격정은 반대로 예지를 정의하고 있다.

악덕(VICE)

악덕은 잘 알려져 있는 격정, 공포, 대망, 그리고 숙명에 근거한 관념에서 비롯된 격정이다. 네 개의 주된 악덕은 네 개의 중요한 덕과 대응한다. 주된 악덕이란 비겁함, 절제하지 못함, 부정, 어리석음이다. 그러나 숙명론자의 관점에서 판단한다면 결과적으로 악덕은 구제할 수 없는 정적(政敵)이다.

폭력(VIOLENCE)

폭력은 하나의 힘이지만, 격정 속의 힘이며, 공포로 저항을 하는 힘이다. 인간에게 미치는 폭력은 죄로 정의된다. 벌칙과는 반대로 완전히 폭력 자체에서 순화된다.

열심(ZÈLE)

기대하는 정도보다 더 잘 하려고 하는 것이다. 부하로서의 임무를 암기하고, 자신을 위해 하듯이 지도자를 위해 일해야 한다. 과도함은 지도자가 잊었던 것을 생각나게 하는 행위이다. 이 과도함의 반대는, 절박하지만 그 추세에 맡기는 행위이다. 이런 정리는 부하에게는 귀중한 지침이다. 왜냐하면 열심히 함으로써 정념이 살아나고 행동 하나하나가 생기를 찾기 때문이다. 그로써 부하는 과감한 행동에 매진할 수 있다.

알랭의 생애와 작품

알랭의 생애와 작품

알랭의 생애

〈고매(高邁)한 철인〉으로 불리는 알랭(Alain, 1868~1951)은 철학자라기보다 20세기 프랑스가 낳은 중요한 사상가라고 보는 것이 옳다. 알랭이라는 이름은 그의 필명이고 본명은 에밀 오귀스트 샤르티에(Émile Auguste Chartier)라고 한다. 그는 노르망디 지방의 작은 도시 모르타뉴 오 페르쉬에서 1868년 3월 3일에 태어났다. 에밀이 태어났을 때 아버지 에티엔느의 나이는 32세, 어머니 쥘리에트는 23세였다.

아버지의 직업은 수의사였으며 농업을 겸하고 있었는데, 이 도시가 마시장(馬市場)으로 유명했던 것과 무관하지 않으리라고 본다. 어머니는 이 지방의 오랜 명문가 출신이었다. 에밀은 너무나 큰 태아였기 때문에 난산 끝에 낳았다고 한다. 성인이 된 뒤에 그의 키는 183센티미터나 되었으니 짐작할 만한 일이다. 그의 위로 네 살 된 누이 루이즈가 있었고 형제는 남매뿐이었다. 아버지는 온갖 부분의 독서를 즐긴 분이어서 유·소년 시절의 에밀은 박식한 아버지에게서 지적인 영향을 많이 받았다.

알랭은 6세 때 천주교에서 경영하는 학교에 입학했는데 13세 때에 도청 소재지인 알랑송 시의 리세(공립고등중학교)에 특별장학생으로 전학했다. 그는 머리가 좋아서 학업 성적도 우수했던 것 같다. 이 학교에 재학 중 그는 호메로스, 플라톤, 데카르트, 발자크, 스탕달을 탐독했다. 그를 파리의 일류교인 에콜 노르말 슈페리에르(고등사범학교)에 입학시키기를 바랐던 부모와 교사들의 희망에 따라 18세 때는 파리 근교에 있는 방브 공립고등중학교로 전학했다.

이 학교에서 알랭의 전생애를 결정할 만한 정신적 변화가 일어났다. 거의 저술을 하지 않은 위대한 철학자 쥘르 라뇨가 담당한 철학반의 학생으로 공부하게 되었던 것이다. 알랭은 라뇨에게서 스피노자의 철학을 배웠으며 그에게

알랭의 생가 노르망디 모르타뉴 오 페르쉬

서 받은 깊은 영향은 알랭의 일생을 통해 잊혀지지 않았다.

알랭은 21세 때인 1889년 부모와 주위 사람들의 희망대로 에콜 노르말 슈페리에르의 입학시험에 합격했다. 이 학교는 우리들의 상상과는 달리 단순한 교원양성기관이라기보다 오히려 대학보다 고급 학문을 배우는 곳이었으며, 이 학교 학생은 으레 수재로 널리 일컬어지고 있었다. 졸업생 중에는 사회사상가 조레스나 실존철학자 사르트르 등 저명인사가 많다. 재학 3년간 알랭은 플라톤, 아리스토텔레스, 칸트의 철학을 정독했다. 이 3년간의 성과로 그는 24세 때 철학교사 자격시험에 합격했다.

1892년 졸업하자 그는 브르타뉴 지방의 작은 도시 퐁티비의 공립고등중학교의 교사로 부임했다. 그가 담당한 철학반에는 학생이 셋밖에 없었다. 그러나 그는 주로 플라톤과 아리스토텔레스를 열심히 강의했다. 한편 크리통이라는 필명으로 〈형이상학·윤리학 잡지〉에 《위독스와 아리스트의 대화》를 발표하여 주목을 끌었다. 강의에 열중한 나머지 병이 들어 휴직하게 되었다. 이듬해 같은 브르타뉴 지방의 항구도시 로리앙 시의 공립고등중학교로 전임했다.

로리앙에서 병이 재발했다. 그것이 왼쪽 귀의 장애에 의한 현기증임을 알고 그는 방에만 틀어박혀 있던 조용한 생활에서 빠져나와 기분 전환을 위해 번

화가에 발을 들여놓았다. 이렇게 6년간 로리앙에서 밤마다 나돌아다니는 동안에 건강을 회복했다. 이 시기에 그는 상당히 방종한 생활을 하는 한편 정치 활동에 열을 올렸다. 이때 프루동, 루소, 마르크스의 저서들을 읽고 장 조레스의 〈민중대학〉 운동에 참가했으며, 로리앙 시에도 민중대학을 개설하고 강의했다. 〈로리앙 신문〉에는 급진적인 정치평론을 썼다. 이때 알랭이라는 필명을 사용했으며 이것이 그가 평생 사용하게 된 이름이다. 이 무렵부터 '천재이든 아니든 매일 쓰겠다'라는 스탕달의 말을 실천하여 문체를 익히고 배웠다고 한다.

알랭(1868~1951)

1894년 알랭의 은사이자 깊은 영향을 준 라뇨가 43세의 나이로 세상을 떠났다. 알랭의 아버지도 고향인 모르타뉴에서 58세로 세상을 떠났다. 그러나 로리앙 시절은 알랭에게 있어 정신적으로나 사회적으로나 가장 정열에 넘친 시절이었다. 알랭은 1898년 라뇨의 강의 초고를 정리하여 《쥘르 라뇨의 유고(遺稿)》《쥘르 라뇨의 유고 주해》 및 그 밖의 철학논문 몇 편을 〈형이상학·윤리학 잡지〉에 발표했다. 이 무렵부터 알랭은 이미 말했듯이 습작노트를 준비하여 날마다 쉬지 않고 문장을 쓰는 연습을 시작했다. 루앙 그리고 파리에 전임된 뒤에도 계속 쓴 이 습작노트는 세 권의 분량이 된다. 그는 평생 이 세 권을 소중히 보존했는데 그가 죽은 뒤 《로리앙 수첩》이라는 제목으로 출간되었다.

청춘의 방종과 정신적 사회적 정열을 불태운 6년간의 로리앙을 뒤에 두고 알랭은 32세 때 노르망디 지방의 중심도시 루앙의 공립고등중학교로 전임했다. 이 학교에 부임한 지 2년째에 뒷날 유명한 소설가가 된 앙드레 모로아가 그의 학생이 되었다. 이 시절에 앞으로 40여 년간 친교를 맺게 되는 여자친구 마리 모르 랑브랑과 민중대학 활동을 통해 알게 되었다. 그녀는 사범학교의 이과(理科) 교수였다. 알랭이 33세 때 그의 최초 저서 《스피노자》가 출간되었다.

1903년 파리의 콩도르세 고등중학교에 전임했다. 〈루앙 신문〉은 알랭의 전임을 애석해하는 기사를 실었다. 이 학교는 명문학교였지만 이곳에서의 생활은 그다지 탐탁하지 않았던 모양이며 몽마르트르의 민중대학에서의 강의에 힘을 기울였다. 여기서 마리 모르 랑브랑과 다시 만나게 되었고 그녀에게 사랑을 고백했다. 이 해는 알랭이 〈프로포〉를 처음 쓰기 시작한 해이며 〈루앙 신문〉이 7월 9일 〈일요일의 프로포(Propos de Dimanche)〉 제1회분을 실었다.

〈프로포〉라는 말은 일상 신변의 화제라는 뜻인데 우리말로 옮기면 '어록' 정도로 번역할 수 있으나 꼭 적합한 말은 못된다. 그때 알랭이 쓴 〈프로포〉는 1회분이 4000자에서 4500자 내외로 지면 2단에 들어가게끔 지정되어 있었다. 이 프로포는 1905년 4월 이후부터 〈월요일의 프로포〉로 표제가 바뀌지만, 1903년부터 1906년 2월까지 합계 134편이 이 신문에 실렸다. 이 시기에 알랭이 쓴 프로포는 정치, 경제, 교육만 취급했으며 문학과 예술에 대한 화제는 전혀 없었다. 1904년 36세 때 알랭은 제네바에서 개최된 국제철학회의에 참석했다. 이 자리에서 베르그송이 발표한 《정신생리학적인 착오》라는 논문이 물의를 일으키자 알랭은 베르그송을 지지하여 고군분투했다.

〈루앙 신문〉에 주 1회씩 실리던 프로포는 호평을 받아 1906년 2월 16일부터는 매일 연재하게 되었다. 1914년 9월 1일까지 알랭이 계속 집필한 프로포는 3098편이나 된다. 이 해 10월에 그는 모교인 방브 고등중학교로 전임되어 철학반을 담당하게 되었다. 전에는 은사인 라뇨가 담당했고 알랭이 학생이었던 학급이었다. 이제 알랭의 나이는 38세의 장년이었으니 그의 감회는 남달랐을 것이다. 이듬해 그는 젊었을 때부터 철학논문을 실어온 〈형이상학·윤리학 잡지〉에 보낸 자기의 원고 내용이 편집책임자의 간섭을 받자 이 잡지와의 인연을 아예 끊어 버렸다. 그는 신문이나 잡지에 원고를 보낼 때는 늘 그 겉봉에 인쇄주임에 의해서 개봉되어야 한다는 단서를 붙였다. 말하자면 편집권의 발동을 일체 인정하지 않는다는 엄중한 조건을 붙인 셈이었다. 그는 애인인 랑브랑에게 보낸 편지에 '체제적 철학과는 완전히 결별하기로 했습니다'라고 쓰고 있다.

알랭이 40세 때인 1908
년에는 《알랭의 프로포
101편》 제1집이 출간되었
다. 150부의 한정 부수 〈루
앙 노르망디 신문〉이 정기
구독자에게 예약 배포되었
다. 이듬해 이 저서의 제2
집이 출간되었고, 10월에
는 파리의 앙리4세 고등중
학교 상급반 수사학 교사
로 추천 전임되었다. 여기
서 교육자로서의 알랭의
면모를 잠깐 알아보기로
하겠다.

그는 교육에 대해서 대
단히 열심이었으며 어린
고등학생들을 가르치기 위
해 용의주도한 준비를 했

에콜 노르말 슈페리에르 정문 알랭은 이 학교에서 철학을 전공
했다.

다. 플라톤, 칸트, 헤겔, 호메로스, 호라티우스, 발자크 등 고금의 사상과 문학
을 설명하면서 언제나 활동하는 정신과 사색의 표본을 제시하고, 학생들에게
지적으로 총명해지고자 하는 갈망의 마음을 일으키게 했다. 그는 교사의 역
할을 이렇게 생각했다. 교사의 일은 학생에게 주입시키는 일이 아니라 용기를
불러일으키는 일이라고 생각한 그는 연구에 전념한다는 명목으로 수업을 경
시하는 일은 절대로 없었다. 그는 이름이 알려지지 않는 것이 사색을 위한 좋
은 조건이라고 생각하고 세속적인 명예는 모두 거부했다.

그럼에도 파리에 온 뒤부터 그의 명성은 점점 높아지고 그의 교실에는 이
학교 학생 이외에 일반 시민과 고등사범학교 학생들까지도 강의를 들으러 왔
다. 고등사범학교 학생들은 자기들 필수과목 시간까지 빠져가면서 알랭의 강
의를 들으러 왔기 때문에, 해당 학교에서 학생들을 돌려보내 달라는 진정이

올 정도였다는 우스운 얘기까지 있다. 당시의 프랑스 학계에서는 헤겔을 경시하고 있었는데 알랭의 강의는 헤겔 철학의 흥미를 밝히는 일에 공헌했으므로, 이것이 계기가 되어 프랑스에서 헤겔 철학이 유행되었다고 한다.

1914년 《알랭의 프로포 101편》 제4집이 출간되었다. 8월 2일에는 프랑스가 독일에 선전포고를 하고 제1차 세계대전이 터졌다. 그는 병역 의무도 없었지만 즉시 지원하여 한 사병으로 중포대에 입대했다. 알랭이 46세 때의 일이다. 10월 13일부터 통신병이 되었다. 1917년 10월까지 만 3년간을 지원병으로 종군했다. 그동안 베르덩 부근의 격전에 가담하면서 전후 계속되어 간행된 저서의 원고 〈독자의 존재를 잊고〉를 총탄이 오가는 싸움터에서 집필했다.

그가 참전한 이듬해 《비전투원을 위한 프로포 12편》이 전시 검열도 받지 않고 간행되었다. 1916년 5월 23일 그는 복사뼈에 부상을 입고 입원했다. 그는 입원 중에 전우들의 요구에 따라 일종의 철학개론을 썼으며, 이것은 《정신과 정념에 관한 81장》이라는 제목으로 이듬해인 1917년에 출간되었다. 퇴원한 뒤 비행장 기상관측대에 다시 배치되었다가 10월 14일에 제대했다. 조국의 위기를 맞아 50세를 바라보는 나이임에도 불구하고 한낱 사병으로서 군에 지원한 알랭의 용기와 슬기는 감탄할 만하다. 과연 그의 철학답게 '의지와 행동'의 실천자라고 할 수 있다.

제대한 뒤 그는 파리의 서쪽 세느 강이 가까운 베지네에 작은 집을 사서 다시 앙리4세 고등중학교에 복직했다. 1933년 이 학교에서 정년퇴직할 때까지 알랭의 집필 생활은 더 활발하게 이어졌다. 알랭의 나이 53세 때 님에서 간행하는 신문 〈라 라보뢰즈〉에 철학자 알랭의 《프로포·알랭의 일기》가 연재되기 시작하자 곧 이어 프랑스의 유명한 월간 문예지 〈NRF〉에서도 그의 프로포를 연재하기 시작했다. 연재는 1936년(68세)까지 계속되었으며 그동안 프로포 1700여 편은 애인 랑브랑과의 협동 작업에 의해 주제별로 편집하여 계속 단행본으로 간행되었다. 이 책에 수록한 《행복론》은 57세 때, 《인간론》은 59세 때 출간되었다.

그가 65세로 정년퇴직하는 해에 소르본느대학의 강사 임명장이 수여되었으나 그는 거부했다. 20세기의 저명한 사상가인 알랭이 고등사범학교를 졸업한 뒤 41년간의 긴 생애를 한낱 보잘것없는 고등중학교 교사로 지냈다는 사실은 놀라운 일이 아닐 수 없다. 이 해 7월 1일 당시의 교육부장관이었던 아나톨

드 몽지는 알랭의 마지막 수업에 참관했다. 그러나 그 후에 열린 정년퇴직의 축하연에 알랭은 나타나지도 않았다. 세속적인 명예를 경멸해 온 알랭의 고매한 성품을 이것으로 엿볼 수 있다. 그는 67세 때부터 관절염이 악화되어 거동에 불편을 느꼈으나 여전히 집필 생활을 계속했다. 73세 때 알랭의 반평생 반려이며 애인인 랑브랑이 세상을 떠났다. 그러자 그는 4년 뒤인 77세 때 가브리엘 랑도르뮈라는 여자와 결혼했다. 알랭은 이 여성을 청년시절에 사랑했고 1928년부터 1932년 사이에

앙리4세 고등중학교 교사 재직시 강의 모습(1932)

철학적인 시를 써서 바쳤던 일이 있었는데, 그녀와 다시 만나 결혼하게 된 것이다. 알랭은 자기 사생활에 대해 언급하기 싫어하는 성미였으므로 그의 여성관계나 여성관을 뚜렷하게 알 수는 없지만, 만년의 이 결혼은 그의 여성관계가 순조롭지 못했음을 말해 주고 있다.

알랭은 83세 때인 1951년 5월 10일 그의 제자인 앙드레 모로아가 참석한 가운데 문학 국민대상을 자택에서 수여받았다. 명예를 싫어한 그로서도 사랑하는 제자가 가지고 온 이 상만은 받지 않을 수 없었던 것 같다. 이로부터 3주일 뒤 6월 2일 밤에 베지네에 있는 자택에서 아내와 몇 사람의 친구들이 보는 가운데 금세기의 위대한 사상가의 한 사람인 알랭은 눈을 감았다.

알랭의 철학과 사상

알랭의 철학은 단순한 지적 추구를 대상으로 하는 일을 허용하지 않았다. '철학의 모든 힘은 죽음, 병, 꿈, 환멸에 대한 단호한 부정적 판단 속에 있다.' 이 말과 같이 그의 철학은 인간을 위한 인생철학이었다. 그 바탕은 강한 휴머니즘으로 이루어져 있었다. 그리고 '네 자신에 있어서도 타인에 있어서도 절대로 인간을 수단으로 보아서는 안된다. 언제나 인간을 목적으로 하라'고 말한 칸트의 격률(格率)이 알랭의 휴머니즘에서 핵을 이루고 있다. 그는 인생에서 피치 못할 비참과 장애가 있음을 잘 알고 있었다. 그러나 염세주의에의 탐닉은 나약하고 안이한 방법이라고 했다. 인간은 행복하게 될 의무가 있다고 했다. 염세주의는 기분에서 오며 낙천주의는 의지에서 온다고 그는 말했다.

'딸기에는 딸기의 맛이 있듯 인생에는 행복의 맛이 있다.'

이것은 알랭의 멋진 말이다. 그는 〈모두 같이 밀라, 그러나 모두 같이 생각하지는 말라〉는 계율을 좋아했다. 사회생활에서 협력이 필요하다는 것은 두말할 필요가 없지만 자유는 궁극적으로 개인의 소유이어야 한다. 그의 입장은 개인주의적 자유주의라고 할 수 있다. 그는 명예나 권력에는 언제나 부정적이었으나 동시에 질서를 존중했다. 이 전제 조건 없이는 개인의 자유도 있을 수 없기 때문이다. 한편 알랭의 정치적 입장도 그가 인간의 최고 가치를 '자유'로 보고 있는 인생관과 깊이 관계를 맺고 있다. 그는 반(反)파쇼, 반제국주의, 반전(反戰) 평화주의자였음이 그의 행동으로서도 분명했지만 그렇다고 혁명적 사회주의 입장에도 서지 않았다.

그는 루소의 《사회계약론》을 전적으로 받아들였다. 그래서 알랭은 근대화를 부정했고 진보에 대해서도 의혹을 품었다. '우리들의 선인을 우리들보다 어리석었다고 생각하는 일만큼 어리석은 짓은 없다…… 대서양을 한 시간 빨리 건너간다는 것이 인간의 목적은 아니다'라고 말했다. 그는 과학기술이 인간을 파괴하는 요소를 내포하고 있다고 통감하고, 진보에 대해서 부정적이었다. '새로운 사상만을 진리로 받아들이고 옛 사상 속에서는 오류만 찾아 내는' 근대 정신을 비웃는 알랭은 인간성의 불변을 믿었던 점에서 고전주의자라고 하겠다.

알랭의 철학은 어떤 유파에도 속하지 않는다. 그의 사상을 어떤 주의로 분류하기는 어려운 것이 사실이다. 또한 알랭 자신도 그렇게 되기를 바라지 않

파리 베지네에 있는 알랭의 집 알랭은 83세의 일기로 숨을 거둘 때까지 이 집에서 살았다.

았다. 그는 《제신(諸神)》 속에서 다음과 같이 쓰고 있다.

'나의 목적은 다른 온갖 학설에 또 하나의 학설을 첨가하는 일이 아니다. 그 모든 학설들과 나를 대립시켜 나의 경계를 구축하는 일이다.'

그는 플라톤, 데카르트, 스피노자, 칸트, 콩트, 헤겔의 철학을 연구했다. 지적인 흡수를 위해서가 아니라 철저하게 탐구했다. 그러나 이들 대철학자의 체계와 겨룰 만한 새로운 체계를 세우는 일은 하지 않았다.

여기에는 알랭의 방브 고등중학교 시절 은사인 쥘르 라뇨의 가르침이 컸다고 본다. '절대적 진리는 단 하나밖에 없다. 그것은 진리라는 것이 존재하지 않는다는 사실이다'라고 라뇨는 가르쳤다고 한다. 이를테면 철학적 진리들 중에는, 일단 확립되면 영원히 안심하고 그에 의지할 만한 것이 없다고 경고한 이 말은 도리어 엄격한 비판철학의 필요성을 역설한 말이다. 그러므로 진리는 날마다 새롭게 노력해서 포착해야 한다는 뜻과 같다. 따라서 철학자 라뇨의 제자인 알랭은 체계에 관심을 갖지 않았다. 더욱이 데카르트 철학의 계승자로서 그도 역사를 경멸하고 철학사를 믿지 않았던 모양이다. 알랭을 가리켜 철학자라기보다 사상가라고 하는 이유는 여기에 있다. 그러나 그에게 철학이 없는 것은 아니다.

알랭의 철학에서 세 가지 기둥은 '지각'과 '의지'와 '행동'이다. 인간은 올바른 지각을 가져야 하지만 지각은 신체 내부에 있으므로 이 지각이 정념이나 감정으로 인해 오류로 인도되는 일이 많다. 그러나 인간정신은 신체의 영향에 맹종해서는 안된다. 심신의 상관관계를 충분히 깨달으면서 정념을 억제하고 선도하여 올바른 지각에 도달해야 한다. 이런 일을 가능하게 하고 또한 그렇게 해서 얻어진 사상의 옳고 그릇됨을 판단하는 것이 의지의 힘이다. 이러한 의지는 완전히 자유스러운 정신이라야만 한다. 의지는 또한 행동으로서 실천될 때 그 값어치가 있다고 알랭은 주장했다. 그는 제자들에게 이르기를, '언제나 정의를 실천하라'고 했다.

그밖에 알랭은 여러 분야에서 뛰어난 업적을 이룩했다. 그의 재능은 미학 분야에서 발휘되었다. 그는 어렸을 때부터 음악, 회화 그리고 문학에 깊은 관심을 가지고 있었으므로 그의 미학이론은 높은 수준이었으며 예술 작품에 대한 심미안도 대단했다. 앙드레 모로아는 알랭의 프로포에 대해 '철학을 문학으로 바꾸고 문학을 철학으로 바꾸려는 야심'이라고 평했을 정도였으니, 알랭은 철학자이고 사상가이며 미학자이고 문장가였다고 할 수 있다.

《행복론》《인간론》《말의 예지》에 대해서

《행복론》의 원명은 《행복에 대한 프로포》이며 독자들이 흔히 생각하듯 철학 논문이 아니다. 《프로포》는 위에서 설명했지만 어록이라는 뜻이며 수필과 비슷한 장르이다. 알랭은 평생 동안 5000여 편의 프로포를 신문과 잡지에 연재했다. 그중에서도 인간의 행복과 관계되는 원고들을 추린 모음집이 이 책이다. 따라서 알랭의 행복론은 체계적 철학논문이 아니며 우리 생활 주변과 관계가 있는 에세이이다.

행복이란 무엇일까? 참으로 어려운 말이다. 인간은 옛날로부터 오늘날까지 행복을 추구해 왔다. 그러나 그 행복의 생김새와 소재를 찾지 못하고 헤매고 있다. 그러면 알랭이 말하는 행복은 무엇일까? 그는 행복이란 행복하게 하고자 하는 의욕과 의지를 가지는 일이라고 말했다. 행복되고자 하는 의욕과 의지가 없으면 행복은 있을 수 없다고 그는 말한다.

알랭은 행동의 인간이었다. 행동이야말로 그의 사상에서 중심이다.

'행동가로서 행동하면서 사색하라. 사색가로서 사색하면서 행동하라.'

이 말은 알랭이 즐겨 하는 말이다. 그는 관념적인 행복을 부정하고, 실천적이며 행동하는 행복을 주장했다. 알랭은 '고매함'을 최상의 미덕으로 하는 데카르트의 철학을 그대로 계승했다. 이 고매함이라는 말은 이겨내고 극복하는 태도를 가리키는 말이다. 첫째로 자기 자신을 이겨내고 극복하는 일을 통해, 다음은 자신의 주위 사람들을 극복하고, 나아

알랭의 무덤 파리 페르 라세즈 공동묘지

가서는 환경, 맨 나중에는 운명을 이겨내고 극복하고자 했다. 행복도 이 고매한 정신에서 연유한다. 행복하고자 원하면 행복한 사람의 태도를 취해야 한다. 그러면 자신의 주위 사람들이 그 영향을 받아 행복한 미소를 보내 줄 것이고 이에 따라서 자신도 역시 행복해질 것이다.

앙드레 모로아는 알랭의 《행복론》에 대해 '내가 생각하건대 세계에서 가장 아름다운 책의 하나'라고 말했다. 그것은 일상생활적인 다반사로부터 시작하여 인생의 오묘한 심연까지 파헤친 그의 간결하고 아름다운 문장을 두고 일컫는 말이라고 본다. 알랭은 훌륭한 문학자에 못지않은 문장가였다.

그의 글은 강인한 사고의 긴장감이 있지만 결코 딱딱한 설교식의 문장이 아니다. 프랑스적인 에스프리가 넘치면서도 안이한 동정은 하나도 없고 주어진 문제와 격투하고 그것을 극복하려 한다.

이 《행복론》은 1925년 알랭이 57세 때 님의 죠오 파블출판사에서 간행되었다. 그 책에는 알랭이 쓴 《프로포 60편》이 수록되어 있었으며 출판부수도 560

부로 한정되었다. 그 뒤 1928년 파리의 〈NRF〉에서 93편의 프로포를 수록한 신판이 출간되었다. 이 책에는 그것을 옮겼다.

《인간론》은 1927년 알랭이 59세 때의 프로포 66편이 수록되어 간행된 책이다. 그 뒤 1938년에 95편이 수록된 개정증보판이 다시 나왔다. 이 책에는 뒤의 증보판을 옮겼다.

알랭은 인간에게 상위에 있어야 하는 것은 지각보다 지성보다 의지라야만 한다고 말했다. 말하자면 지각은 신체 내부에 있기 때문에 신체의 내부 활동 변화에 따라 그 영향을 받지만, 의지는 바깥 세계에 있으므로 그런 제약을 받지 않는다고 주장했다. 그리고 이 의지는 실천, 즉 행동과 곧 연결되어야 한다고 말했다. 이와 같이 그는 인간적 철학을 바탕으로 하여 인생을 결코 안이하지 않은 일상의 생활로부터 저 심연까지 관찰하고 비판했다. 제1차 세계대전이 일어나자 한낱 사병으로 위험한 전쟁터에서 몸을 담은 알랭의 실천적이며 행동적인 인간성과 철학이 여기에 그대로 나타나 있다. 그의 《인간론》은 이러한 불굴의 정신과 정의(正義)를 주축으로 하여 사람에 대하여 여러 각도로 묘사하였다.

《말의 예지(정의집 : Définitions)》는 알랭이 세상을 떠난 뒤, 프랑스에서 세 번에 걸쳐 출판되었다. 먼저 이 책은 Maurice Savin에 의해 출판되었다 (Gallimard, 1953). 다음으로 'Alain, Les Arts et les Dieux, Gallimard, coll. de La Pléiade, 1958, pp. 1023~1099'를 통해 소개되었으며, 'Éditions Proverbe, 1999'로도 출판되었다.

알랭은 원고에 줄을 그어 삭제하는 일을 꺼렸다. 그는 만족스럽지 않은 글을 수정하기보다는 차라리 새로 썼다. 실제로 《말의 예지》를 손으로 직접 쓴 원고를 보면 줄을 그어 삭제한 부분이 전혀 없다. 이 원고 위에는 카드가 몇 장 붙어 있는데, 이는 알랭이 이미 완성한 카드 위에 다시 한 번 정의(定義)를 써서 붙여 놓은 것이다.

연보

1868년 3월 3일 알랭(본명은 에밀 오귀스트 샤르티에)은 농업과 수의(獸
醫)를 겸하고 있는 아버지 에티엔느와 어머니 쥘리에트 사이의
외아들로 태어났다. 출생지는 노르망디 지방의 작은 도시 모르
타뉴 오 페르쉬. 아버지는 독서를 좋아하는 박식한 지식인이었
으므로, 소년 시절의 에밀에게 학문에 대한 흥미를 갖게 하였다.
어머니는 이 지방의 오랜 명문가 출신이다. 에밀에게는 네 살 위
의 누이 루이즈가 있다.

1874년(6세) 모르타뉴의 콜레주(천주교에서 경영)에 입학했다.

1881년(13세) 도청 소재지 알랑송 시의 리세(공립고등중학교) 제4학년에 특별
장학생으로 입학. 재학 중에 호메로스, 플라톤, 데카르트, 발자
크, 스탕달을 읽다.

1886년(18세) 파리의 방브 공립고등중학교로 전학. 당대의 저명한 철학자 쥘
르 라뇨가 담당한 철학반의 학생이 되었다. 라뇨에게서 스피노
자의 철학을 배운 것이 그의 미래를 결정하게 되었다.

1889년(21세) 파리 고등사범학교의 입학시험에 합격했다(우리들이 학교 이름으
로 상상하는 것과는 달리, 이 학교는 대학보다 더 고급 학문을 배
우는 곳이며 이 학교의 학생은 곧 수재를 뜻한다). 철학을 전공하
고 재학 3년간 플라톤, 아리스토텔레스, 칸트의 저서를 정독했다.

1892년(24세) 철학교사 자격시험에 합격. 위 학교를 졸업한 뒤 브르타뉴 지방
에 있는 작은 도시 퐁티비의 공립고등중학교에 교사로 부임했다.
아리스토텔레스를 탐독하고 〈형이상학·윤리학 잡지〉에 크리통이
라는 필명으로 〈위독스와 아리스트와의 대화〉를 발표하여 주목
을 끌었다.

1893년(25세) 퐁티비에서 로리앙(같은 브르타뉴 지방의 항구 도시)의 공립고등

중학교로 전임. 〈로리앙 신문〉에 급진적 정치 평론을 쓰기 시작하고, 이때 알랭이라는 필명을 처음 사용했다. 장 조레스의 〈민중대학〉 운동에 가담 협력하고 1900년까지 정치 활동을 계속했다.

1894년(26세) 은사인 라뇨가 43세로 죽었다. 알랭의 아버지도 고향 모르타뉴에서 58세로 사망했다. 〈형이상학·윤리학 잡지〉에 〈위독스와 아리스트와의 대화 제2편〉을 발표. 이어 1895년에 〈대화 제3편〉, 1896년에 〈대화 제4편〉, 1897년에 〈대화 제5편〉을 발표했다.

1898년(30세) 라뇨의 강의 초고를 정리하여 《쥘르 라뇨의 유고(遺稿)》라는 제목으로 〈형이상학·윤리학 잡지〉 5월호에 발표. 이 잡지에 알랭은 1907년까지 협력하여 기고했다.

1900년(32세) 르왕(노르망디 지방의 중심 도시)의 공립고등중학교로 전임. 이 시절에 〈민중대학〉 운동을 통하여 마리 모르 랑브랑이라는 여자 친구와 알게 되어 그녀와의 교제는 40여 년간 계속되었다. 철학 학회에서 〈자아의 교육〉이라는 논문을 발표, 강연했다.

1901년(33세) 그의 최초 저서 《스피노자》가 간행되었다.

1902년(34세) 르왕에서 발행되는 신문 〈르왕 데모그라시〉에 익명으로 정치 평론을 썼다.

1903년(35세) 파리의 콩도르세 공립고등중학교로 전임. 르왕 신문이 알랭의 전임을 아쉬워하는 기사를 냈다. 〈민중대학〉이 몽마르트르와 이탈리아 광장에서 개최되자 강사로 나갔다. 마리 모르 랑브랑과 다시 만나게 되고 사랑을 고백. 이 해는 알랭이 〈프로포(語錄)〉를 처음 쓰기 시작한 해이며 1906년 2월까지 합계 143편이 〈프로포〉에 게재되다.

1904년(36세) 주네브의 국제철학회에 참석. 이때 베르그송이 〈정신 생리학적인 배리(背理)〉라는 논문을 발표하여 물의를 일으키자, 알랭은 베르그송을 지지하여 고군분투했다.

1906년(38세) 〈르왕 신문〉에 주 1회씩 게재되던 알랭의 〈프로포〉가 호평을 받아 2월 16일 이후부터 매일 연재하게 되어 〈한 노르망디인의 프로포(Propos d'um Normand)〉라는 표제로 바뀌었다. 1914년 9월 1

일까지 무려 3098회로 연재가 끝났다. 10월에 모교인 방브 공립 고등중학교로 전임하여 예전의 은사인 쥘르 라뇨가 가르쳤던 철학반을 담당했다.

1907년(39세) 아를랑의 학위 논문 〈표상(表象)의 기본적 요소〉에 대한 알랭의 시론(詩論)을 〈형이상학 윤리학 잡지〉에 보냈다. 원고 내용에 관한 편집 담당자의 간섭을 받자 그 뒤부터 이 잡지와 인연을 끊고 결별.

1908년(40세) 《알랭의 프로포 101편》 제1집이 출간되었다(150부).

1909년(41세) 《알랭의 프로포 101편》 제2집이 출간되었다(100부). 10월에 파리 앙리4세 고등중학교의 상급반 수사학 교사로 추천되어 전임. 칸트를 강의했다.

1901년(42세) 10월 어머니가 64세로 세상을 떠났다.

1911년(43세) 《알랭의 프로포 101편》 제3집 출간.

1914년(46세) 《알랭의 프로포 101편》 제4집 출간. 8월 2일 프랑스는 대독 선전 포고를 했다. 알랭은 지원병으로 자원하여 중포병 제5연대에 배속되었다. 약 2년 반 동안 베르덩 부근의 격전에 참가하면서 전쟁터에서 원고를 집필하였다.

1915년(47세) 《비전투원을 위한 프로포 21편》이 전시하에 검열을 받지 않고 출간.

1916년(48세) 5월 복사뼈에 부상을 입고 병원에 입원했다가 다시 전선에 원대 복귀했다. 1월부터 4월까지 《마르스》의 초고, 4월부터 8월까지 《정신과 정열에 대한 81장》의 원고를 완성했다.

1917년(49세) 1월 기상관측대로 전속 배치되었다. 1월부터 10월까지 《예술론집》의 원고를 완성. 10월에 제대했다. 앙리4세 고등중학교에 복직. 《정신(精神)과 정열에 대한 81장》이 출간.

1918년(50세) 11월 11일 대독 휴전협정이 성립되어 제1차 세계대전이 끝났다.

1920년(52세) 2월 《예술론집》이 월간 문예지 〈NRF〉에서 출간되었다. 《알랭의 프로포》 상하 2권 또한 〈NRF〉에서 출간.

1921년(53세) 1936년까지 《프로포·알랭의 일기》가 님에서 간행되는 신문 〈라 라보뢰즈〉에 이어 월간 문예지 〈NRF〉에 연재되었다. 파리의 코

레즈 드 세비네에서 철학 강의를 담당했다.《마르스 또는 전쟁 비판》이 〈NRF〉에서 출간.

1923년(55세) 《미(美)에 대한 프로포》 출간.

1924년(56세) 《마음과 정신에 대하여 의사 앙리 몽도르에게 보내는 편지》가 〈NRF〉에서 출간되었다.《그리스도교에 대한 프로포》 출간.

1925년(57세) 님에 있는 출판사에서 《행복론》 출간(560부). 이 판에 수록된 프로포는 60편이며, 1928년에 98편을 수록한 신판이 〈NRF〉에서 다시 출간되었다. 〈NRF〉에서 《쥘르 라뇨의 추상》 출간.

1926년(58세) 《권력에 저항하는 시민》(프로포 80편 수록),《감정·정념·사인》(프로포 60편 수록) 출간.

1927년(59세) 《데카르트론》이 《지성총서(知性叢書)》의 한권으로 출간되었다. 《가족 감정(家族感情)》이 〈반월수첩(半月手帖)〉의 한 권으로 출간되었다.《인간론》(프로포 70편 수록)이 〈철학자·모랄리스트 총서〉의 한 권으로 출간.

1928년(60세) 《플라톤에 대한 11장》 출간.《프로포 101편》 제5집 출간.

1929년(61세) 《폴 발레리 시집 〈매혹〉의 주석(註釋)》 출간.

1931년(63세) 《해변의 대화》,《예술 20강》 출간.

1932년(64세) 《사상·플라톤, 데카르트, 헤겔》,《교육론》 출간.

1933년(65세) 앙리4세 고등중학교를 정년 퇴직하였다. 소르본느대학교의 강사 임명장을 거절하고, 퇴직 뒤에는 파리 근교 베지네에 있는 자택과 브르타뉴 지방의 사둔 집에서 지냈다.《문학론집》(프로포 84편 수록) 출간.

1934년(66세) 《제신(諸神)》〈NRF〉에서 출간.《정치론집》(프로포 84편 수록) 출간.

1935년(67세) 관절염이 악화되어 몸을 움직이기에 불편해졌다.《발자크를 읽으면서》 출간.《경제론집》(프로포 90편)을 〈NRF〉에서 출간.

1937년(69세) 《세계대전의 회상》,《조각가와의 대화》,《정신의 계절》 출간.

1938년(70세) 《종교론집》(프로포 87편) 출간.

1939년(71세) 《미네르바―지혜에 대해서》(프로포 84편)《미학서설(美學序說)》(프로포 101편) 출간.

1941년(73세) 40여 년간의 여자 친구이며 애인인 마리 모르 랑브랑이 죽었다.

1943년(75세) 《신화 서설》《장님을 위한 철학사 요약》이 점자본으로 출간.

1945년(77세) 알랭이 청년 시절에 헌시(獻詩)를 바친 애인 가브리엘 랑도르뮈
와 결혼했다.

1946년(78세) 《칸트 철학에 대하여 세르지오 솔미에게 보내는 편지》《인간 각
양각색》출간.

1951년(83세) 5월 문학 국민대상을 자택에서 수여받았다. 6월 2일 부인과 몇몇
친구가 보는 가운데 베지네에 있는 자택에서 숨을 거두었다.

방곤(方坤)

불문학자, 번역문학가. 서울대학교 불문학과 졸업하고 프랑스 파리대학에서 불문학을 연구했다. 경희대학교 교수와 사법고시 위원을 역임하였다. 지은책에 《최신불문법》 등이 있고, 옮긴책에 위고 《레 미제라블》, 사르트르 《구토》, 카뮈 《페스트》 《이방인》, 발작 《골짜기의 백합》, 파스칼 《팡세》, 모파상 《여자의 일생》 《모파상 단편집》 등 다수가 있다.

World Book 47
Alain
PROPOS SUR LE BONHEUR
ESQUISSE DE L'HOMME
DÉFINITIONS
행복론/인간론/말의 예지
알랭/방곤 옮김
1판 1쇄 발행/1988. 8. 10
2판 1쇄 발행/2008. 4. 15
3판 1쇄 발행/2019. 12. 12
발행인 고정일
발행처 동서문화사
창업 1956. 12. 12. 등록 16-3799
서울 중구 다산로 12길 6(신당동 4층)
☎ 546-0331~6 Fax. 545-0331
www.dongsuhbook.com
잘못 만들어진 책은 바꾸어 드립니다.

*
사업자등록번호 211-87-75330

ISBN 978-89-497-1734-0 04080
ISBN 978-89-497-0382-4 (세트)